Sachsenspiegel

oder
Sächsisches Landrecht

REPRINT – VERLAG
LEIPZIG

Die zum Teil geminderte Druckqualität ist auf den Erhaltungszustand der Originalvorlage zurückzuführen

Volker Hennig, Goseberg 22-24, 37603 Holzminden
ISBN 3-8262-1909-0

Reprint der Originalausgabe von 1848
nach dem Exemplar der Sächsischen Landesbibliothek –
Staats- und Universitätsbibliothek Dresden
(Signatur: 4 A 4684[a])

Lektorat: Andreas Bäslack, Leipzig
Einbandgestaltung: Jens Röblitz, Leipzig
Gesamtfertigung: Westermann Druck Zwickau GmbH

Sachsenspiegel

oder

Sächsisches Landrecht,

zusammengestellt mit dem Schwäbischen nach dem Cod. Pal. 167,
unter Vergleichung des Cod. pict. 164,

mit Uebersetzung

und reichhaltigem Repertorium

von

Dr. Carl Robert Sachße,
Prof. d. R. in Heidelberg.

Heidelberg.
Akademische Verlagshandlung von C. F. Winter.
1848.

Vorwort.

Zum gründlichen Studium einer Quelle ist es ohne Zweifel nöthig, daß man sie in der Ursprache lese. Allein eine brauchbare Uebersetzung kann das Lesen in der Ursprache erleichtern und zu deren Verständnisse Anleitung geben; kann dienen, um sich leichter in diese einzuarbeiten. Meine Absicht bei vorliegendem Werke ist also keineswegs, der Benutzung des altdeutschen Textes beim Lesen des Sachsenspiegels Abbruch zu thun; sondern, gerade weil ich diese für nothwendig anerkenne, stelle ich dem Grundtexte eine Uebersetzung zur Seite, um mit deren Hülfe jenen leichter zu verstehen oder verstehen zu lernen. Freilich kann die tiefere Kenntniß der altdeutschen Sprache, wie jeder andern, nur durch gründliches, grammatisches Studium erworben werden. Allein nur Wenigen ist die Muse vergönnt, solche Sprachkenntniß sich zu eigenem Studium zu machen. Der Practiker, der die vielseitigsten Kenntnisse bedarf und auf Einzelnes oft nur eine karg zugemessene Zeit zu verwenden hat, ist nicht selten genöthigt, in seinen Studien einen kürzeren Weg zu suchen, um das Ziel, insoweit es für seine Zwecke nothwendig ist, zu erreichen, und auf tieferes Eindringen in die Hülfswissenschaften zu verzichten. Die Aufgabe und Pflicht des Theoretikers ist es daher, ihm den kürzern Weg nach Möglichkeit anzubahnen. Er, der seine Thätigkeit in einen bestimmteren Kreis bindet, kann und soll hier tiefer in die Fundgruben der Wissenschaft eindringen. Er muß das Gestein kennen und prüfen, in welchem die Metalle enthalten sind, und diese zu Tage fördern. Der Practiker hat diese zu gebrauchen und zu verwerthen; aber er muß deshalb wenigstens sie kennen lernen, wenn er auch nicht selbst im Stande ist sie zu fördern. Daß aber das ältere deutsche Recht genug Stoff an edelem Metalle enthält, so daß es der Mühe lohnt, dies an's Licht zu fördern, kann von niemandem, der seinen Geist begreift, in Frage gestellt werden. Der Practiker wird daher auch den Sachsenspiegel verwerthen und mit Nutzen gebrauchen können, wenn er ihm nur in einer Art dargeboten wird, die ihm seinen Gebrauch und die Prüfung seines Inhalts möglich macht. In einem großen Theile Deutschlands ist das Werk noch unmittelbar in Anwendung; es wird noch in den neuesten Handbüchern des Landrechts angeführt*) und der Advokat ist genöthigt, es zur Hand zu nehmen. Aber auch wo es seinen unmittelbaren Einfluß verloren hat, ist es wenigstens eins der wichtigsten Hülfsmittel, um für die Institute des deutschen Rechts den historischen Gesichtspunkt aufzufassen; den einzigen, der in Ermangelung bestimmter Gesetze, zu einem Verständnisse ihres Wesens und ihrer richtigen Beurtheilung zu führen vermag. Ueberall ist daher auch hier der Practiker und der Studirende, der dieses werden will, genöthigt, sich mit dem Werke bekannt zu machen, wenn er das Bedürfniß eines eigenen Urtheils über das Recht, das er anzuwenden hat, empfindet. Aber von Studirenden und Advokaten kann man unmöglich fordern, daß sie ihre Zeit auf weitumfassende philologische Studien verwenden sollen. Hier ist es, wo ihnen eine Erleichterung gewährt werden kann und muß. Doch auch der Theoretiker wird eine brauchbare Uebersetzung oft nicht ohne Nutzen vergleichen. Solche Ansichten veranlaßten mich schon im Jahre 1831, mich in Leipzig mit meinem Freunde Prof. Jul. Weiske zur Bearbeitung einer Uebersetzung zu verbinden. Allein, obgleich wir die Arbeit vollendeten, so war doch mehr eine Paraphrase, als eine Uebersetzung aus der Feder hervorgegangen und diese, da sie unseren eigenen Ansprüchen nicht genügte, wurde bei Seite gelegt. Seitdem haben mich die exegetischen Vorlesungen, die ich in Heidelberg fortwährend über den Sachsenspiegel gehalten habe, mehr und mehr von der Nothwendigkeit einer treuen Uebersetzung überzeugt, die es möglich macht, mit Uebergehung mancher

*) vgl. Haubolds sächs. Privatrecht von Hänsel (Leipzig 1847. 8.) §. 7.

Spracherklärung, mehr Zeit für Sacherklärung zu gewinnen. Vor drei Jahren entschloß ich mich daher eine solche neu zu bearbeiten; allein, abgehalten durch viele Berufsarbeiten, sah ich die Vollendung länger verzögert, als ich gehofft hatte. Bei der Wahl einer Handschrift, der ich den neuen Text zur Seite stellen wollte, konnte ich nicht lange schwanken. Der **Codex Palatinus No.** 167, der hier abgedruckt vorliegt, ist gewiß eine der interessantesten Handschriften unseres Rechtsbuchs, und noch völlig unbenutzt. Er gehört zu den Manuscripten, die durch Tilly, im dreißigjährigen Kriege, von Heidelberg geraubt, nach Rom verschenkt, und erst 1815 durch Vermittelung der alliirten Monarchen der Universität zurückgestellt worden sind. Er enthält auf 158 schönen Pergamentblättern in sehr großem Folio, die in starken, gelblichen Pergamentband, mit Pappendeckeln, wie fast alle unsere deutschen Manuscripte, gebunden sind und auf deren zweitem die Handschrift erst beginnt, eine Zusammenstellung des Sachsenspiegels mit dem Schwabenspiegel. Wilken (Gesch. der Heidelberger Büchersammlung S. 126.) glaubt, nicht ohne Grund, daß er zu den Manuscripten gehört habe, die im Jahr 1608 von Friedrich **IV.** für die Churfürstliche Bibliothek in Heidelberg erworben wurden. Woher er aber dahin gebracht worden sey, ist völlig im Dunkeln. Ueber das Alter desselben und den Ort seiner Entstehung dürfte die, am Ende des dritten Buchs, unter Aufschrift: **von hertogen albrechte**, gegebene Nachricht einiges Licht verbreiten, wenn wir annehmen können, daß der Schreiber sie aus eigener Erfahrung, und nicht aus anderer schriftlicher Quelle geschöpft habe. Denn daß dieser Albrecht, nach dessen Tode sein Sohn Herzog Heinrich das Landvolk auf dem Leineberge versammelte, kein anderer ist als Albrecht der Große von Braunschweig und Lüneburg († 1279), läßt sich nicht bezweifeln. Bei Göttingen, welches zu dessen Besitzungen gehörte, findet sich das Landgericht auf dem Leineberge*) und der älteste Sohn jenes Albrecht war Heinrich der Wunderliche, der Stifter

*) vgl. Haubold topographisches Lexikon von Deutschland. I. S. 702.

der Grubenhagenschen Linie, dessen Tod ins Jahr 1322 fällt *). Die Handschrift scheint also zu Ende des 13. oder Anfange des 14. Jahrhunderts in Göttingen oder der Umgegend entstanden zu sein, womit Sprache und Schrift sehr wohl übereinstimmen. Wilken (a. a. O. S. 372) setzt sie in das 14. Jahrhundert, ohne nähere Angabe der Zeit. Sie ist in zwei Columnen auf jeder Seite, reinlich, mit schöner gothischer Schrift geschrieben; die Ueberschriften roth, die Anfangsbuchstaben der einzelnen Artikel und die Paragraphenzeichen abwechselnd roth und blau. Zu Anfange des ersten Buchs steht über den Worten „von tuens uerden" in viereckigem, goldenem Schilde, welches die Breite der ganzen Columne einnimmt, Christus mit den zwei Schwertern; ihm zur Rechten Petrus in langem rothen Mantel mit geradem, von der Erde bis zum Kopfe reichenden Hirtenstabe ohne Kreuz, woran ein rother Knopf sich befindet, und mit niederer Bischofsmütze, die jedoch nicht mehr so niedrig ist, wie in unserem Codex pictoratus. Zur Linken steht eine Frau mit Krone, langem Hermelinmantel und goldenem Scepter, der von der Hüfte bis über das Haupt reicht und oben in eine Art Lilie endigt. Die Gesichter sind nicht ohne Ausdruck, besonders prägt sich auf dem des Christus eine ernste Würde recht schön aus. Beide, neben Christus stehende Figuren, fassen an die dargebotenen Schwerter. Ueber Ersterer stehen, in schmalem weißen Schilde, die Worte: Sanctus petrus papa; über Letzterer ist ein ähnliches Schild, dessen Inschrift jedoch wegradirt ist. Wilken hält diese Königin für eine Personificirung des weltlichen Reichs. Vielleicht ist es, mit Beziehung auf Buch III. Art. 44. §. 1. a. E., eine christliche Uebertragung der dea Roma, die einem späteren Besitzer der Handschrift doch noch zu heidnisch sein mochte, um ihren Namen in der Ueberschrift stehen zu lassen. Nach der Ueberschrift des ersten Artikels folgt alsdann dessen erster Buchstabe T, mit mehreren Verzierungen, in kleinerem goldenen Quadrate, und der erste Artikel des Schwabenspiegels beginnt hierauf mit großem goldenen S, ohne weitere Verzierungen.

---

*) Hüne Gesch. von Braunschweig und Hannover. I. S. 392.

Aehnlich ist auch der Anfang des zweiten und dritten Buchs ausgeschmückt. Auch hier steht der erste Buchstabe des Sachsenspiegels in goldenem Quadrate und in dem **W** des zweiten Buchs sieht man zwei Fürsten in langen Hermelinmänteln, mit entblößten Schwertern, die zum Zeichen eines geschlossenen Bündnisses sich die Hände reichen. Der Schwabenspiegel beginnt in diesen beiden Büchern ebenfalls mit goldenen Inicialen, die aber kleiner sind, als im ersten Buche. Im Texte selbst findet sich über dem **i** immer ein einfaches Häckchen; über dem **o** häufig, z. B. in **oder, scolen, bote, jowelk, rochte, moge** 2c., entweder ein doppeltes Häckchen, wie ein griechischer Circumflex, oder ein Punkt, der rechts einen kleinen Strich nach oben zu haben pflegt. Ueber dem **u**, wo es als **ü** zu nehmen, ist gewöhnlich ein kleiner Ring, oder Punkt, wie der eben beschrieben, z. B. in **sculdigen, umme, gut, gesent, kunt** 2c. Der Sachsenspiegel ist in größerer Schrift, der Schwabenspiegel in kleinerer, fast wie eine Glosse zu jenem, geschrieben, so daß gewöhnlich 14 Zeilen des Erstern soviel Raum einnehmen, wie 17 des Letzteren. Die Art, wie die Artikel beider Spiegel neben einander gestellt sind, ergiebt sich aus der vorliegenden Ausgabe von selbst*). Gern hätte ich in dieser auch einen Abdruck des Schwabenspiegels mitgetheilt. Allein, da dies mit dem nächsten Zwecke, den ich hatte, schon wegen der Vertheuerung der Ausgabe, nicht wohl vereinbar war, so mußte ich mich begnügen, hinter jedem Artikel des Sachsenspiegels nur die folgenden Artikel des Schwabenspiegels zu bezeichnen und bei jedem anzugeben, mit welchen Stellen der Senkenbergischen Ausgabe er übereinstimme. Die Vergleichungen des Senkenbergischen Drucks mit der Handschrift sind hierbei so genau angegeben worden, als dies ohne Weitläufigkeit möglich war. Denn nur wo ganze Paragraphen, oder doch größere Sätze in der Handschrift fehlen, oder blos in den Zusätzen und Noten bei Senkenberg sich finden, konnte dies bemerkt

*) Eine ganz gleiche Handschrift, von derselben Hand, wie die eben beschriebene, besitzt unsere Bibliothek in dem Cod. Palat. 470. auch von dem Sächsischen und Schwäbischen Lehnrechte. vgl. Wilken a. a. O. S. 484.

werden. Auf Verzeichnung kleinerer Varianten ließen sich die Angaben natürlich nicht ausdehnen. Die Senkenbergische Ausgabe habe ich dabei hauptsächlich deshalb zu Grunde gelegt, weil nach ihr in Eichhorns Staats- und Rechtsgeschichte, einem Werke, das in Aller Händen sich befindet, citirt zu werden pflegt. Damit aber auch andere Ausgaben, besonders die von Lassberg und Wackernagel, benützt werden können, habe ich S. 318 ff. eine synoptische Tabelle über die wichtigsten derselben beigefügt. Zugleich hielt ich es nicht für überflüssig unsere Bilderhandschrift (**Cod. Palat.** 164.) einer nochmaligen Vergleichung zu unterwerfen, da in der Homeyerschen Ausgabe manche Varianten, obwohl meistens nur solche, die von geringerer Bedeutung sind, noch fehlen. Sie ist schon von Kopp (Bilder und Schriften der Vorzeit. **I.** S. 45. ff.) ausführlich beschrieben. Wegen der Bilder, die den einzelnen Artikeln beigefügt sind, habe ich mich bei jedem solchen auf den Abdruck derselben bezogen, der von Batt, Babo ꝛc. (Heidelberg 1820. Fol.) besorgt worden ist.

Was den Abdruck des altdeutschen Textes betrifft, den ich auf das Pünktlichste zu geben gesucht habe, so sind dabei die Stellen, die in der Quedlimburger Handschrift fehlen, durch liegende Schrift, wie bei Homeyer, hervorgehoben, und in der Uebersetzung mit Anführungsstrichen bezeichnet worden. Auch was in der Handschrift selbst, als Correctur, am Rande und über der Zeile steht, oder aus dem Homeyerschen Texte aufgenommen ist, oder in diesem fehlt, ist mit den, hier unten anzuführenden Zeichen, bemerkt. — Bei der Uebersetzung habe ich mich bestrebt, den Worten so treu als möglich zu sein. Nur selten ist zur Verdeutlichung eines Satzes und um den Zusammenhang zu erhalten ein Artikel, Pronomen ꝛc. zwischen Parenthesen eingeschalten oder verändert worden. Einige bessere Lesarten des Quedlimburger Codex oder bei Homeyer, die in der Uebersetzung vorgezogen wurden, sind in Anmerkungen unter *) angeführt. Da aber die Homeyersche Ausgabe sich ein Recht als Vulgata erworben hat, so wurde die Paragraphen-Eintheilung aus dieser beibehalten; die Zählung der Artikel und Paragraphen aber, wo sie von vorliegender Ausgabe abweicht, in Parenthesen beigefügt.

Technische Ausdrücke und Redensarten, die der Rechtssprache des Mittelalters angehören, habe ich unverändert, wenngleich in neuerer Sprachform, beibehalten. Denn diese zu verdeutlichen, ist nicht Aufgabe des Uebersetzers sondern des Erklärers: auch würde eine Uebersetzung derselben meist gar nicht möglich sein. Sie werden in den, als Anhang beigefügten Bemerkungen über solche Worte, und bei Vergleichung des Repertoriums die nöthigste Aufklärung finden.

Heidelberg, den 25. September 1847.

Erklärung der Zeichen.

„—" In der Uebersetzung, und liegende Schrift im altdeutschen Texte: was im Quedlimburger Codex fehlt.

— Was bei Homeyer fehlt.

— Was aus Homeyer aufgenommen ist.

[—] Im altdeut. Texte: Stellen und Worte, die in der Handschrift am Rande oder über der Zeile stehen.

[—] In der Uebersetzung: Vergleichung der Artikel- und Paragraphen-Zahlen bei Homeyer.

(—) In der Uebersetzung: zur Verdeutlichung des Sinnes und Zusammenhanges eingeschaltene Worte.

*) Lesearten aus dem Quedlimb. Codex oder Homeyer, die bei der Uebersetzung berücksichtigt sind.

ɗ *Hir beginnen sik de capitula des lantrechtes des ersten bokes.* ɗ *Capitulum pmum.* Von tuen suerten . Geistlich ghérichte. ***II.*** unde werltlik to sokene unde to uragene. Von ses werlden. *Cap.* III.. unde den herschilden. unde de. sibbe. ɗ *capitulum.* IIII.. We erst erue nemen scal. ɗ Wo men erue nimt *Cap.* V. unde rade. ɗ *Capitlum.* VI.. We dat erue nimt de scal de scult gelden. ɗ *Cap.* VII.. Of en man urorsaket des men ene tiet.. ɗ *Cap..* VIII.. Up egen unde an sin recht . an sin lif. ɗ Sone unde urueide to tügende. ɗ *Cap.* IX.. We louet egen to latene.. X.. Gift de uader sime sone ors perde. ɗ *Capitulum..* XI.. Holt de uader oder moder de kindere in uormüntscap. ɗ Of lüde ene güt *Cap.* XII.. to samene hebbet. *Cap.* XIII.. Von afsunderinge der kindere. ɗ *Capitulum..* XIIII..

Von lene to delende. ɗ We uarende güt liet.. XV.. Erweruen ander *capit.* XVI. recht. unde den egenen uri let. Vri unde echt be- *cap.* XVII. hilt sines vater recht. unde we dat erue nimt uon suauen. Von den richten *cap.* XVIII. weder karles willen beholden. Von sueuescheme *cap..* XIX. rechte. ɗ *Capitulum..* XX.. Wat men gif to morgengaue. unde alse sic de wedewe uon den kinderen scheidet. ɗ Morgengaue ɗ *Cap.* XXI. unde egen to eneme liue wo se it beholdet. unde uorlüset. Wo de wedewe *Cap.* XXII.. scheidet uon den eruen. von deme gesinde. uon herwede. Von kinderen *Cap.* XXIII. uormünden. ɗ *Capit.* XXIIII. Von morgengaue mus dele unde rade. ɗ *Capit.* XXV. De pape delet mit den broderen. unde of sik lüde begeuet. ɗ *Capitulum..* XXVI.. Begift sik en kint we sin

*) Freier Raum und radirt.

ꝺ ***Hir beginnet sik en register dat is to samene ghetogen ut allen dren boken des lantrechtes. unde is gedelet in dre del.*** ꝺ ***Dat erste del beginnet hir.***

Uon der sibbe.
Uon erue .
Uon morgengaue.
Uon herwede.
Uon der rade.
Uon lifgetücht.
Uon musdele.
Uon uormuntscap.
Uon schult.
Uon borgetoge.
Uon tinsgüde.
Uon tegheden.

Uon der sibbe. ꝺ ꝺ ***In primo lib. Capitulo.*** II. ꝺ. III. ꝺ ***Uon erue.*** ꝺ ***In primo libro.*** ꝺ. III. ꝺ ꝺ. IIII. ꝺ. V. ꝺ. VI. ꝺ. X. XII. ꝺ XIII. ꝺ XIIII. ꝺ ꝺ XVII. ꝺ XXII. ꝺ XXV. ꝺ XXVI. ꝺ XXVII. ꝺ XXVIII. ꝺ XXIX. ꝺ XXX. ꝺ XXXIII. ꝺ LI. ꝺ LII. ꝺ ***In secondo libro. Capitulo.*** ꝺ XX. ꝺ XXI. ꝺ XXII. ꝺ XXIIII. ꝺ XXXI. ꝺ XXXII. ꝺ XLIIII. ꝺ ***In tercio libro. Capitulo.*** ꝺ XXVI. ꝺ XXIX. ꝺ ꝺ XXXI. ꝺ XXXII. ꝺ XXXVIII. ꝺ LXXII. ꝺ LXXXI. ꝺ ***Uon morgengaue.*** ꝺ ***Herwede.*** ꝺ ꝺ ***Rade.*** ꝺ ***Lifgetucht.*** ꝺ ***Unde uon musdele.*** ꝺ ꝺ ***In primo libro. Capitulo.*** ꝺ V. ꝺ XIX. ꝺ XX. ꝺ ꝺ XXI. ꝺ XXII. ꝺ XXIIII. ꝺ XXVII. ꝺ XXXI. ꝺ XXXII. ꝺ ***In secundo libro. Capitulo.*** ꝺ XVI. ꝺ XXI. ꝺ XXII. ꝺ ***In tercio libro. Ca-***

pitulo. ɗ XV. ɗ XXXVIII. ɗ LXXIIII. ɗ LXXV. ɗ LXXVI.

Uon uormuntscap. ɗ *In primo lib. Capitulo.* ɗ XXI. ɗ XXIII. ɗ XXXI. ɗ XLI. ɗ XLII. ɗ XLIII. ɗ XLIIII. ɗ XLV. ɗ ɗ XLVI. ɗ XLVII. ɗ XLVIII. ɗ. L. ɗ *In secundo libro. Capitulo.* ɗ XL. ɗ *In tercio libro. Capitulo.* ɗ ɗ XVI. ɗ XLV. ɗ

Uon scult. ɗ *Unde uon borgetoge.* ɗ *In primo libro. Capitulo.* ɗ VII. ɗ IX. ɗ XLV. ɗ LXX. ɗ *In secundo libro. Capitulo.* ɗ V. ɗ VI. ɗ ɗ IX. ɗ XI. ɗ XII. ɗ XXXIX. ɗ *In tercio libro. Capitlo.* ɗ IX. ɗ X. ɗ XI. ɗ XXXI. ɗ XXXIX. ɗ XL. ɗ XLI. ɗ LXXXV. ɗ

Uon tinsgüde. ɗ ɗ *In primo libro. Capitulo.* ɗ LIIII. ɗ *In secundo libro. Capitulo.* ɗ XXII. ɗ LIIII. ɗ ɗ LVIII. ɗ LIX. ɗ LX. ɗ ɗ *In tercio libro. Capitlo.* ɗ LXXVII. ɗ LXXX. ɗ

Uon tegenden. ɗ *In primo libro. Capitulo.* ɗ LIIII. ɗ LIX. ɗ LXXXVIII. ɗ [*Insecundo lib.* c. XLIX § us]*)

ɗ *Hir beginnet dat andere del des registeres.*

We den anderen dodet. ɗ *wundet.* ɗ *Sleit.* ɗ *Oder ueit.* ɗ *Oder roft.* ɗ

We deme anderen scaden deit an güde.

Uon des rikes achte.

Uon uestinge.

Uon der hanthaften dat.

Uon düue.

Uon roue.

Uon aneuange.

Uon der were.

Uon tügende.

Uon deme echte.

Uon den uier anen.

Uon rechtelosen lüden.

Uon unechten lüden.

Uon eghenen luden.

We den anderen dodet. ɗ *wundet.* ɗ *Sleit.* ɗ *Oder veit.* ɗ *oder roft.* ɗ *In primo libro. Capitulo.* ɗ L. ɗ ɗ LXVIII. ɗ *In secundo libro. Capitulo.* ɗ XIIII. ɗ XV. ɗ XVII. ɗ XXXIII. ɗ XLVI. ɗ LXX. ɗ *In tercio libro. Capitulo.* ɗ VII. ɗ XXXII. ɗ XXXIII. ɗ XLVI. ɗ XLXVII. ɗ LXXVIII. ɗ LXXXIIII. ɗ XCI. ɗ XCII. ɗ

We dem anderen scaden deit. ɗ *In primo libro. Capitulo.* LII. ɗ *In secundo libro. Capitulo.* ɗ XXVIII. ɗ XXIX. ɗ XXXVII. ɗ ɗ XXXVIII. ɗ XLI.

---

*) Mit kleiner und neuerer Schrift beigefügt.

ꝉ XLVII. ꝉ XLVIII. ꝉ XLIX. ꝉ L. ꝉ LI. ꝉ LII. ꝉ LIII. ꝉ LV. ꝉ LVI. ꝉ LVII. ꝉ LXII. ꝉ LXIII. ꝉ LXIIII. ꝉ LXIX. ꝉ *In tercio libro. Capitulo.* ꝉ VI. ꝉ XX. ꝉ XXXVII. ꝉ XLVII. ꝉ XLVIII. ꝉ XLIX. ꝉ LXVII. ꝉ LXXIX. ꝉ LXXXIIII. ꝉ *Uon uestinge.* ꝉ *unde uon des rikes achte. In pmo libro. Capitulo.* ꝉ ꝉ XXXVIII. ꝉ LXVI. ꝉ LXVII. ꝉ LXVIII. ꝉ LXXI. ꝉ *In secundo libro. Capitulo.* ꝉ ꝉ IIII. ꝉ IX. ꝉ XLVI. ꝉ [LXIIII. § 2] *In tercio libro. Capitulo.* ꝉ XVI. ꝉ XVII. ꝉ XVIII. ꝉ. XXIII. ꝉ XXIIII. ꝉ XXXIIII. ꝉ XLIII. ꝉ *Uon der hanthaften dat.* ꝉ *uon düue.* ꝉ *uon roue.* ꝉ *Unde uon aneuange.* ꝉ *In primo libro. Capitulo.* ꝉ LV. ꝉ LVII. ꝉ LXVI. ꝉ *In secundo libro. Capitulo.* ꝉ X. ꝉ XXVII. ꝉ XXX. ꝉ. XXXII. ꝉ XXXIIII. ꝉ XXXV. ꝉ XXXVI. ꝉ LXV. ꝉ LXX. ꝉ ꝉ LXXII. ꝉ LXXIII. ꝉ *In tercio. Capitulo.* ꝉ V. ꝉ VI. ꝉ IX. ꝉ XXII. ꝉ XXVIII. ꝉ XXXV. ꝉ XXXVI. ꝉ LXXVIII. ꝉ LXXXVIII. ꝉ LXXXIX. ꝉ *Uon der were.* ꝉ *In primo libro. Capitulo.* ꝉ IX. ꝉ XV. ꝉ XXXIIII. ꝉ XLV. ꝉ *In secundo libro. Capitulo.* ꝉ II. ꝉ XVI. ꝉ. XVII. ꝉ XXV. ꝉ XXVI. ꝉ XXXIIII. ꝉ XLIII. ꝉ XLIIII. ꝉ XLV. ꝉ ꝉ LVIII. ꝉ LXI. ꝉ LXXI. ꝉ ꝉ *In tercio Capitulo.* ꝉ ꝉ IIII. ꝉ VII. ꝉ XIIII. ꝉ XXXVIII. ꝉ LXXXII. ꝉ ꝉ LXXXIII. ꝉ

Uon tügende. ꝉ *In primo libro. Capitulo.* ꝉ VI. ꝉ VII. ꝉ VIII. ꝉ XX. ꝉ XXV. ꝉ LXII. ꝉ LXVI. ꝉ LXVIII. ꝉ LXX. ꝉ *In sesundo libro. Capitulo.* ꝉ VI. ꝉ VII. ꝉ ꝉ XIX. ꝉ XXIII. ꝉ XXV. ꝉ ꝉ XXVI. ꝉ XXXV. ꝉ XLV. ꝉ XLVIII. ꝉ LV. ꝉ LXIII. ꝉ [LXIIII. § 2.] ꝉ LXX. ꝉ LXXII. ꝉ *In tercio libro. Capitulo.* ꝉ IIII. ꝉ V. ꝉ VII. ꝉ IX. ꝉ X. ꝉ ꝉ XVIII. ꝉ XIX. ꝉ XXI. ꝉ XXIIII. ꝉ XXV. ꝉ XXVIII. ꝉ XXXIII. ꝉ XXXVII. ꝉ XXXIX. ꝉ XLI. ꝉ LXXXII. ꝉ LXXXIII. ꝉ LXXXIX. ꝉ *Uon rechtelosen lüden.* ꝉ *Unde uon unechten lüden.* ꝉ *In primo libro. Capitulo.* ꝉ XXXVI. ꝉ XXXVII. ꝉ XXXVIII. ꝉ XXXIX. ꝉ ꝉ XL. ꝉ XLVIII. ꝉ LI. ꝉ ꝉ LIIII. ꝉ *In tercio libro. Capitulo.* ꝉ XVI. ꝉ XLV. ꝉ LXXII. ꝉ LXXIII. ꝉ *Uon den uer anen.* ꝉ ꝉ *In pmo libro. Capitulo.* ꝉ XXXVII. ꝉ XXXVIII. ꝉ LI. ꝉ *In secundo libro. Capitulo.*

Uon weregelde. ď *von bole.* ď *vnde uon wedde.* ď *In primo libro. Capitulo.* ď LIII. ď LIX. ď LXII. ď LXV. ď *In secundo libro. Capitlo.* ď V. ď VI. ď XVI. ď XVII. ď XXII. ď XXVIII. ď XLI. ď XLII. ď *In tercio libro. Capitulo.* ď XXXIII. ď XLIII. ď XLV. ď XLVI. ď L. ď LI. ď LIII. ď LXIII. ď LXIIII. ď ď LXXXVI. ď

Uon urien lüden. ď *vnde uon deme herscilde.* ď ď *In primo libro. Capitlo.* ď III. ď XVI. ď XVII. ď LI. ď *In secundo libro. Capit.* ď XII. ď *In tercio libro. Capitulo.* ď XIX. ď XXIX. ď ď LIIII. ď LV. ď LXI. ď ď LXV. ď LXXII. ď LXXIII. ď LXXXI. ď

Uon deme kampe. ď ď *In primo libro. Capitulo.* ď XLVIII. ď XLIX. ď ď L. ď LI. ď LXII. ď LXIII. ď LXIIII. ď *In secundo libro. Capitulo.* ď III. ď ď *In tercio libro. Capitlo.* ď XXVI. ď XXIX. ď ď XXXVI ď

Uon deme uronen boden. ď *In secundo libro. Capitulo.* ď XVII. *In tercio libro. Capitulo.* ď ď LVI. ď LXI. ď LXII.

Uon deme herde. ď ď *In secundo libro. Capitulo.* ď XLIX. ď LV. ď

Uon der not. ď *In pmo libo. Capitulo.* ď ď XXXVII. ď *In tercio libo. Capitulo.* ď I. ď XLVI.

We uarende haue uorgift [oder vorsat.] ď *In primo libro. Capitulo.* ď XIII. [XV.] ď XXXI. ď LII. ď *In secundo libo. Capitulo.* ď XVI. [LXI] ď *In tercio libro. Capitulo.* ď ď IIII. ď V. ď VI. ď ď XXII. ď XLIII. ď LI. ď ď LXXVI. ď LXXXIII. ď ď LXXXIX. ď

Uon der bewisunge. ď ď *In primo libro. Capitulo.* ď XV. ď XXII. ď ď *In secundo libro. Capitulo.* ď XI. ď XXII. ď ď XXV. ď XXVI. ď XLIIII. ď XLVIII. ď XLIX. ď LXIIII. ď LXX. ď LXXI. ď *In tercio libro. Capitulo.* ď V. ď XVI. ď XXI. ď XXV. ď ď XXIX. ď XXXVIII. ď ď LXXXII. ď LXXXV. ď

Uon der were. ď *In secundo libro. Capitulo.* ď XVI. ď XVII. ď XXV. ď XXVI. ď XXXV. ď XLIII. ď XLIIII. ď XLV. ď LVIII. ď LXI. ď *In tercio libro. Capitulo.* ď IIII. ď VII. ď XIIII. ď XXXV. ď XXXVIII. ď LXXXIII. ď

Uon hitzende. ď *In secundo libro. Capitulo.* ď XLI. ď LXII. ď

Wes ue scaden deit. ď *In*

*) Ist unausgefüllt.
**) Im Texte fehlt ebenfalls die Ueberschrift.

---

*) Die Zahl fehlt im Index; steht aber im Texte selbst bei beiden Artikeln.

Hir beginnen sik de capitula des anderen bokes..

Got hat de Sassen wol bedacht . sint dit bok is uorebracht . Den lüden algemeyne . doch is der leyder cleyne . De got also eren . dat se ere witte an got keren . En cleyne weret mir daran . des ec gebeteren nicht en kan . Of it [en] errere leret . unde ouel dar uon meret. vnde grote sünde . manich of he künde . Gerne scaden dede . wii gerne ec got bede . Dat dit bok kunde iowelk güt man . unrechten lüden ec des nicht en gan . wü unrecht si de man . kan he sik des uorstan . Dat eme recht mach geuromen . kan he is denne bekomen . Gerne he des denne genüt . rechtes auer en uordrüt . [vnde dunket seldene güt.] Recht wenne it scaden düt . men horet ungerne san . dat recht neman leren kan . Dat den lüden allen . künne wol beuallen. ꝺ *De uore rede..* We sic rechtes understeit . weme lef weme leit . weme scaden weme urome . ümmer dar na kome . Rechte spreke he unde ware . an rechte he nemanne en spare . De wile he spreken wille . oder he suige stille.. We buten mine lere gat . he sprict lichte des he laster hat . vnde deit sünde iegen got . went he brict der . e . gebot . We so recht uorkeret . got uns selue leret . Dat we recht sin alle . unde unrecht uns misse ualle . Güde lüde mane ec dar to . of it kome also . Dat en beiegene itteswat . Dat min dumme sin uormeden hat. unde dar dit bok nicht af en lere. dat manlik sinen ulit dar to kere . Wu men it na rechte besceide . nv set dat iek [ne] mannes leue noch leide. Noch torn noch gift nicht en blende . dat men iek uon deme rechte wende . Dit recht hebbe ec selue nicht irdacht . it hebbet uon aldere uns gebracht . vnse güden uoreuaren . mach ec oc ec wille bewaren . Dat min scat under der erde . mit mir uornüwet werde . Uon godes haluen de gnade min . scal al der werlde gemeine sin . Kunst is en edel scat unde also gedan . we se eme wille han . Se minnert eme degelik . des uorsinne de wise sic . vnde wese milde des he kan . got deme kargen nicht en gan . Scattes den he heft begrauen . de rike scal den armen lauen . Den seken de gesunde . na gewareme orkunde . So is uns witlik . dat de man künsten rik . So he andere lüde leret . dat sin kunst dar af gemeret . vnde de girege beholt er cleyne . de se hebben wil alleyne . *De uore rede* . Weme lef weme leit . urome unde salicheit . De speyger der sassen . is hir uns gewassen . Scal dit bok sin genant . went der sassen recht is hir an bekant . Alse in eme speygele de urowen . er antlüte bescowen . Alle lüde mane ec dar to . dat se dit bok nütten so . als it en to den eren nicht misse sta . unde oc genedekliken irga . Dat se nicht ruwe de uart . wanne got den speygel ümme kart . unde uns mischet to der erden . unde lonen wil na werden . *De uore rede*. Stolten helde sit bedacht . na dage uolget yo de nacht . De dach is oc an uns gewant . uns geit de auent an de hant . we an disseme boke . urage . rede soke . Of eme dar an icht misse hage . des en do he to hant nene clage. unde wege de sake in sineme sinne . na deme ende unde na deme beginne . unde beurage sic mit wisen lüden . de de warheit künnen düden . unde oc hebben de sede . dat se recht sin dar mede . Of he an en denne rechte eruaren kan . Ek rade eme al balde . dat he sic dar an halde . wente uil wiser lüde lere is beter den min enes si . en ander merket auer dar bi . Dat ni mannes mot . bat dar to nestot . wu he de lüde gemeyne . grot unde cleyne . Rechtes brechte in inne . na deme he sic uorsinne. Dat selue deit de munt min . des geue ec to orkünde dit bokelin . *Dit is noch de uore rede* . Grot angest geit mek an . ek uorchte dat manich man . Dit bok wille meren . unde beginnen recht uorkeren . unde te des an mich . so wet mek got unscüldich . Den dar neman mach gedregen . de wete ok dat se legen . Des en kan ek nicht bewaren . alle de unrechte uaren . unde weruen an dissem boke . den sende ek disse uloke . unde de ualsch hir to scriuen . de meselsucht mote en becliuen . Alse ihezi dede . uon helizeus gebede . Dar uon naaman wart irlost . got heilant unde trost . De wreket an en also . dat is de sele unuro . werde untsament deme liue . des düueles hantueste becliue . Ir scref dat dat he se hebbe gewis . de wile se unuordelget is . we des düueles ane ende . wille wesen de sende. Eme dat orkunde . unde uare to der helle grunde . *Dit is noch de uore rede* . Den noch wert unrecht wol bekant . als en kopper penning an der hant . wan eme ut blicket sin rode schin . manige penninge de geue sin . unde en dat witte wert af geueget . uns wert unrecht uorleget . wenne men sin ende besoket . uor gode si he uoruloket . We unrecht gerne sterke . oder mische to dissem werke . Dar ümme ec lange hebbe gedacht . unde dor got to samene ghebracht . *Dit is de uore rede* . Nu danket al gemeyne . deme uon ualkensteyne . De greue hoyer is genant . dat an düdisch is gewant . Dit bok dor sine bede . Eyke uon repgowe it dede . vngerne he it auer ane quam . do he auer uornam . So grot dar to des heren gere . do en hadde he nene were . Des güden heren leue en gar uorwan . dat he des bokes began . Des eme was ungedacht . do he it an latin hadde bracht . Ane hülpe unde ane lere . do duchtet en so suere . Dat he it an düdisch wande . to lest he doch genande . Des arbeides unde dede . greuen hoyeres gebede . *Dit is de uore rede* . Des heiligen geistes minne . de sterke mine sinne . Dat ec recht unde unrecht der sassen beschede na godes willen . hulden . unde na der werlde uromen . Des en kan ec allene nicht gedon . dar ümme bid ec to helpe alle güde lüde de rechtes begeren . of en ienich rede beiegene de min dumme sin uormide . unde dar dit bok nicht af en sprict . dat se dat na rechte bescheden na erme sinne so se it rechtest weten . ₡ Uon rechte scal nemanne wisen leue . noch leyde . noch gift . *de uore rede* . Got is selue recht dar ümme is eme recht lef . dar ümme sen se sic alle uore de den gerichte uon godes haluen beuolen sin . dat se also richten alse godes torn unde sin gerichte genedichliken ouer se irgan mote . *de uore rede* . Got de dar is begin . unde ende aller güden dinge . de makede aller erst hymmel unde erden . unde makede den minschen binnen ertrike . unde satte en in dat paradis . de brak den horsam uns allen to scaden . dar ümme ginge we erre alse de herdelosen scap . went an de tid dat he uns irloste mit siner martere . Nu we auer bekart sin . unde got uns weder geladet heft . nu holde we sine . e . unde sin gebot . dat sine wissagen uns gelart hebbet . unde güde geistlike lüde . unde oc kerstene koninge hebbet gesatt . Constantin unde Karl an der sassen lant noch sines rechtes . ₡

Nv *) vornemet vmme der herren gebürt von deme lande czv sachsen. Der von anehalt. vnn di von brandenburc. vnn di von orlamvnde a). vnn di b) von bren. Dise vorsten sin alle swavee. vnder den vrien herren sin swavee. di von hakeburne. vnn c) di von gnercz d). vnn e) di von mochele vnder des riches schephen f). Di von tvbvle g). di von edeleres dorf. henrich iudas h) der voyt albrecht von spandowe. vnn aluerik. vnn cvnrat von snetlinge. vnn scrapen kint von iersleue. anne von irkesdorf. herman von meringe. heidolues i) kinder von winninge. vnn di von sedorf. di k) sin alle swavee. Di lantgreuen von doringen sin vranken l). vnn m) di von regenstein. vnn n) von blankenbürk. vnn o) di burcgreuen von wittin vnn p) di von clodene. vnn q) di von druzke r). vnn s) di von godebuz. di t) sint alle vranken. Di von bruneswic. vnn u) di von lunebürc. vnn v) di von poppenbürc. vnn w) di von osterbürc. vnn x) di von aldenhusen y) sint z) swavee. vnn aa) di von werningerode. vnn di von arnestein. vnn bb) di von besenrode. vnn cc) di von emersleue dd). vnn ee) di bürcgreuen von gevekenstein. vnn ff) der tvm voyt von halberstat. vnn gg) di von suseliz. vnn hh) di von lichtenberc. vnn ii) di von dobindisse kk). sint alle geborne swavee. Di herczoge von limborch ll) vnn sin geslechte sint alle mm) geborne sachsen. dar nn) czv alle di vriherren oo) vnn schephen di czv sachsen sint wonhaft pp). vnn di mir sint kvndic qq) bi miner czit. svnder di hir vor benant sint.

---

*) Die Vorrede von der Herren Geburt ist aus dem Codex pictoratus Heidelbergensis aufgenommen, wo sie auf der letzten Seite steht.

a) Homeyer fh.] de marcgreve von mysne. b) v. d.] de greve. c) fehlt. d) gneiz. e) fehlt. f) fh. sint svavee. g) trebüle. h) fh. von snetlinge. i) heidloues. k) dit. l) s. v.] fehlt m) fehlt. n) de. o) fehlt. p) fehlt. q) fehlt. r) Crouzke. s) fehlt. t) dit. u) fehlt. v) fehlt. w) fehlt. x) fehlt. y) fh. dit. z) fh. alle. aa) fehlt. bb) fehlt. cc) fehlt. dd) amersleve. ee) fehlt. ff) fehlt. gg) fehlt. hh) fehlt. ii) fehlt. kk) dobin. dit. ll) lüneborch. mm) fehlt. nn) Unde dar. oo) vrien herren. pp) s. w.] wonehaft sint. qq) s. k.] kündich sint.

Swelch bischof von dem riche belent is mit van lene binnen dem lande czv sachsen. vnn den herschilt dar ab hat di heizen alle sachsen rr) von welcheme lande he geborn ss) si. vnn mac tt) wol orteil vinden vnn orteiles volgen vnn vorspreche sin czv lenrechte vnn czv lantrechte vor deme riche vber iclichen man. dar iz in an uu) den lip. ader in di hant nicht en get. vnn anders nirgen czu lantrechte noch czu lenrechte.

Welcher Bischof von dem Reiche belehnt [1]) ist mit Fahnenlehn [2]) binnen dem Lande zu Sachsen und den Heerschild [3]) davon hat, die heißen alle Sachsen, von welchem Lande er gebürtig sei, und mag wohl Urtheil finden [4]), und dem Urtheile folgen [5]), und Vorsprecher [6]) sein nach Lehnrecht und nach Landrecht vor dem Reiche, über jeglichen Mann, wo es ihm an den Leib oder an die Hand [7]) nicht geht, und sonst nirgens nach Landrecht, noch nach Lehnrecht.

rr) d. h. a. s.] die het ein sasse. ss) bordich. tt) mut. uu) in.

1) I. 3. §. 2. — 26. §. 2. — III. 59. §. 1. & 2. 2) III. 58. not. 3. 3) I. 3. §. 2. 4) II. 13. §. 6. — III. 19. — 69. §. 1. & 2. 5) II. 13. §. 3. 6) I. 60. not. 1. 7) I. 2. not. 14.

Erstes Buch.

¶ Von tuen suerden . . I . .

Twei suert let got in ertrike to beschermende de cristenheit. ¶ ¶ Dem pauese is gesat dat geistlike . Deme keysere dat wertlike . ¶ Deme pauese is oc gesat to ridende to beschedener tit up eneme blanken perde . unde de keyser scal eme den stegerep holden dor dat de sadel nicht en winde . ¶ Dit is de beteknisse . wat so deme pauese weder sta dat he mit geistlikeme rechte nicht betuingen en mach dat it de keyser mit wertlike rechte duinge deme pauese horsam to wesene . ¶ So scal oc de geistlike gewalt helpen deme wertliken gerichte . of it is bedarf . ¶

Art. 1. Von zwei Schwertern.

Zwei Schwerter ließ Gott auf Erden, zu beschirmen die Christenheit. Dem Pabste ist gesetzt das geistliche; dem Kayser das weltliche. Dem Pabste ist auch gesetzt, zu beschiedener Zeit auf weisem Rosse zu reiten, und der Kayser soll ihm den Stegreif halten, auf daß der Sattel sich nicht wende. Dies ist zum Zeichen: was dem Pabste widersteht, das er mit geistlichem Rechte nicht zwingen mag; daß dies der Kayser zwinge mit weltlichem Rechte, dem Pabste gehorsam zu sein. So soll auch die geistliche Gewalt helfen dem weltlichen Gerichte, wenn es dessen bedarf.

Schwabensp. Cap. 1.) bei Senkenb. Vorrede §. 21. bis §. 24. & Cap. 1. §. 1. bis 3.

Vgl. III. 44. §. 1. — 52. §. 1. 2. — 54. §. 2. & 4. — 57. §. 1. 2. — 63. §. 1. 2.

ɑ Geistlik gerichte unde werltlik to sokene . . II . . ɑ

JOwelk kersten man is plichtich send to sokene dries in deme iare wan he to sinen dagen komen is . binnen deme biscopdome dar he inne beseten is . ɑ Vriheit de is auer drier hande . ɑ Schepenbare lüde de der biscope send soken scolen. ɑ Plechhaften der domproueste. ɑ Lantseten der erceprestere . ɑ ɑ To liker wis scolen se wertlik gerichte soken . ɑ ɑ De scepenen des greuen ding. ouer achtein weken under koninges banne . ɑ Leget men auer ding ut umme ungerichte uon dem echten dinge ouer uertein nacht . dat scolen se soken bi plicht . dor dat . dat ungerichte gherichtet werde . Hir mede hebbet se uorvangen er egen iegen den richtere dat it alles dinges uon eme ledich is . ɑ ɑ De plechhaften sin oc plichtig des scultheten ding to soke-

Art. 2. Geistliche Gerichte und weltliche zu besuchen.

§. 1. Jeder Christenmann ist pflichtig, den Send [1]) zu besuchen dreimal im Jahre, wenn er zu seinen Tagen gekommen [2]) ist, binnen dem Bisthume, darinnen er gesessen ist. — Freiheit ist aber dreierlei: schöffenbare Leute [3]), die besuchen sollen den Send der Bischöfe; Pfleghafte [4]), der Dompröbste; Landsassen [5a]), der Erzpriester. — §. 2. Auf gleiche Weise sollen sie weltliche Gerichte besuchen: die Schöffen, des Grafen [5b]) Ding je über achtzehn Wochen unter Königsbann [6a]). Legt man aber ein Ding aus um Ungericht [6b]) über vierzehn Nächte vom echten Ding [6c]); das sollen sie bei Pflicht besuchen, auf daß das Ungericht gerichtet werde. Hierzu haben sie ihr Eigen dem Richter pflichtig gemacht, auf daß es alles andern Dinges von ihm ledig ist. [7a]). — §. 3. Die Pfleghaften sind von ihrem Eigen auch pflichtig, des Schultheißen [7b]) Ding zu be-

---

Art. 2.

1) I. 25. §. 4. 2) I. 42. 3) I. 3. §. 2. — III. 45. §. 1. — 81. §. 3. 4) III. 45. §. 4. — 81. §. 1. 5a) I. 17. §. 1. — III. 45. §. 6. — 81. §. 2. 5b) III. 52. not. 8. 6a) I. 59. §. 1. — III. 26. — 64. §. 4. & 5. — III. 61. §. 1. — (I. 67. §. 1.) 6b) I. 57. not. 2. 6c) I. 59. not. 4. — II. 2. §. 1. 9. §. 1. 7a) I. 34. §. 1. — III. 81. §. 3. 7b) II. 23. not. 5. — III. 45. §. 4. — 52. §. 3.

ne ouer ses weken uon ereme egene . under den mot men wol kesen enen uronen boden . of de urone bode sterft . ¶ Lantsteten de nen egen en hebbet in deme lande. de scolen soken des gogreuen ding ouer ses weken . Dar unde in iowelkeme uoget dinge scal iowelk burmester wrogen dat rochte . unde menschen blodende . wunden de eme en ander heft gedan . unde getogene suert up enes anderen mannes scaden . unde de . de to dinge nicht en komen de dar plichtich sin to komene . unde al ungerichte dat in den lif . oder in de hant geit . of it mit clage uor gerichte nicht begrepen en is . anders en darf he is nicht wrogen . ¶ ¶

suchen je über sechs Wochen. Unter denen mag man wohl einen Fronboten küren, wenn der Fronbote stirbt [8]). — §. 4. Landsassen, die kein Eigen haben in dem Lande [9a]), die sollen besuchen des Gografen [9b]) Ding je über sechs Wochen. Dort und in jedwedem Vogt-Ding [10]) soll jeglicher Bauermeister [11]) rügen das Gerüffte [12]) und der Menschen blutende Wunden [13]), die Einem ein Anderer zugefügt, und Schwerter, die auf Schaden eines andern Mannes gezogen worden, und diejenigen, die nicht zu Dinge kommen, welche dahin zu kommen pflichtig sind, und alles Ungericht, welches an den Leib oder an die Hand geht [14]), wenn es mit Klage nicht schon vor Gericht angebracht ist. Anders darf er es nicht rügen.

Schwabensp. Cap. 2.) bei Senkenb. Cap. 1. §. 4. **Cap. 3.)** Cap. 49. **Cap. 4.)** Cap. 395. §. 4. & 3. **Cap. 5.)** Cap. ib. §. 1. & 2. **Cap. 6.)** Cap. 392. §. 1. bis 3. **Cap. 7.)** Cap. ib. §. 4. **Cap. 8.)** Cap. 14. §. 1. bis 14. **Cap. 9.)** Cap. 381. §. 1. & 2. **Cap. 10.)** Cap. 382. §. 1 bis 3. & Cap. 183. §. 1. 2. **Cap. 11.)** Cap. 15. §. 1. & 2.

8) I. 53. §. 3. — 61. §. 2. — 62. §. 7. — 63. §. 5. — 68. §. 1. — 70. §. 3. — II. 17. §. 4. — 42. §. 1. — III. 18. §. 1. — 45. §. 5. — (61. §. 3.) — 55. §. 2. — 56. §. 1. 2. & 3. — 61. §. 1. 9a) III. 45. §. 6. 9b) I. 55. bis 58. & 71. 10) I. 59. §. 1. — III. 64. §. 4. 5. & 9. 11) I. 13. §. 2. — 68. §. 1. — II. 13. §. 1. 2. & 3. — II. 56. — 72. §. 4. — III. 56. §. 3. — 64. §. 11. — 86. 12) I. 53. §. 1. — 61. §. 4. — 62. §. 1. — 63. §. 2. — II. 26. §. 1. — 28. §. 4. — 35. §. 2. — 55. §. 4. — 57. §. 1. — 65. §. 4. — 72. §. 2. 3. & 4. — 73. §. 1. — III. 9. §. 5. — 56. §. 2. — 68. §. 2. — 70. §. 2. — 78. §. 3. 13) I. 68. §. 1. 2. & 3. — II. 17. §. 8. — III. 32. — 37. §. 1. — 47. §. 1. 14) I. 8.

ℭ Von ses werlden . . ℭ
ℭ Capitulum . . III . . ℭ

Origenes de wissagede hir beuoren . dat ses werlde scolden wesen . De werlt bi dusent iaren upgenomen . unde in deme seueden scolde se togan . ℭ Nu is uns kundich uon der hilgen scrift dat an Adame de erste begunde . ℭ An noe de andere . ℭ ℭ An abrahame de dritte . ℭ An moyse de verde . ℭ ℭ An dauite de uefte . ℭ An godes burt de seste . ℭ An der seueden sin we nu sunder wisse tale . ℭ ℭ

Art. 3. Von sechs Welten.

§. 1. Origenes weissagte hiebevor, daß sechs Welten würden sein, die Welt zu einem Jahrtausend angenommen, und in dem siebenten würde sie untergehen. Nun ist uns kundig aus der heiligen Schrift, daß mit Adam die erste begann, mit Noa die andere, mit Abraham die dritte, mit Moses die vierte, mit David die fünfte, mit Gottes Geburt die sechste. In der siebenten sind wir jetzt ohne gewisse Zahl.

Schwabensp. Cap. 12.) bei Senkenb. Cap. 8. §. 1. bis 4.
Cap. 13.) Cap. 5. §. 1. bis 11.

ℭ Von deme herscilde . ℭ

To dirre seluen wis . sin de herschilde ut geleget . ℭ De koning heft den ersten . ℭ De biscope . unde de ebbede . unde de ebbedeschen den anderen . ℭ ℭ De leien uorsten den dridden . sint se der biscope man worden sin . ℭ De urien heren den uerden . ℭ De scepenbaren

Von dem Heerschilde.

§. 2. Nach derselben Weise sind die Heerschilde [1]) ausgelegt. Der König hat den ersten; die Bischöfe und Aebte und Aebtissinen den Andern; die Laien-Fürsten [2]) den dritten, seit sie der Bischöfe Mannen geworden sind; die freien Herren [3]) den vierten; die schöffenbaren Leute [4])

---

§. 1. — 37. §. 2. — 64. §. 3. — 67. §. 3. — 68. §. 3. — II. 62. §. 1. — III. 20. §. 3. — 37. §. 1. — 39. §. 4. — 41. §. 2. — 50. — 55. §. 1.

Art. 3.

1) I. 25. §. 3 & 4. — 26. §. 2. — 27. §. 2. — III. 59. §. 1. — 65. §. 2. — 72. §. 1. 2) III. 45. not. 2. 3) III. 45. §. 1. 4) I. 2.

lude . unde urier heren man den uiften . ȼ ȼ Ere man uort den sesten . ȼ Alse de cristenheit in der seueden werlt nene stedicheit newet wu lange se stan scole . also newet men oc an deme seueden herschilde of he lenrecht oder herschilt hebben moge . ȼ De leyen uorsten hebbet auer den sesten in den seueden gebracht . sint se der biscope man worden . des er nicht en was . ȼ Alse de herschilt in deme seueden to stat . also to gat de sibbe an deme seueden . ȼ ȼ

und Mannen der freien Herren den fünften; ihre Mannen ferner den sechsten. — Gleichwie aber die Christenheit an der siebenten Welt keine Beständigkeit kennt, wie lange sie stehen werde; also weis man auch nicht bei dem siebenten Heerschilde, ob ihm Lehnrecht oder der Heerschild zukommen möge. Die Laien-Fürsten haben aber den sechsten (Schild herunter) gebracht in den siebenten, seit sie der Bischöfe Mannen geworden sind, was früher nicht war[5]). Sowie der Heerschild mit dem siebenten schließt; so geht auch die Sippe mit der siebenten zu Ende.

Schwabensp. Cap. 14.) bei Senkenb. Cap. 8. §. 5. bis 10.

ȼ Von der sibbe . ȼ

Nu merke oc wur de sibbe beginne unde wur se lende . ȼ In deme houede sin besceden wif unde man to stande . de elike unde echtlike to samene komen sin . ȼ In des halses lede de kindere de ane tueiunge uon uader unde uon moder geboren sin . is dar tueiunge an . de

Von der Sippe.

§. 3. Merke nun, wo die Sippe[6]) beginne und wo sie ende. Am Haupte ist Weib und Mann zu stehen beschieden, die ehelich und echtlich zusammengekommen sind; an des Halses Gelenke die Kinder, die geboren sind ohne Zweiung von Vater und Mutter. Ist hierin Zweiung;

---

§. 1. & 2. — 51. §. 4. — 59. §. 1. — 67. §. 1. — II. 12. §. 4. & 6. — III. 19. — 26. §. 2. — 29. §. 1. — 45. §. 1. — 54. §. 1. — 55. §. 2. 72. §. 2. 5) III. 65. §. 2. 6) I. 17. §. 2. — II. 31.

ne mogen an eneme lede nicht bestan . unde striken an en ander led . ¶ Nemet oc tuene brodere twu sustere . unde de dridde broder en uromede wif . ere kindere sin doch gelike na . er ioweder des anderen erue to nemende . of se euenbordich sin . ¶ Vngetueieder broder kint . de stat an deme lede dar de sculderen unde de arme to samene gat . Also dot der sustere kint . ¶ Dit is de erste sibbe tale de men to mage rekenet . broder kint . unde suster kint . ¶ In deme elenbogen stat de andere . ¶ ¶ In deme lede der hant de dridde . ¶ In deme ersten lede des middelsten uingers de uerde . ¶ In deme anderen lede de uifte . ¶ In deme dridden lede de seste . ¶ ¶ An deme seueden steit en nagel . unde nicht en led . dar umme lent dar de sibbe . unde hetet nagel mage . . ¶ ¶ De tuischen deme nagele . unde deme houede sik to der sibbe [gelike na] gestippen mogen an geliker stat . de nemet dat erue gelike . ¶ De sic neger to der sibbe ge-

mögen solche an einem Gelenke nicht stehen, und rücken an ein anderes Gelenk weiter 7). Nehmen auch zwei Brüder zwei Schwestern und der dritte Bruder ein fremdes Weib; ihre Kinder sind doch gleich nahe, jedes derselben des anderen Erbe zu nehmen, wenn sie ebenbürtig 8) sind. Ungezweiter Brüder Kinder, die stehen an dem Gelenke, da Schultern und Arme zusammenkommen. Also thun der Schwestern Kinder. Dies ist die erste Sipp-Zahl, die man bei Magen zählt; Bruder-Kinder und Schwester-Kinder 9). An dem Ellenbogen steht die andere. An dem Gelenke der Hand die dritte. An dem ersten Gelenke des Mittelfingers die vierte. An dem andern Gelenke die fünfte. An dem dritten Gelenke die sechste. Anstatt des siebenten steht ein Nagel und nicht ein Gelenk; darum endet hier die Sippe und heißt Nagelmagschaft 10). Die zwischen dem Nagel und dem Haupte gleich nahe zu der Sippe sich ausweisen können an gleicher Statt; die nehmen das Erbe gleich. Wer sich näher

7) II. 21. 8) I. 5. §. 1. — 10. — 17. §. 2. — 23. §. 1. & 2. — 27. §. 2. — 33. — 43. — 45. §. 1. — 51. §. 1. — 63. §. 3. — III. 26. §. 3. — 65. §. 1. — III. 72. §. 1. & 2. 9) I. 17. §. 2. 10) I. 19. §. 1.

stippen mach . de nimt dat erue to uorent . ꝯ *De sippe lent an deme seueden erue to nemende . Al hebbe de paues orlouet wif to nemende in der uiften sibbe. wente de paues en mach nen recht setten . dar he unse lantrecht mede ergere* . ꝯ

zu der Sippe auszuweisen vermag; der nimmt das Erbe zuvor. „Die Sippe endet mit dem Siebenten, Erbe zu nehmen; hat „gleich der Pabst erlaubt, Weib „zu nehmen in der fünften Sippe. „Denn der Pabst kann kein Recht „setzen, womit er unser Landrecht „schädige."

Schwabensp. Cap. 15.) bei Senkenb. Cap. 256. §. 1 bis 15. **[Cap. 16.])** ib. §. 16. **Cap. 17.)** Cap. 375. §. 1 bis 66.

ꝯ **We nen erue nemen en scal . . ꝯ Capitulum . . IIII .**

Uppe olluile . unde uppe duerge en sterft nen len noch erue . noch uppe kropel kint . We denne de eruen sin . unde ere negesten mage de scolen se holden mit plage. ꝯ *Wert ok en kint geboren stum. oder handelos. oder uotlos. oder blint. dat is wol erue to lantrechte. unde nicht to lenrechte. Heft auer he it untfangen er he worde alsus. dat en uorlust he nicht dar mede.* ꝯꝯ *Uppe den meselsuchtigen man nesterft noch len . noch erue . Heft auer he dat er der suke untfangen . un-*

Art. 4. Wer kein Erbe nehmen soll.

„Auf Altwil und auf Zwerge „erstirbt weder Lehn noch Erbe, „noch auf Krüppel-Kinder. Wer „dann die Erben sind und ihre „nächsten Mage; die sollen sie „halten in Pflege [1]. Wird „auch ein Kind geboren stumm, „oder handlos, oder fußlos, oder „blind; das ist wohl Erbe nach „Landrecht, aber nicht nach „Lehnrecht. Hat es aber, bevor „es also wurde, Etwas em„pfangen; das verliert es da„durch nicht. Auf den mesel„süchtigen Mann [2]) erstirbt we„der Lehn noch Erbe. Hat er „das aber vor der Krankheit „empfangen, und wird er nach-

---

1) I. 48. §. 2. 2) III. 54. §. 3.

de wert he seder sek he ne uorlust dat dar mede nicht . ‹

„her krank; so verliert er es „dadurch nicht."

Schwabensp. vacat.

‹ Wu men erue nimt unde rade . ‹ Capit . . V . .

Nimt de sone wif bi des uader tiden . de eme euenbordich is . unde gewinnet sone bi ere. unde steruet he dar na er sineme uadere unbedelet uon deme erue . sine sone nemet dele in eres elder uader erue gelike ereme uedderen an eres uader stat . alle nemet se auer enes mannes del . . ‹ ‹ Disses ne mach den dochter kinderen nicht gheschen . dat se like dele nemen der dochtere . in des elder uader . oder in der elder moder erue . ‹ De dochter de in deme hus is unbestadet . de ne delet nicht san er moder rade. mit der dochter de utberaden is . Wat se auer erues an irsteruet . dat mot se mit der suster delen . ‹ ‹ En wif mach mit unkuscheit eres

Art. 5. Wie man Erbe nimmt und Gerade.

§. 1. Nimmt der Sohn ein Weib, das ihm ebenbürtig [1]) ist, bei des Vaters Lebzeit, und gewinnt er Söhne mit ihr, und stirbt er hernach vor seinem Vater, unabgetheilt von dem Erbe [2]); seine Söhne nehmen Theil an ihres Eltervaters Erbe, gleich ihren Vettern, an ihres Vaters Statt. Sie Alle nehmen aber eines Mannes Theil. — Den Tochter-Kindern mag dies nicht geschehen, daß sie der Tochter gleichen Theil nehmen an des Eltervaters oder der Eltermutter Erbe. — §. 2. Die Tochter, die in dem Hause ist unausgestattet, die theilt fürwahr nicht ihrer Mutter Gerade [3a]) mit der Tochter, die ausgestattet ist. Was aber des Erbes ihr anerstirbt, das muß sie mit der Schwester theilen [3b]). Ein Weib mag ihrer

---

1) I. 3. not. 8. 2) I. 10. — 11. — 13. §. 1. & 2. — 14. — II. 18. §. 2. — 20. §. 1. 3a) I. 20. §. 4. 5. & 7. — 24. §. 3. — 27. §. 1. — 31. §. 1. — III. 15. §. 2. & 4. — 38. §. 5. — 74. — 76. §. 1. 3b) I.

liues [ere] wifliken ere krenken. ere recht ne uorlust se dar mede nicht . noch ere erue . ¢ De pape nimt geliken del der suster in der moder rade . unde gelike dele den broderen an egene . unde an erue . ¢ *Men ne mach nemanne seggen to eneme papen . he ne si geleret unde gewiet to eneme papen . *unde mit Sceren getekenet to papen* er ene de rade an irsterue* . ¢ Wur auer de urowe nenen broder neheft wen enen papen . se nimt eme like dele in erue alse in der rade . ¢ Von des papen gude na sime dode ne nimt men nene rade . wente it is allet erue . wat so under eme irsteruet . ¢ De unberadene suster en delet nicht erer moder rade mit deme papen de kerken . oder prouende heft . ¢

weiblichen Ehre schaden durch ihres Lebens Unkeuschheit; ihr Recht[3c]) verliert sie aber dadurch nicht, noch ihr Erbe. — §. 3. Der Pfaffe nimmt der Schwester gleichen Theil an der Mutter Gerade, und den Brüdern gleichen Theil an Eigen und an Erbe[4]). „Man mag aber „Niemanden als einen Pfaffen „ausgeben; er sei denn gelehrt „und geweihet[5]) zu einem Pfaf„fen, *und mit der Scheere zum „Pfaffen gezeichnet[6]),* bevor „ihm die Gerade anerstarb." Wo aber die Frau keinen Bruder hat, als einen Pfaffen, da nimmt sie ihm gleichen Theil an Erbe, wie an der Gerade. Von des Pfaffen Gute nimmt man keine Gerade nach seinem Tode; denn es ist Alles Erbe, was unter ihm erstirbt. Die unausgestattete Schwester theilt nicht ihrer Mutter Gerade mit dem Pfaffen, der eine Kirche oder Pfründe hat.

Schwabensp. Cap. 18.) bei Senkenb. Cap. 259. §. 1. bis 3. **Cap. 19.)** Cap. 258. §. 3. & 4. **Cap. 20.)** ib. §. 5. bis 7.

---

13. § 1. 3c) I. 36. not. 2. 4) I. 25. §. 1. 5) II. 67. §. 2. 6) II. 23. §. 3. — III. 2.

¶ We dat erue nimt de scal de scult gelden. ¶ Capitulum. . VI.

Mit welkeme gude de man sterft dat het allet erue. ¶ ¶ We so dat erue nimt de scal de scult gelden. also uerne alse eme wert an uarender haue. ¶ Düue. noch rof. noch dobel spel. en is he nicht plichtich to geldene. noch nene scult wenne de der he wederstadunge untfeit. oder borge worden was. de scult scal de erue gelden of he is geinneret wert mit tuen unde seuentich mannen alse recht is. de alle scepenbare sin. oder echt borene lude. ¶ *Wat auer en man wet des nedarf men ene auer nicht inneren mit getüge. ¶ Of de man sines getüges sik wil af don. unde ene scüldiget to lantrechte ümme sine witscap. he scal bekennen unde lesten. oder uorseken unde dar uore sueren.* ¶ Men scal oc deme eruen gelden dat men deme doden scüldich was. ¶ Der scult der

Art. 6. Wer das Erbe nimmt, der soll die Schuld zahlen.

§. 1. Mit welchem Gute der Mann stirbt, das heißt Alles Erbe [1]. — Wer nun das Erbe nimmt, der soll die Schuld zahlen, also fern, als ihm an fahrender Habe (Antheil) wird [2]. Gestohlenes, noch geraubtes Gut, noch Spielschuld zu zahlen ist er nicht pflichtig [3], noch irgend eine Schuld, als die, deren Wiedererstattung er empfängt oder Bürge geworden war. Die Schuld soll der Erbe zahlen, wenn er dessen gemahnt wird mit zwei und siebenzig Mannen, wie recht ist, die Alle schöffenbar [4]) sind, oder echtgeborene Leute [5a]). — §. 3. „Was aber ein Mann weiß, „dessen braucht man ihn mit Zeugen nicht zu mahnen. Wenn man „will von seinem Zeugniß abgehen, und ihn nach Landrecht „auf seine Wissenschaft beschuldigen: er soll bekennen und leisten; oder versagen und dafür „schwören [5b])." — §. 4. Man soll auch dem Erben zahlen, was man dem Todten schuldig war [6]). §. 5.

1) I. 24. §. 3. a. E. 2) III. 10. §. 2. — II. 18. §. 1. — III. 91. §. 3. — I. 22. §. 2. 3) II. 61. §. 1. & 2. 4) I. 2. not. 3. 5a) I. 17. §. 1. — 37. §. 1. — 51. §. 2. — II. 24. — III. 54. §. 3. 5b) II. 23. §. 5. 6) I. 9. §. 1. ff. — III. 31. §. 1. — 32. — 77. §. 1. & 2.

de man scüldich is der nedarf men ene nicht inneren . he scal er bekennen oder uorsaken . ¶

Um die Schuld, die Jemand selbst schuldig ist, braucht man ihn nicht zu mahnen; er soll sie bekennen oder versagen.

Schwabensp. Cap. 21.) bei Senkenb. Cap. 260. §. 1. bis 3. **Cap. 22.)** Cap. 261. §. 1 bis 3. **Cap. 23.)** Cap. 331. §. 1 bis 15. **Cap. 24.)** Cap. 262. §. 1. & 2. **Cap. 25.)** Cap. 263. §. 1. bis 5. **Cap. 26.)** Cap. 264.

¶ Of en man uorsaket des men en tiet . ¶ Capit . VII . .

We so icht borget oder louet de scal it gelden . unde wat he deit dat scal he stede holden . wil he auer des uorsaken dar na . he untuort eme mit sime ede wat uor gerichte nicht gelend is . ¶ Wat he auer uor gerichte deit des uortüget en de sakwoldige mit tuen mannen . unde de richtere scal de dritte sin . ¶

Art. 7. Ob Jemand das versagt, dessen man ihn zeihet.

Wer Einem Etwas verbürgt oder gelobt, der soll es leisten, und was er thut, das soll er stäte halten. Will er es ihm aber danach versagen; so entführt er ihm das mit seinem Eide, was nicht vor Gericht abgethan ist [1]). Was er aber vor Gericht thut, dessen überführt ihn der Betheiligte mit zweien Mannen, und der Richter soll der dritte sein [2]).

Schwabensp. Cap. 27.) bei Senkenb. Cap. 265. §. 1. & 2. **Cap. 28.)** Cap. 10. §. 1. bis 6.

---

1) I. 13. §. 2. — 15. §. 1. & 2. — 18. §. 2. — 22. §. 4. — 39. — 62. §. 2. — 70. §. 1. — II. 12. §. 9. — 33. §. 1. — 35. §. 4. — 55. §. 5. 6. — 66. §. 2. — 73. §. 2. & 4. — III. 4. §. 1. — 5. §. 3. — 9. §. 2. — 23. — 33. §. 2. — 48. §. 3. & 4. — 71. §. 1. — 79. §. 2. — 90. — 92. §. 1. & 2. 2) I. 13. §. 2. — 18. §. 2. — III. 33. §. 2. — 71. §. 1. & 2. — 89. §. 1.

¶ Upp egen unde an sin recht . an sin lif . oder an sine gesund . ¶ Sone unde urueide to tügende . ¶ Ca . VIII .

Wur men auer egen gift . oder set . oder eneme manne tügen wil an sin recht . oder an sin lif . oder an sine gesunt . dat de man uor gerichte gelouet hebbe . oder eme uordelet si . des mot de richtere silf seuede wesen . sogedaner lüde de eme ordel uinden . unde tüge sin . ¶ Des uronen boden tüch steit uor tuene man . of men des bedarf dar men mit seuen mannen getügen scal . Sin bote is oc tueuolt . unde sin weregelt na siner bort . sint der tit dat he to uronen boden gekoren wert . ¶ *Sone unde ürueide de de man uor gerichte deit . de tüget he mit deme richtere .*

Art. 8. Zeugniß zu führen um Eigen und um Jemandes Recht, um sein Leben oder seine Gesundheit, um Sühne oder Urfehde.

Art. 1. Wo man aber Eigen [1]) vergibt oder versetzt, oder einem Manne zeugen will auf sein Recht [2]), oder auf sein Leben, oder auf seine Gesundheit [3]): was der Mann vor Gericht angelobt hat, oder ihm aberkannt ist; dafür muß der Richter selbsiebent mit solchen Leuten stehen und Zeuge sein, die ihm Urtheil finden [4]). — §. 2. Des Fronboten [5]) Zeugniß steht, wenn man dessen bedarf, wo man mit sieben Mannen zeugen soll, für zwei Mann [6a]). Auch seine Buße [6b]) ist zweifältig und sein Wehrgeld [6c]); seiner Geburt [6d]) nach, von der Zeit an, wo er zum Fronboten erkoren wird. — §. 3. „Sühne und Urfehde [7]), die „der Mann vor Gericht leistet, „bezeugt er mit dem Richter

1) I. 2. §. 2. 3. & 4. — 5. §. 3. — 9. §. 1. — 21. §. 2. — 29. — 31. §. 1. & 2. — 32. — 34. §. 1. 2. & 3. — 38. §. 1. — 41. — 44. — 45. §. 2. — 52. §. 1. — 59. §. 1. — 62. §. 4. — II. 5. §. 1. — 22. §. 4. — 42. — 44. §. 1 & 2. — 45. §. 3. — 55. §. 2. — III. 34. §. 4. & 5. — 38. §. 4. — 75. §. 1. — 76. §. 3. — 81. §. 1. & 3. — 84. §. 3. 2) I. 16. — 17. §. 1. — 45. §. 1. — II. 24. — III. 19. — 45. §. 3. — 56. §. 1. — 72. §. 1. 2. & 3. — (I. 36. not. 2.) 3) I. 2. not. 19. — III. 41. §. 2. 4) I. 7. not. 2. — III. 89. not. 1. 5) I. 2. not. 8. 6a) II. 23. §. 1. & 2. 6b) I. 53. not. 6. 6c) III. 45. 6d) III. 17. §. 3. 7) III. 41. §. 1. — (II. 10. not. 2.)

unde mit tuen mannen. Gescüt it auer ane gerichte. he mot it betügen silf seuede. de deme manne) de sone. oder de orueide dede.* ₵

„und zweien Mannen[8]). Geschieht es aber außer Gericht; „der, dem man die Sühne oder „Urfehde leistete, muß es selbsiebent bezeugen."

Schwabensp. Cap. 29.) bei Senkenb. Cap. 265. §. 3.
Cap. 30.) ib. §. 4.

₵ We louet egen to latende. ₵ Capitulum . . IX . .

We auer deme anderen louet en egen to geuende uor gerichte. unde de iene siluer. oder sin gut darup gift. sterft iene denne er eme de gaue gestedigel werde. men scal dat sime eruen lesten alse men ienem scolde. deste he dat ieneme wlgelde. Dit scal men ok don ümme iowelke uarende haue. ₵ *We ok deme anderen sin gut uordinget. unde louet he it eme up to latende uor sineme heren wan he dat irwerue. und gildet it eme iene al. oder en del. unde sterft iene de dat bedinget heft er it eme gelegen werde. iene is dat*

Art. 9. Wer Eigen zu lassen gelobt.

§. 1. „Wer aber gelobt, dem „Andern ein Eigen[1]) zu geben „vor Gericht, und giebt dieser sein „Geld oder Gut darauf; stirbt er „dann ehr ihm die Gabe bestätigt „wird: man soll das seinem Erben leisten, was man ihm sollte, „dafern er es nur vollständig „jenem bezahlt[2]). Ebendies soll „man auch thun bei jeder fahrenden Habe." — §. 2. „Wer auch „dem Andern sein Gut verhandelt, und gelobt er, es ihm „aufzulassen[3]) vor seinem Herren, wenn er dies erwirke, „und jener bezahlt es ihm ganz „oder zum Theil, und stirbt „dann der, der es erhandelt „hat, ehe es ihm verliehen wird; „so ist jener pflichtig, es dessen

---

*) Hom. *man.* 8) III. 18. §. 1.

Art. 9.

1a) I. 8. not. 1. 1b) I. 6. §. 4. — 22. §. 2. — 38. §. 1. — II. 42. §. 2. — III. 31. & 32. — 77. §. 1. 2) I. 45. §. 2. — II. 25. §. 2.

plichtich to latende sime rechten eruen . we he si . alse he it ieneme laten scolde . deste he it uulgelde · oder he scal eme weder geuen . dat eme dar up gegeuen was . ¶ Dit selue scal ok en here don . of en man en güt entiegen eme becostiget . dat he it eme legen oder ledich maken scal . unde of de man er der lenunge steruet . ¶ Louet auer de man de dat güt laten scal dat he ieneme de lenunge irwerue . unde deit he dat . unde kündiget it ieneme mit getüge dat he dar te. unde dat untfa. unde weigert des iene ane rechte not . steruet de here . oder weigeret he des seder to lene . unde mach he is nicht irweruen alse er . he is uon eme ledich des inridenes . unde nicht des latendes . of it iene dar

„rechten Erben, wer er sey, „aufzulassen, wie er es jenem „auflassen sollte, dafern er es „nur vollständig bezahlt: oder „er soll ihm wiedergeben, was „ihm darauf gegeben war." — §. 3. „Dieselbe soll auch ein „Herr thun, wenn ein Mann „ihm Kosten [4]) für ein Gut „entrichtet, damit er es ihm „leihe oder einlöse, und der „Mann vor der Belehnung „stirbt." — §. 4. „Gelobt aber „der Mann, welcher das Gut „auflassen soll, daß er jenem „die Belehnung erwirke, und „thut er dies, und kündigt es „jenem vor Zeugen, damit er „hinziehe und das Gut em„pfange, und jener verwei„gert dies ohne rechte Noth [5]): „stirbt der Herr, oder verwei„gert er es nun zu leihen, und „er kann dann nicht mehr, wie „vorher, dies erwirken; so ist „er ledig gegen ihn des Ein„reitens [6]), nicht aber des Auf„lassens, wenn jener es später

3) I. 12. — II. 12. §. 6. — 30. — 36. §. 1. — 59. §. 3. — III. 91. §. 3. 4) I. 28. — 38. §. 1. — 70. §. 2. — II. 7. — 11. §. 1. — 72. §. 3. 5) II. 12. §. 1. 6) I. 15. §. 1. — 20. §. 4. & 6. — 21. §. 3. — 22. §. 3. — 31. §. 2. — 34. §. 2. — 45. §. 2. — 52. §. 3. — II. 19. §. 2. — 25. §. 1 & 2. — 26. §. 1. — 30. — 35. §. 3 & 8. — 44. §. 1. — 45. §. 1. & 2. — 58. — 61. §. 1. — 71. §. 1. — III. 21. §. 2. — 33. §. 6. — 82. §. 2. — 88. §. 5.

na irweruen mach. ¶ We ok deme anderen gût an sine were let er he it up late. he scal ene in der were uore stan. dewile he it eme nicht upgelaten neheft. wanne he siner werescap bedarf. ¶ ¶ Wert auer eme oder ieneme deme he dat gut laten scal de gewere gebroken mit rechte. he scal eme sin gût weder geuen. dat eme darümme gegeuen was. ¶ Steruet auer de iene de dat laten scolde. sin sone [en] is it [nicht] plichtich to latende. he ne hebbe it selue gelouet. oder borgen uore gesat.

„noch zu erwirken vermag." — §. 5. „Wer auch dem Andern „ein Gut in seine Gewere [7]) „läßt, ehe er es ihm aufläßt; „der soll ihn vertreten in der „Gewere [8]), so lange er es ihm „noch nicht aufgelassen hat, wenn „er seiner Gewerschaft [9]) bedarf. „Wird aber ihm, oder demjeni„gen, dem er das Gut auflassen „soll, die Gewere mit Recht ge„brochen [10]); er soll ihm zurück„geben sein Gut, das ihm dafür „gegeben war." — §. 6. „Stirbt „aber derjenige, der es auflassen „sollte; sein Sohn ist nicht schul„dig es aufzulassen: er hätte „denn selbst es gelobt oder Bür„gen dafür gesetzt."

Schwabensp. vacat.

¶ Gift de uater sineme sone ors. perde. unde harnasch. ¶ Cap.. X..

Art. 10. Giebt der Vater seinem Sohne Roß, Pferde und Harnisch.

Gift de uader deme sone cledere. unde ors. unde perde. unde harnasch to der tit alse he is bedarf. unde he it nütten mach. unde dat

„Giebt der Vater dem Sohne „Kleider, und Roß, und Pferde, „und Harnisch, zu der Zeit, „wo er dessen bedarf und es „nützen kann, und wo es der

---

7) I. 20. §. 4. & 6. — 31. §. 2. — II. 19. §. 2. — 25. §. 1 & 2. — 44. §. 1. — 45. §. 3. — 71. §. 1. — III. 82. §. 2. — 89. §. 5. 8) II. 23. §. 5. — III. 4. §. 2. — 35. §. 1. & 2. — 77. §. 1. — 83. §. 2. & 3. — (II. 35. §. 5. — 43. §. 1.) 9) I. 15. §. 1. — II. 25. §. 1. — 35. §. 5. — 43. §. 1. & 2.

it de uader ok geuen mach. steruet sint de uader he nedarf is nicht delen mit sinen broderen. noch sines uader heren weder geuen. noch des uader eruen. of he sineme uadere nicht euenbordich is. alsi he uon sineme uadere ungesceden mit sineme güde. ℭ

„Vater auch geben kann [1]): stirbt „alsdann der Vater; er braucht „es weder mit seinen Brüdern zu „theilen, noch dem Herren seines „Vaters zurück zu geben, noch „den Erben des Vaters, wenn er „seinem Vater nicht ebenbürtig [2]) „ist, obschon er mit seinem Gute „ungeschieden [3]) von seinem „Vater ist."

Schwabensp. vacat.

ℭ Hold uader oder moder de kindere in uormuntscap.. ℭ Capitulum undecimum.. XI..

Holt ok de uader de kindere in uormuntscap na der moder dode. wanne se sik uon eme schedet. he scal en weder laten unde geuen al erer moder güt. it ne si eme uon ungelüke. unde ane sine scult geloset. ℭ *Dit selue scal dat wif des uader kinderen don steruet de uader. Unde en iowelk man de der kindere uormunde is..*

Art. 11. Hält der Vater oder die Mutter die Kinder in Vormundschaft.

„Hält auch der Vater nach „der Mutter Tode die Kin- „der in Vormundschaft: wenn „sie sich von ihm scheiden; er „soll ihnen wieder lassen und „geben all ihrer Mutter Gut [1]), „es wäre ihm denn durch Unglück „und ohne seine Schuld weg- „gekommen. Ebendies soll die „Frau den Kindern des Vaters „thun, wenn der Vater stirbt [2]), „und jeglicher Mann, der Vor- „mund der Kinder ist."

Schwabensp. Cap. 31.) bei Senkenb. Cap. 298. §. 1. & 2.

---

1) I. 52. §. 2. 2) I. 3. not. 8. 3) I. 5. not. 2.

Art. 11.

1) I. 31. §. 1. 2) I. 20. §. 3 ff. 3) I. 23. §. 2.

ℭ Of lüde ere güt to samende hebbet . ℭ Cap . XII .

Wur brodere oder andere lüde güt to samene hebben . uorhoget se dat mit erer kost . oder mit ereme denste . de urome is er al gemeine . Dat selbe is de scade . ℭ Wat auer en man mit sime wiue nimt . des en delet he mit sinen broderen nicht . ℭ Vorspelet auer en man sin güt . oder uorhoret he it . oder uorgift he it . oder uorgüftet he it mit kost . dar sine brodere . oder de ere güt mit eme hebbet gemeine nicht to plicht hebbet . de scade den he dar an nimt scal sines enes sin . unde nicht siner brodere . noch siner geuerden de ere güt mit eme gemeine hebbet .

Art. 12. Wenn Leute ihr Gut zusammen haben.

„Wo Brüder oder andere „Leute ihr Gut zusammen haben: „verbessern sie das mit ihren „Kosten [1]) oder mit ihrer Arbeit; „der Vortheil ist ihrer Aller ge„mein. Dasselbe ist der Scha„den. Was aber ein Mann „mit seiner Frau bekommt, das „theilt er mit seinen Brüdern „nicht. Verspielt aber ein Mann „sein Gut, oder verhurt er es, „oder verschenkt er es, oder „vergeudet er es durch Auf„wand, wozu seine Brüder oder „die, welche ihre Güter mit „ihm gemein haben, nicht bei„gepflichtet haben; der Schade, „den er daran nimmt, soll dessen „allein sein, und nicht seiner „Brüder noch seiner Gefährten, „die ihre Güter mit ihm gemein „haben."

Schwabensp. vacat.

ℭ Von afsunderinge der kindere . ℭ Capit . XIII .

Sunderet de uader . oder de moder uon en eren sone . oder en ere dochter mit ereme güde . Se ne tueien

Art. 13. Von Absonderung der Kinder.

§. 1. Sondert der Va„ter oder die Mutter ihren „Sohn oder eine ihrer Töch„ter mit ihrem Gute von sich

---

1) I. 9. not. 3. 2) I. 9. not. 3.

sik mit der kost . oder nedon . willen se na des uader dode . oder na der moder an er eruedel spreken . de broder an der brodere . oder de gemannede dochter an der unbestaden süstere . se moten in de dele mit ereme ede alle dat güt [bringen] dar se mede af gesunderet waren . of it is uarende güt . sunder rade . ¶ Is it auer ander güt dat men bewisen mach . dar nemogen se nicht uore sueren . hadden se auer ere erue delunge dar an uorlouet des scolen se umberen . se ne untsegen it up den hilgen . ¶ Vorloueden se it auer uor gerichte . so mot men bat se des uortügen denne se des unscüldich moten werden . ¶ ¶ De burmester is wol getüch ouer den gebur binnen sime gerichte in des richteres stat ümme süs gedane sake . ¶

„ab [1]), sie mögen sich in der „Beköstigung trennen oder es „nicht thun. Wollen sie nach „dem Tode des Vaters oder „der Mutter ihr Erbtheil an„sprechen, der Bruder an die „Brüder oder die bemannte „Tochter an die unausgestatteten „Schwestern; sie müssen mit ih„rem Eide all das Gut in die „Theilung bringen, womit sie „abgesondert waren, wenn es fah„rendes Gut ist, außer Gerade [2]). „Ist es aber anderes Gut, das „man nachweisen kann; dafür „mögen sie nicht schwören [3])." — §. 2. „Hatten sie aber ihrer Erb„theilung daran entsagt: sie sollen „dessen entbehren; sie entredeten „es denn auf den Heiligen [4a]). „Entsagten sie aber vor Gericht; „so mag man sie besser mit Zeugen „überführen, als sie deß unschul„dig werden mögen [4b]). Der „Bauermeister [5]) ist wohl, an „Richters [6]) statt, um solche Sache „Zeuge über den Bauer binnen „seinem Gerichte."

Schwabensp. Cap. 32.) bei Senkenb. Cap. 288. §. 1. bis 6. **Cap. 33.)** Cap. 289. §. 1. bis 8. **Cap. 34.)** Cap. 290. §. 1. & 2. **Cap. 35.)** Cap. 293. §. 1. bis 7. **Cap. 36.)** Cap. 294. §. 1. & 2. **Cap. 37.)** Cap. 268. §. 1. bis 5. **Cap. 38.)** Cap. 291. §. 1. bis 3. & 292.

---

1) I. 5. not. 2. 2) I. 5. §. 2. 3) I. 15. §. 2. 4a) I. 20. §. 6. — 21. §. 1. — 33. §. 1. — 35. §. 4. — 66. §. 2. — III. 48. §. 4. — 56. §. 1.

ℭ Von lene to delende. ℭ Cap. XIIII..

Al si dat lenrecht dat de here nicht ne lene mer eneme sone sines uader len. it en is doch nicht lantrecht dat he it allene beholde. he ne irstade it sinen broderen na deme dat is eme geboret na der dele. ℭ Also ne is it ok nicht lantrecht of de uader den sone mit sineme lene uon eme sunderet. unde eme san up let. dat he [is] to uoren beholde na sines uater dode. unde in deme anderen gelike dele neme sinen broderen. al ne künnen se eme nicht des geweigeren to lenrechte. it ne is doch nicht lantrecht. unde claget se ouer ene to lantrechte. se duinget en dar wol mit ordelen to rechter dele..

Art. 14. Von Lehn zu theilen.

§. 1. „Ob es auch Lehn„recht sey, daß der Herr nicht „mehr als einem Sohne verleihe „seines Vaters Lehn: es ist doch „nicht Landrecht, daß er es allein „behalte; er erstatte es denn „seinen Brüdern nach dem, daß „ihm der Theilung nach davon „gebührt." — §. 2. „So ist es „auch nicht Landrecht, wenn der „Vater mit seinem Lehne den „Sohn von sich absondert, und „es ihm sogar aufläßt, daß er „nach seines Vaters Tode zum „Voraus es behalte, und in dem „Uebrigen mit seinen Brüdern „gleichen Theil nehme. Können „sie es ihm auch nach Lehnrecht „nicht weigern; ist es doch nicht „Landrecht: und klagen sie ge„gen ihn nach Landrecht; sie „zwingen ihn da wohl mit Ur„theilen zu rechter Theilung."

Schwabensp. vacat.

ℭ We deme anderen sine uarende güt liet. ℭ Capitulum... XV..

We deme anderen sin uarende güt lenet. oder sat.

Art. 15. Wer dem Andern sein fahrend Gut leiht.

§. 1. „Wer dem Andern „sein fahrend Gut leiht, oder

Art. 13.

— 79. §. 2. — 92. §. 1. 4b) I. 7. not. 1. & 2. — 39. — II. 73. §. 2. & 4. — III. 33. §. 2. — 90. (I. 15. not. 5.) 5) I. 2. not. 11. 6) III. 89. not. 1.

*oder to beholdene deil ümme besced . oder ane besced . Wil is iene dar na besaken . oder sin erue na sineme dode . desse is il nar to beholdene silf dridde . denne iene *al ene dar vor to sverene . Mach aver jene* de il in geweren heft sine intucht dar ane getügende . oder sin erue güt . oder heft he des geweren to rechte he brikt eme sinen getüch eme ne werde brok an sime geweren . ¶ Scüldiget men den man ümme dat des he nicht en heft des untgeit he mit unscult . wat men auer under eme bewisen mach . dar uore mot he antworden ane unscult .*

„versetzt, oder zu bewahren giebt, „mit Beding, oder ohne Beding: will nachher jener dies „leugnen, oder sein Erbe nach „seinem Tode; dieser ist näher, „selbdritt es zu behalten, als „jener, *allein dafür zu schwören [1]). Mag aber jener,* der „es in Gewer hat, seine Inzucht [2]) daran bezeugen, oder „sein Erbgut, oder hat er einen „Gewersmann nach Recht [3a]): „er bricht ihm sein Zeugniß [3b]); „ihm werde denn Bruch an seinem Gewersmanne [4]). — §. 2. „Schuldigt man den Mann um „das, was er nicht hat; dem „entgeht er mit seiner Unschuld [5]): „was man aber bei ihm nachweisen mag, dafür muß er „ohne Unschuld antworten."

Schwabensp. vacat.

¶ Erweruen ander recht. unde den egenen uri let. Cap. XVI..

Nen man nemach irweruen ander recht. wenne alse en an-

Art. 16. Erwerben eines andern Rechts und Freilassen eines Eigenen.

Kein Mann mag anderes Recht erwerben als wie ihm

---

1) II. 35. §. 4. a. E. & §. 7. — 61. §. 1. & 2. — III. 4. §. 1. 2) II. 35. §. 3. & 6. 3a) II. 35. §. 5. — (ib. not. 11.) 3b) II. 35. §. 3. 4) II. 35. §. 5. & 7. — 43. §. 2. (I. 9. not. 9.) 5) I. 18. §. 2. — 22. §. 4. — 62. §. 2. — II. 55. §. 6. — III. 4. §. 1. (I. 13. not. 4.)

geboren is. Uorsmat auer he sin recht uor gerichte. unde seget eme to en ander recht des he nicht wlkomen en kan. he uorlüst beide. ***Sunder de egene man den men uri let. de behelt urier lantselen recht.*** ₡

angeboren ist [1]). Verleugnet er aber sein Recht vor Gericht und spricht ein anderes Recht sich zu, das er nicht vollführen kann [2]); er verliert beide [3]): „außer der „eigene Mann, den man frei-„läßt; der behält freier Land-„sassen Recht [4]).“ — [§. 2. s. Art. 17. §. 1.]

Schwabensp. Cap. 39.) bei Senkenb. Cap. 397. §. 1. a. A. **Cap. 40.)** ib. §. 2. **Cap. 41.)** ib. §. 1. a. E.

₡ Vri unde echt beholt sines uader recht. ₡ Unde we dat erue nimt uon suauen. ₡ Capitlm.. XVII..

Wur dat kint is uri unde echt. dar behilt it sines uader recht. ₡ Is auer de uader. oder de moder *denest wif* *). dat kint behelt solik recht als it an geboren is.. ₡ ₡ Sterft de sone ane kint sin uader nimt sin erue. ne heft he des uader

Art. 17. Frei und echt erhält seines Vaters Recht, und wer das Erbe nimmt bei den Schwaben.

§. 1. [Art. 16. §. 2.] Wo das Kind ist frei und echt [1]), da erhält es seines Vaters Recht. Ist aber der Vater oder die Mutter dienstpflichtig; das Kind erhält solch Recht, als ihm angeboren ist [2]). — §. 2. [Art. 17. §. 1.] Stirbt der Sohn ohne Kinder; sein Vater nimmt sein Erbe. Hat er keinen Vater;

Art. 16.

1) I. 8. §. 2. — 30. — 45. §. 1. — II. 17. §. 3. — III. 33. §. 1. ff. — 45. — 65. §. 2. — 72. §. 1. & 2. — 81. §. 3. 2) I. 50. §. 2. — 62. §. 4. — II. 12. §. 6. & 7. — 23. §. 2. & 5. — III. 18. §. 1. — 33. §. 1. ff. — 89. §. 2. & 5. 3) II. 6. §. 1. 4) I. 2. §. 1. & 4. — III. 45. §. 6. — 81. §. 2. — (I. 30. — III. 33. §. 1.)

*) Codex Quedl. dienstphlicht.

nicht. it nimt sin moder mit mereme rechte denne sin broder. ₵ Uader unde moder. süster unde broder erue nimt de sone. unde nicht de dochter. *it ne si dat dar nene sone en si. so nimt it de dochter.* ₵ Wanne auer en erue uorsüsteret unde uorbroderet. alle de sik gelike na to der sippe gestippen mogen. de nemet gelike dele dar an. it si man oder wif. Düsse hetet de sassen gan eruen. ₵ ₵ Doch nimt sones. unde dochter kint erue uor uader unde uor moder. uor broder unde uor süster. dor dat it ne geit nicht ut deme bosmede. de wile de euenbordige bosme dar is. ₵ We so deme anderen euenbordich nicht en is. de ne mach sin erue nicht nemen. ₵ De suaue ne mach uon wif haluen nen erue nemen. wenne de wif in ereme slechte alle eruelos sin gemaket dor erer uoreuaren missedat. ₵

seine Mutter nimmt es mit mehr Rechte, als sein Bruder. Von Vater- und Mutter-Bruder und Schwester nimmt der Sohn Erbe und nicht die Tochter; „es sey „denn, daß kein Sohn dawäre, „so nimmt es die Tochter [3]).“ — Wenn aber ein Erbe verschwestert und verbrüdert; Alle die sich zu der Sippe gleich nahe auszählen mögen, die nehmen gleichen Theil daran, es sey Mann oder Weib. Diese heißen die Sachsen Ganerben. Doch nimmt Sohnes- und Tochter-Kind vor Vater und vor Mutter, vor Bruder und vor Schwester Erbe; darum daß es nicht aus dem Busen geht, so lange ebenbürtige Busen dasind [4]). Wer aber dem Andern nicht ebenbürtig ist, der mag sein Erbe nicht nehmen [5]). — §. 3. [§. 2.] Die Schwaben mögen vom Weibsstamme her kein Erbe nehmen; weil in ihrem Geschlechte alle Weiber erblos gemacht sind, durch ihrer Vorfahren Mißethat [6]).

Schwabensp. Cap. 42.) bei Senkenb. Cap. 397. §. 3. **Cap. 43.)** Cap. 284. §. 1. & 2. **Cap. 44.)** Cap. 285. §. 1. bis 18. **Cap. 45.)** Cap. 266. §. 1. **Cap. 46.)** Cap. 299. §. 1. & 2. **Cap. 47.)** Cap. 266. §. 2. bis 5. **Cap. 48.)** Cap. 257. §. 1. bis 19.

Art. 17.

1) I. 6. not. 5. — III. 72. & 73. 2) III. 72. & 73. (I. 45. §. 1. —

ɑ Von den rechten weder karles willen beholden. ɑ ɑ Capitulum.. XVIII..

Drier hande recht behelden de sassen weder karles willen. ɑ Dat suauesche recht dor der wiue hat. ɑ Vnde dat andere. Wat so en man uor gerichte nicht en deit. wu witlik dat si. dat he is mit siner unscult untgeit. unde men des ene nicht uortügen enkan. ɑ Dat dridde is. dat men nen ordel so recht uor deme rike binnen deme lande to sassen uint. wil it en sasse schelden. unde tüt he des an sine uorderen hant. unde an de meren menie. unde weder uechtet he dat ordel silf seuede weder andere seuene. wur de mere menie geseget de heft dat ordel beholden. Dar to behelden se al ere olde recht. wat weder der cristeliken. e. unde deme rechten gelouen nicht ne was.

Art. 18. Von den Rechten, die wider Karls Willen behalten wurden.

§. 1. Dreierley Recht behielten die Sachsen wider Karls Willen: das schwäbische Recht, aus Ungunst gegen die Frauen [1]). — §. 2. Und das Andere: was ein Mann nicht vor Gericht thut, wie bekannt es auch sey; daß er dem mit seiner Unschuld entgeht und man ihn dessen durch Zeugen nicht überführen kann [2]). — §. 3. Das dritte ist: daß man kein Urtheil, wie im Reiche Rechtens [3]), binnen dem Lande Sachsen findet. Will ein Sachse es schelten, und zieht er es an seine rechte Hand und an die mehrere Menge, und verficht er das Urtheil selbsiebent gegen sieben Andere: wo dann die mehrere Menge siegt; die hat das Urtheil behalten [4]). Hierzu behielten sie alle ihre alten Rechte; was nicht wider das christliche Gebot [5]) und den rechten Glauben war.

Schwabensp. vacat.

III. 45. §. 3.) 3) I. 3. not. 9.. 4) I. 5. §. 1. 5) I. 3. not. 8. 6) I. 18. §. 1. — 19. §. 1.

Art. 18.

1) I. 17. not. 6. 2) I. 7. not. 1. & 2. (I. 15. not. 5.) — III. 89. not. 1. 3) II. 12. §. 6 ff. — 13. §. 1. a. E. — I. 19. §. 2. 4) II. 13. §. 1. ff. 5) II. 67. §. 2. — III. 42. §. 4.

ꝯ Von sueuesche me rechte. ꝯ Capitulum.. XIX..

De suaue nimt wol herwede unde erue bouen der seueden sibbe also uerne so he ümmer gereden kan. dat de man eme uon suerthaluen to geboren si. unde also uerne alse he getügen mach dat en sin uoreuare ienes uoreuaren. oder ienes uoreuaren sines uoreuaren herwede geuorderet hebbe uor gerichte oder genomen. ꝯ ꝯ De suaue sceldet wol ordel under sik binnen suauescher art. unde tüt des an den elderen suauen. den moten se benomen. unde an de meren menie to echteme dinge. an de hogesten dingstat. ꝯ Suauesch recht ne tueiet nicht uon sassescheme rechte wenne an erue to nemene. unde ordel to besceldene.. ꝯ

Art. 19. Von schwäbischem Rechte *).

§. 1. Der Schwabe nimmt wohl Heergeräthe 1) und Erbe über die siebente Sippe 2) hinaus, so lange er nur angeben kann, daß der Mann von Schwerthalben 3) ihm zugeboren sey, und soweit er bezeugen mag, daß vor Gericht einer seiner Vorfahren von dessen Vorfahren, oder dessen Vorfahren von seinem Vorfahren Heergeräthe gefordert oder genommen haben. — §. 2. Die Schwaben schelten wohl unter sich Urtheil auf schwäbischer Erde und ziehen es an den älteren Schwaben, den sie benennen müssen, und an die mehrere Menge im Echtding an höchster Dingstatt 4). Schwäbisches Recht weicht nicht ab von sächsischem Rechte, als im Erbenehmen und Urtheilschelten.

Schwabensp. Cap. 49.) bei Senkenb. Cap. 398. §. 1. & 2. **Cap. 50.)** ib. §. 3.

---

*) I. 29. 1) I. 22. & 4. & 5. — 23. §. 1. — 27. §. 2. — III. 15. §. 4. 2) I. 3. §. 3. 3) I. 23. §. 1. — 45. §. 1. — II. 17. §. 1. — III. 15. §. 4. — 26. §. 3. 4) II. 12. §. 6. ff.

ℭ Wat men gift to morgengaue. ℭ Vnde alse sik de wedewe von den kinderen schedet. ℭ Capitulum.. ℭ.. XX..

Nu uornemet wat iowelk man uon ridderes art moge geuen sime wiue to morgengaue des morgens alse he mit ere to dische gat uor etene ane eruen gelof. so mach he ere geuen enen knecht. oder ene maget de binnen eren iaren si. unde tünede. unde timmer. unde ueltginge ue. ℭ Wur der urowen de stede nicht en is mit deme gebuwe. alse ere man sterft binnen ses weken na deme drittigesten. scal se mit deme gebuwe rümen. so dat se der erden nicht en wunde. ℭ ℭ Büt se it auer to losene na der bure kore ieneme des de stede is. unde ne wil he is nicht. so mot se it wol up grauen. deste se de erde weder euene. ℭ *Blift*

Art. 20. Was man zu Morgengabe giebt, und wie sich die Wittwe von den Kindern scheidet.

§. 1. Nun vernehmet, was jeder Mann von Ritters-Art [1]), ohne Genehm der Erben [2]) seiner Frau zur Morgengabe [3a]) geben möge, des Morgens, wenn er mit ihr zu Tische geht, vor dem Essen. So mag er ihr geben einen Knecht oder eine Magd, die binnen ihren Jahren [3b]) sey, und eingezäunten Raum und gezimmertes Haus [4]), und zu Felde gehendes Vieh [5]). — §. 2. Wo aber der Frau nicht gehört die Stätte sammt dem Gebäude [6a]): wenn ihr Mann stirbt; soll sie binnen sechs Wochen [6b]) nach dem dreißigsten Tage [7]) das Gebäude wegräumen, so daß sie die Erde nicht aufgrabe. Beut sie es aber jenem, dessen die Stätte ist, zum Einlösen nach der Bauern Ermessen [8a]), und will er dies nicht; so mag sie wohl aufgraben, wenn sie nur die Erde wieder ebnet. — §. 3.

1) I. 27. §. 2. — II. 22. §. 2. — (I. 51. §. 3. & 4. — III. 29. §. 1.) 2) I. 21. §. 2. — 34. §. 1. — 52. §. 1. & 2. — III. 33. §. 7. 3a) I. 24. §. 1. — II. 22. §. 2. — III. 38. §. 3. — 74. — 76. §. 1. 3b) I. 42. §. 1. — II. 40. — 66. §. 1. — (III. 51. not. 7.) 4) I. 24. §. 1. 5) I. 24. §. 1. & 2. — III. 51. §. 1. 6a) II. 22. §. 1. ff. — 54. — III. 38. §. 4. — 74. — 76. §. 2. 6b) II. 43. not. 6. 7) I. 22. §. 1. — 28. — 33 — III. 15. §. 1. & 2. 8a) II. 48. §. 2. — 54.

se auer mit den kinderen. oder mit eres manes eruen lange wile oder korte ungeueiet mit ereme güde. wan se sik denne uon en schedet se nimt al er recht an deme güde dat dar denne is. alse se do nemen scolde do ere man starf. ¶ *Blift auer de wedewe na eres manes dode mit eren kinderen in der kindere güde. dat ere nicht en is. unde ungescheden uon deme güde. unde nemet ere sone wif bi ereme liue. steruet ere sone. der sone wif nemet mit mereme rechte eres mannes morgengaue unde musdele denne sin moder. unde ere rade an eres mannes [stat.] *gute. Of se eres mannes* unde eres selues unbesculdene were **de se*** dar an getügen mogen.* ¶ *Besterft auer de sone in der moder güde. so is de moder neger to beholdene mit getüge dan eres sones wedewe.* ¶ *Morgengaue behelt dat wif up den hiligen. De gewere auer mit getüge.* ¶ *So beholt ok*

„Bleibt sie aber, mit ihrem Gute „ungetrennt, lange oder kurze Frist „zusammen mit den Kindern oder „mit den Erben ihres Mannes: „wann sie sich dann von ihnen „scheidet; sie nimmt an dem „Gute, welches dann da ist, all „ihr Recht, wie sie es damals „nehmen sollte, als ihr Mann „starb." — §. 4. „Bleibt aber „die Wittwe mit ihren Kindern „nach des Mannes Tode in der „Kinder Gute, welches ihr nicht „gehört, und ungesondert von „dem Gute: nehmen ihre Söhne „dann Weiber bei ihrer Lebzeit „und sterben ihre Söhne; der „Söhne Weiber nehmen ihres „Mannes Morgengabe und „Mußtheil [8b] und ihre Gerade „an ihres Mannes Gute mit „mehr Rechte, als seine Mut„ter, wenn sie ihres Mannes „und ihre eigene unbescholtene „Gewer daran bezeugen kön„nen." — §. 5. „Stirbt aber „der Sohn in der Mutter Gute; „so ist die Mutter näher, als „des Sohnes Wittwe, ihr Recht „mit Zeugen zu behalten." — §. 6. „Morgengabe behält die „Frau auf den Heiligen [8c]; „die Gewer aber mit Zeugen." —

8b) I. 22. §. 3. 8c) I. 13. not. 4a.

ere nichtele ere rade na ereme dode. of se er ereme manne sterft billiker denne des mannes moder. de moder is gast in des sones geweren. unde de sone in der moder.. ɑ ɑ Alle de uon ridders art nicht ne sin. de ne mogen eren wiuen nicht geuen to Morgengaue wenne dat beste pert oder ue dat se hebbet.. ɑ ɑ

§. 7. „Ebenso behält nach ihrem „Tode, wenn sie vor ihrem Manne stirbt, auch ihre Nichtel[9]) ihre „Gerade billiger, als des Mannes „Mutter. Die Mutter ist Gast in „des Sohnes Gewer[10]) und der „Sohn in der Mutter." — §. 8. Alle die von Rittersart nicht sind, die mögen ihren Weibern nichts zu Morgengabe geben, als das beste Pferd oder Vieh, das sie haben. — [§. 9. s. Art. 21. §. 1.]

Schwabensp. Cap. 51.) bei Senkenb. Cap. 301. §. 1. bis 14.

ɑ Morgengaue unde egen to eneme liue. wu se it beholt. unde uorlüset.

ɑ ɑ Capitulum.. XXI. ɑ

Morgengaue mot en wif wol beholden up den hiligen ane tüch. ɑ Men mot ok wol urowen egen geuen to ereme liue mit eruen geloue. wu iung se sin binnen deme gerichte dar dat egen inne leget in iowelker stat. deste dar koninges ban si. ɑ Lifge-

Art. 21. Morgengabe und Eigen auf Lebenszeit; wie sie es behält und verliert.

§. 1. [Art. 20. §. 9.] Morgengabe mag ein Weib wohl behalten auf den Heiligen ohne Zeugen[1]). — §. 2. [Art. 21. §. 1.] Man mag auch wohl den Frauen, wie jung sie sind, mit Genehm der Erben[2]), Eigen[3]) auf ihre Lebzeit geben, binnen dem Gerichte, darinnen das Eigen liegt, an jedweder Stätte, wenn nur Königsbann[4]) daselbst ist. — §. 3. [§. 2.] Leibzucht[5]) kann

---

9) I. 27. §. 1. — III. 38. §. 5. 10) I. 22. §. 4. — II. 34. — 41. §. 1. — 64. §. 1. — III. 91. §. 3. — 92. §. 1.

Art. 21.

1) I. 20. §. 6. 2) I. 20. not. 2. 3) I. 8. not. 1. 4) I. 2. not. 6. 5) I. 44. — 45. §. 2. — II. 22. §. 4. — III. 38. §. 4. — III. 74. — 75. — 76. §. 3.

tucht kan den urowen neman gebreken. neweder na geborne erue. noch neman uppe den dat güt irsteruet. se en uorwerke it selue. so dat se ouet bome up howe. oder lüde uon deme güde uorwise de to deme güde geboren sin. oder to welker wis se ere lif getucht ut uon eren geweren let. *se en weder do it binnen eren rechten degedingen wanne se dar ümme gescüldiget wert.* dar mach se mede uorlesen. ₵ Wert san en man mit rechte uon sineme wiue gescheden. se beholt doch ere lifgetucht de he ere gegeuen heft an sime egene.. ₵ ₵

der Frau niemand brechen, weder nachgeborene Erben, noch niemand, auf den das Gut erstirbt; sie verwirke es denn selbst [6]), so daß sie Obstbäume wegschlägt oder Leute von dem Gute verweist, die zu dem Gute geboren sind, oder auf welche Weise sie ihre Leibzucht aus ihrer Gewer [7]) läßt, „ohne dies „wieder abzustellen binnen rech„ter Zeit, wenn sie darum be„schuldigt wird": damit mag sie sie verlieren. Wird aber auch ein Mann mit Recht von seiner Frau geschieden; sie behält doch ihre Leibzucht, die er an seinem Eigen ihr gegeben hat [8]).

Schwabensp. Cap. 52.) bei Senkenb. Cap. 302. §. 1. **Cap. 53.)** Cap. 308. §. 1. bis 3. **Cap. 54.)** Cap. 302. §. 2. bis 8. **Cap. 55.)** Cap. 311. §. 1. bis 8. **Cap. 56.)** Cap. 304. §. 1. & 2.

₵ Wu de wedeue schedet uon deme erue. uon deme gesinde. unde uon herwede. ₵ Capitulum.. XXII..

Art. 22. Wie die Wittwe von dem Erbe scheidet. Von dem Gesinde und vom Heergeräthe.

De erue mot wol uaren to der wedewen in dat güt er deme drittigesten. dor dat he beware

§. 1. Der Erbe mag wohl vor dem dreißigsten Tage [1]) zu der Wittwe kommen in das Gut,

6) I. 32. 7) I. 9. not. 6. 8) III. 73. §. 2. a. f. — 74. — (III. 27.)

Art. 22.

1) I. 20. not. 7.

dat des icht uorloren werde des an ene getript. mit sineme rade scal ok de urowe bigraft unde drittigesten don. anderes neheft he nene ghewolt an deme güde wente an den drittigesten.. ⁊ ⁊ Von deme erue scal men aller erst gelden deme ingesinde er uordende lon. alse is en geboret wente an den dach dat ere here starf. unde men scal se holden went an den drittigesten dat se sik mogen bestaden. ⁊ ⁊ Wil auer de erue se scolen uul denen. unde wl lon untfan. is en auer to uele lones gegeuen des en doruen se nicht weder geuen. Besaket men eres lones uon eme iare. oder uon eme haluen dat moten se up den hiligen wol beholden. ⁊ We uppe genadė denet heft de mot den eruen genade manen.. ⁊ ⁊ Sterft ok de gemedede man er he sin lon uordene *dat eme gelouet was.* men is sinen eruen nicht mer lones plichtich to geuene. wen alse he uordenet hadde. *unde im geborde

damit er bewahre, daß etwas verloren werde, von dem, was auf ihn fällt. Mit seinem Rathe soll auch die Frau des Begräbnisses warten und des Dreißigsten. Weiter hat er keine Gewalt an dem Gute bis zum Dreißigsten. — §. 2. Von dem Erbe soll man allererst zahlen dem Gesinde ihren verdienten Lohn, wie er ihnen gebührt bis zu dem Tage, da ihr Herr starb, und man soll sie halten bis zum Dreißigsten, auf daß sie Unterkommen finden mögen. Will aber der Erbe; sie sollen vollen Dienst thun und vollen Lohn empfangen. Ist ihnen aber zu viel des Lohnes gegeben; dessen brauchen sie nichts wiederzugeben. Verleugnet man ihren Lohn von einem Jahre oder einem halben; den mögen sie auf den Heiligen [2]) wohl behalten. Wer auf Gnade gedient hat, der muß den Erben auf Gnade mahnen. Stirbt auch der gemiethete Mann, ehe er seinen Lohn, „der ihm versprochen war," verdiente; man ist seinem Erben nicht mehr Lohnes zu geben pflichtig, als er verdient hatte, *und ihm gebührte zu der Zeit,

2) I. 13. not. 4.

zu der zit, do her starph* ¶ Dar na mot de urowe iegen den eruen musdelen alle de gehouede spise de na deme drittigesten ouer blift in iowelkeme houe eres mannes. *oder wur he se hadde binnen sinen geweren.* ¶ ¶ So scal de urowe to herwede geuen eres mannes suert. und dat beste ors oder pert gesadelet. unde dat beste harnasch dat he hadde to enes mannes liue do he starf binnen sinen weren. dar na enen herpole. dat is en bedde. unde en küssen. unde laken. unde dischlaken. tuei bekene. unde en duelen. dat is en gemeine herwede to geuene. unde recht. al settet de lüde maniger hande ding dar to dat dar nicht to en horet. ¶ Wes dat wif nicht en heft der dinge des nedarf se nicht geuen of se ere unscult wil dar to don. dat se is nicht ne hebbe ümme iowelke scult sünderderliken. ¶ Wat men auer bewisen mach. dar ne mach weder man

da er starb [3]).* — §. 3. Hernach muß die Frau gegen den Erben alle aufgehobene Speiße mußtheilen [4]), die nach dem Dreißigsten übrig bleibt in irgend einem Hofe ihres Mannes, „oder „wo er sie in seiner Gewer [5]) „hatte." — §. 4. Dann soll die Frau als Heergeräthe [6]) geben ihres Mannes Schwert, und das beste Roß oder Pferd gesattelt, und den besten Harnisch, den er für eines Mannes Leib, als er starb, in seiner Gewer [7]) hatte; hernach einen Heerpfühl, das ist ein Bett und ein Kissen und Betttuch und Tischtuch [8a]), zwei Becken und ein Handtuch. Dies ist ein gemeines Heergeräthe, das zu geben und recht ist; obwohl die Leute noch mancherley Dinge hinzusetzen, die nicht dazu gehören. Was dieser Dinge das Weib nicht hat, das braucht sie nicht zu geben, wenn sie, für jede Schuld sonderlich, will ihre Unschuld [8b]) hinzuthun, daß sie es nicht habe. Was man aber nachweisen kann; da

---

Art. 22.

3) II. 59. §. 3. — III. 76. §. 3. ff. — (II. 40.) 4) I. 20. §. 4. — 24. §. 2. — III. 38. §. 3. — 74. — 76. §. 1. 5) I. 20. not. 10. 6) I. 19. not. 1. 7) I. 20. not. 10. 8a) III. 38. §. 5. 8b) I. 15. not. 5. — I. 52. §. 4.

noch wif nene unscult uore gedon. ₵ Wur tuene man oder dre to eneme herwede geboren sin. de eldeste nimt dat suert to uorent. dat andere delet se gelike under sik. ₵ ₵

mag weder Mann noch Weib ihre Unschuld dafür leisten. — §. 5. Wo zwei oder drei Mann zu einem Heergeräthe geboren sind; der Aelteste nimmt das Schwert zuvor: das Andere theilen sie gleich unter sich [9]).

Schwabensp. Cap. 57.) bei Senkenb. Cap. 267. §. 1. bis 15. **Cap. 58.)** Cap. 303. §. 1. bis 5. **Cap. 59.)** Cap. 270. §. 1. & 2.

₵ Von kinderen uormünden. ₵ Capitulum. ₵.. XXIII..

Wur de sone binnen eren iaren sin. er eldeste *euenbordige* suert mach nimt dat suert allene. unde is der kindere uormünde dar an. wente se to eren iaren komen. so scal he it en weder geuen. dar to al ere güt. he ne künne se bereden wur he it in ere nut gedan hebbe. oder it eme rofliken. oder uon ungelücke. unde ane sine scult geloset si. ₵ *Al si en kint to lenrecht to sinen iaren komen. sin rechte uormünde*

Art. 23. Von Vormündern der Kinder.

§. 1. Wo die Söhne binnen ihren Jahren [1]) sind; ihr ältester „ebenbürtiger" [2]) Schwertmag [3]) nimmt das Schwert allein [4]) und ist darob der Kinder Vormund, bis sie zu ihren Jahren kommen. Dann soll er es ihnen wiedergeben. Dazu all ihr Gut; er könnte sie denn überführen, wo er es in ihren Nutzen verwendet habe, oder es ihm durch Raub oder Unglück und ohne seine Schuld weggekommen sey [5]). — §. 2. „Obschon ein Kind nach Lehnrecht „zu seinen Jahren gekommen „sey; sein rechter Vormund soll

---

9) I. 27. §. 2. — III. 15. §. 4.

Art. 23.

1) I. 20. not. 3b. 2) I. 3. not. 8. 3) I. 19. not. 3. 4) I. 22. §. 5. 5) I. 11.

scal it doch an sime güde uorstan to sime bederue. unde sineme heren in des kindes stat na des kindes rechte denen. dewile it seluen sik nicht uormach. noch bedenken nemach uor siner kintheit. oder dorheit. oder uon krancheit sines liues. ℭ *We auer des kindes erue is. de* *) *scal des kindes uormünden* **) *bereden uon iare to iare des kindes güdes. unde ene wis maken dat he is in umplicht nicht en uordo.* ℭ *Sint dat kint to sinen iaren komen is. wente it is dicke en kindere uormünde. unde en ander erue.* ℭ *Wur auer de uormünde ok erue is. dar ne darf he nemanne berekenen des kindes güt. noch borgen setten.* He is ok der wedewen uormünde went dat se man nimt. *of he ere euenbordich is..* ℭ

„es doch ob seines Gutes nach „seinem Bedarf vertreten, und „seinem Herrn statt des Kindes „dienen nach des Kindes Rechte, „so lange es wegen Kindheit, „Unverstand, oder Krankheit sei„nes Leibes sich nicht selbst ver„treten noch berathen mag. Wer „aber des Kindes Erbe ist, dem „soll des Kindes Vormund von „Jahr zu Jahr Rechenschaft ge„ben von des Kindes Gute, und „Sicherheit ihm stellen, daß er „es nicht pflichtbrüchig verthue, „sobald das Kind zu seinen Jah„ren gekommen ist. Denn oft „ist Einer der Kinder Vormund „und ein Anderer ihr Erbe. Wo „aber der Vormund auch Erbe „ist, da braucht er niemandem „des Kindes Gut zu berechnen, „noch Bürgen zu stellen.“ — Er [6]) ist auch der Wittwe Vormund, bis sie einen Mann nimmt, „wenn er ihr ebenbür„tig ist.“

Schwabensp. Cap. 60.) bei Senkenb. Cap. 270. §. 3. bis 5.

---

*) H. *dem.*

**) H. *vormunde.*

6) Vgl. §. 1. d. Art. — I. 45. §. 1. — (I. 43.)

¶ Von morgengaue. musdele. unde von der rade. ¶ Capitulum.. XXIV..

Na deme herwede scal dat wif nemen ere morgengaue. *dar horet to alle uelt perde. rindere. tzegen. unde suin de uor den herde gat. unde tünede. unde timmer.* ¶ *Mestesuin horet auer to der musdele. unde alle de gehouede spise in iowelkeme houe eres mannes.* ¶ Se nimt ok allet dat to der rade horet. dat sin alle scap. unde gense. kesten mit up gehauenen leden. al garn. bedde. pole. küssene. lilakene. dischlakene. duelen. badelakene. beckene. lüchtere. lin. unde wiflike cledere. uingeren. armgolt. zappel. saltere. unde alle boke de to godes deneste horet *de urowen pleget to lesene.* sedelen. laden. teppede. ümmehange. rickelakene. unde al gebende. *dit horet to der urowen rade.* ¶¶ *Noch is maniger hande klenode dat dar in hort. al*

Art. 24. Von Morgengabe, Mußtheil und Gerade.

§. 1. Nach dem Heergeräthe[1]) soll das Weib nehmen ihre Morgengabe[2]). „Dazu gehören alle „Feld-Pferde[3]), Rinder, Ziegen „und Schweine, die vor dem „Hirten gehen, und umzäunter „Hof, und gezimmertes Haus[4]). — §. 2. „Gemästete Schweine „gehören aber zum Mußtheil, „und alle, in irgend einem Hofe „ihres Mannes aufgehobene „Speise[5])." — §. 3. Sie nimmt auch Alles, was zu der Gerade[6]) gehört: Das sind alle Schafe und Gänse, Kisten mit erhabenen Deckeln, alles Garn, Betten, Pfühle, Kissen, Betttücher, Tischtücher, Handtücher, Badetücher, Becken, Leuchter, Linnen, und weibliche Kleider; Fingerringe, Armschmuck, Kopfputz, Psalmbücher und alle Bücher, die zum Gottesdienste gehören, „die Frauen zu lesen pflegen;" Sessel, Schränke, Teppiche, Vorhänge, Behänge[7]), und alle Bänder. „Dies gehört zur Gerade der Frauen. Noch sind „mancherley Kleinigkeiten, die

1) I. 22. §. 4. 2) I. 20. §. 1. 3) I. 20. not. 5. 4) I. 20. §. 1. 5) I. 22. §. 3. 6) I. 5. not. 3a. 7) Ziemann mittelhochdeut. Wörterb. S. 316. u. d. W. ric.

en nenne ek is nicht sünderliken. alse borsten. unde schere. unde spegele. al laken ungesneden to urowen clederen. noch golt. noch siluer ungeworcht. dat en hort to der urowen nicht. ₡ Wat so bouen dit benomede ding is. dat hort to deme erue. wat des auer ute stunt bi des doden mannes liue. dat lose de of he wille deme dat dor recht horen scal.. ₡

„dahin gehören; wenn ich sie „auch nicht sonderlich benenne: „als" Bürsten, und Scheeren, und Spiegel. Allein Zeuge, zu Frauenkleidern noch nicht zugeschnitten, und unverarbeitetes Gold oder Silber, das gehört der Frau nicht. Was außer diesen benannten Dingen da ist, das gehört zu dem Erbe [8]). — §. 4. Was dessen aber ausstand bei Lebzeit des verstorbenen Mannes, das mag der einlösen, wenn er will, dem es nach Recht gehört.

Schwabensp. Cap. 61.) bei Senkenb. Cap. 270. §. 6. bis 13.

₡ De pape delet mit den broderen. ₡ Vnde of sik lüde begeuet. ₡ Capitulum.. XXV. ₡

De pape delet mit deme brodere. unde nicht de monek. ₡ Moneket men auer en kint binnen sinen iaren dat mot wol binnen sinen iaren ut uaren. unde beholt lantrecht unde lenrecht. ₡ Begift sik auer en man de to sinen iaren komen

Art. 25. Der Pfaffe theilt mit dem Bruder, und wenn Leute sich (ins Kloster) ergeben.

§. 1. Mit dem Bruder theilt der Pfaffe [1]), und nicht der Mönch. — §. 2. Giebt man aber ein Kind binnen seinen Jahren [2]) ins Kloster, das mag wohl heraustreten binnen seinen Jahren und behält Landrecht und Lehnrecht. — §. 3. Ergiebt sich aber ein Mann, der zu seinen Jahren

---

8) I. 5. §. 2. & 3. — 19. §. 1. — 28. a. A. — II. 16. §. 2.

Art. 25.

1) I. 5. §. 3. 2) I. 20. not. 3b.

is. he heft sik uon lantrechte unde uon lenrechte geleget. unde sine len sin uon eme geledeget. wente he heft den herscilt up gegeuen. deste men disses getüge hebbe *an den moneken dar he begeuen was. oder an seuen mannen siner genoten de ene in deme leuene hebbet gesen.* al uare he ut binnen eme iare. alse grawer moneke recht is. ¶ Heft auer he sik begeuen ane sines echten wiues willen. unde uorderet se ene to sent rechte ut deme leuene. sin lantrecht heft he beholden. unde nicht sin len des he af gestan is. went en man mot wol sinen herscilt neder legen ane sines wiues geloue. ¶ ¶

gekommen ist: er hat sich losgesagt von Landrecht und von Lehnrecht und ist seiner Lehne ledig, weil er seinen Heerschild [3]) hat aufgegeben; wenn man nur Zeugniß dessen hat, „an den „Mönchen, wo er sich ergeben, „oder an sieben Mannen seiner „Genossen, die ihn in dem Klo„ster gesehen haben[4])," auch wenn er herausträte binnen einem Jahre, wie der grauen Mönche Recht ist. — §. 4. Hat er aber sich ergeben ohne seines echten [5]) Weibes Willen, und fordert sie ihn nach Sendrecht [6]) ab aus dem Kloster: sein Landrecht hat er behalten; nicht aber sein Lehn, dem er entsagt hat [7]). Denn seinen Heerschild mag ein Mann wohl ohne Genehm seines Weibes aufgeben. — [§. 5. s. Art. 26. §. 1.]

Schwabensp. Cap. 62.) bei Senkenb. Cap. 271. §. 2. bis 11.
Cap. 63.) Cap. 272. §. 1. & 2.

¶ Begift sik en kint. we sin güt heft. ¶ Capitulum.. XXVI..

Sterft en kint oder be-

Art. 26. Ergiebt sich ein Kind ins Kloster; wer dessen Gut hat.

§. 1. [Art. 25. §. 5.] „Stirbt

3) I. 3. not. 1. 4) II. 23. §. 3. 5) I. 17. §. 1. — 37. §. 1. — 51. §. 2. — II. 24. — III. 57. §. 1. 6) I. 2. §. 1. — (III. 33. §. 7.) 7) II. 23. §. 3.

*gift men il binnen sinen iaren. we sine uarende haue heft. de scal se antworden deme uppe den se na sineme dode irsteruen mochte. se ne [si] mit sineme willen uordan. *Wirt en besloten nunne ebbedische oder en monik biscope, den herscilt mogen se wol hebben von me rike; lantrecht ne irwervet se aver dar mede nicht.**

„ein Kind, oder begiebt man es „binnen seinen Jahren 1) (ins „Kloster): wer seine fahrende „Habe hat, der soll sie dem „überantworten, auf den sie nach „seinem Tode ersterben möchte; „sie sey denn mit seinem Willen „verthan.“ — §. 2. *„Wird im „Kloster eine Nonne Aebtissin, „oder ein Mönch Bischof: den „Heerschild 2) mögen sie wohl „von dem Reiche haben; Land„recht erwerben sie aber damit „nicht 3).“ *

Schwabensp. vacat.

¶ Jowelk wif unde man uon ridderes art. eruet tuier wegene. ¶ Capitulum. XXVII.

Art. 27. Jeglich Weib und Mann von Rittersart vererbt zwiefältig.

Jowelk wif eruet tuier wegene er rade an ere nesten nichtelen de uon wif haluen [besibbe] beswas is. unde dat erue an den nesten it si wif oder man. ¶ Jowelk man uon ridderes art eruet ok tuier wegene dat erue in den nesten *euenbordigen* mach. we de is.

§. 1. Jeglich Weib vererbt zwiefältig: ihre Gerade 1) an ihre nächste Nichtel 2a), die ihr von Weibsseite verwandt 2b) ist, und das Erbe an den Nächsten, es sei Weib oder Mann. — §. 2. Jeder Mann von Rittersart 3) vererbt auch zwiefältig: das Erbe an den nächsten, „eben-

---

Art. 26.

1) I. 20. not. 3b. 2) I. 3. §. 2. — III. 59. §. 1. 3) Vorrede: von der Herren Geburt a. E.

Art. 27.

1) I. 5. not. 3a. 2a) I. 20. not. 9. 2b) III. 42. §. 1. 3) I. 20. not. 1.

unde dat herwede in den nesten *unde in den eldesten* a) suert mach. ꝺ Welk man uon ridderes art nicht en is. an deme to stat des herschildes. unde de let hinder eme erue to nemene *wanne he sterft.* unde nen herwede.. ꝺ

bürtigen" Mag, wer er sey, und das Heergeräthe[4]) an den nächsten *und an den ältesten* Schwertmag[5]). Welcher Mann von Rittersart nicht ist; dem verschließt sich der Heerschild[6]), und der läßt, „wenn er stirbt," nur Erbe zu nehmen hinter sich, aber kein Heergeräthe.

Schwabensp. Cap. 64.) bei Senkenb. Cap. 273. §. 1. & 2.

ꝺ Of eruelos ersteruet herwede oder rade. ꝺ ꝺ Capitulum.. XXVIII..

Wat süs gedanes dinges eruelos irsteruet. herwede. oder erue. oder rade. dat scal men antworden deme uronen boden. oder deme richtere. of he it eschet na deme drittigesten. Dit scal de richtere holden unuordan iar. unde dach. unde warden of sik ieman mit rechte dar to te. sint kere it de rich-

Art. 28. **Wenn Heergeräthe oder Gerade erblos erstirbt.**

Was solcher Dinge erblos erstirbt, als Heergeräthe[1]), oder Erbe[2]), oder Gerade[3]), das soll man überantworten dem Fronboten oder dem Richter, wenn er es heischet, nach dem Dreißigsten[4]). Dies soll der Richter unverthan bewahren Jahr und Tag[5]), und warten, ob jemand sich mit Recht dazu beziehe[6]). Hernach verwendet es der Rich-

---

a) Aus dem Cod. Quedt.

4) I. 19. not. 1. 5) I. 19. not. 3. — III. 15. §. 4. — (III. 26. §. 3.) 6) I. 3. not. 1.

Art. 28.

1) I. 19. not. 1. 2) I. 24. §. 3. a. E. & not. 8. 3) I. 5. not. 3a. 4) I. 20. not. 7. 5) I. 34. §. 2. — 38. §. 1. — II. 32. §. 2. — 42. §. 2. — 43. §. 2. — 45. §. 1. — III. 34. §. 7. — 38. §. 1. — 53. §. 3. a. E. — 83. §. 2. 6) II. 32. §. 2. — 60. §. 2. — III. 56. §. 3. — 81 §. 1. & 3.

tere in sine nut. it ne si dat de erue geuangen si. oder in des rikes denest geuaren. oder in godes denest buten lande. so mot he sin warden mit deme erue went he weder kome. wente he nekan sik an sineme erue nicht uorsümen. Dit is geredet uon uarender haue.. ꝺ ꝺ

ter in seinen Nutzen; es sey denn, daß der Erbe gefangen sey, oder in des Reiches Dienst gezogen, oder in Gottesdienst außer Landes 7). Dann muß er seiner warten mit dem Erbe, bis er wieder kommt; denn er kann sich an seinem Erbe nicht versäumen. Dies ist gesprochen von fahrender Habe.

Schwabensp. Cap. 65.) bei Senkenb. Cap. 274. §. 1. bis 6.
Cap. 66.) ib. §. 7. **Cap. 67.)** ib. §. 8. & 9.
Cap. 68.) Cap. 275. §. 1. bis 3.

ꝺ Wente wanne sik en uorsuiget an egene. ꝺ ꝺ Capitulum.. XXIX..

An egene unde an houe lene mach sik de sasse [nicht] uorsuigen binnen drittich iaren. unde iar unde dage. unde er nicht. ꝺ ꝺ Dat rike unde de suaue en mogen sik nicht uorsuigen de wile se it getügen mogen.. ꝺ

Art. 29. Bis wann sich jemand versäumt an Eigen.

An Eigen 1) und an Hof-Lehn 2) mag sich der Sachse versäumen binnen dreißig Jahren und Jahr und Tag; eher nicht. Das Reich und der Schwabe mögen sich nicht versäumen, so lange sie es bezeugen mögen 3).

Schwabensp. Cap. 69.) bei Senkenb. Cap. 276. §. 1. bis 6.

---

7) II. 7. — I. 9. §. 4. — 38. §. 1. — 70. §. 2. — II. 11. §. 1. — 72. §. 3.

Art. 28.

1) I. 8. not. 1. — III. 81. §. 1. ff. 2) Bei Homeyer: und an Husen. 3) I. 18. & 19.

ꝯ Erue untfeit men na des landes rechte. ꝯ ꝯ Capitulum.. XXX..

Jowelk ingekomen man untfeit erue binnen deme lande to sassen na des landes rechte. unde nicht na des mannes rechte. he si beier. oder suaue. oder uranke. ꝯ ꝯ

Art. 30. Erbe empfängt man nach des Landes Rechte.

Binnen dem Lande Sachsen empfängt jeder hierher gekommene Mann [1a]) Erbe nach des Landes Rechte, und nicht nach des Mannes Rechte [1b]), er sey Baier oder Schwabe, oder Franke [2]).

Schwabensp. Cap. 70.) bei Senkenb. Cap. 405.

ꝯ Man unde wif en hebbet nen getueiet güt.. ꝯ ꝯ Capitulum.. XXXI..

Man unde wif ne hebbet nen getueiet güt to ereme liue. ꝯ Sterft auer dat wif bi des mannes liue. se ne eruet nenc uarende haue. wenne rade unde egen. of se it heft in den neisten. ꝯ Nen wif en mach ok eres güdes nicht uorgeuen ane eres mannes willen. dat he it dor recht liden dorue. ꝯ Wanne en man wif nimt so nimt he

Art. 31. Mann und Weib haben kein gesondert Gut.

§. 1. Mann und Weib haben bei Lebzeit kein gesondert Gut [1]). Stirbt aber das Weib bei des Mannes Leben; sie vererbt auf den Nächsten keine fahrende Habe [2]), als Gerade [3]), und Eigen [4]), wenn sie dies hat. Kein Weib mag auch ihres Gutes etwas vergeben ohne ihres Mannes Willen, daß er nach Recht es dulden müsse [5]). — §. 2. Sobald ein Mann ein Weib nimmt, so nimmt er in

---

Art. 30.

1a) III. 33. §. 1. — (III. 45. §. 6. — I. 2. §. 4. & I. 16.) 1b) I. 16. — 17. §. 3. — 19. — 29. — III. 34. §. 1. & 4. — 71. §. 2. a. E. 2) III. 53. §. 1.

Art. 31.

1) I. 45. §. 1. — III. 45. §. 2. & 3. 2) III. 38. §. 2 ff. — 76. §. 2 ff. 3) III. 38. §. 5. — (I. 5. not. 3a.) 4) I. 8. not. 1. 5) I. 45. §. 2. — 52. §. 4.

an sine were al ere güt to rechter uormuntscap. dar ümme ne mach dat wif deme manne nene gaue geuen an ereme egene unde an er uarende haue. dat se dat eren rechten eruen mede uerne na ereme dode. wente de man en kan an sines wiues güde nene andere were gewinnen wenne alse he to deme ersten mit ere untfeit an uormuntscap. ¶

seine Gewer all ihr Gut zu rechter Vormundschaft [6]). Darum mag das Weib dem Manne keine Gabe geben an ihrem Eigen und an ihrer fahrenden Habe, wodurch sie ihrem rechten Erben dies nach ihrem Tode entziehe. Denn der Mann kann keine andere Gewer an seines Weibes Gute gewinnen, als welche er zuerst mit ihr empfängt in der Vormundschaft.

Schwabensp. Cap. 71.) bei Senkenb. Cap. 277. §. 1. & 2. **Cap. 72.)** Cap. 278. §. 1. bis 3. **Cap. 73a.)** Cap. 305. §. 1. bis 22. **Cap. 73b.)** Cap. 306. §. 1. bis 4.

¶ Nen wif en mach to egene beholden ere lifgetucht. ¶ Capitulum ¶.. XXXII..

Nen wif en mach ok to egene beholden ere lifgetucht. noch eruen na ereme dode. de wile men it getügen mach dat it ere to ereme liue gegeuen si. Sprict se dat it er egen si. se heft beide egen unde lifgetucht dar an uorloren. ¶

Art. 32. Kein Weib mag ihre Leibzucht für Eigen behalten.

Kein Weib mag auch ihre Leibzucht [1]) für Eigen behalten, noch vererben nach ihrem Tode [2]), so lange man es bezeugen mag, daß es ihr (nur) auf Lebzeit gegeben sey. Giebt sie vor, daß es ihr Eigen sey; sie hat beide, Eigen und Leibzucht, daran verloren [3]).

Schwabensp. Cap. 74.) bei Senkenb. Cap. 278. §. 4. bis 6.

---

6) I. 45. §. 2.

Art. 32.

1) I. 21. not. 5. 2) II. 22. §. 4. — III. 38. §. 4. 3) (I. 16.)

¶ Of en wif kint dreget na eres mannes dode. ¶ ¶ Capitulum. XXXIII..

Nu uornemet umme en wif de kint dreget na eres mannes dode. unde sik barhaftich bewiset to der bigraft. oder to deme drittigesten. wert dat leuendich geboren. unde heft de urowe des getüch an uer mannen de dat gehort hebben. unde an tuen wiuen de ere hülpen to ereme arueide. dat kint beholt des uader erue. unde steruet it dar na. it eruet uppe de moder. of se eme euenbordich is. unde brict al gedinge an des uader lene. wen it leuede na des uader dode. so werdet de len den heren ledich of dat kint bewiset wert unde gesen also grot dat it lifhaftich mochte wesen. wert it auer to der kerken bracht openbare. we it set unde horet de mot sines liues wol getüch wesen. ¶

Art. 33. Wenn ein Weib nach ihres Mannes Tode ein Kind trägt.

Nun vernehmet über ein Weib, die nach ihres Mannes Tode ein Kind trägt, und sich beim Begräbnisse oder am Dreißigsten [1]) gebärhaft zeigt. Wird dasselbe lebendig geboren und hat die Frau Zeugniß dessen an vier Männern, die es gehört haben, und an zwei Frauen, die ihr beistanden in ihrem Drangsal; das Kind erhält des Vaters Erbe. Und stirbt es hernach; es vererbt auf seine Mutter, wenn sie ihm ebenbürtig [2]) ist, und bricht alle Gedinge an des Vaters Lehn, weil es lebte nach des Vaters Tode. So werden die Lehne dem Herren erledigt, wenn das Kind vorgezeigt und für so groß erkannt wird, daß es lebendig sein mochte. Wird es aber öffentlich zur Kirche gebracht; wer es sieht und hört, der mag wohl Zeuge seines Lebens sein.

Schwabensp. Cap. 75.) bei Senkenb. Cap. 279. §. 1. bis 5.

Art. 33.

1) I. 20. not. 7. — III. 38. §. 2. 2) I. 3. not. 8.

¶ Von egene to geuende. unde weder to lenende. ¶ Capitulum.. XXXIIII..

Ane des richteres orlof mot en man sin egen wol uorgeuen in eruen gelof. deste he is beholde ene halue houe. unde ene wort dar men enen wagen uppe gewenden moge. dar af scal he deme richtere rechtes plegen. ¶ Welk man sin egen uorgift unde dat weder to lene untfeit. den heren helpet de gaue nicht he en beholde dat güt in sinen ledichliken geweren iar unde dach. sint mach he it sekerlike lenen ieneme. so dat he noch egen noch erue dar an bereden nemach. ¶ Weret de richtere mit unrechte dat de man sin egen nicht geuen ne mot. wanne de koning uppe sessesche art kümt uor eme mot he it wol geuen alse he uor deme richtere scolde. deste men des getüge hebbe. dat is de richtere to unrechte geweigeret hebbe. ¶

Art. 34. Von Eigen zu geben und wieder zu verleihen.

§. 1. Ohne des Richters Urlaub [1]) mag ein Mann sein Eigen [2]) wohl vergeben mit Genehm seiner Erben; nur daß er eine halbe Hufe [3]) davon behalte und ein Gehöft [4]), da man einen Wagen darauf umwenden mag. Davon soll er dem Richter Rechts pflegen [5]). — §. 2. Welcher Mann sein Eigen vergiebt, und das wieder zu Lehn empfängt: dem Herren hilft die Gabe nichts; er behalte denn das Gut Jahr und Tag [6a]) in seiner ledigen Gewer [6b]). Hernach mag er es sicher jenem leihen, so daß er weder Eigen noch Erbe daran ansprechen mag. — §. 3. Verwehret der Richter mit Unrecht, daß der Mann sein Eigen nicht vergeben möge: wenn der König [7]) auf sächsische Erde kommt; vor ihm mag er es wohl vergeben, wie er vor dem Richter sollte, wenn man Zeugniß dessen hat, daß der Richter dies mit Unrecht verweigerte.

Schwabensp. Cap. 76.) bei Senkenb. Cap. 310. §. 1. bis 7.

---

1) I. 52. §. 1. 2) I. 8. not. 1. 3) III. 61. §. 3. — (II. 55. §. 2. — 45. §. 5. — 81. §. 1. & 3.) 4) II. 49. §. 7. 5) I. 2. §. 2. & 3. 6a) I. 28. not. 5. 6b) II. 58. 7) I. 58. §. 2. — III. 26. §. 1. — 34. §. 1. & 4. — 52. §. 2. — 60. §. 2.

¶ Von begrauene scatte. ¶ Unde siluer to brekene. ¶ Capitulum.. XXXV..

Al scat under der erden begrauen deper denne en ploch gat. de horet to der koninkliken gewalt. ¶ Siluer en mot men nicht grauen uppe enes anderen mannes güde ane des willen des de stat is. ¶ Gift he is auer orlof de uogdie is sin dar ouer. ¶

Art. 35. Von vergrabenem Schatze, und Silber zu brechen.

§. 1. Jeglicher Schatz, der unter der Erde vergraben tiefer als ein Pflug geht, gehört der königlichen Gewalt zu [1]). — §. 2. Silber mag man nicht graben auf eines andern Mannes Gute, ohne Willen dessen, deß die Stätte ist. Giebt er aber dazu Urlaub; die Vogtey darüber ist sein.

Schwabensp. Cap. 77.) bei Senkenb. Cap. 393. §. 1. bis 8.
Cap. 78.) Cap. 394. §. 1. bis 12.

¶ Von kinderen de to uro. unde to spade geboren sin. ¶ Capitulum.. XXXVI..

Wanne dat wif erst man nimt gewinnet se en kint er erer rechten tid. dat dat kint leuen moge. men mach it bescelden an sineme rechte. wenne it to uro geboren is. *Wint ok en wif kint na irs mannes dode

Art. 36. Von Kindern, die zu früh oder zu spät geboren sind.

§. 1. Wenn das Weib erst einen Mann nimmt: gebiert sie vor ihrer rechten Zeit ein Kind, so daß das Kind am Leben bleiben möge [1]); man mag es beschelten an seinem Rechte [2]), weil es zu früh geboren ist. — §. 2. *Gebiert auch ein Weib

---

Art. 35.

1) II. 30. — 36. §. 1.

Art. 36.

1) I. 33. a. E. 2) I. 5. §. 2. — 38. §. 1. & 3. — 49. — 51. §. 3. — 60. §. 2. & 5. — 65. §. 1. — 68. §. 4. — II. 12. §. 5. & 6. — 27. §. 2. — III. 27. — 28. §. 1. & 2. — 41. §. 2. — 44. §. 3. — 45. §. 9. & 10. — 46. §. 1. — 54. §. 3. — 65. §. 1. — 82. §. 1. — (I. 8. not. 2.)

na irer rechten tiet, man mach it ok beschelden, wend it to spede geborn is.*

nach ihres Mannes Tode ein Kind nach ihrer rechten Zeit; man mag es eben so beschelten, weil es zu spät geboren ist.* 3)

Schwabensp. Cap. 79.) bei Senkenb. Cap. 378. §. 1. & 2.
Cap. 80.) Cap. 280. §. 1. bis 5.

ↄ Von rechtelosen lüden. ↄ Capitulum.. XXXVII..

We so enes mannes wif behoret openbare. oder maget oder wif nodeget. nimt he se dar na to echte. echt kint ne gewinnet he bi ere nümmer. ↄ Kempen unde ere kint. spel lüde. unde alle de unecht geboren sin. unde düue. oder rof sonet. oder weder geuet. unde se uor gerichte des uor wunnen werden. *oder di ir lif oder hut unde har ledeget* de sin alle rechtelos. ↄ ↄ

Art. 37. Von rechtlosen Leuten.

§. 1. Wer eines Mannes Weib offenkundig behurt 1), oder ein Mädchen oder Weib nothzüchtigt 2): nimmt er sie hernach zur Ehe; echte Kinder 3) gewinnt er nimmer mit ihr. — §. 2. [Art. 38. §. 1.] Kämpfer 4) und ihre Kinder, Spielleute 5) und alle, die unecht geboren 6) sind, und die Diebstahl 7a) oder Raub sühnen oder zurückgeben, und deß vor Gericht überwunden werden, *oder die ihr Leben, oder Haut und Haar lösen* 7b); die sind Alle rechtlos 8).

Schwabensp. Cap. 81.) bei Senkenb. Cap. 415. §. 1. bis 4.

---

3) I. 37. §. 1. & 2. — 48. §. 1. — 50. §. 3. — 51. §. 2. — III. 45. §. 9.

Art. 37.

1) II. 14. §. 5. 2) II. 14. §. 5. — III. 1. §. 1. — 46. §. 1. & 2. 3) I. 17. §. 1. — 51. §. 1. & 2. — II. 24. — (I. 6. not. 5. 4) III. 45. §. 9. — (I. 39. — 48. §. 2. & 3. — 49. — 50. §. 3.) 5) III. 45. §. 9. — (I. 50. §. 3.) 6) I. 48. §. 1. — 50. §. 3. — III. 28. §. 1. — 45. §. 9. & 10. — 46. §. 1. — (I. 6. not. 5. & 25. not. 5.) 7a) I. 39. —

Von des rikes achte. Capitulum. XXXVIII..

De ok iar unde dach in des rikes achte sin de delet men rechtelos. unde uordelet en egen unde len. dat len den heren ledich. dat egen in de koningliken gewalt. ne tet de eruen it nicht ut der koningliken gewalt binnen iar unde dage mit ereme ede. se uorlesen it mit sament ieneme. it ne beneme en echt not. dat se nicht uore komen en mogen. De echten not scal men auer bewisen alse recht is. Denest manne egen en mach in de koninkliken gewalt nicht komen. noch büten erer heren gewalt. of se sik uorwerken an ereme rechte. Echte kindere en mach de un-

Art. 38. Von des Reichs Acht.

§. 1. [§. 2.] Die auch Jahr und Tag 1) in des Reichs Acht 2) sind, die spricht man rechtlos 3), und spricht ihnen ab Eigen 4) und Lehn: das Lehn erledigt dem Herren; das Eigen in die königliche Gewalt. Ziehen es die Erben nicht mit ihrem Eide binnen Jahr und Tage aus der königlichen Gewalt: sie verlieren es sammt jenem; es hindere sie denn echte Noth 5), daß sie nicht vor zu kommen vermögen. Die echte Noth soll man aber, wie Recht ist, nachweisen. Der Dienstmannen 6) Eigen mag in die königliche Gewalt nicht kommen, noch aus der Gewalt ihrer Herren, wenn sie sich an ihrem Rechte verwirken. — §. 2. [§. 3.] Echte Kinder 7) mag der unechte 8)

II. 14. §. 1. — 27. §. 2. — 28. §. 3. — 35. §. 1. — 38. §. 1. — III. 45. §. 9. 7b) II. 14. §. 1. 8) I. 39. — 48. §. 1. — 50. §. 3. — 51. §. 1. — 60. §. 5. — 64. §. 3. — II. 12. §. 5. & 6. — 14. §. 1. — 20. §. 2. — 27. §. 2. — 35. §. 1. — III. 16. §. 2. — 28. §. 1. & 2. — 45. §. 9. & 10. — 46. §. 1. — 63. §. 3. — 65. §. 1. — 70. §. 1. — 82. §. 1. — (I. 36. not. 2.)

Art. 38.

1) I. 28. not. 5. 2) I. 66. §. 3. — 71. — II. 72. §. 1. — III. 16. §. 3. — 34. §. 5. 6. & 7. — 60. §. 3. — 63. §. 2. 3) I. 37. not. 8. 4) I. 8. not. 1. 5) I. 28. not. 7. 6) I. 17. §. 1. — 52. §. 1. — II. 3. §. 1. — 42. §. 3. — III. 19. — 72. §. 3. — 81. §. 2 ff. 7) I. 37. not. 3. 8) I. 37. not. 8.

echte man seder mer nicht gewinnen. ¶ We jar unde dach in des rikes achte is. unde eme na der iartale uordelet wert echt unde recht. ut der achte mach he sik dennoch ten. so dat eme mit der achte neman sin lif nemen en mach. in sin recht en kan he auer nicht komen weder he en züstere uor des keyseres scare dar he enen anderen koning mit stride besteit. so gewinnet he weder sin recht. unde nicht sin güt dat eme uordelet is.. ¶

Mann dann nicht mehr gewinnen. Wer Jahr und Tag in des Reichs Acht ist, und ihm nach Jahresfrist Echt und Recht[9]) aberkannt wird: aus der Acht mag er sich doch noch herausziehen, so daß niemand um der Acht willen sein Leben ihm nehmen darf. Zu seinem Rechte kann er aber nicht wieder gelangen; er breche denn vor des Kaysers Schaar eine Lanze, wenn dieser gegen einen andern König zur Schlacht anrückt: so gewinnt er sein Recht wieder; aber nicht sein Gut, das ihm aberkannt ist.

Schwabensp. Cap. 82.) bei Senkenb. Cap. 179. §. 1. bis 7. **Cap. 83.)** Cap. 47. §. 1. & 2. **Cap. 84.)** Cap. 376. §. 1. bis 4. **Cap. 85.)** Cap. 17. §. 1. bis 4. **Cap. 86.)** Cap. 163. §. 1. bis 4. **Cap. 87.)** ib. §. 5. bis 24. **Cap. 88.)** Cap. 6. §. 1. bis 5. & Cap. 7. §. 1. bis 5. **Cap. 89.)** Cap. 201. & **Cap. 90.)** Cap. 12. §. 1. bis 8.

¶ We dat gloyende yseren dragen scal. ¶ Capitulum.. XXXIX.. ¶

De ere recht mit roue. oder mit düue uorworcht hebbet. of men se düue oder roues anderweide scüldiget. se ne mogen mit ereme ede nicht unscüldich

Art. 39. Wer das glühende Eisen tragen soll.

Die, welche ihr Recht [1]) durch Raub oder Diebstahl [2]) verwirkt haben: wenn man sie anderweit des Diebstahls oder Raubes beschuldigt; sie mögen mit ihrem

---

9) III. 28. §. 1.

Art. 39.

1) I. 3. not. 2. — 36. not. 2. 2) I. 37. not. 7.

werden. Se hebbet drier kore. dat *gloyende* yseren to dragende. oder in enen wallenden ketel to gripende wente to deme elenbogen. oder deme kempen sik to werende. ¶

Eide nicht unschuldig[3]) werden. Sie haben dreierley Wahl: das „glühende" Eisen zu tragen, oder in einen siedenden Kessel zu greifen bis an den Ellenbogen, oder sich gegen einen Kämpfer[4]) zu wehren.

Schwabensp. Cap. 91.) bei Senkenb. Cap. 210. §. 1. bis 3.

¶ We so trüwelos beredet wert. ¶ Capitlum.. XL..

We so trüwelos beredet wert. oder herulüchtich ut des rikes deneste. deme uordelt men sine ere unde sin lenrecht. unde nicht sin lif.. ¶

Art. 40. Wer als treulos überführt wird.

Wer (als) treulos[1]) überführt wird, oder (als) heerflüchtig aus des Reiches Dienste, dem spricht man ab seine Ehre und sein Lehnrecht; aber nicht sein Leben[2]).

Schwabensp. Cap. 92.) bei Senkenb. Cap. 138. §. 1. & 2. und Cap. 200. §. 1. & 2.

¶ Klaget maget oder wedewe ouer eren uormünden. ¶ Capitulum.. XLI.

Klaget maget oder wedewe to lantrechte ouer eren vormünden dat he se untweldige egenes. oder lenes. oder lif ge-

Art. 41. Klagt eine Jungfrau oder Wittwe über ihren Vormund.

Klagt eine Jungfrau oder Wittwe nach Landrecht über ihren Vormund[1]), daß er sie entwältige (ihres) Eigens[2]), oder

---

3) I. 15. not. 5. & 13. not. 4[b]. 4) I. 37. not. 4. — I. 49. & 50. §. 3. — III. 21. §. 2.

Art. 40.

1) II. 14. §. 4. — III. 41. §. 1 ff. — 78. §. 1 ff. — 79. 2) III. 84. §. 2.

Art. 41.

1) I. 23. a. E. & 45. §. 1. 2) I. 8. not. 1.

tucht. unde wert he darümme uoregeladet to dren dingen. unde en kümt nicht uore an deme dridden dage rechtes to plegene. men scal ene balemunden. dat is men scal eme uordelen alle uormuntscap. sint si de richtere der urowen uormünde. unde geweldige se uon richtes haluen eres güdes des se untweldiget was.. ꝺ ꝺ

Lehnes, oder Leibzucht [3]), und wird er darum dreimal [4]) vorgeladen zu Dinge [5]), und kommt nicht vor am dritten Tage, um Rechts zu pflegen: man soll ihn balmunden, d. i. man soll ihm alle Vormundschaft aberkennen. Dann sey der Richter Vormund der Frau, und gewältige sie von Gerichtshalben ihres Gutes, dessen sie entwältigt war [6]).

Schwabensp. Cap. 93.) bei Senkenb. Cap. 327. §. 1. bis 7.

ꝺ Er sinen dagen unde na sinen dagen mot en man wol uormünden hebben of he wil. unde wanne he ene bringen scal. ꝺ Capitulum.. XLII..

Art. 42. Vor seinen Tagen und nach seinen Tagen mag ein Mann wohl einen Vormund haben, wenn er will; und wenn er ihn bringen soll.

Er sinen dagen unde na sinen dagen mot de man wol uormünden hebben. of he is bedarf. unde mot sines wol umberen of he wil. ꝺ We sines uormünden to hant nicht en heft. de scal ene bringen to deme dage de ut wert geleget von gerichtes haluen ümme de clage. ꝺ ꝺ Ouer en unde twin-

§. 1. Vor seinen Tagen [1]) und nach seinen Tagen mag ein Mann wohl einen Vormund haben, wenn er dessen bedarf, und mag seiner wohl entbehren, wenn er will. Wer seinen Vormund nicht zur Hand hat, der soll ihn bringen zu dem Tage, der von Gerichtshalben um der Klage willen ausgelegt [2a]) wird.

---

3) I. 21. not. 5. 4) I. 67. — 70. §. 2. — III. 5. §. 1. 5) I. 2. §. 2. 6) I. 44.

Art. 42.

1) I. 2. §. 1. 2a) I. 2. §. 2.

tich iar. so is de man to sinen dagen komen. ouer sestich iar. so is he bouen sine iar *) komen alse he uormünden hebben scal of he wil. unde ne krenket dar mede sine bote nicht. noch sin weregelt. ɗ ɗ Welkes mannes alter men nicht en wet. heft he har in deme barde. unde dar nedene. unde under iowelkeme arme. so scal men weten dat he to sinen dagen komen is. ɗ Wen dat kint to sinen iaren kümt so mot it wol uormünde sines wiues sin. unde dar to wes he scal of he wil. unde san to kampe wart alsi it binnen sinen dagen. wenne alse he sik seluen mot uore stan alse mot he sine mündelin uorestan.. ɗ ɗ

Ueber ein und zwanzig Jahre; so ist der Mann zu seinen Tagen gekommen: über sechzig Jahre; so ist er über seine Tage gekommen, wo er einen Vormund haben mag, wenn er will, und weder seine Buße[2b]) noch sein Wehrgeld[2c]) damit verkürzt. Welches Mannes Alter man nicht kennt: hat er Haare am Barte, und unten, und unter jedem Arme; so soll man wissen, daß er zu seinen Tagen gekommen ist. — §. 2. Wenn das Kind zu seinen Jahren[3]) kommt; so mag es wohl, wenn es will, Vormund sein seines Weibes[4]) und dazu wessen es soll, auch selbst als Kampfwart[5]): sey es gleich noch binnen seinen Tagen. Denn sobald es sich selbst mag vertreten, so mag es auch seine Mündel vertreten.

Schwabensp. Cap. 94.) bei Senkenb. Cap. 384. §. 1. **Cap. 95.)** Cap. 329. **Cap. 96.)** Cap. 385. §. 1. bis 3. **Cap. 97.)** Cap. 386. §. 1. bis 7. **Cap. 98.)** Cap. 269. §. 1. bis 10. **Cap. 99.)** nach 269. pag. 321. §. 1. bis 6. & **Cap. 100.)** Cap. 282. §. 1. bis 6.

---

*) H. dage.

2b) I. 53. not. 6. 2c) III. 45. 3) I. 20. not. 3b. 4) I. 31. §. 2. 5) Vgl. Ziemann mittelhochdeut. Wörterb. S. 614. u. d. W. wart.

¶ Wanne men den urowen uormünden geuen scal alse se eres uormünden nicht en hebbet. ¶ Capitulum.. XLIII.. ¶

In not nümftiger clage dar se nicht to kampe en gat mot wol de richtere uormünden geuen den urowen. unde in aller hanthaftiger dat dar se eres rechten uormünden nicht en hebbet to hant. Sin auer de clage to kampe wert *). so mot wol ere uormünde sin iowelk ere euenbordige suert mach.. ¶ ¶

Art. 43. Wenn man den Frauen einen Vormund geben soll, falls sie ihren Vormund nicht haben.

Bei nothnunftiger [1a]) Klage, wenn sie nicht zu Kampfe geht, und bei aller handhaften That [1b]), mag der Richter den Frauen wohl einen Vormund geben, wenn sie ihren rechten Vormund [1c]) nicht zur Hand haben. Sind aber die Klagen auf Kampf gerichtet; so mag wohl jeder ihrer ebenbürtigen Schwertmage [2]) deren Vormund sein.

Schwabensp. Cap. 101.) bei Senkenb. Cap. 319. §. 1. bis 9. **Cap. 102.)** ib. §. 10. bis 14. **Cap. 103.)** Cap. 320. §. 1. bis 3. **Cap. 104.)** ib. §. 4. bis 13. **Cap. 105.)** Cap. 322. §. 1. bis 7. **Cap. 106.)** ib. §. 8. bis 11. **Cap. 107.)** Cap. 323. §. 1. **Cap. 108.)** ib. §. 2. bis 4. & **Cap. 109.)** Cap. 324. §. 1. bis 11.

¶ Wanne de richtere de urowen uormünden scal. ¶ Capitulum.. XLIIII..

Claget maget oder wedewe to lantrechte ouer eren rechten uormünden dat he er ere güt neme. to der clage scal se dat

Art. 44. Wenn der Richter die Frauen bevormunden soll.

Klagt eine Jungfrau oder Wittwe nach Landrecht über ihren rechten Vormund [1]), daß er ihre Güter ihr nehme; zu

---

*) Ziemann Wörterb. pag. 635. s. v. wert.

1a) II. 65. §. 1. — III. 1. §. 1. — 46. §. 1. & 2. — Ziemann a. a. O. S. 280. 1b) I. 55. not. 2. 1c) I. 44. not. 1. 2) I. 23. a. E. & 45. §. 1. — 48. §. 2. — 63. §. 3.

Art. 44.

1) I. 41. — 43. — 45. §. 1. — 46. §. 2. — 48. §. 2.

gerichte uormünden. unde dar er ere man gift egen in ursale oder to ereme liue.. ℭ

der Klage soll das Gericht sie bevormunden. Eben so, wenn ihr Mann ihr ein Eigen [2]) giebt als Ursal [3]) oder auf Lebzeit [4]).

Schwabensp. Cap. 110.) bei Senkenb. Cap. 328. §. 1.

ℭ En man is sines wiues uormünde. alse he sterft so is it ere neiste euenbordige suert mach. Se en mach nicht uorgeuen ane sinen willen. ℭ Capitulum. ℭ.. XLV..

Allene si en man sineme wiue nicht euenbordich. he is doch ere uormünde. unde se is sin genotinne. unde tret in sin recht. wen se in sin bedde gat. wenne he auer sterft so is se ledich uon sineme rechte. unde behelt recht na erer bort dar ümme mot ere uormunde sin ere neiste euenbordige suert mach. unde nicht eres mannes. ℭ En wif en mach oc ane eres mannes gelof nicht eres güdes uorgeuen. noch egen uor-

Art. 45. Ein Mann ist seines Weibes Vormund; wenn er stirbt, so ist es ihr nächster ebenbürtiger Schwertmag. Sie mag nichts vergeben ohne seinen Willen.

§. 1. Obschon ein Mann seinem Weibe nicht ebenbürtig [1]) sey; er ist doch ihr Vormund [2]) und sie ist seine Genossin und tritt in sein Recht [3]), wenn sie in sein Bett steigt. Wenn er aber stirbt, so ist sie ledig seines Rechts, und behält Recht nach ihrer Geburt [4]). Darum muß ihr nächster ebenbürtiger Schwertmag, und nicht der ihres Mannes, ihr Vormund sein. — §. 2. Ein Weib mag auch ohne ihres Mannes Urlaub nichts ihres Gutes vergeben, noch Ei-

---

2) I. 8. not. 1. 3) Ziemann a. a. O. S. 524. u. d. W. ur. & S. 526. u. d. W. ursal: Wiedererstattung (Gegenvermächtniß, Contrados). 4) I. 21. not. 5.

Art. 45.

1) I. 3. not. 8. 2) I. 31. 3) I. 8. not. 2. 4) I. 23. a. E.

kopen. noch lifgetucht up laten. dor dat he mit ere in den geweren sit. ¶ Megede auer unde ungemannede wif uorkopet ere egen ane eres uormunden gelof. he èn si dar erue to..

gen 5) verkaufen, noch Leibzucht 6) auflassen; darum daß er mit ihr in der Gewer sitzt 7). Jungfrauen aber und unverheirathete Frauen verkaufen ihr Eigen ohne Urlaub ihres Vormundes; er sey denn Erbe dazu 8).

Schwabensp. Cap. 111.) bei Senkenb. Cap. 328. §. 2. bis 5. **Cap. 112.)** Cap. 313. §. 1. bis 3.

¶ Megede unde wif moten wol uormünden hebben. Ere ede scolen se seluen sueren. ¶ Capit.. XLVI..

Art. 46. Jungfrauen und Frauen müssen wohl Vormünder haben; ihre Eide sollen sie selbst schwören.

Megede auer unde wif moten wol uormünden hebben an iowelker clage. dor dat men se nicht uortügen en mach des se uor gerichte spreket oder dot. ¶ Wur it den urowen to eden kümt de scolen se selue don. unde nicht ere uormünde. Ere rechte uormünde scal oc gewere uor se untfan. unde louen unde lesten..

§. 1. Jungfrauen aber und Frauen müssen bei jeder Klage wohl Vormünder haben; darum daß man sie dessen, was sie vor Gericht sprechen oder thun, durch kein Zeugniß überführen mag 1). — §. 2. [Art. 47. §. 1.] Wo es bei Frauen zu Eiden kommt; die sollen sie selbst leisten, und nicht ihr Vormund. Ihr rechter Vormund 2) soll auch für sie Gewer empfangen, und geloben, und leisten 3).

Schwabensp. Cap. 113.) bei Senkenb. Cap. 313. §. 4. bis 12.

---

5) I. 8. not. 1. 6) I. 21. not. 5. 7) I. 31. §. 1. & 2. 8) I. 52. §. 1.

Art. 46.

1) I. 7. not. 1. & 2. — II. 64. §. 2. 2) I. 44. not. 1. 3) I. 47. — 63. §. 2. — II. 16. & 17. §. 1. — III. 14. §. 2.

ꝗ Des richteres uormuntscap en wert nicht lenger wenne alse dat gerichte weret. ꝗ Capitulum. XLVII..

De uormünde de uon gerichtes haluen gegeuen wert scal ok gewere uor se louen. unde untfan. unde seder nene not dar ümme liden. wenne dat he der warheit bekenne. of he is uon gerichtes haluen geuraget wert. wente sin uormüntscap en weret nicht lenger wenne alse dat gerichte weret. ꝗ To iowelkeme dinge mot de richtere wol sünderliken uormünden geuen..

Art. 47. Des Richters Vormundschaft währet nicht länger, als das Gericht währet.

[Art. 47. §. 2.] Der Vormund, welcher von Gerichts halben gegeben wird [1]), soll auch Gewer für sie geloben und empfangen [2]); sonst aber keine Noth darum leiden, als daß er die Wahrheit bekenne, wenn er von Gerichts halben darob gefragt wird. Denn seine Vormundschaft währet nicht länger, als das Gericht währet. Zu jeglichem Ding muß der Richter wohl einen sonderlichen Vormund geben.

Schwabensp. Cap. 114.) bei Senkenb. Cap. 63. §. 1. & 2. **Cap. 115.)** Cap. 64. §. 1. & 2. **Cap. 116.)** ib. §. 3. & 4. **Cap. 117.)** Cap. 61. **Cap. 118.)** Cap. 64. §. 5. bis 8. **Cap. 119.)** Cap. 65. §. 1. bis 4. **Cap. 120.)** ib. §. 5. bis 7. **Cap. 121.)** Cap. 50. §. 1. bis 5. **Cap. 122.)** Cap. 66. §. 1. bis 7. **Cap. 123.)** nach Cap. 66. pag. 87. §. 1. & 2. **Cap. 124.)** nach Cap. 313. pag. 367. §. 1. bis 6. **Cap. 125.)** Cap. 325. §. 1. bis 5. **Cap. 126.)** Cap. 326. §. 1. bis 5.

ꝗ Rechtlose lüde daruet uormünden. unde lame lüde it en ga to kampe. ꝗ Süs weret men enen doden. ꝗ Capit.. XLVIII..

Alle de unecht geboren sin.

Art. 48. Rechtlose Leute darben eines Vormundes: so auch lahme Leute; es gehe denn zu Kampfe. So wehrt man einen Todten.

§. 1. Alle die unecht geboren [1])

---

1) I. 43. & 44. 2) I. 46. not. 3.

Art. 48.

1) I. 37. not. 6.

oder sik rechtelos *) gemaket hebben. de ne mogen nene uormünden hebben an eren clagen. noch an ereme campe. ᑕ Lame lüde scolen ok antworden unde clagen ane uormünden. it en si dat de clage to campe ga. dar si ere uormünde ere euenbordige suert mach. we he si de it don wille. ᑕ En mach de lame man of men ene to kampe grot sines rechten uormünden nicht hebben. unde dar he sin recht dar to don. he gewinnet to uormünden we dat uor ene don wil. oder wen he mit penningen gemeden mach. al moge men sinen rechten uormünden bewisen. Weret auer he sik mit kempen. iene mach ene bereden mit kempen. *al ne hebbe he ene mit kempen tom ersten nicht an gesproken.* unde en scadet eme to sineme rechte nicht. ᑕ Alsüs mot men enen doden wol weren of men ene bereden wil..

sind, oder sich rechtlos [2]) gemacht haben, die mögen keinen Vormund haben, weder zu ihrer Klage, noch zu ihrem Kampfe. — §. 2. Lahme Leute sollen auch ohne Vormund antworten und klagen; es sey denn, daß die Klage zu Kampfe geht. Dann sey deren Vormund ihr ebenbürtiger Schwertmag [3a]), wer er sey, der es thun will. Mag der lahme Mann, wenn man ihn zum Kampfe grüßt [3b]), seinen rechten Vormund [4]) nicht haben, und kann er da sein Recht [5a]) hinzuthun; er gewinnt zum Vormunde jedweden, der es für ihn thun will, oder den er mit seinen Pfennigen [5b]) miethen mag, obschon man seinen rechten Vormund nachweisen könne. — §. 3. Wehrt er sich aber mit Kämpfern [6]): jener mag ihn mit Kämpfern überführen; „hat gleich er anfangs „ihn mit Kämpfern nicht ange„sprochen [7]),“ und schadet ihm an seinem Rechte nicht [8]). Eben so mag man einen Todten [9]) wohl vertheidigen, wenn man ihn überführen will. [Hierzu Art. 49.]

Schwabensp. Cap. 127.) bei Senkenb. Cap. 330. §. 1. & 2. desgl. 377. §. 1. bis 3. **Cap. 128.)** Cap. 69. §. 1. & 2.

---

*) H. *echtlos*. Quedl. *echtes*.

ℭ Mit kempen mach men wol weren sik. Capit. XLIX..

Mit kempen mach sik en man wol weren alsüs. mit kempen en mach he auer nenen unbesculdenen man an sineme rechte nicht bereden.

Art. 49. Mit Kämpfern mag man sich wohl wehren.

[Zu Art. 48.] Mit Kämpfern [1]) mag sich ein Mann wohl wehren also; aber mit Kämpfern mag man nicht einen, an seinem Rechte unbescholtenen Mann, überführen [2]).

Schwabensp. vacat.

ℭ Sprict en gewundet man den to kampe an. ℭ We oc gewundet den anderen uor gerichte uort. ℭ Capitlum. L..

Spricl en gewundet man den to kampe an de ene gewundet heft. unde en mach uon unkraft sines liues denne den kamp nicht wlbringen. unde en heft nenen uormünden de it uor ene don wille. men scal eme degedingen bit an de

Art. 50. Spricht ein verwundeter Mann Einen zum Kampfe an. Wer auch verwundet den Andern vor Gericht führt.

§. 1. [Art. 49.] „Spricht „ein verwundeter Mann den, der „ihn verwundet hat, zum Kampfe „an, und mag er dann den Kampf „aus Unkraft seines Leibes nicht „vollbringen, und hat er keinen „Vormund, der es für ihn thun „will [1]); man soll ihm Tag ge„ben bis zu der Zeit, daß er

---

2) I. 37. not. 8. 3ᵃ) I. 43. a. E. — 64. §. 1. 3ᵇ) I. 63. §. 1. — 64. §. 2. 4) I. 44. not. 1. 5ᵃ) II. 12. §. 9. — III. 5. §. 3. — 71. §. 1. — (I. 22. §. 4. — II. 35. §. 4. — 55. §. 6. — III. 48. §. 3. — 90. — 92. §. 2. — I. 13. not. 4ᵃ. & 4ᵇ. — I. 15. not. 5.) 5ᵇ) II. 27. not. 1. 6) I. 37. not. 4. 7) I. 63. §. 2. 8) I. 49. 9) I. 64. §. 1. — II. 14. §. 1. & 2. — III. 10. §. 1. & 2. — 91. §. 1. & 2.

Art. 49.

1) I. 37. not. 4. 2) I. 39. & 50. §. 3. — II. 27. not. 3.

Art. 50.

1) I. 48. §. 1.

tid dat he selue sinen kamp wlbringen moge. ¶ *We oc den anderen wundet. oder dodet. unde ene to eneme uredebrekere bereden wil. en wlkümt he des nicht he is selue uor wunnen des ungerichtes des he an eme gedan heft.* ¶ Al si en man en speleman oder unecht geboren he en is doch roueres noch deues genot alse men kempen up en leden moge..

„seinen Kampf selbst vollbringen „mag." — §. 2. [50. §. 1.] „Wer auch den Andern verwundet oder tödtet, und als „einen Friedebrecher [2]) ihn über„führen will: vollführt er es „nicht; er ist des Ungerichts „selbst überwunden, was er an „ihm verübt hat [3])." — §. 3. [§. 2.] Sey auch ein Mann Spielmann oder unecht geboren; er ist doch nicht Genoß von Räubern noch Dieben, so daß man Kämpfer gegen ihn aufbringen mag [4]).

Schwabensp. Cap. 129.) bei Senkenb. Cap. 175. §. 1. bis 5.

¶ **It is manich man rechtelos de nicht en is echtelos.** ¶ **Von den uer anen.** ¶ **Capitulum.. LI..**

Art. 51. **Es ist mancher Mann rechtlos, der nicht ist echtlos. Von den vier Ahnen.**

It is manich man rechtelos de nicht en is echtelos. wenne de rechtelose man mot wol elik wif nemen. unde kindere bi ere gewinnen de eme euenbordich sin. *Die muten ok wol sin erve nemen unde irer muder

§. 1. Es ist mancher Mann rechtlos [1]), der nicht echtlos [2]) ist. Denn der rechtlose Mann mag wohl ein ehrlich Weib nehmen, und Kinder mit ihr gewinnen, die ihm ebenbürtig [3]) sind. *Die mögen auch wohl sein und also ihrer Mutter Erbe

---

2) I. 63. not. 3. 3) I. 69. 4) I. 49.

Art. 51.

1) I. 37. not. 8. 2) I. 6. not. 5. — 25. not. 5. — 37. not. 3. & 6. 3) I. 3. noi. 8.

also wende si en evenburdig sin.* se en tueien uon en mit egenscap. ☙ *Echt man unde echt wif en niml oc unechtes mannes erue nicht.* ☙ *Men segel dat nen kint siner moder keues kint en si. des en is doch nicht.* ☙ *En wif gewinnet echt kint. adel kint. egen kint. unde keues kint. is se egen men mach se uri laten. is se keues se mach echten man nemen. unde mach ümmer kindere dar binnen gewinnen.* ☙ Welk man uon sinen uer anen. dat is uon tuen elder uederen. unde uon tuen elder moderen. unde uon uader unde uon moder umbesculden is an sineme rechte. den en kan neman bescelden an siner bort. he en hebbe sin recht uorwocht. ☙ Welk scepenbare uri man enen sinen genot to kampe anspricht de bedarf wol to wetene sine uer anen. unde sin hant gemal. unde de to benomene. oder iene weigert eme

nehmen, da sie ihnen ebenbürtig sind;* sie zweieten sich denn von ihnen durch Eigenschaft [4]). „Der echte Mann und das echte „Weib nimmt aber unechten „Mannes Erbe nicht [5]).“ — §. 2. „Man sagt, daß kein Kind „seiner Mutter Kebskind sey. „Dem ist jedoch nicht so. Ein „Weib gewinnt echte Kinder, „Adelkinder, Eigenkinder und „Kebskinder. Ist sie eigen; man „mag sie frei lassen. Ist sie „Kebsweib; sie mag einen echten Mann [6]) nehmen, und mag „während dem immer Kinder „gewinnen.“ — §. 3. Welcher Mann unbescholten ist an seinem Rechte [7a]) von seinen vier Ahnen [7b]) her; das ist von zwei Eltervätern und zwei Eltermüttern und von Vater und Mutter: den kann niemand beschelten an seiner Geburt; er habe denn sein Recht verwirkt. — §. 4. Welch schöffenbar-freier Mann einen seiner Genossen zum Kampfe anspricht, der bedarf wohl, seine vier Ahnen und sein Handmal [8]) zu kennen und sie zu benennen, oder jener

---

4) III. 33. §. 2 ff. — 42. §. 3 ff. — 73. §. 1 ff. — 80. §. 2. 5) I. 3. not. 8. 6) I. 25. not. 5. 7a) II. 27. not. 3. 7b) III. 29. §. 1. 8) III. 26. §. 2. & 29. §. 1.

kampes to rechte. ¶ We sik underwint des anderen to kampe. untgeit he eme mit rechte he mot ene mit bote laten.

weigert ihm den Kampf mit Recht. — §. 5. Wer sich des Andern zum Kampfe unterwindet [9]): entgeht ihm dieser mit Recht; er muß ihn mit Buße entlassen.

Schwabensp. Cap. 130.) bei Senkenb. Cap. 59. §. 1. & 2. **Cap. 131.**) Cap. 70. §. 1. & 2.

¶ Wanne en man sin gût vorgeuen mach. Capit. LII..

Ane eruen gelof unde echt ding en mot en man sin güt. noch sine lüde geuen. *doch wellet de heren wol ere denest lüde ane gerichte. of men de weder welle bewisen unde betügen mach.* gift he it weder rechte ane eruen gelof. de erue under windet is sik mit ordelen alse of he dot si iene de it dar gaf so he is nicht geuen en mochte. ¶ Alle uarende haue gift de

Art. 52. Wann ein Mann sein Gut vergeben mag.

§. 1. Ohne der Erben [1]) Genehm und echt Ding [2]) mag ein Mann weder sein Gut, noch seine Leute vergeben. „Doch „wechseln die Herren wohl ihre „Dienstleute [3]) außer Gericht, „wenn man die Gegenwechse„lung [4]) nachweisen und bezeu„gen mag." Vergiebt er es wider Recht, ohne der Erben Genehm; der Erbe unterwindet [5a]) sich dessen mit Urtheil, als ob jener todt sey, der es so vergab, wie er es nicht vergeben mochte. — §. 2. Alle

---

9) I. 63. §. 1. — (I. 52. §. 1. — II. 35. §. 2. — 41. §. 2. — III. 22. §. 3. — 33. §. 9. — 43. §. 1. & 2. — 44. §. 1.)

Art. 52.

1) I. 20. not. 2. 2) I. 2. §. 2. — 59. §. 1. & 2. — 67. §. 1. — III. 61. §. 1. 3) I. 17. §. 1. — 38. §. 1. — II. 43. §. 3. — III. 81. §. 2 ff. 4) III. 72. §. 3. 5a) I. 51. not. 9.

man ane eruen gelof dat he begürt mit eneme suerde. unde mit eneme scilde. de wile he up en ors komen kan uon eneme stene oder stocke ener dum elnen ho. ane mannes helpe. deste men eme dat ors unde stegerep holde. wen he desses nicht don en mach. so en mach he geuen noch laten noch lenen dat he it ieneme uerne de des na sineme dode wardende is. ꝯ *Wur auer he iemanne icht genomen heft mit unrechte. dat mot he eme wol weder laten an sine were. dar en mach he denne nene gaue an spreken. wenne so gedan recht alse he dar an hadde er it eme genomen worde.* ꝯ We binnen süke sine haue uorgift. oder ut sat to der tid so he is nicht don en mach. dat wif unde dat ingesinde en scal dar ümme nemanne scüldigen. wen se en mosten des mannes gaue nicht weder spreken se si recht oder unrecht. ꝯ Gift men iemanne mit unrechte icht

fahrende Habe vergiebt der Mann ohne der Erben Genehm [5b]), so lange er, begürtet mit einem Schwerte und mit einem Schilde, ohne Mannes Hülfe auf ein Roß kommen kann von einem Steine oder Stocke, eine Daumenelle [6]) hoch; dafern man nur das Roß und den Stegreif ihm hält. Wenn er dies nicht zu thun vermag; so mag er nichts geben, noch lassen, noch verleihen, auf daß er es jenem entziehe, der dessen gewärtig ist nach seinem Tode. — §. 3. „Wo er aber etwas mit Unrecht jemandem genommen hat, „das mag er ihm wohl wieder „lassen in seine Gewer [7]): daran mag er dann keine Gabe „ansprechen; sondern solch Recht, „als er daran hatte, ehe es „ihm genommen ward.“ — §. 4. Wer in Krankheit seine Habe vergiebt oder versetzt, zu der Zeit, wo er es nicht thun mag; das Weib [8]) und das Gesinde [9]) soll darum niemanden beschuldigen: denn sie dürfen der Gabe des Mannes nicht widersprechen, sie sey recht oder unrecht. Giebt man jemandem mit Unrecht et-

---

5b) II. 30. 6) II. 17. §. 4. — 49. §. 11. 7) I. 9. not. 6. 8) I. 31. §. 1. & 45. §. 2. 9) I. 22. §. 2.

dat uordere men mit rechte *uppe den deme it gegeuen is.* ¶ Dat wif en antwordet nicht uor nen des mannes gût wen uor dat under ere bestoruen is.

was; das fordere man mit Recht zurück „von dem, dem „es gegeben ist." Das Weib antwortet für kein Gut des Mannes, als für das, was unter ihr erstorben ist [10]).

Schwabensp. vacat.

¶ **Umme sûs gedane broke weddet men deme richtere. ¶ En man blift is ane scaden de wile he sik des nicht under windet. ¶ We gewedde unde bote nicht en gift to rechten dagen. ¶ Capitulum.. LIII..**

We nicht en uolget alse men det rochte scriet. oder sine clage na rechte nicht uul en uorderet. oder enen man to kampe ueit de eme mit rechte untgeit. oder to ut gelegedeme dinge icht sprict. oder deit he weder rechte. oder nicht en gilt gewunnene scult binnen dinge. ümme iowelke desse sake weddet he deme richtere. unde

Art. 53. Um solche Brüche weddet man dem Richter. Ein Mann bleibt hierbei ohne Schaden, so lange er sich dessen nicht unterwindet. Wer Wedde und Buße nicht giebt am rechten Tage.

§. 1. Wer nicht folgt, wenn man das Gerüffte [1]) schreit, oder seine Klage nicht nach Recht vollführt [2]), oder einen Mann zum Kampfe fängt [3]), der ihm mit Recht entgeht, oder in ausgelegtem Gerichte [4]) wider Recht Etwas spricht oder thut [5a]), oder binnen Dinge gewonnene Schuld [5b]) nicht zahlt; um jede dieser Sachen weddet er dem

---

10) I. 22. §. 4.

Art. 53.

1) I. 61. §. 4. — 62. §. 1. — 63. §. 2. — II. 26. §. 1. — 35. §. 2. — 55. §. 4. — 57. §. 1. — 65. §. 1 ff. — 72. §. 2 ff. — III. 1. §. 2. — 9. §. 5. — 56. §. 2. — 68. §. 2. — 70. §. 2. — 78. §. 3. & 4. 2) I. 61. §. 4. — 62. §. 2. — 63. §. 2. — II. 8. — III. 14. §. 2. 3) I. 63. §. 1 ff. — 64. §. 2. — III. 36. §. 1. 4) I. 2. §. 2. 5a) I. 59. §. 2. 5b) II. 5. §. 2.

ümme alle scult dar de man sine bote mede gewinnet dar heft de richtere sin gewedde an. Doch weddet men deme richtere dicke ümme untucht de men deit in deme dinge dar de clegere noch uppe den de clage geit nene bote an gewinnet. *Sprikt die man gut an unde klaget he dar up unde wirt he mit rechte dar up gewiset. [a] he blift is ane bute unde ane wedde de wile he's sik nicht underwint.* ₡ We gewedde unde bote nicht en gift to rechten dagen. de urone bode scal ene dar uor panden. unde scal it to hant ut setten. oder uorkopen uor de scult. nicht en mot de urone bode panden he en werde dar to mit ordelen gewunnen.. ₡ Neman en weddet ümme ene sake tuies. he en breke den urede.

Richter, und um alle Schuld, womit der Mann seine Buße [6]) gewinnt, daran hat der Richter seine Wedde [7]). Doch weddet man dem Richter oft um Ungeziem, das man im Dinge verübt, wobei der Kläger, noch der, gegen den die Klage geht, keine Buße gewinnt. — §. 2. *Spricht der Mann Gut an, und klagt er darauf, und wird er mit Recht deshalb abgewiesen; er bleibt darum ohne Buße und Wedde [8]), so lange er sich dessen nicht unterwindet [9]).* — §. 3. Wer Wedde und Buße nicht giebt am rechten Tage [10]); der Fronbote [11a]) soll ihm dafür ein Pfand nehmen und soll es sogleich für die Schuld versetzen oder verkaufen [11b]). Der Fronbote darf aber nicht pfänden; er werde denn dazu mit Urtheil gewonnen [12a]). — §. 4. Niemand weddet um eine Sache zweifältig: er breche denn mit

a) Cod. Qued. abe gewiset. Cod. Lips. abgewiset.

6) I. 8. §. 2. — 42. §. 1. — II. 5. §. 2. — (I. 65. §. 2.) — II. 6. §. 1. — 17. §. 3. 8. & 9. — 22. §. 1. — 33. §. 1. — III. 45. — 48. — 50. — 53. §. 2. 7) II. 5. §. 2. — 8. — 15. §. 1. — 17. §. 4. — 23. §. 1. — 30. — 41. §. 3. — 42. §. 1. — III. 15. §. 2. — 23. — 33. §. 10. — 45. §. 10. — 50. — 63. §. 1. — 64. §. 2 ff. — 80. §. 1. — 86. §. 1. & 2. 8) I. 62. §. 2. — II. 8. 9) I. 51. not. 9. 10) II. 5. §. 2. — (I. 65. §. 2. — 70. §. 2.) 11a) I. 2. not. 8. 11b) I. 70. §. 2. 12a) II. 42. §. 1.

unde uorscülde bannes an ener dat. de mot *wedden* to geistlikeme rechte. unde to werltlikeme. unde gift ene bote ieneme den he gesereget heft..

einer That den Frieden [12b]) und verschulde den Bann; der muß *wedden* nach geistlichem Rechte und nach weltlichem, und giebt jenem eine Buße, den er verletzt hat.

Schwabensp. Cap. 132.) bei Senkenb. Cap. 96. §. 1. bis 4. **Cap. 133.)** Cap. 97. §. 1. bis 3. **Cap. 134.)** ib. §. 4. bis 6.

ℭ Wat en man dulden scole uppe tins güde. unde ümme tegeden.
ℭ Capit. LIIII..

It en scal nen tins man uor sinen heren pant dülden bouen sinen tins den he jarlikes gelden scal. ℭ We sinen tins to rechten dagen nicht en gift. tuigelde scal he ene geuen. des anderen dages unde alle dage also de wile he ene under sik heft. deste eme de here mit rechten ordelen uolge. unde ene to sineme huse esche. wen de man en is nicht plichtich sinen tins buten sime huse to geuende. ℭ Tins mot de here oder sin bode de dat lant ut deit

Art. 54. Was ein Mann auf Zinsgute dulten müsse, und von Zehnten.

§. 1. Es soll kein Zinsmann [1a]) für seinen Herren Pfändung dulten über seinen Zins, den er jährlich zahlen soll. — §. 2. Wer seinen Zins am rechten Tage nicht giebt; zwiefach soll er ihn geben des andern Tags, und so alle Tage, so lange er ihn bei sich hält: nur daß ihm der Herr mit rechtem Urtheil folge und in seinem Hause ihn mahne. Denn der Mann ist nicht pflichtig, seinen Zins außer seinem Hause zu entrichten [1b]). §. 3. Zins mag der Herr, oder sein Bote, der das Land aus-

---

12b) I. 63. not. 3.

Art. 54.

1a) II. 22. §. 2. & 3. — 59. §. 2. & 3. — 60. §. 1. & 2. — III. 76. §. 3 ff. — 77. §. 1. & 2. 1b) (II. 5. §. 2. — III. 40. §. 1.)

bat beholden den is de man besaken moge. unde tegeden dat selue in deme güde dar de man uppe sit. ₵ Seget auer de man dat he uorgulden hebbe. dat mot he uulbringen silf dredde de it sagen unde horden dat he uorgulden hebbe. of he eme besaken wille. ₵ De here mot wol uppe sineme güde panden ümme sin gelt dat men eme uon sineme güde gelouet heft. ane des richteres orlof. ₵ *Nen tins man en mot stengroue. noch lemgroue grauen ane sines heren orlof des tins man he is. noch holt howen. noch roden uppe sineme tins güde. it en si sin erue tins güt.*

thut, besser behalten, als ihn der Mann ableugnen mag, und eben so Zehnten, in dem Gute, darauf der Mann sitzt. Sagt aber der Mann, daß er (schon) gezahlt habe; das muß er selbdritt derer, die es sahen und hörten, daß er bezahlt habe, wenn man es ihm ableugnen will, bewähren. — §. 4. Der Herr mag um sein Geld, das man von seinem Gute ihm gelobt hat, ohne Urlaub des Richters wohl pfänden auf seinem Gute [2]). — §. 5. „Kein Zinsmann darf Steingruben, noch „Lehmgruben graben ohne Urlaub seines Herren, dessen Zinsmann er ist: auch nicht Holz „hauen noch roden auf seinem „Zinsgute; es sey denn sein „Erbzinsgut."

Schwabensp. Cap. 135.) bei Senkenb. Cap. 335. §. 1. bis 8. **Cap. 136.)** Cap. 336. §. 1. bis 10. **Cap. 137.)** nach 336. pag. 394. §. 1. bis 4.

₵ An hanthafter dat küset men enen gogreuen. ₵ Capitulum.. LV..

Al werltlik gerichte heft begin an kore. dar ümme en mach

Art. 55. Bei handhafter That küret man einen Gografen.

§. 1. All weltliches Gericht hat Beginn von Kür. Darum

---

2) I. 53. §. 3. — 70. §. 2. — II. 28. §. 4. — 29. §. 2. — III. 20. §. 2. — (II. 42. §. 1. — 48. §. 2 ff.)

nen gesat man richtere sin. noch neman he en si gekoren oder belent richtere. ¶ Beiegenet auer en hanthaft dat uon düue oder uon roue dar de *man* mede begrepen wert. dar ümme mot men wol kesen enen gogreuen to minnes uon dren dorpen de gan dar to gerichtene of se des belenden richteres nicht hebben en mogen..

mag kein bestellter Mann Richter sein, noch irgend jemand; er sey denn gekorener oder belehnter Richter [1]). — §. 2. Begegnet aber eine handhafte That[2]) durch Diebstahl oder Raub, womit der *Mann* ergriffen wird; darum mag man wohl einen Gografen [3]), zum mindesten von drei Dörfern [4]), küren, die da zu Gericht gehen, wenn sie den belehnten Richter nicht (da) haben können.

Schwabensp. Cap. 138.) bei Senkenb. Cap. 75. §. 1. bis 34. **Cap. 139.)** Cap. 76. §. 1. bis 13. **Cap. 140.)** Cap. 77. §. 1. bis 7. **Cap. 141.)** Cap. 79. §. 1. bis 8. **Cap. 142.)** Cap. 85. §. 1. bis 6.

¶ An goscap is nen uolge. wenne it is der lant lüde urie kore.. ¶ Capitulum quinquagesimum. VI.. LVI..

Art. 56. An Goschaft ist keine Folge; denn sie ist der Landleute freie Kür.

An goscap is to rechte nen len noch nen uolge. wenne it is der lantlüde urie kore. dat se gogreuen kesen to iowelker

An Goschaft [1]) ist zu Recht weder Lehn noch Folge; denn es ist der Landleute freie Kür, daß sie Gografen erwählen für

---

1) I. 57. — III. 53. §. 3. 2) I. 43. — 56. — 57. — 66. §. 1. — 70. §. 3. — II. 9. §. 3. & 4. — 10. §. 1. — 13. §. 8. — 26. §. 1. — 34. — 35. §. 1. & 2. — 41. §. 4. — 65. §. 1 ff. — 67. §. 2. a. E. — 72. §. 4. — III. 9. §. 2. & 5. — 35. §. 1. & 2. — 36. §. 2. — 37. §. 1. — 54. §. 4. — 70. §. 2. — 89. §. 2. 3. — 90. a. E. 3) I. 2. §. 4. — 56. — 57. — 58. — 71. — III. 64. §. 10. — 87. §. 2. — 92. §. 1. 4) III. 21. §. 1.

Art. 56.

1) I. 55. not. 3.

gaen dat. oder to bescedener tid. ¶ *Liet se auer en here he scal dar lenrechtes sineme manne und sinen kinderen dar af plegen. it en breken en beiden de lantlüde mit ereme rechten kore.*

jede jähe That [2]), oder für beschiedene Zeit. „Verleiht sie „aber ein Herr: er soll seinem „Manne und dessen Kindern „Lehnrecht davon leisten; die „Landleute brächen es denn ihnen beiden mit ihrer rechten „Kür [3]).“

Schwabensp. vacat.

¶ En wert de def binnen deme dage nicht uorwunnen. ¶ Capit. LVII..

Art. 57. Wird der Dieb an demselben Tage nicht überwunden.

En wert de def oder de rouere binnen dage oder nacht nicht uorwunnen. so ne heft de gogreue nen gerichte dar an. so scal dat richten de belende richtere. *Dit is geredet ümme der gogreuen den men küset te eneme ungerichte in der hanthaften dat to richtene des seluen dages.*

Wird der Dieb oder Räuber binnen Tag und Nacht nicht überwunden, so hat der Gograf kein Gericht darüber [1]). Dann soll der belehnte Richter dies richten. „Dies ist gesagt von „dem Gografen, den man kürt, „um desselben Tags ein Un„gericht [2]) in der handhaften „That [3]) zu richten.“

Schwabensp. vacat.

---

2) I. 55. not. 2. — I. 57. 3) III. 53. §. 3.

Art. 57.

1) I. 55. §. 2. 2) I. 2. §. 2. & 4. — 63. §. 1. a. E. — 67. §. 1. — 70. §. 3. — II. 2. §. 1. — 5. §. 1. — 8. — 10. §. 3. — 14. §. 1 ff. — 17. §. 2. — 18. §. 1. & 2. — 65. §. 3. — 68. — 73. §. 2. — III. 1. §. 1. — 7. §. 3. — 9. §. 5. — 10. §. 1. — 12. §. 2. — 13. — 14. §. 2. — 25. §. 2 — 50. — 52. §. 2. — 66. §. 4. — 69. §. 2. — 78 §. 3. — 89. §. 4. — 92. §. 1. 3) I. 55. not. 2.

ℭ Wen men auer küset to lenger tid. ℭ Unde of de koning kümt in des greuen. unde de greue in des gogreuen gerichte.. ℭ Capitulum. LVIII..

Wen men auer küset to langer tid. den scal de greue oder de markgreue belenen. uor deme gift men achte de mot wol ouernechtich ungerichte richten. ℭ *Wenne de greue kümt in des gogreuen dinge. so scal des gogreuen ding sin neder geleget. Also is des greuen wen de koning in sine grauescap kümt. dar se beide to antworde sin. Also is iowelkes dar de koning to antworde is. de clage en ga denne uppe den koning..*

Art. 58. Wen man aber kürt für längere Zeit. Und wenn der König kommt in des Grafen, und der Graf in des Gografen Gericht.

§. 1. „Wen man aber kürt „für lange Zeit, den soll der „Graf [1a]) oder der Markgraf [1b]) „belehnen: vor den giebt man „Acht [1c]); der mag wohl über„nächtiges [1d]) Ungericht [2]) rich„ten." — §. 2. „Wenn der „Graf kommt in des Gografen „Ding; so soll des Gografen „Ding niedergelegt sein. Eben „so ist des Grafen, wenn der „König in dessen Grafschaft „kommt [3]), wo sie beide zu Ge„genwart sind. Eben so ist ei„nes Jeden, wo der König zu „Gegenwart ist; die Klage gehe „denn gegen den König."

Schwabensp. Cap. 143.) bei Senkenb. Cap. 86. §. 1. bis 4.

ℭ Wur de richtere richten scal. ℭ Unde wat de brict de bi koninges banne dinget. unde des nicht en heft. ℭ De greue scal hebben sine scultheten an echteme dinge. ℭ Capitulum. LIX..

Alle clage unde alle unge-

Art. 59. Wo der Richter richten soll. Und was der verbricht, der bei Königsbann dinget, und den Bann nicht empfangen hat. Der Graf soll seinen Schuldheißen haben im echten Ding.

§. 1. Alle Klagen und alles

1a) III. 52. not. 8. 1b) III. 52. §. 3. — 64. §. 7. — 65. §. 1. — (II. 12. §. 6. & 8.) 1c) Versio latina: coram eo deliberatum rusticorum procedit. 1d) I. 57. 2) I. 57. not. 2. 3) III. 26. §. 1. — 60. §. 2. & 3. — 64. §. 5.

richte mot de richtere wol richten in sineme gerichte wur he is. ane of men up egen claget. oder up enen scepenbaren urien man ungerichte claget. des en mach he nicht richten wen to rechter dingstat. unde under koninges banne. ℭ Bi koninges banne en mot neman dingen he en hebbe den ban uon deme koninge untfangen. ℭ *We den ban enes untfeil he en darf ene ander warue nicht untfan of de koning steruet.* ℭ *Binnen ener uogedie en mach nen ban sin sunder en.* ℭ We bi koninges banne dinget de den ban nicht untfangen en heft. de scal wedden sine tungen. ℭ It en mach nen greue *de bi koninges banne dinget* echt ding hebben ane sinen scultheten uor deme he sik to rechte beden scal. dar ümme scal he den scultheten des ersten ordels uragen. of it ding tid si. unde dar na of he

Ungericht [1]) mag der Richter binnen seinem Gerichte wohl richten, wo er ist; außer wenn man auf Eigen [2]) klagt, oder auf einen schöffenbar-freien Mann [3]) um Ungericht klagt. Deshalb mag er nicht richten, als an rechter Dingstatt [4]) und unter Königsbanne [5]). Bei Königsbanne darf niemand dingen; er habe denn den Bann von dem Könige empfangen [6]). „Wer „den Bann einmal empfängt; „er braucht ihn anderweit nicht „zu empfangen, wenn der König stirbt. Binnen einer Vogtey mag kein Bann sein, als „einer [7]).“ Wer bei Königsbann dingt, der den Bann nicht empfangen hat, der soll seine Zunge wedden [8]). — §. 2. Es mag kein Graf, „der bei Königsbanne „dinget,“ echt Ding halten ohne seinen Schuldheißen [9]), vor dem er sich zu Recht erbieten soll. Darum soll er den Schultheißen um das erste Urtheil fragen: ob es Ding-Zeit sey? und da-

1) I. 57. not. 2. 2) I. 8. not. 1. 3) I. 2. not. 3. 4) I. 19. §. 2. — 52. §. 1. — 62. §. 8. — 67. §. 1. — II. 2. §. 2. — III. 61. §. 1. — (I. 2. §. 2.) 5) I. 2. not. 6a. — (III. 70. §. 1.) 6) III. 64. §. 4. & 5. 7) II. 12. §. 8. — III. 64. §. 4. 5. & 6. 8) II. 17. §. 4. — (I. 67. §. 2. — II. 14. §. 8.) — II. 17. §. 5. — (II. 16. §. 1. a. E.) 9) I. 2. §. 2. — 63. §. 2. — III. 61. §. 1 ff. — 69. §. 1 ff. — 81. §. 3. — (II. 23. not. 5.)

uorbeden mote dingulechte. unde unlust. wanne eme dat gevunden wert. so clage manlik dat eme were mit uorspreken. dor dat he sik nicht uorsüme..

nach: ob er verbieten möge Dingflucht und Unlust? Wenn ihm das gefunden wird, so klage jeder mit Vorsprechen [10]), was ihn belästigt [11]), auf daß er sich nicht versäume.

Schwabensp. Cap. 144.) bei Senkenb. Cap. 87. §. 1. & 2. **Cap. 145.)** ib. §. 3. bis 15. **Cap. 146.)** Cap. 88. §. 1. bis 8. **Cap. 147.)** ib. §. 9. bis 17.

Ꞓ Sunder uorspreken mot en man wol clagen. Ꞓ Unde wü en uorspreke wesen scal. Ꞓ Capitulum sexagesimum.. LX..

Art. 60. Ohne Vorsprecher mag ein Mann wohl klagen. Und wo Einer Vorsprecher sein soll.

Sunder uorspreken mot wol en man clagen unde antworden of he sik des scaden trosten wil de eme dar af beiegenen mach. of he sik uorsprict des he sik nicht irhalen mach. alse he bi deme uorspreken wol mot de wile he an dat wort nicht en geit. Ꞓ De richtere scal to uorspreken geuen wen men aller erst biddet. unde nenen anderen. he en werde des ledich mit rechte. Ꞓ Vorspreke en mach neman weigeren to wesene in deme richte dar he inne wonet.

§. 1. Ohne Vorsprecher [1]) mag ein Mann wohl klagen und antworten, wenn er sich getrösten will des Schadens, der ihm dadurch begegnen mag, da er etwas für sich spricht, worin er sich nicht verbessern kann, wie er (dies) bei dem Vorsprecher wohl könnte, so lange er dessen Rede nicht bejahet [2]). — §. 2. Der Richter soll den zum Vorsprecher geben, den man allererst erbittet [3a]), und niemanden anders; er werde denn dessen ledig mit Recht. Vorsprecher zu sein mag niemand in dem Gerichte verweigern, darinnen

---

10) I. 60. §. 1. 11) Ziemann mittelhochdeut. Wörterb. pag. 634. s. v. weren.

Art. 60.

1) I. 61. §. 3. — 62. §. 5. & 9. — II. 64. §. 2. & 3. — III. 14. §. 1. — 30. §. 1. 2) III. 14. §. 1. 3a) I. 62. §. 6.

oder güt inne heft. oder recht inne uorderet. ane uppe sinen mach. unde uppe sinen heren. unde uppe sinen man. of eme de clage an sin lif. oder an sine gesunt. oder an sin recht gat. ℭ *Biddet twene man uorspreken to male. dat steit an deme richtere wel-ker eme he en erst geuen wille. Claget se ok to male. dat steit an deme richtere. welker eme he horen wille er. it en si dat en de ersten clage getügen moge.* ℭ De stamerende man missesprict he. he mot sik wol irhalen. uorsümet he ok ienigen man des uorspreke he is. he mot sik wol irhalen mit eneme anderen uorspreken.. ℭ Jowelk kersten man mot wol uorspreke sin binnen deme lande to sassen. sunder papen de men an erme *) rechte nicht bescelden en mach. borgen mot auer he setten. is dat he nen erue en

er wohnt, oder ein Gut hat, oder Recht fordert [3b]); außer gegen seinen Herrn, oder gegen seinen Mann, wenn ihm die Klage an sein Leben, oder an seine Gesundheit, oder an sein Recht geht [4a]). [§. 3. & Art. 61. §. 1. f. Art. 61. §. 1. & 2.] — §. 3. [Art. 61. §. 2.] „Bitten zwei Mann zumal um einen Vorsprecher; das steht beim „Richter, welchem von ihnen er „ihn zuerst geben will. Klagen „sie auch zumal; das steht beim „Richter, welchen von ihnen er „ehr hören will: es sey denn, „daß einer die erste Klage bezeugen möge [4b]).“ — §. 4. [§. 3.] Der stammelnde Mann, mißredet er; er mag sich wohl verbessern. Versäumt er auch etwas einem Manne, dessen Vorsprecher er ist; der mag sich wohl mit einem andern Vorsprecher verbessern. — §. 5. [§. 4.] Jedweder Christen-Mann, außer Pfaffen, mag wohl Vorsprecher sein im Lande Sachsen, wenn man ihn nicht beschelten kann an seinem Rechte. Bürgen muß er aber, dafern er kein Erbe [5])

*) H. den man an sime.

3b) I. 61. §. 1. 4a) II. 12. §. 3. — III. 78. §. 4 ff. — (III. 84. §. 2. & 3.) 4b) III. 12. §. 1. — (II. 60. §. 4.) 5) I. 61. §. 2. — II. 57. §. 1. — III. 80. §. 2. — (I. 8. not. 1.)

heft uor des richteres gewedde. unde uor bote. of he se uor boret *unde er nicht.*]

hat, für des Richters Wedde 6) und für Buße 7) setzen, wenn sie verwirkt ist, „und nicht ehr."

Schwabensp. Cap. 148.) bei Senkenb. Cap. 88. §. 18. **Cap. 149.)** Cap. 90. §. 1. bis 3. **Cap. 150.)** Cap. 136. §. 7. & 8. desgleich. Cap. 149. §. 1. & 2.

ℭ Wür de man recht uorderet dar scal he rechtes plegen. ℭ Nen clegere en darf borgen setten er de clage gedaget wert. ℭ Men scal nemanne duingen to nener clage. ℭ We so suert tüt. ℭ Capitulum.. LXI..

Art. 61. Wo man Recht fordert, da soll man Rechtes pflegen. Kein Kläger braucht Bürgen zu setzen, ehr die Klage getagt wird. Man soll niemanden zu einer Klage zwingen. Wer das Schwert zieht.

Wür de man recht uorderet dar scal he rechtes plegen „unde helpen*.. ℭ Nen clegere en darf borgen setten er de clage gedaget wert. ℭ We nenen borgen hebben en mach. dar he oc nen erue en heft. den scal de urone in gewolt behol-den. of he ümme ungerichte claget. oder clage de up ene gat. ℭ Wen de man to uor-

§. 1. [Art. 60. §. 3.] Wo der Mann Recht fordert, da soll er Rechtes pflegen „und hel-fen* 1). — §. 2. [Art. 61. §. 1.] Kein Kläger braucht Bürgen zu setzen, ehr die Klage getagt wird 2). Wer keinen Bürgen zu setzen vermag, wo er auch kein Erbe 3) hat, den soll der Fronbote 4), wenn er um Ungericht 5) klagt, oder die Klage gegen ihn geht, in Gewalt behalten 6). — [Art. 61. §. 2. — 4. s. Art. 60. §. 3. — 5.] §. 3. [Art. 61. §. 5.] Wen der

---

6) I. 53. not. 7. 7) I. 53. not. 6.

Art. 61.

1) III. 25. not. 3. — 80. §. 3. 2) III. 12. §. 2. — (II. 9. §. 5.) 3) I. 60. not. 5. — II. 5. §. 1. — III. 12. §. 2. 4) I. 2. not. 8. 5) I. 57. not. 2. 6) II. 9. §. 3. — 42. §. 1. — (III. 39. §. 1.)

spreken nimt. de mot sin wort wl spreken ümme alle de clage de men up ene claget. unde de [he] heft to clagene de wile he eme mit recht nicht benomen en wert. oder er en deme anderen nicht af en geit. ¶ Men en scal nemanne duingen to nener clage der he nicht begunt en heft uor deme richtere. ¶ Manlik mot sines scaden wol suigen de wile he wil. scriet auer he dat rochte. dat mot he wol uorderen mit rechte. wenne dat gerochte is der clage begin. ¶ We sin suert up enes anderen mannes scaden tüd. dat suert is des richteres.

Mann zum Vorsprecher[7]) nimmt, der muß um jede Klage, die man gegen ihn klagt und die er zu klagen hat, sein Wort wohl sprechen, so lange er nicht ihm entnommen wird mit Recht, oder Einer von ihnen nicht abgeht von dem Andern. — §. 4. [Art. 62. §. 1.] Man soll niemanden zwingen zu einer Klage, die er vor dem Richter nicht begonnen hat [8]). Ein Jeder mag seinen Schaden wohl verschweigen, so lange er will. Schreit er aber das Gerüffte [9]); darob muß er wohl klagen mit Recht: denn das Gerüffte ist der Klage Beginn. — §. 5. [§. 2.] Wer sein Schwert zieht auf eines andern Mannes Schaden; das Schwert ist des Richters.

Schwabensp. Cap. 151.) bei Senkenb. Cap. 89. §. 1. bis 6. **Cap. 152.)** Cap. 91. §. 1. bis 3. **Cap. 153.)** Cap. 92. §. 1. & 2. **Cap. 154.)** Cap. 165. §. 1. bis 5. & 166. §. 1. bis 5.

¶ Vmme blod gerochte weddet men dre scillinge. ¶ Getüges scal men ouer ses weken uulkomen. ¶ Welkes ordeles men ers uraget. ¶ Capitulum.. LXII..

Art. 62. Um Blut-Gerüffte weddet man drei Schillinge. Zeugniß soll man über sechs Wochen vollführen. Welches Urtheil man zuerst fragt.

Umme blot gerochte weddet en man dre scillinge of he eme

§. 1. [Art. 62. §. 3.] Um Blut-Gerüffte [1]) weddet [2]) ein

---

7) I. 60. not. 1. 8) I. 53. §. 1. — II. 8. 9) I. 53. not. 1.

nicht en uolget mit rechte. *unluorderet he auer sine clage na rechte ane kamp. unde untgeit eme iene mit unscult. he blift is ane scaden. he en hebbe en kempliken angesproken. en wet he des uredebreckeres namen nicht. he beklaget ene unbenomet.* C Getüges scal men ouer ses weken uulkomen des sic de man ane matet. oder to hant of he wil. C Scal men auer egen getügen. dat mot men to hant oder to deme neiesten dinge getügen. C De richtere scal ümber den man uragen of he an sines uorsprecken wort ie. unde scal ordeles tuischen tuier manne rede uragen. Vraget he na sineme mot willen. unde nicht na rechte. dat en scadet noch en uromet er newederme. C Welk ordel men erst uraget dat scal men erst uinden. C De clegere un-

Mann drei Schillinge, wenn er ihm nicht nach Recht folgt. — §. 2. [§. 4.] „Vollführt er aber „seine Klage nach Recht ohne „Kampf, und entgeht ihm jener „mit Unschuld [3a]); er bleibt deshalb ohne Schaden [3b]): er hätte „ihn denn kämpflich angesprochen [4]).“ — §. 3. [§. 5.] „Weiß „er des Friedebrechers Namen „nicht; er beklagt ihn unbenannt [5]).“ — §. 4. [§. 6.] Zeugniß, dessen sich ein Mann anmaßt, soll man über sechs Wochen [6a]) vollführen, oder, wenn er will, sogleich. Soll man aber Eigen [6b]) bezeugen; das muß man sogleich oder im nächsten Dinge bezeugen [7]). — §. 5. [§. 7.] Der Richter soll den Mann immer fragen, ob er seines Vorsprechers Wort bejahe? und soll zwischen zweier Mann Rede Urtheil fragen. Fragt er es nach seinem Eigenwillen, und nicht nach Recht; das schadet noch frommet ihrer keinem. — §. 6. [§. 8.] Welch Urtheil man zuerst fragt, das soll man zuerst finden [8]). —

---

1) I. 53. not. 1. 2) I. 53. not. 7. 3a) I. 13. not. 4b. & I. 15. not. 5. 3b) I. 53. not. 2. — II. 8. — (II. 13. §. 2.) 4) II. 8. — I. 51. §. 5. — 63. §. 4. a. E. 5) I. 66. §. 3. — III. 92. a. E. 6a) II. 42. not. 6. 6b) I. 8. not. 1. 7) I. 59. §. 1. — (I. 2. §. 2.) — II. 2. §. 2. — (II. 6. §. 4.) 8) I. 60. §. 2.

de uppe den de clage geit de moten wol uorspreken [ghespreke] hebben ümme iowelke rede dries. also lange. went se de urone bode weder in lade. ℭ In allen steden is gerichte dar de richtere mit ordelen richtet. ℭ Openbare en scal de man uor gerichte nicht spreken sint he uorspreken heft. wen uraget en de richtere of he an sines uorspreken wort ie. he mot wol spreken ia. oder nen. oder gesprekes bidden.

§. 7. [§. 9.] Der Kläger und der, auf den die Klage geht, mögen wohl Gespräche [9a]) haben dreimal [9b]) um jede Rede, so lange, bis der Fronbote [10]) sie wieder vorladet. — §. 8. [§. 10.] An allen Stätten ist Gericht, wo der Richter mit Urtheilen richtet [11]). — §. 9. [§. 11.] Offenbar soll der Mann nicht sprechen vor Gericht, sobald er einen Vorsprecher [12]) hat: sondern fragt ihn der Richter, ob er seines Vorsprechers Wort bejahe? so mag er wohl sprechen ja oder nein, oder Gespräch [13]) erbitten.

Schwabensp. Cap. 155.) bei Senkenb. Cap. 92. §. 3. bis 7.

ℭ **We kemplike groten wil enen sinen genoten. ℭ Capitulum.. LXIII..**

We kemplike groten wil enen sinen genot. de mot bidden den richtere. dat he sik underwinden mote enes sines uredebre-

Art. 63. Wer kämpflich grüßen will einen seiner Genossen.

§. 1. Wer kämpflich grüßen [1]) will einen seiner Genossen [2]), der muß den Richter bitten, daß er Eines, seines Friedebrechers [3]),

---

9a) §. 9. & I. 63. §. 1. 9b) (III. 39. §. 3.) 10) I. 2. not. 8. 11) I. 59. §. 1. 12) I. 60. not. 1. 13) §. 5. & 7.

Art. 63.

1) I. 48. §. 2. — II. 3. §. 1. 2) I. 51. §. 4. — 63. §. 3. — III. 65. §. 1. — (III. 26. §. 2. — 34. §. 2.) 3) I. 50. §. 2. — 53. §. 4. — 62. §. 3. — 69. — II. 10. §. 2. — 14. §. 5. — 70. — 71. §. 2. — 72. §. 3. — 73. §. 1. — III. 7. §. 3. — 8. — 9. §. 2. — 36. §. 2. — 46. §. 1.

keres to rechte den he dar se. wanne eme mit ordelen dat irdelet wert dat he dat don mote. so urage he wü he is sik under winden scole. dat it eme helpende si to sineme rechte. so uint men eme to rechte. getogentliken bi sineme houet gate. Wanne he sik sin under wunden heft. unde *ine* mit orloue gelaten. so scal he kündigen wür ümme he sik sin under wunden hebbe. dat mach he don to hant of he wil. oder gespreke dar ümme hebben. ₵ So mot he ene scüldigen dat he den urede an eme gebroken hebbe. entwer uppe des koninges straten. oder in deme dorpe. wu he ene gebroken heft also clage he up ene. ₵ So sculdige he en auer dat he ene gewundet hebbe. unde de not an eme gedan hebbe. de he wol bewisen moge. ₵ So scal he wisen de wunden oder de naren of he hel is. ₵ So clage he uort. dat he ene berouet hebbe sines güdes. unde des genomen hebbe so uele dat it nicht undürer si. it en si wol

den er da sehe, nach Recht sich unterwinden [4a]) möge. Wenn ihm das mit Urtheil zuerkannt wird, daß er dies thun möge; so frage er, wo er sich dessen unterwinden solle, damit es ihm helfend sey zu seinem Rechte? — So findet man ihm zu Recht: gebührlich bei seinem Hauptgate [4b]). Wenn er sich seiner unterwunden und mit Urlaub ihn entlassen hat; so soll er kund thun, warum er sich seiner unterwunden habe. Das mag er sogleich thun, wenn er will, oder Gespräch [5]) deshalb erbitten. So muß er ihn beschuldigen, daß er den Frieden an ihm gebrochen habe, entweder auf des Königs Straße [6]), oder in dem Dorfe: wo er ihn gebrochen hat; also klage er gegen ihn. So beschuldige er ihn abermals, daß er ihn verwundet habe, und ihm das Leid zugefügt habe, das er wohl nachweisen möge. So soll er vorzeigen die Wunde, oder, wenn er heil ist, die Narbe. So klage er ferner, daß er ihn seines Gutes beraubt habe, und dessen so viel genommen habe, daß es nicht geringer sey, es

4a) I. 51. not. 9. 4b) III. 36. not. 1. 5) I. 62. §. 7. & 9. 6) II. 60. §. 3. — 67. §. 1.

kamp werdich. desse drü ungerichte scal he to male clagen. welker he uorsuiget so heft he sinen kamp uorloren. ₵ So spreke he uort dar sach ik selue en seluen unde bescriet ene mit deme gerochte. wil he is bikennen dat is mi lef. unde bikennet he des nicht. ik wille is ene bereden mit al deme rechte dat mi dat lantuolk irdelet. oder de scepenen. of it under koninges banne is. ₵ So bidde iene der gewere de scal men eme don. doch mot de man wol sine clage beteren uor der gewere. ₵ Wanne de gewere denne gedan is. büt iene sine unscult. dat is en ed unde en echt kamp. of he ene to rechte gegrot heft. unde of it dar is. ek mene of he it uor lemede uulbringen mach. ₵ Jo-

sey wohl kampfwürdig 7). Diese drei Ungerichte 8) soll er zumal klagen: welches er verschweigt; so hat er seinen Kampf verloren. — §. 2. So spreche er dann: Da sah ich selbst ihn selbst und beschrie ihn mit dem Gerüffte 9); will er es bekennen, so ist es mir lieb, und bekennt er das nicht, ich will ihn überführen mit all dem Rechte, das mir das Landvolk zuertheilt, oder die Schöffen 10), wenn es unter Königsbanne 11) ist. So bitte jener um die Gewer 12a); die soll man ihm leisten. Doch mag der Mann vor der Gewer seine Klage wohl bessern 12b). Wenn nun die Gewer geleistet ist; beut jener seine Unschuld 13), das ist ein Eid und ein rechter Kampf 14), wenn er ihn nach Recht gegrüßt 15a) hat, und wenn es thunlich ist 15b): ich meine, wenn er es vor Lähmung vollbringen kann 16). — §. 3. Je-

7) III. 92. §. 2. — (I. 42. §. 2. & 43.) 8) I. 57. not. 2. 9) I. 53. not. 1. 10) III. 61. §. 1. — 69. §. 1 ff. — 81. §. 3. — (II. 12. §. 6. — III. 45. §. 5.) 11) I. 2. not. 6. 12a) I. 46. not. 3. 12b) III. 14. §. 2. 13) I. 13. not. 4b. & 15. not. 5. 14) I. 18. §. 3. — 42. §. 2. — 43. — 48. §. 1. & 2. — 50. §. 1. — 51. §. 4. & 5. — 53. §. 1. — 62. §. 2. — 64. §. 1. & 2. — 68. §. 2. — 69 — II. 3. §. 1. — 8. — 13. §. 1. — 17. §. 2. — 73. §. 2. — III. 9. §. 2. — 26. §. 2. — 34. §. 2. — 36. §. 1. — 65. §. 1. — 80. §. 3. — 92. §. 2. 15a) §. 1. 15b) Vgl. Homeyer in indice s. v. dar. & Versio latina: si fieri potest. 16) I. 48. §. 2. & 3. — 50. §. 1.

welk man mach kampes weineren deme de wers geboren is denne he. de auer bat geboren is. den en kan de wers geborne nicht uorleggen mit der beteren gebort of he ene anspriet. ¶ Kampes mach ok en man weigeren of men ene grot na middage. is en si er begunt. ¶ De richtere scal ok plegen enes scildes. unde enes suerdes deme den man dar scüldiget. *of he is bedarf.* ¶ Campes mach ok en man sineme mage beweren. of se beide sine mage sin. deste he silf seuede gewere uppe den hiligen. dat se also na mage sin. dat se dor recht nicht to samene uechten scolen. ¶ De richtere scal tuene boden er iowelkeme geuen de dar uechten scolen. de dat sen dat men se gere na rechter wonheit. Leder unde linen ding moten se an don. also uele alse se willen. houet unde uote scolen en uore blot sin. an den henden en scolen se nicht wenne dünne hantschen hebben. en blot suert an der hant. unde

der Mann mag den Kampf dem weigern, der geringer als er geboren ist[17]). Wer aber besser geboren ist, den kann der geringer Geborene nicht ob der besseren Geburt abweisen, wenn er ihn anspricht. Kampf mag auch ein Mann verweigern, wenn man ihn nach Mittag grüßt[18]); er sey denn früher begonnen. Der Richter soll auch den, welchen man anschuldigt, mit einem Schilde und einem Schwerte versorgen, „wenn er dessen bedarf." Am Kampfe mag auch ein Mann seine Mage hindern, wenn sie Beide seine Mage sind, dafern er selbsiebent auf den Heiligen[19a]) bewähre, daß sie so nahe Mage sind, daß sie, dem Rechte nach, nicht zusammen fechten sollen. — §. 4. Der Richter soll jedem von ihnen, die da fechten sollen, zwei Boten geben, die darauf sehen, daß man sie nach rechter Gewohnheit rüste. Leder und linnen Zeug mögen sie anthun, so viel als sie wollen. Haupt und Füße sollen ihnen vorn bloß sein. An den Händen sollen sie nichts als dünne Handschuhe haben; ein bloßes Schwert in der Hand,

---

17) I. 43. — III. 65. §. 1. — (I. 3. not. 8.) 18) III. 61. §. 4.
19a) I. 13. not. 4a.

en ümme gegort oder tuei. dat steit an ereme kore. enen senewelden scilt in der anderen hant dar nicht mer holt unde leder inne si. ane de kokelen de mot wol yseren sin. enen rok ane ermelen bouen der gare. ¶ Vrede scal men deme warue beden bi deme halse. dat se neman en erre an ereme kampe. ¶ Er iowelkeme scal de richtere enen man geuen de sinen bom drage de [en] scal se nichtes erren. wenne of er en ualt dat he den bom understeke. oder of he gewundet wert. oder des bomes bidde. des seluen en mot he nicht don he en hebbe is orlof uon deme richtere. ¶ Na deme dat deme warue urede geboden is. so scolen se des warues to rechte geren. den scal en de richtere to rechte irlouen. ord yseren uon suerde sceden scolen se af breken. se en hebben is orlof uon deme richtere. ¶ Vor den richtere scolen se beide gegeret gan. unde sueren. de ene dat de scult war si dar he ene ümme beclaget hebbe. de andere dat

und eins oder zwei umgürtet, das steht in ihrer Willkür; einen gewölbten [19b]) Schild in der andern Hand, woran nichts als Holz und Leder sey, außer der Buckel, der mag wohl eisern sein; einen Rock ohne Ermel über der Ausrüstung. Frieden soll man dem Kampfplatze gebieten bei dem Halse, daß Niemand sie in ihrem Kampfe irre. Ihrer jedem soll der Richter einen Mann geben, der seinen Baum trage: Der soll sie nicht irren, als daß er den Baum unterstecke, wenn einer von ihnen fällt, oder verwundet wird, oder um den Baum bittet. Doch mag er dies nicht thun; er hätte denn Urlaub dazu von dem Richter. Sobald dem Kampfplatze Friede [19c]) geboten ist, so sollen sie nach Recht des Kampfplatzes begehren; den soll der Richter nach Recht ihnen zugestehen. Eisenbeschläge von den Schwertscheiden sollen sie abbrechen; sie hätten denn Urlaub dazu von dem Richter. Gerüstet sollen sie beide vor den Richter gehen und schwören, der Eine: daß die Schuld wahr sey, darum er jenen beklagt habe; der

---

19b) Ziemann mittelhochdeut. Wörterb. pag. 390. s. v. sinewel. 19c) I. 59. §. 2.

he unscüldich si. dat en got so helpe to ereme kampe. ¶ De sünnen scal men en gelike delen wanne se erst to samene gat. ¶ Wert auer he uorwunnen uppe den man claget. men richtet ouer en. uechtet he den sege men let ene mit gewedde unde mit bote. ¶ De clegere scal erst in den warf komen. of de andere to lange maret de richtere scal ene uore eschen laten den uronen boden in deme hus dar he sik inne geret. unde scal tuene scepenen mede senden. süs scal men ene laden to deme anderen unde to deme dridden male. en kümt he to der dridden ladunge nicht uore. de clegere scal up stan. unde sik to kampe beden. unde slan tuene slege. unde steken tuene steke iegen den wint. dar mede heft he ienen uorwunnen so gedaner clage alse he ene ansprak unde scal eme de richtere richten alse of he uorwunnen mit kampe were..

Andere: daß er unschuldig sey; daß so ihnen Gott helfe in ihrem Kampfe. Die Sonne soll man ihnen gleich theilen, wenn sie zuerst zusammengehen. Wird aber der, gegen den man klagt, überwunden; man richtet über ihn [20a]). Erficht er den Sieg; man entläßt ihn mit Wedde [20b]) und Buße [21a]). — §. 5. Der Kläger soll zuerst auf den Kampfplatz kommen. Wenn der Andere zu lange säumt [21b]); soll ihn der Richter vorladen lassen durch den Fronboten [22]) in dem Hause, darinnen er sich rüstet, und soll zwei Schöffen mitsenden. So soll man ihn laden zum andern und zum drittenmale [23]). Kommt er auf die dritte Ladung nicht vor; der Kläger soll aufstehen und sich zum Kampfe erbieten, und schlagen zwei Schläge und stoßen zwei Stiche gegen den Wind. Damit hat er jenen derselben Klage überwunden, so wie er ihn ansprach, und der Richter soll ihn richten, als ob er mit Kampf überwunden wäre.

Schwabensp. Cap. 156.) bei Senkenb. Cap. 137. §. 1. & 2.

20a) II. 17. §. 2. 20b) I. 53. not. 7. 21a) I. [illegible] not. 6. 21b) Ziemann a. a. O. pag. 247. s. v. meren. (vgl. II. 67. §. 2.) 22) I. 2. not. 8. 23) III. 39. §. 3. — (I. 41. not. 4. — 70. not. 1.)

¶ Wū men enen doden uorwūnnen scal. ¶ We lif oder hant lediget.. ¶ Capitulum.. LXIIII..

Süs scal men ok uorwünnen enen doden. of men ene an düue. oder an roue. oder insogedanen dingen geslagen heft. ¶ Mach auer he den doden mit seuen mannen getügen uorwunnen. so en darf he sik to kampe nicht beden iegen ene. ¶ Büt auer en des doden mach we he si ene uore to stande mit kampe. de uorleget allen getüch. wenne so en mach men ene ane kamp nicht uorwinnen. *he en si uoruestet.* alse hir uore geseget is. ¶ Also uorwinnet men den ok de to kampe geuangen. unde gegrot. unde louet. unde borgen sat uore to komene. unde nicht uore en kümt to rechten degedingen. ¶ We lif oder hant lediget dat eme mit rechte uordelet is. de is rechtelos..

Art. 64. Wie man einen Todten überwinden soll. Wer das Leben oder die Hand löset.

§. 1. So soll man auch einen Todten 1) überwinden, wenn man ihn bei Diebstahl, oder bei Raub, oder bei derley Dingen erschlagen hat. Mag er aber mit sieben Mannen 2) den Todten überwunden bezeugen; so braucht er sich nicht zum Kampfe gegen ihn zu erbieten. Erbietet sich aber ein Mag des Todten, wer er sey 3), mit Kampf 4) ihn zu vertreten; der verwehrt ihm alles Zeugniß: denn dann mag man ohne Kampf ihn nicht überwinden, „er sey denn verfestet 5).“ — §. 2. [Art. 65. §. 1.] Wie hievor gesagt ist, so überwindet man auch den, der zum Kampfe gefangen 6) und gegrüßt 7) ist, und angelobt und Bürgen setzt, vorzukommen, und nicht vorkommt 8) zum rechten Tag-Ding 9). — §. 3. [§. 2.] Wer das Leben oder die Hand löset 10), so ihm mit Recht aberkannt ist, der ist rechtlos.

Schwabensp. Cap. 157.) bei Senkenb. Cap. 164. §. 1.

---

1) I. 48. not. 9. 2) I. 66. §. 1. & 2. — 70. §. 3. — II. 70. — 72. §. 4. — III. 89. §. 4. 3) I. 43. a. E. — 48. §. 1. 4) I. 63. not. 14. 5) I. 66. §. 3. — 67. §. 2. & 3. — 68. §. 1. 3. & 4. — 70. §. 3. — 71. — II. 4. §. 1. & 2. — 9. §. 4. — 46. — 64. §. 3. — 73. §. 1. & 2. — III. 9. §. 5. — 16. §. 3. — 17. §. 1. & 2. — 18. §. 1. & 2. — 23. —

¶ We so borget enen man ümme ungerichte. ¶ Weregelt unde andere scult to geldene. ¶ Capitulum. LXV.

We so oc borget enen man ümme ungerichte uore to bringende. of he ene nicht uorebringen en mach. he mot sin weregelt geuen. unde en scadet deme to sineme rechte nicht de ene geborget hadde. ¶ *Weregelt gilt men ouer tuelf weken uon der tid dat it gewunnen wert.* ¶ *Alle scult mot men wol gelden deme men se gelden scal er deme dage dat men se gelden scole. deste men se gelde inder stat dar se iene deme manne gelden scal umbekomeret dannen moge bringen. des scal auer he ge-*

Art. 65. Wer einen Mann verbürget um Ungericht. Wehrgeld und andere Schuld zu zahlen.

§. 1. [Art. 65. §. 3.] Wer auch verbürgt, einen Mann vorzubringen um Ungericht [1]): wenn er ihn nicht vorzubringen vermag; er muß sein Wehrgeld [2]) geben und dies schadet dem an seinem Rechte nicht, der ihn verbürgt hatte [3]). — §. 2. [§. 4.] „Wehrgeld zahlt man über zwölf „Wochen [4]) von der Zeit an, „wo es gewonnen wird. Alle „Schuld mag man wohl vor „dem Tage, da man sie zahlen „soll [5]), dem entrichten, dem man „sie zahlen soll; dafern man sie „nur zahle an einem Orte, wo „jener, dem man sie zahlen soll, „sie unbeschädigt von dannen „bringen mag [6]). Deß soll er

---

24. §. 1. & 2. — 34. §. 5. — 63. §. 3. — 88. §. 2. — 89. §. 2 ff. 6) I. 53. §. 1. — 63. §. 1. — 68. §. 3. — III. 36. §. 1. 7) I. 48. §. 2. — 63. §. 1. — II. 3. §. 1. 8) I. 67. §. 1. & 2. — 68. §. 1. — II. 9. §. 1. — 25. §. 1. & 2. — 46. — III. 5. §. 1. — 39. §. 3. & 4. 9) I. 67. §. 2. — 68. §. 1. — II. 25. §. 1. & 2. — III. 13. — (I. 50. §. 1. — 67. §. 1. — II. 2. §. 2. — 3. §. 1. — 12. §. 9. — III. 13.) 10) I. 37. §. 2. — 38. §. 1. & 2. — 39. — II. 14. §. 1. — 20. §. 2. — III. 28. §. 2. — 45. §. 9. — 63. §. 3. — (I. 37. not. 8.)

Art. 65.

1) I. 57. not. 2. 2) III. 45. — II. 5. §. 1. — 9. §. 5. — 72. §. 4. — III. 9. §. 1. — 12. §. 2. — (I. 61. §. 2. — II. 42. §. 2.) 3) I. 64. §. 3. 4) II. 5. §. 2. 5) I. 70. §. 2. — II. 5. §. 2. — 12. §. 1. 6) III. 40. §. 1 ff.

lüch hebben. of he is bedarf. an tuen mannen de it sagen dat he it uorgalt. oder to geldene bot mit siluere oder mit penningen de ginge unde geue do waren. unde is iene do weigerde mit unrechte do nemende..

„aber Zeugniß haben, wenn er „dessen bedarf, an zwei Mannen [7]), die es sahen, daß er „zahlte oder sich erbot zu zahlen mit Silber und mit Pfennigen [8a]), die daselbst gäng und „gebe waren [8b]), und daß jener „mit Unrecht verweigerte, es zu „nehmen [9])."

Schwabensp. Cap. 158.) bei Senkenb. Cap. 164. §. 2.

ℭ De hanthaften dat. unde uestunge to tügene. ℭ Capitulum.. LXVI..

Wen men mit der hanthaften dat uad. also alse he geuangen wert scal men ene uor gerichte bringen. unde silf seuede scal ene de clegere uortügen. ℭ Also deit men den uoruesteden man. *of men de dat uortüget dar ümme he uoruestet wart.* ℭ Doch en scal men nemanne uordelen sin lif mit der uestinge noch mit der achte dar he mit namen nicht inkomen is.

Art. 66. Die handhafte That und Verfestung zu bezeugen.

§. 1. Wen man auf der handhaften That [1]) fängt; wie er gefangen wird, also soll man ihn vor Gericht bringen, und selbsiebent [2]) soll der Kläger über ihn zeugen. — §. 2. Eben so thut man dem verfesteten [3]) Manne, „wenn man die That [4]) „bezeugt, um die er verfestet „ward." — §. 3. Doch soll man niemandem sein Leben [5]) aberkennen mit der Verfestung, noch mit der Acht, in die er nicht mit Namen [6]) hineingekommen ist.

Schwabensp. Cap. 159.) bei Senkenb. Cap. 164. §. 3. 4. 5. & 7. **Cap. 160.)** Cap. 78. §. 1. bis 6.

---

7) II. 6. §. 2. — III. 85. §. 4. 8a) II. 27. not. 1. 8b) III. 40. §. 4. 9) II. 12. §. 1.

Art. 66.

1) I. 55. not. 2. 2) I. 64. not. 2. — III. 89. §. 4. 3) I. 64. not. 5.

Vppe wen men ungerichte claget de dar nicht en is. Capitulum.. LXVII..

Wen men uor gerichte beclaget. en is he dar nicht. men scal eme degedingen to deme neisten dinge. Wen men auer beclaget ümme ungerichte deme scal men degedingen ouer dries uertein nacht. Claget men ungerichte ouer enen urien scepenbaren man. deme scal men degedingen dries ümme ses weken under koninges banne. unde to echter dingstat. we nicht uore en kümt to deme dridden degedinge. den uoruestet men. Ümme anders nene clage en scal men den man uoruesten ane ümme de de eme an dat lif. oder an de hant gat..

Art. 67. Wen man um Ungericht beklagt, der nicht da ist.

§. 1. Wen man vor Gericht beklagt: ist er nicht da; man soll ihm Tag geben [1]) zu dem nächsten Ding. Wen man aber beklagt um Ungericht [2]), dem soll man Tag geben über dreimal vierzehn Nächte [3]). Klagt man um Ungericht gegen einen freien schöffenbaren Mann, dem soll man Tag geben dreimal über sechs Wochen [4]) unter Königsbann [5]) und an echter Dingstatt [6]). — §. 2. Wer nicht vorkommt zum dritten Tag-Ding, den verfestet man [7]). — §. 3. [Art. 68. §. 1.] Um keine andere Klage soll man den Mann verfesten, als um die, welche ihm an das Leben oder an die Hand [8]) geht.

Schwabensp. Cap. 161.) bei Senkenb. Cap. 93. §. 1. & 2.
Cap. 162.) ib. §. 3. bis 17.

---

4) I. 68. §. 4. — III. 18. — 89. §. 2. 3. & 4. 5) I. 68. §. 4. 6) I. 62. §. 3. — III. 92. a. E.

Art. 67.

1) I. 64. not. 9. 2) I. 57. not. 2. 3) I. 41. not. 4. 4) I. 2. §. 2. — III. 61. §. 1. — (II. 3. §. 1.) — II. 43. not. 6. 5) I. 2. not. 6. 6) I. 59. not. 4. 7) I. 64. not. 5. 8) I. 2. not. 14.

¶ Wen men mit knüppelen sleit. unde we sik ut der uestunge tüt.
¶ Cap. LXVIII..

We auer den anderen knüppelet. so dat eme de slege suellet. oder we den anderen blot rünnich maket ane ulesch wunden. claget he it deme richtere. oder deme uronen boden. oder deme burmestere unde buren. unde bewiset he it inder uerschen dat. unde en kumt iene nicht uore binnen sinen degedingen sik to untredene. oder to beteren na rechte. men scal ene uoruesten mit der blodigen wunden. unde mit kempliken worden mach en man den anderen to kampe uan. ¶ *Ane ulesch wunden mach men ok enen man doden. oder belemen mit slegen. oder mit stoten. oder mit werpene. unde anders to maniger wis. dar he sine hant. oder sin lif mede uorboret unde der uestunge*

Art. 68. Wen man mit Knitteln schlägt. Und wer sich aus der Verfestung zieht.

§. 1. [Art. 68. §. 2.] „Wer „den Andern mit Knitteln schlägt, „so daß ihm die Schläge schwel„len, oder wer den Andern blut„rünstig macht ohne Fleischwun„den [1]: klagt er es dem Rich„ter, oder dem Fronboten [2], „oder dem Bauermeister [3] und „Bauern, und weist er es in „frischer That [4] nach, und kommt „jener nicht vor binnen seinem „Tag-Ding [5], um sich zu ent„reden [6] oder nach Recht zu „bessern [7]; man soll ihn ver„festen." — §. 2. [§. 3.] „Mit „der blutigen Wunde und mit „kämpflichen Worten mag ein „Mann den andern zum Kampfe „fangen [8])." — §. 3. [§. 4.] „Auch ohne Fleischwunden mag „jemand tödten oder lähmen ei„nen Mann mit Schlagen, oder „mit Stoßen, oder mit Werfen „und auf manche andere Weise, „daß er damit seine Hand oder „sein Leben [9] verwirkt [10], oder

1) I. 2. not. 13. 2) I. 2. not. 8. 3) I. 2. not. 11. 4) I. 55. not. 2. 5) I. 64. not. 9. 6) I. 70. §. 2. — II. 73. §. 2. 3. & 4. — III. 1. §. 1. — 39. §. 3. — (II. 23. §. 5. — III. 33. §. 9.) 7) II. 17. §. 5. — 33. §. 1. — 41. §. 1. & 4. — 48. §. 3. — 50. §. 2. — 66. §. 1. — III. 9. §. 1. 2. — 20. §. 1. — 22. §. 1. — 36. §. 1. — 86. §. 2. 8) I. 63. §. 1. — III. 36. not. 1. 9) I. 2. not. 14. 10) II. 17. §. 2. — 37. — III. 37. §. 1.

dar ane uorscult. ₡ *Vmme welke scult de man uorueslet wert. wert he an der ueslunge geuangen. unde uor gerichte bracht. it geit eme an den lif. of he der dat unde der ueslunge uortüget wert.* ₡ ***Tüd*** *auer he sik ut der uestunge. unde kümt he ungeuangen uor gerichte. he kümt to sineme rechte alse he nü uoruestet worde.*

„die Verfestung [11]) dadurch verschuldet." — §. 4. [§. 5.] „Um welche Schuld der Mann verfestet wird: wird er in der Verfestung gefangen und vor Gericht gebracht; es geht ihm an den Leib, wenn er der That [12]) und der Verfestung mit Zeugniß überführt wird. Zieht er sich aber aus der Verfestung und kommt er ungefangen vor Gericht; er kommt zu seinem Rechte, als ob er nie verfestet wurde [13])."

Schwabensp. vacat.

₡ We ok enen doden man geuangen uor gerichte uort.. ₡ Capitlm. LXIX..

*We ok enen doden man. oder enen * gewundeden man* geuangenen uor gerichte uort. unde ene to eneme uredebrekere bereden wil mit kampe. oder ane kamp. en beredet he sin nicht. men scal ouer ene richten na uredes rechte.*

Art. 69. Wer auch einen todten Mann gefangen vor Gericht bringt.

„Wer auch einen todten Mann oder einen *verwundeten Mann* gefangen vor Gericht bringt [1]) und ihn als Friedebrecher [2]), mit Kampf [3]) oder ohne Kampf, überführen will: überführt er ihn nicht [4]); man soll über ihn richten nach Friedensrechte [5])."

Schwabensp. vacat.

---

11) I. 64. not. 5. 12) I. 66. not. 4. 13) III. 63. §. 3.

Art. 69.

1) II. 15. §. 1. & 2. — (III. 10. §. 1. 2. & 3. — 91. §. 2.) 2) I. 63. not. 3. 3) I. 63. not. 14. 4) I. 50. §. 2. 5) III. 36. §. 2. — 46. §. 1.

¶ We claget uppe güt to dren dingen. ¶ Claget men ümme scult. ¶ Claget men ungerichte er it ouer nechtich werde. ¶ Capitulum septuagesimum.. LXX..

Art. 70. Wer auf drei Dingen um Gut klagt. Klaget man um Schuld. Klaget man um Ungericht, ehr es übernächtig wird.

Heft auer de man geclaget uppe güt to dren degedingen. men scal ene dar in wisen. unde scal is ene weldigen. dar en mot ene neman ut wisen. he en do it mit rechter clage. ¶ *De inwisunge mach de man untredet binnen der iartale uppe den hilgen. he mot auer dat güt *to hant* uorstan. unde to den nesten dren dingen. of men dar up claget.* ¶ Claget men auer umme scult ouer den de dar nicht dingplichtich en is. men scal eme gebeden uon gerichtes haluen. dat he gelde ouer uerteinnacht. oder de scult untrede mit rechte. en deit he is nicht. men scal ene panden. unde dat pant scal men to borge don ümmer dries ouer uertein-

§. 1. Hat aber der Mann um Gut geklagt auf drei Dingen [1a]; man soll ihn einweisen darin und soll ihn dessen gewältigen. Da mag niemand ihn herausweisen, er thue es denn mit rechter Klage [1b]. „Der Einweisung mag der Mann binnen Jahresfrist [2]) auf den Heiligen [3]) widersprechen; er muß aber das Gut *sogleich* [4]) und auf den nächsten drei Dingen [5a]), wenn man darum klagt, vertreten." — §. 2. Klagt man aber um Schuld gegen den, der nicht dingpflichtig [5b]) daselbst ist; man soll ihm von Gerichts halben gebieten, daß er über vierzehn Nächte [6]) zahle oder die Schuld mit Recht entrede [7]). Thut er es nicht; man soll ihn pfänden, und das Pfand soll man dreimal, immer über vier-

1a) II. 2. §. 2. — 4. §. 1. — 15. §. 1. — (I. 41. not. 4. — III. 83. §. 1. & 2. — 61. §. 1. — I. 2. §. 1. & 2.) 1b) II. 25. §. 1. & 2. — III. 82. §. 2. 2) I. 34. §. 2. — II. 43. §. 2. — 45. §. 1. — III. 38. §. 1. — 83. §. 2. 3) I. 13. not. 4a. 4) II. 6. §. 4. — (I. 62. not. 7.) 5a) not. 1. 5b) III. 87. §. 2. 6) I. 2. §. 2. — 67. §. 1. — II. 3. §. 1. — 5. §. 2. — 27. §. 6. — 35. §. 5. — III. 5. §. 1. — 34. §. 5. 7) I. 68. not. 6.

nacht. of men is begeret to borge. en wil men is nicht. men scal it doch holden ses weken unuordan. untredet iene de scult dar under nicht. sint en mach he se nicht untreden. it en beneme eme echt not. So scal men dat pant uor de scult ut setten oder uorkopen. of men it dar uore nicht setten en mach. wert dar auer icht ouer dat scal men ieneme weder geuen. *Brict dar auer icht an men scal ene auer panden. also lange went iene sin gelt hebbe.* ₵ We so ümme ungerichte uor gerichte beclaget wert mit deme rochte er it ouer nechtich werde. mach de clegere dat ungerichte getügen silf seuede. men uoruestet ienen de dat gedan heft al tohant. ₵ Is auer de richtere buten sineme gerichte wen dit gescüt. so clage he it deme uronen boden in des richteres stat. heft he dirre clage getüge. des ersten dages wanne de richtere weder in sin ge-

zehn Nächte, in Bürgschaft thun, wenn man dessen zu Bürgschaft begehrt. Will man dies nicht; man soll es doch sechs Wochen [8a]) unverthan halten. Entredet jener die Schuld unterdessen nicht; dann mag er sie nicht mehr entreden: es hindere ihn denn echte Noth [8b]). Alsdann soll man das Pfand für die Schuld versetzen, oder, wenn man es nicht dafür versetzen mag, verkaufen [9]). Bleibt da aber etwas übrig; das soll man jenem wiedergeben. „Gebricht aber etwas „daran; man soll ihn abermals „pfänden, so lange bis jener „sein Geld hat." — §. 3. Wer mit Gerüffte um Ungericht [10]), bevor es übernächtig [11]) wird, vor Gericht beklagt wird: mag der Kläger das Ungericht selbsiebent [12]) bezeugen; man verfestet [13]) jenen sogleich, der das gethan hat. Ist aber der Richter außer seinem Gerichte, wenn dies geschieht; so klage er es dem Fronboten [14]) an des Richters statt. Hat er Zeugniß dieser Klage; des ersten Tags, wenn der Richter wieder in sein

8a) II. 43. not. 6. 8b) I. 28. not. 7. 9) I. 53. §. 3. 10) I. 57. not. 2. 11) I. 55. not. 2. 12) I. 64. not. 2. — III. 89. §. 4. 13) I. 64. not. 5. 14) I. 2. not. 8. — (I. 55. §. 2. — 56. — 57. — 71.)

richte kümt. men uoruestet ienen alse of de dat des seluen dages gescen si.

Gericht kommt, verfestet man jenen, als ob die That desselben Tags geschehen sey.

Schwabensp. Cap. 163.) bei Senkenb. Cap. 106. §. 1. & 2. **Cap. 164.)** Cap. 94. §. 1. bis 10. **Cap. 165.)** Cap. 95. §. 1. bis 4.

ℭ Wü men de nederen uestunge in de oueren bringet. ℭ Capitulum.. LXXI..

Wen de gekorene gogreue. **oder de belende richtere uor deme greuen** uoruestet. getüget he sine uestunge uor deme greuen he irweruet des greuen uestunge altohant. Süs irweruet ok de greue mit siner uestunge des koninges achte..

Art. 71. Wie man die niedere Verfestung in die obere bringt.

Wen der gekorene Gograf [1]) **oder der belehnte Richter vor dem Grafen** [2a]) verfestet [2b]): bezeugt er seine Verfestung vor dem Grafen; er erwirkt sofor des Grafen Verfestung. So erwirkt auch der Graf mit seiner Verfestung des Königs Acht [3]).

Schwabensp. Cap. 166.) bei Senkenb. Cap. 98. §. 1. bis 5.

---

1) I. 55. §. 2. — 56. — 57. 2a) III. 52. not. 8. 2b) I. 64. not. 5. 3) I. 38. not. 2. — III. 24. §. 1.

Zweites Buch.

ℭ Hir beginnet sik dat andere bok. ℭ Wur heren sik to samen sekeret.. ℭ Capitulum primum.	Hier beginnt das andere Buch. Art. 1. Wo Herren sich zusammen verbinden.
Wur uorsten unde heren sik to samen sekeret mit eden. se en besceden dat rike dar en buten. so hebbet se weder deme rike gedan..	„Wo Fürsten [1]) und Herren [2]) sich mit Eiden zusammen verbinden; sie nähmen denn das Reich davon aus: so haben sie wider das Reich gethan."

Schwabensp. vacat.

ℭ Vorsümet de greue sin echteding. ℭ Beclaget men enen man insine iegenworde. ℭ Capitulum.. II..	Art. 2. Versäumt der Graf sein Echtding. Beklagt man einen Mann in seiner Gegenwart.
Vorsümet de greue sin echte ding dat al ene uorlüset de clegere. uorsümet he der dinge ienich de ümme ungerichte ut	§. 1. Versäumt der Graf [1a]) sein Echtding [1b]), das verliert der Kläger allein. Versäumt er eins der Dinge, die um Un-

1) III. 45. not. 2. 2) III. 45. not. 3.

Art. 2.

1[a]) III. 52. not. 8. 1[b]) I. 59. not. 4.

geleget werden. men mot der clage beginnen al uon uoren. ₡ Beclaget men enen man in sine iegenworde ümme egen *oder ümme len.* dat he in rechter gewere heft. men scal eme degedingen to deme neisten dinge. of he sprict. here mek en is ümme nicht gedegedinget. to der anderen clage biddet he des dinges. dat scal men eme geuen. sint so scal he antworden..

gericht [2]) ausgelegt [3]) werden; man muß die Klage ganz von vorn beginnen. — §. 2. [Art. 3. §. 1.] Beklagt man einen Mann in seiner Gegenwart um Eigen „oder um Lehn", das er in rechter Gewer [4]) hat; man soll ihm Tag geben [5]) zum nächsten Ding [6]), wenn er spricht: mir ist hierum kein Tag gegeben. Erbittet er bei der andern Klage ein Ding; das soll man ihm geben: alsdann soll er antworten [7]).

Schwabensp. Cap. 1.) bei Senkenb. Cap. 174. §. 1.
Cap. 2.) Cap. 99. §. 1. bis 4.

₡ Grot men enen man to kampe de ungewarnet dar komen is.
₡ Capitlm.. III..

Grot men enen man to kampe de ungewarnet dar komen is. unde eme ümme de sake dar nicht gedegedinget en is. he scal dat *) hebben na siner

Art. 3. Grüßt man einen Mann zum Kampfe, der unvorbereitet dahin gekommen ist.

§. 1. [Art. 3. §. 2.] Grüßt [1]) man einen Mann zum Kampfe [2]), der unvorbereitet dahin gekommen ist, und dem kein Tag da gegeben [3]) ist für diese Sache; er soll, wenn er darum bittet,

---

2) I. 57. not. 2. 3) I. 2. §. 2. — II. 9. §. 1. 4) II. 43. §. 2. — 45. §. 1. — III. 38. §. 1. — 83. §. 2. — (I. 34. §. 2. — 70. §. 1.) 5) I. 64. not. 9. — II. 25. §. 1. & 2. — III. 38. §. 1. 6) I. 62. §. 4. 7) I. 70. not. 1.

Art. 3.

*) H. dach.

1) I. 63. §. 1. 2) I. 63. not. 14. 3) I. 64. not. 9.

bort of he is biddet. dat he sik dar to warne wanne de kamp gelouet is. unde er nicht. ¶ De uri scepenbare man ouer ses weken. ¶ De denestman ouer uertein nacht. ¶ Vnde andere urie lüde ümme alle andere sake dar men den man ümme scüldiget scal he antworden to hant. oder besaken. oder bekennen.

nach seiner Geburt den Tag haben, auf daß er sich, wenn der Kampf gelobt ist [4]), und nicht ehr, dazu bereite: der freie schöffenbare Mann [5]) über sechs Wochen [6]); der Dienstmann [7]) und andere freie Leute über vierzehn Nächte [8]). — §. 2. [§. 3.] Um alle andere Sache, darum man den Mann beschuldigt, soll er sogleich antworten [9]); ableugnen oder bekennen.

Schwabensp. Cap. 3.) bei Senkenb. Cap. 174. §. 2. & 3.

¶ We sik ut der uestunge ten wil. ¶ Capitlm.. IIII..

We sik ut der uestunge ten wille deme scal de richtere urede werken uore to komene of men is uon siner wegene geret. wanne he sik uppe den hilgen ut tüd. so scal ene de richtere unde dat lant ut laten mit uingeren unde mit tungen alse men ene in de uestunge

Art. 4. Wer sich aus der Verfestung ziehen will.

§. 1. Wer sich aus der Verfestung [1]) ziehen will, dem soll der Richter Frieden wirken [2]), vorzukommen; wenn man es von seinetwegen begehrt. Zieht er sich dann auf den Heiligen [3]) heraus; so soll ihn der Richter und das Land daraus entlassen mit Fingern und mit Zungen, so wie man ihn in die Verfe-

---

4) I. 63. §. 2. 5) I. 51. §. 4. — III. 26. §. 2. — 29. §. 1. 6) I. 67. §. 1. 7) I. 38. not. 6. 8) I. 70. not. 6. — (I. 41. not. 4. & 70. not. 1.) 9) II. 2. §. 2.

Art. 4.

1) I. 64. not. 5. — III. 92. a. E. 2) II. 15. §. 1. — III. 13. — 34. §. 5. — 36. §. 1. 3) I. 13. not. 4a.

dede. *weigeret men eme des mit unrechte. unde tüt he sik ut uppe den hilgen. he is en unuoruestet man.* so scal men eme urede werken. unde he scal borgen setten uore to komene to dren dingen. dar to antwordene. of ieman ouer ene clagen wille. en claget neman ouer ene to dren dingen. so scal men ene ledich delen uon der clage. ₡ *Tüt sik auer en man ut der uestunge dar de clegere to antworde nicht en is. unde louet. unde sat he borgen uore to komene. unde en kümt he nicht uore. dat borgetoch gewunnen heft de richtere unde nicht de clegere. of he ene weder in de uestunge deit. alse he to rechte scal.*

stung that. „Verweigert man „ihm dies mit Unrecht, und zieht „er sich auf den Heiligen her„aus; er ist ein unverfesteter „Mann.“ Dann soll man ihm Frieden wirken und er soll Bürgen stellen, zu dreien Dingen [4]) vorzukommen, um da, wenn jemand über ihn klagen will, zu antworten. Klagt auf drei Dingen niemand über ihn; so soll man ihn der Klage ledig sprechen. — §. 2. „Zieht sich aber „ein Mann aus der Verfestung, „wo der Kläger nicht gegen„wärtig ist, und gelobt und setzt „er Bürgen, vorzukommen, und „kommt er nicht vor; das Bür„gengeld [5]) hat der Richter und „nicht der Kläger gewonnen, „wenn er ihn wieder in die Ver„festung thut, wie er nach Recht „soll.“ — [§. 3. s. Art. 7. §. 2.]

Schwabensp. Cap. 4.) bei Senkenb. Cap. 102. §. 1. bis 8.

₡ We nenen borgen setten scal. ₡ Wente wanne men scult. unde wedde. unde bote geuen scal. ₡ Capitlm. V..

Art. 5. Wer keinen Bürgen setzen soll. Bis wann man Schuld, und Wedde und Buße geben soll.

We egenes also uele heft dat it beter is wenne sin we-

§. 1. Wer des Eigens [1]) in dem Gerichte so viel hat, daß

---

4) I. 70. not. 1. 5) II. 9. §. 5. — III. 9. §. 1.

Art. 5.

1) I. 8. not. 1.

regelt in deme gerichte. de en darf nenen borgen setten. of men ene beclaget ümme ungerichte. ¶ Ouer uertein nacht scal men scult gelden de men nomet uor gerichte. Gewedde ouer ses weken. Bote na deme gewedde ouer uerteinnacht. ¶ Gewinnet auer de man sine bote er deme gewedde. men scal se lesten ouer ses weken. unde dat gewedde dar na ouer uertein nacht. To des huse scal men dat gelden deme men it süldich is bi sunnen scine of he hus dar inne *deme gerichte* heft. oder to des richteres huse of iene dar ungehuset is.

es besser ist, als sein Wehrgeld [2]), der braucht keinen Bürgen zu setzen [3]), wenn man ihn um Ungericht [4]) beklagt. — §. 2. Ueber vierzehn Nächte [5]) soll man die Schuld zahlen, die man vor Gericht anerkennt; Wedde [6]) über sechs Wochen [7]); Buße [8]), nach der Wedde, über vierzehn Nächte. Gewinnt aber der Mann seine Buße vor der Wedde; man soll sie über sechs Wochen leisten und die Wedde darnach über vierzehn Nächte. In dem Hause desjenigen, dem man es schuldig ist, soll man bei Sonnenscheine dies zahlen, wenn er ein Haus darbinnen *dem Gerichte* hat; oder in des Richters Hause, wenn jener da ohne Haus ist [9]).

Schwabensp. vacat.

¶ We bote uorsprict. ¶ Vor guldene scult. ¶ Welk man gaue an süt. ¶ Capitulum.. VI..

We sine rechten bote uorsprict uor gerichte de ne heft

Art. 6. Wer (seine) Buße verleugnet. Vergoltene Schuld. Welcher Mann eine Gabe ansieht.

§. 1. Wer seine rechte Buße vor Gericht verleugnet, der hat

2) III. 45. — (II. 42. §. 1.) 3) I. 60. §. 5. — 61. §. 2. — II. 9. §. 5. 4) I. 57. not. 2. 5) I. 41. not. 4. — 70. not. 1. & 6. 6) I. 53. not. 7. 7) I. 65. §. 2. 8) I. 53. not. 6. 9) III. 40. §. 1. — (I. 65. §. 2.)

nene bote mer. ¶ Alle uorguldene scult scal de man uulbringen silf dridde de it sagen unde horden. ¶ We to dingen nicht en kümt den delet men weddehaft. of he plichtich is dar to komene. he en moge it mit rechte weder reden. ¶ Welke gaue de man an süt. oder welk ordel he uinden hort. en weder redet he it to hant nicht. dar na en mach he is nicht weder reden.

keine Buße mehr [1]). — §. 2. Alle vergoltene Schuld soll der Mann selbdritt [2]) derer, die es sahen und hörten [3]), bewähren [4]). — §. 3. Wer zu Ding nicht kommt, den verurtheilt man zu Wedde [5]), wenn er dahin zu kommen pflichtig ist [6]); er widerrede denn dies mit Recht. — §. 4. Welche Gabe der Mann sieht und welch Urtheil er finden hört: widerredet er es nicht sogleich; nachher mag er es nicht widerreden [7]).

Schwabensp. vacat.

¶ Von der echten not. ¶ Capitulum.. VII..

Ver sake sin de echte not hetet. uangnisse. süke. godes denest buten lande. unde des rikes denest. ¶ Welk dirre sake den man erret dat he to dinge nicht en kümt. wert se bewiset

Art. 7. Von der echten Noth.

§. 1. Vier Sachen sind, die echte Noth [1]) heißen: Gefängniß, Krankheit, Gottesdienst außer Landes und des Reichs Dienst. Welche dieser Sachen den Mann hindert, daß er nicht zu Dinge

---

1) I. 16. — II. 17. §. 3. 2) I. 54. §. 3. — 65. §. 2. — II. 35. §. 3. 4. & 7. — 36. §. 1. — 44. §. 1. — 55. §. 6. — 63. §. 1. — III. 4. §. 1. — 5. §. 1. — 7. §. 4. — 10. §. 2. — 33. §. 3. & 9. 3) I. 25. §. 3. — 33. — 54. §. 3. — 65. §. 2. — II. 23. §. 3. — 35. §. 4. — 55. §. 6. — III. 4. §. 1. — 5. §. 1. — 21. §. 2. 4) I. 54. §. 3. — 65. §. 2. 5) I. 53. not. 7. — III. 39. §. 3. 6) I. 2. & III. 61. 7) I. 62. §. 4. & II. 2. §. 2.

Art. 7.

1) I. 28. not. 7.

alse recht is uon eneme sineme boden we he si. he blift is aue scaden. unde gewinnet dach wente an dat neiste ding alse he uon den echten noden ledich wert. ₡ *We auer borgen sat uore to komene. benimt it eme echt not dat he nicht uore komen en mach. de echten not scal sin borge benomen unde beweren uppe den hilgen. unde anders nen sin bode.*

kommt: wird sie von einem seiner Boten, wer er sey 2), nachgewiesen wie Recht ist; er bleibt deshalb ohne Schaden und gewinnt, sobald er von der echten Noth ledig wird, Tag bis zum nächsten Ding. — §. 2. [Art. 4. §. 3.] „Wer aber Bürgen setzt, „vorzukommen: hindert ihn echte „Noth, daß er nicht vorzukom„men vermag; die echte Noth „soll sein Bürge benennen und „auf den Heiligen 3) bewähren, „und anders kein Bote dessel„ben 4)."

Schwabensp. Cap. 5.) bei Senkenb. Cap. 107. §. 10. bis 15.

₡ We so ungerichte claget uppe enen de dar nicht en is.. ₡ Capitlm. VIII..

We so ungerichte claget uppe enen de dar to iegenworde nicht en is. kümt he seder uore. unde en claget nicht up ene. he mot deme richtere wedden. unde ieneme boten. ok delet men ienen der clage ledich. ₡ Wluorderet auer he sine clage. al untgeit he eme mit rechte.

Art. 8. Wer um Ungericht klagt gegen Einen, der daselbst nicht ist.

Wer um Ungericht 1) klagt gegen Einen, der daselbst nicht gegenwärtig ist: kommt er dann vor und klagt er nicht gegen ihn 2); er muß dem Richter wedden 3) und jenem büßen 4), auch spricht man jenen der Klage ledig. Vollführt er aber seine Klage: obwohl ihm jener mit

---

2) §. 2. — (I. 48. §. 2. — II. 12. §. 6.) 3) I. 13. not. 4a. 4) III. 9. §. 4. — 85. §. 4.

Art. 8.

1) I. 57. not. 2. 2) I. 53. not. 2. 3) I. 53. not. 7. 4) I. 53. not. 6.

he en lidet dar nene not ümme. *he en hebbe ene kempliken uore geladen..*

Recht entgeht; er leidet darum keine Noth [5]), „er hätte ihn „denn kämpflich [6]) vorgeladen."

Schwabensp. Cap. 6.) bei Senkenb. Cap. 100. §. 1. bis 4.

¶ We beginnet to antwordene. ¶ Wü ho en man borgen setten scal. ¶ Capitulum. IX..

We ok beginnet to antwordene. unde wert eme en ding geleget mit ordelen. en kümt he nicht uore. he is inder clage uorwunnen. de richtere scal ok borgen hebben uon deme clegere. unde uppe den de clage gat. dat se to rechte uore komen. se scolen ok rechtes uppe dat gerichte sen. ¶ Wenne de clage mit ordelen geuristet wert wente in enen anderen dach ümme den geuangenen man. so scal men ene to borge don. *he en si inder hanthaften dat geuangen.* ¶ *Den uoruesteden man mot men wol besledigen in gebundenen*

Art. 9. Wer zu antworten beginnt. Wie hoch ein Mann Bürgen setzen soll.

§. 1. Wer zu antworten beginnt, und wird ihm ein Ding ausgelegt [1]) mit Urtheil: kommt er nicht vor; er ist der Klage überwunden. — §. 2. Der Richter soll auch Bürgen haben von dem Kläger und dem, auf den die Klage geht, damit sie zu Recht vorkommen; sie sollen auch des Rechts wegen auf das Gericht sehen. — §. 3. Wenn die Klage gegen einen gefangenen Mann mit Urtheil bis auf einen andern Tag gefristet wird; so soll man ihn in Bürgschaft thun [2]): „er sey denn auf der „handhaften That [3]) gefangen." — §. 4. [Art. 10. §. 1.] „Den „verfesteten [4]) Mann mag man „an gebundenen Tagen [5]) wohl

---

5) I. 62. §. 2. — II. 13. §. 2. 6) I. 63. §. 4. a. E.

Art. 9.

1) I. 2. §. 2. — 42. §. 1. — 53. §. 1. — II. 2. §. 1. — III. 61. §. 1. — 82. §. 2. 2) I. 61. §. 2. 3) I. 55. not. 2. 4) I. 64. not. 5. 5) II. 10. §. 1 ff. — 12. §. 2. — 67. §. 2. — III. 61. §. 1.

dagen. Nicht en mot men ouer ene richten dar en si de hanthafte dat. ₡ Neman is plichtich hoger borgen to settene uor gerichte. wenne alse sin weregelt stat. it en si scult der he bekenne. oder de mit rechte uppe ene gebracht werde.

„ergreifen; über ihn richten mag „man nicht: die handhafte That „sey denn da." — §. 5. [§. 2.] Niemand ist pflichtig, höher Bürgschaft zu stellen vor Gericht, als wie sein Wehrgeld beträgt [6]); es sey denn um Schuld, die er bekennt, oder die mit Recht auf ihn gebracht wird.

Schwabensp. Cap. 7.) bei Senkenb. Cap. 101. §. 1. bis 7. **Cap. 8.)** Cap. 104. §. 1. bis 3. **Cap. 9.)** Cap. 103. §. 1. bis 5.

₡ Wu men richtet in gebundenen dagen. ₡ Capit. X..

In gebundenen dagen en mot men nicht sueren wenne den urede. unde ok uppe den man de mit hanthaftiger dat geuangen is. ₡ *We den urede brict an gebundenen dagen den bescermet de gebundenen dage nicht. also en deit de kerke. noch de kerkhof an der dat de he dar inne*

Art. 10. Wie man richtet an gebundenen Tagen.

§. 1. [Art. 10. §. 3.] An gebundenen Tagen [1]) mag man nichts, als den Frieden schwören [2]) und gegen den Mann, der auf handhafter That gefangen ist [3]). — §. 2. [§. 4.] „Wer „den Frieden bricht an gebun„denen Tagen, den schirmen die „gebundenen Tage nicht; also „thut auch die Kirche nicht, noch „der Kirchhof [4a]), bei der That, „die er daselbst verübt [4b])." —

---

6) I. 65. §. 1. — II. 5. §. 1. — 42. §. 2. a. E. — 72. §. 4. a. E. — III. 9. §. 1. — 12. §. 2. — (II. 4. not. 5.) — III. 45. not. 1.

Art. 10.

1) II. 9. not. 5. 2) I. 8. §. 3. — II. 72. §. 1. — III. 8. — 9. §. 2. — 41. §. 1. 3) II. 67. §. 2. a. E. 4a) II. 67. §. 1. 4b) II. 67. not. 10 ff.

deil. ☾ Wat so men anders an gebundenen dagen [deit *)] ane ungerichte. dat mot de richtere wol richten *ouer den man de dar to antworde is. unde scal eme beden dat he bekenne unde betere to rechter tid. oder besake.. ⁂Nicht ne mut he aver dingen binnen gebundenen dagen.* Swar man aver eide lovet, die sal man lesten to me nesten ungebundenen dage.*

§. 3. [§. 5.] Was man sonst an gebundenen Tagen thut, außer Ungericht [5]), das mag der Richter wohl richten „über den „Mann, der da zu Gegenwart „ist, und soll ihm gebieten, daß „er bekenne und zur rechten Zeit „bessere [6]) oder ableugne. ⁂Din„gen darf er aber an gebun„denen Tagen nicht.*" — §. 4. [§. 6.] ⁂Wo man aber Eide gelobt, die soll man am nächsten ungebundenen Tage leisten.*

Schwabensp. Cap. 10.) bei Senkenb. Cap. 107. §. 1. bis 7. **Cap. 11.)** Cap. 189. §. 1. bis 11. Cap. 186. & 187. §. 1. bis 4. **Cap. 12.)** Cap. 105. §. 1. bis 6. **Cap. 13.)** Cap. 106. §. 1. & 2.

☾ We ede louet oder scult. ☾ Capitulum.. XI..

We so auer ede louet uor scult. unde en lestet he er nicht to rechter tid. he is inder scult uorwunnen dar de ede uore gelouet weren. it en beneme echt not de men bewisen moge. was de ed uor gerichte gelouet. men mot deme richtere wedden. unde deme sine bote geuen deme he den ed louede.

Art. 11. Wer Eide gelobt oder Schuld.

§. 1. Wer aber Eide gelobt für eine Schuld, und leistet er sie nicht zur rechten Zeit; er ist der Schuld überwunden, dafür die Eide gelobt waren: es hindere (ihn) denn echte Noth [1]), die man nachweisen mag. War der Eid vor Gericht gelobt; man muß dem Richter wedden [2]), und dem seine Buße geben, dem

---

*) H. klaget.

5) I. 57. not. 2. 6) I. 68. not. 7.

Art. 11.

1) I. 28. not. 7. 2) I. 53. not. 7. — I. 53. not. 6.

¶ Is de man rede to lestene sinen ed den he louede to rechter tid. unde en wil is iene nicht. oder en is he dar nicht dar men ene don scal. des edes scal he ledich sin. unde der scult dar he den ed uore louede. of he is getüge heft..

er den Eid gelobte [4]). — §. 2. Ist der Mann zu rechter Zeit bereit, seinen Eid, den er gelobte, zu leisten, und will dies jener nicht oder ist er nicht da, wo man ihn leisten soll; des Eides und der Schuld, wofür er den Eid gelobte, soll er ledig sein, wenn er Zeugniß dessen hat.

Schwabensp. vacat.

¶ We siluer gelden scal. ¶ Wu en man ordel uindet ouer sinen heren. unde ouer de scepenbaren. ¶ Capitulum.. XII..

Art. 12. Wer Silber zahlen soll. Wie ein Mann Urtheil findet über seinen Herrn und über die Schöffenbaren.

Weme men auer siluer oder penninge gelden scal. en wardet he is to rechten dagen nicht. *oder an nemet he is nicht.* he en uorlüset dar mede sin gelt nicht. den dach heft auer he uorloren. *hadde he ok ieneme gelouet dar uore in to ridende he is des in ridenes ledich unde nicht der penninge noch der scull dar he uore in riden scolde.*

§. 1. [Art. 11. §. 3.] Wem man aber Silber oder Pfennige zahlen soll: wartet er dessen nicht am rechten Tage [1a]), „oder „nimmt er es nicht an;" sein Geld verliert er dadurch nicht, den Tag hat er aber verloren. „Hatte er auch jenem dafür „einzureiten [1b]) gelobt; er ist „des Einreitens ledig, und nicht „der Pfennige [2a]), noch der „Schuld, dafür er einreiten

---

4) I. 53. not. 2. — 62. §. 2. — (III. 11.)

Art. 12.

1a) I. 65. §. 2. — II. 5. §. 2. — III. 40. §. 1. 1b) I. 9. §. 4. 2a) II. 27. not. 1.

Binnen gebundenen dagen ne mut man nicht dingen. ¶ *In gebundenen dagen* en mot neman ordel uinden ouer sinen heren. unde ouer sinen man. unde ouer sinen mach. dat an ere lif. oder an sine gesunt. oder an er ere ga. ¶ Scepenbare urie lüde moten wol ordel uinden ouer enen iowelken man. it en mot auer uppe se neman odel uinden dat en an ere lif. oder an er ere oder an er erue ga. noch er ordel scelden. he en si ene euenbordich. ¶ Buten koninges banne mot iowelk man wol ouer den anderen ordel uinden. unde ordel scelden de uulkomen is an sineme rechte. ümme also gedane sake de men ane koninges ban richten mach. ¶ Scilt men ordel des scal men ten an den hoiesten richtere. to lest uor den koning. dar scal de richtere sinen boden togeuen de dar hore welker uulkome uor deme koninge. ¶ De boden

sollte [2b]). — §. 2. [§. 4.] *Binnen gebundenen Tagen mag man nicht dingen [3]).* — §. 3. [Art. 12. §. 1.] Urtheil mag „an gebundenen Tagen" niemand über seinen Herren, und über seinen Mann, und über seinen Mag finden, das an ihr Leben, oder an seine *ihre* Gesundheit [4]), oder an ihre Ehre geht [5]). — §. 4. [§. 2.] Schöffenbare [6]) freie Leute mögen wohl Urtheil finden über einen jeden Mann [7]): es mag aber gegen sie niemand Urtheil finden, das an ihr Leven, oder an ihre Ehre, oder an ihr Erbe gehe, noch ihr Urtheil schelten; er sey ihnen denn ebenbürtig [8]). — §. 5. [§. 3.] Außer Königsbanne [9]) mag wohl jeder Mann, der vollkommen ist an seinem Rechte [10]), über den Andern Urtheil finden und Urtheil schelten um solche Sache, die man ohne Königsbann richten mag [11]) — §. 6. [§. 4.] Schilt man Urtheil: das soll man ziehen an den höchsten Richter [12]); zuletzt an den König [13]). Da soll der Richter seinen Boten dazu geben, der da höre, wer vor dem

2b) III. 39. §. 2. 3) II. 10. §. 3. 4) I. 2. not. 14. 5) II. 9. §. 4. — 10. §. 1 ff. 6) I. 3. not. 4. 7) III. 19. — 65. §. 1. — 69. §. 1. & 2. — 70. §. 1 & 2. — (I. 63. §. 3.) 8) I. 63. not. 17. — (I. 3. not. 8.) 9) I. 2. not. 6. 10) I. 36. not. 2. — II. 27. not. 3. 11) I. 59. §. 1. 12) I. 19. §. 2. — (18. §. 1.) 13) I. 34. not. 7.

scolen wesen scepenbare uri. of it in ener grauescap gescüt. gescüt it auer in ener marke. so mogen it wesen aller hande lüde we se sin deste se uulkomen an erme rechte sin. de scal de richtere bekostigen. Brot unde ber scal he en genoch geuen. unde drü gerichte to deme etene de des dages tidich sin. und enen beker wines. tuei gerichte scal men den knapen geuen. uif garuen iowelkeme perde. under dage unde nacht. unde men scal se uore beslan. sesse scolen der knechte wesen. achte der perde. ℭ Wanne se den koning erst ureschet binnen sessecher ard. so scolen se to houe uaren. unde dar na ouer ses weken dat ordel weder bringen. De dat *ordel* scilt en uulkümt he is nicht. he mot dar ümme wedden deme richtere. unde ieneme sine bote geuen des ordel he besculden heft. *_unde dem richtere sine kost gelden, die he mit den boden verdan hevet._*

Könige sein Recht vollführt. Die Boten sollen, wenn es in einer Grafschaft geschieht, schöffenbar frei sein: geschieht es aber in einer Mark [14]; so mögen es allerhand Leute sein, wer sie sind, wenn sie nur vollkommen an ihrem Rechte sind [15a]. — Die soll der Richter beköstigen. Brod und Bier soll er ihnen genug geben und drei Gerichte zu essen, die des Tages zeitig sind, und einen Becher Weins. Zwei Gerichte soll man den Knappen geben; fünf Garben jedem Pferde unter Tag und Nacht, und man soll sie vorn beschlagen. Sechs sollen der Knechte sein und acht der Pferde. Wenn sie den König zuerst erfunden [15b] binnen sächsischer Erde [16a]; so sollen sie zu Hofe fahren, und danach über sechs Wochen [16b] das Urtheil zurückbringen. — §. 7. [§. 5.] der das *Urtheil* schilt: vollführt er sein Recht nicht; er muß darum wedden [17] dem Richter und jenem seine Buße [18] geben, deß Urtheil er gescholten hat [19a], *und dem Richter seine Kosten zahlen, die er für die Boten ver-

---

14) §. 8. 15a) §. 4. 5. & 8. 15b) Ziemann mittelhochdeut. Wörterb. pg. 586. s. v. vreischen: erfahren. 16a) I. 34. §. 3. — II. 26. §. 2. — (III. 60.) 16b) II. 43. not. 6. 17) I. 53. not. 7. 18) I. 53. not. 6. 19a) I. 53. not. 2.

¶ Nenes besculdenen ordeles en mot men ten ut ener grauescap in ene marke. al hebbe de greue de grauescap uon deme markgreuen. dit is dor dat. dat in der marke nen koninges ban en is. unde er recht tueiet. dor dat scal men des uor dat rike ten. ¶ We ordels geuraget wert. unde des nicht uinden en kan. dar he sin recht dar to don dat he is nicht uinden en kunne. *so mot men is wol uragen enen anderen. dar na den dridden unde den uerden. de leste* *) gewinnet is dach also lange alse ieneme gedegedinget is uppe den dat ordel geit.

wendet hat.* — §. 8. [§. 6.] Kein gescholtenes Urtheil mag man aus einer Grafschaft [19b]) in eine Mark ziehen, obwohl der Graf [20a]) von dem Markgrafen [20b]) die Grafschaft habe. Dies ist darum, daß in einer Mark kein Königsbann ist und ihr Recht sich zweiet. Darum soll man das vor das Reich [21]) ziehen. — §. 9. [§. 7.] Wer um ein Urtheil gefragt wird und das nicht finden kann: mag er sein Recht [22a]) dazu thun, daß er es nicht finden könne; „so muß man einen Andern wohl darum fragen, hernach einen Dritten und Vierten. „Der Letzte" erhält deshalb so lange Frist, als jenem ist Tag gegeben [22b]), auf den das Urtheil geht.

Schwabensp. Cap. 14.) bei Senkenb. Cap. 107. §. 8. & 9. **Cap. 15.)** Cap. 108. §. 1. bis 9. & 11 bis 13. **Cap. 16.)** ib. §. 14 bis 18. **Cap. 17.)** Cap. 111. §. 1 bis 5.

¶ Von ordelen to scelden. ¶ De uulbort wedersprict. ¶ Capitulum.. XIII..

Art. 13. Von Urtheil schelten. Wer der Bevollwortung widerspricht.

Scilt en sasse en ordel. unde

§. 1. Art. 12. §. 8.] Schilt

---

*) Cod. Qu. statt d. l. he.

19b) III. 52. not. 8. 20a) III. 52. not. 8. 20b) I. 58. not 1h. — III. 64. §. 7. & 65. §. 1. 21) III. 19. — 71. §. 2. — (I. 18. §. 3.) 22a) III. 5. §. 3. — 71. §. 1. — (I. 22. §. 4. — II. 55. §. 6. — III. 92. §. 2. — I. 15. not. 5.) 22b) I. 64. not. 9.

tüt he is an sine uorderen hant. unde an de meren menie. he mot dar ümme uechten silf seuede weder andere seuede siner genoten. wur de mere menie geseget de beholt dat ordel. ¶ Jowelk uorseget man weddet deme richtere. unde gift ok de bote deme de up ene geuochten heft. ¶ Vmme ordel en mot men nergen uechten wenne uor deme rike. ¶ Vraget men enen man ordels. unde uint he it na sineme sinne so he it rechtes wet. he en lidet dar nene not ümme. al si it wol unrecht. ¶ Weder spriet en de uülbort. unde uint he en ander ordel. welker de meren uolge heft de behelt sin ordel. unde bliuet beide ane gewedde. wente er nen des anderen ordel besculden heft. ¶ We ordel bescilt de spreke alsüs. Dat ordel dat de man gevunden heft dat is unrecht. dat scelde ec unde te des dar ec is to rechte ten scal.. ¶ Scilt de suaue des

ein Sachse ein Urtheil und zieht er es an seine rechte Hand und an die mehrere Menge 1); er muß darum fechten selbsiebent wider sieben Andere seiner Genossen 2). Wo die mehrere Menge siegt; die behält das Urtheil. Jeder besiegte Mann weddet dem Richter und giebt auch die Buße dem, der gegen ihn gefochten hat 3). Um ein Urtheil mag man nirgends fechten, als vor dem Reiche 4). — §. 2. [§. 9.] Fragt man einen Mann um ein Urtheil, und findet er es nach seinem Sinne wie er es am besten weis: er leidet darum keine Noth 5); sey es gleich unrecht. — §. 3. [§. 10.] Widerspricht Einer der Bevollwortung 6), und findet er ein anderes Urtheil: wer die mehrere Folge hat, der behält sein Urtheil und beide bleiben ohne Wedde 7), da keiner des Andern Urtheil gescholten hat. — §. 4. [§. 11.] Wer ein Urtheil schilt, der spreche also: Das Urtheil, das der Mann gefunden hat, das ist unrecht, das schelte ich, und ziehe es, wohin ich es nach Recht ziehen soll. — §. 5. [§. 12.] Schilt der Schwabe des Sachsen

1) I. 18. §. 3. 2) I. 51. §. 4. — 63. §. 3. — III. 65. §. 1. 3) II. 12. §. 7. 4) I. 18. §. 3. 5) I. 62. §. 2. — II. 8. 6) §. 7. 7) I. 53. not. 7.

sassen ordel. oder de sasse ienes. dat moten se uor deme koninge besceden. alse hir uore geredet is. ¶ Stande scilt men ordel. sittene uint men ordel under koninges banne manlik uppe sineme stole.. ¶ De auer to den benken nicht geboren en is. de scal des stoles bidden *mit* ordelen en ander ordel to uindene. so scal iene eme den stol rümen de dat erste ordet uant. ¶ Welk ordel denne iene uint dat bidde he to beholdene na rechte. unde te is dar he is dor recht ten scal. unde bidden der boden dar to. ¶ Vmme en besculden ordel scal men nener uulbort uragen. *De it oc gevunden heft de en mot dar nicht af laten ane ienes willen dem it gevunden is to sineme uromen.* ¶ Wert en man dor ungerichte geuangen. unde uor gerichte bracht. he en mot nen ordel scelden. noch de man de uechten scal. sint he in den warf kümt.

Urtheil, oder der Sachse jenes; das müssen sie vor dem Könige entscheiden, wie hievor gesagt ist [8]. — §. 6. [§. 13]. Stehend schilt man Urtheil: sitzend findet man unter Königsbann Urtheil [9]; jeder auf seinem Stuhle. Wer aber zu den Bänken nicht geboren ist, der soll mit Urtheil um den Stuhl bitten, ein andres Urtheil zu finden. So soll ihm jener den Stuhl räumen, der das erste Urtheil fand [10]. — §. 7. [§. 14.] Welch Urtheil jener dann findet, das bitte er nach Recht zu behalten, und ziehe es, wohin er es nach Recht ziehen soll, und erbitte die Boten dazu [11]. Wegen eines gescholtenen Urtheils soll man um keine Bevollwortung [12] fragen. „Wer es auch „gefunden hat, der mag nicht „davon lassen ohne desjenigen „Willen, dem es zu seinem Frommen gefunden ist." — §. 8. [§. 15.] Wird ein Mann um Ungericht [13] gefangen und vor Gericht gebracht: er mag kein Urtheil schelten; noch der Mann, welcher fechten soll, sobald er auf den Kampfplatz kommt.

Schwabensp. Cap. 18.) bei Senkenb. Cap. 110. §. 1. 2. 4. bis 11. **Cap. 19.)** Cap. 109. §. 1. bis 9. **Cap. 20.)** Cap. 83. §. 1. bis 7. **Cap. 21.)** Cap. 115. §. 1. bis 3.

---

8) II. 12. §. 6. — (I. 18. §. 3. — III. 70. §. 1. & 2.) 9) III. 69. §. 2. 10) III. 69. §. 3. 11) II. 12. §. 6. 12) §. 3. 13) I. 57. not. 2.

Art. 14. Wü men ungerichte richtet. ₵ Capitlm. XIIII..

Nu uornemet ümme ungerichte welk gerichte dar ouer ga. ₵ Den def scal men hengen. gescüt auer indeme dorpe des dages düue de min den drier scillinge wert is. dat mot de burmester wol richten des seluen dages to hut unde to hare. oder mit dren scillingen to losene. so blift iene eren los unde rechtelos. dit is dat hogeste gerichte dat de burmester heft. des seluen en mot he nicht don. of it ouer nechtich wert na der clage. *ümme mer penninge. unde ümme andere uarende haue mot he wol uorbat richten.* ₵ Dit selue richte geit ouer unrechte mate. unde unrechte wage. unde ouer ualschen kop. of men des ouer wunnen wert..

Alle mordere unde alle de den ploch. molen. kerken. oder kerkhof rouet. uoredere. mordbrennere. oder de ere bodescap weruet *to ereme uro-*

Art. 14. [13.] Wie man um Ungericht richtet.

§. 1. Nun vernehmet um Ungericht 1), welch Gericht darüber ergehe. — Den Dieb soll man hängen 2). Geschieht aber des Tags ein Diebstahl in dem Dorfe, der minder werth ist, als drei Schillinge, das mag desselben Tags der Bauermeister wohl richten zu Haut und Haar 3a) oder für drei Schillinge 3b) zu lösen. Dann bleibt jener ehrlos und rechtlos 4). — §. 2. Dies ist das höchste Gericht, das der Bauermeister hat 5). Dasselbe mag er nicht üben, wenn es nach der Klage übernächtig wird 6). „Um „mehr Pfennige und um andere „fahrende Habe mag er wohl „fürbas richten." — §. 3. Dies nämliche Gericht geht über unrechte Maße und unrechte Waage, und über falschen Kauf, wenn man dessen überwunden wird. — §. 4. Alle Mörder und Alle, die den Pflug, Mühlen, Kirchen und Kirchhöfe berauben 7), Verräther 8a), Mordbrenner oder die „zu ihrem Frommen" deren Auf-

1) I. 57. not. 2. 2) II. 29. §. 3. — 38. §. 1. — (II. 30. — III. 5. §. 1.) — I. 37. not 7. 3a) I. 37. §. 2. — II. 29. §. 3. 3b) III. 64. §. 11. — 86. §. 1. — (I. 2. not. 11.) 4) I. 37. not. 8. — II. 20. §. 2. 5) I. 68. §. 1. 6) I. 55. not. 2. 7) II. 67. §. 1. — (II. 10. §. 2.) 8a) I. 40.

men. de scal men alle radebraken. ¶ De den man sleit. oder ueit. oder rouet. oder bernet. ane mort brant. oder wif. oder maget nodiget. unde de den urede breket. unde de in ouer hure begrepen werden. den scal men dat houet af slan. ¶ De düue. oder rof hudet. oder de se mit helpe dar to sterket. werdet se des uorwunnen. men scal ouer se richten alse ouer ienen. ¶ Welk kersten man. oder wif ungelouich is. unde mit touere ümme gat. unde mit uorgifnisse. unde des uorwunnen wert. den scal men up ener hord bernen. ¶ Welk richtere ungerichte nicht en richtet. de is desseluen gerichtes scüldich dat ouer ienen scolde gan. ¶ De man en is oc nicht plichtich des richteres ding to sokene. noch rechtes eme to plegene. de wile he selue rechtes geweigeret heft..

trag vollziehen [8b]), die soll man alle radebrechen. — §. 5. Wer den Mann erschlägt, oder fängt, oder beraubt, oder Brand stiftet, ohne Mordbrand, oder ein Weib oder Mädchen nothzüchtigt [9]), und wer den Frieden bricht [10]), und wer im Ehrbruche [11a]) ergriffen wird; dem soll man das Haupt abschlagen. — §. 6. Die welche Diebstahl oder Raub hüten oder die Andere mit Hülfe dabei bestärken: werden sie deß überwunden; man soll über sie, wie über jene, richten. — §. 7. Welch Christen-Mann oder Weib ungläubig ist [11b]), oder mit Zauberern umgeht, oder mit Giftmischerei, und deß überwunden wird; die soll man auf einem Scheiterhaufen [12a]) verbrennen. — §. 8. Welcher Richter Ungericht nicht richtet [12b]); der ist desselben Gerichts schuldig, das über jenen ergehen sollte. Der Mann ist auch nicht pflichtig, des Richters Ding zu besuchen, noch ihm Rechts zu pflegen, solange er selbst Recht verweigert hat [13]).

Schwabensp. Cap. 22.) bei Senkenb. Cap. 116. §. 1. bis 9. **Cap. 23.)** ib. §. 10. **Cap. 24.)** ib. §. 11. bis 18. (§. 17. wiederholt.) & §. 18. a. E. bis 31.

8b) Ziemann mittelhochdeut. Wörterb. pag. 629. s. v. werben. 9) I. 37. §. 1. — 43. — II. 65. §. 1. — III. 1. §. 1. — 46. §. 1. & 2. 10) I. 63. not. 3. 11a) Versio latina: in adulterio. 11b) (III. 54. §. 2.

¶ Sleit en man den anderen dod dor not. ¶ Capitulum.. XV..

Sleit en man den anderen dod dor not. unde en dar he bi eme nicht bliuen. dat he ene uor gerichte bringe. unde ouer ene richte uor angeste sines liues. kümt he ane den doden uor gerichte. unde bekant he is er men ouer ene clage. unde büt he sik dar umme to rechte men scal eme sinen hals nicht uordelen. deme richtere scal men delen dat hogeste gewedde der penninge de men eme pleget to weddene. unde den magen ere weregelt. de scal men uore laden ere weregelt to nemene to deme neisten dinge unde to deme anderen unde to deme dridden. ; en komen se denne nicht uore he scal dar mede besitten went se it eme mit clage af gewinnen. unde men scal eme urede werken. Vmme den man en mach ene neman

Art. 15. [14.] Schlägt ein Mann den andern aus Nothwehr todt.

§. 1. Schlägt ein Mann den andern aus Nothwehr [1]) todt, und kann er, vor Gefahr seines Lebens, nicht bei ihm bleiben, auf daß er ihn vor Gericht bringe [2]) und über ihn richte: kommt er ohne den Todten vor Gericht und bekennt er es, ehe man über ihn klagt, und erbietet er sich darum zu Recht; man soll ihm seinen Hals nicht verurtheilen. Dem Richter soll man die höchste Wedde [3]) der Pfennige zusprechen, die man ihm zu wedden pflegt, und den Magen ihr Wehrgeld [4]). Die soll man vorladen, ihr Wehrgeld zu nehmen [5]), zu dem nächsten Dinge, und zu dem andern, und zu dem dritten [6]). Kommen sie dann nicht vor; er soll damit sitzen, bis sie es ihm mit Klage abgewinnen, und man soll ihm Friede wirken [7]). Wegen des Mannes, um deswil-

---

— 57. §. 1.) 12[a]) Ziemann a. a. O. pag. 161. s. v. horden: aufhäufen. 12[b]) II. 26. §. 2. — (I. 34. §. 3). — III. 88. §. 1. 13) III. 87. §. 2. a. E. — 88. §. 1. & 2. a. E.

Art. 33.

1) III. 78. §. 6. — 84. §. 3. — (II. 63. §. 2. — III. 48. — II. 37.) 2) III. 10. §. 1. & 3. — 91. §. 2. — (I. 48. not. 9.) 3) I. 53. not. 7. 4) II. 37. — 41. §. 1. — 66. §. 1. — III. 45. not. 1. 5) I. 65. §. 2. 6) I. 70. not. 1[a]. 7) II. 4. §. 1. — III. 13. — 34. §. 5. — 36. §. 1.

an sinen hals spreken dar he sek to rechte ümme geboden heft er men up ene clagede. ¶ Bringet men auer den doden uor gerichte *umbegrauen*. unde claget men up ene *he mut antwerden umme sinen hals, oder* he mot den doden bereden.

len er sich zu Recht erboten hat, ehe man über ihn klagte, mag ihn niemand auf seinen Hals ansprechen. — §. 2. Bringt man aber den Todten „unbegraben„ vor Gericht 8), und klagt man über ihn; *er muß antworten um seinen Hals, oder* er muß den Todten überführen 9).

Schwabensp. Cap. 25.) bei Senkenb. Cap. 167. §. 1. bis 8. **Cap. 26.)** Cap. 416. §. 2. a. A. & §. 3 bis 6. **Cap. 27.)** Cap. 347. §. 1. bis 3. **Cap. 28.)** Cap. 346. §. 1. 3. bis 7. 8. a. E. 8. a. A. & 9. bis 24.

¶ We so ene gewere louet uor gerichte. ¶ Capitlm. XVI..

Welk man uor gerichte uorderet sogedane sake dar he ene gewere ümme louen mot. louet he de. unde kümt dar na en ander unde uorderet de seluen sake. unde en mach iene de de gewere gelouet heft ienen nicht af wisen mit rechte. he mot sine uorderunge laden mit ener were bote. unde mot deme richtere wedden. ¶ Were bote is sin uordere hant dar he gewere mede louede. oder sin halue weregelt. ¶ Louet auer

Art. 16. [15.] Wer eine Gewer gelobt vor Gericht.

§. 1. Welcher Mann vor Gericht eine solche Sache fordert, darum er eine Gewer 1) geloben muß: gelobt er die, und kommt danach ein Anderer und fordert dieselbe Sache, und mag derjenige, welcher die Gewer gelobt hat, jenen nicht abweisen mit Recht; er muß seine Forderung mit einer Gewer-Buße lassen, und muß dem Richter wedden 2). Gewer-Buße ist seine rechte Hand, womit er die Gewer gelobte, oder sein halbes Wehrgeld 3) — §. 2.

---

8) not. 2. 9) I. 48. not. 9.

Art. 16.

1) I. 46. not. 3. 2) I. 53. not. 7. 3) II. 17. §. 5.

en man ene gewere de dar herwede oder erue uorderet. oder urowen de rade uorderet. oder ienige uarende haue. wert en ander were burst dat se gebroken worde mit rechte. se weddet deme richtere *dar umme unde latet* de haue mit bote..

Gelobt aber ein Mann eine Gewer, der da Heergeräthe oder Erbe fordert, oder eine Frau, die Gerade fordert, oder irgend eine fahrende Habe: wird ihnen Bruch an der Gewer, so daß sie mit Recht gebrochen wird; sie weden dem Richter *darum und lassen* die Habe mit Buße 4).

Schwabensp. vacat.

¶ Wur uore men de were deit.. ¶ Des uronen boden gewedde.. ¶ Vnde of men enen man wundet.. ¶ Capit. XVII..

De were scal iowelk man don ümme dodslach. unde lemesle. unde ümme wunden uor sinen heren den he bestad. unde uor suert mage. ¶ We den anderen belemet. oder wundet. wert he is beredet. men sleit eme de hant af. ¶ *Welk ungerichte men auer up enen beredet mit kampe dat geit eme an den lif.* ¶ Jowelk man heft bote na siner gebort he

Art. 17. [16.] Wofür man Gewer leistet. Des Fronboten Wedde. Und wenn man einen Mann verwundet.

§. 1. Die Gewer 1) soll jeder Mann leisten um Todtschlag, und Lähmung, und um Wunden, für seinen Herren, dem er zugehört, und für Schwertmage. — §. 2. Wer den Andern lähmt oder verwundet: wird er dessen überführt; man schlägt ihm die Hand ab 2). „Welches Unge„richtes man aber mit Kampf „Einen überführt 3); das geht „ihm an den Leib." — §. 3. Jeder Mann hat seine Buße nach seiner Geburt 4); er habe

---

4) I. 53. not. 6.

Art. 17.

1) I. 46. not. 3. 2) I. 68. §. 3. 3) I. 68. §. 2. 4) III. 45. §. 1 ff. — (I. 8. §. 2.)

en hebbe se uorworcht. C Wanne de urone bode deme richtere weddet dor dat he eme an sime rechte uorsümet hebbe. so wedet he des koninges malder. dat sint tuene unde drittich slege mit ener gronen ekenen gart de tuier dum elne lang is. C Welk man an munde. an nasen. an ogen. an tungen. an oren. an handen. an uoten. unde an des mannes gemechte dirre iowelk belemet wert. unde scal men eme beteren men mot it eme beteren [unde] gelden mit eme haluen weregelde. C Jowelk uinger unde ten heft sine sunderliken bote na deme dat eme an deme weregelde geboret sin tegede del. C *De wile de man nicht en steruet wu dicke men ene wundet. oder belemet in ener dat men beredet* **beteret** *eme mit eneme haluen weregelde. wu dicke men auer enen lamen man ander warue belemet in eneme anderen lede.*

sie denn verwirkt [5]) — §. 4. Wenn der Fronbote [6]) dem Richter weddet, darum daß er ihn an seinem Rechte versäumt hat; so weddet [7]) er des Königs Malter: das sind zwei und dreißig Schläge mit einer grünen eichenen Gerte, die zwei Daumen-Ellen [8]) lang ist. — §. 5. Welcher Mann am Munde, an der Nase, an den Augen, an der Zunge [9]), an den Ohren, an den Händen [10]), an den Füßen und an des Mannes Gemächte, an deren Einem, gelähmt wird, und soll man ihm bessern [11]); man muß es ihm bessern und bezahlen mit einem halben Wehrgelde [12]). — §. 6. Jeder Finger und Zehen hat seine sonderliche Buße, nach dem was ihm an dem Wehrgelde gebührt; seinen zehnten Theil. — §. 7. „Solange der Mann nicht „stirbt: wie oft man ihn, in „einer That, verwundet oder „lähmt [13]); man bessert ihm mit „einem halben Wehrgelde. Wie „oft man aber einen lahmen „Mann, an einem andern Gliede,

5) I. 16. — II. 6. §. 1. — III. 45. §. 9. a. E. & 10. 6) I. 2. not. 8. 7) I. 59. §. 1. a. E. — (I. 53. not. 7.) 8) I. 52. §. 2. — II. 49. §. 11. 9) I. 59. not. 8. 10) II. 16. §. 1. a. E. 11) I. 68. not. 7. 12) III. 45. §. 1. ff. — 48. §. 1. & 2. 13) I. 68. §. 3. — II. 37. — III. 37. §. 1. — (III. 32.)

also dicke scal men eme beteren mit eneme haluen weregelde. ₡ Wen men ane ulesch wunden sleit oder scilt logenere deme scal men bote geuen na siner bord.. ₡ Wundet men eneme manne af en led dat eme uorgulden is uor gerichte. howet men eme san [dat] suuer af he en mach dar nen hoger gelt an uorderen wen sine bote.

„abermals lähmt [14]); so oft soll „man ihm bessern mit einem „halben Wehrgelde." — §. 8. Wen man ohne Fleischwunden schlägt oder Lügner schilt; dem soll man Buße geben nach seiner Geburt [15]). — §. 9. Entzieht man einem Manne durch Verwundung ein Glied, das ihm vor Gericht vergolten ist [16]); haut man ihm dies sogar ganz ab: er mag dafür kein höher Geld, als seine Buße, fordern.

Schwabensp. Cap. 29.) bei Senkenb. Cap. 118. §. 1. bis 4. 5. a. E. bis 11. **Cap. 30.)** Cap. 151. §. 1 bis 18. a. A. §. 19. bis 21. a. A. &. §. 22. bis 61. **Cap. 31.)** Cap. 117. §. 1. & 2.

₡ De uader mach den son enes ut nemen. ₡ Capitulum. XVIII.

De sone antwordet uor den uader nicht wanne he sterft wat ungerichtes he began heft. ₡ De uader mach den sone *enes* ut nemen of he ümme ungerichte beclaget wert. de wile he uon eme nicht gesundert en is. also dat he suere uppe den

Art. 18. [17.] Der Vater mag den Sohn einmal befreien.

§. 1. Der Sohn antwortet nicht für den Vater, wenn er stirbt, was er auch Ungerichts [1]) begangen habe [2]). — §. 2. Der Vater mag den Sohn, wenn er um Ungericht beklagt wird, solange er nicht von ihm gesondert [3]) ist, „einmal" befreien,

---

14) II. 22. §. 1. — (§. 9.) 15) not. 4. & III. 37. §. 1. — (not. 13.) 16) II. 22. §. 1.

Art. 18.

1) I. 57. not. 2. 2) I. 6. §. 2. — II. 61. §. 2. — III. 10. §. 2. — 11. — 31. §. 2. — (I. 6. not. 6. — III. 32.) 3) I. 5. not. 2.

hilgen dat de sone der, dat unsculdich si. ₡ Wert auer beyde sone unde uader beclaget ümme ene dat. dar en mach he ene nicht af genemen he en hebbe sik seluen erst untredet..

so daß er auf den Heiligen [4]) schwöre, daß der Sohn dieser That unschuldig sey [5]). Werden aber beide, Sohn und Vater, um eine That beklagt: davon mag er ihn nicht befreien; er habe denn sich selbst erst entredet [6]).

Schwabensp. Cap. 32.) bei Senkenb. Cap. 120. §. 1. bis 13.

₡ Men scal nicht uinden wu men richten. oder tügen scole it en si er gedelet. ₡ Capitulum.. XIX..

Men en scal nicht uinden to rechte wu men ouer enen man richten scole he en si aller erst alse uerne uorwunnen dat men ouer en richten scole. ₡ *Men en scal ok nicht uinden to rechte wu men en gut. oder ene gewere des gudes getügen scole eme en si aller erst mit ordelen getüch erdelet.*

Art. 19. [18.] Man soll nicht finden, wie man richten oder zeugen soll: es sey denn erst zuerkannt.

§. 1. „Man soll nicht finden „zu Recht, wie man über einen „Mann richten solle; er sey „denn allererst soweit überwun„den, daß man über ihn richten „solle." — §. 2. „Man soll auch „nicht zu Recht finden, wie man „um ein Gut oder eine Gewer „des Gutes zeugen solle; das „Zeugniß sey denn allererst mit „Urtheil ihm zuerkannt."

Schwabensp. vacat.

₡ De uader bedelet den sone. ₡ De here mot wol ut nemen sinen egenen man. ₡ Capitulum.. XX..

De uader mach wol den sone

Art. 20. [19.] Der Vater theilt den Sohn ab. Der Herr mag wohl seinen eigenen Mann befreien.

§. 1. Der Vater mag wohl

---

4) I. 13. not. 4a. 5) II. 20. §. 2. 6) II. 73. §. 2.

uon eme sunderen uor gerichte mit iowelkeme sime gude dat de sone an namen wil wu clene is si. ¶ De here mot wol ut nemen *„*enes** sinen egenen man wan he uordelet is of he it geweren dar uppe den hilgen. dat he sin ingeborne egene si. unde dat he der dat unscüldich a) si. dar mede he beclaget is. *so blift iene rechtelos. unde erenlos* b).

vor Gericht den Sohn von sich absondern [1]) mit jeglichem seinem Gute, das der Sohn annehmen will, wie gering es auch sey. — §. 2. Der Herr mag *„einmal"* wohl seinen eigenen Mann, wenn er verurtheilt ist, befreien, wenn er auf den Heiligen [2a]) bewähren mag, daß er sein eingeborener [2b]) Eigener sey, und daß er der That, darum er beklagt ist, unschuldig sey [3]). „Dann bleibt jener rechtlos und „ehrlos [4]).

Schwabensp. Cap. 33.) bei Senkenb. Cap. 387. §. 1. bis 4.
Cap. 34.) Cap. 300. §. 1. bis 6.

¶ Broder unde süster nemet erue eres ungetueieden broder. ¶ Capitulum. XXI..

Broder [1*]) unde süster nemet eres ungetueieden broder unde süster erue uor a) broder unde uor b) süster de getueiet uon uader unde uon moder sin. ¶ Vngetueieder [2*]) broder kint sin

Art. 21. [20.] Brüder und Schwestern nehmen Erbe ihres ungezweiten Bruders.

Brüder und Schwestern nehmen ihres ungezweiten Bruders und Schwester Erbe vor Bruder und vor Schwester, die von Vater und von Mutter her gezweiet sind [1]). Ungezweiter Brüder Kinder sind auch dem gezweiten

---

Art. 20.

a) mit „schuldic" beginnt der Codex pictor. Heidelbergensis. b) erlos.

1) I. 5. not. 2. 2a) I. 13. not. 4a. 2b) III. 33. §. 3. & 9. 3 II. 18. §. 2. 4) I. 64. §. 3.

Art. 21.

a) fh. den. b) fh. di.

1) I. 3. §. 3.

ok gelike na deme getueieden brodere an erue to nemene..

Bruder gleich nahe am Erbenehmen [2]). — [§. 2. f. Art. 22. §.1.]

1*) Bild. tab. VII. 1. 2*) VII. 2.

Schwabensp. vacat.

¶ Wl weregelt hebbet lame lüde. ¶ De tins man eruet sin gebu. it en si en man uon ridderes art. ¶ Von len eruen.. ¶ Capitulum.. XXII..

Wul weregelt a). wlle bote scal hebben iowelk b) man al c) darue he itlikes ledes. de wile he uor gerichte sine lemesle d) nicht bewiset so dat he e) uormünden mede gewinne. *oder it* f) *uorgulden werde.* ¶ De tins man [1*]) we he si he eruet sin gebu uppe sinen eruen uppe tins güde. it en si g) en man uon ridderes art de dat h) sime wiue to morgengaue hebbe gegeuen. wert it oc ledich ienegeme i) heren. he nimt dat ge-

Art. 22. [21.] Volles Wehrgeld haben lahme Leute. Der Zinsmann vererbt sein Gebäude; es sey denn ein Mann von Ritters-Art. Von Lehnerben.

§. 1. [Art. 20. §.. 2.] Voll Wehrgeld [1a]) und volle Buße soll jeglicher Mann haben, obschon er eines Gliedes darbe, wielange er nicht seine Lähmung vor Gericht nachweißt, so daß er damit einen Vormund gewinne, „oder sie ihm vergolten „werde“ [1b]). — §. 2. [Art 21. §. 1.] Der Zinsmann, wer er sey, vererbt auf dem Zinsgute sein Gebäude an seinen Erben [2]); es sey denn ein Mann von Ritters-Art [3]), der es seinem Weibe als Morgengabe [4]) gegeben hat. — §. 3. [§. 2.] Wird es auch einem Herren erledigt; er nimmt

---

2) (I. 17. §. 2.)

Art. 22.

a) fh. unn. b) iclich. c) alleine. d) lemde. e) fh. da. f) fh. im g) fh. denne. h) iz. i) eime.

1a) III. 45. not. 1. 1b) II. 17. §. 7. & 9. 2) II. 54. — 60. §. 2. — III. 77. §. 1. & 2. 3) I. 20. not. 1. 4) I. 20. §. 1. — 24. §. 1.

bu mit sament deme lene. de man en hebbe en wif der he it to morgengaue hebbe gegeuen. ɑ Heft [2*]) oc en wif lifgetucht k) an egene. oder an lene. wat gebues se l) dar uppe heft wen se steruet. dat en eruet se nicht an eren neisten mach. it nimt de deme ere güt ledich wert. wenne iowelk m) man mot wol sin gebu beteren unde ergeren uppe sime lene weder sines heren willen. also mot de iungurowe *) up ere lifgetucht n). ɑ *Heft oc en man enen sone de sin lenerue is* *unde* *nicht sin erue na lantrechte. he* o) *behelt doch sines uader bu* p) *uppe sime lene mit mereme rechte den de* q) *sin erue is na lantrechte.* ɑ Lent r) oc en here [3*]) en gut eneme manne ane underscet. wat dar bues s) uppe is dat is des mannes al t) mit deme

das Gebäude mit sammt dem Lehn: der Mann hätte denn ein Weib, der er es als Morgengabe gegeben hätte [5]). — §. 4. [§. 3.] Hat auch ein Weib Leibzucht [6]) an Eigen oder an Lehn: was für Gebäude sie darauf hat, wenn sie stirbt, das vererbt sie nicht an ihren nächsten Mag; dies nimmt der, dem ihr Gut ledig wird [7a]). Gleichwohl [7b]) mag jeder Mann sein Gebäude auf seinem Lehn, wider seines Herren Willen, verbessern oder verschlechtern; dasselbe mag die Frau auf ihrer Leibzucht [8]). — §. 5. [§. 4.] „Hat auch ein Mann einen Sohn, „der sein Lehnerbe ist, *und* nicht „sein Erbe nach Landrecht; er „behält doch seines Vaters Ge„bäude auf seinem Lehn mit mehr „Recht, als wer sein Erbe nach „Landrecht ist.“ — §. 6. [§. 5.] Verleiht auch ein Herr einem Manne ein Gut ohne Unterschied: was von Gebäuden darauf ist, das Alles ist des Mannes

*) H. vrowe.

k) ein lipgedinge. l) waz si gebües. m) ein iclich. n) also muz di vrouwe ouch wol uf irme lipgedinge. o) der. p) gebü. q) denne der der sin. r) liet. s) gebües. t) allez.

5) I. 20. §. 2. 6) I. 21. §. 2. & 3. 7a) I. 20. §. 2. — III. 38. §. 4. — 74. — 76. §. 2. 7b) Ziemann mittelhochdeut. Wörterb. pag. 607. s. v. wan (Colum. 2. sub. b.) 8) I. 21. §. 2.

gude *als it des heren was he en bedinge it* u).

mit dem Gute, „wie es des „Herren war; er bedinge sich's „denn aus."

1*) Bild. tab. VII. 3. 2*) VII. 4. 3*) VII. 5.

Schwabensp. Cap. 35.) bei Senkenb. Cap. 281. §. 1. & 2. **Cap. 36.)** Cap. 307. §. 1. & 2. **Cap. 37.)** nach Cap. 307. pag. 361. §. 1. & 2.

ℭ Jegen den richtere to tügene. ℭ Begift sik en man. ℭ Wur men mit seuen mannen tügen scal. ℭ Capit. XXIII.

Wat a) en man 1*) iegen den b) richtere getügen scal dar to en bedarf he des richteres getüges nicht dar eme sin c) scüldegunge nicht hoger wenn an sin wedde d) geit. dat getüget he silf dridde der dingplichtigen de dar ordel uinden. ℭ Is auer de scult hoger. so mot he den scultheten. oder den uronen boden to tüge e) hebben in f) des richteres stat ouer den richtere. ℭ Wur en man 2*) sines tüges wlkümt mit deme scultheten. oder mit deme uronen boden. oder mit den sce-

Art. 23. [22.] Gegen den Richter zu zeugen. Begibt sich ein Mann. Wo man mit sieben Mannen zeugen soll.

§. 1. Was ein Mann gegen den Richter zeugen soll 1), dazu bedarf er des Richters Zeugniß nicht, dafern ihm seine Beschuldigung nicht höher, als an seine Wedde 2) geht; das bezeugt er selbdritt mit den Dingpflichtigen, die daselbst Urtheil finden 3). Ist aber die Schuld höher, so muß er den Schuldheißen oder den Fronboten, an Richters statt, zu Zeugen über den Richter haben 4). — §. 2. Wo ein Mann sein Zeugniß mit dem Schuldheißen 5), oder mit dem Fronboten 6), oder mit den Schöffen

---

u) he en dinge iz denne uz.

Art. 23.

a) fh. so. b) dem. c) die. d) gewette. e) geczuge. f) an.

1) III. 89. §. 1. & 5. 2) I. 53. not. 7. 3) I. 8. §. 1. — III. 18. §. 2. — (II. 6. not. 2.) 4) I. 8. §. 2. 5) I. 2. §. 3. — 59. §. 2. — III. 18. §. 1. & 2. — 52. §. 3. — 61. §. 1. & 2. — 64. §. 8. — 6) I. 2. not. 8.

penen dar scal de richtere oc tüch g) sin uon der warheit eres getüges de he gehort heft. al en wiste he des er nicht h). Weigeret de richtere tüch to wesene weder rechte. iene i) is doch wlkomen an sineme getüge. ¶ Begift 3*) sik en man der werlt de to sinen iaren komen is. unde deit he monekes cledere an. unde schert he sik dar na. al k) en deit he is uor gerichte nicht. wil he is dar na uorsaken l) men mach it wol up ene getügen *ane gericht.* en man silf seuede ienes genoten m) de sik n) begeuen heft o) de ene in deme p) leuende hebben gesen. oder mit den broderen dar he sik begaf q). he hebbe horsam gedan. oder en hebbe r). he heft doch den herscilt genederet. unde s) neder geleget. ¶ *Wur 4*) men mit seuen mannen tügen scal [dar mol men wol t)] enen unde tuintich u) ümme den*

vollführt; da soll auch der Richter von der Wahrheit ihres Zeugnisses, die er gehört hat, Zeuge sein, obschon er früher nichts davon wußte 7). Verweigert der Richter, Zeuge zu sein, wider Recht; jener ist dennoch vollkommen an seinem Zeugniß. — §. 3. Begiebt sich ein Mann, der zu seinen Jahren 8) gekommen ist, der Welt, und thut er Möchskleider an, und beschert 9) er sich danach; obwohl er es nicht vor Gericht thut: will er es alsdann leugnen; man es wohl *ohne Gericht* auf ihn bezeugen, ein Mann selbsiebent 10) der Genossen desjenigen, der sich begeben hat, welche ihn in dem Kloster gesehen haben, oder mit den Brüdern, wo er sich begab 11). Er habe Gehorsam gethan oder nicht; er hat doch den Heerschild geniedert und niedergelegt 12). — §. 4. „Wo man mit sieben 13) „Mann zeugen soll, da mag man „wohl einundzwanzig um das

g) geczuk. h) *für:* al en, *bis:* er nicht] ab hes wol nicht en weiz. i) gener. k) alleine. l) vorloukenen. m) genes mannes genozen. n) fh. da. o) hatte. p) f. a. d.] an diseme. q) begeben hatte. r) *für:* he hebbe, *bis:* en hebbe] he habe gehorsam getan ader nicht. s) g. u. fehlt. t) f. d. m. m. w.] da sal men. u) fh. man.

7) III. 25. §. 1. — 54. §. 1. — 89. §. 1. 8) I. 20. not. 3b. 9) I. 5. §. 3. 10) I. 64. not. 2. 11) I. 25. §. 2. ff. — 26. §. 1. 12) I. 25. §. 4. 13) I. 64. not. 2.

getüch uragen. ₵ Tüt [5*]) *en man sines tüges uppe den seluen man uppe den de getüch geit de scal dor recht segen bi sineme ede wat eme dar af willik si* v). *oder untsege en dat he dar af* w) *nicht en wete. wlkümt iene sines getüges mit eme denne ouer ene seluen. he en bedarf ouer ene nenes* x) *getüges* y). *wen* [z]) *he mot* aa) *dar ümme wedden deme richtere* bb). *unde ieneme* cc) *sine bote geuen alse he eme* [dd]) *scolde of he mit getüge nicht wllenkomen en were wanne he ene to tüge brachte weder rechte. unde weder sine* ee) *werescap..*

„Zeugniß fragen." — §. 5. „Zieht ein Mann sein Zeugniß „auf denselben Mann, wider den „das Zeugniß geht; der soll dem „Rechte nach bei seinem Eide sa„gen, was ihm darum wissentlich „sey, oder entreden [14a]), daß er „nichts darum wisse [14b]). Voll„führt dann jener sein Zeugniß „mit ihm über ihn selbst; er be„darf keines Zeugnisses weiter „über ihn: sondern er muß dem „Richter darum wedden [15]) und „jenem seine Buße [16]) geben, „wie er ihm sollte, wenn er das „Zeugniß nicht vollführt hätte, „weil [17]) er ihn wider Recht und „wider seine Gewerschaft [18]) zum „Zeugniß nöthigte."

1*) Bild. VII. 6. 2*) VII. 7. 3*) VII. 8. 4*) VII. 9. 5*) VII. 10.

Schwabensp. Cap. 38.) bei Senkenb. Cap. 399. §. 1. bis 3. **Cap. 39.)** Cap. 62. §. 1. bis 9. **Cap. 40.)** Cap. 388. §. 1 bis 15.

₵ Wu manich echte wif en man hebben scal. ₵ Capitulum. XXIIII..

De wile de man ane wif

Art. 24. [23.] Wie viel echte Weiber ein Mann haben darf.

Solange der Mann ohne

---

v) *für:* wat, *bis:* si] waz im wizzelich si dar vmme. w) dar vmme. x) keines. y) fh. me. z) wen *fehlt.* aa) fh. san. bb) deme richter wetten. cc) geme. dd) ieme. ee) Das Folgende fehlt bis Art. 49. a. E.; der Berechnung nach fünf Blätter.

14a) I. 68. not. 6. 14b) I. 6. §. 3. — III. 4. §. 1. & 2. 15) I. 5 3. not. 7. 16) I. 53. not. 6. 17) III. 4. §. 1. a. E. 18) I. 9. §. 5.

nicht wesen en wil oder en mach. so mot he wol echte wif nemen. al sin eme drü wif **oder viere** oder mer dod. ₡ To der seluen wis nimt dat wif man. unde gewinnet echte kindere bi deme lesten alse bi deme ersten. unde beeruet se mit ereme rechte. unde mit ereme gude..

Weib nicht sein will oder mag; so kann er wohl ein echtes Weib [1]) nehmen, obschon ihm drei Weiber „*oder vier*" oder mehr todt sind. Auf dieselbe Weise nimmt das Weib einen Mann, und gewinnt echte Kinder von dem letzten so gut, als von dem ersten [2]), und beerbt sie mit ihrem Rechte und mit ihrem Gute.

Schwabensp. Cap. 14.) bei Senkenb. Cap. 295. §. 1. bis 3.

₡ Men scal nemanne ut sinen weren wisen.. ₡ Capitulum.. XXV..

Men scal nemanne ut sinen weren wisen uon rechtes haluen. al si he mit unrechte dar in komen. men en breke se eme mit rechter clage dar he selue to iegenwarde si. oder men lade ene uore uon gerichtes haluen to sinen rechten degedingen. unde he denne nicht uore en kome so uordelet men eme de were mit rechte. ₡ Jowelk man mach sines rechten gudes wol enich werden mit rechte of he it uorkoft. oder

Art. 25. [24.] Man soll niemanden aus seiner Gewer weisen.

§. 1. Man soll niemanden von Rechtswegen aus seiner Gewer weisen; sey er auch mit Unrecht darein gekommen: man breche sie ihm denn mit rechter Klage [1]), wo er selbst zu Gegenwart ist, oder man lade ihn, von Gerichts halben, zu seinem rechten Tag-Ding vor [2]). Und kommt er dann nicht vor; so spricht man ihm die Gewer mit Recht ab [3]). — §. 2. Jeder mag mit Recht seines Gutes wohl ledig werden, wenn er es ver-

---

Art. 24.

1) I. 25. not. 5. — 37. not. 3. 2) I. 51. §. 2.

Art. 25.

1) I. 70. §. 1. — II. 26. §. 1. — 35. §. 8. — 71. §. 1. — III. 82. §. 2. 2) I. 70. §. 1. — (I. 62. §. 4.) 3) §. 2. a. E.

uorsat. oder up let. oder sik uoriaret iegen sinen heren. oder it eme uordelet wert to lantrechte. oder to lenrechte. oder in welker wis he des af gat umbedwungen so is he der gewere geloset mit rechte. dor dat en mot men nemene sine gewere mit rechte af tügen *iene de de gewere heft.* se en werde eme af gewunnen dar he to iegenwarde si. oder he werde dar ümme beclaget to sinen rechten degedingen..

kauft, oder versetzt, oder aufläßt, oder sich versäumt gegen seinen Herren, oder es ihm aberkannt wird nach Landrecht oder nach Lehnrecht: oder in welcher Weise er ungezwungen davon abgeht; so ist er der Gewer mit Recht verlustig. Darum mag man niemanden, „der die „Gewer hat," mit Recht seine Gewer durch Zeugniß entziehen; sie werde ihm denn abgewonnen, wo er zu Gegenwart ist, oder er werde darum an seinem rechten Tag=Ding 4) beklagt.

Schwabensp. Cap. 42.) bei Senkenb. Cap. 295. §. 4. bis 7.

¶ Von rofliker were. ¶ Capitulum. XXVI..

Wert auer en man beclaget ümme roflike gewere dar men de hanthaften dat bewisen mach. unde wert de richtere mit gerichte *) dar to geladen. he scal uolgen to hant. unde richten deme clegere ümme den rof. unde ouer den rouere. unde ouer sin unrechte wllest aller

Art. 26. [25.] Von raublicher Gewer.

§. 1. Wird aber ein Mann um raubliche Gewer beklagt, wo man die handhafte That 1) nachweisen kann, und wird der Richter mit dem Gerüffte 2) dazu geladen; er soll sogleich folgen und allererst richten dem Kläger um den Raub und über den Räuber, und über dessen un-

---

*) H. deme gerüchte.

4) I. 64. not. 9.

Art. 26.

1) I. 55. not. 2. 2) I. 53. not. 1.

erst. dar na scal he ene geweldigen siner gewere of it iene uppe den de clage geit nicht weder redet mit rechte. wur eme de richtere nicht en richtet noch nicht wl richten en mach dar scal eme de koning richten so he erst kümt uppe sessesche art. of men der clage getüge heft..

rechten Beistand [3]). Danach soll er ihn seiner Gewer gewältigen, wenn es jener, auf den die Klage geht, nicht widerredet mit Recht. — §. 2. Wo ihm der Richter nicht richtet oder nicht vollständig zu richten vermag; da soll ihm der König richten, so er zuerst auf sächsische Erde kommt [4]), wenn man Zeugniß der Klage hat [5]).

Schwabensp. vacat.

¶ Von ualschen penningen. unde uon markete. unde uon monte. ¶ Capitulum.. XXVII..

Penninge scal men uornien alse en nie here kümt. ¶ Büd de montere enen ualschen penning ut. so dat he dar mede kopen wille. it geit eme an den hals. ¶ We sin recht uorworcht heft mit düue. oder mit roue. uint men under eme uerden haluen *⁎valscher*⁎ penning. it geit eme an de hant. he en moge er geweren hebben. ¶

Art. 27. [26.] Von falschen Pfennigen, und von Markt, und von Münze.

§. 1. Pfennige [1]) soll man erneuern, so oft ein neuer Herr antritt. — §. 2. Bietet der Münzer einen falschen Pfennig aus, so daß er damit kaufen will; es geht ihm an den Hals. Wer sein Recht verwirkt hat mit Diebstahl oder mit Raub [2]): findet man bei ihm vierthalb ⁎„falscher"⁎ Pfennige; es geht ihm an die Hand, er müßte

3) II. 14. §. 6. — III. 92. a. E. — Ziemann mittelhochdeut. Wörterb. pag. 580. s. v. volleist. 4) I. 34. §. 3. 5) (I. 70. §. 3.)

Art. 27.

1) I. 48. §. 2. — 65. §. 2. — II. 12. §. 1. — 35. §. 4. — III. 7. §. 4 — 40. §. 2. & 4. — 45. §. 1. 2) I. 37. §. 2. & not. 8.

We an sineme rechte wllenkomen is uint men bi eme enen scillingh *suarer* *valscher* penninge. de penninge heft he uorlorn unde nicht mer. heft he auer mer. it geit eme an de hant he en moge er geweren hebben. ₵ Velschet de montere sine penninge. unde en helt he se nicht na ereme rechte. de wile en mach he nemanne ualscheit tien dar iene wandel ümme don dorue. ₵ ***Penninge scal de montere halden pündich. unde euen suar. unde gelike wit.*** ₵ Neman en mot market oder monte en hebben ane des richteres willen in des gerichte it leget. oc scal de koning dor recht sinen hantscen *geuen* dar senden to [be-] wisene dat it sin wille si. ₵ Neman en mot oc penninge slan anderen penningen gelik. se en hebben sünderlik besced. ₵ Wenne men

ihrer einen Gewersmann haben. Wer an seinem Rechte vollkommen [3]) ist: findet man bei ihm einen Schilling „schwerer" *falscher* Pfennige; die Pfennige hat er verloren und nicht mehr. Hat er aber mehr; es geht ihm an die Hand, er müßte ihrer einen Gewersmann haben. — §. 3. Verfälscht der Münzer seine Pfennige und hält er sie nicht nach ihrem Rechte; derweilen mag er niemanden einer Fälschung zeihen, um die jener müsse Wandel [4]) leisten. „Die „Pfennige soll der Münzer pfündig halten, und gleich schwer, „und gleich weiß [5a])". — §. 4. Niemand darf Markt oder Münze haben, ohne Willen des Richters, in dessen Gericht es liegt. Auch soll der König, dem Rechte nach, seinen Handschuh dahin senden, zum Zeichen, daß es sein Wille sey. — §. 5. Niemand mag auch Pfennige, gleich andern Pfennigen, schlagen; sie hätten denn sonderlich Unterscheidungszeichen. — §. 6. Wenn

---

3) I. 49. — 51. §. 3. — II. 12. §. 5. & 6. — 35. §. 4. — III. 28. §. 1. — (I. 36. not. 2. & 37. not. 8.) 4) II. 29. §. 1. — 40. — 41. §. 5. — 49. §. 2. — 50. §. 2. — 63. §. 2. — 66. §. 2. — 70. — III. 20 §. 1. — 43. §. 2. — 48. §. 4. 5a) Homeyer Glosse: wit; dat is an lodigen. — Ziemann mittelhochdeutsch. Wörterb. pag. 661. s. v. wizsilber: eines silber.

de penninge uorbüt. uertein nacht dar na mot men wol mit den penningen gelden. unde pant losen. we dar mede coft ouer rechte tit de montere mot se wol to breken. he scal se eme auer weder geuen..

man die Pfennige verbietet; vierzehn Nächte [5b]) nachher mag man mit den Pfennigen wohl zahlen, und Pfand lösen. Wer über die rechte Zeit damit kauft: der Münzer mag sie wohl zerbrechen; er soll sie ihm aber wiedergeben.

Schwabensp. Cap. 43.) bei Senkenb. Cap. 390. §. 1. bis 20.
Cap. 44.) Cap. 389. §. 1. bis 3.

ℭ Von tolle. ℭ Unde of en man enen wech sleit ouer gewunnen lant. ℭ Capitulum. XXVIII..

We so brüggen tol. oder water tol untuoret de scal en ueruolt gelden. ℭ We so market tol untforet. de scal drittich scillinge geuen. *de* *) uotgingere geuet enen penning. En ridene man enen haluen. En geladen wagen ueruolt unde weder to uarende de gift men to water tolne. to brüggen tolne den haluen del. ℭ Papen riddere unde ere gesinde sin tolles uri. ℭ Jowelk man scal oc]wesen tolles uri he uare. oder ride. oder ga. wur he scepes. oder brüggen nicht en bedarf

Art. 28. [27.] Vom Zolle. Und wenn man einen Weg einschlägt über gewonnenes Land.

§. 1. Wer Brückenzoll oder Wasserzoll unterschlägt, der soll ihn vierfach zahlen. Wer Marktzoll unterschlägt, der soll dreißig Schillinge geben. Vier Fußgänger geben einen Pfennig; ein reitender Mann, einen halben; ein geladener Wagen, viermal soviel, und um zurück zu fahren: Dies giebt man als Wasserzoll; als Brückenzoll die Hälfte. — §. 2. Pfaffen, Ritter und ihr Gesinde sind zollfrei. Jeder Mann soll auch zollfrei sein, er fahre, reite oder gehe, wo er des Schiffes oder der Brücke nicht bedarf, und

---

*) Cod. Qued. & H. *Vier*.

5b) I. 70. not. 6.

unde dor recht si he geleites uri wur he liues oder gudes genennen wil. wen auer he geleide gift de scal den scaden bewaren binnen sime geleide. oder he scal ene gelden. ₵ En ydel wagen gift haluen tolne iegen enen geladenen. de halue wagen den haluen del ₵ We unrechten wech sleit ouer gewunnen lant. uor iowelk rat gift he enen penning. de ridene man enen haluen. unde scolen den scaden beteren. of dar sat uppe steit dar uore mot *man* se wol panden. weret se de pande weder rechte. men bestediget se mit deme gerochte. so moten se dat gerochte beteren mit dren scillingen. unde moten doch pandes recht don..

dem Rechte nach sey er geleitfrei, wo er Leib und Gut will daran wagen [1a]). Wem er aber das Geleite entrichtet, der soll binnen seiner Geleitschaft dem Schaden wehren, oder er soll ihn ersetzen. — §. 3. Ein leerer Wagen giebt halben Zoll entgegen einen geladenen; der halbe Wagen giebt halben Theil. — §. 4. Wer unrechten Weg einschlägt über gewonnenes [1b]) Land; für jedes Rad giebt er einen Pfennig, der reitende Mann einen halben, und den Schaden sollen sie ersetzen, wenn Saat [2a]) darauf steht: dafür mag *man* sie wohl pfänden [2b]). Wehren sie sich der Pfändung wider Recht; man ergreift sie mit dem Gerüffte [2c]): dann müssen sie das Gerüffte mit drei Schillingen bessern [3]) und müssen dennoch Pfändungsrecht leisten.

Schwabensp. Cap. 45.) bei Senkenb. Cap. 216. §. 1. bis 6. 217. §. 1. & 2. und 218. §. 1 bis 3. **Cap. 46.)** Cap. 219. §. 1. bis 4. **Cap. 47.)** Cap. 13. § 1. bis 11. **Cap. 48.)** Cap. 220. §. 1 bis 4.

1a) Ziemann Wörterb. pag. 107. s. v genenden: sich erdreisten. 1b) II. 49. §. 2. — (II. 47. §. 1. & 4. — III. 20. §. 1. ff.) 2a) II. 62. §. 5. 2b) II. 29. §. 2 — III. 20. §. 2. 2c) I. 53. not. 1. 3) I. 68. not. 7.

¶ We scaden deit an holte. an grase. oder an uischende. ¶ Capitulum.. XXIX..

We holt howet. oder gras snit. oder uischet in enes anderen mannes watere an wilder wage. sin wandel sin dre scillinge. den scaden gilt he uppe recht. ¶ Vischet he auer, in diken de gegrauen sin. oder howet he holt dat gesat is. oder barende bome. oder brict he ouet. oder howet he malbome. oder greuet he stene up de to mark stenen gesat sin. he mot drittich scillinge geuen. uint men ene in der stat men mot ene wol panden. oder up holden uor den scaden ane des richteres orlof. ¶ We nachtes gehowen gras. oder gehowen holt stelt. dat scal men richten bi der weden. stelt he is des dages. it geit eme to hud unde to hare. ¶ Welk water strames ulot dat is gemeine to uarende unde to uischende. ¶ De uischere mot oc wol dat ertrike nütten

Art. 29. [28.] Wer Schaden thut an Holze, Grase oder Fischfange.

§. 1. Wer Holz haut, oder Gras schneidet, oder fischt [1]) in eines andern Mannes Wasser, in wilder Fluth: sein Wandel [2]) sind drei Schillinge; den Schaden zahlt er nach Recht. — §. 2. Fischt er aber in Teichen die gegraben sind, oder haut er Holz ab, das gesetzt ist, oder tragende Bäume, oder bricht er Obst, oder fällt er Malbäume [3a]), oder gräbt er Steine aus, die zu Marksteinen gesetzt sind; er muß dreißig Schillinge geben. Findet man ihn zur Stelle; man mag ihn wohl pfänden oder aufhalten für den Schaden, ohne des Richters Urlaub [3b]). — §. 3. Wer Nachts gehauenes Gras oder gehauenes Holz stiehlt; das soll man richten mit der Weide [4]): stiehlt er es bei Tage; es geht ihm zu Haut und Haar [5]). — §. 4. Welch Wasser stromweis fließt, das ist gemein zu befahren und zu fischen. Der Fischer mag wohl das Erdreich nützen, soweit, als

1) II. 62. §. 1. — (II. 39. §. 2. — 69.) 2) II. 27. not. 4. 3a) II. 51. §. 1. 3b) III. 20. §. 2. 4) II. 38. §. 1. 5) I. 37. §. 2. — II. 14. §. 1. — III. 3. — 64. §. 11. — (I. 2. not. 14.)

alse uerne alse he enes gestriden mach ut deme scepe *uon deme rechten stade..*

er aus dem Schiffe einmal ausschreiten [6]) mag „von dem rechten Gestade an.“

Schwabensp. Cap. 49.) bei Senkenb. Cap. 221. §. 1. bis 4. **Cap. 50.)** Cap. 224. §. 1. bis 7. **Cap. 51.)** Cap. 207. §. 1. bis 4.

Weme wat in watere to ulüt. Capitulum. XXX..

Weme oc enes anderen mannes haue in watere to ulüt. de scal se ieneme weder geuen deste he sik dar to te alse recht si. unde he eme sine cost gelde na guger lude kore. He scal se oc up beden unde beholden unuordan ses weken. uraget dar ieman na he scal is bekennen. besaket he is so men dar na uraget so is it uordüuet of men it seder under eme uint. unde mot it mit bote weder geuen. unde mit gewedde wente he it düflike beholden heft. nene düue heft he dar an

Art. 30. [29.] Wem Etwas im Wasser zufließt.

„Wem auch eines andern „Mannes Habe im Wasser zu„fließt, der soll sie jenem wie„dergeben, dafern er sich nur „dazu ziehe, wie Recht ist, und „er ihm seine Kosten erstattet „nach guter Leute Ermessen. Er „soll sie auch aufbieten und sechs „Wochen [1a]) unverthan halten [1b]). „Fragt danach jemand; er soll „es bekennen. Verläugnet er „es, wenn man danach fragt; „so ist es Diebsgut [2]), wenn „man es nachher bei ihm findet, „und er muß es mit Buße [3]) „wiedergeben und mit Wedde [4]), „weil er es diebisch behalten hat. „Keinen Diebstahl hat er aber

---

6) II. 69.

Art. 30.

1a) II. 43. not. 6. 1b) II. 36. §. 1. 2) II. 35. §. 9. — (III 35. §. 1. & 2.) 3) I. 53. not. 6. 4) I. 53. not. 7.

gedan de eme an lif. oder an ere. oder an gesunt ga. wanne he it undüflike ut ienes geweren gebracht heft..

„daran begangen, der ihm an „Leib, an Ehre, oder Gesundheit „gehe; weil er es nicht diebisch „aus jenes Gewer gebracht „hat [5]).

Schwabensp. Cap. 52.) bei Senkenb. Cap. 188. §. 1. bis 4. & 6. a. E.

¶ We sik erue to seget uon gelouede. ¶ Capitlm. XXXI..

We so eme erue to seget nicht uon sibbe haluen wenne uon gelouedes haluen dat hebbe men uor unrecht men moge getügen dat dat gelouede uor gerichte gestedeget si..

Art. 31. [30.] Wer Erbe sich zusagt aus einem Angelöbnisse.

Wer Erbe sich zusagt, nicht von Sibbe [1]) halben; sondern von wegen eines Angelöbnisses [2]): das halte man für Unrecht; man möge denn bezeugen daß das Angelöbniß vor Gericht bestätigt sey.

Schwabensp. Cap. 53.) bei Senkenb. Cap. 296. §. 1. bis 5.

¶ We uon gerichtes haluen sin lif uorlüset. oder sik seluen dodet. ¶ Cap. XXXII.

We uon gerichtes haluen sin lif uorlüset. sin neiste gedeling nimt sin erue. ¶ *We oc sik selue uon deme liue deit*

Art. 32. [31.] Wer von Gerichts wegen sein Leben verliert, oder sich selbst tödet.

§. 1. Wer von Gerichts wegen sein Leben verliert [1]); sein nächster Gedeling nimmt sein Erbe. „Wer auch sich selbst

---

5) III. 5. §. 1. — 22. §. 2. — 43. §. 2.

Art. 31.

1) I. 3. §. 3. — 17. §. 2. — 19. §. 1. 2) I. 52. §. 2.

Art. 32.

1) III. 50. — (I. 37. §. 2. — 64. §. 3. — I. 3. not 8.)

sine eruen nemet sin gut. ₡ Düue oder rof de men under eme uint scal de richtere beholden iar unde dach en tüt sik neman dar to mit rechte. de richtere kere it an sine nut. ₡ Neman en mach uorwerken enes anderen gut of he it under eme heft. den noch he sin lif uorworcht heft..

„um's Leben bringt; seine Erben „nehmen sein Gut." — §. 2. Diebstahl oder Raub, den man bei ihm findet, soll der Richter Jahr und Tag behalten. Zieht sich niemand dazu mit Recht; der Richter verwende es zu seinem Nutzen 2). — §. 3. Niemand mag verwirken eines andern Mannes Gut, wenn er es unter sich hat 3); obwohl er sein Leben verwirkt hat. — [Art. 32. u. 33. s. 39. u. 40.]

Schwabensp. Cap. 54.) bei Senkenb. Cap. 213. §. 1. & 2. **Cap. 55.)** Cap. 317. §. 1. bis 3.

₡ **We enes mannes knecht sleit. ueid oder rouet. ₡ We enen man geuangen heft. ₡ Capitlm.. XXXIII..**

We enes mannes knecht sleit. ueit oder rouet nicht wen dor des heren scult. na rechte scal he en beiden bote geuen. he en wille dat uppe den hilgen geweren dat he it deme heren noch to lastere noch to scade hebbe gedan. so is he der enen bote

Art. 33. [34.] Wer eines Mannes Knecht schlägt, fängt, oder beraubt. Wer einen Mann gefangen hat.

§. 1. Wer eines Mannes Knecht nur um des Herren Schuld schlägt, fängt, oder beraubt 1a): nach Recht soll er ihnen beiden Buße 1b) geben; er wolle denn auf den Heiligen 2) bewähren, daß er es dem Herren weder zu Laster, noch zu Schaden gethan habe; so ist er der einen

---

2) I. 28. 3) III. 67.

Art. 33.

1a) rovet kann indessen auch „rauft" heißen. vgl. II. 66. §. 2. — Doch lesen die oberdeutschen Handschriften roubit und die latein. Uebersetzung spoliaverit. 1b) I. 53. not. 6. 2) I. 13. not. 4a.

ledich. *To lastere sege ek dar ümme. of he en sleit dor des heren scult. unde nicht dor des knechtes. oder dor ir beider scult. To scaden sege ek of he ene also geslagen heft dat sin here sines denestes an eme gehinderet is. dat scal he deme heren beteren alse de knecht scolde of he ut des heren deneste ane recht komen were. unde mit bote beteren. he en neme sek af des lasteres. unde des scaden uppe den hilgen iegen des knechtes heren den he geslagen. oder geuangen heft.* ¶ We enen man geuangen heft de mot antworden iowelkeme sime heren. iowelkeme sime mage. *unde sime wiue.* wert he dar ümme besculdiget de wile he ene in hefte heft..

Buße ledig. „Zu Laster sage „ich deshalb, wenn er ihn schlägt „um des Herren Schuld, und „nicht um des Knechtes, oder „um beider Schuld. Zu Schaden sage ich, wenn er ihn also „geschlagen hat, daß sein Herr „seines Dienstes von ihm behindert ist. Das soll er dem „Herrn bessern, wie der Knecht „sollte, wenn er aus des Herren Dienste widerrechtlich gekommen wäre [3]), und mit Buße „bessern; er entbürde sich denn „auf den Heiligen des Lasters „und des Schadens gegen den „Herren des Knechts, den er „geschlagen oder gefangen hat." — §. 2. Wer einen Mann gefangen hat: wird er darum beschuldigt; der muß, so lang er ihn in Haft hält, antworten jedem seinem Herren, jedem seinem Mag, „und seinem Weibe."

Schwabensp. Cap. 56.) bei Senkenb. Cap. 181. §. 1. & 2. **Cap. 57.)** Cap. 160. **Cap. 58.)** Cap. 159. §. 1. bis 5.

¶ Von der hanthaften dat. ¶ Capitulum. XXXIIII.

De hanthafte dat is dat. wur men enen man in der dat be-

Art. 34. [35.] Von der handhaften That.

Die handhafte That [1]) ist das, wo man einen Mann er-

---

3) II. 39. §. 3.

Art. 34.

1) I. 55. not. 2.

gript oder in der ulucht der dat. oder de düue. oder rof in sinen geweren heft dar he den slotel selue to dreget.. *☆il ne si so klene dat man't in en venster stecken moge.*

greift auf der That, oder auf der Flucht der That, oder der den Diebstahl oder Raub in seiner Gewer 2) hat, da er selbst den Schlüssel dazu trägt: *„es „sey denn so klein, daß man „es durch ein Fenster stecken „möge."*

Schwabensp. Cap. 59). bei Senkenb. Cap. 170. §. 1. bis 3.

Von deme aneuange. Capitulum. XXXV.

We so ouer den anderen dach sine düue. (oder sinen rof under eneme manne uint de dat openbare gekoft heft. unde unhelingen geholden heft. unde des getüge heft. den en mach men nener hanthaften dat scüldigen al uinde men de düue under eme. he en hebbe uore sin recht uorloren. wenne mit des richteres orloue mot he sin gut wol aneuangen mit rechte. wel auer iene sin gut eme weren er it uor gerichte kome.

Art. 35. [36.] Von dem Anfange.

§. 1. Wer über den andern Tag 1a) seinen Diebstahl oder seinen Raub bei einem Manne findet, der das öffentlich gekauft hat, und unverhohlen gehalten hat, und Zeugniß dessen hat; den mag man keiner handhaften That 2) beschuldigen, obwohl man den Diebstahl bei ihm findet: er hätte denn vorher sein Recht verloren 3). Doch mit des Richters Urlaub mag er wohl mit Recht sein Gut anfangen 4). — §. 2. Will aber jener sein Gut, ehe es vor Gericht komme,

---

2) I. 9. not. 6. — 20. not. 10. — III. 35.

Art. 35.

1a) I. 57. — 58. §. 1. — II. 14. §. 1. & 2. 1b) III. 7. §. 4. 2) I. 55. not. 2. 3) I. 38. §. 1. — 51. §. 3. — 60. §. 2. & 5. — 65. §. 1. — II. 27. §. 2. — III. 28. §. 2. — 44. §. 3. a. E. — 45. §. 9. a. E. — 65. §. 1. — 82. §. 1. — (I. 36. not. 2. — II. 27. not. 3.) 4) III. 4. §. 1. — 89. — (III. 22. §. 3. — I. 51. not. 9.)

so bidde he e ie weder keren uor gerichte. w igeret he is he scrie ene dat gerochte ane unde gripe ene an uor sinen def alse of de dat hanthaft si. wenne he sek scüldich het gemaket mit der ulucht. kumt auer iene mit willen uor gerichte he scal sek under winden sines gudes to rechte. Sprict auer iene dar weder of it laken is he hebbe dat laken gewocht. of it perde oder ue is he hebbe se an sime stalle getogen he mot it mit mereme rechte beholden iene de it in geweren heft of he it self dridde siner bure getügen mach denne iene de it aneuangen heft. Sprict auer iene he hebbe it gekoft uppe deme gemeinen markete he en wete we de were. so is he düue unscüldich *deste he de stat bewise. unde sin recht dar to do.* Sine penninge uorlüset he auer de he dar umme gaf. unde iene behelt sin gut dat eme uorstolen *oder afgero-*

ihm wehren; so bitte er ihn, wieder zu kehren vor Gericht. Verweigert er dies; so schreie er ihm das Gerüffte [5]) an und greife ihn als seinen Dieb an, als ob die That handhaft [6a]) sey, weil er sich schuldig gemacht hat mit der Flucht [6b]). Kommt aber jener mit Willen vor Gericht; er soll sich seines Gutes mit Recht unterwinden [7a]). — §. 3. Spricht aber jener dagegen, wenn es Zeug ist, er habe das Zeug gewirkt; wenn es ein Pferd oder Thier ist, er habe es in seinem Stalle gezogen [7b]): derjenige, der es in Gewer hat, wenn er dies selbdritt seiner Nachbarn [8a]) bezeugen mag, muß es mit mehr Recht behalten, als der, der es angefangen hat. — §. 4. Spricht aber jener, er habe es auf dem gemeinen Markte (Einem) abgekauft, er wisse nicht, wer der wäre; so ist er des Diebstahls unschuldig, „dafern „er nur den Ort nachweist, und „sein Recht [8b]) dazu thut." Seine Pfennige aber verliert er [9a]), die er dafür gab, und jener behält sein Gut, das ihm gestohlen „*oder geraubt*" war, „wenn

5) I. 53. not. 1. 6a) I. 55. not. 2. 6b) II. 34. 7a) I. 51. not. 9. 7b) I. 15. §. 1. 8a) III. 21. §. 1. 8b) I. 48. not. 5. 9a) III. 7. §. 4.

vet was. of he sik dar to tüd uppe den hilgen silf dridde wlkomener lüde an ereme rechte. de it weten dat it eme düflike oder roflike si aue gan.* Seget auer iene it si eme gegeuen. oder hebbe it gekoft. so mot he benomen sinen geweren weder den he it gekoft hebbe. unde de stat dar he it inne kofte. he mot auer sueren dat he it te to rechter tucht. so mot eme iene uolgen ouer uertein nacht wur he tüd ane ouer sceprike water. wert he is geweret alse recht is. de gewere mot antworden an siner stat uor dat gut. wert auer eme borst an deme geweren. he mot dat gut mit gewede unde mit bote laten. Vnde tiet men ene düue. oder roues dar an des mot he sik untscüldigen na rechte. uorlüset it oc de it aneuangen heft he mot it laten mit bote unde mit gewedde. Men mot ten uppe manigen geweren de ene uppe

„er sich auf den Heiligen [9b]) „dazu zieht selbdritt an ihrem „Rechte vollkommer [10]) Leute, „welche es wissen, daß es ihm „diebisch oder räuberisch verloren gegangen sey." — §. 5. Sagt aber jener, es sey ihm gegeben, oder er habe es gekauft; so muß er seinen Gewersmann [11]) benennen, von dem er es gekauft habe, und den Ort, wo er es kaufte: er muß aber beschwören, daß er es zu rechtem Zuge ziehe. So muß ihm jener folgen über vierzehn Nächte [12]), wohin er zieht; außer über schiffbare Wässer. Wird er gewert wie Recht ist; der Gewersmann muß an seiner Statt für das Gut antworten. Wird ihm aber Bruch an dem Gewrrsmanne [13]); er muß das Gut mit Wedde [14]) und mit Buße [15]) lassen: und zeiht man ihn des Diebstahls oder Raubes daran; deß muß er sich entschuldigen nach Recht. Verliert es auch der, der es angefangen hat; er muß es lassen mit Buße und mit Wedde. — §. 6. Man muß ziehen auf manchen Gewersmann, der Eine

9b) I. 13. not. 4a. 10) II. 27. not. 3. — (I. 36. not. 2. — II. 35. not. 3.) 11) I. 15. §. 1. — II. 27. §. 2. — 43. §. 1 ff. — III. 4. §. 1. & 2. — 7. §. 1. — 35. §. 1. — 83. §. 3. 12) I. 70. not. 6. 13) I. 15. not. 4. — II. 43. §. 1. 14) I 53. not. 7. 15) I. 53. not. 6.

den anderen also lange went men kome uppe den de it in sime stalle getogen hebbe of it ue is. oder he it selue getucht hebbe of it laken is. Self dredde scal he sik dar to ten de it aneuangen heft. of eme *) borst wert an deme geweren under deme dat gut aneuangen wert de scal it holden in sinen geweren went it eme mit rechte af gewunnen werde. ₡ Wat ieman uint besaket he is of men dar na uraget so is it düuech.

auf den Andern, solange, bis man auf den kommt, der es in seinem Stalle gezogen hat, wenn es Vieh ist, oder es selbst gefertigt hat, wenn es Zeug ist. — §. 7. Selbdritt soll der sich dazu ziehen, der es angefangen hat, wenn jenem an dem Gewersmanne Bruch wird. — §. 8. Unter wem das Gut angefangen wird, der soll es halten in seiner Gewer, bis es ihm mit Recht abgewonnen wird [16]). — §. 9. [Art. 37. §. 1.] Was jemand findet: verleugnet er es, wenn man danach fragt; so ist es Diebstahl [17]).

Schwabensp. Cap. 60.) bei Senkenb. Cap. 161. §. 1. bis 34.

₡ Wat en man uindet. oder roueren af iaget. ₡ Capitulum. XXXVI.

Wat en man uint. oder deuen oder roueren afiaget dat scal he up beden uor sinen geburen unde to kerken. kümt iene binnen ses weken deme dat to hort. he scal sek dar to

Art. 36. [37.] Was ein Mann findet oder Räubern abjagt.

§. 1. [vgl. Art. 35. §. 9.] Was ein Mann findet oder Dieben oder Räubern abjagt, das soll er aufbieten vor seinen Nachbarn und an der Kirche. Kommt derjenige binnen sechs Wochen [1a]), dem es zugehört; er soll sich selb-

---

*) H. jeneme.

16) II. 25. §. 1. & 2. a. E. — 26. §. 1. — 71. §. 1. 17) II. 30. — III. 43. §. 2.

Art. 36.

1a) II. 43. not. 6.

ten silf dridde unde gilt de kost de iene dar mede gehat heft of it perde oder ue is. Is auer iene uon eneme anderen richte des dat gut is so behelt he is den dridden del de it den deuen oder den roueren af geiaget heft. En kümt neman binnen ses weken de sik dar to te. so nimt de richtere tuene del. unde iene behelt den dredden del..

dritt dazu ziehen, und erstattet die Kosten, die jener damit gehabt hat [1b]), wenn es ein Pferd oder Thier ist. — §. 2. Ist aber jener, dessen das Gut ist, aus einem andern Gerichte; so behält der, der es den Dieben oder Räubern abgejagt hat, den dritten Theil davon. — §. 3. Kommt binnen sechs Wochen niemand, der sich dazu ziehe; so nimmt der Richter zwei Theile und jener behält den dritten Theil [2]).

Schwabensp. Cap. 61.) bei Senkenb. Cap. 161. §. 35. bis 38.
Cap. 62.) Cap. 184. §. 1. bis 5.

¶ Men scal gelden den scaden de uon warlosicheit gescüt. ¶ Captlm. XXXVII.

De man scal gelden den scaden de uon siner warlosicheit gescüt anderen lüden. it si uon brande. oder uon bornen de he nicht bewarcht en heft enes knes ho uon der erden. oder of he schüt. oder werpet enen man. oder ue alse

Art. 37. [38.] Man soll ersetzen den Schaden, der durch Verwahrlosung geschieht.

Der Mann soll ersetzen den Schaden, der andern Leuten durch seine Wahrlosigkeit geschieht [1a]), es sey durch Brand, oder durch Brunnen, die er nicht, ein Knie hoch von der Erde auf, verwahrt hat [1b]), oder wenn er einen Mann oder ein Thier schießt oder wirft, indem er nach

---

1b) II. 30. 2) I. 35. §. 1.

Art. 37.

1a) II. 64. §. 1. — III. 48. §. 1. ff. 1b) II. 50. §. 2. — 52. — 53. §. 3.

he ramet enes uogeles hir ümme en uordelet men eme nicht lif noch gesunt of de man wol steruet. wenne he mot ene gelden alse sin weregelt steit..

einem Vogel zielt [1c]). Hierum spricht man ihm weder Leben ab, noch Gesundheit [2a]), wenn auch der Mann stirbt [2b]); doch muß er ihn entgelten, wie sein Wehrgeld [3]) steht.

Schwabensp. Cap. 63.) bei Senkenb. Cap. 237. §. 1. bis 6. **Cap. 64.)** Cap. 233. §. 1. bis 3. **Cap. 65.)** Cap. 231. §. 1 bis 3.

¶ We nachtes korn stelet, oder urettet. ¶ Capitulum. XXXVIII.

We nachtes korn stelt de uorscult des galgen. stelt he is des dages it geit eme an den hals. ¶ Welk wechuerdich man korn uppe deme lande urettet unde it nergen en uord de gelde den scaden na sime gewere..

Art. 38. [39.] Wer Nachts Korn stiehlt oder abfüttert.

§. 1. Wer Nachts Korn stiehlt, der verschuldet den Galgen: stiehlt er es des Tags, es geht ihm an den Hals [1]). — §. 2. Welcher Mann unterwegs auf dem Lande Korn abfüttert und es nirgens wegführt [2]), der entgelte den Schaden nach seinem Belang.

Schwabensp. Cap. 66.) bei Senkenb. Cap. 206. §. 1. bis 12. **Cap. 67.)** Cap. 232. §. 1. bis 6.

1c) Ziemann Wörterb. pag. 302. & 303. s. v. ram: Ziel, & ramen: Zielen. 2a) I. 2. not. 14. — III. 37. §. 1. 2b) III. 32. 3) II. 15. §. 1. — 41. §. 1. (& §. 3.) — 66. §. 1. — (III. 3.) — III. 45. not. 1.

Art. 38.

1) II. 29 §. 3. 5) II. 69.

¶ Neman antwordet uor sinen knecht. unde of he eme untgeit. ¶ Capit. XXXIX.

Neman is oc plichtich uor sinen knecht to antwordene uorbat mer alse sin lon geweret. he en werde sin borge. Vordrift auer de here den knecht he scal eme sin lon wlgeuen. entgeit de knecht deme heren uon mot willen. he scal deme heren also uele geuen als eme de here gelouet heft. unde wat eme uorgulden is dat scal he tuigelde weder geuen..

Art. 39. [32.] Niemand antwortet für seinen Knecht; und wenn ihm dieser entläuft.

§. 1. Niemand ist auch pflichtig, für seinen Knecht fürbas, weiter als sein Lohn sich beläuft[1]), zu antworten[2]); er werde denn sein Bürge. — §. 2. Vertreibt aber der Herr seinen Knecht; er soll ihm seinen Lohn voll geben[3]). — §. 3. Entläuft der Knecht dem Herrn aus Muthwillen[4]); er soll dem Herren so viel geben, als ihm der Herr gelobt hat, und was ihm gezahlt ist, das soll er zweifach wiedergeben.

Schwabensp. Cap. 68.) bei Senkenb. Cap. 404. §. 1. bis 4.

¶ Welk knecht elik wif nimt. ¶ Capitulum.. XL..

Welk knecht auer elik wif nimt. oder en uormuntscap an ersterft uon kinderen de binnen eren iaren sin. de mot wol ut sines heren denste gan. unde behelt so uele lones als eme geboret went an de tid. Is

Art. 40. [33]. Welcher Knecht ein ehelich Weib nimmt.

„Welcher Knecht aber ein ehe„lich Weib nimmt, oder (wenn) „ihm Vormundschaft über Kin„der, die binnen ihren Jahren[1]) „sind, anerstirbt, der mag wohl „aus seines Herren Dienste ge„hen[2]) und behält soviel Loh„nes, als ihm bis zu der Zeit

---

1) II. 41. §. 2. 2) II. 41. §. 4. 3) I. 22. §. 2. — II. 41. §. 2. 4) II. 40.

Art. 40.

1) I. 20. not. 3b). 2) II. 39. §. 2.

auer eme mer gegeuen dat scal he weder geuen ane wandel..

„gebührt. Ist ihm aber mehr „gegeben, das soll er ohne Wan„del [3]) wiedergeben [4]).“

Schwabensp. vacat.

Wes ue scaden deit. unde of men it hitzet. Capitulum.. XLI..

Wes hunt. ber. oder osse. oder welker hande ue it si enen man dodet. oder belemet. oder en *ander* ue. sin here scal den scaden na rechteme weregelde gelden. oder na sime werde *beteren* of he it weder an sine were nimmt na des dat he it *) eschet. Sleit auer he it ut. unde en houet it. unde en huset it. noch en ettet it. noch en drenket it. so is he unscüldich des scaden. so under winde he is sik uor sinen scaden of iene wille. Nen ue en uorboret nen gewedde deme richtere an

Art. 41. [40.] Wessen Vieh Schaden thut; und wenn man es hetzt.

§. 1. Wessen Hund, Schwein oder Ochse, oder welcherley Vieh es sey, einen Mann oder ein *anderes* Vieh tödtet oder lähmt; sein Herr soll den Schaden nach rechtem Wehrgelde [1]) entgelten, oder nach seinem Werthe *bessern* [2a]), wenn er es nach dem, daß er die That erfuhr, wieder in seine Gewer nimmt [2b]) — §. 2. Schlägt er es aber aus, und behofet er es nicht, und behauset es nicht, noch füttert es, noch tränkt es [3a]); so ist er unschuldig des Schadens [3b]). — Wenn dann jener will; unterwinde [4]) er sich dessen für seinen Schaden. — §. 3. Kein Vieh verwirkt durch seine That dem Richter eine Wedde [5]). — §. 4.

---

3) II. 27. not. 4. 4) I. 22. §. 2.

Art. 41.

*) Cod. Qued. die dat.

1) II. 55. §. 5. — (37. not. 3.) — III. 45. not. 1. — 48. §. 1. ff. — 49. 2a) I. 68. not. 7. 2b) II. 63. §. 1. — 64. §. 1. 3a) II. 39. §. 2. 3b) II. 63. §. 1. 4) I. 51. not. 9. 5) I. 53. not. 7.

siner dat. ¶ *Welken scaden auer enes mannes perde oder ue deit insines knechtes oder gesindes hode. dar scal de uore antworden in des hode it was. wert auer de af rünnich unde werdet des mannes perde. oder ossen. oder wagen in der hanthaften dat bestedeget. unde mach men dat getügen de man mot beteren des dat ue unde wagen is. of he is nicht untreden en kan. alse uerne alse sin wagen. oder perde. oder ander sin ue werd is dat dar up geholden is. oder he mot is enberen. so behelt it iene uor sinen scaden.* ¶ *Vrettet auer en man siner bure korn oder ander er sat mit suinen. oder mit gensen de men nicht panden en mach. hitzet men denne se mit hunden. bitet se de hunde dot. oder wundet se se. men blift des ane wandel.*

„Welchen Schaden aber eines „Mannes Pferd oder Vieh thut „in seines Knechtes oder Gesindes „Hut; dafür soll der antworten, „in deß Hut es war. Wird „der aber flüchtig, und werden „des Mannes Pferde, oder Ochsen, oder Wagen auf handhafter That [6]) ergriffen, und mag „man das bezeugen: Der Mann „dessen das Vieh und der Wagen ist, muß, wenn er dies nicht „entreden [7]) kann, insoweit bessern [8]), als sein Wagen, oder „Pferde, oder anderes sein Vieh, „welches da angehalten wurde, „werth ist; oder er muß dessen „entbehren. Dann behält es jener für seinen Schaden. — „§. 5. Füttert aber ein Mann „seiner Nachbarn Korn, oder „andere ihre Saat, mit Schweinen oder mit Gänsen ab, die „die man nicht pfänden mag [9]); „hetzt man sie dann mit Hunden: beißen die Hunde sie todt, „oder verwunden sie sie; man „bleibt deshalb ohne Wandel [10]).

Schwabensp. Cap. 69.) bei Senkenb. Cap. 357. §. 1 bis 14.
Cap. 70.) Cap. 358. §. 1. bis 4.

6) I. 55. not. 2. 7) I. 68. not. 6. 8) I. 68. not. 7. 9) II. 48. §. 3.
10) II. 27. not. 4.

¶ Wur de richtere sin gewedde nicht ut panden en mach. ¶ Capitlm. XLII..

Wur de richtere sin gewedde nicht ut panden en mach up enes mannes egene dat also clene gilt. dat scal de urone bode mit eneme crüze beuronen dat he uppe dat dor steken scal na der scepenen ordele. en tüt it iene nicht ut des it dar is binnen iar unde dage men uordelt eme sin recht dar an. dar na *binnen iar unde dage* kome sin erue uor gerichte. unde te sik to sime erue alse recht is uppe den hilgen. unde gelde de scult de de richtere dar up getügen mach. unde gewunnen heft up dinge self dridde. nene hogere scult mach he dar up getügen wenne drü gewedde. unde en weregelt..

Art. 42. [41.] Wo der Richter seine Wedde nicht auspfänden mag.

§. 1. Wo der Richter seine Wedde aus eines Mannes Eigen, das so wenig gilt, nicht auspfänden mag [1]; das soll der Fronbote mit einem Kreuze, das er auf das Thor stecken soll, nach der Schöffen Urtheile befronen [2]) — §. 2. Zieht es jener, dessen es da ist, binnen Jahr und Tage nicht heraus [3]); man spricht ihm sein Recht daran ab. Danach komme sein Erbe „binnen Jahr „und Tage" [4]) vor Gericht, und ziehe sich, wie Recht ist, zu seinem Erbe auf den Heiligen [5]), und zahle die Schuld, die der Richter [6a]) selbdritt darauf bezeugen mag und im Ding gewonnen hat. Keine höhere Schuld mag er darauf bezeugen, als drei Wedden [6b]) und ein Wehrgeld [7]).

Schwabensp. Cap. 71.) bei Senkenb. Cap. 131. §. 1. bis 6.

---

1) I. 53. §. 3. — II. 5. §. 1. 2) III. 56. §. 2. 3) I. 38. §. 1. — III. 34. §. 7. 4) I. 38. §. 1. — (I. 28. not. 5.) 5) I. 13. not. 4a. 6a) III. 89. not. 1. 6b) I. 53. not. 7. 7) II. 5. §. 1. — (I. 65. §. 1.) — III. 12. §. 2. — (II. 72. §. 4. a. E.)

¶ We so claget up en gut dar he sik en len an tüt. ¶ Capitulum. XLIII..

We claget uppe enen anderen he neme eme gut dat er ioweder eme to lene seget. Seget se it en to uon tuen heren er ioweder scal sinen geweren to dinge bringen. we dar geweret wert de behelt. des gewere nicht en kümt de uorlüset de gewere des gudes *of se it beide ane gewere an spreket. unde in deme iare mede belent sin. Heft auer er en rechte gewere in deme gude iar unde dach ane rechte weder sprake gehat. al en kümt sin gewere nicht to dinge. unde deit he eme aswik siner werscap. dar mede en uorlüsel he nicht dat gut noch de gewere des gudes. wenne he mot dar uore antworden deme clegere. oder deme de ene gewerel na sime rechte. it en beneme eme echt not de he bescenege.* Doch mogen de uorsten enen man geweren

Art. 43. [42.] Wer auf ein Gut klagt, woran er sich ein Lehn beimißt.

§. 1. Wer gegen einen Andern klagt, er nehme ihm ein Gut, das ihrer jeder als Lehn sich zuspricht: sprechen sie sich's von zweien Herren zu; deren jeder soll seinen Gewersmann [1]) zu Dinge bringen. Wer dann gewert wird, der behält es: wessen Gewersmann nicht kommt [2a]); der verliert die Gewer [2b]) des Gutes, „wenn sie es beide ohne „Gewer ansprechen und in dem „Jahre [3]) damit belehnt sind." — §. 2. „Hat aber ihrer einer „die rechte Gewer an dem Gute „Jahr und Tag [4a]) ohne rechte „Widersprache gehabt: obwohl „sein Gewersmann nicht zu Dinge kommt, und ihm treulos [4b]) „wird in seiner Gewerung; „darum verliert er nicht das „Gut, noch die Gewer des Gutes. Nur[4c]) muß er dem Kläger, oder dem, der ihn gewert, „nach seinem Rechte dafür antworten: es hindere ihn denn „echte Noth [5a]), die er bescheinige." — §. 3. „Doch mögen die Fürsten [5b]) einen Mann gewe-

1) II. 35. not. 11. 2a) II. 35. not. 13. 2b) I. 9. not. 6. 3) II. 45. §. 1. 4a) II. 45. §. 1. — (I. 28. not. 5.) 4b) Ziemann Wörterb. pag. 13. s. v. aswich: Betrug. 4c) Versio latina: Sed tamen. 5a) I. 28. not. 7. 5b) III. 45. not. 2.

mit eneme openen breue besegelet deste se mede senden eren ingebornen denest man de dat gut uore sta an siner *) stat. *den bref scal men antworden deme uppe den men claget to getügende der clage *of he's dar na bedarf.** Seget auer se en dat gut to de dar ümme tueiet beide uon eneme manne. uor den scolen se komen to rechte ouer ses weken. unde de richtere scal tuene boden mede senden de dar horen we dar beholde oder uorlese. ₵ We uorlüset de weddet deme richtere. unde gift deme anderen sine bote..

ren mit einem offenen, besiegelten Briefe, wenn sie nur ihren eingeborenen Dienstmann mitsenden, der das Gut an ihrer Statt vertrete. „Den Brief soll „man dem, gegen den man klagt, „zum Zeugniß der Klage überantworten, *wenn er dessen „hernach bedarf.*" — §. 4. Sprechen sie aber beide, die darum streiten, sich das Gut von einem Manne zu; vor den sollen sie zu Recht über sechs Wochen [6]) kommen, und der Richter soll zwei Boten mitsenden, die da hören, wer da behält oder verliert. Wer verliert, der weddet [7]) dem Richter und giebt dem Andern seine Buße [8]).

Schwabensp. Cap. 72.) bei Senkenb. Cap. 121. §. 1. a. A. & 2. bis 9.

₵ We en gut seget eme to lene. unde en ander to egene. ₵ Erue egen unde gecoft. ₵ Capitulum. XLIIII.

Art. 44. [43.] Wer ein Gut sich als Lehn beimißt und ein Anderer als Eigen. Erb-Eigen und gekauftes.

We en gut seget eme to lene. unde en ander seget it si sin

§. 1. Wer ein Gut sich als Lehn beimißt, und ein Anderer spricht, es sey sein Ei-

---

*) Cod. Qued. irer.

6) I. 2. §. 3. & 4. — 20. §. 2. — 62. §. 4. — 67. §. 1. — 70. §. 2. — II. 12. §. 6. — 30. — 36. §. 1. & 3. — 73. §. 4. — III. 34. §. 5. — 59. §. 2. — 65. §. 1. — (I. 41. not. 4. — 70. not. 1.) 7) I. 53. not. 7. 8) I. 53. not. 6.

egen. spreket se it mit geliker were an. iene mot it bat to egene beholden mit tuier scepenen getüge denne de andere to lene. ¶ Erue egen mot de man bat beholden denne en ander gekoft egen oder gegeuen..

gen [1]): sprechen sie es mit gleicher Gewer [2]) an; jener mag es mit zweier Schöffen [3]) Zeugniß besser als Eigen behalten, wie der Andere als Lehn. — §. 2. Erb-Eigen mag der Mann besser behalten, als der Andere gekauftes Eigen oder gegebenes.

Schwabensp. Cap. 73.) bei Senkenb. Cap. 122. §. 1. bis 3.

¶ Welk en recht were si. ¶ We an sime lene oder an gedinge egen seget. ¶ Capitulum.. XLV..

Welk man heft ingeweren en gut iar unde dach ane rechte weder sprake de heft ene rechte were dar an. De wile men auer en gut under eneme manne beclaget na rechte. wu lange he it bouen behelt mit gewolt. nümmer en gewinnet he rechte gewere dar an. de wile men de rechten clage irtügen mach. ¶ *We auer en gut in geweren heft dat ene an irstoruen is. oder eme gegeuen oder gelegen is. unde he it nemanne nimt des en darf*

Art. 45. [44.] Welches eine rechte Gewer sey. Wer an seinem Lehn oder an Gedinge Eigen anspricht.

§. 1. Welcher Mann Jahr und Tag [1]) ein Gut in Gewer [2]) hat, ohne rechte Widersprache, der hat eine rechte Gewer [3]) daran. Während man aber ein Gut unter einem Manne nach Recht beklagt: wielange er überdem es mit Gewalt behält; nimmer gewinnt er eine rechte Gewer daran, so lange man die rechte Klage bezeugen mag. — §. 2. „Wer aber ein Gut in „Gewer hat, das ihm anerstorben ist, oder ihm gegeben oder „geliehen ist, und er es niemandem nimmt; was er daraus

---

1) I. 8. not 1. — II. 45. §. 3. 2) II. 43. §. 1. & 2. 3) I. 59. §. 1. — III. 61. §. 1. — 69. §. 1.

Art. 45.

1) I. 28. not. 5. 2) I. 9. not. 6. 3) II. 2. not. 4. — III. 83. §. 2.

he nicht weder geuen des he dar ul nimt. of eme dat gut af gewunnen wert. do he dar af nenes rechtes en weigerde. ¶ We an sime lene oder an lifgedinge siner moder oder siner nichtelen to seget eme egen. he mot de egenliken gewere mit ses scepenbaren uri mannen getügen. oder eme wert borst dar an.

„nimmt, dessen braucht er nichts „wieder zu geben, wenn ihm das „Gut abgewonnen wird, da er „kein Recht darob verweigerte." — §. 3. Wer an seinem Lehn oder am Leibgedinge [4]) seiner Mutter oder seiner Nichtel [5]) sich Eigen [6]) zuspricht; er muß die eigenliche Gewer mit sechs schöffenbaren [7]) freien Mannen bezeugen, oder ihm wird Bruch daran [8]).

Schwabensp. Cap. 74.) bei Senkenb. Cap. 123. §. 1. bis 7.

¶ We dingulüchtich wert. ¶ Capitulum.. XLVI..

We enen uor gerichte scüldiget an sine antworde. wert he dingulüchtich he is in der clage gewunnen. is he beclaget ümme ungerichte men uoruestet ene to hant..

Art. 46. [45.] Wer dingflüchtig wird.

Wer vor Gericht Einen in seiner Gegenwart beschuldigt: wird er dingflüchtig; er ist in der Klage überwunden [1]). Ist er um Ungericht [2]) beklagt; man verfestet ihn sofort [3]).

Schwabensp. Cap. 75.) bei Senkenb. Cap. 124. §. 1. & 2.

---

4) I. 21. not. 5. 5) I. 20. not. 9. 6) I. 8. not. 1. 7) I. 2. not. 3. 8) I. 32.

Art. 46.

1) II. 2. §. 2. — (I. 67. §. 1. & 2.) II. 9. §. 1. — 35. §. 2. 2) I. 57. not. 2. 3) I. 67. §. 1. & 2. — II. 3. §. 1. & 2.

ꝯ We so eret enes mannes lant wetene oder unwetene. ꝯ Capitulum. XLVII..

We so eret enes mannes lant wetene oder unwetene. oder dat eme en ander gedan heft. wert he dar ümme bescüldiget de wile he it eret he uorlust sin arueit dar an of it iene behelt. we dat eme auer gedan heft wert he dar ümme bescüldeget he scal eme sinen scaden irstaden. ꝯ We so dat lant seiet under clage de uorlüst sin arueit unde sat dar an. wat so he seiet unuorclaget. he behilt de sat unde gift sinen tins ieneme de dat lant behilt. ꝯ We beseiet lant enes anderen mannes anderwarue eret he scal eme den scaden gelden uppe recht unde ieneme sine bote geuen..

Art. 47. [46.] We eines Mannes Land wissentlich oder unwissentlich bebaut.

§. 1. Wer wissentlich oder unwissentlich bebaut eines Mannes Land [1]), oder was ihm ein Anderer übertragen hat: wird er darum beschuldigt während er es baut [2]); er verliert seine Arbeit daran, wenn jener es behält. Wer ihm das aber übertragen hat: wird er darum beschuldigt; er soll ihm seinen Schaden erstatten. — §. 2. Wer das Land während der Klage besäet, der verliert seine Arbeit und Saat daran. — §. 3. Was er unverklagt besäet; er behält die Saat [3]) und giebt seinen Zins jenem, der das Land behält. — §. 4. Wer besäetes Land eines andern Mannes abermals bebaut; er soll ihm nach Recht den Schaden ersetzen und jenem seine Buße [4]) geben.

Schwabensp. Cap. 76.) bei Senkenb. Cap. 223. §. 1. (§. 2. & 3. nur Anf. & Ende.) §. 4. bis 6.

---

1) III. 20. §. 1. ff. — (37. §. 4. — 86. §. 1. & 2.) 2) II. 59. §. 2. a. E. & §. 3. — III. 76. §. 3. & 4. 3) II, 59. §. 2. a. E. 4) I. 53. not. 6.

¶ We sin ue drift up enes anderen mannes korn oder gras. of men dat nicht panden en mach.. ¶ Capitulum.. XLVIII..

We sin ue drift up enes anderen mannes korn. oder uppe sin gras. he scal eme den scaden gelden uppe recht unde boten mit dren scillingen. en is he auer dar to iegenwarde nicht dar dat ue gescadet heft. unde wert it gepandet. den scaden scolen se gelden de der dat ue is. of men eme tohant bewiset na der bure kore. unde ses penninge gift iene *) to bote uor sin ue. Is auer dat ue sogedan dat men nicht indriuen en mach. alse perde de renisch sin. oder gense. oder bere. so lade he dar to tuene man. unde bewise sinen scaden unde uolge deme ue in sinen heren hus. unde scüldege ene dar ümme. so mot he beteren uor dat ue alse of it gepandet were.

Art. 48. [47.] Wer sein Vieh treibt auf eines andern Mannes Korn oder Gras; wenn man das nicht pfänden mag.

§. 1. Wer sein Vieh treibt auf eines andern Mannes Korn oder auf sein Gras; er soll den Schaden ersetzen nach Recht [1]), und mit drei Schillingen büßen [2a]). — §. 2. Ist er aber da, wo das Vieh geschadet hat, nicht zu Gegenwart, und wird es gepfändet; den Schaden sollen die, deren das Vieh ist, wenn man ihn sogleich nachweist, nach Ermessen der Bauern [2b]) vergelten, und sechs Pfennige giebt jeder als Buße für sein Vieh. — §. 3. Ist es aber solch Vieh, das man nicht eintreiben mag [3a]); als Pferde, die brunstig [3b]) sind, oder Gänse, oder Schweine: so lade er dazu zwei Mann und weise seinen Schaden nach, und folge dem Vieh in seines Herren Haus, und beschuldige ihn darum. Dann muß er bessern [4]) für das Vieh, als ob es gepfändet wäre. [§. 4. s. Art. 49.]

Schwabensp. Cap. 77.) bei Senkenb. Cap. 225. §. 1. 2. & 4. bis 6.

---

*) H. jojewelk & jewelk.

1) II. 41. §. 5. 2a) I. 53. not. 6. 2b) I. 20. §. 2. — II. 54. — (III. 47. §. 2. — 51. §. 2.) 3a) II. 41. §. 5. 3b) Homeyer im Index s. v. wrensch: brunstig. & Ziemann Wörterb. pag. 314. s. v. renne: equus admissarius. 4) I. 68. not. 7.

C We sin ue drift up ene andere marke. C Vngewunnen lant we dar ouer ueret. C Capitulum. XLIX..

We sin ue drift up ene andere marke up ene gemeine weide. wert he gepandet he gift ses penninge. C Vngewunnen lant we dat ouer ueret. it en si en geheget wese he blift is ane wandel. C *Wat so de herde binnen siner hüde uorlüset dat scal he gelden.* C Let en man sin korn dar ute stan alse alle lüde ere korn inne hebbet wert it eme geurettet oder getred men en gilt is eme nicht. *Dat selue deit men ümme tegeden. of en de tegedere nicht nemen en wil. of ene de man de ene geuen scal uppe deme uelde let stan. unde en sinen buren bewiset.* C *Jowelk ue als it sine iungen gewinnet wur it des auendes to herberge kümt dar scal men dat uortegeden.* C *De sat uortegedet men up deme uelde. dat ue in deme dorpe in iowelkes mannes huse dar*

Art. 49. [48.] Wer sein Vieh treibt auf eine andere Mark. Ungewonnenes Land, wer darüber fährt.

§. 1. [Art. 47. §. 4.] Wer sein Vieh in eine andere Mark, auf eine gemeine Weide treibt: wird er gepfändet; er giebt sechs Pfennige." — §. 2. [§. 5.] Ungewonnenes [1]) Land, wer das überfährt, der bleibt deshalb ohne Wandel [2]); es sey denn eine gehegte Wiese. — §. 3. [Art. 48. §. 1.] „Was der Hirte binnen „seiner Hut verliert, das soll er „ersetzen [3])." — §. 4. [§. 2.] Läßt ein Mann sein Korn draußen stehen, wenn alle Leute ihr Korn herein haben: wird es ihm abgefüttert oder zertreten; man entgilt ihm deshalb nichts. — §. 5. [§. 3.] „dasselbe thut man „beim Zehnten [4]), wenn der Zehn„ter ihn nicht nehmen will, wenn „der Mann, der ihn geben soll, „ihn auf dem Felde stehen läßt „und seinen Nachbarn ihn nach„weißt." — §. 6. [§. 4.] „Jeg„liches Vieh, wenn es seine Jun„gen wirft, das soll man da „verzehnten, wo es des Abends „zur Herberge kommt. Die Saat „verzehntet man auf dem Felde; „das Vieh in dem Dorfe, in „jedwedes Mannes Hause, wo

1) II. 28. not. 1. 2) II. 27. not. 4. 3) II. 55. §. 4. 4) 59. §. 2.

it geworpen wert. ꝯ *Jowelkes ues gift men tegeden sunder honre.* ꝯ *Jowelken hof unde wort unde sünderlik hus uortegedet men mit eneme hone in sinte mertines dage.* ꝯ *Wur men tegeden uppe deme uelde gift. dar scal men geuen dat tegede scok gelike gut.* ***den anderen.** *oder de tegeden garuen.* ꝯ *Wanne en man sin korn inuoren wil dat scal he kündigen deme tegedere of he in deme dorpe. oder up deme uelde is. en wardet he denne sines tegeden nicht de man vortegede ene selue alse he sinen ed dar an beware of men den uon eme hebben wille. unde bewise en tuen sinen geburen. unde late en dar ute stan so blift he ane scaden. of he seder geergeret wert oder uorlorn.* ꝯ *Men gift nener* *) *wegene bescedene scok de tegeden uon de[r] houe. unde en lam uon den scapherden de in enen hof geit.* ꝯ *Wur*

„es geworfen wird.“ — §. 7. [§. 5.] „Jeglichen Viehes giebt „man Zehnten, außer von Hühnern. Jeglichen Hof, und Gehöft, und sonderliches Haus „verzehntet man am St. Martinstage mit einem Huhne.“ — §. 8. [§. 6.] „Wo man Zehnten auf dem Felde giebt, da „soll man geben das zehnte Schock, „gleich gut **wie die andern*, „oder die zehnte Garbe.“ — §. 9. [§. 7.] „Wenn ein Mann „sein Korn einführen will, das „soll er kundt thun dem Zehnter, wenn er in dem Dorfe oder „auf dem Felde ist. Wartet er „dann seines Zehnten nicht; der „Mann selbst verzehntet ihn so, „wie er seinen Eid, wenn man „den von ihm haben will, dabei „bewahre, und er weise ihn „zweien seiner Nachbarn [5]) nach „und lasse ihn draußen stehen. „So bleibt er ohne Nachtheil, „wenn er alsdann beschädigt, „oder verloren wird.“ — §. 10. [§. 8.] „Man giebt mancher „Orten beschiedene Schock als „Zehnten von der Hufe, und „ein Lamm von der Schaafherde, „die in einen Hof geht.“ — §. 11. [§. 9.] „Wo man Korn-

*) H. *maneger.*

5) II. 55. §. 6.

*men kore tegeden gift. dar scal dat sel dar de garue mede gebunden is wesen ener dum elne lang tuischen tuen knoden. wente *) dat sel is gerecht in winter korne.* ℭ *We den tegeden gift na rechter wonheit de gift ene wol.* ℭ *Von benen unde uon aller hande ue nimt de tegedere sinen tegeden of he is beiden wil uon iare to iare went he eme gebore uon deme huse dar men ene af geuen scal. en wil he auer nicht beiden. so scal men eme geuen dat eme iarlikes geboret.* ℭ *Von iowelkeme uolen unde mule *gift man* enen penning. uon jowelkeme esele. unde calue. unde cegen. unde scape. unde uerkene enen haluen of er viue is oder dar beneden. Is auer sesse oder dar en bouen so nimt er de tegedere en to losene. dat seste mit tuen penningen. dat seuede mit anderhalueme. dat achte*

„Zehnten giebt, da soll das Seil, „womit die Garbe gebunden ist, „zwischen zwei Knoten eine Daumen-Elle [6]) lang sein, denn „das Seil ist im Winterkorne „gerecht [7a]).“ — §. 12. [§. 10.] „Wer den Zehnten nach rechter „Gewohnheit giebt, der giebt „ihn wohl.“ — §. 13. [§. 11.] „Von Bienen und von allerhand „Vieh nimmt der Zehnter, wenn „er es abwarten [7b]) will, seinen „Zehnten von Jahre zu Jahre, „bis er ihm von dem Hause, da„von man ihn geben soll, ge„bührt. Will er aber nicht war„ten, so soll man ihm jährlich „geben, was ihm gebührt.“ — §. 14. [§. 12.] „Von jedem „Füllen oder Maulthiere *giebt „man* einen Pfennig; von je„dem Esel, und Kalbe, und Ziege, „und Schaafe, und Ferkel einen „halben, wenn ihrer fünf sind „oder darunter. Sind aber sechs „oder darüber [7c]), so nimmt deren „der Zehnter zum Einlösen, das „sechste mit zwei Pfennigen; das „siebente, mit anderthalben; das

---

*) H. swan. —

6) I. 52. §. 2. — II. 17. §. 4. 7a) d. i. entweder: denn so gebührt es sich beim Winterkorne; oder: denn das Seil muß aus Winterkorne gemacht werden. 7b) Ziemann Wörterb. pag. 22. s. v. beiten: warten, abwarten. 7c) en-boven, für: boven; wie: enbinnen, für: binnen. vgl. Ziemann a. a. O. pag. 69. s. v. en-binnen.

mit eneme. dat negede mit eneme a) *haluen. Jene auer des dat ue is de scal to uoren ut nemen tuei under sessen. drü* 1*) *under negenen. er* b) *de tegedere kese. To dirre* c) *wis uortegedet men te gense to hellingen..*

„achte, mit einem; das neunte, „mit einem halben. Jener aber, „dessen das Vieh ist, der soll „zuvor ausnehmen zwei unter „sechsen, drei unter neunen, ehe „der Zehnter wählt. Auf die- „selbe Weise verzehntet man die „Gänse mit Hellern 8).“

1*) Bild. tab. VIII. 1.

Schwabensp. Cap. 78.) bei Senkenb. Cap. 374. §. 1. bis 5.

Von der ouese. und den hof to bewerkene. Capitulum.. L..

It 1*) en mot neman sine ouese hengen in enes anderen mannes hof. Manlik scal ok bewerken sinen del des houes. de des nicht en deit gescüt dar scade uon he scal ene beteren he blift a) ok ane wandel gescüt eme scade..

Art. 50. [49.] Von der Traufe. Und den Hof zu verwahren.

§. 1. Es muß niemand seine Traufe 1a) in eines andern Mannes Hof hängen 1b). — §. 2. Ein Jeder soll auch seinen Theil des Hofes verwahren 2). Wer dies nicht thut: geschieht dadurch Schade; er soll ihn bessern 3). Er bleibt auch ohne Wandel 4), wenn ihm Schade geschieht.

1*) Bild. tab. VIII. 2.

Schwabensp. Cap. 79.) bei Senkenb. Cap. 242. §. 1. & 2.

---

a) mit ememe: Fortsetzung des Cod. pictor. nach Art. 23. b) den c) der selben.

8) II. 59. §. 1. (not. 5.)

Art. 50.

a) fh. is.

1a) Ziemann Wörterb. pag. 283. s. v. obese: Traufe. das Bild des Cod. pict. stellt deutlich eine Dachtraufe dar. 1b) II. 51. §. 1. & 2. — 52. — 53. §. 2. & 3. 2) II. 37. — 52. — 53. §. 3. 3) I. 68. not. 7. II. 37. — III. 48. §. 1 ff. — (II. 63. §. 1. — 64. §. 1.) 4) II. 27. not. 4.

¶ We market stene sat. ¶ We tünet ouene unde kouen. ¶ Capitulum. LI.

We malbome oder markstene sat de scal den dar an a) hebben de in ander sin *) lant heft b). we so c) tünt de scal de este in sinen hof keren d). ¶ Ouen e) unde gank f) unde suine kouen 1*) scolen dre uote uon deme tune stan g).

Art. 51. [50.] Wer Marksteine setzt. Wer Backofen und Schweinekoven umzäunt.

§. 1. Wer Malbäume oder Marksteine 1) setzt, der soll den, der sein Land gegenüber hat, dabei haben. Wer einen Zaun macht, der soll die Zweige nach seinem Hofe kehren 2). — §. 2. [Art. 51. §. 1.] Backofen 3), und Abtritt 4), und Schweinekoven sollen drei Fuß von dem Zaune stehen.

1*) Bild. tab. VIII. 3.

Schwabensp. vacat.

¶ Manlik scal bescüren sinen ouen unde sine müren. ¶ Capit. LII.

Manlik scal ok bescüren a) sinen ouen unde sine müren dat de sparken b) nicht en uaren in enes anderen mannes hof eme to scaden c).

Art. 52. [51.] Jeder soll seinen Backofen und seine Esse beschirmen.

[§. 2.] Jeder soll auch seinen Backofen 1a) und seine Esse beschirmen 1b), auf daß die Funken nicht in eines andern Mannes Hof fahren, ihm zu Schaden 2). — [§. 3. s. Art. 53. §. 3.]

Schwabensp. vacat.

Art. 51.

a) f. d. a.] da bi. b) der ander sit lant da bi hat. c) da. d) kern in sinen hof. e) Bacovene. f) sprachkameren. g) sullen sten dri vuze von deme czune.

*) H. siet.

1) II. 29. §. 2. 2) II. 53. §. 2. — (50. §. 1.) 3) II. 52. 4) II. 53. §. 3.

Art. 52.

a) bewaren. b) vünken. c) Hierzu Art. 53. §. 3. wie bei Homeyer.

1a) II. 51. §. 2. 1b) Ziemann Wörterb. pag. 373. s. v. schüren.

2) II. 50. §. 2. — (II. 63. §. 1. — 64. §. 1. -- III. 48. §. 1. ff.)

ℭ Vlechtet de hoppe dor den tun. unde der bome telgen.. ℭ Capitulum.. LIII..

Vlechtet 1*) de hoppe ouer a) den tun. we de wortelen in sime b) houe heft de gripe deme tune so he neest moge unde te den hoppe wat is c) eme uolget dat is sin. wat des in ander half blift d) dat is sines nakebures. ℭ Siner bome telgen e) en scolen f) ouer den tun nicht gan sime nakebure to scaden. ℭ Genge g) scal men oc bewerken wente an de erden h) de iegen enes anderen mannes hof gat i)..

Art. 53. [52.] Flechtet sich der Hopfen durch den Zaun. Und der Bäume Zweige.

§. 1. Flechtet sich der Hopfen über den Zaun; wer die Wurzeln in seinem Hofe hat, der ergreife, so nahe dem Zaune, als er kann, und ziehe den Hopfen. Was davon ihm folgt, das ist sein. Was davon auf der andern Seite bleibt, das ist seines Nachbars. — §. 2. Seiner Bäume Zweige sollen nicht, seinem Nachbar zum Schaden, über den Zaun gehen 1). — §. 3. [Art. 51. §. 3.] Abtritte 2), die gegen eines andern Mannes Hof gehen, soll man bis zur Erde verwahren 3).

1*) Bild. tab. VIII. 4. & 5.

Schwabensp. Cap. 80.) bei Senkenb. Cap. 243. **Cap. 81.)** Cap. 244. **Cap. 82.)** Cap. 545. §. 1. bis 4.

ℭ Wat de man buwet uppe uromedeme gude.. ℭ Capitulum.. LIIII..

Wat de man buwet uppe uromedeme gude dar he tins

Art. 54. [53.] Was der Mann auf fremdem Gute baut.

Was der Mann auf fremdem Gute baut, wovon er Zins

Art. 53.

a) uf. b) deme. c) is *fehlt.* d) f. wat des, *bis:* blift] waz ander sit blibet. e) este. f) sh. ouch. g) Dieser § steht Art. 52. a. E. — *für:* Genge] sprachkameren. h) w. a. d. e. *fehlt.* i) sten.

1) II. 50. §. 1. — 51. §. 1. 2) II. 51. §. 2. 3) (II. 63. §. 1. — 64. §. 1. — III. 48. §. 1. ff.)

af gift dat mot he wol af breken wan a) he dannen b) ueret. unde sine eruen na sineme dode ane den tun uore unde hindene. Dat c) hus unde den mes scal d) de here losen na der bure e) kore. en deit he is nicht he uord dat ene mit deme anderen en f) wech.

giebt 1), das mag er, wenn er vondannen zieht, und seine Erben nach seinem Tode, wohl abbrechen: außer den Zaun vorn und hinten. Das Haus und den Mist soll der Herr, nach Ermessen der Bauern 2a), einlößen. Thut er dies nicht; er führt ihm das mit dem Uebrigen hinweg 2b).

Schwabensp. vacat.

ℭ Von deme herde des dorpes. ℭ Belemet en ue dat andere uor deme herde. ℭ Capitulum.. LV..

De man 1*) en scal sin ue nicht dar to hus a) laten dat deme herde geuolgen mach. ane soge de uerkene ted b). de seluen scal men oc c) bewaren dat se nicht en scaden. ℭ Neman 2*) en mot oc sunderlike herde hebben. dar he deme gemeinen herde sin lon mede minnere he

Art. 55, [54] **Von dem Hirten des Dorfs. Lähmt ein Vieh das andere vor dem Hirten.**

§. 1. Der Mann soll sein Vieh, welches dem Hirten folgen mag, nicht zuhause lassen; außer Sauen die Ferkel ziehen: dieselben soll man auch bewahren, auf daß sie nicht schaden. — §. 2. Niemand mag auch sonderlichen Hirten haben, so daß er dem gemeinen Hirten seinen Lohn damit vermindere:

Art. 54.

a) ab. b) von denne. c) unn daz. d) daz sal. e) gebüre. f) en *fehlt.*

1) II. 21. §. 1 ff. 2a) I. 20. §. 2. — II. 48. §. 2. 2b) I. 20. §. 2. — III. 38. §. 4.

Art. 55.

a) ſ. n. d. t. h.] daheime nicht. b) soyget. c) *fehlt.*

en hebbe dre houe oder mer de sin egen sin. oder sin len sin d). de mot wol sünderliken scape herde hebben. ¶ Wur men auer deme herde lon louet e) uon der houe unde nicht uon deme ue dat lon en mot f) neman untholden dor dat dat dorp nicht herdelos en bliue. ¶ Wat so g) men uor den herde drift en bringet he is nicht weder in dat dorp he mot it gelden. wat so h) auer eme i) de wulue nemet oder rouere blift he ungeuangen. unde en bescriet he se nicht mit deme rochte k) so dat he is getüge hebbe he mot it gelden. ¶ Belemet 3*) en ue dat andere uor deme herde. *oder wert it getred. oder gebeten.* unde scüldiget men den herde dar ümme he mot benomen dat ue dat den scaden gedan heft. unde mot dar to sueren. so scal iene des dat ue is holden dat gewundede ue in siner plage l) went m) it wol moge to uelde gan n). sterft it

er hätte denn drei Hufen 1) oder mehr, die sein Eigen 2) sind oder sein Lehn; der mag wohl einen sonderlichen Schaafhirten haben. — §. 3. Wo man aber dem Hirten Lohn gelobt von der Hufe, und nicht von dem Vieh; den Lohn mag niemand vorenthalten, auf daß das Dorf nicht Hirtenlos bleibe. — §. 4. Was man vor den Hirten treibt: bringt er es nicht wieder in das Dorf; er muß es entgelden 3). Was ihm aber Wölfe oder Räuber nehmen: bleibt er ungefangen und beschreit er sie nicht mit dem Gerüffte 4), so daß er Zeugniß dessen habe; er muß es entgelten. — §. 5. Lähmt ein Vieh das andere vor dem Hirten, „oder wird es getreten oder gebissen," und beschuldigt man den Hirten darum; er muß das Vieh benennen, das den Schaden gethan hat, und muß deshalb schwören. Dann soll jener, dessen das Vieh ist, das verwundete Vieh in seiner Pflege halten, bis es wohl möge zu Felde

d) sin *fehlt.* e) gelobit. f) f. en mot.] sal. g) so *fehlt.* h) so *fehlt.* i) eme *fehlt.* k) gerüfte. l) holden, *bis:* plage] daz gewundete vie in siner phlage halden. m) biz. n) moge, *bis:* gan] ezu velde müge gegen.

1) III. 45. §. 5. — 81. §. 3. 2) I. 8. not. 1. 3) II. 49. §. 3. 4) I. 53. not. 1.

he mot it gelden na sime gesatten weregelde. ¶ Scüldiget men den herde dat he nicht en ue en o) hebbe to dorpe gebracht p). dar he sine unscult q) dar to don he is ledich dar af. ¶ We [4*]) auer sines ues misset r). unde tohant to deme herde geit. unde scüldiget ene dar umme s) mit orkunne tuier manne. so en t) mach de herde nicht dar uore u) sueren v) wenne he mot eme sin ue gelden. Seget w) auer de herde dat it uor en nicht gedreuen en worde x) dat mot de man bat tügen mit tuen mannen de it sagen dat men it an sine hode dreue den is de herde unscüldich werden mote y)..

gehen [5]). Stirbt es; er muß es entgelten nach seinem gesetzten Wehrgelde [6]). — §. 6. Beschuldigt man den Hirten, daß er ein Vieh nicht habe zu Dorfe gebracht: kann er seine Unschuld [7]) dazu thun; er ist dessen ledig. Wer aber sein Vieh vermißt, und sogleich zu dem Hirten geht, und ihn darum mit Urkunde [8]) zweier Mannen beschuldigt; so mag der Hirte darob nicht schwören, sondern er muß ihm sein Vieh entgelten. Sagt aber der Hirte, daß es vor ihn nicht getrieben worden sey: das muß der Mann besser bezeugen mit zweien Mannen, die es sahen, daß man es in seine Hut trieb; als der Hirte dessen unschuldig [9]) werden mag.

1*) Bild. tab. VIII. 6. 2*) VIII. 7. 3*) VIII. 8. & 9. 4*) VIII. 10.

Schwabensp. Cap. 83.) bei Senkenb. Cap. 226. §. 1. bis 14.

---

o) n. e. v. e.] ein vie nicht. p) h. t. d. g.] czu dorfe an habe bracht. q) recht. r) vor *misset*. s) u. s. e. d. u.] unn in dar vmme schuldeget. t) en *fehlt*. u) n. d. u.] da vor nicht. v) gesweren. w) spricht. z) si. y) w. m.] muge werden.

5) I. 20. not. 5. 6) II. 41. §. 1. ff. — 48. §. 1. — III. 48. §. 1. ff. — 51. §. 1. 7) I. 13. not. 4b. — I. 15. not. 5. 8) III. 5. §. 1. — (II. 6. not. 3.) 9) I. 13. not. 4b. — I. 15 not. 5

¢ Wat so en burmester sceppet. ¢ Capitulum.. LVI..

Wat so en burmester sceppet des dorpes uromen mit willen a) der meren b) menie der bure c). dat en mach de minnere d) del nicht weder reden.

Art. 56 [55.] Was ein Bauermeister anordnet.

Was ein Bauermeister 1) mit Willen der mehreren Menge der Bauern zu des Dorfes Frommen anordnet, das mag der mindere Theil nicht widerreden 2).

Schwabensp. Cap. 84.) bei Senkenb. Cap. 408 §. 1.

¢ Welk dorp bi watere leget. ¢ Capitulum.. LVII..

Welke 1*) dorpe bi watere ligget. unde enen dam hebbet de se bewaret uor der ulot. iowelk a) dorp scal sinen del des dammes uestenen uor der ulot. kümt auer de ulot. unde brict se den dam. unde ladet men mit deme rochte b) dar to de binnen deme damme geseten sin. welker nicht en hilpet boten den dam. de heft uorworcht so gedan c) erue alse he binnen

Art. 57. [56.] Welch Dorf am Wasser liegt.

§. 1. Welche Dörfer am Wasser liegen und einen Damm haben, der sie vor der Fluth bewahrt; jedes Dorf soll seinen Theil des Dammes gegen die Fluth befestigen. Kommt aber die Fluth und bricht sie den Damm, und ladet man dazu, mit dem Gerüffte 1a), die, welche binnen dem Damme gesessen sind; wer den Damm nicht ausbessern 1b) hilft, der hat dasjenige Erbe 2) verwirkt, was er binnen

---

Art. 56.

a) willekore. b) meisten. c) gebure. d) d. m.] daz minste.

1) I. 2. not. 11. 2) I. 20. §. 2. — II. 48. §. 2. — 54.

Art. 57.

a) iclich. b) gerufte. c) s. g.] sulch.

1a) I. 53. not. 1. 1b) Ziemann Wörterb. pag. 47. & 49. s. v. büezen: bessern, ausbessern, & buozen (bozon): flicken. 2) I. 60. not. 5. — 61. not. 3.

deme damme heft. ℭ *Wat so* d) *dat water af scüppet* e) *deme lande dat heft he uorlorn des dat lant is. Brict it auer enen meinen* f) *aganc* g) *dar mede en* h) *uorlüst he sines landes nicht. welk* 2*) *we[r]der* i) *sik erheuet binnen eneme ulote welkeme stade he neger is deme* k) *hort dat we[r]der* l). *is he uormiddes he hort to beiden staden. dat* m) *deit de aganc* n) *of he vordroget.*

dem Damme hat. — §. 2. „Was „das Wasser ablößt von dem „Lande, das hat der verloren, „dessen das Land ist. Bricht es „aber einen falschen Ablauf; da„durch verliert er nichts von „seinem Lande." — §. 3. „Wel„cher Werder 3) sich in einem „Fluße anhäuft; welchem Ge„stade er näher ist, dem gehört „der Werder. Ist er inmitten; „er gehört zu beiden Gestaden. „Dasselbe thut der Ablauf, wenn „er austrocknet."

1*) Bild. IX. 1. 2*) IX. 2.

Schwabensp. Cap. 85.) bei Senkenb. Cap. 408. §. 2. bis 5. 7. & 6.

ℭ **We dat gut ingeweren heft deme scal men it beteren. ℭ Capitulum.. LVIII..**

Al a) si en gut maneges mannes 1*) also dat it en uon deme anderen hebbe. wat so b) men uppe deme gude deit dat

Art. 58. [57.] **Wer das Gut in Gewer hat, dem soll man es bessern.**

Wenngleich ein Gut manches Mannes ist, so daß es Einer vom Andern habe; was man auf dem Gute thut, das soll man

---

d) so *fehlt.* e) ab schebet. f) nüwen. g) abeganc. h) en *fehlt.* i) wert. k) czu deme stade. l) der wert. m) daz selbe. n) abeganc.

3) III. 66. §. 2.

Art. 58.

a) Alleine. b) so *fehlt.*

scal men beteren deme de dat gut in ledichliken geweren heft. unde anderes nemannes..

dem bessern [1]), der das Gut in lediglicher Gewer [2]) hat, und niemandem anders.

1*) Bild. tab. IX. 3.

Schwabensp. Cap. 86.) bei Senkenb. Cap. 337.

¶ Nu uornemet wanne dat gut uordenet si.. ¶ Capitulum.. LIX..

Of de man nenen a) len eruen en heft na sime dode. we sin erue is na lant rechte de scal nemen sin uordenede gut an b) deme lene. ¶ Nu 1*) uornemet wanne it uordenet si. ¶ *In sinte bartholomeus dage is aller hande tins unde plege uordenet.* ¶ In sinte walburge dage is de lammer tegede uordenet. ¶ *To worte misse* c) *de gense tegede.* ¶ In sinte iohannes dage aller hande ulesch tegede. *dar men*

Art. 59. [58.] Nun vernehmet, wenn das Gut verdient sey.

§. 1. Wenn der Mann, nach seinem Tode, keinen Lehnerben hat; wer sein Erbe nach Landrecht ist, der soll aus dem Lehne sein verdientes Gut nehmen. — §. 2. Nun vernehmet, wenn es verdient sey. „Am St. Bartholomäus-Tage [1a]) ist allerhand „Zins und Pflege [1b]) verdient." Am St. Walburgistage [2]) ist der Lämmer-Zehnte verdient, „zu Wurz-Messe [3]) der Gänse-„Zehnte," am St. Johannistage [4]) allerhand Fleisch-Zehnte,

---

Art. 58.

1) I. 68. not. 7. 2) I. 34. §. 2. — (I. 9. not. 6.)

Art. 59.

a) keinen. b) in. c) vuorczemesse.

1a) d. 24. August. — III. 76. §. 5. 1b) Homeyer im Inder s. v. pflege: Pflicht, Gebühr. 2) d. 1. Mai. 3) d. 15. August. Ziemann Wörterb. pag. 671. s. v. Wurzwihe, & Haltaus calendarium pag. 116. ff. In den Kirchen wurden an diesem Tage allerlei Kräuter und Wurzeln geweiht, die gegen Beherung der Viehställe ꝛc. gut sein sollten. vgl. Spindler: der Vogelhändler von Imst. IV. S. 375. 4) d. 24. Juny.

mit penningen den iarlikes d) *loset. wur men auer ene* e) *nicht enloset dar is he uordenet wanne dat ue uorworpen* f) *is.* ¶ In sinte margareten dage aller hande g) korn tegede. **Swat aver er geschocket is dar an is die tegede verdenet.** ¶ In sinte urbanus dage sin wingarden unde bomgarden uordenet. ¶ Des mannes sat de he mit sime ploge werket de is uordenet alse de egede h) dar ouer geit. *unde de garde alse he geseiet* i) *unde geharket* k) *is.* ¶ Gelt 2*) uon molen. unde uon tollen. unde uon monte. und uon wingarden is uordenet wen de tins dach kümt de ene to gelde besceden is. ¶ *Of* 3*) *dat kint sine iartale behelt er den tins dagen dat dat gut uordenet is. it scal den tins ut nemen iaret* l) *it sek* m) *na den rechten tins dagen. dat gelt des gudes heft it uorlorn. Dit* 4*) *rede ec dar uon. arbeidet en here oder ieman uon sinen haluen*

„wo man den jährlich mit Pfennigen lößet; wo man ihn aber nicht lößet, da ist er verdient, wenn das Vieh geworfen ist 5)," am St. Margretentage 6) allerhand Korn-Zehnte. *„Was aber früher geschocket ist, daran ist der Zehnte verdient."* Am St. Urbanstage 7) sind Weingärten und Baumgärten verdient. Des Mannes Saat, die er mit dem Pfluge bestellt, ist verdient, sobald die Egge darüber geht 8), „und der Garten, sobald er gesäet und geharkt ist." Geld von Mühlen, und von Zöllen, und von Münze, und von Weingärten ist verdient, wenn der Zinstag kommt, der ihm zur Zahlung beschieden ist 9). — §. 3. „Wenn das Kind seine Jahrzahl 10) vor den Zinstagen erlangt, wo das Gut verdient ist; es soll den Zins daraus nehmen: jahret es sich nach den rechten Zinstagen; das Geld des Gutes hat es verloren. Dies sage ich davon: bearbeitet ein Herr oder jemand von seinethalben einen Garten,

---

d) d. i.] den czenden alle iar. e) a. e.] in aber. f) geworfen. g) a. h.] alle ander. h) eide. i) gesat. k) gerochen. l) voriaret. m) fh. aber.

5) II. 49. §. 13. & 14. 6) d. 13. July. 7) d. 25. Mai. 8) III. 76. §. 3. & 4. — 77. §. 2. 9) III. 76. §. 5. 10) I. 20. not. 3b.

garden. oder bomgarden. oder wingarden. unde bekostiget he se wente n) *sinte urbanus dage. en* o) *heft sik dat kint nicht geiaret noch* p). *de here nimt de urucht dar af. heft oc de here geseiet* q) *des kindes lant er it sek geiaret de here behelt de sat unde nicht den stoppel. noch de winstauelen. wenne se in der erden stat unde to deme winholte gebunden sin. he en mot oc nicht des kindes holt laten howen noch gras sniden* r) *sint sek dat kint geiaret heft. geiaret sek auer dat kint* s) *uore. de here heft sin arueit uorlorn* t). *wenne dat kint en gilt is eme nicht. alse en deit de here deme kinde. noch des kindes eruen. wen he dat aneuelle nimt..*

„oder Baumgarten, oder Weingarten, und verwendet er Kosten darauf bis zum St. Urbanstage: hat sich das Kind noch nicht gejahret; der Herr nimmt die Frucht davon. Hat auch der Herr das Land des Kindes besäet ehe es sich gejahret; der Herr behält die Saat und nicht die Stoppel, noch die Weinpfähle, solange 11) sie in der Erde stehen, und an das Weinholz gebunden sind. Er mag auch nicht des Kindes Holz hauen lassen, noch Gras schneiden, sobald sich das Kind gejahret hat. Jahret sich aber das Kind vorher; der Herr hat seine Arbeit verloren: denn das Kind entgilt sie ihm nicht. Ebenso thut der Herr nicht dem Kinde, noch des Kindes Erben, wenn er das Angefälle nimmt."

1*) Bild IX. 4. 2*) IX. 5. 3*) IX. 6. 4*) IX. 7.

Schwabensp. Cap. 87.) bei Senkenb. Cap. 338. §. 1. **Cap. 88.)** ib. §. 2. bis 7. **Cap. 89.)** Cap. 339 §. 1. bis 6. **Cap. 90.)** Cap. 340. **Cap. 91.)** Cap. 341. §. 1. bis 6.

---

n) biz an. o) unn en. p) n. g. n.] noch nicht geiaret. q) gesat. r) sniden *fehlt.* s) a. d. k.] daz kind aber. t) s. a. u.] vorlorn sin erbeit.

11) Ziemann Wörterb. pag. 628. s. v. wenne.

ℭ Wil en here vorwisen sinen tins man. unde von sime rechte. ℭ Von des koninges straten. ℭ We deme anderen rümen scole. ℭ Capitulum.. LX..

Wil [1*]) en here sinen tins man uon sime gude wisen a) de to deme gude nicht geboren is. dat scal he eme kündigen to lechtmissen. dat selue scal de man don af he it b) laten wil. ℭ Sterft de tins man des heren sin erue tret an sine stat unde gilt *uon deme gude* alse iene scolde. Sterft [2*]) ok de here de man gift ok c) sinen tins den he deme heren gelouet hadde ieneme an den dat gut dript d). unde en e) bedarf nemanne de en gewere wenne sin ploch. ℭ Des [3*]) koninges strate scal sin alse breid dat en wagen deme anderen gerümen moge. ℭ De idele f) wagen scal rümen deme geladenen. unde de min geladene deme suaren. ℭ De ridene wike deme wagene. unde de gande

Art. 60. [59.] Will ein Herr seinen Zinsmann wegweisen, und von seinem Rechte. Von des Königs Straße. Wer dem Andern ausweichen soll.

§. 1. Will ein Herr seinen Zinsmann, der zu dem Gute nicht geboren ist [1]), von dem Gute weisen, das soll er ihm kündigen zu Lichtmesse [2]). Dasselbe soll der Mann thun, wenn er es verlassen will. — §. 2. Stirbt der Zinsmann des Herrn; sein Erbe tritt an seine Statt, und zahlt „von dem Gute" was jener sollte [3]). Stirbt auch der Herr; auch der Mann giebt jenem, auf den das Gut fällt, seinen Zins, den er dem Herren gelobt hatte, und bedarf niemandes, als seines Pfluges [4]), der ihn gewähre. — §. 3. Des Königs Straße [5]) soll so breit sein, daß ein Wagen dem andern ausweichen kann. Der leere Wagen soll dem geladenen ausweichen und der minder geladene dem schwereren. Der Reitende weiche dem Wagen und der Ge-

---

a) sinen. *bis:* wisen] wisen sinen czins mann von sime gute. b) h. i.] hez gut. c) ok *fehlt.* d) geuellt. e) en *fehlt.* f) lere.

1) III. 80. §. 1. — (I. 54. §. 5.) 2) d. 2. Februar. 3) I. 6. §. 4. — 9. §. 1. ff. — III. 77. 4) II. 59. §. 2. — III. 77. §. 2. a. E. — Glosse: der, der ez lies, bedarff keinen gewеren mehr dazu, das er die saat von dem iar nütz, denn seinen pflug; das ist, das er es beweise, das er es vor geerbeit hab. 5) I. 63. not. 6.

deme ridenen. Sin auer se g) in eneme engen wege. oder up ener brüggen. unde iaget men enen ridenen. oder to uote so sta de wagen stille went h) se mogen uore komen. ₡ Welk wagen er uppe de brüggen kümt de scal erst ouer gan. he si idel i) oder geladen. de erst to der molen kümt de melet erst..

hende dem Reitenden. Sind sie aber auf einem engen Wege oder auf einer Brücke, und verfolgt man einen Reitenden oder Einen zu Fuß; so stehe der Wagen still, bis sie vorkommen mögen. Welcher Wagen ehr auf die Brücke kommt, der soll zuerst darüber gehen, er sey leer oder geladen. — §. 4. Wer zuerst zu der Mühle kommt, der mahlt zuerst [6].

1*) Bild. tab. IX. 8. 2*) IX. 9. 3*) X. 1.

Schwabensp. Cap. 92.) bei Senkenb. Cap. 236. §. 1. bis 9.

₡ Welk man deme anderen liet uarende haue. ₡ Capitulum.. LXI..

Welk 1*) man eneme anderen liet oder sat perde. oder cleit. oder ieniger hande a) uarende haue b). to welker wis he de ut sinen [weren] let mit sineme willen. uorkoft he se c). oder uorspelt he se. wert se eme uorstolen. oder af gerouet. iene de se uorlegen d). oder

Art. 61. [60.] Welcher Mann dem andern fahrende Habe leiht.

§. 1. Welcher Mann Pferde, oder Kleider, oder irgend welche fahrende Habe dem andern leiht oder versetzt; auf was für Weise er die mit seinem Willen aus seiner Gewer läßt [1]: verkauft sie dieser, oder verspielt er sie, wird sie ihm gestohlen oder geraubt [2]; jener, der sie verliehen

---

g) a. s.] si aber. h) biz. i) lere.

6) (I. 60. §. 2. & 3. — III. 12. §. 1. & 2.)

Art. 61.

a) welcherhande. b) fh. iz si. c) h. s.] si der. der si in gewern hat. ader vorsetzt. d) vorleich.

1) I. 15. — III. 4. §. 1. — 5. §. 1. 2) III. 5. §. 3.

uorsat heft de ne e) mach nene f) uorderinge dár up hebben g). ane uppe den deme he se lech oder satte. Streft 2*) auer iene rechtes dodes. oder unrechtes so te he sek to sime gude mit rechte iegen h) den eruen. oder iegen i) den k) richtere of it an ene geboret..

oder versetzt hat, mag darum keine Forderung haben, als gegen den, dem er sie lieh oder versetzte 3). — §. 2. Stirbt der aber rechten oder unrechten Todes; so ziehe er sich mit Recht zu seinem Gute gegen den Erben 4), oder gegen den Richter, wenn es ihm zufällt 5). —

1*) Bild tab. X. 2. 2*) X. 3.

Schwabensp. Cap. 93.) bei Senkenb. Cap. 248. §. 1. bis 4. **Cap. 94.)** Cap. 249. §. 1. bis 3. **Cap. 95.)** Cap. 250. §. 1. & 2.

¶ Von den ban uorsten. unde uon hitzende.. ¶ Capitulum.. LXII..

Do 1*) got den minschen scop a) do gaf he eme gewalt ouer uische. ouer uogele. unde ouer alle wilde der. des hebbe we orkunde uon gode. dat neman sinen lif. noch sine gesunt an düssen dingen uorwerken en b) mach. Doch 2*) sin dre stede binnen *deme lande to c)* sassen dar den deren urede geworcht is bi koninges banne. ane beren unde wulue unde uosse. de het ban uorste.

Art. 62. [61.] **Von den Bannforsten und vom Hetzen.**

§. 1. Da Gott den Menschen erschuf, da gab er ihm Gewalt über Fische, über Vögel, und über alle wilde Thiere. Dessen haben wir Urkunde von Gott, daß niemand seinen Leib noch seine Gesundheit 1) an diesen Dingen verwirken mag. — §. 2. Doch sind drei Stätten binnen „*dem Lande*" Sachsen, wo den Thieren bei Königsbann 2) Friede gewirkt ist; außer Bären, Wölfen und Füchsen. Die hei-

---

e) ne *fehlt.* f) keine. g) gehaben. h) kegen. i) kegen. k) dem.
3) III. 22. §. 3. — (III. 6. §. 1.) 4) I. 6. §. 2. 5) I. 28.

Art. 62.

a) geschuf. b) en *fehlt.* c) d. l. t. *fehlt.* d) so *fehlt.* e) en *fehlt.*
1) I. 2. not. 14. 2) I. 2. not. 6.

dat ene is de heide to coyne. de andere de hart. de dredde de mage heide. *we so* d) *hir binnen wilt ueit de scal wedden des koninges ban dat sin sestich scillinge.* ¶ We [3*]) so dor den ban uorst rid sin boge unde sin armborst scal ungespannen sin. sin koker scal bedan sin. sine winde unde sine bracken up geuangen. unde sine hunde gekoppelet. ¶ Jaget en e) man en wilt buten deme uorste. unde uolget eme de hunde binnen f) den uorst. de man mot wol uolgen so dat he nicht en blase. noch de hunde en g) grote. unde en misse deit dar nicht an of he ***it en* h)** san dat wilt ueit. sinen hunden mot he wol weder ropen. ¶ Neman en mot de sat tredden dorch iaget. noch dorch hitzen na der tid dat dat korn ledekene heft i).

ßen Bannforsten. Das Eine ist die Heide zu Koyne; die Andere, der Harz; die Dritte, die Mage-Heide. „Wer hierbinnen „Wild fängt, der soll wedden „des Königs Bann; das sind „sechzig Schillinge.“ — §. 3. Wer durch den Bannforst reitet; sein Bogen und seine Armbrust soll abgespannt sein, sein Köcher soll geschlossen sein, seine Windhunde und seine Spürhunde aufgefangen und seine Hunde gekoppelt. — §. 4. Jagt ein Mann Wild außer dem Forste, und folgen ihm die Hunde in den Forst; der Mann mag wohl folgen, so daß er nicht blase noch die Hunde antreibe, und thut nicht Unrecht daran, wenn er wirklich das Wild fängt. Zurückrufen mag er seine Hunde wohl. — §. 5. Niemand muß die Saat 3) durch Jagen noch durch Hetzen zertreten nach der Zeit, daß das Korn Knoten hat.

1*) Bild tab. X. 4. 2*) X. 5. 3*) X. 6.

Schwabensp. Cap. 96.) bei Senkenb. Cap. 356. §. 1. bis 22. **Cap. 97.)** Cap. 359. §. 1. bis 5. **Cap. 98.)** Cap. 362. §. 1. bis 3. **Cap. 99.)** Cap. 364. §. 1. bis 4. **Cap. 100.)** Cap. 360. §. 1. bis 5. & 361. §. 1. bis 6. **Cap. 101.)** Cap. 363. §. 1. bis 5.

---

f) in. g) nicht en. h) it en *fehlt.* i) l. h.] gelidechene gewinnet.
3) II. 28. §. 4. — (49. §. 2.)

ₒ We so helt scedelike der. ₒ Sleit en enen hunt oder ber dod dor not.
ₒ Capitulum.. LXIII.

We so a) helt enen glumenden hunt 1*) oder enen tamen wulf. oder enen hert. oder enen b) beren. oder enen c) apen. wat de to d) scaden deit e) dat scal he gelden. wel he sek ere üteren na deme scaden dar mede is he nicht unscüldich of men dat getügen mach de man self dredde dat he se geholden hebbe went f) an de tid dat se den scaden deden. ₒ Sleit 2*) en man enen *hund g) oder* ber *oder en ander dier* h) binnen des dat i) it eme scaden wel. he blift is ane wandel of he it geweren dar uppe den hilgen dat he k) not weringe dede..

Art. 63. [62.] Wer schädliche Thiere hält. Schlägt Einer aus Noth einen Hund oder Eber todt.

§. 1. Wer einen tückischen Hund hält, oder einen zahmen Wolf, oder einen Hirsch, oder einen Bähr, oder einen Affen; was die Schaden thuen, das soll er entgelten 1). Will er nach dem Schaden sich ihrer entäußern; dadurch ist er nicht unschuldig 2), wenn man das bezeugen mag, — Der Mann selbdritt, — daß er sie gehalten habe, bis zu der Zeit, wo sie den Schaden thaten. — §. 2. Erschlägt ein Mann einen *Hund oder* Eber *oder ein anderes Thier* während dessen, daß es ihm schaden will; er bleibt deshalb ohne Wandel 3), wenn er auf den Heiligen 4) bewähren kann, daß er Nothwehr 5) that. — [§. 3. f. ff.]

1*) Bild. tab. XI. 1. 2*) XI. 2.

Schwabensp. Cap. 102.) bei Senkenb. Cap. 365. §. 1. bis 3.
Cap. 103.) Cap. 366. §. 1. bis 4.

---

a) da. b) enen *fehlt.* c) enen *fehlt.* d) to *fehlt.* e) getun. f) biz. g) fh. czu tode. h) o. e. a. d. *fehlt.* i) dat *fehlt.* k) hez in.

1) II. 41. §. 1. — (55. §. 5.) — III. 49. 2) II. 41. §. 2. 3) II. 27. not. 4. 4) I. 13. not. 4a. 5) II. 15. — III. 48. §. 2. — 78. §. 6. — 84. §. 3.

ℭ We wilde der hegen wil. ℭ It en mach nen wif uorspreke sin. ℭ Capit. LXIIII..

We 1*) wilde der hegen wil buten ban uorsten de scal se binnen a) bewerken *). ℭ It en mach nen b) wif uorspreke sin. noch ane uormunden clagen dat uorlos en allen calefurna c) de uor deme rike missebarde uon torne do ere wille an uorsprekene nicht en moste uort gan. ℭ Iowelk d) man 2*) mot wol uorspreke sin. *unde getüch. unde clagen. unde antworden.* ane in deme gerichte dar he inne uoruestet is. oder *of he* in des rikes achte. *is.* *uor geistlikeme gerichte en mot he is* e) *nicht don of he to* f) *banne is.*

Art. 64. [63.] Wer wilde Thiere hegen will. Es mag kein Weib Vorsprecher sein.

§. 1. [Art. 62. §. 3.] Wer wilde Thiere außer Bannforsten 1a) hegen will, der soll sie binnen verwahren. — [*binnen seiner verwahrten Gewer haben 1b).*] — §. 2. [§. 1.] Es mag kein Weib Vorsprecher 2) sein noch ohne Vormund klagen 3). Das verlor ihnen Allen Calefurnia, die aus Zorn vor dem Reiche Ungebühr that, da ohne Vorsprecher ihr Wille nicht in Erfüllung gehen mochte. — §. 3. [§. 2.] Jeglicher Mann mag wohl Vorsprecher sein, „und „Zeuge, und klagen, und antworten;" außer in dem Gerichte, darinnen er verfestet 4) ist, oder *wenn er* in des Reichs Acht 5) *ist*. „Vor geistlichem Gericht „kann er es nicht thun, wenn „er im Banne ist."

1*) Bild tab. XI. 3. 2*) XI. 4.

Schwabensp. Cap. 104.) bei Senkenb. nach Cap. 366. pag. 337. §. 1. bis 7. **Cap. 105.)** Cap. 3. §. 1. bis 4.

---

a) in sinen beworchten geweren haben. b) kein. c) calefornia. d) En iclich. e) Ih. aber. f) in deme.

*) H. binnen sinen geworchten geweren hebben.

1a) II. 62. §. 2. 1b) (II. 37. — 41. §. 1. — 50. §. 2. — 51. §. 2. — 52. — 53. §. 3. — III. 48. §. 1. ff.) 2) I. 60. not. 1. 3) I. 46. 4) I. 64. not. 5. 5) I. 38. not. 2.

ȼ We mit gerochte clagen scal. ȼ Capitlm. LXV..

Wif 1*) oder maget de not uor gerichte claget de scolen clagen mit deme a) gerochte b) dor de hanthaften dat. unde dor de not de se dar bewisen scolen c). ȼ De 2*) oc [mit *)] düue **). oder mit roue [enen] geuangenen uor gerichte bringet de scolen d) clagen mit [deme e)] gerochte f) dor de hanthaften dat de se mit den lüden uore bringet. ȼ De 3*) oc doden uor gerichte bringen. unde clagen dat ungerichte dat an en gedan is. de scolen clagen mit gerochte dor de hanthaften dat de dar scinbare is. ȼ De oc gerouet is. unde wet oc g) wur sin rof geuort is. wil he dat eme de richtere uolge dar lade he h) ene mit gerochte. unde clage mit gerochte dor de hanthaften dat de he dar be-

Art. 65. [64.] Wer mit Gerüffte klagen soll.

§. 1. Weib oder Jungfrau, die vor Gericht Nothzucht 1) klagen, die sollen mit Gerüffte 2) klagen, um die handhafte That 3) und um die Nothzucht, die sie da nachweisen sollen. — §. 2. Die auch einen Gefangenen mit dem Diebstahle oder mit dem Raube vor Gericht bringen 4), die sollen mit dem Gerüffte klagen, um die handhafte That, die sie mit den Leuten vorbringen. — §. 3. Die auch einen Todten vor Gericht bringen 5), und ob des Ungerichts 6), das an ihm gethan ist, klagen, die sollen mit Gerüffte klagen, um die handhafte That, die da scheinbar ist. — §. 4. Wer auch beraubt ist und weis, wohin sein Raub geführt ist: will er, daß der Richter ihm folge 7); dahin lade er ihn mit Gerüffte und klage mit Gerüffte, um die handhafte That, die er da nachwei-

---

a) *fehlt.* b) geruſte. c) b. s.] sullen bewisen. d) sal. e) *fehlt.* f) geruſte. *desgl. im Folgenden.* g) oc *fehlt.* h) l. h.] he lade.

*) *mit* klein über der Zeile, für: *de,* welches durchstrichen ist.

**) ſh. *mit,* welches durchstrichen ist.

1) II. 14. not. 9. 2) I. 53. not. 1. 3) I. 55. not. 2. 4) I. 55. §. 2. — 57. — III. 35. §. 1. 5) II. 15. §. 1. & 2. — III. 10. §. 1. — 91. §. 2. 6) I. 57. not. 2. 7) II 26. §. 1. — 72. §. 3. — 73. §. 1. ff. — III. 78. §. 4.

wisen wil. ₵ Wat nen i) hanthaft dat en k) is dat l) mot men ane gerochte clagen. of men is ane scaden bliuen wil.

sen will. — §. 5. Was keine handhafte That ist, das muß man ohne Gerüffte klagen, wenn man deshalb ohne Schaden bleiben will.

1* 2* 3*) Bild tab. XI. 5. & 6.

Schwabensp. vacat.

₵ Nen kint en mach sin lif uorwerken. unde we en kint sleit. ₵ Capit. LXVI.

Nen a) kint b) mach binnen sinen iaren 1*) don dar it sin lif mede uorwerke. Sleit it enen man. oder belemet it ene c) sin uormünde scal dat beteren mit ienes weregelde. of it up ene wllenbracht wert. welken scaden it deit den scal he gelden *mit des kindes güde* na sime werde. ₵ Sleit auer en man en kint dot. he scal sin *vulle* weregelt geuen. ₵ Sleit d) auer en man en kint. oder roft 2*) he it. oder sleit he it mit besmen dor sine missedat. he blift is ane wan-

Art. 66. [65.] Kein Kind mag sein Leben verwirken; und wer ein Kind schlägt.

§. 1. Kein Kind mag binnen seinen Jahren 1) thun, womit es sein Leben verwirke. Erschlägt es einen Mann oder lähmt es ihn; sein Vormund soll das bessern 2) mit jenes Wehrgelde 3a), wenn es gegen ihn bewährt wird. Welchen Schaden es thut, den soll er nach seinem Werthe „mit „des Kindes Gute" entgelten 3b). — §. 2. Schlägt aber ein Mann ein Kind todt; er soll sein *volles* Wehrgeld geben. — Schlägt aber ein Mann ein Kind, oder rauft er es, oder schlägt er es für sein Vergehen mit der Ruthe: er bleibt deshalb ohne Wan-

---

i) W. n.] wo keine. k) *für:* en] nicht. l) da.

Art. 66.

a) kein. b) fh. en. c) *statt:* ene] vi. d) schilt. desgl. bei Homeyer.
1) I. 20. not. 3b. 2) I. 68. not. 7. 3a) III. 45. §. 1. ff. 3b) III. 3.

del dar he it geweren uppe den hilgen. dat he it dor anders nicht en sloge wenne dor sine missedat..

del [4]); kann er auf den Heiligen [5]) es bewähren, daß er es um nichts Anderes, als um sein Vergehen, schlug [6]).

1*) Bild tab. XI. 7. 2*) XI. 8.

Schwabensp. Cap. 106.) bei Senkenb. Cap. 119. §. 1. bis 8.
Cap. 107.) Cap. 183. §. 1. bis 9.

ℭ Nu uornemet den olden urede. ℭ Capit. LXVII..

Nu [1*]) uornemet den olden urede den de keyserlike gewalt gestedeget heft to a) sassen lande *mit* der guden knechte willekore des landes. ℭ Alle dage b) scolen urede hebben papen und geistlike lüde. megede unde wif. unde iüden an erme güde. unde an ereme liue. kerken unde kerkhoue. unde iowelk c) dorp binnen siner groue unde d) tune. Ploge unde molen [2*]). unde des koninges strate in watere unde in uelde. de scolen steden urede hebben. und alle dat dar binnen is e). kümt. hilge dage unde bundene dage de sin allen lüden

Art. 67. [66.] Nun vernehmet den alten Frieden.

§. 1. Nun vernehmet den alten Frieden, den die kaiserliche Gewalt, mit Willen der guten Knechte [1]) des Landes, im Sachsen-Lande gestätiget hat. Frieden haben sollen alle Tage Pfaffen und geistliche Leute, Jungfrauen und Frauen, und Juden [2]) an ihrem Gute und an ihrem Leibe. Kirchen und Kirchhöfe [3]), und jeglich Dorf [4]) binnen seinem Graben [5]) und Zaune, Pflüge und Mühlen [6]) und des Königs Straße [7]) zu Wasser und zu Felde, die sollen stäten Frieden haben, und Alles, was darbinnen kommt. — §. 2. Heilige Tage und gebundene Tage [8a]),

---

4) II. 27. not. 4. 5) I. 13. not. 4a. 6) II. 33. §. 1.

Art. 67.

a) in. b) fh. unn alle czit. c) iclich. d) fh. sime. e) is, *fehlt.*

1) II. 72. §. 4. 2) III. 2. — 7. §. 3. 3) II. 10. §. 2. 4) I. 63. §. 1. — III. 66. §. 2. 5) III. 66. 3. 6) II. 14. §. 4. 7) I. 63. §. 1. — II. 60. §. 3. 8a) II. 9. not. 5.

to urede dagen gesat. dar to in iowelker f) weken uer dage. donersdach. unde uridach. unde g) sunauent. unde sundach. Des donersdages wiet men den kresemen dar mede men uns alle h) tekenet to der cristenheit. *in der döpe.* Des donersdages merede got mit sinen iüngeren in deme kelke. dar began unse. e. Des donersdages 3*) vur got unde minsche i) to himmele. unde opende uns den wech dar hin de uns besloten was. Des uridages 4*) makede got de man. unde wart des uridages gemarteret dor den man. Des sunauendes rowede he do he himmel unde erden gemaket hadde. unde allet dat dar inne was. he rowede oc des sunauendes in deme graue 5*) na siner martere. Des sunauendes wiet men oc de papen de der cristenheit mestere sin. Des sundages worde we besonet k) *mit gode* ümme adames missedat. Des sundages kk) was de erste dach de l)

die sind allen Leuten zu Friedetagen gesetzt; dazu in jeder Woche vier Tage: Donnerstag und Freitag, und Sonnabend und Sonntag. Des Donnerstags weiht man das Chrisma, womit man uns Alle *in der Taufe* zu der Christenheit zeichnet. Des Donnerstags nahm Gott das Abendmal 8b) mit seinen Jüngern im Kelche; da begann unser Gesetz 8c). Des Donnerstags fuhr Gott und Mensch gen Himmel und öffnete uns den Weg dahin, der uns verschlossen war. Des Freitags machte Gott den Mann und ward des Freitags gemartert durch den Mann. Des Sonnabends ruhete er, da er Himmel und Erde und Alles gemacht hatte, was darinn war. Er ruhete auch des Sonnabends in dem Grabe nach seiner Marter. Des Sonnabends weiht man auch die Pfaffen, die der Christenheit Meister sind. Des Sonntags wurden wir versöhnt „mit Gott" um Adams Missethat. Der Sonntag war der

f) iclicher. g) unde *fehlt*. h) d. m. m. u. a.] da man vns alle mite. i) v. g. u. m.] vorte got vnse menscheit. k) vor sünet. kk) D. s.] der svntac. l) fh. ie.

8b) Ziemann Wörterb. pag. 247. s. v. mert: Malzeit, besonders Abendmalzeit. — vgl. jedoch oben I. 63. not. 21b. *meren:* säumen, weilen, (verweilen?). 8c) I. 18. not. 5. — Ziemann Wörterb. pag. 62. s. v. E.

gewart unde wert de leste alse we up scolen stan m) uon n) dode 6*). unde uaren to genaden mit liue unde mit sele de dat weder got uordenet hebbet. Dar ümme sin düsse uer dage gemeine urede dage allen lüden. ane den de in der hanthaften dat geuangen wert o). oder in des rikes achte sin. oder uoruestet in deme gerichte..

erste Tag, welcher ward, und wird der letzte sein 9), da wir sollen auferstehen von dem Tode und mit Leib und Seele, — die das an Gott verdient haben, — zu Gnaden fahren. Darum sind diese vier Tage gemeine Friedetage allen Leuten, außer denen, die auf der handhaften That 10) gefangen werden 11), oder in des Reiches Acht 12), oder verfestet 13) sind in dem Gerichte.

1*) Bild tab. XI. 9. 2*) XI. 10. 3*) XII. 1. 4* & 5*) XII. 2. & 3. 6*) XII. 4.

Schwabensp. Cap. 108.) bei Senkenb. Cap. 195. §. 1. bis 5. **Cap. 109.)** Cap. 185. §. 1. bis 6. **Cap. 110.)** Cap. 16. §. 1. bis 3. **Cap. 111.)** Cap. 4. §. 1. bis 14.

¶ We ümme ungerichte beclaget wert he mot nicht bringen wen drittich man. ¶ Capitlm. LXVIII.

We so ümme ungerichte beclaget wert he en mot nicht mer wen drittich man uoren uor gerichte wenne he uore kümt. de en a) scolen nene b) wapen dragen ane suert 1*)..

Art. 68. [67.] Wer um Ungericht beklagt wird; er mag nicht (mehr) als dreißig Mann vor Gericht bringen.

Wer um Ungericht 1) beklagt wird; er mag nicht mehr als dreißig Mann vor Gericht führen, wenn er vor kommt: Die sollen keine Waffen tragen, außer Schwerter 2).

1*) Bild tab. XII. 5.

Sbhwabensp. Cap. 112.) bei Senkenb. Cap. 132. §. 1. & 2.

---

m) s. s.] sten sullen. n) von me. o) werden.

9) I. 3. §. 1. 10) I. 55. not. 2. — II. 10. §. 2. — III. 9. §. 2. (not. 10) 11) II. 10. §. 2. 12) I. 38. not. 2. 13) II. 9. §. 4. — I. 64. not. 5.

☾ Erleget deme wechuerdigen manne sin perd.. ☾ Capitulum.. LXIX..

Erleget deme wechuerdigen manne sin perd [1*]) he mot wol sniden korn unde eme geuen also uerne alse he it a) gereken mach stande in deme wege mit eneme uote. he en scal b) auer nicht dennen uoren.

Art. 69. [68]. Erliegt dem Manne unterwegs sein Pferd.

Erliegt dem Manne unterwegs sein Pferd; er mag wohl Korn abschneiden und ihm geben [1]), so weit, als er es, mit einem Fuße im Wege stehend, erreichen mag [2]). Er soll aber nichts von dannen führen [3]).

1*) Bild tab. XII. 6.

Schwabensp. vacat.

☾ We so dodet oder wundet enen uredebrekere. ☾ Capitulum.. LXX..

We so dodet oder wundet [1*]) enen uredebrekere. de a) blift is ane wandel of he it selue *sevede* getügen mach dat he ene wundede in der ulucht. oder an der dat dar he den urede brak..

Art. 70. [69.] Wer einen Friedebrecher tödet oder verwundet.

Wer einen Friedebrecher [1]) tödtet oder verwundet, der bleibt deshalb ohne Wandel [2a]), wenn er es selb *siebent* [2b]) bezeugen mag, daß er ihn auf der Flucht [3]) oder bei der That, wo er den Frieden brach, verwundete.

1*) Bild tab. XII. 7.

Schwabensp. Cap. 113.) bei Senkenb. Cap. 154. §. 1. & 2.

Art. 68.

a) d. e.] dien. b) keine.

1) I. 57. not. 2. 2) II. 72. §. 1.

Art. 69.

a) it *fehlt.* b) ſh. is.

1) II. 38. §. 2. 2) II. 29. §. 4. 3) III. 37. §. 4.

Art. 70.

a) he.

1) I. 63. not. 3. 2a) II. 27. not. 4. 2b) III. 89. §. 4. 3) II. 34.

❡ Men en scal nemane wisen uon sineme gude. ❡ Capit.. LXXI.. a).

Men en scal nemanne wisen uon sineme gude dat he insinen geweren heft. eme en werde de gewere mit rechte aue wunnen. ❡ We den urede brict dat scal men richten alse hir uore geredet is..

Art. 71. [70.] Man soll niemanden von seinem Gute weisen.

§. 1. Man soll niemanden von seinem Gute weisen, das er in seiner Gewer hat; ihm werde denn die Gewer mit Recht abgewonnen [1]. — §. 2. [Art. 71. §. 1.] Wer den Frieden bricht, das soll man richten, wie hievor gesagt ist [2].

Schwabensp. vacat.

❡ Binnen gesuoreneme urede en scal men nene wapene uoren. ❡ Capitulum.. LXXII..

Binnen[1*]) gesuoreneme urede en scal men nen a) wapen uoren wenne to des rikes deneste. unde to torneie sunder suert. alle de anders wapen uoret. ouer de scal men richten wenne se in des rikes achte sin. of se dar mede geuangen werden.. ❡ Suert en mot men oc nicht dragen

Art. 72. [71.] Binnen geschworenem Frieden soll man keine Waffen führen.

§. 1. [§. 2.] Binnen geschworenem Frieden [1] soll man, außer dem Schwerte, keine Waffen [2] führen, als zu des Reiches Dienste und zu Turniren. Alle die anders Waffen führen, über die soll man richten; weil sie in des Reichs Acht [3] sind, wenn sie damit ergriffen werden. Schwerter muß man auch nicht tragen in Burgen, noch

---

a) Der ganze Artikel *fehlt*.

1) I. 70. §. 1. — II. 25. §. 1. & 2. — (II. 26. §. 1.) — 35. §. 8. — III. 82. §. 2. 2) Die Glosse bezieht dies auf II. 14. — (II. 65.) — I. 69. — III. 36. §. 2. — 46. §. 1.

Art. 71.

a) keine.

1) II. 10. not. 2. 2) II. 68. 3) I. 38. not. 2.

an borgen noch an steden. noch an dorpen. alle de dar inne woninge. oder herberge hebbet. wapen mot men oc wol uoren wenne men deme rochte b) uolget de eme c) scolen dor recht uolgen. ¶ Alle de to eren iaren komen sin also uerne se dat d) suert uoren mogen. it en beneme eme echt not sunder papen unde wif. unde kerkenere. unde herde. of se uolget uor ene borch 2*). dre dage scolen se dar bliuen. manlik mit siner spise binnen deme richte de wile iene uore gat *oder ridet* de dat rochte e) gescriet heft. Is auer he gewundet dat he geuolgen nicht f) en g) mach. so scolen de lüde uolgen bi plicht de wile se ienen sed de den urede gebroken heft. of he san in en ander gerichte ulüt. mogen se ene uan uppe deme uelde dar dat uolk uon deme lande nicht h) en kümt se uoren ene weder. Vlüt auer he to dorpe.

in Städten, noch in Dörfern; Alle, die darin Wohnung oder Herberge haben. — §. 2. [§. 3.] Waffen muß man auch wohl führen, wenn man dem Gerüfft 4) folgt; die ihm nach Recht folgen sollen. — §. 3. [§. 3. & 4.] Alle, die zu ihren Jahren 5) gekommen sind, sofern sie das Schwert führen mögen, — es verhindere sie denn echte Noth 6), — außer Pfaffen und Weiber, und Kirchner und Hirte: wenn sie vor eine Burg 7) folgen; drei Tage 8) sollen sie daselbst, binnen dem Gerichte, jeder auf eigene Zehrung bleiben, solange jener voran geht „oder reitet", der das Gerüffte geschrieen hat. Ist er aber verwundet, so daß er nicht folgen mag: so sollen die Leute, solange sie jenen sehen, der den Frieden gebrochen hat, bei Pflicht 9) folgen; selbst wenn er in ein anderes Gericht entflieht. Mögen sie ihn auf dem Felde, wo das Volk von dem Lande nicht hinzu kommt, fangen; sie führen ihn zurück. — §. 4. [§. 5.] Entflieht er aber

b) gerufte. c) deme sullen durch recht volgen alle [de] czu iren jaren etc. d) s. d.] daz si. e) gerufte. f) g. n.] nicht gevolgen. g) en *fehlt*. h) fh. czu.

4) I. 53. not. 1. 5) I. 20. not. 3b. 6) I. 28. not. 7. 7) II. 73. ff. 8) III. 68. §. 2. 9) I. 2. §. 2. a. E.

oder to steden. oder to borgen. men scal dat rochte i) uornien. unde laden dar to den burmester. unde de bure. unde de guden knechte de men to der tid hebben moge. unde eschen ienen ut k) to rechteme gerichte. den scal men l) antworden 3*) of he in der hanthaften dat gestediget is. deste m) se it getügen mogen. mit seuen mannen dat se eme geuolget hebben in der hanthaften dat uon ereme gerichte 4*). dar n) scolen se borgen setten uor des mannes weregeld. of se nicht rechte ouer ene o) richten. so uoren se ene weder unde don dar recht mede.

zu Dorfe, oder zu Städten, oder zu Burgen; man soll das Gerüffte erneuern, und den Bauermeister 10), und die Bauern, und die guten Knechte 11), die man zu der Zeit haben mag, dazu laden, und jenen abfordern zu rechtem Gerichte. Den soll man, wenn er auf handhafter That 12a) ertappt ist, ausantworten, dafern sie mit sieben Mannen 12b) es bezeugen mögen, daß sie ihn in handhafter That von ihrem Gerichte verfolgt haben. Da sollen sie Bürgen für des Mannes Wehrgeld 13) setzen; wenn sie nicht recht über ihn richten. So führen sie ihn zurück, und thun Recht damit.

1*) Bild tab. XII. 8. 2*) XII. 9. 3*) XIII. 1. 4*) XIII. 2.

Schwabensp. Cap. 114.) bei Senkenb. Cap. 193. §. 1. bis 8. & 155. §. 1. bis 6.

¶ Vppe welker borch men den uredebrekere helt. ¶ Of men de broch sculdeget ümme den rof. ¶ Capitlm.. LXXIII..

Vppe welker borch men de

Art. 73. [72.] Auf welcher Burg man den Friedebrecher hält. Wenn man die Burg um Raub beschuldigt.

§. 1. Auf welcher Burg man

---

i) gerufte. k) heruz. l) fh. in. m) *für:* deste] ab. n) fh. so. (dar *ist zum Vorhergehenden gezogen und durch Punct von dem Folgenden getrennt.)* o) fh. en.

10) I. 2. not. 11. 11) II. 67. §. 1. 12a) I. 55. not. 2. 12b) III. 89. §. 4. 13) II. 9. not. 6. — III. 45. not. 1.

uredebrekere helt weder rechte. wenne de richtere dar uore mit gerochte a) geladen wert. unde men se af b) eschet alse recht is. dat men dat gehoren moge uppe der borch. en c) geuet se se nicht af d) to rechte men uoruestet de borch. unde alle de dar uppe sin. Let men auer dar up des richteres boden sesse. unde den clegere [1*]) de soken den uredebrekere unde den rof. so en scal men se nicht uoruesten. ₵ Scüldiget men de borch ümme den rof dat he dar af unde up e) geschen si. dat mot wol untsculdigen de borch here [2*]). oder en sin borgere uppe den hilgen. ₵ We selue to deme ungerichte uorclaget f) wert de en mach de borch nicht untscüldigen he en hebbe sek g) erst h) untscüldiget. wil men auer de borch bereden mit kampe dat mot wol untreden de here oder de borgere weder sinen genot [3*]). oder men uor-

die Friedebrecher [1]) wider Recht hält; wenn der Richter mit Gerüffte [2]) davor geladen wird, und man sie, wie Recht ist, abfordert, so daß man dies auf der Burg hören möge: liefern sie sie nicht aus zu Recht; man verfestet [3]) die Burg und Alle, die darauf sind [4]). Läßt man aber sechs Boten des Richters und den Kläger hinauf, die den Friedebrecher und den Raub suchen; so soll man sie nicht verfesten. — §. 2. Beschuldigt man die Burg um den Raub, daß er von und auf ihr geschehen sey; das mag wohl der Burgherr, oder einer, sein Burgmann, auf den Heiligen [5]) entschuldigen [6]). Wer selbst auf das Ungericht [7]) verklagt wird, der mag die Burg nicht entschuldigen; er habe denn erst sich entschuldigt [8]). Will man aber die Burg mit Kampf überführen; das muß wohl der Herr oder der Burgmann gegen seinen Genossen [9]) entreden, oder

---

Art. 73.

a) d. u. m. g.] mit deme gerufte da vor. b) herab. c) unn en. d) herabe. e) dar uf. f) beclaget. g) fh. selbe. h) alrest.

1) I. 63. not. 3. 2) I. 53. not. 1. 3) I. 64. not. 5. 4) III. 60. §. 3. — 67. — 68. §. 1. & 2. — 78. §. 4. — (III. 1. §. 1.) 5) I. 13. not. 4a. 6) I. 13. not. 4b. — 15. not. 5. — 68. not. 6. — III. 23. — 89. 7) I. 57. not. 2. 8) II. 18. §. 2. 9) I. 63. §. 3. — (I. 51. §. 4.)

uestet se unde richtet dar ouer. ȼ *Ouer wen men claget dat he uon ener borch gesocht hebbe. den mot de borch here uore bringen* 4*) *dat he betere. oder de borch untrede. en deit he is nicht. he mot dar selue uore antworden.* ȼ *Claget auer en man ouer ene borch dat he dar af* i) *gerouet si. unde en wet he nicht we it gedan hebbe. dar scal de borch here uore antworden uon deme dage ouer ses weken. uon der tit dat he dar ümme beclaget wert. so dat he de borch untrede mit sime ede. oder den scaden gelde* 5*) *uppe recht une bote of he rades unde dades unscüldich is.* ȼ *Ridel lüde* 6*) *uon ener borch. unde dut se scaden. unde en komet se nicht weder up binnen* k) *dage unde nacht. unde en kümt de rof nicht dar up noch dar uore to beholdene so is de borch*

man verfestet sie und richtet darüber 10). — §. 3. „Ueber wen man klagt, daß er „von einer Burg Raubzüge ge„than habe; den muß der Burg„herr vorbringen, damit er bes„sere 11), oder die Burg ent„rede 12). Thut er dies nicht; „er muß selbst dafür antwor„ten." — §. 4. „Klagt aber „ein Mann über eine Burg, „daß er von dort beraubt sey, „und weis er nicht, wer es ge„than hat: dafür soll der Burg„herr, von dem Tage über sechs „Wochen, von der Zeit an ant„worten, wo er darum beklagt „wird, so daß er die Burg mit „seinem Eide entrede, oder den „Schaden nach Recht entgelte; „wenn er in Rath und That „unschuldig ist, ohne Buße." — — §. 5. „Reiten Leute von „einer Burg und thun sie Scha„den, und kommen sie binnen „Tag und Nacht nicht wieder „hinauf, und kommt der Raub nicht hinauf oder davor; so ist die

i) da von. k) fh. drin.

10) Die versio latina giebt diese Worte so: Si quis velit castrum reum facere per duellum; hoc a domino ejus, vel suo castrensi, contra sibi in generatione aequalem, repugnetur: alioquin proscribetur castrum et ipsi castrenses rei judicabuntur. 11) I. 68. not. 7. 12) 68. not. 6.

unscüldich. komet auer de rouere uppe de borch unde de rof dar up. oder dar uore. so is se scüldich an der dat..

„Burg unschuldig. Kommen aber „die Räuber auf die Burg und „der Raub hinauf oder da„vor; so ist sie schuldig an der „That."

1*) Bild tab. XIII. 3. 2*) XIII. 4. 3*) III. 5. 4*) XIII. 7. 5) XIII. 6. 6*) XIV. 1.

Schwabensp. Cap. 115.) bei Senkenb. Cap. 155. §. 7. bis 11. & §. 14. bis 25.

¶ Hir endet sek dat andere bok des lantrechtes.

Hier endet sich das andere Buch des Landrechts.

Drittes Buch.

¶ Hir beginnet sek dat dredde bok. ¶ Von der not maget oder wiues. ¶ Unde alle de deme richtere uolget. ¶ Capitulum.. I..

Umme nen a) ungerichte en scal men up howen 1*) dorp gebu. it en si dat dar maget oder wif genotoget b) inne werde. oder genodeget in geuort werde oder c) si. dar scal men ouer richten. oder men untrede it na rechte. *werl auer dar gerichtet dan noch iene* d) *uore kümt unde sek der not untredet. men engilt is eme* e) *nicht. wenne men it nicht untredede er dar* f) *gerichte ouer* g) *ginge.* ¶ Al leuende ding 2*) dat in der

¶ Hier beginnt das dritte Buch. Art. 1. Von der Nothzüchtigung einer Jungfrau oder einer Frau. Und Alle, die dem Richter folgen.

§. 1. Um kein Ungericht 1) soll man Dorfgebäude abbrechen 2): es sey denn, daß eine Jungfrau oder Frau darin genothzüchtigt 3) werde oder genothzüchtiget hineingeführt werde oder sey. Darüber soll man richten; oder man entrede 4) es nach Recht 5). „Wird aber da „gerichtet: obwohl jener vor„kommt und der Nothzucht sich „entredet; man vergilt es ihm „nicht, wofern man es nicht ent„redete, ehe das Gericht darüber „erging.“ Jedes lebende Wesen,

---

a) kein. b) genotczoget. c) w. o. *fehlt.* d) d. n. i.] ab iener danach. e) th. doch. f) daz. g) daruber.

1) I. 57. not. 2. 2) III. 67. — 68. — 78. §. 4. — (III. 60. §. 3. u. E.) 3) II. 14. not. 9. 4) I. 68. not. 6. 5) II. 12. not. 22.

notnunfte was dat scal men houeden h). ₵ Alle de deme rochte i) uolget haldet de k) up den clegere *). unde l) uredebrekere. dennoch m) he nicht liuor wunnen n) wert. se en lidet dar ümme nene o) not. deste p) se ene uor gerichte bringen..

das bei der Nothzucht war, das soll man enthaupten. — §. 2. Alle, die dem Gerüffte 6) folgen: halten sie den Friedebrecher 7) auf; obwohl er nicht überwunden wird, sie leiden darum keine Noth, dafern sie ihn vor Gericht bringen.

1*) Bild tab. XIV. 2. 2*) XIV. 3.

Schwabensp. 1.) bei Senkenb. Cap. 355. §. bls 1. bis 7.
Cap. 2.) Cap. 354. §. 1. bis 8.

₵ Von papen unde ioden de wapene uoret.. II..

Papen unde ioden de a) wapene uoret 1*). unde nicht bescoren sin na ereme rechte deit men en gewalt men scal en beteren alse eneme leyen. wenne se en scolen nene b) wapene uoren de mit des koninges urede begrepen sin..

Art. 2. Von Pfaffen und Juden, die Waffen führen.

Pfaffen und Juden 1), die Waffen führen und nicht nach ihrem Rechte beschoren 2) sind: thut man ihnen Gewalt; man soll ihnen bessern 3), wie einem Layen. Denn die sollen keine Waffen führen 4), die in des Königs Frieden 5) inbegriffen sind.

1*) Bild tab. XIV. 4.

Schwabensp. Cap. 3.) bei Senkenb. Cap. 196. §. 1. bis 5.

---

h) enthoubeten. i) geruste. k) si. l) fh. den. m) fh. ab. n) vorwunden. o) keine. p) daz.

*) clegere und fehlt bei H. Bei Loß steht dafür notzöger.

6) I. 53. not. 1. 7) I. 63. not. 3.

Art. 2.

a) fh. da. b) keine.

1) II. 67. §. 1. — 72. §. 3. 2) I. 5. not. 6. 3) I. 68. not. 7. 4) II. 68. — 72. §. 1. — III. 69. §. 1. 5) II. 67. §. 1. ff.

¶ Men en scal ouer nen wif de kindere dreget. noch ouer doren richten.. III..

Men en scal ouer nen a) wif richten de leuendich b) kint dreget hoger denne c) to hud unde to hare 1*) ¶ Ouer *rechten* d) doren unde e) sinnelose lüde f) en scal men oc nicht richten. wenne se auer scadet ere uormünde scal dat gelden 2*).

Art. 3. Man soll nicht richten über Weiber, die Kind tragen, noch über Närrische.

Man soll über kein Weib, die ein lebendig Kind trägt, höher richten, als zu Haut und Haar 1). Ueber *einen wahrhaft* Närrischen und sinnlose Leute soll man auch nicht richten 2). Wenn sie aber schaden; ihr Vormund soll das vergelten 3).

1*) Bild tab. XIV. 5. 2*) XIV. 6.

Schwabensp. Cap. 4.) bei Senkenb. Cap. 147. §. 1. bis 5.
Cap. 5.) Cag. 148. §. 1. bis 6.

¶ We so weder eschet dat he uorgeuen heft. oder uorkoft. ¶ Capitulum.. IIII..

We so a) weder eschet 1*) dat he uorgeuen oder uorkoft heft an uarender haue b). unde uorsaket c) he de kopinge d) oder e) der gift. iene de se under eme heft mot self dridde se f) wol beholden de dat g) sagen. *Mit süs gedanen* h)

Art. 4. Wer wieder fordert, was er vergeben oder verkauft hat.

§. 1. Wer bei fahrender Habe wiederfordert, was er vergeben oder verkauft hat, und läugnet er den Kauf oder die Gabe; jener, der sie unter sich hat, mag sie selbdritt derer, die das sahen, wohl behalten. „Mit solchen „Zeugen mag aber niemand den

---

a) kein. b) lebende. c) wen. d) *fehlt.* e) sh. uber. f) sinnelosen man.

1) II. 29. not. 5. 2) II. 66. §. 1. — 3) II. 41. §. 1. & 3.

Art. 4.

a) da. b) a. u. h.] *fehlt.* c) loukent. d) des koufes ab is varende habe is. e) sh. loukent he. f) s. d. s.] si selbe dritte. g) d. d.] mit den di iz. h) s. g.] sulchem.

lügen en mach auer neman i) *den anderen to geweren nicht gewinnen. of en ander man dat gut under eme aneuenget. wenne he untgeit eme mit *siner* k)* *unscult.* ℭ We 2*) so kopinge l) bekant de scal m) gewere wesen n) des he uorkoft heft. wente he **en** o) is def noch p) deues genot de der kopinge q) bekant. unde der gewere besaket r) he en hebbe se ut gescheden mit getüge do he s) uorkofte..

„Andern zum Gewersmanne [1]) „gewinnen, wenn ein anderer „Mann das Gut bei ihm an„fängt [2]): denn er entgeht ihm „mit seiner Unschuld [3]).“ — §. 2. Wer den Kauf bekennt, der soll Gewersmann sein für das, was er verkauft hat, — obwohl der nicht Dieb oder Diebesgenoß ist [4]), der den Kauf bekennt und die Gewer abläugnet, — er habe sie denn vor Zeugen ausgeschlossen, als er verkaufte.

1*) Bild tab. XIV. 7. 2*) XIV. 8.

Schwabensp. vacat.

ℭ **Wat men liet oder deit to beholdene. ℭ Capitulum.. V..**

Art. 5. Was man verleiht oder zu bewahren giebt.

Wat so a) men *enen manne* liet. oder deit to beholdene open-

§. 1. Was jemand öffentlich einen Mann leiht oder zu be-

---

i) ein man. k) *fehlt.* l) s. k.] da koufes. m) fh. is. n) sin. o) *fehlt.* p) oder. desgl. bei Hom. q) d. k.] des koufes. r) loukent. s) fh. si.

1) II. 35. not. 11. 2) II. 35. not. 4. 3) I. 13. not. 4b. — 15. not. 5. 4) II. 35. §. 2. — III. 7. §. 4. — In dem negativen Satze, wie er hier steht, ist wente als concessive Conjunction und Beschränkung des Hauptsatzes zu nehmen. vgl. Ziemann mittelhochdeut. Wörterb. s. v. wan, wane, wen. pag. 607. — Bei Homeyer steht jedoch: wende *he is* dief *oder* dieves genot etc. — wo dann wende die causale Conjunction ist: denn er ist Dieb, oder Diebesgenoß. vgl. Ziemann s. v. wande. wan. pag. 609.

Art. 5.

a) *fehlt.*

bare mach he it betügen self dredde. men en mach ene düue noch roues nicht dar ane tien. ℭ Dries ouer uertein nacht scal men *aver* b) ienen uore laden uore to stande sin gut of he wille. en deit he is nicht. men geweldeget is c) ienen de dar up claget de scal auer d) kündigen [deme e)] de dat [güt] under eme heft ieneme de dat gut eme dede f) mit orkünde to houe unde to husę g) of he is ane scaden bliuen wel. *Leninge h) mut he ok to dem ersten wol weder bringen deme, de't gelegen hevet, of he sin hus weit, dar die klegere to jegenwarde si.* ℭ Welk man deme anderen sin gut i) deit to beholdene. wert it eme uorstolen. oder af gerouet. oder uorbrant [1*]. oder sterft it of it ue is. he en darf dar ümme nicht *not* k) liden. deit he sin recht dar to l) dat it ane sine scult

wahren giebt: mag er es selbdritt bezeugen; man mag ihn nicht Diebstahls noch Raubes daran zeihen [1]. Dreimal über vierzehn Nächte [2]) soll man *aber* jenen vorladen, sein Gut, wenn er will, zu vertreten. Thut er es nicht; man gewältigt es demjenigen, der darauf geklagt hat. Der aber, der das Gut unter sich hat, soll mit Urkunde [3]) zu Hof und zu Hause jenem, der ihm das Gut gab, *den Tag* kündigen, wenn er deshalb ohne Schaden bleiben will. — §. 2. *Geliehenes mag er zuerst [4]) auch wohl dem, der es verliehen hat, wenn er sein Haus weis, wiederbringen, dafern der Kläger zu Gegenwart ist.* — §. 3. Welcher Mann dem Andern sein Gut zu bewahren giebt: wird es ihm gestohlen, oder geraubt, oder verbrannt, oder stirbt es, wenn es Vieh ist; er darf darum nicht Noth leiden, thut er sein Recht [5]) dazu, daß es ohne seine Schuld geschehen

b) *fehlt.* c) des. d) d. s. a.] den tac sal aber. desgl. Homeyer. e) *fehlt.* f) d. d. g. e. d.] des daz gut is. g) d. h. u. t. h.] czu huse unn czu hove. h) Leninge, *bis:* jegenwarde si] *fehlt.* i) d. a. s. g.] sin gut deme anderen. k) d. u. n. n.] da keine not vmme. l) vor.

1) II. 35. §. 4. — III. 7. §. 4. — 22. §. 2. — III. 43. §. 2. — 90. — (II. 30. a. E.) 2) I. 41. not. 4. — (70. not. 1. & 6.) 3) II. 55. §. 6. 4) Die versio latina hat: in principio litis. 5) II. 12. not. 22ᵃ.

geschen si. ¶ Wat so m) men auer deme manne liet oder sat dat scal he unuordarft weder bringen. oder gelden na sime werde n). ¶ Sterft auer perd oder ue 2*) binnen sattunge ane ienes scult de dat under eme heft. bewiset he it unde deit he sin recht dar to he en gilt is nicht. he heft auer sin gelt uorlorn dar it eme uore stunt er gelouede en stunde o) anders.

sey 6). — §. 4. Was man aber dem Manne leiht oder versetzt, das soll er unverdorben wiederbringen, oder nach seinem Werthe vergelten 7). — §. 5. Stirbt aber ein Pferd oder Vieh binnen dem Versatze, ohne Schuld dessen, der das unter sich hat: weist er es nach 8) und thut er sein Recht 9) dazu; er vergilt es nicht. Er hat aber sein Geld, wofür es ihm einstand, verloren 10); ihr Angelöbniß stünde denn anders.

1*) Bild tab. XIV. 9. 2*) XV. 1. (vgl. XVI. 3.)

Schwabensp. Cap. 6.) bei Senkenb. Cap. 209. §. 1. bis 9. **Cap. 7.)** Cap. 212. §. 1. bis 6. **Cap. 8.)** Cap. 211. §. 1. **Cap. 9.)** Cap. 252. §. 1. & 2. **Cap. 10.)** Cap. 253. §. 1. bis 5. **Cap. 11.)** Cap. 215. §. 1. Anf. & Ende & §. 2. bis 5. **Cap. 12.)** Cap. 150. §. 1. bis 4. **Cap. 13.)** Cap. 190. §. 1. bis 5. **Cap. 14.)** Cap. 191. §. 1. bis 8. **Cap. 15.)** Cap. 128. §. 1. bis 7. **Cap. 16.)** Cap. 247. §. 1. bis 8. a. A. & 9. a. E. bis 14.

¶ Vordobelet en knecht sines heren gut. ¶ Cap. VI..

Vordobelet 1*) en knecht sines heren gut. oder uorsat he it. oder uorkoft he it. de here mach it wol weder uorderen

Art. 6. Verspielt ein Knecht seines Herren Gut.

§. 1. Verspielt ein Knecht seines Herren Gut, oder versetzt er es, oder verkauft er es; der Herr mag es mit Recht wohl

---

m) *fehlt.* n) dat sal he, *bis:* sime werde] daz sal he gelden nach sime werde. ader he sal iz vnvorterbet wider brengen. o) fh. denne.

6) I. 11. — 23. §. 1. — II. 55. §. 4. 7) II. 61. §. 1. — III. 22. §. 1. 8) III. 10. §. 3. 9) II. 12. not. 22. 10) III. 39. §. 3.

mit rechte. deste a) he sik dar to te alse recht si b). ℭ Vordobelet he auer sines selues gut. *oder versat he't, oder verkoft he't*c) oder to welker wis he is geloset mit *sime d)* willen. de here en mach dar up nicht e) uorderen. wenne he en is it eme nicht plichtich to geldene. allen f) *hebbe* he eme sin uorles besat. *also g) nis man ime nicht phichtich dar uore to antwerdene.* ℭ Wert auer ieneme h) sin pert. oder ander sin gut uorstolen. oder af gerouet in des heren deneste ane des knechtes scult dat mot *ime i)* de here gelden 2*). dar uore mot men oc deme heren antworden of he dar up claget..

wiederfordern, dafern er sich dazu zieht, wie Recht ist 1). — §. 2. Verspielt er aber sein eigenes Gut, *oder versetzt er es, oder verkauft er es,* oder auf welche Weise er mit *seinem* Willen dessen verlustig wird; der Herr mag es nicht fordern. Denn er ist nicht pflichtig, es ihm zu vergelten 2); wenn er gleich für seinen Verlust ihm gutgesagt *habe: ebenso ist man nicht pflichtig, ihm dafür zu antworten.* — §. 3. Wird aber jenem sein Pferd oder anderes Gut in des Herren Dienste ohne des Knechtes Schuld gestohlen oder geraubt; das muß *ihm* der Herr vergelten: dafür muß man auch dem Herren antworten, wenn er darauf klagt 3).

1*) Bild tab. XV. 2. 2*) XV. 3.

Schwabensp. Cap. 17.) bei Senkenb. Cap. 255. §. 1. bis 5.

ℭ De iode en mot des kerstenen mannes gewere nicht sin. ℭ Vnde of se gut weddet. ℭ Capit.. VII..

De iode en mot des kerstenen mannes gewere nicht sin.

Art. 7. Der Jude mag des Christen-Mannes Gewersmann nicht sein. Und wenn sie Gut verpfänden.

§. 1. Der Jude mag des Christen-Mannes Gewers-

Art. 6.

a) daz. b) is. c) o. v. h. o. v. h.] *fehlt.* d) *fehlt.* e) u. n.] nicht uf f) al. g) also, *bis:* antwerdene] *fehlt.* h) im. i) *fehlt.*

1) II. 61. §. 1 2) (I. 12.) 3) (II. 33. & 39.)

he en wille antworden in kerstenes mannes stat. ₡ Sleit de ioden a) kerstenen man. oder deit he ungerichte dar he mede begrepen wert. men richtet ouer en alse ouer enen kerstenen. ₡ Sleit oc de kerstene enen ioden men richtet ouer ene [1*]). wenne he des koninges urede an eme gebroken heft. *oder dut he ungericht an ime* b)*. dussen urede er warf en iode c) iosaphus weder den koning uaspasianum do he sinen sone thitum gesunt makede uon der gicht. ₡ Koft de iode. oder nimt he to wedde d). kelke. boke. oder gerwe. dar he nenen e) geweren ane heft. uint men it in sinen geweren. men richtet ouer en alse ouer enen def [2*]). ₡ Wat he anders dinges koft unuerholen f) bi dage lechte. unde nicht inbesloteneme huse. mach he it getügen self dredde. he behelt sine penninge dar an

mann [1]) nicht sein; er wollte denn antworten an des Christen-Mannes statt. — §. 2. Erschlägt der Jude den Christen-Mann, oder thut er Ungericht [2]), wobei er ergriffen wird [3]); man richtet über ihn, wie über einen Christen. — §. 3. Erschlägt auch der Christ einen Juden, *„oder „thut er Ungericht an ihm"*: man richtet über ihn; weil er des Königs Frieden [4]) an ihm gebrochen hat [5]). Diesen Frieden erwarb ein Jude Josephus von dem König Vespasian, als er seinen Sohn Titus von der Gicht gesund machte. — §. 4. Kauft ein Jude, oder nimmt er als Pfand Kelche, Bücher oder Gewänder, wofür er keinen Gewersmann hat: findet man es in seiner Gewer; man richtet über ihn, als über einen Dieb [6]). Was er andern Dinges unverholen, bei Tageslichte, und nicht in verschlossenem Hause kauft [7]): mag er es selbdritt bezeugen: er behält mit seinem Eide seine Pfennige [8]) daran, die er dar-

---

Art. 7.

a) enen. b) oder. *bis:* ime] *fehlt.* c) fh. der hiz. d) phande. e) keinen. f) fh. vnn vnvorstoln.

1) II. 35. not. 11. 2) I. 57. not. 2. 3) I. 55. not. 2. 4) II. 67. §. 1. 5) I. 69. a. E. — III. 36. §. 2. — 46. §. 1. 6) II. 30. 7) II. 35. §. 1. — (III. 35. §. 2.) — III. 89. — (II. 34.) 8) II. 35. §. 4.

de he dar umme gaf. oder dar up dede mit sime ede. of it wol uorstolen is. brict eme an deme getüge he uorlüset sine penninge..

um gab, oder darauf lieh, obwohl es gestohlen ist. Gebricht es ihm an dem Zeugnisse; er verliert seine Pfennige.

1*) Bild tab. XV. 4. 2*) XV. 5.

Schwabensp. Cap. 18.) bei Senkenb. Cap. 349. §. 1. bis 7. a. A. & §. 8. a. E. bis §. 54. a. A. **Cap. 19.)** Cap. 350. §. 1. bis 17. **Cap. 20.)** Cap. 353. §. 1. & 2. **Cap. 21.)** Cap. 11. §. 1. bis 5. a. A.

¶ Men seget dat borge unde uorsten nenen urede hebben scolen. ¶ Capitulum.. VIII..

Men 1*) seget dat borge unde uorsten nenen a) urede en scolen hebben den men an en breken moge. dor de were de de borge hebben. unde dor de werhaften lüde de de uorsten uoren scolen. de en is doch nicht. wenne we den uorsten urede louet. unde ene trüwe plichtich is. brict de den urede. men scal ouer ene richten..

Art. 8. Man sagt, daß Burgen und Fürsten keinen Frieden haben sollen.

Man sagt, daß Burgen und Fürsten 1a) keinen Frieden, den man an ihnen brechen 1b) möge, haben sollen, wegen der Wehr, die die Burgen haben, und wegen der wehrhaften Leute, die die Fürsten führen sollen. Dies ist doch nicht 2a). Denn wer den Fürsten Frieden gelobt 2b), und ihnen treupflichtig 3) ist: bricht er den Frieden; man soll über ihn richten.

1*) Bild tab. XV. 6.

Schwabensp. Cap. 22.) bei Senkenb. Cap. 194. §. 1. bis 4.

Art. 8.

a) keinen.

1a) III. 45. not. 2. 1b) I. 63. not. 3. 2a) III. 53. §. 2. 2b) II. 10. not. 2. 3) III. 41. — 78.

℄ We so borge wert enes mannes uor gerichte en to bringene. ℄ Vnde wu men gewedde beteren scal. ℄ Vnde we enen beclageden man deme richte untuoret. ℄ Cap.. IX..

We so a) borge wert enes mannes 1*) ene uor gerichte to bringende. unde en mach he sin nicht hebben alse he ene uore bringen scal. he mot beteren dar na b) he beclaget was. wenne he an der clage gewunnen is. geit eme auer de clage an dat lif c). he mot geuen sin wergelt dat wert deme clegere unde nicht deme richtere. sin gewedde heft auer he dar an. ℄ To der seluen wis scal men den urede beteren den en man uor den anderen louet. ℄ *Brict auer en man den urede den he uor sik* d) *louede it geit eme an den hals* 2*). **Vrede* e) *sal man untreden oder beteren binnen deme gerichte, dar he gelovet is. Brict aver en man d.n geloveden vrede, dat mut man wol over ine klagen, swie der man wel, to*

Art. 9. Wer Bürge wird eines Mannes, ihn vor Gericht zu bringen. Und wie man Wedde bessern soll. Und wer einen beklagten Mann dem Gerichte entführt.

§. 1. Wer Bürge wird eines Mannes, ihn vor Gericht zu bringen: und mag er seiner nicht habhaft werden, wenn er ihn vorbringen soll; er muß bessern 1), danach er beklagt war, weil er in der Klage überwunden ist. Geht ihm aber die Klage an das Leben; er muß sein Wehrgeld 2) geben. Das gehört dem Kläger 3), und nicht dem Richter; seine Wedde 4) hat er aber daran. — §. 2. Auf dieselbe Weise soll man den Frieden bessern, den ein Mann für den andern gelobt 5). „Bricht „aber ein Mann den Frieden, „den er für sich gelobte; es geht „ihm an den Hals. *Frieden soll „man entreden 6a) oder bessern in „dem Gerichte 6b), wo er gelobt „ist. Bricht aber ein Mann den „gelobten Frieden 7): das mag „man wohl über ihn klagen zu Kampf 8) oder ohne Kampf, wie

a) da. b) fh. daz. c) sf. d. l.] den lip. d) fh. selbe. e) Die ganze zwischen * — * gesetzte Stelle *fehlt.*

1) I. 68. not. 7. 2) II. 9. not. 6. — III. 45. not. 1. 3) II. 4. not. 5. 4) I. 53. not. 7. 5) II. 10. not. 2. 6a) I. 68. not. 6. 6b) III. 25. not. 3. 7) I. 63. not. 3. 8) I. 63. not. 14.

*kampe oder ane kamp. Veit man ine in der hanthaften dat, man richtet over ine binnen deme vrede. Wint man ok burge binnen geloveden vrede, oder veit man lüde, des ne mach iene die't gedan hevet sinen borgen mit sinem eide nicht afnemen.** ₵ *We auer borge enes mannes wert* f) *uor gerichte ene to bringende. kümt de man uore ane den borgen. unde büt he sik to rechte. unde mach he it getügen sin borge is ledich.* ₵ *We auer borget enen geuangenen man weder to antwordene. dat mot de borge wol wlbringen dat he weder geantwordet si alse sin gelouede steit* g). *unde nicht de uangene man.* ₵ Welk man enen beclageden man ümme ungerichte geweldelike deme richte untuort wert he geuangen 3*) he lidet ieneme gelike pine h). kümt auer he en wech men uoruestet ene tohant of he in der dat mit deme richte i)

„der Mann will. Fängt man ihn „in der handhaften That 9); man „richtet während des Friedens „über ihn 10a). Erobert man auch „Burgen binnen gelobtem Frie„den, oder fängt man Leute; je„ner, der es gethan hat, mag „seine Bürgen nicht mit seinem „Eide dessen entbürden."* — §. 3. „Wer aber Bürge wird „eines Mannes, ihn vor Gericht „zu bringen: kommt der Mann „ohne den Bürgen vor, und er„bietet er sich zu Recht, und mag „er es bezeugen; sein Bürge ist „ledig 10b)". — §. 4. „Wer aber „einen gefangenen Mann wieder „zu überantworten verbürgt: „das muß der Bürge, und nicht „der Gefangene 10c), wohl be„währen, daß er wieder über„antwortet sey, wie sein Ange„löbniß steht." — §. 5. Welcher Mann gewaltsam einen, um Ungericht 11) beklagten Mann, dem Gerichte entführt: wird er gefangen; er leidet jenem gleiche Strafe. Kommt er aber hinweg; man verfestet 12) ihn sofort, wenn er bei der That mit dem Ge-

---

f) e. m. w.] wirt eines mannes. g) steit. h) i. g. p.] gliche pine ieneme. i) gerüfte.

9) I. 55. not. 2. 10a) II. 67. not. 10. 10b) III. 85. §. 3. 10c) III. 41. §. 1. — (II. 7. §. 2. — III. 85. §. 4.) 11) I. 57. not. 2. 12) I. 64. not. 5.

bescriet is. unde men dat getügen mach..

rüffte [13]) beschrien ist und man das bezeugen mag.

1*) Bild tab. XV. 7. 2*) XV. 8. 3*) XVI. 1.

Schwabensp. Cap. 23.) bei Senkenb. Cap. 332. §. 1. bis 11. **Cap. 24.)** Cap. 141. §. 1. bis 4. a. A. & 5. **a.** E. bis 8. **Cap. 25.)** Cap. 142. §. 1. bis 5.

¶ Of en man oder en ue sterft dat men uor gerichte bringen scal. ¶ Capit.. X..

Scal en a) to bescedenen dagen enen uore bringen de umme ungerichte beclaget is. sterft he dar under he bringe ene b) dot uore unde si ledich 1*). ¶ Is he auer dor c) scult beclaget de noch up ene nicht gebracht en is. sterft he in *) deme dage men scal ene nicht uore bringen of de borge self dridde sinen dot getügen mach. sin erue scal auer antworden uor de scult.. ¶ Sterft perd oder ue dat men uore bringen scal. de

Art. 10. Wenn ein Mann oder ein Vieh stirbt, das man vor Gericht bringen soll.

§. 1. Soll Einer zu beschiedenen [1]) Tagen Einen vorbringen [2]), der um Ungericht [3]) beklagt ist: stirbt er unterdessen; er bringe ihn todt vor [4]), und sey ledig [5]). — §. 2. Ist er aber um Schuld beklagt, die noch nicht auf ihn gebracht ist: stirbt er *binnen* dem Tage; man soll ihn nicht vorbringen, wenn der Bürge selbdritt seinen Tod bezeugen mag. Sein Erbe soll aber für die Schuld antworten. — §. 3. Stirbt ein Pferd oder Vieh, das man vor-

---

13) I. 53. not. 1.

Art. 10.

a) fh. man. b) fh. alse. c) vmme.

*) II. binnen.

1) I. 1. — 56. — III. 22. §. 1. — 43. §. 2. — 77. §. 1. 2) III. 9. §. 1. 3) I. 57. not. 2. 4) II. 15. §. 1. & 2. — III. 91. §. 2. — (I. 48. not. 9.) 5) II. 9. not. 6.

borge bringe de hut uore [2*]) unde si ledich.

bringen soll; der Bürge bringe die Haut vor und sey ledig.

1*) Bild tab. XVI. 2. 2*) XVI. 3. (& XV. 1.)

Schwabensp. vacat.

C We uor ede borgen sed. C Cap. XI..

We a) uor ede borgen sad sterft he er he den ed don scole sin erue oder sin borge mot wol b) den ed uor ene don to geloueder tit. oder de scult is uppe de borgen gewunnen dar de ed uore gelouet was.

Art. 11. Wer für Eide Bürgen setzt.

„Wer für Eide Bürgen setzt: „stirbt er, ehe er den Eid lei„sten soll; sein Erbe oder sein „Bürge muß den Eid zur ge„lobten Zeit für ihn wohl lei„sten, oder die Schuld, wofür „der Eid gelobt war, ist gegen „den Bürgen gewonnen."

Schwabensp. vacat.

C Claget ok uele lüde up enen man ungerichte. C Capit.. XII..

We uppe den anderen claget [1*]) unde iene weder up ene. de erst a) claget en b) heft ieneme nicht to antwordene he en si uon eme erst c) ledich. C Claget uele lüde up enen man

Art. 12. Klagen auch viele Leute Ungericht gegen einen Mann.

§. 1. Wer gegen den Andern klagt, und jener wieder gegen ihn; wer zuerst klagt, hat jenem nicht zu antworten, er sey denn erst von ihm ledig [1]). — §. 2. Klagen viele Leute Un-

---

Art. 11.

a) fh. aber. b) wol *fehlt*.

Art. 12.

a) alrest. b) deren. c) alrest.

1) I. 60. §. 2. & 3. — 61. §. 6. — (II. 60. §. 4.)

ungerichte he en heft er neneme d) to antwordene er he des erst e) ledich si. ₵ Wert oc clage geclaget f) he en darf nenen g) borgen setten wen uor sin weregelt. alsi der clage uele..

gericht [2]) gegen einen Mann; er hat ihrer keinem zu antworten, bevor er des Ersten ledig sey. Wird auch die Klage *vertagt* [3]); er braucht keinen Bürgen zu setzen, als für sein Wehrgeld [4]), obschon der Klagen viele sind.

1*) Bild tab. XVI. 4.

Schwabensp. Cap. 26.) bei Senkenb. Cap. 143. §. 1. & 2.
Cap. 27.) Cap. 145. §. 1. & 2.

₵ Wert en man beclaget ümme ungerichte dar he nicht to antworde en is. ₵ Capitulum.. XIII..

Art. 13. Wird ein Mann um Ungericht beklagt, wo er nicht zu Gegenwart ist.

Wert en man beclaget ümme ungerichte uor gerichte a) dar he nicht to antworde en b) is. unde wert eme uore gedegedinget. kümt de clegere ene an in *) den degedingen he mot ene wol bestedigen to rechte dor sine sculdeginge. also lange went c) he borgen sette 1*) uore

Wird ein Mann vor Gericht, wo er nicht zu Gegenwart ist, um Ungericht [1]) beklagt, und wird ihm ein Tag gegeben [2]): kommt der Kläger binnen dem Dingtage ihm bei; er mag ihn um seine Beschuldigung wohl solange nach Recht festhalten, bis er Bürgen setzt, vorzukommen.

---

d) keime nicht. e) ersten. desgl. bei Homeyer. f) getaget. desgl. bei Homeyer. g) keine.

2) I. 57. not. 2. 3) II. 2. §. 2. — 3. §. 1. — (I. 2. §. 2.) 4) II. 9. not. 6. — III. 45. not. 1.

Art. 13.

a) b. u. u. u. g.] durch ungerichte vor gerichte beclaget. b) en *fehlt.* c) biz.

*) H. binnen.

1) I. 57 not. 2. 2) I. 64. not. 9.

to komene. wen de richtere werket urede den de dar claget unde nicht deme den men an sine iegenworde d) uore ladet e).

Denn der Richter wirkt Frieden 3) dem, der da klagt, und nicht dem, den man ohne 4) seine Gegenwart vorladet.

1*) Bild tab. XVI. 5.

Schwabensp. Cap. 28.) bei Senkenb. Cap. 146. §. 1. bis 5.

Ꝺ Of de man an sines uorspreken wort nicht en iet. Ꝺ Capitulum.. XIIII..

Of de man an sines uorspreken wort nicht en iet a) de wile bliue he ane scaden sines uorspreken wordes. Ꝺ We dor ungerichte beclaget wert de bidde tom ersten b) der were. de wile de gewere ungelouet is so mach de clegere beteren sine clage unde dar na nicht..

Art. 14. Wenn der Mann seines Vorsprechers Wort nicht bejahet.

§. 1. Wenn ein Mann seines Vorsprechers Wort nicht bejahet 1); solange bleibe er von seines Vorsprechers Worte ohne Schaden. — §. 2. Wer um Ungericht 2) beklagt wird, der bitte zum Ersten die Gewer 3). Solange die Gewer ungelobt ist, so mag der Kläger seine Klage verbessern, und hernach nicht 4).

Schwabensp. Cap. 29.) bei Senkenb. Cap. 146. §. 6. **Cap. 30.)** Cap. 396. §. 1. & 2.

---

d) kegenwarte. e) ledet.

3) (II. 4. §. 1. — 15. §. 1. — III. 34. §. 5. — 36. §. 1.) 4) Versio latina: in cujus absentia. — Ziemann Wörterb. pag. 8. s. v. ane, an: ohne. — s. jedoch Homeyer. not. d.

Art. 14.

a) giet. b) t. e.] czu erst.

1) I. 60. §. 1. — 62. §. 5. & 9. — 2) I. 57. not. 2. 3) I. 46. not. 3. 4) I. 63. §. 2.

¶ Of tuene up en gut spreken na deme drittigesten. ¶ Capitulum.. XV..

Of a) tuene up en gut spreken na deme drittigesten. iene de it under eme heft de en scal *it* en neneme b) antworden he en uoreuene sik c) mit minnen [1*]. oder er en en wise den anderen af uor gerichte mit rechte. ¶ We so herwede. oder rade. oder erue na deme drittigesten weigeret mit unrechte to geuene. scüldiget men ene dar ümme uor gerichte de d) mot dar uore wedden unde bote geuen [2*]. ¶ Is en gut uon tuen mannen an sprekich. eschet it de richtere to rechte men scal it eme antworden. unde he scal dat e) under eme hebben wente f) se sik *dar ümme* besceden na rechte. unde iene si is ledich de it deme richtere antworde. ¶ We so herwede uorderet de scal al ut g) uon suert haluen [3*])

Art. 15. Wenn Zwei ein Gut nach dem Dreißigsten ansprechen.

§. 1. Wenn Zwei nach dem Dreißigsten [1]) ein Gut ansprechen: jener, der es unter sich hat [2]), der soll *es* ihrer keinem überantworten; er vergleiche sich denn in Güte, oder Einer von ihnen weise den Andern mit Recht vor Gericht ab. — §. 2. Wer Heergeräthe [3]), oder Gerade [4]), oder Erbe [5]) herauszugeben nach dem Dreißigsten mit Unrecht verweigert: beschuldigt man ihn darum vor Gericht; der muß dafür wedden [6]) und Buße [7]) geben. — §. 3. Ist ein Gut von zwei Männern ansprächig: heischt es der Richter nach Recht; man soll es ihm überantworten [8]), und er soll das unter sich haben, bis sie sich nach Recht „darum" bescheiden, und jener, der es dem Richter überantwortete, sey deshalb ledig. — §. 4. Wer Heergeräthe fordert, der soll allwegs von

a) fh. so. b) e. n.] ir keime. c) h. e. u. s.] si ne vor ebenen sich. & bei Hom: si ne verenen sik. d) he. e) it. f) biz. g) a. u.] ie.

1) I. 20. not. 7. 2) (I. 9. §. 5. — 15. §. 1. — 21. §. 3. — 22. §. 3. — 34. §. 2. — 52. §. 3. — II. 25. §. 1. & 2. — 26. §. 1. — 30. — 35. § 3. & 8. — 45. §. 2. — 58. — 61. §. 1. — 71. § 1. — III. 21. §. 2. — 82. §. 2.) 3) I. 19. not. 1. 4) I. 5. not 3[a]. 5) I. 24. not. 8. — (I. 60. not. 5.) 6) I. 53. not. 7. 7) I. 53. not. 6. 8) vgl. §. 1. mit II. 25. §. 1. — 35. §. 8. — 71. §. 1. — III. 82. §. 2.

dar to geboren sin. *Sve h) so rade uorderet die sal ut von wif halven dar to geboren sin.*

Schwerdthalben 9) dazu geboren sein. *Wer Gerade fordert, der soll allwegs von Weibshalben dazu geboren sein.*

1*) Bild tab. XVI. 6. 2*) XVI. 7. 3*) XVI. 8.

Schwabensp. Cap. 31.) bei Senkenb. Cap. 125. §. 1. bis 4. **Cap. 32.)** Cap. 413. §. 1. & 2. **Cap. 33.)** Cap. 414. §. 1.bis 4.

¶ De richtere en mach nemanne uon siner clage wisen. ¶ Vnde we uormünden daruet. ¶ Capitulum. XVI..

Art. 16. **Der Richter mag Niemanden von seiner Klage weisen. Und wer eines Vormundes darbet.**

De a) richtere en mach nemanne uon siner clage wisen ane den uppe den de clage geit. ¶ Rechtelose lüde en scolen nenen b) uormünden hebben. ¶ Des rikes achteren unde uoruesteden lüden en darf neman antworden in deme gerichte dar se inne c) uoruestet sin..

§. 1. Der Richter mag ohne den, gegen den die Klage geht, niemanden von seiner Klage abweisen 1). — §. 2. Rechtlose 2) Leute sollen keinen Vormund haben. — §. 3. Des Reiches Aechtern 3) und verfesteten 4) Leuten braucht niemand in dem Gerichte, worinnen sie verfestet sind, zu antworten.

Schwabensp. Cap. 34.) bei Senkenb. Cap. 126. §. 1. bis 3. & 127. §. 1. bis 4.

---

h) Die ganze zwischen * — *gesetzte Stelle *fehlt.*

9) I. 19. not. 3. — I. 27. §. 2. — (III. 26. §. 2.)

Art. 16.

a) De richter, *bis:* geit] *fehlt.* b) keinen. c) *fehlt.*

1) (II. 14. §. 8. — 26. §. 2. — III 53. §. 2. — 88. §. 1. — 92. §. 2.) 2) I. 37. not. 8. 3) I. 38. not. 2. 4) I. 64. not. 5.

Ꞓ En uoruestet man mot sik wol ut ten in allen steden.. Ꞓ Capitulum.. XVII..

En uoruestet man mot sik wol ut ten [1*]) in allen steden in *) deme gerichte dar he inne uoruestet is. Ꞓ To liker wis alse men de clage mot erheuen a) in allen steden. alse mot b) en man sik wol ut [der uestingen c)] ten in allen steden. borgen scal he auer setten dat he uore kome. en heft he des borgen nicht. de richtere scal ene beholden d) went e) he rechtes plege..

Art. 17. Ein verfesteter Mann mag wohl in allen Stätten sich herausziehen.

§. 1. Ein verfesteter [1]) Mann mag wohl in allen Stätten, *binnen* dem Gerichte, worinnen er verfestet ist, sich herausziehen [2]). Auf gleiche Weise, wie man in allen Stätten die Klage erheben mag [3]); so mag sich ein Mann in allen Stätten wohl aus der Verfestung ziehen. — §. 2. Bürgen soll er aber setzen, daß er vorkomme. Hat er keinen Bürgen; der Richter soll ihn festhalten [4]) bis er Rechts pflege.

1*) Bild tab. XVI. 9.

Schwabensp. Cap. 35.) bei Senkenb. Cap. 156. §. 1. bis 11.
Cap. 36.) Cap. 333. §. 1. bis 4.

Ꞓ We so uor gerichte seget he hebbe sik ut der uestinge getogen. Ꞓ Capitlm. XVIII..

We so uor gerichte seget he hebbe sik ut der uestinge

Art. 18. Wer vor Gericht sagt, er habe sich aus der Verfestung gezogen.

§. 1. Wer vor Gericht sagt, er habe sich aus der Verfestung [1])

---

a) m. e.] irheben muz. b) fh. ouch. c) d. u.] *fehlt.* d) halden. e) biz.

*) H. binnen.

1) I. 64. not. 5. 2) II. 4. §. 1. — III. 18. §. 1. & 2. — 3) I. 71. — III. 24. §. 1. & 2. — 34. §. 5. 4) I. 61. §. 2. — II. 9. §. 4.

Art. 18.

1) 64. not. 5.

getogen. en a) wlkumt he des nicht mit deme richtere. *oder mit deme scultheten. oder mit deme uronen boden* 1*) *in des richteres stat.* unde mit tuen mannen de clegere en darf nene b) uestinge mer up ene tügen. ₡ We auer under koninges banne uoruestet wert de bedarf tuier scepenen. unde des richteres 2*) to getüge wenne he sik ut tüt.

gezogen; vollführt er das nicht mit dem Richter 2a), „oder mit „dem Schuldheißen 2b), oder mit „dem Fronboten 3) an des Rich„ters statt," und mit zwei Mannen 4); der Kläger braucht keine Verfestung weiter gegen ihn zu zeugen. — §. 2. Wer aber unter Königsbanne 5) verfestet wird, der bedarf zweier Schöffen 6) und des Richters 7) zu Zeugen, wenn er sich herauszieht.

1*) Bild. tab. XVI. 10. 2*) XVII. 1.

Schwabensp. vacat.

₡ Vrie lüde unde des rikes denestman mogen tügen uor deme rike. ₡ Capitulum.. XIX..

Vrie lüde unde des rikes enestman moten wol uor deme rike tüch wesen a). unde ordel uinden. dor dat se deme rike hülde düt er ioweder b) na sime rechte. doch en mot des rikes denestman ouer den scepenen

Art. 19. Freie Leute und des Reichs Dienstmannen mögen zeugen vor dem Reiche.

Freie Leute und des Reichs Dienstmannen 1) mögen vor dem Reiche wohl Zeugen sein und Urtheil finden, darum, daß sie dem Reiche Hulde thun, ihrer jeder nach seinem Rechte. Doch mögen des Reichs Dienstmannen nicht Urtheil finden, noch

---

a) unn. b) keine.

2a) III. 89. not. 1. 2b) II. 23. not. 5. 3) I. 2. not. 8. 4) I. 7. a. E. — 8. §. 3. — III. 89. §. 2 ff. 5) I. 2. not. 6. 6) I. 63. §. 2. — III. 69. §. 1. — (70. §. 1.) — 81. §. 3. 7) III. 89. not. 1.

Art. 19.

a) sin. b) iclich.

1) I. 38. not. 6.

urien man noch c) ordel uinden noch tüch wesen dar it eme d) an sin e) lif. oder an sine ere. oder an sine gesunt *) geit.

Zeuge sein über den schöffenbar freien Mann [2]), wenn es ihm an sein Leben, oder an seine Ehre, oder an seine Gesundheit geht [3]).

Schwabensp. vacat.

¶ We des anderen lant eret. En man mot oc wol panden uppe sime lande.. ¶ Capitulum.. XX..

We des anderen lant unwetene eret dar en uolget nen a) wandel na. ¶ We auer lant eret dat he eme to seget. wert it eme mit rechte af gewunnen he mot it beteren. he mot oc wol panden uppe sime lande den de dar b) eret ane des richteres orlof 1*) dor dat he rechtes dar c) mede bekome. ¶ Mit erene en mach sin d) lif noch sine e) gesunt neman uorwerken. it en si f) dat eme dat lant

Art. 20. Wer des Andern Land bebaut. Ein Mann mag auf seinem Lande wohl pfänden.

§. 1. Wer unwissend des Andern Land bebaut [1a]); da folgt kein Wandel [1b]) nach. Wer aber Land bebaut, das er sich zusagt: wird es ihm mit Recht abgewonnen; er muß es bessern [2]). — §. 2. Er mag auch wohl ohne des Richters Urlaub auf seinem Lande den, der da bauet, pfänden [3]); auf daß er dadurch Recht erlange. — §. 3. Mit Bebauung mag niemand sein Leben, noch seine Gesundheit [4]) verwirken; es sey denn, daß ihm das Land

---

*) H. erve.

c) weder. d) *fehlt.* e) sinen.

2) I. 3. not. 4. — 3) I. 59. §. 1. — 63. §. 2. — II. 12. §. 4. — III. 69. §. 1. — 81. §. 3.

Art. 20.

a) kein. b) *statt:* dar] daz lant. c) *fehlt.* d) sinen. e) sin. f) fh. denne also.

1a) II. 47. §. 1. ff. — (III. 37. §. 4. — 86. §. 1.) 1b) II. 27. not. 4. 2) I. 68. not. 7. — Die angestellte Klage versetzt in malam fidem. 3) II. 28. §. 4. — 29. §. 2. 4) I. 2. not. 14.

uor gerichte uordelt si. unde urede dar ouer gewarcht g)..

vor Gericht aberkannt, und Friede 5) darüber gewirkt sey.

1*) Bild tab. XVII. 2.

Schwabensp. Cap. 37.) bei Senkenb. Cap. 228. §. 1. bis 3.

¶ Spreket tuene man en gut gelike an.. XXI..

Spreket tuene man en gut an mit geliker an sprake. unde dat mit gelikeme tüge 1*) beholdet men scal it under se delen. Düssen getüch scolen de ümme beseten lüde a) besceden de in deme dorpe *oder in den nesten bidorpen b)* beseten sin. we de meren c) menie in d) deme getüge heft de behelt dat gut. en is dat den umbeseten lüden e) nicht witlik we dat in geweren hebbe so mot men dat wol besceden mit eneme water ordele 2*). oder de clegere. oder uppe den de clage geit

Art. 21. Sprechen zwei Mann ein Gut gleich an.

§. 1. Sprechen zwei Mann ein Gut mit gleichem Anspruch an 1), und behalten das mit gleichem Zeugniß; man soll es unter sie theilen. Dieses Zeugniß sollen die umsässigen Leute 2) ablegen, die in dem Dorfe *oder in den nächsten Beidörfern* 3) gesessen sind. Wer in dem Zeugniß die mehrere Menge 4) hat, der behält das Gut. — §. 2. Ist den umsässigen Leuten das nicht bekannt, wer das in Gewer 5) hat: so mag man das wohl mit einem Wasser-Urtheile 6) entscheiden; oder der Kläger, oder der, auf den die Klage geht, sollen schwören, daß

---

g) fh. si.

5) III. 43. §. 1. & 2. — (III. 56. §. 3.)

Art. 21.

a) u. b. l.] umme sezzen. b) o. i. d. n. b.] *fehlt.* c) meiste. d) an. e) u. l.] ummesezzen.

1) II. 43. §. 1. & 4. — 44. §. 1. & 2. — 45. §. 2. — III. 15. §. 3. 2) II. 35. §. 2. — (III. 86. §. 2.) 3) I. 55. §. 2. 4) I. 19. §. 2. — II. 13. §. 1. — 56. 5) I. 9. not. 6. 6) I. 39.

scolen f) sueren dat se rechte wisen alse it ere si. dar scal de richtere sinen boden to geuen wur de g) beide up sueret dat scal men ene gelike delen..

sie richtig, wie es ihre sey, angegeben. Dazu soll der Richter seine Boten 7) geben. Worauf die Beiden schwören, das soll man ihnen gleich theilen.

1*) Bild tab. XVII. 3. 2*) XVII. 4.

Schwabensp. Cap. 38.) bei Senkenb. Cap. 129. §. 1. 2. & 4. bis 6.

ℭ We deme anderen liet perd oder cledere.. XXII..

We deme anderen liet perd oder cledere to bescedenen dagen 1*). helt he it ouer dat. unde wert he dar ümme beklaget. he scal it tohant weder geuen. unde beteren it of he it geergeret hebbe. [düue a). noch rof en mach he ene nicht tien. wente he it eme lech.] ℭ Sik mot ok wol underwinden en sines gudes wur he it süt mit rechte dat men eme mit unrechte uore behelt.

Art. 22. Wer dem Andern ein Pferd oder Kleider leiht.

§. 1. Wer dem Andern ein Pferd oder Kleider auf beschiedene Tage 1) leiht: behält er es darüber, und wird er darum beklagt; er soll es sofort wiedergeben und bessern 2), wenn er es beschädigt hat. — §. 2. [Diebstahls noch Raubes mag er ihn nicht zeihen; da er es ihm lieh 3).] — §. 3. Unterwinden 4) mag sich auch wohl Einer mit Recht seines Gutes, das man ihm mit Unrecht vorenthält, wo er es sieht 5).

1*) Bild tab. XVII. 5.

Schwabensp. vacat.

---

f) fh. dar czu. g) si.

7) Weil der Schwur bei der Vindication (Anfang) in Gegenwart der Sache geschehen mußte, und hier von Liegenschaften die Rede ist, die nicht vor Gericht gebracht werden konnten. vgl. II. 35. §. 1. & 2.

Art. 22.

a) düue, *bis:* lech.] *fehlt.*

1) III. 10. not. 1. 2) I. 68. not. 7. 3) II. 30. a. E. — III. 5. §. 1. — 43. §. 2. 4) I. 51. not. 9. 5) I. 15. §. 1. — II. 61. §. 1. — III. 5. §. 1. — 7. §. 4. — 38. §. 1. — 47. §. 2. — 67. — 90. — (II. 35. §. 1. ff.)

ℭ We herberget enen uoruesteden man. ℭ Capitulum.. XXIII..

We herberget unde spiset enen uoruesteden man witlike a). he mot dar ümme wedden. Enwet b) he is auer nicht he entredet dat gewedde mit siner unscult 1*)..

Art. 23. Wer einen verfesteten Mann beherbergt.

Wer einen verfesteten 1) Mann wissentlich beherbergt und speiset; er muß darum wedden 2). Weiß er es aber nicht; er entredet 3) die Wedde mit seiner Unschuld 4).

1*) Bild tab. XVII. 6.

Schwabensp. Cap. 39.) bei Senkenb. Cap. 153. §. 1. bis 6. **Cap. 40.)** Cap. 158. §. 1. bis 3.

ℭ Men en mach nemanne mit ener uestinge uorwinnen in eneme anderen gerichte. ℭ Capitulum.. XXIIII..

Men en mach nemanne uorwinnen mit ener uestinge in eneme anderen gerichte. ℭ We in deme hogesten richte uoruestet wert de is in allen richten uoruestet de dar in horet. ℭ We in deme nederen a) richte b) uoruestet is. he en is in deme hogeren nicht uoruestet. he en werde dar redeliken in gebracht. ℭ De nedere c) rich-

Art. 24. Mit einer Verfestung in einem andern Gerichte mag man niemanden überwinden.

§. 1. Mit einer Verfestung 1) in einem andern Gerichte 2) mag man niemanden überwinden. Wer in dem höchsten Gerichte verfestet wird, der ist in allen Gerichten 3), die darunter gehören, verfestet. Wer in dem niedern Gerichte verfestet ist; er ist in dem höchsten nicht verfestet: er werde denn geziemlich darein gebracht 4). — §. 2. Der

---

a) e. u. m. w.] wizzentlich einen vorvesten man. b) *statt:* Enwet] unn in weiz.

1) I. 64. not. 5. 2) I. 53. not. 7. 3) I. 68. not. 6. 4) I. 13. not 4b. — 15. not. 5.

Art. 25.

a) nidersten. b) *fehlt.* c) niderste.

1) I. 64. not. 5. 2) III. 17. §. 1. 3) I. 71. — III. 34. §. 5. 4) I. 71.

tere en mot nicht richten *de vestinge* de de ouer richtere gedan heft. se en si eme also witlik dat he seluen ere d) getüch wesen moge e) in des hogen f) richteres stat.

niedere Richter mag *die Verfestung*, die der obere Richter verhängt hat, nicht richten; sie sey ihm denn also bekannt, daß er selbst, an des höheren Richters statt, ihr Zeuge sein möge.

Schwabensp. vacat.

¶ Sterft en richtere wat binnen sinen tiden begrepen is. ¶ Binnen markete en darf neman antworden. ¶ Capitlm.. XXV..

Sterft en richtere wat binnen a) sinen tiden geschen is des scal sin nakomeling an deme richte getüch wesen. al en b) sege he is nicht. wenne he mit der scepenen getüge der warheit geinnert wert [1*].. ¶ Binnen markede [2*]). oder binnen ut wendigeme gerichte en darf neman antworden he en hebbe dar gut oder wonunge c) dar inne d) he en uor werke sik mit ungete e) dar inne. oder

Art. 25. Stirbt ein Richter: was binnen seinen Zeiten inbegriffen ist. Binnen Märkten braucht niemand zu antworten.

§. 1. Stirbt ein Richter; was binnen seinen Zeiten geschehen ist, deß soll sein Nachfolger in dem Gerichte, obwohl er es nicht sah, Zeuge sein, wenn er mit der Schöffen Zeugniß der Wahrheit kundig wird [1]). — §. 2. Binnen Märkten [2]) oder binnen auswärtigem Gerichte braucht niemand zu antworten [3]), wenn er nicht Gut oder Wohnung darinnen hat; er verwirke sich denn darinnen mit Ungebührniß, oder er ver-

---

d) s. e.] ir selbe. e) w. m.] wolle wesen. f) hogesten.

Art. 25.

a) in. b) a. e.] alleine. c) g. o. w.] wonunge ader gut. d) d. i.] binnen. e) ungerichte. desgl. Homeyer.

1) II. 23. §. 2. — III. 89. not. 1. 2) versio latina: in oppidis. 3) I. 61. §. 1. — III. 9. §. 2. — 26. §. 2. — 80. §. 3. — 87. §. 2. — 88. §. 2. a, E.

he f) uor borge sik dar inne.. *Swat g) so buten deme gerichte geschiet des ne darf he dar binnen nicht antwerden.*

bürge sich darinnen. — §. 3. *Was außer dem Gerichte geschieht; dafür braucht er darbinnen nicht zu antworten.*

1*) Bild tab. XVII. 7. 2*) XVII. 8.

Schwabensp. Cap. 41.) bei Senkenb. Cap. 400. §. 1. & 2. **Cap. 42.)** Cap. 104. §. 1. bis 3.

¶ De koning is en gemeine richtere ouer al. ¶ Capitulum.. XXVI..

De koning is *gemeine* a) richtere ouer al 1*). In neneme b) utwendegeme gerichte en antwordet nen c) scepenbare man to kampe 2*). In deme gerichte mot he antworden dar sin hantgemal inne leget. heft he scepenen stol dar he is d) dingplichtich dar. De sepenen stoles dar nicht en heft. de scal des hogesten richteres ding soken wur he wonhaftich is. Dussen stol eruet de uader uppe den eldesten sone 3*). of he des sones

Art. 26. Der König ist ein gemeiner Richter über Alle.

§. 1. Der König ist *gemeiner* Richter über Alle 1). — §. 2. In keinem auswärtigen Gerichte antwortet ein schöffenbarer 2) Mann zu Kampfe 3). In dem Gerichte muß er antworten, darinnen sein Handmal 4) liegt. Hat er da den Schöffenstuhl 5); er ist da dingpflichtig. Wer den Schöffenstuhl da nicht hat; der soll des höchsten Richters Ding suchen, wo er wohnhaft ist. — §. 3. Diesen Stuhl vererbt der Vater auf den ältesten Sohn. Wenn

---

f) *fehlt.* g) Swat, *bis:* antwerden.] *fehlt.*

Art. 26.

a) *fehlt.* b) keime. c) kein. d) fh. ouch.

1) I. 34. not. 7. 2) I. 3. not. 4. 3) I. 63. not. 14. — III. 34. §. 2. 4) I. 51. §. 4. — III. 29. §. 1. — versio latina: In jurisdictione autem, in qua *insignitus*, id est, natus est, sede scabinali dignus, et in illa, *ubi sedem bannitorum seu scabinorum habuerit,* judicio vel responsioni alligetur. 5) II. 13. §. 6.

nicht en heft uppe den e) eldesten unde neisten *euenbordigen* suert mach *eruet he it* f).. | „er keinen Sohn hat," vererbt er „ihn" auf den ältesten und nächsten „ebenbürtigen" Schwertmag 6).

1*) Bild tab. XVII. 9. 2*) XVII. 10. 3*) XVIII. 1.

Schwabensp. Cap. 43.) bet Senkenb. Cep. 81. §. 1. bis 12.

ꝗ We en wif nimt unwetene des he nicht hebben en mot. ꝗ Capitlm.. XXVII..

We en wif a) nimt unwetene des he nicht hebben en mot. unde kindere bi er gewinnet werdet se seder gesceden 1*) mit rechte it en scadet den kinderen to erme rechte nicht b) de er der scedunge geboren sin noch deme dat de moder dreget..

Art. 27. Wer unwissend ein Weib nimmt, das er nicht haben mag.

Wer unwissend ein Weib nimmt, das er nicht haben mag 1), und Kinder mit ihr gewinnt: werden sie nachher geschieden 2) mit Recht; es schadet weder den Kindern 3), die vor der Scheidung geboren sind, an ihrem Rechte, noch dem, das die Mutter trägt 4).

1*) Bild tab. XVIII. 2.

Schwabensp. Cap. 44.) bei Senkenb. Cap. 379. §. 1. bis 5.

ꝗ Wen men unecht seget.. ꝗ Capitulum.. XXVIII..

Wen men seget unecht a)

Art. 28. Wen man für unecht ausgiebt.

§. 1. Wen man für unecht

---

e) sinen. f) e. h. i.] *fehlt*, wie bei Homeyer.

6) I. 19. not. 3. — (I. 22. §. 5. — 27. §. 2. — III. 15. §. 4.)

Art. 27.

a) sh. czu. e. b) t. e. r. n.] nicht czu irme rechte.

1) I. 3. §. 3. a. E. — (II. 24.) 2) I. 21. §. 3. a. E. — III. 73. §. 2. — 74. 3) I. 37. §. 1. 4) I. 36. §. 2.

Art. 28.

a) s. u.] vnecht saget.

uon bord. oder uon ammechte dat mot men b) up ene tügen de dat sege silf seuede mit wllenkomenen lüden an erme rechte. ꝯ *Doch mot en* c) *man sin echt unde sin recht bat beholden mit getüge denne men ene dar af uortügen mote.* ꝯ Sprict men auer dat he sin recht uorloren hebbe mit düue oder mit roue. dat mot de richtere getügen self seuede..

von Geburt 1) oder von Gewerbe 2) ausgiebt: Das muß man, wer es behauptet, selbsiebent, an ihrem Rechte vollkommener Leute 3), gegen ihn bezeugen. „Doch mag ein Mann „sein Echt 4a) und sein Recht „mit Zeugniß besser behalten, „als man ihn mit Zeugen davon „abweisen möge 4b).“ — §. 2. Spricht man aber, daß er sein Recht mit Diebstahl oder Raub verloren habe 5); das muß der Richter selbsiebent bezeugen 6).

Schwabensp. Cap. 45.) bei Senkenb. Cap. 380. §. 1. & 270. §. 2.

ꝯ Nen scepenbare uri man en darf sin hantgemal bewisen. noch sine uer anen. ꝯ Capitulum.. XXIX..

Nen a) scepenbare uri b) man en darf sin hangemal bewisen. noch sine uer anen benomen. he en spreke c) sinen genot mit

Art. 29. Kein schöffenbar freier Mann braucht sein Handmal nachzuweisen. Noch seine vier Ahnen.

§. 1. Kein schöffenbar freier 1) Mann braucht sein Handmal 2) nachzuweisen, noch seine vier Ahnen 3) zu benennen; er spreche denn seinen Genossen mit Kampf 4)

---

b) *fehlt.* c) der.

1) I. 37. not. 6. 2) III. 45. §. 9. & 10. 3) II. 27. not. 3. — (I. 36. not. 2. — II. 35. not. 3.) 4a) I. 6. not. 5. — 25. not. 5. — 37. not. 3. — (I. 48. §. 1. & 51. §. 1.) 4b) III. 33. §. 2. ff. 5) I. 37. not. 7. 6) I. 8. §. 1. — III. 82. §. 1. — 89. not. 1.

Art. 29.

a) kein. b) *fehlt.* c) fh. denne.

1) I. 3. not. 4. 2) III. 26. not. 4. 3) I. 51. §. 3. & 4. 4) I. 63. not. 14. — I. 51. §. 4. — III. 26. §. 2. — 34. §. 2. — 65. §. 1. — 80. §. 3.

kampe an. ₵ De man mot sek wol to sime hantgemale mit eden d) ten 1*). al e) en hebbe he is under eme nicht. ₵ Wur tuene manne en erue nemen scolen. de eldere f) scal delen 2*). unde g) de iüngere h) scal kesen.

an. Der Mann mag sich mit Eide zu seinem Handmal wohl ziehen; obschon er es nicht unter sich habe. — §. 2. Wo zwei Mann ein Erbe nehmen sollen; der Aeltere soll theilen und der Jüngere wählen.

1*) Bild tab. XVIII. 3. 2*) XVIII. 4.

Schwabensp. vacat.

₵ Vorspreken scal he daruen de seluen geantwordet heft.. ₵ Capitulum.. XXX..

Vorspreken scal he daruen de selue geantwordet heft a). de wile sik en b) man antwordes bewaret c) mit ordelen. unde mit rechte. so en heft he nicht geantwordet. ₵ De richtere scal oc gelik richtere sin den d) lüden. ordel en scal he noch e) uinden noch scelden..

Art. 30. Des Vorsprechers soll der darben, der selbst geantwortet hat.

§. 1. Des Vorsprechers 1a) soll der darben, der selbst geantwortet hat. Solange ein Mann mit Urtheil und mit Recht des Antwortens sich erwehrt; so hat er nicht geantwortet 1b). — §. 2. Der Richter soll auch *allen* Leuten gleicher Richter sein 2). Urtheil soll er weder finden 3), noch schelten 4).

Schwabensp. vacat.

---

d) eide. e) alleine. f) eldeste. g) *fehlt.* h) iungeste.

Art. 30.

a) g. h.] antwertet. b) der. c) weret. d) allen. desgl. bei Homeyer. e) *fehlt.*

1a) I. 60. not 1. 1b) III. 39. not. 4. 2) III. 78. §. 1. 3) II. 12. §. 4. — 13. §. 6. — 23. §. 1. — III. 19. — 65. §. 1. — 69. §. 2. — 70. §. 1. 4) I. 18. §. 3. — 19. §. 2. — II. 12. §. 3. ff. — 13. §. 1. ff. — III. 53. §. 2. — 69. §. 3. — 92. §. 2.

¶ Wat so en man deme anderen sculdich is.. ¶ Capitulum.. XXXI..

Wat de a) man deme anderen scüldich is. oder nimmt. dar mot he b) deme eruen uore antworden of iene sterft 1*). ¶ Sterft auer iene uppe den de clage geit sine eruen en antwordet dar uore nicht 2*) se en hebben dat gut under en dar ümme iene beclaget was..

Art. 31. Was ein Mann dem andern schuldig ist.

§. 1. Was ein Mann dem andern schuldig ist oder nimmt, dafür muß er dem Erben antworten, wenn jener stirbt [1]). — §. 2. Stirbt aber jener gegen den die Klage geht: seine Erben antworten dafür nicht [2]); sie hätten denn das Gut unter sich, worum jener beklagt war. — [§. 3. s. ff.]

1*) & 2*) Bild tab. XVIII. 5.

Schwabensp. Cap. 46.) bei Senkenb. Cap. 297. §. 1. bis 5.

¶ We so den anderen uad. unde eme nicht en nimt. ¶ Capitulum.. XXXII..

We den anderen uad *unde ime nicht ne nimt a)* oder wundet. oder sleit ane dotslach. unde ane belemesle b) sinen eruen en antwordet he **dar umme** c) nicht. of he sterft na der iar-

Art. 32. Wer den Andern fängt und ihm nichts nimmt.

[Art. 31. §. 3.] Wer den Andern fängt *und ihm nichts nimmt*, oder verwundet, oder schlägt ohne Todschlag und ohne Lähmung [1]): wenn er nach Jahresfrist stirbt [2a]), antwortet er seinen Erben „*darum*" nicht;

---

a) ein. b) man.

1) I. 6. §. 4. — 9. §. 1. ff. — 22. §. 2. — II. 59. §. 1. — III. 32. — 77. §. 1. & 2. 2) I. 6. §. 2. — 22. §. 2. — II. 18. §. 1. — 61. §. 2. — III. 10. §. 2. — 11. — 91. §. 3.

Art. 42.

a) unde, *bis*: nimt.] *fehlt*. b) lemde. c) d. u.] *fehlt*.

1) I. 68. §. 4. — II. 17. §. 2. 5. & 7. — III. 48. §. 2. a. E. 2a) II. 37.

tale iene en hebbe uor gerichte der clage begunt er he storue.

jener hätte denn vor Gericht seine Klage, ehe er starb, begonnen 2b).

Schwabensp. Cap. 47.) bei Senkenb. Cap. 180. §. 1. bis 3. **Cap. 48.)** Cap. 105. §. 1 bis 6.

Ꝺ Wu men den egenen man uor tügen scal.. Ꝺ Capitulum.. XXXIII..

Svelk a) inkomen man sik vri seget, den sal men vor vri halden, man ne moge ine mit getüge verlecgen. We sik uri seget. unde en [ander b)] seget dat he sin egen si so dat he sik eme gegeuen hebbe. des mach c) iene wol unscüldich werden it en si uor gerichte gescen.. Ꝺ Sprict he auer dat he sin ingeborne egen si he behelt ene uppe den hilgen 1*) mit tuen sinen egenen mannen. Ꝺ Sprict ene en ander here an iegen d) dene mot he

Art. 33. [32.] Wie man den eigenen Mann durch Zeugniß überführen soll.

§. 1. „*Welcher hierher gekommene Mann 1) sich für frei „ausgiebt, den soll man für frei „halten; man möge ihn denn mit „Zeugniß abweisen*". — §. 2. Wer sich für frei ausgiebt, und ein Anderer sagt, daß er sein Eigener sey, so daß er sich ihm ergeben 2) habe: deß mag jener wohl unschuldig werden 3); es sey denn vor Gericht geschehen 4). — §. 3. Spricht er aber, daß er sein eingeborener 5) Eigener sey; er behält ihn auf den den Heiligen 6) mit zwei seiner eigenen Mannen 7). — §. 4. Spricht ihn ein anderer Herr an; gegen den muß er ihn be-

---

2b) II. 18. §. 1.

Art. 33.

a) Swelk, *bis:* verlecgen.] *fehlt.* b) *fehlt.* c) muz. d) kegen.

1) I. 30. — (I. 16. — III. 45. §. 6.) 2) §. 7. — III. 42 §. 3. a. E. — 45. §. 9. — (vgl. §. 3. & 9.) 3) III. 28. §. 1. 4) I. 7. not. 1. & 2. — III. 89. not. 1. 5) II. 20. §. 2. — (I. 17. §. 1. — III. 72. §. 1. ff. — 73. §. 1. ff.) 6) I. 13. not. 4a. 7) (I. 25. §. 3.)

ene beholden silf seuede siner mage. oder warhafter lüde. ¶ Mach auer e) silf seuede iene sin uri beholden de sine mage sin. dre uon uader unde dre uon moder he behelt sin uri. unde uorleget eren getüch [2*]). ¶ We de gewere heft an eneme manne de mot ene mit mereme rechte betügen dan iene de der gewere daruet. ¶ We sik uor gerichte to egene gift. sin erue mach it f) weder spreken mit rechte [3*]). unde bringen ene weder an sin recht. uri g) behelt auer ene h) sin here went i) an sinen dot. he nimt sin erue na sime dode. unde sine kindere of se na eme horet de he na der gaue gewan. ¶ We so sik eneme heren k) untseget l). uorderet he m) ene uor gerichte. unde enkümt sin here nicht uore deme he sik to seget dat he ene uore sta to rechte. iene de up ene sprict behelt ene silf dridde siner mage of he se heft.

halten selbsiebent seiner Mage oder wahrhafter Leute. — §. 5. Mag aber jener seine Freiheit selbsiebent derer behalten, die seine Mage sind, drei vom Vater und drei von der Mutter; er behält seine Freiheit und weist ihr Zeugniß ab. — §. 6. Wer die Gewer [8]) hat an einem Manne, der mag mit mehr Rechte Zeugniß über ihn führen, als jener, der der Gewer darbt. — §. 7. Wer vor Gericht sich zu eigen giebt [9]); sein Erbe mag es mit Recht widersprechen [10]), und ihn zu seiner rechten Freiheit zurück bringen. — §. 8. Behält ihn aber sein Herr bis an seinen Tod; er nimmt sein Erbe nach seinem Tode, und seine Kinder, die er nach der Ergebung gewann, wenn sie nach ihm gehören [11]). — §. 9. Wer sich einem Herren entredet [12]): fordert er ihn vor Gericht, und kommt sein Herr, dem er sich zuspricht, nicht vor, auf daß er ihn zu Recht vertrete; jener, der ihn anspricht, behält ihn selbdritt seiner Mage, wenn

---

e) fh. he. f) fh. wol. g) s. r. u.] sine vriheit. h) a. e.] in aber. i) biz. k) s. e. h.] eineme herren sich. l) fh. vun deme anderen czu saget. m) man.

8) I. 9. not. 6. 9) oben not. 2. 10) I. 20. not. 2. — (I. 25. §. 4.) 11) I. 17. §. 1. — III. 72. §. 3. — 73. §. 1. ff. 12) I. 68. not. 6.

en heft he ere nicht. he uortüget ene mit tuene siner ingeborenen n) manne 4*). Wen he ene uortüget heft. so scal he sik siner under winden to rechte mit eneme hals slage 5*) of he wil. ₡ Vppe wen den clegere bote oder weregelt gewinnet uor gerichte. uppe de heft o) de richtere sin gewedde 6*) of he it uorderet.

er sie hat. Hat er deren nicht; er zeugt über ihn mit zwei seiner eingeborenen Manne. Wenn er über ihn gezeugt hat; so soll er sich zu Recht mit einem Halsschlage, wenn er will, seiner unterwinden 13). — §. 10. Gegen wen der Kläger vor Gericht Buße 14) und Wehrgeld 15) gewinnt, gegen den hat der Richter seine Wedde 16), wenn er sie fordert.

1*) Bild tab. XVIII. 6. 2*) XVIII. 7. 3*) XVIII. 8. 4*) XVIII. 9. 5*) XVIII. 9. 6*) XIX. 1.

Schwabensp. Cap. 49.) bei Senkenb. Cap. 72. 73. §. 1. & 2. 409. §. 1. bis 4. 74. & 410. §. 1. bis 5. **Cap. 50.)** Cap. 57. §. 1. & 2. & 58. §. 1. bis 3. **Cap. 51.)** Cap. 71. §. 1. bis 5. **Cap. 52.)** Cap. 412. §. 1. bis 3. **Cap. 53.)** Cap. 113. §. 1. & 3.

₡ Jowelk man heft sin recht uor deme koninge. ₡ Vnde we mit uestunge in des koninges achte kümt.

₡ Capitulum.. XXXIII..

Jowelk a) man heft sin recht uor deme koninge 1*). unde mot oc antworden uor deme koninge in *allen* steden to *sime* b) rechte. unde nicht na des cle-

Art. 34. [33.] Jeglicher Mann hat sein Recht vor dem Könige. Und wer durch die Verfestung in des Königs Acht kommt.

§. 1. [§. 1. & 2.] Jeglicher Mann hat vor dem Könige 1) sein Recht und muß auch nach *seinem* Rechte 2), und nicht nach des Klägers Rechte, vor

---

n) inbürtigen eigenen. o) fh. ouch.

13) I. 51. not. 9. 14) I. 53. not. 6. 15) III. 45. §. 1. ff. 16) I. 53. not. 7. — III. 45. §. 10.

Art. 34.

a) Iclich. b) *fehlt.*

1) I. 34. not. 7. 2) III. 71. §. 2. a. E.

geres rechte he antwordet ümme alle clage dar men ene ümme scüldiget. ane of men ene to kampe an spriet. des mach he wol weigeren to rechte ane uppe der art dar he uppe c) geboren is [2*]). ɑ͑ Spriet men oc sin egen an. dar en darf he nicht uore antworden wen in deme lande dar d) it inne leget [3*]). ɑ͑ De koning scal oc richten ümme egen nicht na des mannes rechte. wen na des landes *dar it leget* [4*]). ɑ͑ Wen de richtere uoruestet unde mit der uestunge bringet in des koninges achte. tüt sik iene ut der achte. he scal deme houe ses weken uolgen e). so scal eme de koning urede werken. *unde* he scal sueren uore to komene uor den richtere de ene *ver-veste unde f)* in g) de achte brachte. *vor den sal he komen h)* unde sik dar to rechte beden

dem Könige in *allen* Stätten antworten. — §. 2. [§. 3.] Er antwortet um alle Klagen, darum man ihn beschuldigt, außer wenn man ihn zum Kampfe [3]) anspricht. Das mag er mit Recht wohl verweigern, außer auf der Erde, darauf er geboren ist [4]). — §. 3. [§. 4.] Spricht man auch sein Eigen an; dafür braucht er nicht zu antworten, als in dem Lande, darinnen es liegt [5]). — §. 4. [§. 5.] Um Eigen soll der König auch richten, nicht nach des Mannes Rechte, sondern nach des Landes, „wo „es liegt [6]).“ — §. 5. [Art. 34. §. 1.] Wen der Richter verfestet [7]) und durch die Verfestung in des Königs Acht [8]) bringt: zieht sich jener aus der Acht [9]); er soll sechs Wochen dem Hofe folgen. So soll ihm der König Frieden wirken [10]), *und* er soll schwören, vor zu kommen vor den Richter, der ihn *verfestete und* in die Acht brachte. *Vor den soll er kommen* und sich da zu Recht erbieten binnen

c) uz. d) da. e) s. w. u.] volgen sechswochen. f) v. u.] *fehlt.* g) an. h) v. d. s. h. k.] *fehlt.*

3) I. 63. not. 14. 4) III. 80. §. 3. a. E. — (III. 26. §. 2.) 5) I. 59. §. 1. 6) I. 30. 7) I. 64. not. 5. 8) I. 38. not. 2. — I. 71. 9) I. 38. §. 2. — (II. 4. §. 1. — III. 17. & 18.) 10) II. 4. §. 1. — (II. 14. §. 1. a. E.)

binnen uertein nachten na der tid dat he komen is to lande. des koninges bref scal he mede bringen. unde sin ingesegele [5*]) to orkünde *die dem richtere dat to wetene du i)* dat he ut der achte si. ℭ We so to achte wert gedan ane uestunge tüt he sik ut he scal deme houe uolgen k) ses weken unde si dar mede ledich. ℭ We sik ut der achte tüt unde rechtes nicht en pleget. wert he is uorwunnen men deit ene in [de] ouer achte alse of he iar unde dach in [der] achte hebbe l) gewesen.

vierzehn Nächten [11]) nach der Zeit, daß er in's Land gekommen ist. Des Königs Brief und sein Insiegel soll er zu Urkunde mitbringen, *die dem Richter das zu wissen thue*, daß er aus der Acht sey. — §. 6. [§. 2.] Wer ohne Verfestung in die Acht gethan wird: zieht er sich heraus; er soll sechs Wochen dem Hofe folgen, und sey damit ledig. — §. 7. [§. 2.] Wer sich aus der Acht zieht und nicht Rechts pflegt: wird er deß überwunden; man thut ihn in die Oberacht, als ob er Jahr und Tag in der Acht gewesen sey [12]).

1*) Bild tab. XIX. 2. 2*) XIX. 3. 3*) XIX. 3. 4*) XIX. 3. 5*) XIX. 4.

Schwabensp. Cap. 54.) bei Senkenb. Cap. 130. §. 1. & 2. **Cap. 55.)** Cap. 157. §. 1. bis 8.

ℭ We mit der hanthaften dat geuangen wert. ℭ Capitulum.. XXXV..

Art. 35. Wer auf der handhaften That gefangen wird.

We mit der hanthaften dat geuangen wert mit düue oder mit roue. des en mach he an nenen a) geweren ten. *Vint b)

§. 1. Wer auf der handhaften That [1]) mit Diebstahl oder mit Raub gefangen wird, das mag er auf keinen Gewersmann [2])

---

i) die, *bis*: du] *fehlt*. k) d. h. u.] volgen deme hove. l) wer.
11) I. 41. not. 4. — 70. not. 1. & 6. 12) I. 38. §. 1.

Art. 35.

a) keinen. b) Vint. *bis:* tien] *fehlt.*
1) I. 55. not. 2. 2) II. 35. not. 11.

aver en man sin gut under jeneme, dat ime afgerovet oder gestolen is, dem he nener hanthaften dat scüldigen mach, die mut an sinen geweren tien* of men ene kempliken dar ümme grot..

ziehen. — §. 2. *Findet aber ein Mann sein Gut, das ihm gestohlen oder geraubt ist, unter jenem, den er keiner handhaften That 3) beschuldigen mag 4); der mag auf seinen Gewersmann 5) ziehen,* wenn man ihn kämpflich darum grüßt 6).

Schwabensp. Cap. 56.) bei Senkenb. Cap. 162. §. 1. 2. a. A. 3. a. E. & 4.

Ꞓ Wen en man uor gerichte to kampe uad.. XXXVI..

Wen en man a) uor gerichte to kampe uad. unde wert de b) mit ordelen geuristet. so werket men c) beiden urede 1*). unde wert he gebroken men scal ene erst beteren ane kamp na rechte. Ꞓ Wert auer de uredebrekere geuangen in der uerschen dat men richtet ouer ene to *vredes d)* rechte..

Art. 36. Wen ein Mann vor Gericht zu Kampfe fängt.

§. 1. Wen ein Mann vor Gericht zu Kampfe fängt 1), und wird dieser mit Urtheil gefristet 2); so wirkt man Beiden Frieden 3): und wird er gebrochen; man soll erst nach Recht, ohne Kampf, ihn bessern 4). — §. 2. Wird aber der Friedebrecher 5) auf der frischen That 6) gefangen; man richtet über ihn nach *Friedens-* Rechte 7).

1*) Bild tab. XIX. 5.

Schwabensp. Cap. 57.) bei Senkenb. Cap. 176. §. 1. & 2.

---

3) I. 55. not. 2. 4) II. 34. 5) II. 35. not. 11. 6) I. 63. §. 1. & not. 14.

Art. 36.

a) W. e. m.] Swer einen man. b) fh. clage. c) fh. in. d) *fehlt.*

1) I. 53. §. 1. — (63. §. 1.) — 64. §. 2. — 68 §. 2. — (I. 63. not. 14.) 2) II. 3. §. 1. — (I. 64. not. 9. — 67. §. 1. — II. 2. §. 2.) 3) II. 4. §. 1. — 15. §. 1. — III. 34. §. 5. 4) I. 68. not. 7. 5) I. 63. not. 3. 6) I. 55. not. 2. 7) I. 69. not. 5.

☾ We den anderen sleit. oder roft. ☾ Vnde we sik to tüge büt uor gerichte. ☾ Vnde we sines bures ue indrift. ☾ Capitlm. XXXVII..

We a) so den anderen sleit oder roft ane wunden. wert he geuangen mit gerochte unde uor gerichte bracht. it en geit eme nicht an den hals. noch an sine gesunt. wenne wedde unde bote uorboret he dar an. ☾ We sik uor gerichte to tüge büt er he is uon gerichtes haluen geuraget werde. he si uon b) deme getüge uorleget 1*). ☾ De man c) misse deit nicht of he sines bures d) ue mit sime in drift. unde des morgenes ut 2*) *drift* e). deste f) he is nicht g) uorsake h). unde nene nut i) dar af en neme. ☾ We enes anderen mannes ripe korn snit so dat he wont dat dat lant sin si. oder sines heren deme he denet. he en missedeit nicht. deste k) he is nicht af en uore 3*).

Art. 37. Wer den Andern schlägt oder rauft. Und wer sich zum Zeugen erbietet vor Gericht. Und wer seines Nachbars Vieh eintreibt.

§. 1. Wer den Andern ohne Wunden schlägt oder rauft 1): wird er mit Gerüffte 2) gefangen und vor Gericht gebracht; es geht ihm nicht an den Hals, noch an seine Gesundheit 3), sondern Wedde 4) und Buße 5a) verwirkt er damit. — §. 2. Wer sich vor Gericht zum Zeugniß erbietet, ehe er von Gerichtshalben darum gefragt wird; er sey von dem Zeugniß abgewiesen. — §. 3. Der Mann missethut nicht, wenn er seines Nachbars Vieh mit seinem eintreibt und des Morgens heraus *treibt*5b); wenn er es nur nicht läugnet und keinen Nutzen davon nimmt. — §. 4. Wer eines andern Mannes reifes Korn schneidet, so daß er wähnt, daß das Land sein sey 6) oder seines Herren, dem er dient: er missethut nicht; wenn er es nur nicht wegführt 7).

---

a) We so, *bis:* uorboret he dar an.] *fehlt.* b) vor. c) fh. en. d) nakebures. e) *fehlt.* f) daz. g) fh. en. h) loukene. i) n. n.] keine mite. k) daz.

1) I. 68. §. 3. — II. 37. — (III. 32.) 2) I. 53. not. 1. 3) I. 2. not. 14. 4) I. 53. not. 7. 5a) I. 53. not. 6. 5b) III. 90. 6) II. 47. §. 1. ff. — III. 20. §. 1. & 3. 7) II. 38. §. 2. — 69.

men scal eme san sines aruei-des lonen..

Man soll ihm fürwahr seine Arbeit lohnen [8]).

1*) Bild tab. XIX. 6. 2*) XIX. 7. 3*) XIX. 8.

Schwabensp. Cap. 58.) bei Senkenb. Cap. 411. §. 1. & 2. **Cap. 59.)** Cap. 229. §. 1. bis 3. **Cap. 60.)** Cap. 208. §. 1. 2. a. A. & 3. a. E.

¶ **Wat so de man iar unde dach in rechten geweren nicht en heft gehat.** ¶ **Unde sterft des mannes wif. von der rade berichtet men eme sin bedde.**

¶ Capitulum. XXXVIII..

Wat so a) de man in sinen rechten geweren iar unde dach b) nicht en heft 1*) dar scal he to hant antworden uore c). of men ene beclaget. ¶ Dat wif en scal men nergen d) wisen e) ut eres mannes gude wen he sterft de dar kint dreget er se des genese. ¶ Musdele unde morgengaue en eruet nen f) wif bi eres mannes liue. se en hebbe se untuangen na eres mannes dode. *Dat g) wif ne erft ok

Art. 38. Was der Mann Jahr und Tag in rechter Gewer nicht gehabt hat. Und stirbt des Mannes Weib; von der Gerade berichtet man ihm sein Bett.

§. 1. Was der Mann nicht in seiner rechten Gewer [1]) hat Jahr und Tag [2]), dafür soll er sofort antworten, wenn man ihn beklagt [3]). — §. 2. Das Weib, die ein Kind trägt, soll man nirgens, ehe sie dessen genese, aus ihres Mannes Gute weisen, wenn er stirbt [4]). — §. 3. Mußtheil [5]) und Morgengabe [6]) vererbt kein Weib beim Leben ihres Mannes; sondern wenn sie sie nach ihres Mannes Tode empfangen hat. — §. 4. *Das W.ib vererbt auf

---

8) II. 47. §. 3.

Art. 38.

a) *fehlt.* b) i. s. r. g. i. u. d.] iar unn tac in sinen rechten geweren. c) a. u.] vor antwerten. d) nicht. e) vorwisen. f) kein. g) Dat wif, *bis:* ire len.] *fehlt.*

1) II. 2. not. 4. 2) I. 28. not. 5. 3) II. 2. §. 2. 4) I. 33. — (I. 36.) 5) I. 22. not. 4. 6) I. 20. not. 3.

nen gebu up iren erven, dat up irer lifgetucht stat, si ne slitet af bi irme live unde settet up ire egen oder uppe ire len.* ℭ Sterft des mannes wif welk ere nichtele ere rade nimt de scal uon der rade deme manne sin bedde berichten alse it stunt de wile h) sin wif leuede. sinen disch mit eneme dischlakene. den bank mit eneme pole. den stol mit eneme küssene 2*)..

ihren Erben auch kein Gebäude, das auf ihrer Leibzucht steht; sie trage es denn ab 7a) bei ihrem Leben, und setze es auf ihr Eigen 7b) oder Lehn* 8). — §. 5. Stirbt des Mannes Weib: welche ihrer Nichteln 9) ihre Gerade 10) nimmt; die soll von der Gerade berichten dem Manne sein Bett, wie es stand, solange sein Weib lebte, seinen Tisch mit einem Tischtuche, die Bank mit einem Pfühle, den Stuhl mit einem Kissen 11).

1) Bild tab. XIX. 9. 2*) XIX. 11.

Schwabensp. Cap. 61.) bei Senkenb. Cap. 208. §. 4.
Cap. 62.) nach Cap. 208. pg. 258.

ℭ We so scult uorderet up enen de er nicht gelden en mach. ℭ Unde weme de richtere to antwordene büt. unde nicht antworden en wil. ℭ Capitulum.. XXXIX..

Art. 39. Wer Schuld fordert von Einem, der sie nicht zahlen mag. Und wem der Richter zu antworten gebietet und nicht antworden will.

We a) scult uor gerichte uorderet up enen man der he gelden b) nicht en mach. noch borgen setten c). de richtere

§. 1. Wer vor Gericht Schuld fordert von einem Manne, der sie nicht zahlen, noch Bürgen setzen mag; der Richter soll ihm

---

h) d. w.] do.

7a) Ziemann Wörterb. pag. 400. s. v. slizen. 7b) I. 8. not. 1. 8) I. 20. §. 2. — II. 22. §. 4. — III. 74. — 76. §. 2. 9) I. 20. not. 9. 10) I. 5. not. 3a. 11) I. 22. §. 4.

Art. 39.

a) fh. da. b) gegelden. c) geseczen.

scal eme den man antworden uor dat gelt [1*]). den scal he beholden gelik sime ingesinde mit spise unde mit arueide. wil he ene spannen mit ener helden d) dat mach he don. anders en scal he ene nicht pinen. Let he ene oder untlopt he eme dar mede en e) is he des geldes nicht ledich de wile he eme nicht uorgulden en heft. unde he it nicht wlbringen en kan. *so is he ümmer sin pant uor dat* f) *gelt.* ₡ Wen men uor gerichte scüldiget unde eme de richtere to rechter antworde büt. en antwordet he nicht noch untredet sik mit rechte g) dat he icht antworden scole. so delt men ene weddehaftich [2*]). alse deit men to deme anderen h) unde to deme dridden male. unde en antwordet he dennoch nicht. so is he gewunnen in der scult. Geit eme auer de scult an dat lif i). oder an

den Mann für das Geld überantworten [1]). Den soll er halten gleich seinem Gesinde mit Speise und mit Arbeit. Will er ihn in eine Fessel [2a]) spannen; das mag er thun: anders soll er ihn nicht strafen. — §. 2. Entläßt er ihn, oder entläuft er ihm; damit ist er, solange er ihm nicht gezahlt hat und er es nicht bewähren kann, der Zahlung nicht ledig [2b]). „So ist er immer sein „Pfand für das Geld." — §. 3. Wen man vor Gericht beschuldigt und der Richter ihn zu rechter Antwort entbietet: antwortet er nicht, noch entredet [3]) er sich mit Recht, daß er etwas zu antworten brauche [4]); so erkennt man ihn weddhaft [5]). Ebenso thut man zum andern und zum dritten Male [6]), und antwortet er dann noch nicht; so ist er der Schuld überwunden. — §. 4. Geht ihm aber die Schuld an das Leben oder

---

d) vezzern. e) *fehlt.* f) sin. g) s. m. r.] mit rechte sich. h) fh. male. i) d. l.] den lip.

1) (I. 61. §. 2.) 2a) Ziemann Wörterb. pag. 149. s. v. helde. 2b). II. 12. §. 1. — (III. 5. §. 5.) 3) I. 68. not. 6. 4) II. 2. §. 2. — 3. §. 1. & 2. — III. 6. §. 2. a. E. & §. 3. a. E. — 12. §. 1. & 2. — 25. §. 2. & 3. — 30. §. 1. — 71. §. 1. & 2. 5) II. 6. §. 3. — (I. 53. not. 7.) 6) I. 63. §. 5. — (I. 62. §. 7.)

sine k) gesunt. de mot de clegere tügen self seuede l).

an seine Gesundheit 7); die muß der Kläger selbsiebent8) bezeugen.

1*) Bild tab. XX. 1. 2*) XX. 2.

Schwabensp. Cap. 63.) bei Senkenb. Cap. 133. §. 1. bis 5. a. A. §. 6. von: so sol der. §. 7. bis 19. **Cap. 64.)** Cap. 134. §. 1 bis 4.

¶ We so penninge. oder siluer gelden scal.. XL..

Weme men icht gelden scal de mot des warden went a) de sunne under geit in sineme b) huse. oder in deme neisten huse des richteres dar dat gelt gewunnen is. ¶ We penninge oder siluer gelden scal büt he dar gewedde c) uore he en is dar mede nicht ledich 1*) ere gelouede en sta also. ¶ Men mot siluer wol bi boden geldend). neneme e) boden f) scal men it auer antworden he en si bescceden dar to uor gerichte uon eneme g) deme men h) dat siluer gelden i) scal. ¶ Sogedane

Art. 40. Wer Pfennige oder Silber zahlen soll.

§. 1. Wem man etwas zahlen soll 1), der muß in seinem Hause oder in dem nächsten Hause des Richters, wo das Geld gewonnen ist, dessen warten, bis die Sonne untergeht 2). — §. 2. Wer Pfennige 3) oder Silber zahlen soll: beut er dafür ein Pfand; er ist damit nicht ledig. Ihr Angelöbniß stünde denn so. — §. 3. Man mag wohl Silber durch einen Boten zahlen: man soll es aber keinem Boten überantworten; er sey denn von jenem, dem man das Silber zahlen soll, vor Gericht dazu beschieden. — §. 4. Solche

---

k) sin. l) fh. uf in.

7) I. 2. not. 14. 8) III. 89. §. 4.

Art. 40.

a) biz. b) sines selbes. c) gewerde. d) w. b. b. g.] gelden wol mit boten. e) keineme. f) fh. en. g) ieme. & H. ieneme h) *fehlt.* i) *fehlt.*

1) II. 12. §. 1. 2) II. 5. §. 2. — (I. 54. §. 2.) 3) II. 27. not. 1.

penninge unde siluer alse de man louet dat scal he gelden k) alse ginge unde geue si *in deme gerichte denne* 2*)..

Pfennige und Silber, als der Mann gelobt, die soll er zahlen, wie sie „alsdann in dem „Gerichte" gäng und gebe 4) sind.

1*) Bild tab. XX. 3. 2*) XX. 4.

Schwabensp. Cap. 65.) bei Senkenb. Cap. 391. §. 1. bis 3. & 4. a. E. bis 5. **Cap. 66.)** Cap. 348. §. 11.

¶ Jowelkes geuangenen dat. unde louede.. XLI..

Jowelkes a) geuangenen dat unde b) louede en scal dor recht nicht stede sin de c) he in der d) uengnisse louet 1*). Let men auer ene e) uppe sine trüwe riden to dage. he scal dor recht weder komen. unde sine trüwe ledegen. gilt he oder wert he ane gelt ledich welke orueide he louet oder sueret de scal he *durch recht* f) leisten. unde anders nen g) gelouede. *dat he binnen vengnisse lovet *oder dut** h). ¶ Wat so en man sueret unde entrüen louet sin i)

Art. 41. Jegliches Gefangenen That und Angelöbniß.

§. 1. Jedwedes Gefangenen That und Angelöbniß, das er in dem Gefängnisse gelobt, soll zu Recht nicht beständig sein. Läßt man aber auf seine Treue ihn auf Tagesfrist reiten; er soll nach Recht wiederkommen und seine Treue lößen 1). Zahlt er, oder wird er ohne Zahlung ledig: welche Urfehde 2) er gelobt oder schwört; die soll er *nach Recht* leisten und anders kein Angelöbniß, *das er binnen dem Gefängnisse gelobt „oder „thut*" — §. 2. Was ein Mann schwört oder auf Treue gelobt,

---

k) fh. en is da aber nicht an bescheiden. so sal man silber gelden.
4) II. 65. §. 2.

Art. 41.

a) Eines iclichen. b) d. u.] *fehlt.* c) daz. d) deme. e) a. e.] in aber. f) d. r.] *fehlt.* g) kein. h) dat, *bis:* dut] *fehlt.* i) sinen.
1) II. 9. §. 3. — III. 9. §. 4. 2) II. 10. not. 2.

lif mede to uerstene k). oder sine l) gesunt. al m) en mach he is nicht gelesten. it en scadet eme to sime rechte nicht. ɗ Wur men enen untrüwelike ueit let men ene riden uppe sine trüwe n). oder let men o) ene sueren. oder intrüwen ander ding louen. he en darf is nicht lesten. mach he [it] wlbringen up ene dat he ene untruwelike to deme louede duwnde. ɗ We uor gerichte gelt uorderet. uraget iene wur af men eme dat scüldich si he scal dat segen weder he it uon gelouede. oder uon erue dat he untfangen hebbe scüldich si 2*)..

um sein Leben oder seine Gesundheit 3) damit zu fristen: mag er es gleich nicht leisten; es schadet ihm an seinem Rechte 4) nicht. — §. 3. Wo man treulos Einen fängt: läßt man ihn auf seine Treue reiten, oder läßt man ihn etwas Anderes beschwören oder auf Treue geloben; er braucht es nicht zu leisten, wenn er bewähren mag gegen ihn, daß er ihn treulos zu dem Angelöbnisse zwang. — §. 4. Wer vor Gericht Geld fordert: fragt jener, woher man ihm das schuldig sey; er soll das sagen, ob er es von Angelöbniß oder von Erbe, welches er empfangen habe, schuldig sey.

1*) Bild tab. XX. 5. 2*) XX. 6.

Schwabensp. Cap. 67.) bei Senkenb. Cap. 348. §. 1. bis 10. **Cap. 68.)** Cap. 204. §. 1. bis 4. und nachher pag. 254. §. 1. bis 5. **Cap. 69.)** Cap. 205. §. 1. bis 7.

ɗ Wu men seget dat sek egentscap erhoue.. XLII..

Got heft den man na eme gebildet unde mit siner mar-

Art. 42. Wie man sagt, daß Eigenschaft entsprang.

§. 1. Gott hat den Mann nach sich gebildet und mit sei-

---

k) vristene. l) sin. m) vnn. n) Th. der in gevangen hat. o) he.

3) I. 2. not. 14. 4) I. 40. & I. 36. not. 2. — II. 27. not. 3. — 35. not. 3.

tere geledeget a). den enen alse den anderen [1*]). eme [is b)] de arme alse besibbe c) alse de rike. ℭ Nu en d) latet iu nicht wunderen dat dit bok so lüttik seget uon denest lüden rechte. went it is so manichualt dat is neman kan to ende komen e). ℭ Vnder iowelkeme f) biscope unde abbede unde ebbedeschen hebbet g) denest lüde sunderlik recht [2*]) dar ümme en kan ek is nicht besceden. ℭ Do men ok recht satte h) erst do en was nen i) denest man. alle lüde waren uri do unse uorderen her to lande quamen. ℭ In k) minen sinnen kan ek is nicht l) genemen dat ieman des anderen scole [eghen m)] wesen n). ok en hebbe we is nen o) orkünde. doch seget dumme p) lüde de der warheit erre uaret q) dat sik egenscap erhoue an kayn de sinen broder ersloch [3*]). kaynes slechte wart uordelget do de werlt mit watere to ging. **dat is nicht ne blef* r)*. Ok seget men dat egenscap que-

ner Marter geledigt, den Einen, wie den Andern; ihm ist der Arme so nahe [1a]), wie der Reiche. — §. 2. Nun laßt Euch nicht wundern, daß dies Buch so wenig von der Dienstleute Rechte sagt; denn es ist so manichfaltig, daß damit niemand kann zu Ende kommen. Unter jedwedem Bischofe und Abte und Aebtissin haben die Dienstleute sonderliches Recht [1b]); darum kann ich nichts davon bescheiden. — §. 3. Da man auch zuerst Recht setzte, da war kein Dienstmann. Alle Leute waren frei, als unsere Vorfahren her zu Lande kamen. Aus meinem Verstande kann ich's nicht abnehmen, daß jemand des Andern Eigener sein solle; auch haben wir deß keine Urkunde. Zwar sagen unverständige Leute, die an der Wahrheit irre gehen, daß Eigenschaft sich erhub von Kayn, der seinen Bruder erschlug. Kayns Geschlecht ward vertilgt, als die Welt im Wasser unterging, „*daß „es nicht blieb*“. Auch sagt man, daß Eigenschaft käme von Kam,

---

a) irlost. b) was. c) lip. d) *fehlt.* e) k. t. e. k.] czu ende komen kan. f) iclicheme. g) fh. di. h) von. i) kein. k) An. l) fh. uz m) *fehlt.*. n) sin. o) keine. p) someliche. q) gen. r) d. i. n. n. b.] *fehlt.*

1a) I. 27. §. 1. 1b) III. 72. §. 3. & 73. §. 1.

me uon kam noe sone. Noe segende tuene sine s) sone [4*]). an deme anderen t) entwoch u) he nener v) egenscap. kam besat africam. Sem blef in asia. Japhet unse uoruare besat europam. süs en blef er nen w) des anderen. ¶ Men seget oc egenscap queme uon ysmahele. De hilge scrift het ysmahelem der dernen sone [5*]). anders en ludet se nener x) egenscap uon eme. ¶ So seget men oc it queme uon esau. Jacob ward gesegenet uon sime uadere [6*]) ysac y). unde heit ene here wesen bouen sineme broder z). esau en aa) uorulokede he nicht. noch egenscap entwoch bb) he nicht. ¶ We hebbet in unseme rechte ok cc) dat neman sik selue to egene geuen en mach. *it ne weder lecge sin erve wol. Wo mochte do noe oder ysaac enen anderen to egene geven, sint sik selven nieman to egene gegeuen mach*. Oc hebbe we orkündes mer. got rowede den seueden dach. de seueden weken bot he ok to haldene alse dd)

Noas Söhne. Noa segnete zwei seiner Söhne; bei dem Andern erwähnt [2a]) er keiner Eigenschaft. Kam besetzte Afrika, Sem blieb in Asien, Japhet, unser Vorfahre, besetzte Europa: so blieb deren keiner des Andern. Man sagt auch Eigenschaft käme von Ysmael. Die heilige Schrift nennt Ysmael den Sohn der Dirne; anders verlautet sie von ihm keiner Eigenschaft. So sagt man auch, es komme von Esau. Jacob ward gesegnet von seinem Vater Isac, und hieß ihn Herr sein über seinen Bruder. Den Esau verfluchte er nicht, noch erwähnt er nicht der Eigenschaft. Wir haben auch in unserem Rechte, daß niemand sich selbst zu Eigen geben mag; *sein Erbe widerrede es wohl [2b]). Wie mochte da Noa oder Isac einen Andern zu Eigen geben, da sich selbst niemand zu Eigen geben mag.* — §. 4. Auch haben wir mehr der Urkunde: Gott ruhete den siebenten Tag; die siebente Woche gebot er auch zu halten, als er den Juden das Gesetz [3])

s) *fehlt.* t) dritten. u) gewok. v) keiner. w) kein. x) keiner. y) *fehlt.* z) sine brodere. aa) *fehlt.* bb) gewoc. cc) i. u. r. o.] ouch in unseme rechte. dd) da.

2a) Ziemann Wörterb. pag. 120. s. v. gewahen: erwähnen. 2b) III. 33. §. 7. — 45. §. 9. 3) I. 18. not. 5.

he den iuden de. e. gaf. unde uns sande sinen geist. Den seueden manen bot he oc to haldene. unde dat seuede iar 7*) dat het dat iar der losunge. so scolde men ledich laten unde uri ane ee) de geuangenen ff). unde de gg) in egenscap getogen waren hh) mit sogedaneme ii) rechte alse kk) men se uindet ll) of se ledich unde uri wolden wesen mm). ¶ Ouer seuenwarue nn). seuen iar quam dat ueftegeste iar dat het dat iar der urowede oo) so moste aller manlik pp) uri wesen qq) he wolde oder en wolde 8*). ¶ Ok gaf uns got orkünde mer rr) an eneme penninge dar men ene mede uorsochte do he sprak latet deme keisere sines bildes geweldich. unde godes bilde geuet gode 9*). dar bi is uns kündich uon godes wegene ss) worden tt). dat de minsche godes bilde wesen scal uu). unde wen men anders iemanne vv) to seget wenne ww) gode dat he weder gode deit xx). *Na rechter warheit so heft*

gab und uns seinen Geist sandte. Den siebenten Monat gebot er auch zu halten und das siebente Jahr; das heißt das Jahr der Lösung. Da sollte man *alle* die Gefangenen und die in Eigenschaft gezogen waren 4), wenn sie ledig und frei sein wollten, mit solchem Rechte, als man sie *fing*, ledig und frei lassen. Ueber siebenmal sieben Jahr kam das fünfzigste Jahr; das heißt das Jahr der Freude: da mußte jeder männiglich frei sein, er wolle oder wolle nicht. — §. 5. Auch gab uns Gott mehr Urkunde an einem Pfennig, womit man ihn versuchte, da er sprach: lasset den Kayser seines Bildes gewältig und Gottes Bild gebt Gott. Dabei ist uns von Gottes wegen kundig worden, daß der Mensch Gottes Bild sein soll, und wen man jemandem Anders als Gott zuspricht, daß er wider Gott thut. — §. 6. „Nach rechter Wahrheit hat Ei-

ee) alle. desgl. Homeyer. ff) vangen waren. gg) *fehlt.* hh) *fehlt.* ii) sulcheme. kk) so. ll) vienc. desgl. Homyer. mm) sin. nn) sibenmal. oo) vrouden. desgl. bei Homeyer. pp) sh. ledic vnn. qq) sin. rr) *fehlt.* ss) worten. tt) *fehlt.* uu) w. s.] is. vnn gotes wesen sal. vv) w. m. a. i.] wer in ime anders. ww) denne. xx) d. h. w. g. d.] der tüt wider got.

4) III. 39. §. 1.

egenscap begin uon geduange. unde uon uengnisse[10*]. *unde uon unrechter gewalt de men uon aldere an unrechte wonheit heft gebracht. unde geiogen* yy). *unde* zz) *uor recht hebben wil..*

„genschaft Beginn vom Zwange „und von Gefängniß und von „unrechter Gewalt, die man von „Alters her zu unrechter Gewohn„heit gebracht und gezogen hat „und für Recht ausgeben will [5])."

1*) Bild tab. XX. 7. 2*) XX. 8. 3*) XX. 9. 4*) XX. 10. 5*) XX. 11. 6*) XX. 12. 7*) XXI. 1. 8*) XXI. 2. 9*) XXI. 3. 10*) XXI. 4.

Schwabensp. Cap. 70.) bei Senkenb. Cap. 54. §. 1. bis 16. §. 18. bis 22. a. A. (die §§. 22. bis 29. a. A. sint kurz zusammengedrängt und sehr verändert.) §. 29. a. E. & §. 31. bis 38.

¶ Wes sik de man mit unrechte under windet.. XLIII..

Wes sik de man mit unrechte under wint dat eme [to a)] rechte af gewunnen wert he mot it mit bote laten. ¶ Wes he sik auer underwint mit ienes willen des it dar is. oder dat he eme dar b) liet. oder to borge deit c). en gilt he is nicht.

Art. 43. Wessen sich der Mann mit Unrecht unterwindet.

§. 1. Wessen der Mann sich unterwindet [1]) mit Unrecht, das ihm mit Recht abgewonnen wird; er muß es mit Buße [2]) lassen. — §. 2. Wessen er aber mit jenes Willen, dessen es ist, sich unterwindet, oder was er ihm leiht oder als Bürgschaft giebt: vergilt er es nicht, oder giebt

---

yy) h. g. u. g.] geczogen hat. zz) fh. nv.

5) III. 44. §. 3.

Art. 43.

a) mit. b) h. e. d.] daz hez im. c) t. b. d.] borget.

1) I. 51. not. 9. 2) I. 53. not. 6. — I. 35. §. 5. — 53. §. 2. — (III. 20. §. 3.)

oder en deit he is nicht weder d) he blift is ane wandel he en hebbe it e) uorgerichte gelouet.

er es nicht wieder; er bleibt deshalb ohne Wandel 3): er habe es denn vor Gericht gelobt 4).

Schwabensp. Cap. 71.) bei Senkenb. Cap. 401. §. 1. & 2.

¶ To babilonie erhof sik dat rike. ¶ Capitlm.. XLIIII..

To babilonie erhof sik *irst** a) dat rike de b) was weldich ouer alle lant do douende c) tyrus. unde wandelde dat rike in persiam. dar stunt it went d) an darium *den lesten* den uorsegede allexander. unde kerde dat rike an kreken dat it stunt e) so lange went f) it sik rome underwant unde Julius keiser wart 1*). Noch heft rome beholden g) dat wertlike suert. unde uon sinte peteres haluen dat geistlike 2*). dar uon het se houet alle der werlde. ¶ Vnse uorderen do se h) her to lande i) quamen. unde de do-

Art. 44. Zu Babilon erhob sich das Reich.

§. 1. Zu Babilon erhob sich „zuerst"* das Reich. Die war gewaltig über alle Lande; da zog Cyrus hin 1a) und wandelte das Reich in Persien. Da bestand es bis auf Darius „den Letzten." Den besiegte Alexander und brachte das Reich an Griechenland, wo es solange bestand, bis Rom sich dessen unterwandt 1b) und Julius Kayser ward 1c). Noch hat Rom das weltliche Schwert behalten und, von St. Peters halben, das geistliche 2); darum heißt sie das Haupt der ganzen Welt. — §. 2. Unsere Vordern, da sie her zu Lande kamen, und die Thüringer ver-

---

d) fh. czu bescheidener czit. e) fh. denne.

3) II. 27. not. 4. — II. 30. a. E. — 35. §. 9. — III. 5. §. 1. — 22. §. 1. & 2. — 90. 4) (I. 7. not. 1. & 2.)

Art. 44.

a) *fehlt.* b) daz. c) czu verte iz. d) biz. e) d. i. s.] da stunt iz. f) biz. g) *fehlt.* h) di. i) t. l.] *fehlt.*

1a) Eigentlich: Cyrus darwendete, d. i. er wendete sich dahin. 1b) I. 51. not. 9. 1c) III. 53. §. 1. 2) I. 1.

ringe uordreuen de hadden k) *in* allexanders here gewesen mit er helpe hadde he bedwungen alle asiam. Do allexander starf do en dorsten se sik nicht to don in deme lande dor des landes hat. unde scepeden 3*) mit dren hundert kelen de uordoruen alle wente l) uppe uere unde ueftich. der quamen achte m) to prüzen. unde besatten dat. tuelue besatten rüiam n). uere unde tuintich quamen her to lande. do er so uele nicht enwas dat se den acker mochten werken. do se de doringeschen heren slogen unde uordreuen do leten se de bure sitten ungeslagen unde bestadeden en den acker 4*). to sogedaneme rechte alse ene noch de laten hebbet. dar af quamen de laten. uon den laten de sik uorworchten an ereme rechte quamen de dage geworchten.

trieben, die waren in Alexanders Heere gewesen; mit ihrer Hülfe hatte er ganz Asien bezwungen. Da Alexander starb, da durften sie, ob des Landes Hasse, sich nicht niederlassen in dem Lande, und schifften weg mit dreihundert Kielen; die verdarben alle, bis auf vier und fünfzig. Deren kamen achtzehn nach Preußen und besetzten das, zwölf besetzten Rügen, vier und zwanzig kamen her zu Lande. — §. 3. Da ihrer so Viele nicht waren, daß sie den Acker bauen mochten: als sie die Thüringischen Herrn erschlugen und vertrieben; da ließen sie die Bauern unerschlagen sitzen, und übertrugen ihnen den Acker zu solchem Rechte, als ihn die Lassen 3) noch haben. Daher stammen die Lassen. Von den Lassen, die sich an ihrem Rechte verwirkten, stammen die Tagewerker 4).

1*) Bild tab. XXI. 5. 2*) XXI. 6. 3*) XXI. 7. 4*) XXI. 8.

Schwabensp. vacat.

---

k) waren. l) biz. m) achczene. desgl. bei Homeyer. n) rivan.
3) III. 45. §. 7. 4) III. 45. §. 8.

¶ Nu uornemet aller lüde weregelt unde bote. ¶ Capitulum.. XLV..

Nu uornemet aller lüde weregelt unde bote. ¶ Vorsten. urie heren. sepenbare lüde de sin gelik in bote unde in weregelde. Doch eret men de uorsten unde urie heren mit golde to geuene. unde gift en tuelf güldene penninge 1*) to bote der scal iowelk a) drü penning wichte silueres wegen. dat penning wichte goldes dat b) nam men do c) uor tein silueres. süs waren de tuelf penninge drittich scillinge wert. ¶ Den scepenbaren urien lüden gift men drittich scillinge 2*) to bote pundiger d) penninge. der scolen tuintich scillinge ene mark wegen. ere weregelt sin achtein punt *pündiger* e) *penninge.*

Art. 45. Nun vernehmet aller Leute Wehrgeld und Buße.

§. 1. Nun vernehmet aller Leute Wehrgeld 1) und Buße. Fürsten 2), freie Herren 3), schöffenbare Leute 4), die sind gleich an Buße 5) und an Wehrgeld. Doch ehrt man die Fürsten und freien Herren mit Gold zu geben, und giebt ihnen zwölf goldene Pfennige zur Buße; deren soll jeder drei Pfennig-Gewicht Silbers wiegen 6). Das Pfennig-Gewicht Goldes nahm man da für zehn Silbers 7). So waren die zwölf Pfennige dreißig Schillinge werth 8). Den schöffenbaren freien Leuten giebt man zur Buße dreißig Schillinge pfündiger Pfennige; deren sollen zwanzig Schilling eine Mark wiegen. Ihr Wehrgeld sind achtzehn Pfund 9) „pfündiger

---

a) iclicher ein. b) *fehlt.* c) hivor. d) phundischer. e) phundischer.

1) I. 42. §. 1. — 65. §. 1. & 2. — II. 5. §. 1. — 9. §. 5. — 15. §. 1. — 17. §. 5. 6. & 7. — 22. §. 1. — 37. — 41. §. 1. — 66. §. 1. & 2. — 72. §. 4. — III. 9. §. 1. — 12. §. 2. — 47. §. 3. & 48. §. 1. ff. — 51. §. 1. & 2. 2) I. 3. §. 2. — II. 43. §. 3. — III. 8. — 52. §. 1. — 53. §. 1. — 55. §. 1. — 57. §. 2. — 58. §. 1. & 2. — 60. §. 1. — 64. §. 1. ff. 3) I. 3. §. 2. — (II. 1.) 4) I. 3. not. 4. 5) I. 53. not. 6. 6) Also 3. $\times$ 12. = 36. 7) d. i. 3. $\times$ 10. = 30. 8) Da also der Werth des Goldes eigentlich 36 betrug, aber nur zu 30 Schill. berechnet ward; so kamen 2 auf 10 Schill. als Agio den Fürsten zu Gut. 9) Das Pfund, wie die Mark zu 20 Schill. berechnet. vgl. Zobel Remissorium od. Register über den Sachsenspiegel. Leipzig 1588 fol. s. v. Pfundt. & Vers. lat. III. 51. §. 2. a. E.

¶ Jowelk f) wif heft eres mannes halue bote unde weregelt. ¶ Jowelk g) maget unde ungemannet wif heft ok halue bote na deme dat se geboren is. ¶ De man is ok uormünde des wiues. alse se eme getrüwet wert. Dat wif is ok des mannes genotinne wenne se in des mannes h) bedde tred. na des mannes dode is se ledich uon sime i) rechte. ¶ De bergelden unde plechhaften heten. unde des scultheten ding soket den gift men uiftein scillinge 3*) to bote. unde tein punt to weregelde. under den mot men wol kesen enen uronen boden of men is bedarf de min k) den dre houe hebben. den scal kesen de richtere unde de scepenen. ¶ Andere urie lüde sin lantseten geheten l) de komet unde uaret m)

„Pfennige." — §. 2. Jegliches Weib hat ihres Mannes halbe Buße und Wehrgeld [10]). Jegliche Jungfrau und unverheirathete Frau auch hat halbe Buße, je nach dem, daß sie geboren ist [11]). — §. 3. Der Mann ist auch Vormund des Weibes, sobald sie ihm angetraut ist. Das Weib ist auch Genossin des Mannes, wenn sie in des Mannes Bett steigt [12]). Nach des Mannes Tode ist sie ledig von seinem Rechte [13]). — §. 4. Die, welche Birgelden [14]) und Pfleghafte [15]) heißen und des Schuldheißen [16]) Ding besuchen, denen giebt man fünfzehn Schilling als Buße und zehn Pfund als Wehrgeld. — §. 5. Unter denen mag man wohl küren einen Fronboten [17]), wenn man deß bedarf, der mindestens drei Hufen [18]) habe; den soll der Richter und die Schöffen küren [19]). — §. 6. Andere freie Leute sind Landsassen [20]) geheißen, die kommen

f) Ein iclich. g) iclich. h) d. m.] sin. i) des mannes. k) minre. l) s. l. g.] di lantsezen heizen. m) fh. in.

10) I. 45. §. 1. — (31. §. 1. & 2.) — III. 45. §. 3. — (II. 22. §. 1. — 66. §. 2. — I. 42. §. 1. — II. 17. §. 5. ff.) 11) (II. 17. §. 3.) 12) I. 31. §. 1. & 2. — 45. §. 1. 13) I. 21. §. 3. — III. 74. 14) III. 64. §. 8. — 72. §. 2. — 81. §. 1. 15) I. 2. §. 1. & 3. 16) II. 23. not. 5. 17) I. 2. not. 8. 18) II. 55. §. 2. — III. 81. §. 1. & 3. — (I. 34. §. 1. — III. 61. §. 3.) 19) III. 56. §. 1. ff. 20) I. 2. §. 1. & 4.

gastes wisen. unde hebbet nen n) egen indeme lande. de gift men oc uiftein scillinge 4*) to bote. sin o) weregelt is tein punt. ¶ Tuintich p) scillinge unde ses penninge is der laten bote. unde en helling. unde negen punt ere weregelt. ¶ Tuene wüllene hantschen unde en mesgrepe q) is der dage worchten bote 5*). sin weregelt is en barch wl wetes uon tuelf roden. alse iowelk r) rode uon der anderen *sta* enes uedemes lang. iowelk s) rode scal hebben tuelf nagele upwort. iowelk t) nagel scal uon deme anderen stan alse de man lang is went u) an de sculderen. dor dat men den barch geboren v) moge uon nagele to nagele. iowelk w) nagel scal hebben tuelf büdele. iowelk x) büdel scal hebben y) tuelf scillinge. ¶ Papen kindere unde de unecht z) geboren sin den gift men to bode en uoder howes alse tuene iarege ossen geten mogen 6*). ¶ Spellüde unde

und fahren Gastesweise 21) und haben kein Eigen 22) in dem Lande: denen giebt man auch fünfzehn Schilling als Buße; ihr Wehrgeld ist zehn Pfund. — §. 7. Zwanzig Schilling und sechs Pfennige und ein Heller ist der Lassen 23) Buße, und neun Pfund ihr Wehrgeld. — §. 8. Zwei wollne Handschuh und eine Mistgabel ist der Tagewerker 24) Buße. Ihr Wehrgeld ist ein Haufen voll Waizens von zwölf Ruthen, so daß jede Ruthe von der andern einen Faden weit *absteht.* Jede Ruthe soll aufwärts zwölf Nägel haben; jeder Nagel soll abstehen von dem andern solang der Mann bis an die Schultern ist, auf daß man den Haufen abtragen möge von Nagel zu Nagel. Jeder Nagel soll zwölf Beutel haben; jeder Beutel soll enthalten zwölf Schillinge. — §. 9. Pfaffenkindern und denen, die unecht geboren 25) sind, giebt man ein Fuder Heu, wie zwei jährige Ochsen ziehen mögen als Buße.

n) kein. o) ir. p) Tuintich, *bis:* weregelt] *fehlt.* q) misfgabele. r) icliche. s) icliche. t) iclich. u) biz. v) geheben. w) iclich. x) iclich. y) s. h.] *fehlt.* z) vnelich.

21) I. 16. — 30. — III. 33. §. 1. 22) I. 8. not. 1. 23) III 44. §. 3. 24) III. 44. §. 3. 25) I. 37. §. 2. & not 6. — (I. 6. not. 5. — 25. not. 5. — 37. not. 3.)

alle iene aa) de sik to egene geuet den gift men to bote den sceden enes mannes 7*). ℭ Kempen unde eren kinderen gift men to bote enes schildes blik iegen der sunnen 8*). tuene besmen. unde en schere 9*) is ere bote de ere recht mit düue oder mit roue oder anders uorworcht hebbet bb). ℭ Vnechter cc) lüde bote gift lüttel uromen. unde is doch dor dat gesat dat der bote des richtes dd) gewedde uolge.

Spielleute 26) und alle diejenigen, die sich zu Eigen geben 27); denen giebt man als Buße den Schatten eines Mannes. Kämpfern 28) und ihren Kindern giebt man als Buße eines Schildes Glanz gegen die Sonne. Zwei Besen und eine Scheere ist die Buße derer, die ihr Recht mit Diebstahl oder mit Raub, oder anders verwirkt haben 29). — §. 10. Unechter Leute 30) Buße giebt wenig Nutzen, und ist doch darum gesetzt, daß der Buße die Wedde 31) des Gerichts folge. — [§. 11. f. ff.]

1*) Bild tab. XXI. 9. 2*) XXII. 1. 3*) XXII. 2. 4*) XXII. 3. 5*) XXII. 4. 6*) XXII. 5. 7*) XXII. 7a. 8*) XXII. 7b. 9*) XXII. 8.

Schwabensp. Cap. 72.) bei Senkenb. Cap. 402. §, 1. bis 7. 9. 8. & 10. bis 18. a. A.

ℭ Ane weregelt sin unechte lüde. ℭ Von not der amien. ℭ Capitlm.. XLVI..

Ane weregelt sin unechte lüde. doch we er enen wundet.

Art. 46 Ohne Wehrgeld sind unechte Leute. Von Nothzucht der Amie.

§. 1. [Art. 45. §. 11.] Ohne Wehrgeld sind unechte Leute 1): Doch wer ihrer Einen verwun-

---

aa) *fehlt.* bb) u. h.] vorwirken. cc) unelicher. dd) richters.

26) I. 37. §. 2. — 50. §. 3. 27) III. 33. §. 1. & 7. — 42. §. 3. a. E. 28) I. 37. not. 4. 29) I. 37. not. 7. — II. 14. §. 1. a. E. — 29. §. 3. a. E. & not. 5. 30) vgl. §. 8. ff. — (I. 37. not. 6.) 31) I. 53. not. 7. & §. 1. — III. 33. §. 10.

Art. 46.

1) III. 45. §. 8. ff.

oder rouet. oder dodet a). unechte wif nodeget 1*). unde den urede an ene brict. men scal ouer en richten na uredes rechte. ꝯ An uarenden wiuen. unde an siner amien mach en b) man *not dun unde c)* sin d) lif uorwerken of he se *ane iren e) dank* beleget.

det, oder beraubt, oder tödtet, unechte Weiber nothzüchtigt, und den Frieden 2) an ihnen bricht; über den soll man richten nach Friedensrecht 3). — §. 2. [§. 1.] An fahrenden Weibern und an seiner Amie 4) mag ein Mann *Nothzucht 5) begehen und* sein Leben verwirken, wenn er sie *ohne ihren Willen* beschläft. — [§. 2. ff.]

1*) Bild. tab. XXII. 9.

Schwabensp. Cap. 73.) bei Senkenb. Cap. 354. §. 9.

ꝯ Umme ene wunden beclaget men enen man. ꝯ Unde we deme anderen des sines wat nimt. ꝯ Capitulum. XLVII..

Art. 47. Um eine Wunde beklagt man einen Mann. Und wer dem Andern etwas des Seinen nimmt.

Dor ene wunden en mach men a) mer b) enen man beclagen 1*). doch mach men rades unde helpe mer lüde scüldegen. ꝯ *We deme anderen des sines ichl niml mit ge-*

§. 1. [Art. 46. §. 2.] Einer Wunde wegen mag man nicht mehr als einen Mann beklagen; doch mag man mehr Leute des Rathes und der Hülfe beschuldigen 1). — §. 2. [§. 1.] „Wer „dem Andern etwas des Seinen

---

a) fh. ader. b) der. c) n. d. u.] *fehlt.* d) sinen e) *fehlt.*

2) I. 63. not. 3. 3) I. 69. — III. 36. §. 2. — (II. 14. §. 1. ff. — III. 1. §. 1.) 4) Versio latina: In meretrice autem et in alicujus concubina committitur violentia etc. 5) II. 14. not. 9.

Art. 47.

a) fh. nicht. b) fh. den.

1) II. 73. §. 4. — (III. 79. §. 1. — II. 14. §. 6. — III. 4. §. 2. — 7. §. 4.)

walt. oder ane witscap. dat scal he weder geuen mit bote [2*]*. oder sueren dat he is nicht weder geuen en moge. so scal he it gelden na der uorderunge dat it iene uorderet de it uorloren heft iene en minere de werunge* c) *mit sime ede de dar gelden scal.* ¶ *Singende uogele. unde crimmende uogele* d)*. unde winde. unde hesse hunde. unde braken gilt men mit eneme er getiken dat also gut si dar* e) *men dat geweren* f) *uppen hilgen* [3*]*.*

„mit Gewalt, oder ohne Wissen „nimmt 2); das soll er mit „Buße 3) wiedergeben, oder „schwören, daß er es nicht wie„der zu geben vermöge. Dann „soll er es vergelten nach der „Forderung, wie derjenige es „fordert, der es verloren hat; „jener, der es da vergelten soll, „mindere denn die Abschätzung „mit seinem Eide 4a). — §. 3. [§. 2.] „Singende Vögel, und „krimmende 4b) Vögel, und „Windhunde, und Hetzhunde, „und Spürhunde vergilt man „mit einem ihres Gleichen 5), „das eben so gut sey; wenn man „das auf den Heiligen 6) be„währen kann."

1*) Bild tab. XXII. 10. 2*) XXII. 11. 3*) XXII. 12.

Schwabensp. Cap. 74.) bei Senkenb. Cap. 177. §. 1. *bis:* der sol sy auch. §. 2. *von:* yenen, *bis:* wund ist. & §. 3. a. E. *bis*: §. 7. **Cap. 75.)** Cap. 367. 368. §. 1 bis 3. 369. §. 1. & 3. bis 8. **Cap. 76.)** Cap. 372. §. 1. bis 3. **Cap. 77.)** Cap. 373. §. 1. 3. & 4.

---

c) werdunge. d) *fehlt.* e) ab. f) geweret.

2) II. 30. — 35. §. 4. & 9. — 36. §. 1. — III. 5. §. 1. — 22. §. 1. & 2. — 90. 3) I. 53 not. 6. — II. 35. §. 5. 4a) III. 51. §. 2. — (II. 48. §. 1. & 2. — 54.) 4b) Ziemann Wörterb. pag. 196. s. v. krimmen: mit schnabel oder klauen zerhacken. Der Schwabenspiegel, in den beifolgenden Capiteln, versteht darunter gelernte Habichte, Falken und Sperber. 5) Versio latina: Venatile cum venatili in valore simili, dummodo hoc juretur, persolvatur. — III. 51. 6) I. 13. not. 4b.

ℭ. We des anderen ue dodet oder belemet.. XLVIII..

We des anderen ue dodet dat men eten mach dankens oder undankens a) de mot dat gelden mit deme gesatten weregelde. belemet he it 1) he gilt it mit deme haluen del ane bote. dar to behelt iene sin ue des it er was. ℭ We auer dodet oder belemet en ue dankens *unde ane not* in eneme uote b) **oder undankens c)** dat men nicht eten en mot 2*) he scal it gelden mit wlleme were gelde unde mit bote. Belemet he it auer in eneme ogen 3*). he gilt it mit enemed) **anderen e)** haluen dele. ℭ Blift auer en ue dot. oder lam uon enes mannes sculde ane sinen willen. unde deit*

Art. 48. Wer des Andern Vieh tödet oder lähmt 1).

§. 1. „Wer des Andern Vieh, „das man essen mag, mit Vorsatz „oder unvorsätzlich tödet, der muß „das mit gesetztem Wehrgelde 2) „vergelten. Lähmt 3) er es; er „vergilt es mit halbem Theile 4) „ohne Buße 5). Dazu behält jener sein Vieh, dessen es vorher war." — §. 2. „Wer aber „ein Vieh, das man nicht essen „kann, mit Vorsatz *und ohne „Noth* 6) **oder unvorsätzlich** „tödet oder an einem Fuße 7) „lähmt; er soll es vergelten „mit vollem Wehrgelde und „mit Buße. Lähmt er es aber „auf einem Auge 8); er vergilt „es mit einem **andern** halben „Theile." — §. 3. „Bleibt aber „ein Vieh todt oder lahm durch „eines Mannes Schuld ohne „seinen Willen, und thut er

---

a) ane danc. b) en ue, *bis:* vote.] in einen voize ein vie dankes. c) *fehlt.* desgl. bei Homeyer. d) deme. e) *fehlt.* desgl. bei Homeyer.

1) Die beiden ersten §§ dieses Art. sprechen von Willenshandlungen, wodurch ein Schade, wenn auch unvorsätzlich, bewirkt wurde; z. B. Jemand wollte ein Thier nur schlagen und erschlug es: Der §. 3. hingegen spricht von Fahrlässigkeiten, an denen der Wille gar keinen Theil hatte; z. B. Das Thier ist in einen Graben gestürzt, den der, welcher ihn grub, nicht gehörig verwahrt hat. vgl. II. 37. — 41. §. 1. — 50. §. 2. — 51. §. 2. — 52. — 53. §. 3. — 64. §. 1. — III. 49. 2) III. 51. §. 1. ff. 3) I. 68. §. 3. — III. 17. §. 1. ff. — III. 32. 4) II. 17. §. 5. & 7. 5) I. 53. not. 6. 6) vgl. §. 4. & II. 63. §. 2. & not. 5. 7) II. 17. §. 5. 8) II. 17. §. 5.

*he dar sinen ed to f) he gilt it ane bote alse hir uore geredet is. *Belemt g) aver en man enen hunt oder sleit he ine dot dar he ine biten wel oder dat he sin ve bit up der strate oder uppen velde, he blift is ane wandel, gewert het uppen hilgen, dat he ine anders nicht gesturen ne kunde*.*

„er seinen Eid dazu; er vergilt „es ohne Buße, wie hievor gesagt ist." — §. 4. „*Lähmt „aber ein Mann einen Hund, „oder schlägt er ihn todt, da er „ihn beißen will, oder weil er „sein Vieh auf der Straße oder „auf dem Felde biß: er bleibt „deshalb ohne Wandel [9]; be„währt er auf den Heiligen [10]), „daß er ihm anders nicht weh„ren konnte*" [11]).

1*) Bild tab. XXII. 13. & 14a. 2*) XXII. 14b. 3*) XXIII. 1.

Schwabensp. vacat.

C Wes hund scaden deit. C Cap. XLIX..

Welk hund to uelde geit den scal men in benden holden 1) dor dat he nemanne a) scade. deit auer he scaden den scal he gelden deme de hunt uolget to uelde. oder sin here dar he it nicht gelden en mach..*

Art. 49. Wessen Hund Schaden thut.

„Welcher Hund zu Felde [1]) „geht, den soll man in Banden „halten, auf daß er niemandem „schade. Thut er aber Schaden; „den soll der entgelten, dem der „Hund zu Felde folgt, oder sein „Herr, wenn er es nicht zu ent„gelten vermag [2]).

1*) Bild tab. XXIII. 2.

Schwabensp. Cap. 78.) bei Senkenb. Cap. 370. §. 1. bis 4. &. 371. §. 1. 2. **Cap. 79.)** Cap. 334. §. 1. & 2. **Cap. 80.)** Cap. 351. §. 1. bis 17. & 352. §. 1. bis 5.

---

f) d. s. e. t.] daczu sinen eit. g) Alles, bis zu Ende des Artikels *fehlt.*
9) II. 27. not. 4. 10) I. 13. not. 4a. 11) II. 63. §. 2.

Art. 49.

a) fh. en.
1) (I. 20. not. 5.) 2) II. 41. §. 1. & 4. — 63. §. 1.

¢ Wur de düdesche man sin lif vorwerket. Cap.. L..

Wur de düdesche man sin a) *lif oder sine hant vorwerket mit ungerichte. he lose se oder ne do* 1*). *dar en darf he* b) *gewedde noch bote to geuen.*

Art. 50. Wo der deutsche Mann sein Leben verwirkt.

„Wo der deutsche Mann mit „Ungericht [1]) sein Leben oder „seine Hand [2]) verwirkt: er „löße [3]) sie, oder thue es nicht; „da braucht er nicht Wedde [4]) „noch Buße [5]) zu geben."

1*) Bild tab. XXIII. 3.

Schwabensp. vacat.

¢ Nu vornemet ümme vogele unde dere weregelt. ¢ Capitulum.. LI..

Nu vornemet ümme vogele unde dere weregelt. ¢ *Dat hon gilt men mit eneme haluen penninge. de anet also.* ¢ *De gans mit eneme penninge. de brod gans unde de brod hinnen mit dren binnen erer brod tid. unde de stelle anet. dat selue* a) *deit men dat ver-*

Art. 51 Nun vernehmet vom Wehrgelde der Vögel und Thiere.

§. 1. „Nun vernehmet vom „Wehrgelde der Vögel und „Thiere [1]). Das Huhn vergilt „man mit einem halben Pfennig. „Ebenso die Ente. Die Gans „mit einem Pfennig. Die Brütgans und die Brüthenne, binnen der Brützeit, und die Stell-„Ente [2]) mit drei. Dasselbe thut „man beim Ferkel und der jungen

---

a) sinen. b) fh. noch.

1. I. 57. not. 2. 2) I. 2. not. 14. 3) I. 37. §. 2. 4) I. 53. not. 7. 5) I. 53. not. 6.

Art. 51.

a) Das Folgende *fehlt*, bis zum Art. 57. Offenbar fehlt hier nur ein Blatt; obgleich die Artikel bis 57 wenigstens ein und ein Dritttheil Blatt der Handschrift ausgefüllt haben würden. In dieser müssen daher hier manche Lücken gewesen sein.

1) III. 47. §. 3. 2) Versio latina: anas venatilis, docta ad alias alliciendum. — Glosse: Das sint die Enten, da man anderen wilden Enten mit stellet.

*ken. unde dat zickelin binnen erme soge. unde de katten. Dat lam uor uere. Dat kalf uor ses. Dat uolen uor enen scilling. binnen sime soge. unde den houewart also. Den hunt den men scaprode het mit dren scillingen. unde dat iarege suin. ¶ Dat rind mit uer scillingen. ¶ De soge de uerkene dreget oder tüt mit uif scillingen. ¶ *Den volwachsenen ber also. unde den esel. Den mul mit acht schillingen. und* Den tochossen. unde de uelt sterken mit achten. ¶ Andere uelt perde de to uolen arueide dogen mit tuelf scillingen. De auer beneden eren iaren sin de gilt men alse ene na ereme aldere geboret. Dat ridepert dar de ridene man sime heren uppe uolget unde denet mit eneme punde. ¶ Riddere perd. ors. unde teldere. unde runciden en is nen weregelt gesat. noch mestesuinen. darümme*

„Ziege binnen ihrer Säugezeit
„und bei der Katze. Das Lamm
„für vier, das Kalb für sechs.
„Das Füllen für einen Schil-
„ling binnen der Säugezeit, und
„ebenso den Hofhund. Den Hund,
„den man Schaafrüden [3]) nennt,
„und das jährige Schwein mit
„drei Schillingen. Das Rind
„mit vier Schillingen. Die Sau,
„die Ferkel trägt oder zieht [4]),
„mit fünf Schillingen. *Den
„ausgewachsenen Eber ebenso,
„und den Esel. Den Maulesel
„mit acht Schillingen, und* den
„Zugochsen und die Feldstutte [5])
„mit acht. Andere Feldpferde [6]),
„die zu voller Arbeit tauchen,
„mit zwölf Schillingen. Die
„aber unter ihren Jahren [7]) sind,
„die vergilt man, wie ihnen nach
„ihrem Alter gebührt. Das Reit-
„pferd, worauf der reitende
„Mann seinem Herren folgt
„und dient, mit einem Pfunde [8]).“
— §. 2. „Kein Wehrgeld ist
„den Ritterpferden, Rossen und
„Zeltern und Runziden [9]), noch
„Mastschweinen gesetzt. Darum

3) Versio latina: qui ovile sequitur. 4) ibid: Sus succulos portans et nutriens. 5) ibid: Bos aratrum trahens et equa. — vgl. not. 6. 6) I. 20. not. 5. 7) I. 20. not. 3b. 8) Versio latina: talento, id est, viginti solidis. — III. 64. not. 6. 9) ibidem: Dextrariis autem, cursoribus et ambulatoribus, equis militum etc.

scal men se. unde alle uarende haue we[r]der geuen oder gelden na des we[r]derunge de se uorlos. iene en minnere se denne mit sime ede de se gelden scal..

„soll man sie und alle fahrende „Habe wiedergeben oder ver= „vergelten nach Würderung des= „sen, der sie verlor; jener, der „sie vergelten soll, mindere sie „denn mit seinem Eide [10]).“

Schwabensp. Cap. 81.) bei Senkenb. Cap. 234. §. 1. bis 3.

☙ De düdeschen scolen den koning kesen. ☙ De palenzgreue richtet ouer den keyser. ☙ Capit.. LII..

De düdeschen scolen den koning kesen dor recht. wenne de gewiet wert uon den biscopen de dar to gesat sin. unde to aken uppe den stol kümt so heft he *koninglike gewalt. unde* koningliken namen. wenne ene de paues wiet so heft he des rikes gewalt. unde keyserliken namen. ☙ Den koning küset men to richtere ouer egen. unde ouer len. unde ouer iowelkes mannes lif. De keyser en mach auer in allen steden

Art. 52. Die Deutschen sollen den König küren. Der Pfalzgraf richtet über den Kayser.

§. 1. Die Deutschen sollen nach Recht den König [1]) küren [2]). Wenn der von den Bischöfen [3]), die dazu gesetzt sind, geweiht wird, und zu Aachen auf den Stuhl kommt, so hat er „könig= „liche Gewalt und“ königlichen Namen. Wenn ihn der Pabst weiht [4]); so hat er des Reichs Gewalt und kayserlichen Namen. — §. 2. Den König küret man zum Richter über Eigen und über Lehn und über jedwedes Mannes Leben [5]). Der Kayser mag aber nicht an allen Stät=

---

10) III. 47. §. 2. a. E.

Art. 52.

1) I. 3. §. 2. — III. 54. §. 1. ff. — 55. §. 1. — 56. §. 1. — 57. §. 1. ff. — 58. §. 1. & 2. — 59. §. 2. — 60. §. 1. ff. — 64. §. 1. & 2. — (I. 34. not. 7.) 2) III. 57. §. 2. 3) III. 57. §. 2. 4) III. 57. §. 1. 5) I. 34. not. 7.

nicht gesin. unde alle ungerichte nicht gerichten to aller tid. dar ümme liet he den uorsten **uan len. unde de uorsten den greuen** de grauescap. unde de greuen **den scultheten** dat sculthedom. ₵ In de uerden hant en scal nen len komen dat gerichte si ouer hals unde ouer hant. wenne sculthedom allene in der grauescap dor dat de greue en mach nen echt ding hebben ane scultheten. wenne claget men ouer den greuen he scal antworden uor deme scultheten. wenne de sculthete is richtere siner scult. also is de palenzgreue ouer den keyser. unde de borchgreue ouer den markgreuen..

ten sein und nicht zu aller Zeit alles Ungericht richten. Darum leiht er den Fürsten **Fahnenlehn [6]), und die Fürsten [7]) den Grafen** [8]), die Grafschaft und die Grafen **den Schultheißen** [9]) das Schuldheißthum. — §. 3. An die vierte Hand soll kein Lehn kommen, das ein Gericht sey über Hals und über Hand [10]); außer allein Schultheißthum in der Grafschaft: darum daß der Graf kein Echtding [11]) mag halten ohne Schuldheißen [12]). Denn klagt man über den Grafen: er soll antworten vor dem Schultheißen; weil der Schuldheiß Richter ist seiner Schuld [13]). Ebenso ist der Pfalzgraf [14]) über den Kayser, und der Burggraf über den Markgrafen [15]).

Schwabensp. Cap. 82.) bei Senkenb. Cap. 18. §. 1. bis 3.
Cap. 83.) Cap. 19. §. 1. bis 3.

---

6) III. 53. §. 1. & 3. — 58. §. 1. & 2. — 60. §. 1. — 62. §. 2. 7) III. 45. not. 2. 8) I. 2. §. 2. — 58. §. 1. & 2. — 71. — II. 2. §. 1. — III. 61. §. 1. — 64. §. 4. & 5. — (II. 12. §. 8. — III. 53. §. 3. — 81. §. 1. & 3.) 9) II. 23. not. 5. 10) I. 2. not. 14. 11) I. 59. not. 4. 12) I. 59. §. 2. — III. 61. §. 1. 13) (II. 23. §. 1. — III. 18. §. 1.) 14) III. 53. §. 1. — 64. §. 6. 15) I. 58. not. 1b.

¶ Sassen beyeren waren koningrike. De richtere en mach clegere unde richtere nicht gesin. ¶ Cap. LIII..

*Jewelk düdesch lant hevet sinen palenzgreven *)*: Sassen beyeren uranken unde suauen dit waren alle koningrike. seder wandelede men ene den namen unde het se hertogen. seder se de romere *bedungen* doch bebehelden se de uorsten to manne unde uanlen under deme namen. seder hebbet ene de keisere beide uorsten unde uanlen af gebroken. ¶ Jowelk richtere heft gewedde binnen sime gerichte. unde nene bote. wente de richtere en mach beide clegere unde richtere nicht gesin. ¶ Men en gift oc nemanne bote wenne deme clegere. hir ümme seget men dat de uorsten nene bote en hebben. des en is doch nicht. ¶ Men en mot oc nen richte delen noch ganz lenen wen deme dat gelegen is. so dat dar uolge an si. unde it de

Art. 53. Sachsen, Bayern waren Königreiche. Der Richter mag nicht Kläger und Richter sein.

§. 1. *Jeglich deutsches Land hat seinen Pfalzgrafen*[1]); Sachsen, Bayern, Franken und Schwaben: dies waren alles Königreiche. Dann wandelte man ihnen den Namen, nachdem die Römer sie *bezwangen*[2]), und hieß sie Herzoge[3]). Doch behielten sie unter dem Namen die Fürsten[4]) zu Mannen und Fahnlehn[5]). Später haben ihnen die Kayser Abbruch beider, der Fürsten und der Fahnenlehn, gethan. — §. 2. Jeglicher Richter hat binnen seinem Gerichte Wedde[6]) und keine Buße[7]). Denn der Richter mag nicht Beides, Kläger und Richter sein[8]). Man giebt auch niemandem Buße, als dem Kläger. Hierum sagt man, daß die Fürsten keine Buße haben[9]). Das ist doch nicht. — §. 3. Man mag auch kein Gericht theilen; noch ganz leihen, — außer wem das zur Lehn gegeben ist[10]), — so daß Folge daran sey, und die Landleute

*) Cod. Qu. herczogen.

1) III. 52. §. 3. — 64. §. 6. 2) III 44. §. 1. 3) III. 64. §. 3. 4) III. 45. not. 2. 5) III. 58. §. 2. — 60. §. 1. — 62. §. 2. 6) I. 53. not. 7. 7) I. 53. not. 6. 8) III. 16. §. 1. — 30. §. 2. — 33. §. 10. — 92. §. 2. 9) III. 8. — 45. §. 1. 10) I. 55. — 56. — 57. — 58.

lantlüde liden scolen. it en si en sunderlik grauescap de in en uanlen hore. de en mot men san nicht ledich hebben. alse en mot de koning nen uanlen he en uorlie it binnen iare unde dage..

es leiden müßten 11); es sey denn eine sonderliche Grafschaft, die in ein Fahnenlehn 12) gehört. Die darf man freilich nicht erledigt lassen 13). Ebenso darf auch der König kein Fahnenlehn; sondern er verleihe es binnen Jahr und Tag 14).

Schwabensp. Cap. 84.) bei Senkenb. Cap. 20. §. 1. bis 4. **Cap. 85.)** Cap. 21. §. 1. bis 8.

¶ Len ane gerichte en mot neman hebben. ¶ Von des koninges rechte. Cap.. LIIII..

Len ane gerichte en mot neman hebben he en si scepenbare uri. unde dat he deme koninge hülde do na uries mannes rechte. unde bi den hülden sik uor plege. wenne men getüges an ene tüt. ¶ Alse men den koning küset so scal he deme rike hülde don. unde sueren dat he recht sterke unde unrecht krenke. unde dat rike uoresta an sime rechte alse he kunne unde moge. seder en scal he nümmer mer nenen ed sueren.

Art. 54. Lehn an Gericht mag niemand haben. Von des Königs Rechte.

§. 1. An Gericht mag niemand Lehn haben; außer er sey schöffenbarfrey 1a) und daß er Hulde thue dem Könige nach freien Mannes Rechte 1b), und bei der Hulde, wenn man Zeugniß auf ihn zieht, sich verpflichte 2). — §. 2. Wenn man den König küret 3), so soll er dem Reiche Hulde thun und schwören, daß er das Recht stärke und das Unrecht schwäche, und das Reich, wie er könne und möge, in seinem Rechte vertrete. Dann soll er nimmer einen Eid mehr schwören; es sey denn,

---

11) I. 56. 12) III. 58. not. 3. 13) III. 60. §. 1. 14) III. 60. §. 1.

Art. 54.

1a) I. 3. not. 4. 1b) III. 56. §. 1. 2) III. 89. §. 1. — (II. 23. §. 2. — III. 25. §. 1.) 3) III. 57. §. 2.

it en si dat ene de paues scüldige dat he an deme rechten louen tuiuele. dar na scal he getüch sin aller dinge der men an ene tüt bi des rikes hülden. unde sin gelouede scal he don uor den ed. dar men urede sueret. ¶ Lamen man unde meselsüchtigen. unde de indes paues banne is mit rechte. den en mot men nicht to koninge kesen. ¶ De koning scal sin echt unde uri geboren. so dat he sin recht oc hebbe behol-den. ¶ De koning scal hebben urenkes recht wan he gekoren is uon welker bord he is. wen alse de uranke sin lif nicht uorwerken en mach he en werde in der hanthaften dat geuangen. oder eme en si sin urenkes recht uor delet. also en mach deme koninge neman an sin lif spreken eme en si dat rike mit ordelen uordelet..

daß ihn der Pabst beschuldige, daß er an dem rechten Glauben zweifele [4]). Hernach soll er bei des Reiches Hulden in allen Dingen, die man an ihn zieht, Zeuge sein, und sein Angelöbniß soll er für den Eid leisten, wo man einen Frieden beschwört. — §. 3. Einen gelähmten [5]) und meselsüchtigen [6]) Mann, und den, der mit Recht in des Pabstes Banne ist, den mag man nicht zum König küren. Der König soll echt [7]) und frei geboren sein, so daß er sein Recht [8]) auch behalten habe. — §. 4. Der König soll, wenn er gekoren ist, fränkisch Recht haben; von welcher Geburt er sey [9]). Denn wie der Franke sein Leben nicht verwirken mag, er werde denn auf handhafter That [10]) gefangen oder sein fränkisch Recht sey ihm aberkannt [11]): ebenso mag niemand dem Könige an sein Leben sprechen; ihm sey denn das Reich mit Urtheil aberkannt.

Schwabensp. Cap. 86.) bei Senkenb. Cap. 22. §. 1. bis 7. **Cap. 87.)** ib. §. 8. & 9. **Cap. 88.)** Cap. 24. §. 1. bis 8. **Cap. 89.)** Cap. 25. §. 1. **Cap. 90.)** ib. §. 2. bis 6.

---

4) III. 57. §. 1. 5) II. 16. §. 5. & not. 13. 6) I. 4. 7) I. 6. not. 5. — 25. not. 5. — 37. not. 3. 8) I. 36. not. 2. — II. 27. not. 3. — 35. not. 3. — (I. 37. not. 8.) 9) I. 16. & 30. 10) I. 55. not. 2. 11) I. 16. — (II. 6. — 16. §. 3.)

¶ Ouer der uorsten lif en mach neman richten den de koning.. ¶ Capit.. LV..

Ouer der uorsten lif en richtet neman den de koning. unde ouer ere gesunt. ¶ Ouer scepenbare lüde wenne de ere lif uorwerket unde uordelet sin en mot neman richten wen de echte urone bode..

Art. 55. Ueber der Fürsten Leben mag niemand richten, als der König.

§. 1. Ueber der Fürsten [1]) Leben und über ihre Gesundheit [2]) richtet niemand, als der König. — §. 2. Ueber schöffenbare [3]) Leute, wenn die ihr Leben verwirken und verurtheilt sind, mag niemand richten, als der echte Fronbote [4]).

Schwabensp. Cap. 91.) bei Senkenb. Cap. 26. §. 1. bis 6. **Cap. 92.)** Cap. 27. §. 1. bis 4.

¶ Von des uronen boden rechte. ¶ Capitulum.. LVI..

Wenne de urone bode uon deme richtere unde uon den scepenen gekoren wert. so scal he deme koninge hulde don na uries mannes rechte. so scal ene de richtere nemen bi der hant. unde setten ene up en küssen. unde enen stol iegen sik. unde scal eme de hilgen in den scot don. unde [urede] w[r]ken to

Art. 56. Von des Fronboten Rechte.

§. 1. Wenn der Fronbote [1]) von dem Richter und von den Schöffen gekoren wird; so soll er dem Könige Hulde thun nach freien Mannes Rechte [2]). So soll ihn der Richter bei der Hand nehmen, und ihn auf ein Kissen und einen Stuhl sich gegenüber setzen, und soll ihm die Heiligen [3]) in den Schoos legen, und Frieden [4]) wirken nach

---

1) III. 45. not. 2. 2) I. 2. not. 14. 3) I. 3. not. 4. 4) I. 2. not. 8.

Art. 56.

1) I. 2. not. 8. — III. 45. §. 5. 2) III. 54. §. 1. 3) I. 13. not. 4. 4) (I. 63. §. 4. — II. 4. §. 1. — 15. §. 1. — III. 13. — 34. §. 5. — 36. §. 1.)

rechte. so heft de urone bode de gewalt dat he panden un bestedegen mot. unde beuronen iowelken man. unde sin gut mit rechte dar he mit ordelen to gegeuen wert. Deit he auer unrechte. he mach sin lif unde sin gut uorwerken alse en ander man. Suert en scal he nicht uoren. noch nene were. weder steit men eme rechtes. mit deme rochte scal he dat lant dar to laden. unde bekomen rechtes of he moge. en mach he is nicht bekomen he clage it deme richtere. Sin recht is oc de tegede man den men uordelen scal. dat he ene to losene do. unde wur en gut [erst] ledich wert *) uon manne oder uon wiue dat erdsta[de]lege korn is sin. unde des mannes besdegelikes cledere. ₵ Wur men ok egen gift unde men dar urede ouer werket dar scal he af hebben dre scillinge. enen man uon iowelkeme dorpe mot he wol dinges erlaten. of he nicht beclaget en is sunder den burmester..

Recht. — §. 2. So hat der Fronbote die Gewalt, daß er mit Recht pfänden 5), und ergreifen 6), und befronen 7) mag jedweden Mann und sein Gut, wenn er mit Urtheil dazu gegeben wird. Thut er aber Unrecht; er mag sein Leben und sein Gut wie ein anderer Mann verwirken. Ein Schwert soll er nicht führen, noch keine Wehr. Weigert man ihm Rechtes; mit dem Gerüffte 8) soll er das Land dazu laden, und Recht erlangen, wenn er vermag. Vermag er es nicht zu erlangen; er klage es dem Richter. — §. 3. Sein Recht ist auch der zehnte Mann, den man verurtheilen soll, auf daß er ihn zu lösen gebe. Und wo ein Gut von Manne oder von Weibe eben erledigt wird 9); das auf dem Halme stehende Korn ist sein und des Mannes beſttägliche Kleider. Wo man auch Eigen 10) vergiebt, und man Frieden darüber wirkt; davon soll er drei Schillinge haben. Von jeglichem Dorfe mag er wohl einen Mann, wenn er nicht beklagt ist, des Dinges entlassen; außer den Bauermeister 11),

Schwabensp. 93.) bei Senkenb. Cap. 28. §. 1. bis 8.

*) H. *für:* e. l. w.] ervelos irstirft.

5) I. 53. §. 3. 6) I. 61. §. 2. 7) II. 42. §. 1. & 2. 8) I. 53. not. 1. 9) (III. 81. §. 1.) 10) I. 8. not. 1. 11) I. 2. not. 1. — (ib. §. 2. ff. & III. 61. §. 4.)

¶ Den koning en mot neman bannen. ¶ Vnde uon des keyseres kore. ¶ Capitulum.. LVII..

Den keyser en mot de paues noch neman bannen ane ümme dre sake. of he an deme gelouen tuiuelet. oder sin echte [wif] lif let. oder godes huse to storet. ¶ In des keyseres kore scal de erste sin. De biscop uon megenze. ¶ De andere uon trere. ¶ De dridde uon kolne [1*]). ¶ Vnder a) den leyen is de erste an deme b) kore. de palenzgreue uon deme rine. de c) droste. ¶ De andere de marscalk de hertoge uon sassen. ¶ De dridde de kemerere. de markgreue uon brandeborch [2*]). ¶ De scenke des rikes de koning uon behem de en heft nenen d) kore. wen e) he nicht düdesch en is. Sint keset des rikes uorsten [3*]). alle papen unde leyen de to deme ersten in f) den g) kore sin genant. de en scolen nicht kesen na erme mot willen. wenne wen de uorsten alle to

Art. 57. Den König mag niemand bannen. Und von des Kaysers Kür.

§. 1. Den Kayser [1]) mag nicht der Pabst, noch niemand bannen, außer um drei Sachen: wenn er an dem Glauben zweifelt [2]), oder sein echtes Weib verläßt, oder Gotteshäuser zerstört. — §. 2. Bei des Kaysers Kür [3]) soll der Erste sein der Bischof von Mainz, der Andere von Trier, der Dritte von Köln. Unter den Laien [4]) ist der Erste bei der Kür der Pfalzgraf vom Rheine, der Truchseß; der Andere der Marschall, der Herzog von Sachsen; der Dritte der Kämmerer, der Markgraf von Brandenburg. Der Schenk des Reichs, der König von Böhmen, hat keine Kür, dieweil er nicht deutsch ist [5]). Nachher küren alle Fürsten [6]) des Reichs, Pfaffen und Laien [7]). Die zuerst genannt sind in der Kür, die sollen nicht nach ihrem Eigenwillen küren; sondern wen die

---

a) Mit dem Worte „Under" beginnt die Fortsetzung der, im Art. 51. abgebrochenen Handschrift. b) der. c) des riches. d) keine. e) umme daz. f) an. g) der.

1) I. 1. — III. 52. §. 2. & 3. — (ib. not. 1.) 2) III. 54. §. 2. 3) III. 52. §. 1. 4) I. 3. §. 2. 5) III. 52. §. 1. 6) III. 45. not. 2. 7) I. 3. §. 2.

koninge irwelt den scolen se erst binamen kesen.

Fürsten alle zum König erwählen, den sollen sie vornämlich [8]) zuerst küren.

1*) Bild tab. XXIII. 4. 2*) XXIII. 5. 3*) XXIII. 6.

Schwabensp. Cap. 94.) bei Senkenb. Cap. 29. §. 1. bis 7. **Cap. 95.)** Cap. 30. §. 1. bis 6. **Cap. 96.)** Cap. 31. §. 1. bis 8. a. A. §. 9. bis 12: darnach den andern. §. 13. von: ungerad gesetzt. & §. 14. **Cap. 97.)** Cap. 32. §. 1. bis 4: auch gebieten. & §. 5. von: und zu dem dritten, bis §. 13.

¶ Des rikes uorsten en scolen nenen leyen to heren hebben. Capitulum.. LVIII..

Des rikes uorsten en scolen nenen a) leyen to heren hebben wenne den koning. ¶ It en is nen b) uanlen dar de man af **des rikes** uorste moge wesen c) he untfa d) it uon deme koninge. ¶ Wat so en man ander e) uon f) eme untfeit. dar g) is *jene* de uorderste an deme lene nicht wanne it en ander uor eme untfeit. unde en mach des rikes uorste dar af nicht sin..

Art. 58. Des Reichs Fürsten sollen keinen Laien zum Herren haben.

§. 1. Des Reichs Fürsten [1]) sollen keinen Laien zum Herren haben [2]), als den König. — §. 2. Es ist kein Fahnenlehn [3]), davon der Mann *„des Reiches,“* Fürst sein möge; er empfange es denn von dem Könige [4]). Was ein Mann anderweit von ihm empfängt; da ist *jener* nicht der Vorderste an dem Lehne, weil ein Anderer es vor ihm empfängt, und mag davon nicht des Reichs Fürst sein.

Schwabensp. Cap. 98.) bei Senkenb. Cap. 33. §. 1. 2. & §. 3. von: er empfahe es dann, bis §. 6.

---

8) Homeyer in indice pag. 357. & Ziemann Wörterb. pag. 269. s. v. name.

Art. 58.

a) keinen. b) kein. c) d. r. u. m. w.] müge vorste gesin. d) h. u.] he ne pha. e) e. m. a.] ein ander man. desgl. bei Homeyer. f) vor. g) fh. en.

1) III. 45. not. 2. 2) I. 3. §. 2. 3) III. 53. §. 3. — 60. §. 1. — 62. §. 2. 4) vgl. §. 1. & I. 3. §. 2. a. E.

¶ Wenne men küset biscope oder ebbede.. LIX..

Wenne men küset biscope. oder ebbede. oder ebbedeschen de den herscilt hebben. dat len scolen se uore untfan [1*]). unde de bisorge na. wenne se dat len untfangen hebben so mogen se lenrecht don unde er nicht a). ¶ Wur men biscope. unde b) ebbede. unde c) ebbedeschen nicht en küset binnen ses weken dar de lenunge an den keyser gat. he liet it weme he wil de sik redeliken gehandelet d) heft..

Art. 59. Wenn man Bischöfe und Aebte küret.

§. 1. Wenn man Bischöfe, oder Aebte, oder Aebtissinen küret, die den Heerschild [1]) haben; das Lehn sollen sie voran empfangen, und die Seelsorge [2]) nachher. Wenn sie das Lehn empfangen haben, so mögen sie Lehnrecht üben und nicht ehr. — §. 2. Wenn man Bischöfe, und Aebte, und Aebtissinen, da, wo die Belehnung an den Kayser geht, binnen sechs Wochen nicht küret; er leiht sie wem er will, der sich redlich betragen hat.

1*) Bild tab. XXIII. 7.

Schwabensp. Cap. 99.) bei Senkenb. Cap. 34. §. 1. bis 3.

¶ De keyser uorliet alle geistlike len mit deme ceptere. ¶ Wanne de koning erst in dat lant kümt. so scolen eme ledich wesen alle uangene. ¶ Capitulum.. LX..

De keyser liet allen geistliken uorsten len a) mit deme sceptre b). al werltlik uanlen

Art. 60. Der Kayser verleiht alle geistliche Lehne mit dem Scepter. Wenn der König zuerst in das Land kommt, so sollen alle Gefangene ihm ledig sein.

§. 1. Der Kayser leiht allen geistlichen FürstenLehn [1]) mit dem Scepter; alle weltliche Fahnen-

---

a) e. n.] nicht er. b) oder. c) oder. d) gehalden.

1) I. 3. §. 2. — 26. §. 2. 2) Versio latina: primo tenentur a rege feudum recipere et postea ab ecclesia curam spiritualem. — (I. 59. §. 1. — III. 64. §. 5.)

Art. 60

a) *fehlt.* b) sceptrum.

1) III. 59. §. 1. & 2.

mit deme uanen [1*]). nen c) uanlen en mot he oc ledich hebben d) iar unde dach [2*]). ¶ In welke stat *des rikes* de koning kümt binnen deme rike. dar is eme ledich tol unde monte [3*]). unde in welk lant he kümt. dar is eme ledich dat gerichte. dat he wol richten mot alle de clage de uor gerichte noch e) nicht f) begunt noch nicht g) gelent en sin h). ¶ Wenne de koning oc aller erst in dat lant kümt. so scolen eme ledich sin alle uangene uppe recht. unde men scal se uor ene bringen [4*]). unde mit rechte uorwinnen. oder mit rechte gelaten so men se erst besenden mach seder der tid dat se de koning eschede to rechte. oder sine boden to deme manne seluen [komen i)]. oder k) deme houe. oder to deme huse [5*]) dar se geuangen sin. *oder hebbet gewesen.* weigeret men se uore to bringende sint men se to rechte geeschet heft. unde men des getüch heft an des koninges boden l). men deit m)

lehne [2]) mit der Fahne. Kein Fahnenlehn mag er auch Jahr und Tag erlediget behalten [3]). — §. 2. In welche Stadt des „Reichs" er binnen dem Reiche kommt, da ist ihm Zoll und Münze ledig, und in welches Land er kommt, da ist ihm ledig das Gericht [4]), auf daß er alle die Klagen wohl richten möge, die vor Gericht noch nicht begonnen [5]), noch auch geendet sind. — §. 3. Wenn auch der König allererst in das Land kommt, so sollen zu Recht alle Gefangene ihm ledig sein, und man soll sie vor ihn bringen, und mit Recht überwinden, oder mit Recht entlassen, sobald man sie hinsenden mag, nach der Zeit, daß der König sie mit Recht forderte, oder seine Boten zu dem Manne selbst, oder dem Hofe, oder zu dem Hause kommen, wo sie gefangen sind, „oder gewesen sind." Verweigert man, sie vorzubringen, nachdem man sie zu Recht gefordert hat, und hat man Zeugniß dessen an des Königs Boten; man

---

c) kein. d) l. h.] haben ledic. e) *fehlt.* f) fh. ne. g) *fehlt.* h) sin. i) *fehlt.* k) fh. czu. l) h. a. d. k. l.] an des kuniges boten hat. m) fh. czu hant.

2) III. 58. not. 3. 3) III. 53. §. 3. a. E. 4) I. 58. §. 2. — (I. 34. not. 7.) 5) I. 61. §. 4. — II. 2. §. 1. — III. 32. — (I. 63. §. 2. — II. 16. §. 1. & 2. — III. 14. §. 2.)

in de achte alle de se uengen. unde n) borch unde o) lüde de se weder rechte holdet..

thut Alle, die sie fingen, und Burg und Leute, die sie wider Recht festhalten, in die Acht [6]).

1*) Bild tab. XXIII. 8. 2*) XXIII. 9. 3*) XXIII. 10. 4*) XXIII. 11. 5*) XXIII. 11.

Schwabensp. Cap. 100.) bei Senkenb. Cap. 35. §. 1. bis 3. **Cap. 101.)** Cap. 36. §. 1. & 2.

¶ Ouer achtein weken scal de greue sin ding ut legen. ¶ Capitulum.. LXI..

Ouer achtein weken scal de greue sin ding ut legen buten gebundenen dagen to echter dingstat 1*). dar de sculthete. unde scepenen. unde urone bode bi sin a). ¶ It en mach neman sculthete sin he en si uri. unde [echt b)] geboren uon deme lande dar dat gerichte inne leget. ¶ De bodel scal hebben to minnest c) ene halue houe ege-

Art. 61. Ueber achtzehn Wochen soll der Graf sein Ding auslegen.

§. 1. Ueber achtzehn Wochen [1]), außer gebundenen Tagen [2]), soll der Graf [3]), zu rechter Dingstätte [4]), sein Ding auslegen [5]), wo der Schuldheiß [6]) und die Schöffen [7]), und der Fronbote [8]) dabei sind. — §. 2. Es mag niemand Schuldheiß sein; er sey denn aus dem Lande, darinnen das Gericht liegt, frei und echt [9]) geboren. — §. 3. Der Büttel soll mindestens eine halbe Hufe [10]) Eigens haben.

---

n) fh. di. o) fh. di.

6) I. 38. not. 2. — (II. 73. §. 1.)

Art. 61.

a) b. s.] si. b) *fehlt.* c) h. t. m.] czu minnesten haben.

1) I. 2. §. 2. — (I. 70. not. 1a). 2) II. 9. not. 5. 3) III. 52. not. 8. 4) I. 59. not. 4. 5) (II. 9. not. 1.) 6) II. 23. not. 5. 7) I. 63. §. 2. & 5. — II. 23. §. 2. — III. 18. §. 2. — 25. §. 1. — III. 45. §. 5. — 69. §. 1. ff. — 81. §. 3. 8) I. 2. not. 8. 9) I. 6. not. 5. — 25. not. 5. — 37. not. 3. 10) (III. 45. §. 5.)

nes. ₡ Gerichtes scolen alle de lüde d) warden de ding plichtich sin. uon des e) dat de sunne up geit went f) to middage 2*) of de richtere dar is..

— §. 4. Gerichts sollen alle die Leute, die dingpflichtig 11) sind, wenn der Richter zugegen ist, warten, von da an, daß die Sonne aufgeht, bis zum Mittag.

1*) Bild tab. XXIV. 1. 2*) XXIV. 2.

Schwabensp. Cap. 102.) bei Senkenb. Cap. 37. §. 1. bis 5.
Cap. 103.) Cap. 38. §. 1. bis 3.

₡ Von den palenzen. ₡ Von den uanlenen. unde uon den biscopdomen. ₡ Capitulum.. LXII..

Vif stede de palenze hetet leget to sassen in deme lande dar de koning echte houe hebben scal 1*). ₡ De erste is grona. De andere is werla. de is to goslere in a) geleget. Waleshusen b) is de dridde. Alstede de uerde. Mersborch de uefte. ₡ Seuen uanlen sin oc in deme lande to sassen 2*). De palenze. De hertoge uon sassen c). De

Art. 62. Von den Pfalzen. Von den Fahnenlehnen und von den Bisthümern.

§. 1. Fünf Städte liegen zu Sachsen in dem Lande, die Pfalzen heißen, wo der König echten 1) Hof 2) halten soll. Die erste ist Gruna, die andere Werla, die ist nach Goslar verlegt; Walhausen ist die dritte, Alstädt die vierte, Merseburg die fünfte. — §. 2. Sieben Fahnenlehne 3) sind auch in dem Lande Sachsen: Die Pfalz, das Herzogthum Sachsen, die Mark zu Branden-

---

d) d. l.] *fehlt.* e) der czit. f) biz.
11) I. 2. §. 2.

Art. 62.

a) *fehlt.* b) Walhusen. c) D. p. D. h. u. s.] daz herczogetum czu sachsen. di phalencze.

1) I. 2. §. 2. — 52. §. 1. — 59. §. 1. & 2. — 67. §. 1. — II. 2. §. 1. — III. 61. §. 1. — (I. 59. not. 4.) 2) II. 12. §. 6. a. E. — III. 34. §. 5. & 6. — 64. §. 1. 3) III. 58. not. 3.

marke to brandeborch. De lantgrauescap to doringen. De marke to misnen. De marke to luzis. De grauescap to aschersleue. ¶ Ok sin tuei erzebiscopdom in deme lande to sassen d). unde ueftein andere 3*). ¶ Deme uon meideborch is underdan de biscop uon nuenborch. unde de uonmersborch. unde de uon misne. unde de uon brandeborch. unde de uon hauelberge. ¶ De biscop uon megenze heft uer underdanen to sassen in deme lande. de biscop uon haluerstat. de uon hildensem. de uon uerden. de uon paderborne. ¶ De biscop uon osenbrügge. unde de uon minden. unde de uon münstere sin under e) deme uon kolne. ¶ Deme erzebiscope uon bremen is underdan de uon lübeke. de uon suerin. unde de uon ratesborch..

burg, die Landgrafschaft zu Thüringen, die Mark zu Meisen, die Mark zu Lausitz, die Grafschaft Aschersleben. — §. 3. Auch sind zwei Erzbisthümer in dem Lande Sachsen und fünfzehn andere. Dem von Magdeburg ist unterthan der Bischof von Naumburg, und der von Merseburg, und der von Meisen, und der von Brandenburg, und der von Havelberg. Der Bischof von Mainz hat vier Unterthane zu Sachsen in dem Lande: den Bischof von Halberstadt, den von Hildesheim, den von Verden, den von Paderborn. Der Bischof von Osnabrück, und der von Minden, und der von Münster sind unterthan dem von Köln. Dem Erzbischof von Bremen ist unterthan der von Lübeck, der von Schwerin, und der von Ratzeburg.

1*) Bild tab. XXIV. 3. 2*) XXIV. 4a. 3*) XXIV. 4b.

Schwabensp. Cap. 104.) bei Senkenb. Cap. 39. §. 1. bis 8. **Cap. 105.)** Cap. 40. §. 1. bis 3. **Cap. 106.)** Cap. 152. §. 1. & 2.

---

d) i. d. l. t. s.] czu sachsen in deme lande. e) vndertan.

ℭ Constan de koning gaf deme pauese siluestere. ℭ Ban scadet der sele.
ℭ Capitulum.. LXIII..

Constantin de koning gaf deme pauese siluestere werltlik gewedde to deme geistlikeme sestich scillinge [1*]) mede to duingende alle de iene de gode nicht beteren en willet mit deme liue dat men se dar to duinge mit deme gude. Süs scal werltlik gerichte unde geistlik [2*]) ouer en gan a). wur b) so dat eme c) weder stat dat men it mit deme anderen duinge horsam to wesene unde richtes to plegene. ℭ Ban scadet der sele[3*]) unde en nimt d) nemanne den lif. noch en krenket nemanne an lantrechte noch an lenrechte dar en uolge des koninges achte na. ℭ De uestinge de e) nimt deme manne dat f) lif [4*]). of he dar binnen begrepen wert g) unde nicht sin recht so h) wu lange he dar an is..

Art. 63. Constantin, der König, gab dem Pabste Sylvester. Bann schadet der Seele.

§. 1. Constantin, der König, gab dem Pabste Sylvester sechzig Schillinge weltliche Wedde zu der geistlichen, um damit alle diejenigen zu zwingen, die Gott mit dem Leben nicht bessern 1) wollen, auf daß man sie mit dem Gute dazu zwinge. So soll weltliches Gericht und geistliches mit einander gehen: wo Einem etwas widersteht; daß man es mit dem Andern, gehorsam zu sein und Gerichts zu pflegen, zwinge 2). — §. 2. Bann 3) schadet der Seele und nimmt niemandem das Leben, noch schädiget niemanden am Landrechte noch am Lehnrechte; es folge denn des Königs Acht 4) nach. — §. 3. Die Verfestung 5) nimmt dem Manne das Leben, wenn er darbinnen ergriffen wird; und nicht sein Recht 6), solange er darin ist.

1*) Bild tab. XXIV. 5. 2*) XXIV. 6. 3*) XXIV. 7. 4*) XXIV. 8.

Schwabensp. vacat.

---

a) tragen. b) swaz. c) d. e.] deme einen. d) fh. doch. e) *fehlt.* f) den. g) is. h) *fehlt.*

1) I. 68. not. 7. 2) I 1. 3) II. 64. §. 3. — III. 54. §. 3. — 57. §. 1. 4) I. 38. not. 2. 5) I. 64. not. 5. 6) I. 36. not. 2. — II. 27. not. 3. — 35. not. 3. — (I. 37. not. 8.)

¢ Gebüt de koning des rikes denest. oder sinen hof. ¢ Wu uele men iowelkeme richtere weddet. ¢ Capitulum.. LXIIII..

Gebüt de koning des rikes denest. oder sinen hof mit ordelen. unde let he ene kündigen den uorsten mit sime breue unde ingesegele [1*]) ses weken er he werden scole. den scolen se soken binnen düdescher ard wur he is. en komet se nicht se wedden dar ümme. ¢ De uorsten de uanlen hebbet a) weddet deme koninge hundert punt [2*]). alle andere lüde weddet tein punt [3*]). dar men ümme ungerichte nicht en weddet. ¢ Deme hertogen weddet iowelk b) edele man tein punt [4*]). der iegenode c) is oc d) genoch binnen deme hertogedome de sünderlik recht willet hebben. alse holtsaten. unde stormere. unde hedelere. uon ereme rechte. noch uon ereme gewedde en sege ec nicht. ¢ Sestich scillinge

Art. 64. Gebeut der König des Reiches Dienst oder seinen Hof. Wieviel man jedwedem Richter weddet.

§. 1. Gebeut der König mit Urtheil des Reiches Dienst [1]) oder seinen Hof [2]), und läßt er ihn mit seinem Briefe und Insiegel, sechs Wochen bevor er sein soll, den Fürsten [3]) kündigen; den sollen sie binnen deutscher Erde, wo er auch sey, suchen. Kommen sie nicht, sie wedden [4]) darum. — §. 2. Die Fürsten, die Fahnenlehn [5]) haben, wedden dem Könige hundert Pfund [6]); alle andere Leute wedden zehn Pfund, wo man nicht um Ungericht [7]) weddet. — §. 3. Dem Herzoge weddet jeder edele Mann [8a]) zehn Pfund. Der Gegenden [8b]) sind auch genug binnen dem Herzogthume, die sonderlich Recht haben wollen; als Holzsassen, und Stormaren, und Hadeler. Von ihrem Rechte spreche ich nicht, noch von ihrer Wedde. — §. 4. Sechzig Schil-

a) fh. di. b) iclich. c) gegenote. d) doch.

1) I. 28. — 40. — II. 7. — 72. §. 1. 2) III. 62. not. 2. 3) III. 45. not. 2. 4) II. 15. §. 1. — (I. 53. not. 7.) 5) III. 58. not. 3. 6) III. 45. not. 9. — 51. not. 8. — Versio latina: centum talenta seu libras. 7) I. 57. not. 2. — II. 8. — 15. §. 1. — 30. — III. 15. §. 2. — 23. — 33. §. 10. — (I. 53. not. 6. — III. 45. §. 1. ff.) 8a) III. 45. §. 1. — (I. 51. §. 3. — III. 29. §. 1.) 8b) Homeyer in indice pag. 339. s. v. iegenod. & Richtsteig Glossarium pg. 586.

weddet men deme greuen 5*). unde ok deme uogede de under koninges banne dinget. of he den ban uon deme koninge heft koninges ban en mot nemande lien wen de koning seluen. ¶ De koning en mach mit rechte nicht weigeren den ban to lenende deme dat gerichte gelegen is 6*). ¶ *Vorlet en greue siner grauescap en del. oder en uoget siner uogedie. dat is unrecht. de belende man en mot dar auer nenen* e) *koninges ban hebben* 7*) *alse men dat uon eme dülden dorue.* Ban lit *man* ane manscap. ¶ Palenzgreue unde lantgreuen dinget under koninges banne. alse de greue. deme weddet men sestich scillinge 8*). ¶ Jowelkeme f) markgreuen drittich 9*). *de dinget bi sines selues hulden.* ¶ Deme scultheten weddet men achte scillinge siner bergel-

ling weddet man dem Grafen 9) und auch dem Vogte 10), der unter Königsbanne 11) dinget, wenn er den Bann von dem Könige hat. — §. 5. Königsbann mag niemand leihen, als der König. Der König mag mit Recht nicht verweigern, den Bann zu leihen, wem das Gericht geliehen ist 12). „Verleiht ein Graf einen Theil „seiner Grafschaft, oder ein Vogt „seiner Vogtey; das ist un„recht 13). Der belehnte Mann „mag darüber keinen Königs„bann haben, so man von ihm „dulten müsse 14)." Bann leiht *man* ohne Mannschaft 15). — §. 6. Der Pfalzgraf und Landgrafen dingen unter Königsbann, wie der Graf; dem weddet man sechzig Schilling. — §. 7. Jeglichem Markgrafen dreißig Schilling; „der dinget „bei seiner selbst Hulden 16)." — §. 8. Dem Schuldheißen 17) weddet man acht Schilling; seine

---

e) keinen. f) Iclicheme.

9) III. 52. not. 8. 10) I. 2. not. 10. 11) I. 2. not. 6. 12) I. 58. §. 1. — 59. §. 1. — III. 52. §. 2. 13) III. 53. §. 3. — (I. 59. §. 2. — III. 52. §. 3.) 14) I. 55. & 56. — 59. §. 1. a. E. 15) Versio latina: sine dominio. — Homeyer im Register: Manscap; Lehnseid. — Editio Basileensis ai. 1474: sine osculo. — Nur das Gericht war lehnbar; nicht der Bann. Darum fand wegen diesem weder Lehnseid, noch Lehnserneuerung statt. vergl. I. 59. §. 1. — Nur Hulde wurde geleistet. III. 54. §. 1. — 56. §. 1. — 89. §. 1. 16) III. 65. §. 1. — (I. 58. not. 16.) 17) II. 22. not. 5.

den [10*]). ₡ Deme belenden [uogede g)] de des koninges ban nicht en heft deme weddet men dre scillinge [11*]) to deme hogesten. ₡ Deme gogreuen ses penninge [12*]). oder enen scilling al weder de der h) lantlüde kore stat. ₡ Deme burmestere weddet men ses penninge [13*]). unde under wilen dre scillinge uor hut unde i) har. dat is der bure gemeine to uordrinkende k).

Birgelden [18]). — §. 9. Dem belehnten Vogte, der des Königs Bann nicht hat, weddet man zum Höchsten drei Schilling. — §. 10. Dem Gografen [19]) sechs Pfennige, oder einen Schilling; jenachdem der Landleute Kür steht. — §. 11. Dem Bauermeister [20]) weddet man sechs Pfennige, und unterweilen drei Schilling für Haut und Haar [21]); das ist den Bauern gemeinschaftlich zu vertrinken.

1*) Bild tab. XXIV. 9. 2*) XXIV. 10. 3*) XXIV. 11. 4*) XXV. 1. 5*) XXV. 2. 6*) XXV. 3. 7*) XXV. 4. 8*) XXV. 5. 9*) XXV. 6. 10*) XXV. 7. 11*) XXV. 8. 12*) XXV. 9. 13*) XXV. 10.

Schwabensp. Cap. 107.) bei Senkenb. Cap. 41. §. 1. bis 3. **Cap. 108.)** ib. §. 4. bis 16. **Cap. 109.)** Cap. 42. §. 1. bis 3. und Cap. 43. §. 1. bis 5: hof nicht suchent. & §. 6. bis 15. **Cap. 110.)** Cap. 44. §. 1. bis 3. **Cap. 111.)** Cap. 45. §. 1. bis 3. **Cap. 112.)** ib. §. 4. bis 7.

₡ Von des markgreuen gerichte. ₡ Unde wert en man sines genoten man.. ₡ Capitulum . LXV..

Art. 65. Von des Markgrafen Gerichte. Und wird ein Mann seines Genoßen Mann.

De markgreue dinget bi sines selues hulden ouer ses we-

§. 1. Der Markgraf [1]) dinget bei seiner selbst Hulden [2])

---

g) *fehlt.* h) a. w. d. d.] ader wi der. i) fh. vor. k) t. u.] czu trinkene.

18) III. 45. not. 14. 19) I. 55. not. 3. 20) I. 2. not. 11. — II. 48. §. 2. — 49. §. 1. 21) II. 29. not. 5. — III. 86. §. 1.

Art. 65.

1) I. 58. not. 1b. 2) III. 64. §. 7.

ken. dar uint iowelk a) man ordel ouer den anderen den men an sime rechte nicht bescelden en mach. doch en antwordet dar neman to kampe sime ungenoten. ₡ Wert en man sines genoten man sine bord unde b) sin lantrecht en c) heft he nicht gekrenket. sinen herscilt heft he auer genederet 1*)..

(je) über sechs Wochen. Da findet jedweder Mann Urtheil über den Andern, den man an seinem Rechte nicht beschelten mag [3]. Doch antwortet da niemand seinem Ungenossen zu Kampfe [4]. — §. 2. Wird ein Mann seines Genossen Mann: seine Geburt und sein Landrecht hat er nicht geschädiget; aber seinen Heerschild hat er erniedrigt [5].

1*) Bild. tab. XXV. 11.

Schwabensp. Cap. 113.) bei Senkenb. Cap. 46. §. 1. & 2. **Cap. 111.)** Cap. 9. §. 1. bis 3: in dem dritten herschilt. §. 4. (mit Zusatz not. X.) §. 5. von: und velt in den sibenten. & §. 6.

₡ Wu men buwen mote ane des richteres orlof. ₡ Capitulum.. LXVI..

Men en mot nenen a) market 1*) buwen den anderen ener mile na. ₡ Men en mot nene b) borch buwen. noch stat uestenen mit müren. noch mit blanken c). noch berch. noch werder *buwen *)*. noch torne d) binnen dorpe ane des richteres

Art. 66. Wie man ohne des Richters Urlaub bauen mag.

§. 1. Man mag keinen Markt, dem andern eine Meile nahe, bauen. — §. 2. Man mag, ohne Urlaub des Richters des Landes, keine Burg bauen, noch Stadt befestigen mit Mauern, noch mit Planken; noch Wall, noch Schanze, noch Turm bin-

---

a) iclich. b) noch. c) *fehlt.*

3) II. 12. §. 6. & 8. 4) I. 51. §. 4. — 63. §. 3. — III. 26. §. 2. — 34. §. 2. — 80. §. 3. — (I. 63. not. 14.) 5) I. 3. §. 2. a. E. — (I. 25. §. 3. & 4.)

Art. 66.

*) Cod. Qued.

a) keinen. b) keine. c) m. m. n. m. b.] mit blanken. noch mit mvren. d) n. w. b. n. t.] noch weder türme.

orlof des landes. Ane sin orlof mot men wol grauen also dep alse en e) mit eneme spaden up gesceden f) mach de erden. so dat he nene g) scemele en h) make 2*). Men mot wol ane sin orlof buwen i) mit holte. oder mit stene dre dele k) bouen l) en ander. ene binnen der erden. de anderen twu en bouen m). deste n) men ene dore hebbe in deme nederen o) gademe bouen p) erden enes knes ho. Men mot oc wol uestenen enen hof mit tünen q). oder mit staken r). oder also ho müren alse men s) gereken mach uppe eme rosse sittene. tinnen unde borst were 3*) en scal dar an nicht wesen t). ₡ Men en mot nene u) borch ane des richteres orlof weder buwen de ümme ungerichte mit ordelen gebroken is v). ₡ Brict men auer ene borch weldichliken 4*). oder *let

nen einem Dorfe *bauen 1)*. — §. 3. Ohne seinen Urlaub mag man wohl so tief graben, als Einer mit einem Spaten die Erde heraufwerfen kann, so daß er keinen Fußtritt 2) mache. Man mag wohl, ohne seinen Urlaub, mit Holz oder mit Steinen drei Gestock über einander bauen; eins binnen der Erde, die andern zwei darüber: wenn man nur in dem niedern Gemach 3), ein Knie hoch über der Erde 4), eine Thür hat. Man mag auch wohl einen Hof 5) mit Zäunen, oder mit Stacketen, oder so hohen Mauern verfestigen, als man, auf einem Rosse sitzend, reichen kann. Zinnen und Brustwehr sollen daran nicht sein. — §. 4. Man mag ohne des Richters Urlaub keine Burg wieder aufbauen, die um Ungericht 6) mit Urtheil abgebrochen ist 7). Bricht man aber eine Burg gewaltsam ab, oder *läßt sie

e) fh. man. f) geseczen. g) keinen. h) *fehlt.* i) a. s. o. b.] buwen ane sin orlop. k) bünen. l) vber. m) e. b.] dar vber. n) daz. o) niderten. p) fh. der. q) czünen. r) stecken. s) ein man. t) d. a. n. w.] dar nicht an sin. u) keine. v) wirt.

1) Versio latina: Non debent etiam castra seu oppida muniri; aut in praediis seu villis muri, fossata, valles, aut turres aedificari. 2) Homeyer im Register S. 370. u. d. W. Schemel. — Ziemann mittelhochdeut. Wörterb. S. 348. u. d. W. Schamel. 3) Ziemann Wörterb. u. d. W. Gadem: Gemach, Zimmer. 4) (II. 37.) 5) II. 50. §. 2. 6) I. 57. not. 2. 7) III. 68. §. 1. & 2.

it w) die herre to gan von mutwillen oder dor armode dar x) mot men wol weder buwen ane des richteres orlof.

der Herr von freien Stücken zerfallen, oder* wegen Armuth; da mag man wohl wiederbauen ohne des Richters Urlaub.

1*) Bild tab. XXV. 12. 2*) XXV. 13. 3*) XXV. 14. 4*) XXVI. 1.

Schwabensp. Cap. 115.) bei Senkenb. Cap. 239. §. 1. bis 4.
Cap. 116.) Cap. 238. §. 1. bis 6.

ℭ We deme anderen sine borch af gewinnet.. LXVII..

We deme anderen sine borch af a) gewinnet mit unrechte. claget iene dar up to rechte. unde helt men eme de borch geweldeliken uore. al de wile he der b) ungeweldich is de c) dar to recht heft d). so e) mach men uppe de borch nene f) clage don dar men se mit rechte ümme breken scole 1*)..

Art. 67. Wer dem Andern seine Burg abgewinnt.

Wer dem Andern mit Unrecht seine Burg abgewinnt: klagt jener mit Recht darauf und enthält man ihm gewaltsam die Burg vor; solange er deren ungewältig ist, der Recht dazu hat, so mag man keine Klage auf die Burg bringen 1), darum man sie mit Recht abbrechen sollte 2).

1*) Bild tab. XXVI. 2.

Schwabensp. Cap. 117.) bei Senkenb. Cap. 240. §. 1. bis 7.

---

w) si. x) die.

Art. 67.

a) an. b) ir. c) fh. si. d) haben solde. e) fh. ne. f) keine.

1) II. 32. §. 2. — 73. §. 1. ff. — III. 60. §. 3. a. E. 2) III. 68. §. 1. ff.

Wu men richtet ouer ene borch de uordelet is.. Capitulum.. LXVIII..

De richtere scal to deme ersten male a) dre slege slan mit eme bile b) an ene borch 1*). oder an en gebu dat mit ordelen uordelet is. dar scolen de lantlüde to helpen mit howene 2*). unde mit rammene. nicht en scal men bernen. noch holt noch stene dannen uoren. noch nicht des dar uppe is. it en si roflike dar up geuort. tüt it sik c) ieman mit rechte to de uore d) it dannen. den grauen unde den berch scal men euenen mit spaden. alle de in deme gerichte geseten sin scolen dar to helpen *dre dage e)* bi eres selues spise. of se dar to geladet werdet mit gerochte f)..

Art. 68. Wie man richtet über eine Burg, die verurtheilt ist.

§. 1. Der Richter soll an eine Burg oder an ein Gebäude, darüber mit Urtheil erkannt ist, zum ersten Male drei Schläge mit einem Beile schlagen [1]). Dazu sollen die Landleute helfen mit Hacken und mit Rammen [2]). Brennen soll man nicht, noch Holz, noch Steine vondannen führen, noch nichts, was daselbst ist; es sey denn räuberisch dahin geführt[3]). Zieht sich dazu jemand mit Recht, der führe es vondannen. Den Graben und den Wall soll man mit Spaten ebnen. — §. 2. Alle, die in dem Gerichte gesessen sind, sollen *drei Tage* auf eigene Beköstigung [4]) dazu helfen, wenn sie mit Gerüffte [5]) dazu geladen werden.

1*) Bild tab. XXVI. 3. 2*) XXVI. 4.

Schwabensp. Cap. 118.) bei Senkenb. Cap. 241. §. 1. bis 3. (mit not. Q.) und §. 4. & 5.

---

a) *fehlt.* b) d. s. s. m. e. b.] mit einem bile dri slege slan. c) fh. da. d) vüret. e) d. d.] *fehlt.* f) gerufte.

1) II. 73. §. 1. ff. — III. 1. §. 1. — 78. §. 4. 2) Ziemann mittelhochdeut. Wörterb. S. 302. u. d. W. ram: Widder, aries. 3) II. 73. §. 1. ff. 4) II. 72. §. 3. 5) I. 53. not. 2.

Wur men dinget bi koninges banne. Capit.. LXIX..

Wur men dinget bi koninges banne. dar en scal noch scepene. noch richtere kappen an hebben. hod. hodelen a). huuen. noch hantschen. Mentele scolen se uppe den sculderen hebben 1*). ane wapene scolen se sin. ordel scolen se uinden uastene ouer iowelken b) man. he si düdesch. oder wendesch. oder egen. oder uri 2*). dar en scal neman ordel uinden ane se. Sittene scolen se ordel uinden. Scilt er ordel en ere genot. he scal des bankes c) bidden en ander to uindene. so scal iene up stan 3*) de dat ordel uant. unde disse scal sik setten an sine stat. unde uinden dat eme recht dünke d). unde ten e) is dar he is to f) rechte ten scole g). unde halde it h) to rechte alse hir uore geredet is.

Art. 69. Wo man bei Königsbanne dinget.

§. 1. Wo man bei Königsbanne 1) dinget, da sollen weder Schöffen 2), noch Richter Mützen, Hut, Hütchen, Hauben, noch Handschuh an haben. Mäntel sollen sie auf den Schultern haben. Ohne Waffen sollen sie sein 3). — §. 2. Nüchtern sollen sie Urtheil finden über jeglichen Mann 4a), er sey deutsch, oder wendisch 4b), oder eigen, oder frey. Da soll niemand, außer ihnen, Urtheil finden 5). — §. 3. Schilt einer ihrer Genossen ihr Urtheil 6); er soll die Bank sich erbitten 7), ein anderes zu finden. So soll jener aufstehen, der das Urtheil fand, und dieser soll sich an seine Stelle setzen, und finden, was ihm Recht dünket 8), und es ziehen, wohin er es nach Recht ziehen soll 9), und es erhalten nach Recht, wie hievor gesagt ist.

1*) Bild tab. XXVI. 5. 2*) XXVI. 6. 3*) XXVI. 7.

Schwabensp. Cap. 119.) bei Senkenb. Cap. 82. §. 1. bis 7.

---

a) hütelin. b) iclichen. c) d. b.] der banc. d) dunket. e) czie. f) durch. g) sal. h) fh. ader laze iz.

1) I. 2. not. 6. 2) I. 63. §. 2. & 5. — III. 45. §. 5. — 56. §. 1. — 81. §. 3. 3) III. 56. §. 3. — (II. 68. — 72. §. 1. & 2. — I. 63. §. 3.) 4a) II. 12. §. 4. 4b) III. 70. §. 1. & 2. 5) I. 2. §. 2. — 59. §. 1. & 2. — 63. §. 2. — 81. §. 3. 6) I. 18. §. 3. — II. 12. §. 6. ff. — 13. §. 1. ff. 7) II. 13. §. 6. — (III. 26. §. 2. ff.) 8) II. 13. §. 4. 9) II. 12. §. 6. — I. 18. §. 3. — II. 13. §. 1.

¶ Wur men nicht en dinget bi koninges banne. ¶ Capitulum.. LXX.

Wur men nicht en dinget bi a) koninges banne dar mot iowelk b) wol ordel uinden ouer den anderen den men rechtelos nicht scelden en mach. ane de wend uppe den sassen. unde de sasse uppe den wend 1*). ¶ Wert auer de wend. oder de sasse c) mit ungerichte geuangen in der hanthaften dat. unde mit gerochte d) gebracht uor gerichte. de sasse tüget uppe den wend. unde de wend uppe den sassen 2*). unde er ioweder mot e) des anderen ordel liden. de also geuangen werdet..

Art. 70. Wo man nicht bei Königsbanne dinget.

§. 1. Wo man nicht bei Königsbanne dinget, da mag jedweder über den Andern wohl Urtheil finden [1]), den man nicht rechtlos [2]) schelten mag, außer der Wende über den Sachsen, und der Sachse über den Wenden [3]). — §. 2. Wird aber der Wende oder der Sachse auf Ungericht [4]) in handhafter That [5]) gefangen und mit Gerüffte [6]) vor Gericht gebracht; der Sachse zeugt gegen den Wenden, und der Wende gegen den Sachsen, und jeder von ihnen, der also gefangen ward, muß des Andern Urtheil leiden.

1*) Bild tab. XXVI. 8. 2*) XXVI. 9.

Schwabensp. vacat.

¶ Men mot den man scüldigen mit der sprake de ene angeboren is.. LXXI..

Jowelk a) man den men süldeget mach b) weigeren to

Art. 71. Man muß den Mann in der Sprache beschuldigen, die ihm angeboren ist.

§. 1. Jeglicher Mann, den man beschuldiget, mag verwei-

---

a) vnder. b) iclich man. c) d. w. o. d. s.] der sachse. ader der went. d) gerufte. e) e. i. m.] müz ir iclicher.

1) II. 12. §. 5. — III. 19. — 65. §. 1. — (II. 12. §. 8.) 2) I. 37. §. 8. — (I. 36. not. 2. — II. 27. not. 3. — 35. not. 3.) 3) III. 69. §. 2. 4) I. 57. not. 2. 5) I. 55. not. 2. 6) I. 53. not. 2.

Art. 71.

a) Iclich. b) fh. wol.

antwordene. men en sculdege ene an der sprake de ene angeboren is. *of he düdesch nicht en kan. unde sin recht dar to deit. scüldeget men ene* c) *in der* d) *sprake he mot antworden* 1*). *oder sin uorspreke uon sinent haluen alse dat de clegere unde de richtere uorneme.*
¶ ***Heft*** *auer he indüdescheme geclaget. oder geantwordet. oder ordel gewnden uor gerichte. unde mach men ene des uortügen he antwordet in düdescheme ane uor deme „gerichte* e). *unde mach men ene des uortügen he antwordet in düdescheme ane uor deme" rike. wente dar heft manlik recht na siner bord* 2*)..

gern zu antworten; man beschuldige ihn denn in der Sprache, die ihm angeboren ist [1]), „wenn „er nicht deutsch kann, und sein „Recht [2]) dazu thut. Beschuldigt „man ihn in dieser Sprache; „er muß antworten, oder sein „Vorsprecher [3]) von seinethalben, so daß der Kläger und „der Richter es vernehme." — §. 2. „Hat er aber im Deutschen geklagt, oder geantwortet, oder Urtheil gefunden vor „Gericht, und man mag ihn „dessen durch Zeugen [4]) überführen: er antwortet in Deutschem; außer vor dem Reiche. „Denn dort hat jedweder Recht „nach seiner Geburt [5])."

1*) Bild tab. XXVI. 10. 2*) XXVII. 1.

Schwabensp. vacat.

---

c) fh. denne. d) siner. e) gerichte, *bis:* uor deme] *fehlt* und ist nur Wiederholung des Vorhergehenden.

1) I. 16. — 30. — III. 34. §. 1. & 4. 2) I. 48. not. 5. 3) I. 60. not. 1. 4) III. 89. not. 1. 5) III. 34. §. 1.

¶ Echt kint unde uri behelt sines uader herscilt. Capit.. LXXII..

Echt kint unde uri behelt sines uader herscilt unde[a]) *erue. unde der moder also* [1*]) *of it ere euenbordich is. oder bat geboren is*[b]). ¶ *Nimt auer en uri scepenbare wif enen bergelden* [2*]). *oder enen lantseten. unde gewinnet se kindere bi eme de en sin ere nicht euenbordich an bote unde an weregelde. wenne se hebbet eres uader recht unde nicht erer*[c]) *moder. dor dat en nemet se der moder erue nicht. noch nemannes de ere mach uon moder haluen is.* ¶ *Dit selue recht holdet oc de denestman went*[d]) *an den biscop wichman uon meideborch dat de sone behelt des uader recht. unde de dochter der moder. unde horden na en of se denest lüde waren do en bedorfte*

Art. 72. Das echte und freie Kind behält seines Vaters Heerschild.

§. 1. „Das echte und freie „Kind [1]) behält seines Vaters „Heerschild und Erbe, und eben„so der Mutter, wenn es ihr „ebenbürtig [2]) oder baß geboren „ist." — §. 2. [Art. 73. §. 1.] „Nimmt aber ein freies schöf„fenbares [3]) Weib einen Bir„gelden [4]) oder einen Landsas„sen [5]), und gewinnt sie Kinder „von ihm; die sind ihr nicht „ebenbürtig an Buße [6]) und an „Wehrgeld [7]): denn sie haben „ihres Vaters Recht, und nicht „ihrer Mutter [8]). Darum neh„men sie nicht der Mutter Erbe, „noch niemandes, der ihr Mag „von Mutter halben ist." — §. 3. [§. 2.] „Dieselbe Recht „behielten auch die Dienstman„nen bis auf den Bischof Wich„mann von Magdeburg, daß „der Sohn behielt des Vaters „Recht, und die Tochter der „Mutter, und gehörten nach ih„nen, wenn sie Dienstleute wa„ren. Da bedurfte man keiner

---

a) fh. sin. b) *fehlt.* c) der. d) biz.

1) I. 17. §. 1. — (I. 6. not. 5. — 25. not. 5. — 37. not. 3.) 2) I. 3. not. 8. — (I. 63. not. 17.) 3) I. 3. not. 4. 4) III. 45. not. 14. 5) I. 2. §. 1. & 4. — III. 45. §. 6. 6) I. 53. not. 6. 7) III. 45. §. 1. ff. 8) I. 45. §. 1. — III. 45. §. 3. — (I. 51. §. 2.)

men nener e) *wesle under den denestmannen.*

„Auswechselung unter den Dienst„mannen." —

1*) Bild tab. XXVII. 2. 2*) XXVII. 3.

Schwabensp. Cap. 120.) bei Senkenb. Cap. 60. §. 1. bis 4.

¶ Von aneginge was dat recht. dat echt wif nümmer egen kint gewunne.
¶ Capitulum.. LXXIII..

Von aneginge des rechtes was recht dat uri wif nümmer egen kint gewunne. Sint des biscopes wichmannes tiden heft auer dat recht gestan. dat sone unde dochtere hore na der düdeschen moder 1*) *deme den se bestat. de uader si düdesch oder undüdesch* a). *unde* b) *wendinnen kint hort na deme uadere. of he en wend is* 2*). *is he auer düdisch. so hort it na der moder.* ¶ *Men segel dat alle wendinnen uri sin dor dat* *ire *kindere na** *deme wendeschen uadere horet des nicht en is* c). *wen se geuel ere*

Art. 73. Von Anbeginn war das Recht, daß ein echtes Weib nimmer eigene Kinder gewann.

§. 1. [Art. 73. §. 2.] „Von „Anbeginn des Rechts war recht, „daß ein freies Weib nimmer „eigene Kinder gewinne [1]). Seit „Bischof Wichmanns Zeiten hat „aber das Recht bestanden, daß „Söhne und Töchter, nach der „deutschen Mutter, dem zuge„hören, dem sie zusteht [2]), der „Vater sey deutsch oder undeutsch, „und der Wendin Kind gehört „nach dem Vater, wenn er „Wende ist; ist er aber deutsch, „so gehört es nach der Mut„ter." --- §. 2. [§. 3.] „Man „sagt daß alle Wendinen frei „sind, darum daß *ihre Kinder „nach* dem wendischen Vater „gehören [3]). Das ist nicht. Denn

---

e) keiner.

Art. 73.

a) wendisch. b) fh. der. c) d. n. e. i.] des en is nicht.

1) I. 51. §. 2. — (I. 45. §. 1. — III. 45. §. 3.) 2) I. 17. §. 1. 3) I. 17. §. 1. — III. 72. §. 1.

bu mil d) *erme heren also dicke so se man nemet* 3*). *Latet se ok eren man alse wendesch recht* e) *is. se moten erme heren de uerschen* f) *penninge geuen. dat sin dre scillinge. unde anders wur mer na des landes wonheit..*

„sie geben ihrem Herren, so oft „als sie einen Mann nehmen, „ihre Burmiethe. Verlassen sie „auch ihren Mann 4), wie wen-„disches Recht ist; sie müssen „ihrem Herren ihren Versen-„pfennig 5) geben: das sind drei „Schillinge, und anderswo mehr, „nach des Landes Gewohnheit."

1*) Bild tab. XXVII. 4. 2*) XXVII. 5. 3*) XXVII. 6.

Schwabensp. vacat.

¶ Wert en wif mit rechte uon erme manne gescheden. ¶ Capitulum.. LXXIIII..

Wert en wif mit rechte uon erme manne gesceden. se behelt doch ere lif getucht a) de b) he ere gaf an sime egene. unde ere gebu 1*) dat dar uppe steit. dat en mot se auer c) nicht up breken. noch dannen uoren.

Art. 74. Wird ein Weib mit Recht von ihrem Manne geschieden.

Wird ein Weib mit Recht geschieden 1) von ihrem Manne; sie behält doch ihre Leibzucht 2), die er an seinem Eigen 3) ihr gab, und ihr Gebäude 4), das darauf steht. Das darf sie aber nicht abbrechen, noch vondannen führen 5). Anders bleibt ihr

---

d) humiete, & bei Homeyer: burmede. e) w. r.] recht wendisch. f) vrischen.

4) (I. 21. §. 3. a. E. — III. 27. — III. 74.) 5) Ziemann mittelhochdeut. Wörterb. S. 556. u. d. W. versengeld — Homeyer Index S. 389. u d. W. versne: Färse, juvenca.

Art. 74.

a) l. g.] lipgedinge. b) daz. c) *fehlt.*

1) I. 21. §. 3. a. E. — III. 27. 2) I. 21. not. 5. 3) I. 8. not. 1. 4) I. 20. §. 2. — II. 22. §. 4. — III. 38. §. 4. — 76. §. 2. 5) I. 20. §. 2. — III. 38. §. 4.

anders en blift ere nen d) gebu. noch nicht der morgengaue. ere rade behelt se. unde ere musdele. Men scal ere oc weder laten unde geuen wat se to erme manne brachte. oder also uele eres mannes gudes alse ere gelouet wart. do se to samene quamen..

kein Gebäude 6), noch nichts von der Morgengabe 7). Ihre Gerade 8) behält sie, und ihr Mußtheil 9). Man soll ihr auch wieder lassen und geben, was sie ihrem Manne zubrachte, oder soviel von ihres Mannes Gute, wie ihr gelobt ward 10), als sie zusammenkamen.

1*) Bild tab. XXVII. 7.

Schwabensp. Cap. 121.) bei Senkenb. Cap. 403. §. 1. bis. 4. & 6.

ꝺ An egene is recht lif getucht der urowen.. LXXV..

An egene is recht lif getucht a) der urowen. wente it neman ene b) gebreken en mach to erme liue. unde an lene nicht. wenne it c) to maniger wis gebroken mach werden 1*). len bi eres mannes liue is gedinge na eres mannes dode is it ere recht len. ꝺ Neweder d) man

Art. 75. An Eigen ist rechte Leibzucht der Frauen.

§. 1. An Eigen 1) ist rechte Leibzucht 2) der Frauen; da es ihnen, bei ihren Lebzeiten, niemand entbrechen kann 3): und nicht an Lehne; da es auf manche Weise entbrochen werden mag 4). — §. 2. Lehn, bei ihres Mannes Leben, ist Gedinge 5); nach ihres Mannes Tode ist es ihr rechtes Lehn. — §. 3. Weder

---

d) kein.

6) II. 22. §. 2. & 3. 7) I. 20. §. 1. ff. — 24. §. 1. — II. 22. §. 2. & 3. — III. 38. §. 3. — 76. §. 1. 8) I. 5. not. 3a. 9) I. 22. not. 4. 10) I. 44.

Art. 75.

a) l. g.] lipgedinge. b) i. n. e.] in daz nimant. c) in daz. d) weder.

1) I. 8. not. 1. 2) I. 21. not. 5. 3) I. 21. §. 3. 4) I. 33. — 38. §. 1. — III. 84. §. 2. & 3. — (III. 78. §. 2. ff. — 79. §. 1. & 2.) 5) I. 33.

noch wif hebbet e) len wen to erme liue. al f) eruet it g) de man. unde dat wif nicht..

Mann noch Weib haben Lehn, als für ihre Lebzeit: wenngleich der Mann es vererbt, und das Weib nicht.

1*) Bild tab. XXVII. 8.

Schwabensp. vacat.

¶ Blift de wedewe ungetueiet mit den kinderen in des mannes güde. ¶ Capitulum.. LXXVI..

Sterft deme wiue ere man. unde blift se in des mannes güde ungetueiet mit den kinderen 1*) lange wile oder korte. wenne se sik tueiet mit den kinderen a). da na b) nimt de urowe ere morgengaue. unde ere rade. unde ere musdele. an al deme güde dat dar denne is. alse se nemen scolde to der tid do ere man starf. Hadde auer dat wif man genomen. unde was he to ere. unde to den kinderen in dat ungetueiede gut geuaren. sterft denne dat wif de man behelt alles wiues

Art. 76. Bleibt die Wittwe ungezweit mit den Kindern in des Mannes Gute.

§. 1. Stirbt dem Weibe ihr Mann, und bleibt sie, ungezweit mit den Kindern, lange oder kurze Zeit, in des Mannes Gute [1]: wenn sie sich mit den Kindern zweiet; alsdann nimmt die Frau ihre Morgengabe [2], und ihre Gerade [3], und ihr Mußtheil [4] an dem Gute, das dann da ist, wie sie es zu der Zeit nehmen sollte, wo ihr Mann starb [5]. — §. 2. Hatte aber das Weib einen Mann genommen, und war er zu ihr und zu den Kindern in das ungezweite Gut gezogen: stirbt dann das Weib; der Mann behält all des Weibes Recht an der

---

e) lengere. f) alleine. g) *fehlt.*

Art. 76.

a) m. d. k.] *fehlt.* b) fh. so.

1) I. 20. §. 3. ff. 2) I. 20. §. 1. ff. — III. 74. not. 7. 3) I. 5. not. 3a. 4) I. 22. not. 4. 5) I. 20. §. 3.

recht in der uarenden haue [2*]). ane gebu. unde rade. ¶ Nimt en man ene wedewen de egen. oder len. oder lif getucht c). oder san d) tins gut heft. wat he indeme gude mit sime ploge gearueidet. sterft sin wif [3*]) er der sat. he scal it wl arueiden. unde seien. unde sniden. unde tins oder plege dar af geuen ieneme uppe den dat gut irsterft. Sterft auer dat wif na der sat alse de egede e) dat lant began heft [4*]). de sat is eres mannes. he en is f) nicht plichtich dar g) af to geldene plege noch tins dar se nen h) tins gelde i) af en was. wat tinses oder plege in des wiues gude was dar men ere af gelden scolde. starf se na den rechten tins dagen dat gut is des mannes uordenede gut alse it der eruen wesen scolde. of se ane man were..

fahrenden Habe [6]), außer Gebäude [7]) und Gerade [8]). — §. 3. Nimmt ein Mann eine Wittwe, die Eigen[9]), oder Lehn, oder Leibzucht [10]), oder auch Zinsgut [11]) hat: was er auf dem Gute mit seinem Pfluge arbeitet [12]); wenn sein Weib vor der Saat stirbt, er soll es fertig arbeiten, und säen, und schneiden, und demjenigen Zins oder Pflege[13]) davon geben, auf den das Gut erstirbt. — §. 4. Stirbt aber das Weib nach der Saat, wenn die Egge das Land bestrichen hat [14]); die Saat ist ihres Mannes: er ist nicht pflichtig Zins noch Pflege von dem zu zahlen, wovon sie nicht zinspflichtig war. — §. 5. Was Zinses oder Pflege an des Weibes Gute war, davon man ihr zahlen sollte: starb sie nach dem rechten Zinstage[15]); das Gut ist verdientes Gut ihres Mannes, wie es der Erben sein sollte, wenn sie ohne Mann wäre.

1*) Bild tab. XXVII. 9. 2*) XXVII. 10. 3*) XXVIII. 1. 4*) XXVIII. 2.

Schwabensp. Cap. 122.) bei Senkenb. Cap. 283. §. 1. bis 3.
Cap. 123.) nach Cap. 342. pag. 401. §. 1. bis 5.

---

c) l. g.] lipgedinge. d) *fehlt.* e) eide. f) fh. da. g) *fehlt.* h) kein. i) t. g.] czinsgelde.

6) I. 31. §. 1. & 2. 7) III. 74. not. 4. 8) III. 38. §. 5. 9) I. 8. not. 1. 10) I. 21. not. 5. 11) I. 54. §. 1. ff. — II. 22. §. 2. ff. — 54 — 60. §. 1. ff. -- III. 77. 12) II. 59. §. 2. a. E. 13) II. 59. §. 2. 14) II. 59. §. 2. a. E. 15) II. 59. §. 2. a. A.

₡ Deit en man sin lant ut to tinse. Capit.. LXXVII..

Deit en man sin *) [beseiet] lant a) ut to tinse. oder to plege to bescedenen iaren dat men it b) beseiet weder late. to welker tid he under des sterft. men scal it den eruen c) weder laten 1*). wan he is ene nicht lenger geweren en mochte wen de wile he leuede. ₡ De eruen scolen oc uon der sat sogedanen tins oder plege geuen ieneme d) deme dat gut geboret 2*). alse men ieneme scolde de it ut dede wen it sin ploch nicht en beging do he starf..

Art. 77. Thut ein Mann sein Land auf Zins aus.

§. 1. Thut ein Mann sein besäet Land um Zins oder Pflege 1) auf beschiedene Jahre 2) aus, damit man besäet es wiedererstatte: zu welcher Zeit er unterdeß stirbt; man soll es den Erben wiedererstatten, weil er es nicht länger geweren mochte, als solang er lebte. — §. 2. Die Erben sollen aber demjenigen, dem das Gut gebührt, denselben Zins und Pflege von der Saat geben, wie man jenem sollte, der es austhat; weil sein Pflug, da er starb, es nicht beging 3).

1*) Bild tab. XXVIII. 3. 2*) XXVIII. 4.

Schwabensp. Cap. 124.) bei Senkenb. Cap. 406. §. 1. bis 3.

₡ Wat en here unde en iowelk man wol don mach dat nicht en si weder sinen trüwen. ₡ Capitulum.. LXXVIII..

De koning unde iowelk a) richtere mot wol richten ouer

Art. 78. Was ein Herr und ein jeglicher Mann wohl thun mag, das nicht wider seine Treue sey.

§. 1. Der König und jedweder Richter mag wohl richten

---

*) sin gestrichen.

a) b. l.] lant besait. b) fh. im. c) fh. besait. d) g. i.] ieme geben.

1) II. 59. §. 2. 2) III. 10. not. 1. 3) II. 59. §. 2. a. E. — III. 76. §. 3.

Art. 78.

a) iclich.

hals. ouer b) hant [1*]. unde ouer iowelk c) sines mannes oder mages gut. unde en deit weder sinen trüwen nicht. ₡ De man mot ok wol sime koninge. unde sime richtere *unrechtes* weder stan [2*]. unde to aller wis helpen weren. al si he sin mach. oder sin here. unde en deit weder sinen trüwen nicht. ₡ De man mot oc wol uolgen sime heren. unde de here deme manne. de mach deme mage. unde san helpen bestedegen [3*]) uon gerichtes haluen ümme ungerichte dar he mit deme gerochte d) to geladet wert an ener hanthaften dat. unde en deit weder sinen trüwen nicht. ₡ De man mot oc wol uolgen uor sines heren [borch]. unde de here uor des mannes [4*]). de mach uor des mages. dar he dor ungerichte mit dem rochte e) uore geladen wert. unde mot se wol helpen breken. of men se f) mit rechte nicht untredet. unde en deit weder sinen trüwen nicht. ₡ Jowelk g) man mot

über Hals und über Hand [1]), und über jeglich Gut seines Mannes oder Mages, und thut nicht wider seine Treue [2]). — §. 2. Der Mann mag auch wohl seinem Könige und seinem Richter um Unrecht widerstehen, und es auf alle Weise, obschon er sein Mag oder sein Herr sey, abwehren helfen, und thut nicht wider seine Treue. — §. 3. Der Mann mag auch wohl seinen Herren, und der Herr den Mann, und der Mag den Mag verfolgen, und sogar, von Gerichts halben, um Ungericht [3]), dazu er bei einer hanthaften That [4]) mit Gerüffte [5]) geladen wird, ergreifen helfen, und thut nicht wider seine Treue. — §. 4. Der Mann mag auch wohl folgen vor seines Herren Burg, und der Herr vor des Mannes, und der Mag vor des Mages, davor er um Ungericht mit Gerüffte geladen wird, und mag sie wohl abbrechen [6]) helfen, wenn man sie nicht mit Recht entredet [7]), und thut nicht wider seine Treue. — §. 5. Jedweder Mann mag auch wohl

b) vnn. c) icliches. d) gerufte. e) gerufte. f) iz. g) Ein iclich.

1) I. 2. not. 14. 2) I. 40. — III. 41. — 79. — 84. §. 2. & 3. 3) I. 57. not. 2. 4) I. 55. not. 2. 5) I. 53. not. 1. 6) III. 68. §. 1. & 2. 7) I. 68. not. 6.

wol helpen weren stede. borge 5*). unde lant. unde sines heren lif. mages unde mannes. unde sines uründes weder heren unde mage unde manne de se geweldelike soket. unde mot wol uppe se striden. unde en deit weder sinen trüwen nicht. deste h) he selue erer haue nicht en neme. ¢ Wundet en man sinen heren. oder sleit he ene dot i) an not were. oder de here den man 6*). he en deit weder sinen trüwen nicht. of dar k) not mit rechte up ene wllenbracht wert l). ¢ Sime wechuerdigen gesellen. unde sime gaste. unde sime werde dar he geherberget is. unde we to sinen genaden ulüt 7*) *deme m)* scal he n) helpen. dat he sik unrechter not weder aller manlike irwere. unde en deit weder sinen trüwen nicht..

wehren helfen Städte, Burgen und Land, und das Leben seines Herren, Mages oder Mannes, und seines Freundes, wider Herren, Mage oder Mannen, die sie gewältiglich überfallen, und mag wohl gegen sie streiten, und thut nicht wider seine Treue; wenn er nur selbst nichts von ihrer Habe nimmt 8). — §. 6. Verwundet ein Mann seinen Herren oder schlägt er ihn in Nothwehr 9) todt, oder der Herr den Mann; er thut nicht wider seine Treue, wenn die Noth mit Recht gegen ihn bewährt wird. — §. 7. Seinem Reisegefährten 10), und seinem Gaste, und seinem Wirthe, wo er geherbergt ist, und wer zu seiner Gnade Zuflucht nimmt, *dem* soll er helfen, damit er sich ungerechter Noth wider Alle männiglich erwehre, und thut nicht wider seine Treue. — [§. 8. vgl. ff.]

1*) Bild. tab. XXVIII. 5. 2*) XXVIII. 6. 3*) XXVIII. 7. 4*) XXVIII. 8. 5*) XXVIII. 9. 6*) XXVIII. 10. 7*) XXVIII. 11.

Schwabensp. Cap. 125.) bei Senkenb. Cap. 197. §. 1. & 2. **Cap. 126.)** Cap. 198. §. 1. bis 10: man sol in nemen, & ibid. von: ob er als gewiss ist. & §. 11. bis 13.

---

h) daz. i) ezu tode. k) di. l) m. r. u. e. w. w.] uf in mit rechte vol bracht wirt. m) *fehlt.* n) der man.

8) III. 68. §. 1. 9) II. 63. not. 5. 10) II. 38. §. 2. — 69.

¢ Deit de man sime heren scaden ane witscap.. LXXIX..

Socht *en man den herren oder* de here den man a) unuorclaget ene b) uor sinen mannen na rechte. he deit weder sinen trüwen. en kümt auer he c) uppe sinen scaden nicht ut. scüt eme scade uon eme *selven d)*. oder uon den de dor sinen willen dar sin. oder dar *he* helpe to is unwetene. den scaden scal he gelden uppe recht 1*). unde he e) en deit weder sinen trüwen nicht. ¢ Wur auer en men an f) ener reise is. unde nicht g) houet man en is. ridet lüde an ene unde an de sine. deit he *) scaden sineme heren. oder sime manne. oder sime mage. oder weme dat si. ane sinen rat. unde ane sine dat. geweret he it uppe den hilgen 2*). he blift is ane gelt. unde ane laster..

Art. 79. Thut der Mann ohne Wissen seinem Herren Schaden.

§. 1. [Art. 78. §. 8.] Ueberfällt *ein Mann den Herren, oder* der Herr den Mann, ohne ihn nach Recht vor seinen Mannen verklagt zu haben; er thut wider seine Treue 1). Geht er aber nicht auf seinen Schaden aus: geschieht von ihm *selbst*, oder von denen, die auf seinen Willen dasind, oder wo *er* zu Hülfe ist, unwissentlich ihm Schade; den Schaden soll er nach Recht vergelten, und wider seine Treue thut er nicht 2). — §. 2. [§. 9.] Wo aber ein Mann auf einem Kriegszuge ist, und nicht Hauptmann ist; reiten Leute auf ihn und auf die Seinigen an, thun sie seinem Herren, oder seinem Manne, oder seinem Mage, oder wem das sey, ohne seinen Rath und ohne seine That, Schaden: bewährt er es auf den Heiligen 3); er bleibt deßhalb ohne Ersatz und ohne Nachtheil 4).

1*) Bild tab. XXIX. 1. 2*) XXIX. 2.

Schwabensp. Cap. 127.) bei Senkenb. Cap. 199. §. 1. bis 5.

Cap. 128.) Cap. 202. §. 1. & 2.

*) Hom. *sie*.

a) e. m. d. h. o. d. h. d. m.] der herre den man. ader der man den herren. b) *fehlt*. c) a. h.] he aber. d) *fehlt*. e) *fehlt*. f) in. g) fh. ein.

1) I. 40. — III. 41. — 78. §. 1. ff. — 84. §. 2. & 3. 2) III. 84. §. 3. a. E. — Eine Felonie tritt nur wegen dolus ein; Verpflichtung zum Schadenersatze aber auch ohne dolus. — (II. 37. — 41. §. 1. ff. — 47. §. 1. — 48. §. 2. — 50 §. 2. — 63. §. 1. — 66. §. 1. — III. 49. — I. 68. not. 7.) 3) I. 13. not. 4a. 4) II. 27. not. 4.

Wur de bure en nie dorp besettet uon wilder wortelen. Capitulum. LXXX..

Wur de bure en *nie* dorp besettet uon wilder wortelen den mach des dorpes here wol geuen erue tins gelt a) an deme gude 1*). al b) en sin se to deme c) nicht geboren. nen d) recht en e) mach he ene auer f) gegeuen. noch *se* seluen kesen dar se des landes richtere g) recht mede krenken. oder sin gewedde mede minneren oder meren mogen. Nen h) utwendich man en is plichtich in deme dorpe to antwordene na erme sünderliken dorp rechte. mer i) na gemeineme lantrechte he en clage dar uppe erue. oder uppe gut. oder ümme scult 2*). Wur de man claget dar mot he antworden of men up ene claget ane to kampe..

Art. 80. [79.] Wo die Bauern ein neues Dorf von wilder Wurzel besetzen.

§. 1. Wo die Bauern ein „neues" Dorf von wilder Wurzel besetzen, denen mag des Dorfes Herr Erbzinszahlung an dem Gute wohl gewähren, obschon sie zu dem Gute nicht geboren sind 1). Kein Recht mag er ihnen aber geben, noch *sie* selbst erkiesen, womit sie des Landrichters Recht schädigen, oder seine Wedde 2) mindern oder mehren mögen. — §. 2. Kein auswärtiger Mann ist pflichtig, in dem Dorfe, nach ihrem sonderlichen Dorfrechte zu antworten 3); sondern nach gemeinem Landrechte: er klage 4) denn dort auf Erbe 5), oder auf Gut, oder um Schuld. — §. 3. Wo der Mann klagt, da muß er antworten 6), wenn man gegen ihn klagt; außer zu Kampfe 7).

1*) Bild tab. XXIX. 3. 2*) XXIX. 4.

Schwabensp. Cap. 129.) bei Senkenb. Cap. 407. §. 1. bis 3.

---

a) recht. b) alleine. c) fh. gute. d) kein. e) *fehlt.* f) e. a.] aber in. g) fh. sin. h) kein. i) fh. wen.

1) I. 21. §. 3. 2) I. 53. not. 7. 3) I. 30. — III. 25. §. 2. — 34. §. 1. ff. — 71. §. 1. & 2. 4) §. 3. 5) I. 30. 6) III. 12. §. 1. — 87. §. 2. 7) III. 34 §. 2. — (I. 63. not. 14.)

¶ Wat eruelos ersteruet uon urien lüden we dat nemen scal. ¶ Capitulum.. LXXXI..

Irsterft en egen uon eneme bergelden eruelos en a) houe oder dar beneden b). dat hort in dat sculthedom 1*). uon drittich houen oder dar beneden c) *van sveme it* d) ersterft dat hort in de grauescap 2*). is it auer mer denne drittich houe it is deme koninge ledich 3*). ¶ Let de koning oder en ander here sinen denestman. oder sinen egenen man uri. de behelt urier lantseten recht. ¶ To geit auer der scepenen an e) ener grauescap. de koning mot wol des rikes denestman uri laten 4*) mit ordelen f). unde maken ene g) to scepenen. dor dat men rechtes bekome. unde koninges ban dar holden h) moge. he scal eme auer des

Art. 81. [80.] Was erblos erstirbt von freien Leuten, wer das nehmen soll.

§. 1. Erstirbt ein Eigen 1) erblos 2) von einem Birgelden 3), eine Hufe 4) oder darunter; das gehört in das Schuldheißthum 5). Von dreißig Hufen oder darunter, *von wem es* erstirbt 6); das gehört in die Grafschaft. Ist es aber mehr denn dreißig Hufen; es ist dem Könige erledigt. — §. 2. Läßt der König oder ein anderer Herr seinen Dienstmann, oder seinen eigenen Mann frey; der erhält freier Landsassen Recht 7). — §. 3. [Art. 81. §. 1.] Gehen aber die Schöffen 8) in einer Grafschaft zu Ende; der König mag wohl des Reichs Dienstmann 9) mit Urtheil frei lassen und ihn zum Schöffen machen, auf daß man Recht erlange und Königsbann 10) dort halten möge. Er soll ihm aber von des Reiches

---

a) dri. b) d. b.] minre. c) d. b.] minre. d) *fehlt.* Bei Homeyer sind die Worte jedoch versetzt. e) in. f) u. l. m. o.] mit orteiln vri lazen. g) *fehlt.* h) behalden.

1) I. 8. not. 1. 2) I. 28. & 29. 3) III. 45. §. 4. & 5. — 64. §. 8. — 72. §. 2. — (I. 2. §. 1. & 3.) 4) Bei Homeyer: Drei Hufen oder ꝛc. 5) I. 2. §. 3. — III. 45. §. 4. 6) Bei Homeyer: van sweme it erstirft. Van drittich huven oder etc. — Die ersten Worte, welche in vorliegender Handschrift fehlen, gehören offenbar nicht zu dem vorhergehenden, sondern zu dem folgenden Satze: Van sweme it erstirft van drittich. etc. 7) I. 16. 8) III. 69. not. 2. 9) I. 38. not. 6. 10) I. 2. not. 6.

rikes gudes i) so uele to egene geuen dat se scepenen dar af wesen mogen. er iowelkeme k) dre houe 5*). oder mer. Dat gut mot he wol nemen ut *deme gude* der grauescap wur it de greue ledich heft. dor dat der scepenen egen in der grauescap *ir-storven l)* si m). ℭ Denestman eruet unde nimt erue alse urie lüde na lantrechte. wen allene dat he buten sines heren gewalt nicht en n) eruet. noch erue en o) nimt 6*)..

Gute soviel zu Eigen geben, daß sie Schöffen davon sein mögen[11]; ihrer jedwedem drei Hufen [12]) oder mehr. Das Gut mag er wohl nehmen aus dem „Gute" der Grafschaft, wo der Graf es ledig hat; darum daß der Schöffen Eigen in die Grafschaft *erstorben* sey. — §. 4. Der Dienstmann vererbt und nimmt Erbe, wie freie Leute, nach Landrecht; nur allein daß er nichts außer seines Herren Gewalt vererbt, noch Erbe nimmt.

1*) Bild tab. XXIX. 5. 2*) XXIX. 6. 3*) XXIX. 7. 4*) XXIX. 8. 5*) XXIX. 9. 6*) XXIX. 10.

Schwabensp. Cap. 130.) bei Senkenb. Cap. 286. §. 1. bis 5. **Cap. 131.)** Cap. 56. §. 1. bis 4. **Cap. 132.)** Cap. 139. **Cap. 133.)** Cap. 48. §. 1. bis 5. & §. 7. bis 13.

ℭ We sin recht uorlüst uor gerichte. ℭ Vnde we en gut uorgift dar he selue nene were an en heft..

LXXXII..

Art. 82. Wer sein Recht vor Gericht verliert. Und wer ein Gut vergiebt, daran er selbst keine Gewer hat.

We sin recht uorlüst in ener stat uor gerichte. he heft it ouer al uorloren 1*). of men des an deme gerichte tüge heft. des

§. 1. Wer vor Gericht sein Recht an einer Stätte verliert; er hat es überall verloren, wenn man Zeugniß dessen an dem

---

i) e. a. d. r. g.] aber des riches gutes in. k) iclicheme. l) *fehlt.* m) is. n) *fehlt.* o) *fehlt.*

11) I. 2. §. 2. a. E. 12) II. 55. §. 2. — III. 45. §. 5.

gerichtes *tüch* en is *aver a)* neman plichtich to bringende in en *ander* gerichte. mer b) de richtere uor deme he rechtelos geseget wert. de scal tuene siner boden senden uor den richtere dar he sin recht uorloren heft. dat se horen of men is ene uortügen moge [2*]). unde se scolen is c) denne getüch wesen d). ¶ *We en gut eneme anderen e) gift. unde let it f) eme insine gewere dar he seluen nene g) gewere an en h) hadde. unde wert iene uon gerichtes haluen dar in gewiset. iene de de gewere heft mot wol de inwisunge weder reden. unde ienen ut wisen [3*]). deste i) he it uore sta to deme neisten utgelegeden dinge. wenne en man en is nicht plichtich sine gewere to rümene. he en werde dar ümme beclaget. unde uore geladet. wert ieneme denne de gewere irdelt.*

Gerichte hat [1a]). Des Gerichtes *Zeugniß [1b])* ist *aber* niemand in ein *anderes* Gericht zu bringen pflichtig. Sondern der Richter, vor dem er als rechtlos bezichtigt wird, der soll zwei seiner Boten vor den Richter, wo er sein Recht verloren hat, senden, auf daß sie hören, ob man ihn durch Zeugniß dessen überführen möge, und dessen sollen sie dann Zeugen sein. — §. 2. „Wer einem Andern „ein Gut giebt, und es ihm in „seine Gewer [2]) läßt, daran er „selbst keine Gewer hatte, und „wird jener von Gerichts halben da eingewiesen; derjenige, „der die Gewer hat, mag der „Einweisung wohl widersprechen „und jenen ausweisen, dafern „er nur an dem nächsten aus„gelegtem Ding [3]) es vertrete. „Denn ein Mann ist nicht pflich„tig, seine Gewer zu räumen; „er werde denn darum beklagt „und vorgeladen [4]). Wird dem„nach [5]) jenem die Gewer ertheilt

Art. 82.

a) *fehlt.* b) fh. wen. c) des. d) sin. e) fh. herren. f) *fehlt.* g) keine. h) *fehlt.* i) daz.

1a) I. 71. — III. 24. §. 1. — (I. 36. not. 2. — 37. not. 8. — II. 27. not. 3. — 35. not. 3.) 1b) III. 89. not. 1. 2) I. 9. not. 6. 3) I. 2. §. 2. — 62. §. 4. — II. 2. §. 2. 4) II. 25. §. 1. — 71. §. 1. 5) Ziemann mittelhochdeut. Wörterb. S. 52. u. d. W. danne: demnach.

unde wiset men ene dar in uon gerichtes haluen. men en mot ene nicht ut wisen ane mit ordelen..

„und weißt man ihn darein von „Gerichts halben; man mag „ihn nicht ausweisen, als mit „Urtheil."

1*) Bild tab. XXX. 1. 2*) XXX. 2. 3*) XXX. 3.

Schwabensp. Cap. 134.) bei Senkenb. Cap. 135. §. 1. bis 5.

¶ **Wat men uorkoft wu lange it weren scal.. LXXXIII..**

Wat so a) *men* b) *manne oder* c) *wiue gift. dat scolen se besitten dre duge* 1*) *wur* d) *se mit clage eruorderet. oder uppe se geeruet wert des en doruen se nicht besitten.* ¶ *We en gut liet oder let it* e) *eneme anderen. iar unde dach*2*) *scal he is ene geweren.* ¶ *We egen oder uarende haue uorkoft. des scal he ene* f) *geweren* g) *de wile he leuet. men scal auer eme dat gut insine gewere laten* 3*) *to beholdene. oder to uorlesene de wile he it uorestan*

Art. 83. Was man verkauft; wielange man dafür Gewer leisten soll.

§. 1. „Was man einem Manne oder Weibe giebt, das sollen sie drei Tage 1) besitzen; „was sie mit Klage einfordern „oder auf sie vererbt 2) wird, „das brauchen sie nicht zu besitzen." — §. 2. „Wer ein „Gut verleiht, oder es einem „Andern überläßt; Jahr und „Tag 3) soll er ihn dessen geweren 4)." — §. 3. „Wer Eigen 5) oder fahrende Habe verkauft; dessen soll er ihn geweren, solange er lebt. Man „soll ihm aber das Gut, solange „er es vertreten soll, in seine „Gewer 6) lassen, es zu behalten oder zu verlieren. Denn

---

a) *fehlt.* b) ein man eime. c) fh. eime. d) swaz. desgl. bei Homeyer. e) *fehlt.* f) *fehlt.* g) gewer sin.

1) I. 70. not. 1a. — (I. 2. §. 2. — III. 61. §. 1.) — II. 45. §. 1. — (II. 2. not. 4.) 2) Wegen des Grundsatzes: Der Todte erbt den Lebendigen. 3) I. 28. not. 5. — II. 2. not. 4. 4) II. 35. not. 11. 5) I. 8. not. 1. 6) I. 9. not. 6.

scal. wenne he en mach dar nicht an spreken deme it gegeuen is wen ene gaue.

„der, dem es gegeben ist, mag „daran nichts, als eine Gabe, „ansprechen."

1*) Bild tab. XXX. 4. 2*) XXX. 5. 3*) XXX. 6.

Schwabensp. vacat.

¶ We deme anderen gut nimt wente an ienes dot. ¶ Dodet en man sinen heren. oder iemant den anderen de sines gûdes wardende is. ¶ Capitulum.. LXXXIIII..

We deme anderen gut geweldelike nimt went a) *an ienes dot* 1*). *al recht heft he uorloren dat ene an deme gûde an irsteruen mochte na ienes dode.* ¶ *Dodet de man sinen heren* 2*). *he heft uorwocht lif unde ere. unde dat gut dat he uon eme hadde. Dat selue uorwocht de here of he sinen man dodet* 3*). *unde de ouere* b) *here* c) *mach sine kindere mit deme gude an den heren nicht weder wisen* 4*). ¶ *Dodet oc en man sinen uader. oder* d) *broder. oder sinen mach. oder iemanne des*

Art. 84. Wer dem Andern ein Gut bis zu dessen Tode nimmt. Tödet ein Mann seinen Herren, oder derjenige einen Andern, der seines Gutes gewärtig ist.

§. 1. „Wer gewältiglich dem „Andern ein Gut bis zu dessen „Tode nimmt; alles Recht, das „ihm nach jenes Tode an dem „Gute anersterben mochte, hat „er verloren." — §. 2. „Tödet der Mann seinen Herren; „er hat Leib und Ehre, und das „Gut, das er von ihm hatte, „verwirkt 1). Dasselbe verwirkt „der Herr, wenn er seinen „Mann tödet, und der Oberherr mag dessen Kinder nicht „mit dem Gute wieder an den „Herren weisen." — §. 3. „Tödet auch ein Mann seinen „Vater, oder Bruder, oder seinen Mag, oder jemand, dessen

---

a) biz. b) oberste. c) fh. ne. d) fh. sinen.

1) I. 40. — II. 14. §. 4. — III. 41. §. 1. ff. — 78. §. 1. ff. — 79.

egenes oder lenes he wardende is 5*). *al sine wardunge he uorloren heft* e). *he en do it in not werunge sines liues. unde de not uppe den doden beredet werde. oder he en* f) *do it unwetene so dat it gesche ane sinen dank..*

„Eigens oder Lehnes er gewärtig ist; all seine Anwartung „hat er verloren: außer wenn „er in Nothwehr 2) seines Lebens es thäte, und die Noth „gegen den Todten 3) bewährt „würde, oder wenn er es unwissentlich thäte, so daß es ohne „seinen Vorsatz geschähe 4).

1*) Bild tab. XXX. 7. 2*) XXX. 8. 3*) XXX. 9. 4*) XXX. 10. 5*) XXX. 11.

Schwabensp. Cap. 135.) bei Senkenb. Cap. 235. §. 1. bis 5.

Wur mer lüde to samene louet ümme en weregelt. oder en ander gelt.. LXXXV..

Wur mer lüde denne en to samene louet ** *ümme* a) ** *en weregelt. oder en* b) *ander gelt* 1*). *alle sin se dat plichtlich to lestene de wile it unuorgulden is. unde nicht er iowelk* c) *al. wen also uele alse er iowelkeme* d) *geboret. unde also uerne alse* e) *men iowelken* f) *dar to ge-*

Art. 85. Wo mehr Leute zusammen um ein Wehrgeld oder ein ander Geld Gelöbniß thun.

§. 1. „Wo mehr Leute als „Einer zusammen ein Wehrgeld 1) oder ein ander Geld „geloben: Alle sind sie das, so„lange es unbezahlt ist, zu lei„sten pflichtig, und nicht jeder „von ihnen Alles; sondern so„viel, als ihrer jeglichem zu„kommt, und insofern, als man „— der, dem das gelobt ist, oder „der das mit ihm gelobte, wenn „er es vor ihm bezahlt hat —

---

e) h. u. h.] hat he vorlorn. f) *fehlt.*

2) II. 63. not. 5. 3) I. 48. §. 3. a. E. & not. 9. 4) III. 79. not. 2. — (III. 48. §. 1. ff.)

Art. 85.

a) *fehlt.* b) *fehlt.* c) iclich. d) menlicheme. e) *fehlt.* f) in.

1) III. 45. §. 1. ff.

*duingen mac uon gerichtes haluen *die* deme dat dar gelouet is. oder de dat mit eme louede. of he it uor ene uorgulden heft.* ₵ *Louet oc uele lüde eneme manne ene scult to geldene. unde untfat dat gelouede mer lüde* 2*). *wat* g) *men ieneme lestet deme men it* h) *gelden scal. oder mit sinen minnen set* i) *dar heft men* k) *allen gelestet den men it gelestet [to lestende* l)*] hadde gelouet* m). ₵ *We borgen sat also dat he selue gelde. oder sin borge uor ene. mach he it wlbringen dat he [it] uorgulden hebbe. he heft sine borgen geledeget.* ₵ *We auer borge wert uor den anderen. unde louet en besceden gelt to geldene dat mot he seluen wllenbringen mit getüge dat he it uorgulden hebbe. oder ieneme* n) *uon sinent haluen* 3*)

„jeglichen von Gerichtshalben „dazu zwingen mag [2]). — §. 2. „Geloben auch viele Leute, einem „Manne eine Schuld zu zahlen, „und empfangen mehrere Leute „das Angelöbniß: was man „jenem leistet, dem man es zah„len soll, oder mit seinem Be„lieben festsetzt; da hat man „Allen geleistet, denen man es „zu leisten gelobt hat." — §. 3. „Wer Bürgen setzt, also daß „er selber zahle, oder sein Bürge „für ihn [3]): mag er es bewäh„ren, daß er gezahlt habe; er „hat seinen Bürgen entledigt." — §. 4. „Wer aber für einen „Andern Bürge wird, und ein „beschieden Geld zu zahlen ge„lobt [4]); das muß er selbst [5]) „mit Zeugniß bewähren, daß „er, oder jemand von seinethal„ben es bezahlt habe."

1*) Bild tab. XXX. 12. 2*) XXXI. 1. 3*) XXXI. 2.

Schwabensp. vacat.

---

g) wo. h) *fehlt.* i) siczt. k) sh. in. l) g. t. l.] *fehlt.* m) h. g.] gelobet hatte. n) imant. & bei Homeyer: ieman.

2) d. h. Jeder zahlt nur seinen Antheil; wer aber nicht zahlungsfähig ist, für den zahlen die Andern, mit Vorbehalt des Regresses gegen ihn, sobald sie Zahlung von ihm zu erlangen vermögen. 3) Fidejussion. — III. 9. §. 3. 4) Expromission. 5) (II. 7. §. 2. — III. 9. §. 4.)

ℭ We siner bure gemeine af eret.. LXXXVI..

We siner bure a) *gemeine af eret. oder greuet. oder tünet* b). *wert he uor deme burmestere dar ümme beclaget. oder gewroget. he mot wedden dre scillinge*[1*]. *weigeret he auer rechtes uor deme burmestere. unde wert he beclaget uor* c) *deme oueren* d) *richtere. he mot eme* *) *wedden* **unde den buren mit** *drittich scillinge buten* e). *unde ere gewere* f) *weder laten.* ℭ *To dirre seluen wis beteret en burscap deme* g) *anderen mit dren scillingen*[2*]. *unde gilt ene eren scaden of men se den ümme seten beclaget alse recht is. weigeret auer se* h) *rechtes. unde werdet se uor* i) *deme oueren* k) *richtere beclaget. ere burmester mot wol* l) *uor se alle wedden*

Art. 86. Wer seiner Nachbarn Gemeindeland abpflügt.

§. 1. „Wer seiner Nachbarn „Gemeindeland abpflügt [1]), oder „gräbt, oder umzäunt: wird er „vor dem Bauermeister [2]) darum „verklagt oder gerügt [3]); er „muß drei Schillinge [4]) wed„den [5]). Weigert er aber des „Rechtes vor dem Bauermeister, „und wird er vor dem Ober„richter verklagt; er muß drei„ßig Schillinge ihm wedden „*und den Bauern* büßen [6]), „und ihre Gewer [7]) zurücker„statten." — §. 2. „Auf dieselbe „Weise bessert [8]) eine Bauer„schaft der andern [9]) mit drei „Schillingen, und entgilt ihr „ihren Schaden, wenn man sie „bei den Umsassen [10]) verklagt, „wie Recht ist. Weigert sie aber „des Rechtes, und wird sie vor „dem Oberrichter verklagt; ihr „Bauermeister muß wohl eine

---

*) Hom: *deme richtere.*

a) nakebüre. b) czüynet. c) *fehlt.* d) obersten. e) d. s. u. d. b. b.] unn den geburen mit drizic schillingen büzen. & bei Homeyer: unde den buren büten mit drittich schillingen. f) gemeine. g) der. h) a. s.] si aber. i) *fehlt.* k) obersten. l) *fehlt.*

1) II. 47. §. 1. ff. — III. 20. §. 1. ff. — (II. 28. §. 4. — 49. §. 2.) 2) I. 2. not. 11. 3) I. 2. §. 4. 4) III. 64. §. 1. — (II. 48. §. 1.) 5) I. 53. not. 7. 6) I. 53. not. 6. 7) I. 9. not. 6. 8) I. 68. not. 7. 9) II. 49. §. 1. — (II. 29. §. 2.) 10) (I. 55. §. 2.)

en gewedde. unde den buren mit drittich scillingen boten. unde den scaden gelden.

„Wedde für Alle wedden, und „den Bauern mit dreißig Schillingen Büßen und den Schaden entgelden."

1*) Bild tab. XXXI. 3. 2*) XXXI. 4.

Schwabensp. vacat.

Ꞇ Welk leye den anderen uor deme geistlike richte uorclaget. oder in utwendegeme gerichte. Ꞇ Wu men rechtes weigeret.. LXXXVII..

Welk leye enen anderen leien beclaget uor geistlikeme gerichte dor sogedane scult de de werltlike richtere richten scal. unde bringet he ene scadehaft unde wert he dor dat beclaget to lant rechte. he mot deme richtere wedden. unde ieneme sine bote geuen 1*). *unde uon* a) *deme scaden nemen. Dit selue mot don en lantman deme anderen of he ene beclaget in* *) *wikbilde* 2*) *oder in eneme ut wendigen gerichte.*

Art. 87. Welcher Laie den andern vor dem geistlichen Gerichte oder in auswärtigem Gerichte verklagt. Wo man des Rechtes weigert.

§. 1. „Welcher Laie den andern Laien vor geistlichem „Gerichte [1]) um solche Schuld „beklagt, die der weltliche Richter richten soll: und bringt er „ihn zu Schaden, und wird er „nach Landrecht darum beklagt; „er muß dem Richter wedden [2]), „und jenem seine Buße [3]) geben „und (ihn) von dem Schaden befreien." — §. 2. „Dieselbe „muß ein Landmann dem andern „thun, wenn er ihn binnen „Weichbilde oder in einem auswärtigen Gerichte [4]) beklagt,

---

*) II. *binnen.*

a) uz. b) fh. denne. c) d. r.] deme richte.

1) I. 2. §. 1. — (III. 88. §. 2. a. E.) 2) I. 53. not. 7. 3) I. 53. not. 6. 4) III. 25. §. 2. & 3. — 80. §. 3. — 88. §. 2. a. E. 5) I. 2. not. 9b. — 56. — 71. 6) III. 88. §. 1.

*of se beide in eneme dorpe oder *in ener* goscap sittet. eme en si rechtes* b) *geweigeret uor den richteren* c).

„wenn sie beide in einem Dorfe „oder *in einer* Goschaft [5]) „gesessen sind; ihm sey denn „vor den Richtern Rechtes verweigert [6])." — [§. 3. ff. vgl. ff.]

1*) Bild tab. XXXI. 5. 2*) XXXI. 6.

Schwabensp. vacat.

¶ **Wu men rechtes weigeret. Cap. LXXXVIII *).**

Rechtes weigeret de richtere wen he nicht richten en a) *wil* 1*). *oder sine rechten dingtale nicht enhelt.* ¶ *Rechtes weigeret oc de man uppe den men claget wen he uoruestet wert* 2*). *oder nicht en gilt *oder nicht weder ne gift* b)* *scult de he gelden *oder weder geven* c)* *scal. unde *man* ene uon gerichtes haluen des mit pande nicht beduingen en mach. so mot men ouer ene wol* d) *clagen iewar* e) *wur men rechtes ouer ene bekomen mach.*

Art. 88. **Wo man Rechtes verweigert.**

§. 1. [Art. 87. §. 3.] „Rechtes verweigert der Richter, „wenn er nicht richten will [1]), „oder seine echte Dingzahl [2]) „nicht einhält." — §. 2. [§. 4.] „Rechtes verweigert auch der „Mann, gegen den man klagt, „wenn er verfestet wird [3]), oder „eine Schuld nicht entgilt, *oder „nicht wiedergiebt*, die er entgelten *oder wiedergeben* soll [4]) „und *man* ihn von Gerichts „halben nicht mit Pfändung [5]) „dazu zwingen mag. So muß „man wohl gegen ihn klagen „überall, wo man Recht gegen „ihn erlangen kann [6]).

1*) Bild tab. XXXI. 7. 2*) XXXI. 8.

Schwabensp. vacat.

---

*) Cap. LXXXVIII. ist radirt.

a) *fehlt.* b) *—*] *fehlt.* c) *—*] *fehlt.* d) o. e. w.] wol uber in. e) aller weige.

1) I. 34. §. 3. — II. 14. §. 8. — 23. §. 2. — 26. §. 2. 2) I. 2. §. 2. — III. 61. §. 1. — (II. 2. §. 1.) 3) I. 64. not. 5. 4) I. 70. §. 2. — II. 5. §. 2. 5) I. 7. §. 2. — II. 42. §. 1. — III. 39. §. 1. — 40. §. 2. 6) III. 87. §. 1. & 2.

℄ Went men auer enen uoruesteden man in der hanthaften dat uor gerichte uort.. LXXXIX *)..

Wat en man mit gerichte tügen scal. des scal de richtere bi des koninges hülden uorplegen sik a). *dar na de scepenen alse alle anderen dingplichten* 1*) *bi erme ede.* ℄ *Wanne men auer enen uoruesteden man ane hanthafte dat uor gerichte uoret unde biddet der sattinge* b) *ouer ene. unde he der uestinge besaket* c). *de uestinge scal men tügen er der sattinge* d) *mit deme richtere unde* e) *den dingplichten. Selue en darf he clegere noch* f) *tüch sin wur he mit gerichte tüges wlkümt.* ℄ *Wen auer de man gesat wert so mot de clegere aller erst up ene clagen. unde* g) *sueren dat*

Art. 89. [88.] Wann man aber einen verfesteten Mann auf der handhaften That vor Gericht führt.

§. 1. „Was ein Mann mit „Gericht bezeugen [1]) soll, dessen „soll der Richter bei des Königs „Hulde [2]) sich verbürgen; darnach die Schöffen [3]), wie alle „andern Dingpflichtigen [4]), bei „ihrem Eide [5])." — §. 2. Wann „man aber einen verfesteten [6]) „Mann ohne handhafte That [7]) „vor Gericht führt, und die „Haft gegen ihn erbittet, und „er die Verfestung leugnet; „vor der Haft soll man die „Verfestung mit dem Richter „und den Dingpflichtigen bezeugen. Der Kläger selbst „braucht nicht Zeuge zu sein, „wo er mit dem Gerichte Zeugniß vollführt [8])." — §. 3. „Wenn aber der Mann verhaftet wird; so muß allererst der „Kläger gegen ihn klagen und „schwören, daß er der That [9])

---

*) IX ist radirt und dafür mit weit späteren Zügen schwarz VIII geschrieben; am Rande steht 88.

a) u. s.] sich vorphlegen. b) siczunge. c) loukent. d) siczunge. e) fh. mit. f) nicht. desgl. bei Homeyer. g) c. u.] *fehlt.*

1) I. 7. — 8. §. 1. & 2. — 13. §. 2. — 18. §. 2. — II. 23. §. 1. & 2. — 42. §. 2. — III. 18. §. 1. & 2. — 25. §. 1. — 28. §. 2. — 33. §. 2. — 71. §. 1. & 2. — 82. §. 1. 2) III. 19. — 54. §. 1. — 56. §. 1. — (III. 64. §. 7. — 65. §. 1.) 3) I. 63. §. 2. — III. 18. §. 2. — 61. §. 1. 4) II. 12. §. 4. & 5. — (I. 8. §. 1.) 5) III. 19. 6) I. 64. not. 5. 7) I. 55. not. 2. 8) I. 8. §. 1. ff. 9) I. 68. §. 4.

he der dat scüldich si. dor de he uoruestet si. Dar na scal sueren sin getüch 2*) *dat sin ed reine unde ümmeyne* h) *si.* ₵ *Süs scal ok de clegere unde sin getüch sueren up enen uoruesteden* i) *man* 3*). *de dor ungerichte in der hanthaften dat wert geuangen. unde uor gerichte* ⁎*gebracht unde* k)* *mit ordelen gesat.* ₵ *Welkes tüges auer de man uor gerichte. oder iegen dat* l) *gerichte wlkomen scal. it si dor gut. oder dor gewere dat scal sin tüch uore seggen bi deme ede. unde scal it na sueren* 4*).

„schuldig sey, um die er verfestet sey. Darnach sollen seine „Zeugen [10]) schwören, daß sein „Eid rein und unmein sey.“ — §. 4. „So soll auch der Kläger „und seine Zeugen [11]) schwören „gegen einen verfesteten Mann, „der um Ungericht [12]) auf der „handhaften That ergriffen, und „vor Gericht ⁎gebracht, und* „mit Urtheil in Haft gethan „ward.“ — §. 5. „Welch Zeugniß aber der Mann vor Gericht oder gegen das Gericht [13]) „vollführen soll, es sey um Gut „oder um Gewer [14]); das sollen seine Zeugen vorher [15]) „bei dem Eide ablegen, und „sollen es nachher beschwören.“

1*) Bild tab. XXXI. 9. 2*) XXXI. 10. 3*) XXXII. 1. 4*) XXXII. 2.

Schwabensp. vacat.

---

h) nicht meineide. i) vnvorvesten. k) g. u.] *fehlt.* l) i. d.] kegen deme.

10) §. 4. 11) I. 64. § 1. — 66. §. 1. & 2. — 70. §. 3. — II. 70. — 72. §. 4. — III. 39. §. 4. 12) I. 57. not. 2. 13) II. 23. §. 1. 14) I. 9. not. 6. — (I. 20. not. 10. — II. 2. 4.) 15) II. 6. not. 3. — Eideshelfer, in Criminalfällen, konnten natürlich nicht eher schwören, bis der Beweisführer selbst geschworen hatte, weil sie nur die Reinheit seines Eides beschworen. vgl. §. 3. — In Civilfällen aber, wo es zunächst darauf ankam, zu erhärten, was die Zeugen selbst gesehen und gehört hatten, mußten diese auch zuerst schwören, wenngleich der Beweisführer noch nachher sich eidlich zu der Sache zu ziehen hatte.

C We des anderen dinges wat nimt sime gelik. unde sin dar leget. C Capitulum.. XC *)..

*We des anderen suert. oder cleid. oder becken. oder scermesses *oder* a)* *sime gelik na mer lüde wane uon deme stouen* b) *dreget* 1*). *oder sak ydel. oder wl uon der molen uort. oder sadel. oder tom. oder sporen. oder bedde. oder küssen. oder slaplakene* c). *oder ander gut wat so* d) *dat si uor dat sin nimt* 2*). *unde dat sin* e) *dar let. helt he it denne in deme wane dat it sin si unuorholen. unde deit he sinen ed dar to aneuangen mach men it wol unde under eme beclagen. Düue auer unde roues of men ene des sculdiget. dar an untscüldiget he sik uppe den hilgen. of he is getüch heft. dat he it unhelinges geholden heft* f). **so ne* g) *mach man ine*

Art. 90. [89.] Wer von des Andern Sachen etwas, dem Seinigen Gleiches, nimmt, und Seines hinlegt.

„Wer des Andern Schwert, „oder Kleid, oder Becken, oder „Scheermesser, *oder* (etwas) „nach mehrerer Leute Meinung, „dem Seinigen Gleiches aus „der Badestube 1) trägt, oder „einen Sack, leer oder voll, aus „der Mühle wegführt, oder Sattel, oder Zaum, oder Sporen, „oder Bett, oder Kissen, oder „Betttuch, oder anderes Gut, „was es sey, für das Seine 2) „nimmt, und das Seine daläßt; „hält er es dann unverholen 3), „in der Meinung, daß es sein „sey, und thut er seinen Eid „dazu: anfangen 4) mag man „es wohl und von ihm einklagen; aber des Diebstahls und „Raubes, wenn man ihn dessen „beschuldigt, davon entschuldigt „er sich auf den Heiligen 5), „wenn er Zeugniß dafür hat, „daß er es unverholen gehalten „habe. *Dann mag man ihn

---

*) Neuere Hand LXXXIX. wie oben; am Rande 89.

a) *fehlt.* b) d. s.] der bastoben. c) lilachen. d) *fehlt.* e) d. s.] sinez. f) habe. g) *—*] *fehlt.*

1) Ziemann mittelhochdeut. Wörterb. S. 440. u. d. W. stube. 2) III. 37. §. 3. & 4. 3) II. 35. §. 1. — (II. 36. §. 1.) 4) II. 35. not. 4. 5) I. 13. not. 4a.

*ok nener hanthaften dat dar an scüldegen.**

„auch keiner handhaften That [6]) „daran beschuldigen.*“

1*) Bild tab. XXXII. 3. 2*) XXXII. 4.

Schwabensp. vacat.

¶ Wert en man gemordet uppe deme uelde. oder en sin urünt geslagen.
¶ Capitulum. XCI *)..

Wert en man gemordet uppe deme uelde. unde en wet men nicht we dat a) *gedan heft. we den begreuet uppe deme uelde. oder in deme dorpe mit siner bure* b) *witscap* 1*). *he en missedeit nicht.* ¶ *Wert oc eneme mane sin mach. oder sin urünt geslagen* c). *he mot ene wol* d) *begrauen. of he it wol wet we it gedan heft. he en hebbe der clage mit deme doden begunt uor gerichte. so en mot he sin nicht begrauen ane des richteres orlof* 2*). *de wile de clage ungelent* e) *is.* ¶ *Valt en man. oder wert*

Art. 91. [90.] **Wird ein Mann auf dem Felde ermordet, oder einer seiner Freunde erschlagen.**

§. 1. „Wird ein Mann auf „dem Felde ermordet, und weis „man nicht, wer das gethan „hat; wer den auf dem Felde „oder in dem Dorfe, mit seiner „Nachbarn Wissen, begräbt; er „missethut nicht [1]).“ — §. 2. „Wird auch einem Manne sein „Mag oder Freund erschlagen; „er mag ihn wohl begraben, „obwohl er weis, wer es ge„than hat: er hätte denn die „Klage mit dem Todten vor „Gericht begonnen [2]). Dann „mag er ihn nicht, ohne des „Richters Urlaub, begraben, so „lange die Klage ungeendigt „ist.“ — §. 3. „Fällt ein Mann,

---

6) II. 34. — (I. 55. not. 2.)

Art. 91.

*) Radirt; am Rande 90.

a) iz. b) nakebüre. c) irslagen. d) *fehlt.* e) vngeant.

1) II. 15. §. 1. & 2. 2) I, 48. not. 9.

he gewundet. oder so sere geslagen dat he to dorpe nicht komen en mach. we den f) *dreget. unde sterft he denne binnen sinen geweren. he blift is ane scaden. sine eruen scolen eme san* g) *sine kost erlegen* h). *of sin gut dat he bi eme heft wen he sterft min* i) *wert is wen* k) *de kost* 3*).

„oder wird er verwundet, oder „so sehr geschlagen, daß er nicht „zum Dorfe kommen kann; wer „den trägt, und stirbt er binnen „seiner Gewer [3]); er bleibt deshalb ohne Schaden. Seine „Erben sollen ihm vielmehr „seine Kosten erstatten, dafern „sein Gut, das er bei sich hat, „wenn er stirbt, minder werth „ist, als die Kosten."

1*) Bild tab. XXXII. 5. 2*) XXXII. 6. 3*) XXXII. 7.

Schwabensp. vacat.

¶ Herberget ok en man lüde. sleit er en den anderen dot. ¶ De richtere en mach nemanne an spreken mit uormünden unde ane uormünden. ¶ Capitulum.. XCII *)..

Art. 92. [91.] **Beherbergt auch ein Mann Leute; schlägt ihrer Einer den Andern todt. Der Richter mag niemanden, mit Vormund, oder ohne Vormund, ansprechen.**

***Herberget** en man lüde* 1*). *sleit er en den anderen dot ane* ✻*sine* a)✻ *scult in sinen herbergen* b). *oder dar en buten* c). *oder welk ungerichte er en deme anderen deit. de werd blift is ane scaden. unde ok de*

§. 1. „Beherbergt ein Mann „Leute: schlägt in seiner Herberge oder außer derselben, „ohne seine Schuld, Einer von „ihnen den Andern todt, oder „welch Ungericht [1]) Einer von „ihnen dem Andern zufügt; der „Wirth bleibt deshalb ohne „Schaden, und ebenso die

---

f) fh. in. g) *fehlt.* h) gelden. i) minre. k) den.
3) I. 9. not. 6. — (I. 20. not. 10.)

Art. 92.

*) Radirt; am Rande steht 91.
a) *fehlt.* b) s. h.] siner herberge. c) d. e. b.] dar vze.
1) I. 57. not. 2. 2) I, 63. not. 3,

*bure. of se den uredebrekere nicht up geholden en*d) *mogen* [2*]). *unde dat geweret uppe den hilgen. süs gedan ding scal men auer to gedingen* e) *wrogen* [3*]). ¶ *De richtere en mach nemanne an spreken mit uormünden* ⁎*noch ane vormünden*⁎ *sunder den clegere to kampe wert* f) ⁎*noch*⁎ *hoger den to siner unscult. of he se deit* [4*]) *manlik na sime rechte. he en mot oc nen* g) *gebot noch herberge* ⁎*noch* h)⁎ *bidden* *) i) *noch denest. noch* k) *recht uppe dat lant setten. it en willekore dat lant* l).

„Bauern, wenn sie den Friedebrecher [2]) nicht aufzuhalten „vermögen und das auf den „Heiligen [3]) bewähren. Solche „Sache soll man aber vor dem „Goding [4]) rügen." — §. 2. „Der Richter mag niemanden, „mit Vormund, noch ohne Vormund, ansprechen [5]); außer den „Kläger auf Kampfes-Werth [6]): „noch höher, als auf seine Unschuld [7]); wenn er sie, — männiglich nach seinem Rechte, — „leistet." — §. 3. „Er muß „auch kein Gebot, noch Herberge, noch Bede, noch Dienst, „noch Recht auf das Land setzen; das Land willküre es „denn."

1*) Bild tab. XXXII. 9. 2*) XXXII. 10. 3*) XXXII. 10. 4*) XXXII. 11.

Schwabensp. vacat.

¶ Von hertogen albrechte.

Do hertoge albrecht dot was do quam [hertoge] henric sin sone to deme

Von Herzog Albrecht.

„Da Herzog Albrecht todt „war; da kam Herzog Heinrich, sein Sohn, zu dem Lei-

---

*) H. *bede.*

d) *fehlt.* e) goudingen & bei Homeyer: godingen. f) k. w.] kamph wart. g) kein. h) *fehlt.* i) n. h. n. b.] noch herberge gebiten. k) kein. l) Ende des Codex pictoratus.

3) I. 13. not. 4a. 4) I. 2. not. 9b. 5) III. 53. §. 2. 6) I. 63. not. 14. 7) I. 13. not. 4b. — I. 15. not. 5.

leyneberge mit allen lanlüden. unde satten dar recht. ₵ We en uüllest uoruestet umbenomet. benomet he it des anderen. oder dar na. de richtere scal it ene weten laten. so is it eme nie. dat he sik ut der uestinge ten mach of he wil binnen ses weken.

₵ Hir endet sik dat dridde bok des lantrechtes..

„neberge mit allen Landleuten „und setzten da Recht: wer einen Gehülfen [1]) unbenannt [2]) „verfestet; benennt er ihn des „Andern oder darnach, der Richter soll es ihn wissen lassen. „Dann ist es ihm neu; so daß „er sich binnen sechs Wochen [3]), „wenn er will, aus der Verfestung ziehen mag."

Hier endet sich das dritte Buch des Landrechts.

Schwabensp. Cap. 136.) bei Senkenb. Cap. 345. §. 1. bis 21. darumb strafen, & §. 22. bis 32.

---

1) Gehülfen eines Verbrechens. II. 26. §. 1. 2) I. 62. §. 3. — 66. §. 3. 3) II. 4. §. 1. — (I. 64. not. 5.

Synopsis zur Benutzung

durch Vergleichung der Ausgaben von *Senkenberg* (Corp. *Freyberg*, des *Codex Ambrasianus* (bei Senkenb. *Codex Pala-*

Senkenb. Corp. Jur. Cap.	& Paragraphen.	Cod. Pal.	Wackern. Cap.) linea.
Vorred.	21. — 24.	1 I..	1.) 73. — 83.
1.	1. — 3.	1 I..	1.) 83. — 88.
—	4.	I. 2.	1.) 88. — 92.
2.	— — —	— —	365.)
3.	1. — 4.	II. 105.	204.) n. 2.
4.	1. — 14.	II. 111.	206.)
5.	1. — 11.	I. 13.	— — —
6.	1. — 5.	I. 88.	40.) 1. — 8.
7.	1. — 5.	I. 88.	40.) 9. — 16.
8.	1. — 4.	I. 12.	5.) 1. — 9.
—	5. — 10.	I. 14.	5.) 10. — 18.
9.	1. — 6.	III. 114.	122.)
10.	1. — 6.	I. 28.	294.)
11.	1. — 5.	III. 21.	295.)
12.	1. — 8.	I. 90.	299.)
13.	1. — 11.	II. 47.	300.)
14.	1. — 14.	I. 8.	292.)
15.	1. & 2.	I. 11.	293.)
16.	1. — 3.	II. 110.	297.)
17.	1. — 4.	I. 85.	296.)
18.	1. — 3.	III. 82.	98.) 1. — 5.
19.	1. — 3.	III. 83.	98.) 5. — 11.
20.	1. — 4.	III. 84.	99.)
21.	1. — 8.	III. 85.	100. 101.)
22.	1. — 7.	III. 86.	102.) 2. — 14.
—	8. & 9.	III. 87.	102.) 14. — 19.
23.	— — —	— —	366.)

des Schwabenspiegels,

jur. II. sect. 1.), *Wackernagel*, *Lassberg*, *Berger*, Corp. jur. II. sect. 2. pag. 1. ff.) und des vorliegenden *tinus* no. 167.

Lassberg. Cap. lit.) lin.	Berger. pg.) Cap. (lin.)	Cod. Amb.	Freyberg.
Vorr. d. & e.	Vorr. §. 8. 9.	Vorr.pg.2.	
Vorr. f. & g.)1.—3.	6.) 14. — 25.	Vorr.pg.2.	
Vorr. g.) 3. ff.	6.) 25. ff.	Vorr.pg.2.	
1. I.			
246.)	228.) 3.	202.	255.
250.)	291.) 4.	204.	260.
1. b.)	8.) 5.		
44. S. 6.)	40.) 6. (1. — 18.)	40.	45.
44. S. 7.)	40.) 6. (18. ff.)		
2.) 1. — 19.	10.) 7. (1. —21.) }	5.	4.
2.) 20. ff.	11.) 7. (21. ff.) }		
142.)	183.) 8.	121.	149.
360.)	367.) 9.	292.	371.
361.)	368.) 10.	293.	372.
363. b.)	370.) 11.	297.	375.
364.)	370.) 12.	298.	
358.)		290.	369.
359.)	367.) 14.	291.	370.
363. a.)	369.) 15.	295.	374.
362.)	369.) 16.	294.	373.
118.)	160.)17.&163.)17.	97.	116.
119.)	159.) 18.	97.	117.
120.)	159.) 19.	98.	118.
121. a. b. c.)	162.) 20.	99. 100.	119. 120.
122.) 1. — 27. }	161.) 21.	101.	121. 122.
122.) 27. ff. }			
121. l.)			

Senkenb. Corp. Jur. Cap.	Paragraphen.	Cod. Pal.	Wackern.
24.	1. — 8.	III. 88.	103. 104.)
25.	1.	III. 89.	105.) 1. & 2.
—	2. — 6.	III. 90.	105.) 2. — 9.
26.	1. — 6.	III. 91.	106.)
27.	1. — 4.	III. 92.	107.) 1. — 5.
28.	1. — 8.	III. 93.	107.) 5. — 18.
29.	1. — 7.	III. 94.	108.)
30.	1. — 6.	III. 95.	109.)
31.	1. — 14.	III. 96.	110.) 1. — 24.
32.	1. — 13.	III. 97.	110.) 24. — 47.
33.	1. — 6.	III. 98.	111.) 1.—7.&not.19.
34.	1. — 3.	III. 99.	111.) 7. — 11. & 112.) 1.
35.	1. — 3.	III. 100.	112.) 2. — 6.
36.	1. & 2.	III. 101.	112.) 6. — 10.
37.	1. — 5.	III. 102.	113.) 1. — 8.
38.	1. — 3.	III. 103.	113.) 8. — 13.
39.	1. — 8.	III. 104.	114.)
40.	1. — 3.	III. 105.	115.)
41.	1. — 3.	III. 107.	117.) 1. — 5.
—	4. — 16.	III. 108.	117.)5.–17.&not.36
42.	1. — 3.	III. 109.	118.) 1. — 3.
43.	1. — 15.	III. 109.	118.) 3. — 22.
44.	1. — 3.	III. 110.	119.)
45.	1. — 3.	III. 111.	120.)
—	4. — 7.	III. 112.	120.) not. 10.
46.	1. & 2.	III. 113.	121.)
47.	1. & 2.	I. 83.	41.) 9. — 13.
48.	1.—5.&7.—13.	III. 133.	138. 139.)
49.	— — —	I. 3.	2.)
50.	1. — 5.	I. 121.	57.) 25. — 31.
51.	— — —	— —	367.) & 402.). 1—3.
52.	— — —	— —	347.)
53.	— — —	— —	348.) & 402.) 3. —6.
54.	1.—16. 18—22 29. & 31. — 38.	III. 70.	253.) 1. — 34. 35.—59. & not. 155.
55.	— — —	— —	357.)
56.	1. — 4.	III. 131.	135.)
57.	1. & 2.	III. 50.	326.) n. 8.
58.	1. — 3.	III. 50.	333.)
59.	1. & 2.	I. 130.	266.)

Lassberg.	Berger.	Cod. Amb.	Freyberg.
123. a. b.)	163.) 23.	102. 103.	123. 124.
124.) 1. — 4. 124.) 4. ff.	164.) 24.	104.	125.
125.)	165.) 25.	105.	126.
126.)	166.) 26.	106.	127.
127.)	166.) 27.	106.	128.
128.)	167.) 28.	107.	129.
129.)	168.) 29.	108.	130.
130. a.)	168.) 30.	109.	131.
130. b. c.)	170.) 31.	109.	132.
130. d. & 131.)	172.) 32.	110.	133. 134.
132. a. b.)	172.) 33.	110. 111.	134. 135.
133.)	173.) 34.	111.	136.
134.)	173.) 35.	111.	137.
135. a. b.)	43.) 36.	112.	138.
135. c.)	42.) 37.	112.	139.
136.)	174.) 38.	113.	140.
137. a.)	175.) 39.	114.	141.
138.) 1. — 9. 138.) 9. ff.	177.) 40.	116.	144.
139. a. b.) 1. —6. 139. S. 43.)	179.) 41. 179.) 42.	117.	145.
140. a.)	181.) 43.	118.	146.
140. b.) 1. — 11. 140. b.) 11. ff.	181.) 44.	119.	147.
141.)	182.) 45.	120.	148.
46.)	70.) 46.	41.	47.
158.)1–11.&13.ff.	86.) 47.	137. 138.	169.
Vorr. h.	7.) 48.	2.	2.
70. b.)	115.) 49.	57.	68.
70. l.)	115.) ib. a. E.		
79. II. D.)			
79. III.)			
308.) 1. — 75. & 81. — 85. 87. ff.	329.) 52.	251.	
308. I.)			
156. a.)	192.) 54.	134.	166.
375.)	377.) 55.		383.
376.)	377.) 56.		384.
318.)	347.) 57.	264.	331.

Senkenb. Corp. Jur. Cap.	Paragraphen.	Cod. Pal.	Wackern.
60.	1. — 4.	III. 120.	267.) 1. — 6.
61.	— — —	I. 117.	58.) 1. — 5.
62.	1. — 9.	I. 39.	269. 270.)
63.	1. & 2.	I. 114.	56.) 1. — 4.
64.	1. & 2.	I. 115.	57.) 1. — 4.
—	3. & 4.	I. 116.	57.) 5. — 8.
—	5. — 8.	I. 118.	57.) 8. — 13.
65.	1. — 4.	I. 119.	57.) 13. — 21.
—	5. — 7.	I. 120.	57.) 21. — 25.
66.	1. — 7.	I. 122.	58.) 5. — 14.
nach	1. & 2.	I. 123.	58.) 19. — 24.
67.	— — —	— —	368.)
68.	— — —	— —	369.)
69.	1. & 2.	I. 128.	58.) 14. — 19.
70.	1. & 2.	I. 131.	289.)
71.	1. — 5.	III. 51.	290.) & n. 3. a. E.
72.	— — —	III. 49.	239.) 1. — 3.
73.	1. & 2.	III. 49.	239.) 3. — 6.
74.	— — —	III. 49.	240.) 9. — 11.
75.	1. — 34.	I. 138.	71.) & n. 157.
76.	1. — 13.	I. 139.	72.)
77.	1. — 7.	I. 140.	73.)
78.	1. — 6.	I. 160.	14.) 1. — 9.
79.	1. — 8.	I. 141.	74.) 1. — 12.
80.	— — —	— —	229.)
81.	1. — 12.	III. 43.	235.)
82.	1. — 7.	III. 119.	125.)
83.	1. — 7.	II. 20.	148.) 1. — 10.
84.	— — —	— —	364.)
85.	1. — 6.	I. 142.	74.) 12. — 15.
86.	1. — 4.	I. 143.	75.) 1. — 8.
87.	1. & 2.	I. 144.	75.) 8. — 11.
—	3. — 15.	I. 145.	75.) 11. — 32.
88.	1. — 8.	I. 146.	76.) 1. — 10.
—	9. — 17.	I. 147.	76.) 11. — 20.
—	18.	I. 148.	76.) 21. — 25.
89.	1. — 6.	I. 151.	77.)
90.	1. — 3.	I. 149.	76.) 25. — 30.
91.	1. — 3.	I. 152.	78.)
92.	1. & 2.	I. 153.	79.) 1. — 3.
—	3. — 7.	I. 155.	79.) 3. — 12.

Lassberg.	Berger.	Cod. Amb.	Freyberg.
319.)	348.) 58.	265.	332.
71.)	116.) 59.	58.	69.
323. a. b.)	349.) 60.	267. 268.	336.
68. a.)	112.) 61.	56.	65.
68. b.) 1. — 10.			
68. b.) 10. — 17.	113.) 62.	57.	66.
68. c.)			
69.)	114.) 63.	57.	67.
70. a.)			
72.)	116.) 64.	58.	70.
73. b.)	117.) 67. (13. ff.)	58.	72.
73. I.)			
73. II.)			
73. a.)	117.) 67. (1.—13.)	58.	71.
355.)	365.) 68.	287.	366.
356.)	366.) 69.	288.	367.
291.)	318.) 70.	237.	302.
292.)	318.) 71.	237.	303.
294.)	319.) 72.	238.	305.
86.)	124.) 73.	71.	83.
87.)	129.) 74.	72.	84.
88.)	132.) 75.	73.	85.
13.)	22.) 76. dgl. pg. 132.	14.	17.
89.)	134.) 77.	74.	86.
278.)	310.) 78.	227.	288.
286. a. b.)	314.) 79.	233.	296.
145.)	186.) 80.	124.	153.
172.)		147.	182.
172.) I. a. b.)			
90.)	135.) 83.	74.	87.
91.)	136.) 84.	75.	88.
92.) 1. — 6.	136.) 85.	75.	89.
92.) 7. ff.			
93.) 1. — 21.			
93.) 21. — 48.	138.) 86.	76.	90.
93.) 49. ff.			
95.)	141.) 87.	77.	92.
94.)	140.) 88.	76.	91.
96.)	141.) 89.	78.	93.
97. a.)	142.) 90.	79.	94.
97. b.)			

Senkenb. Corp. Jur. Cap.	Paragraphen.	Cod. Pal.	Wackern.
93.	1. & 2.	I. 161.	83.) 1. — 3.
—	3. — 17.	I. 162.	83.) 3. — 33.
94.	1. — 10.	I. 164.	83.) 33. — 48.
95.	1. — 4.	I. 165.	84.)
96.	1. — 4.	I. 132.	64.)
97.	1. — 3.	I. 133.	65.)
—	4. — 6.	I. 134.	66.)
98.	1. — 5.	I. 166.	85.)
99.	1. — 4.	II. 2.	86.) 8. — 12.
100.	1. — 4.	II. 6.	87. & 88.)
101.	1. — 7.	II. 7.	89.)
102.	1. — 8.	II. 4.	90.)
103.	1. — 5.	II. 9.	91.)
104.	1. — 3.	II. 8.	92.)
—	— — —	III. 42.	92.)
105.	1. — 6.	II. 12.	93.)
—	— — —	III. 48.	93.)
106.	1. & 2.	I. 163.	94.)
—	— — —	II. 13.	94.)
107.	1. — 7.	II. 10.	95.) 1.—10. & n. 18.
—	8. & 9.	II. 14.	95.) 10. — 16.
—	10. — 15.	II. 5.	95.) 16. — 30.
108.	1.—9. 11.—13.	II. 15.	96.) 1. — 24.
—	14. — 18.	II. 16.	96.) 24. — 28.
109.	1. — 9.	II. 19.	97.) 21. — 32.
110.	1. 2. & 4. — 11.	II. 18.	97.) 1. — 4. 5. — 21.
111.	1. — 5.	II. 17.	96.) 29. — 33.
112.	— — —	— —	356.) vgl. 408.
113.	1. & 2.	III. 53.	241.)
114.	— — —	— —	262.)
115.	1. — 3.	II. 21.	148.) 10. — 12. & not. 21.
116.	1. — 9.	II. 22.	149.) 1. — 10.
—	10.	II. 23.	149.) 10. — 12.
—	11. — 31.	II. 24.	149.) 12. — 52.
117.	1. & 2.	II. 31.	150.) 1. — 5.
118.	1. — 11.	II. 29.	150.) 5. — 16.
119.	1. — 8.	II. 106.	151.) 1.—11. & n. 31.
120.	1. — 13.	II. 32.	151.) 11. — 20. vgl. 410.
121.	1. — 9.	II. 72.	176.)

Lassberg.	Berger.	Cod. Amb.	Freyberg.
101.) 1. — 5. 101.) 6. ff.	144.) 91.	83.	98.
102. a. & b.)	81.) 92.	83.	99. 100.
103. a.)	82.) 93.	84.	101.
80.)	75.) 94.	64.	77.
81. 1. — 12. 81.) 12. ff.	76.) 95.	65. 66.	78.
103. b.)	146.) 96.	85.	102.
105.)	83.) 97.	86.	104.
106. a. b.)	147.) 98.	87.	105.
107.)	148.) 99.	88.	106.
108.)	149.) 100.	89.	107.
109.)	150.) 101.	90.	108.
110.) 110.)	83.) 102.	91.	109.
111.) 111.)	84.) 103.	92.	110.
112.) 112.)	85.) 104.	93.	111.
113.) 1. — 27. 113.) 27. — 38.	151.) 105.	94.	112.
113.) 38. ff.	152.) 105. §. 5.	94.	112.
114. a. b) 114. c.)	154.) 106.	95.	113.
117. a. b. c.)	158.) 107.	96.	115.
116.) 1.—9. 11. ff.	156.) 108.	96.	
115.)	156.) 109.	95.	114.
115. I.)			
296.) 1. — 8.	320.) 111.	239.	308.
314. IV.)		260.	
173.)	197.) 113.	147.	183.
174. a.) 1. — 23. 174. a.) 23. —28. 174. a.) 28. ff.& b.	197.) 114.	148.	184.
175.)	203.) 115.	149.	185.
176. a. b.)	202.) 116.	149.	186.
177.)	204.) 117.	150.	187.
178. a. b.)	205.) 118.	150.	188.
207. a. b.)	253.) 119.	175.	221.

Senkenb. Corp. Jur. Cap.	Paragraphen.	Cod. Pal.	Wackern.
122.	1. — 3.	II. 73.	177.) 1. — 5.
123.	1. — 7.	II. 74.	177.) 5. — 18.
124.	1. & 2.	II. 75.	178.)
125.	1. — 4.	III. 31.	223.)
126.	1. — 3.	III. 34.	226. 227.) 1. 2.
127.	1. — 4.	III. 34.	227.) 1—6.&not.10.
128.	1. — 7.	III. 15.	196.)
129.	1. 2. & 4. — 6.	III. 38.	232.) 1.—4. n. 15. & 7. — 9.
130.	1. & 2.	III. 54.	243.)
131.	1. — 6.	II. 71.	175.)
132.	1. & 2.	II. 112.	207.) 1. — 3.
133.	1. — 19.	III. 63.	249.)
134.	1. — 4.	III. 64.	250.)
135.	1. — 5.	III. 134.	259.)
136.	7. & 8.	I. 150.	276.)
137.	1. & 2.	I. 156.	81.) 1. — 6.
138.	1. & 2.	I. 92.	43.)
139.	— — —	III. 132.	136.)
140.	— — —	—	137.) not. 2.
141.	1. — 8.	III. 24.	218.) & n. 8.
142.	1. — 5.	III. 25.	219.)
143.	1. & 2.	III. 26.	220.) 1. — 4.
144.	— — —	— —	220.) 4. — 6.
145.	1. & 2.	III. 27.	220.) 7. — 11.
146.	1. — 5.	III. 28.	221.)
—	6.	III. 29.	222.) 1. & 2.
147.	1. — 5.	III. 4.	211.)
148.	1. — 6.	III. 5.	314.)
149.	1. & 2.	I. 150.	276.)
150.	1. — 4.	III. 12.	193.)
151.	1. — 61.	II. 30.	172.) & n. 336.
152.	1. & 2.	III. 106.	116.) 1. — 8.
153.	1. — 6.	III. 39.	116.) 8. — 21.
154.	1. & 2.	II. 113.	207.) 4. — 8.
155.	1. — 6.	II. 114.	207.) 21. — 28.
—	7. — 11. 14. — 25.	II. 115.	207.) 28. — 36. & 38. — 43. 208.) 1. — 17.
156.	1. — 11.	III. 35.	228.)

Lassberg.	Berger.	Cod. Amb.	Freyberg.
208.)	254.) 120.	176.	222.
209.)	255. 121.)	176.	223.
210.)	256.) 122.	177.	224.
273.)	306.) 143. *b.	221.	283.
276. a. b.)	307.) 124.	224. 225.	286.
276. c.)	308.) 124. Zusatz.	225.	286.
235.)	275.) 125.	194.	247.
282.) 1.—9. &11.ff.	313.) 126.	230.	292.
297.)	321.) 127.	241.	309. 310.
206.)	252.) 128.	174.	220.
251.)		205.	261.
304. a. b. c.)	323.) 130.	247.	317. 318.
305.)	326.) 131.	248.	
314.)	342.) 132.	257.	327.
328.)		273. 274.	341.
99.)	79.) 134.	81.	96.
49.)	68.) 197.	43.	50.
156. b.)		135.	167.
157.)	85.) 137.	136.	168.
266.)	303.) 138.	216.	275.
267.)	303.) 139.	217.	276. 277.
268.)	304.) 140.	218.	278.
269.)	304.) 141.	218.	279.
270.)	304.) 142.	218.	280.
271. a.) 271. b.)	305.) 143.	219. 220.	281.
256.)	297.) 144.	209.	267.
257.)	299.) 145.		268.
328.)	354.) 146.		
232.)	273.) 147.	191.	244.
201.)	221.) 148.	171.	212. 213. 214. 215.
137. b.)	175.) 149.	115.	142.
137. c.)	176.) 150.	115.	143.
252.)	293.) 151.	205.	262.
253. b.) 1.—16. 253. b.) 16.—34. & 38. ff.	294.) 152.	205. 206.	264.
277.)	309.) 153.	226.	287.

Senkenb. Corp. Jur. Cap.	Paragraphen.	Cod. Pal.	Wackern.
157.	1. — 8.	III. 55.	234.) 2. — 16.
158.	1. — 3.	III. 40.	233.)
159.	1. — 5.	II. 58.	153.) & n. 24.
160.	— — —	II. 57.	263.)
161.	1. — 34.	II. 60.	265.) 1. — 54.
—	35. — 38.	II. 61.	265.) 54. — 63.
162.	1. — 4.	III. 56.	244.)
163.	1. — 4.	I. 86.	39.) 1. — 6.
—	5. — 24.	I. 87.	39.) 5. — 39.
164.	1.	I. 157.	81.) 6. & 7.
—	2.	I. 158.	81.) 7. — 9.
—	3. 4. 5. & 7.	I. 159.	82.) 1.—4. & 5.—6.
165.	1. — 5.	I. 154.	80.) 1. — 6.
166.	1. — 5.	I. 154.	80.) 6. — 15.
167.	1. — 8.	II. 25.	63.)
168.	— — —	— —	360.)
169.	— — —	— —	353.)
170.	1. — 3.	II. 59.	264.)
171.	— — —	— —	350.) { vgl. 403. }
172.	— — —	— —	351.) { vgl. 404. }
173.	— — —	— —	352.)
174.	1.	II. 1.	86.) 1. — 3.
—	2. & 3.	II. 3.	86.) 3. — 8.
175.	1. — 5.	I. 129.	62.)
176.	1. & 2.	III. 57.	242.)
177.	1. — 7.	III. 74.	257.)
178.	— — —	— —	67.)
179.	1. — 7.	I. 82.	41.) 1. — 9.
180.	1. — 3.	III. 47.	238.)
181.	1. & 2.	II. 56.	152.)
182.	— — —	— —	363.)
183.	1. — 9.	II. 107.	313.)
184.	1. — 5.	II. 62.	158.)
185.	1. — 6.	II. 109.	205.) 14. — 20.
186.	— — —	II. 11.	277.) 20. — 22.
187.	1. — 4.	II. 11.	277.) 22. — 25. & n. 57. a. E.
188.	1. — 4. & 6.	II. 52.	316.) 1. — 9. & 10 — 11.

Lassberg.	Berger.	Cod. Amb.	Freyberg.
285.)		232.	295.
283.)	308.) 155.	231.	293.
180.)	207.) 156.	152.	190.
315.)	342.) 157.	261.	328.
317.) 1.—119.) 317.) 119. ff.	343.) 158.	363.	330.
298.)	321.) 159.	242.	311.
42.) 1. — 12. 42.) 13. ff. & 43.)	63.) 160. & Zusatz pg. 66.	39.	44.
100. a.) 100. b.) 100. c.)	80.) 161.	81. 82.	97.
98.) a.) 98.) b.)	143.) 162. 143.) 163.	80.	95.
79.) vgl. ib. II. lit. C.	122.) 164.	63.	76.
[314. III.]			
79. I.)			
316.)		262.	329.
79. II. A.)			
79. II. B.)			
79. IV.)			
104.) 1.—7. 104.) 7. ff.	82.) 171.	86.	103.
78.)	121.) 172.	62.	
299.)	322.) 173.	240.	312.
312.)	338.) 174.	255.	324.
82.)	77.) 175.	67.	79.
45.)	67.) 176.	41.	46.
290.)	317.) 177.	236.	301.
179.)	206.) 178.	151.	189.
[177. & 349. I.]			
247.)	288.) 180.		156.
185.)	212.) 181.	157.	195.
249.)	291.) 175.	203.	258. 259.
330.)	356.) 183.	275.	343.
331.)	356.) 184.	275.	344.
332.) 1. — 16. & 18. — 20.	357.) 185.		345.

Senkenb. Corp. Jur. Cap.	Paragraphen.	Cod. Pal.	Wackern.
189.	1. — 11.	II. 11.	277.) 1. — 20.
190.	1. — 5.	III. 13.	194.)
191.	1. — 8.	III. 14.	195.)
192.	(auch C. 202.)	III. 128.	133.)
193.	1. — 8.	II. 114.	207.) 8. — 21. & not. 39.
194.	1. — 4.	III. 22.	216.)
195.	1. — 5.	II. 108.	205.) 1. — 14.
196.	1. — 5.	III. 3.	210.) 1. — 4.
197.	1. & 2.	III. 125.	131.)
198.	1. — 13.	III. 126.	132.) 1. — 25.
199.	1. — 5.	III. 127.	132.) 25. — 36.
200.	1. & 2.	I. 92.	43.)
201.	— — —	I. 89.	303.)
202.	1. & 2. (s. a. C. 192.)	III. 128.	133.)
203.	— — —	— —	341.)
204. nach	1. — 4. pg. 254. 1.—5.	III. 68.	286. 287.)
205.	1. — 7.	III. 69.	317.)
206.	1. — 12.	II. 66.	173.)
207.	1. — 4.	II. 51.	170.) 1.—3. & not. 8.
208.	1. — 3.	III 60.	247.)
—	4.	III. 61.	248.) 1. & 2.
nach	pg. 258.	III. 62.	248.) 2. — 4.
209.	1. — 9.	III. 6.	186.)
210.	1. — 3.	I. 91.	335.)
211.	1.	III. 8.	187.) 1. — 5.
212.	1. — 6.	III. 7.	188.)
213.	1. & 2.	II. 54.	171.)
214.	— — —	— —	361.)
215.	1. — 5.	III. 11.	192.)
216.	1. — 6.	II. 45.	166.) 1 — 4. & not. 11.
217.	1. & 2.	II. 45.	166.) 5. & 6.
218.	1. — 3.	II. 45.	166.) not. 18.
219.	1. — 4.	II. 46.	167.) 1. & n. 3.
220.	1. — 4.	II. 48.	168.)
221.	1. — 4.	II. 49.	169.) & n. 3.
222.	— — —	— —	370.)
223.	1. — 6.	II. 76.	309.)
224.	1. — 7.	II. 50.	302.)

Lassberg.	Berger.	Cod. Amb.	Freyberg.
329.)	354.) 186.	275.	342.
233.)	273.) 187.	192.	245.
234.)	274.) 188.	193.	246.
154.)	191.) 199.	132.	163.
253. a.)		205.	263.
264.)		214.	
248.)	290.) 192.	203.	257.
255.)	298.) 193.	208.	266.
151. a.)	188.) 194.	130.	160.
151. b. c. 152.)	189.) 195.	131.	161.
153.)	191.) 196.	131.	162.
49.)	68.) 197.	43.	50.
367.)	373.) 198.	301.	377.
154.)	191.) 199.	132.	163.
351.)	362.) 120.	284.	362. 363.
352.)	363.) 120. *	285.	364.
353.)	364.) 202.		
202.)	248.) 203.	172.	216.
197. a. b.)		169.	207. 208.
302. a.) 302. b.)	323.) 205.	245. 246.	315.
303.)		246.	316.
225.)	267.) 206.	184.	237.
48.)	67.) 208.		49.
226.) 1.—10.	268.) 209.	185.	238.
227. a. b.)	269.) 210.	186.	239.
199.)	221.)211.(1—10.)	170.	210.
199. I.)			
231.)	272.) 213.	190.	243.
193. a.) 193. b.) 193. c.)	217.) 214.	165.	203.
194.)	218.) 215.	166.	204.
195.)	219.) 216.	167.	205.
196.)	219.) 217.	168.	206.
197. I.)			
211.)	256.) 219.		225.
366.)	372.) 369.**	300.	376.

Senkenb. Corp. Jur. Cap.	Paragraphen.	Cod. Pal.	Wackern.
225.	1. 2. & 4. — 6.	II. 77.	310.) 1. — 4. & 5. — 10.
226.	1. — 14.	II. 83.	179.) & n. 46. vgl. 416.
227.	— — —	— —	230.)
228.	1. — 3.	III. 37.	231.) 7. — 12.
229.	1. — 3.	III. 59.	246.)
230.	— — —	— —	354.)
231.	1. — 3.	II. 65.	155.)
232.	1. — 6.	II. 67.	156.)
233.	1. — 3.	II. 64.	157.)
234.	1. — 3.	III. 81.	273.)
235.	1. — 5.	III. 135.	285.)
236.	1. — 9.	II. 92.	312.)
237.	1. — 6.	II. 63.	154.)
238.	1. — 6.	III. 116.	123.) 3. — 15.
239.	1. — 4.	III. 115.	123.) 1. — 3.
240.	1. — 7.	III. 117.	124.) 1. — 8.
241.	1. — 5.	III. 118.	124.) 8. — 16.
242.	1. & 2.	II. 79.	324.)
243.	— — —	II. 80.	325.) 1. — 3.
244.	— — —	II. 81.	325.) 3. — 5.
245.	1. — 4.	II. 82.	325.) n. 14.
246.	— — —	— —	359.)
247.	1. — 14.	III. 16.	212.)
248.	1. — 4.	II. 93.	184. 185.) 1. — 7.
249.	1. — 3.	II. 94.	185.) 7. — 10. & n. 25. a. E.
250.	1. & 2.	II. 95.	185.) 11. — 17.
251.	— — —	— —	189.) 1. — 3.
252.	1. & 2.	III. 9.	189.) 3. 4. & 190.) 1. — 4.
253.	1. — 5.	III. 10.	191.)
254.	— — —	— —	371.)
255.	1. — 5.	III. 17.	213.)
256.	1. — 15.	I. 15.	6.) 1. — 23.
—	16.	I. 16.	6.) 24. — 27.
257.	1. — 19.	I. 48.	16.) 1. — 41.
258.	3. & 4.	I. 19.	8.) 1. — 8.
—	5. — 7.	I. 20.	8.) 8. — 12.
259.	1. — 3.	I. 18.	7.) 1. — 6.

Lassberg.	Berger.	Cod. Amb.	Freyberg.
212.) 1. — 8 a. A. & 8. a. E. ff.	257.) 221.		226.
213.)	258.) 222.	178.	
279.)	311.) 223.	228.	289.
281.)	312.) 224.	229.	291.
301.)	322.) 225.	244.	314.
301. I.)			
182.)	209.) 227.	154.	192.
183.)	210.) 228.	155.	193.
184.)	211.) 229.	156.	194.
326.)	352.) 230.	271.	339.
350.)	362.) 231.	283.	361.
221.)	264.) 232.		234.
181.)	208.) 233.	153.	191.
143. b.)	184.) 234. }	122.	150.
143. a.)	184.) 235. }		
144. a.)	44.) 236.	123.	151.
144. b.)	45.) 237.	123.	152.
371.)	375.) 238.		380.
372.)	376.) 239.		381.
373.)	376.) 240.		381.
374.)	376.) 241.		382.
258.)	299.) 243.	210.	269.
222.)	264.) 244.	183.	235.
223.)	265.) 246^{a}.	183.	235.
224.)	266.) 246^{b}.	183.	236.
228.)	270.) 210. Zusatz.	187.	240.
229.)	271.) 247.	188.	241.
230.)	271.) 248.	189.	242.
230. I.)			
259.)	301.) 250.	211.	270.
3. a.) }	11.) 251.	6.	5.
3. b.) }			
15.) 1. — n. 15.	24.) 252.	16. 17.	19. 20.
5. a.) 1. — 15.	14.) 253^{b}. 1.—16. }	8.	7.
5. a.) 15. ff.	14.) 253^{b}. 16.–26. }		
4.)	14.) 253^{a}.	7.	6.

Senkenb. Corp. Jur. Cap.	Paragraphen.	Cod. Pal.	Wackern.
260.	1. — 3.	I. 21.	8.) 12. — 19.
261.	1. — 3.	I. 22.	8.) 20. — 25.
262.	1. & 2.	I. 24.	10.) 1. — 7
263.	1. — 5.	I. 25.	10.) 7. — 16.
264.	— — —	I. 26.	10.) 16. — 18.
265.	1. & 2.	I. 27.	11.) 1. — 5.
—	3.	I. 29.	12.) 1 & 2.
—	4.	I. 30.	12.) 3. & 4.
266.	1.	I. 45.	15.) 1. — 5.
—	2. — 5.	I. 47.	15.) 5. — 12.
267.	1. — 15.	I. 57.	25.) 1. — 28.
268.	1. — 5.	I. 37.	145) 11. — 15.
269.	1. — 10.	I. 98.	49.)
nach	pag. 321. §. 1. — 6.	I. 99.	50.)
270.	1. 2.	I. 59.	26.) 1. — 3.
—	3. — 5.	I. 60.	26.) 3. — 9.
—	6. — 13.	I. 61.	26.) 10. — 22.
—	2. auch	III. 45.	237.) 2. & 3.
271.	2. — 11.	I. 62.	27.) 1. — 28.
272.	1. & 2.	I. 63.	28.) 1. — 6.
273.	1. & 2.	I. 64.	28.) 6. — 10.
274.	1. — 6.	I. 65.	29.) 1. — 11.
—	7.	I. 66.	29.) 11. — 13.
—	8. & 9.	I. 67.	29.) 13. — 15.
275.	1. — 3.	I. 68.	30.) 1. — 5.
276.	1. — 6.	I. 69.	31.) & not. 25.
277.	1. & 2.	I. 71.	33.) 1. — 4.
278.	1. — 3.	I. 72.	33.) 4. — 7.
—	4. — 6.	I. 74.	33.) 7. — 11.
279.	1. — 5.	I. 75.	35.)
280.	1. — 5.	I. 80.	37.)
281.	1. & 2.	II. 35.	160.) 1. — 4.
282.	1. — 4.	I. 100.	51.)
283.	1. — 3.	III. 122.	127.) 1. — 6.
284.	1. & 2.	I. 43.	127.) 6. — 9.
285.	1. — 18.	I. 44.	128.)
286.	1. — 5.	III. 130.	
287.	— — —	— — —	372.)
288.	1. — 6.	I. 32.	142.)
289.	1. — 8.	I. 33.	143. 144.) 1. — 5.

Lassberg.	Berger.	Cod. Amb.	Freyberg.
5. b.) 5. c.)	15.) 254. 16.) 255.	8.	8. 9.
8.)	19.) 256.	10.	11.
9.)	19.) 257.	10.	12.
10.)	20.) 259.	10.	13.
11. a.)	21.) 259. (1—10.)	11.	14.
11. b.)	21.) 259. (10-15.)	12.	15.
11. c.)	21.) 259. (15. ff.)	12.	15.
14.) 1. — 9. 14.) 9 ff. & n. 14.	23.) 260. (1—9.) 23.) 260. (9 ff.)	15.	18.
25.)	36.) 261.	25.	27.
168. a.)	192.) 262. (1-14.)	144.	178.
56.)	73.) 263.	49.	56.
57.)	68.) 197.*	50.	57.
26.) 1. — 7. 26.) 7. — 20. 26.) 20. ff. 288. b.)	38.) 264. (1—7.) 38.) 264. (7-22.) 38.) 264. (22. ff.) 316.) 375. (5-7.)	26. 235.	28. 29. 299.
27.)	51.) 265.	27.	30.
28.)	53.) 266.	28.	31.
29.)	53.) 267.	28.	32.
30.) 1. — 21. 30.) 21. — 25. 30.) 25. ff.	54.) 268.	29.	33.
31.)	55.) 269.	30.	
32.)	55.) 270.	31.	34.
34.)	56.) 271.	34.	36.
35.) 1. — 8. 35.) 8. ff.	57.) 272.	33.	37.
38.)	61.) 273.	35.	40.
40.)	63.) 274.	37.	42.
187.)	213.) 275.	159.	197.
58.)	69.) 276.	51.	58.
147. a.) 147. b.)	45.) 277. 46.) 278.	126.	155.
148. a. b. c.)	46.) 279.	127.	156. 157.
155. b.)	50.) 280.		165.
155. l.)			
161.)	100.) 282.	141.	172.
162.)	101.) 283.	142. 143.	173.

Senkenb. Corp. Jur. Cap.	& Paragraphen.	Cod. Pal.	Wackern.
290.	1. & 2.	I. 34.	144.) n. 15.
291.	1. — 3.	I. 38.	144.) 5. — 9. & n. 26.
292.	— — —	I. 38.	145.) 1. — 3.
293.	1. — 7.	I. 35.	145.) 3. — 11.
294.	1. & 2.	I. 36.	145.) not. 27.
295.	1. — 3.	II. 41.	163.)
—	4. — 7.	II. 42.	164.)
296.	1. — 5.	II. 53.	170.) 3. — 7.
297.	1. — 5.	III. 46.	237.) 4. — 10.
298.	1. & 2.	I. 31.	271.)
299.	1. & 2.	I. 46.	272.)
300.	1. — 6.	II. 34.	288.)
301.	1. — 14.	I. 51.	19.) 1. — 23.
302.	1.	I. 52.	
—	2. — 8.	I. 54.	
303.	1. — 5.	I. 58.	23.) 1. — 11.
304.	1. & 2.	I. 56.	24.) 1. — 6.
305.	1. — 22.	I. 73 a.	34.) 1. — 49.
306.	1. — 4.	I. 73 b.	34.) 50. — 59.
307.	1. & 2.	II. 36.	160.) 4. — 7.
nach	pg. 361. §. 1. & 2.	II. 37.	161.)
308.	1. — 3.	I. 53.	21.) 1. — 4.
309.	— — —	— —	373.)
310.	1. — 7.	I. 76.	36.)
311.	1. — 8.	I. 55.	22.) 1. — 19.
312.	— — —	— —	349.)
313.	1. — 3.	I. 112.	59.) 1. — 5.
—	4. — 12.	I. 113.	59.) 5. — 19.
nach	pg. 367. 1—6.	I. 124.	60.)
314.	— — —	— —	358.) 1. — 7.
315.	— — —	— —	362.)
316.	— — —	— —	374.)
317.	1. — 3.	II. 55.	308.)
318.	— — —	— —	375.)
319.	1. — 9.	I. 101.	52.) 1. — 17.
—	10. — 14.	I. 102.	52.) 17. — 26.)
320.	1. — 3.	I. 103.	53.)
—	4. — 13.	I. 104.	54.) 1. — 26.
321.	— — —	— —	376.)

Lassberg.	Berger.	Cod. Amb.	Freyberg.
163.)	102.) 284.		174.
164.)	102.) 285.	143.	175.
165.)	103.) 286.	144.	176.
166.)	103.) 287.	144.	176.
167.)	104.) 288.		177.
191. a.) 191. b.)	214.) 289.	162. 163.	201.
198.)	220.) 290.	169.	209.
289.)	316.) 291.	235.	300.
324.)	351.) 292.	269.	337.
325.)	352.) 293.	270.	338.
354.)	364.) 294.	286.	365.
18.)	28.) 295.	19.	21.
19.)	30.) 296. (1.—4.)	20.	22.
20.)	30.) 296. (4. ff.)		
23.)	34.) 297.	23.	25.
24.)	35.) 298.	24.	26.
36.)	57.) 299.	34.	38.
37.)	60.) 300.	34.	39.
188.)	213.) 301. (1.-6.)	159.	198.
189.)	213.) 301. (7.-12.)	160.	199.
21.)	32.) 302.	21.	23.
21. I.)			
39.)	62.) 304.	36.	41.
22.)	33.) 305.	22.	24.
22. I.)			
74.) 75.)	118.) 307.	59.	73.
76.)	119.) 307.*	60.	74.
76. I.)			
76. II.)			
76. III.)			
200.)	221.) 211.*		211.
200. I.)			
59.) 1. — 36. 59.) 36.-41. & 60.	104.) 313.	52.	59.
61.) 62. & 63.)	106.) 314.	53. 54.	60. 61.
63. I.)			

Senkenb. Corp. Jur. Cap.	Paragraphen.	Cod. Pal.	Wackern.
322.	1. — 7.	I. 105.	54.) 26. — 40.)
—	8. — 11.	I. 106.	54.) 40. — 46.
323.	1.	I. 107.	54.) 46. — 47.
—	2. — 4.	I. 108.	54.) 48. — 52.
324.	1. — 11.	I. 109.	55.) 1. — 21.
325.	1. — 5.	I. 125.	344.)
326.	1. — 5.	I. 126.	283.) & n. 15.
327.	1. — 7.	I. 93.	44.) & n. 26.
328.	1.	I. 110.	55.) 25. — 28.
—	2. — 5.	I. 111.	55.) 28. — 33. vgl. 400.
329.	— — —	I. 95.	46.)
330.	s. C. 377.	I. 127.	61.)
331.	1. — 15.	I. 23.	9.) 1. — 21.
332.	1. — 11.	III. 23.	217.) & n. 15.
333.	1. — 4.	III. 36.	231.) 1. — 7.
334.	1. & 2.	III. 79.	274.)
335.	1. — 8.	I. 135.	68.)
336.	1. — 10.	I. 136.	69.)
nach	pg. 394. 1 — 4.	I. 137.	70.)
337.	— — —	II. 86.	180.) vgl. 416.) 38. ff.
338.	1.	II. 87.	181.) 1. — 3. vgl. 416.) 40. ff.
—	2. — 7.	II. 88.	181.) 3. — 7.
339.	1. — 6.	II. 89.	181.) 7.—10. & 182.
340.	— — —	II. 90.	
341.	1. — 6.	II. 91.	183.)
342.	— — —	— —	129.)
nach	pg. 401. 1.—5.	III. 123.	
343.	— — —	— —	377.)
344.	— — —	— —	378.)
345.	1. — 32.	III. 136.	141.) & n. 38.
346.	1. & 3. — 24.	II. 28.	147.) 1. 3. — 28. & n. 58.
347.	1. — 3.	II. 27.	
348.	1. — 10.	III. 67.	252.) 1. — 18.
—	11.	III. 66.	252) 18. — 21.
349.	1. — 54.	III. 18.	214.)
350.	1. — 17.	III. 19.	215.)

Lassberg.	Berger.	Cod. Amb.	Freyberg.
64.) 1. — 28. 64.) 28. ff.	108.) 316. 109.) ib. §. 3.	54.	62.
65.) 1. — 5. 65.) 5. ff.	109.) 317.	54.	63.
66. a. & b.)	110.) 318. §. 1—8.	55.	64.
348.)	360.) 319.		358.
349.)	361.) 320.	281.	359. 360.
50. & 51.)	71.) 321.	44.	51.
67. a.) 67. b.)	112.) 322.	55.	
53.)	73.) 323.	46.	53.
77.)	120.) 327.	61.	75.
6. & 7.)	17.) 325.	9.	10.
265. a. b.)	301.) 326.	215.	273. 274.
280.)	312.) 327.	229.	290.
327.)	353.) 328.	272.	340.
83.)	77.) 329.	68.	80.
84.)	78.) 330. 331.	69.	81.
85.)		70.	82.
216.)	261.) 332.	179.	229.
217. a.) 217. b.)	261.) 333.	180.	230.
218. a. b.)	262.) 334.	180. 181.	231.
219.)	262.) 335.		232.
220.)	263.) 336.	182.	233.
	49.) 337.	128.	158.
149.)			
149. I.)			
160. a. b.)	89.) 340.	140.	171.
170. a.) 1. 2. 5. ff. b. c.	194.) 341.	146.	180.
171.)	197.) 342.	146.	181.
307. a.) 307. b.)	327.) 343.	250.	320.
260. 261. 262.)	92.) 344.	212.	271.
263.)	97.) 345.	213.	272.

Senkenb. Corp. Jur. Cap.	Paragraphen.	Cod. Pal.	Wackern.
351.	1. — 17.	III. 80.	258.) 1. — 30.
352.	1. — 5.	III. 80.	258.) 31. — 38.
353.	1. & 2.	III. 20.	268.)
354.	1. — 8.	III. 2.	256.) 1. — 8.
—	9.	III. 73.	256.) 8. — 11.
355.	1. — 7.	III. 1.	209.) & n. 27.
356.	1. — 22.	II. 96.	197.)
357.	1. — 14.	II. 69.	315.) 1. — 21.
358.	1. — 4.	II. 70.	315.) 21. — 24.
359.	1. — 5.	II. 97.	198.) 1. — 9.
360.	1. — 5.	II. 100.	198.) 10. — 16.
361.	1. — 6.	II. 100.	198.) 16. — 23.
362.	1. — 3.	II. 98.	199.) 1. — 4.
363.	1. — 5.	II. 101.	199.) 4.-8. & n. 19.
364.	1. — 4.	II. 99.	200.)
365.	1. — 3.	II. 102.	201.)
366.	1. — 4.	II. 103.	202.) & n. 14.
nach	pag. 337. 1.-7.	II. 104.	203.)
367.	— — —	III. 75.	278.) 1 & 2.
368.	1. — 3.	III. 75.	278.) 2. — 5.
369.	1. & 3. — 8.	III. 75.	278.) 6. — 12.
370.	1. — 4.	III. 78.	278.) 13. — 18. & n. 28.
371.	1. & 2.	III. 78.	278.) 18. — 21.
372.	1. — 3.	III. 76.	279.) 1. — 6.
373.	1. 3. & 4.	III. 77.	279.) 6. — 8. & 10. — 12.
374.	1. — 5.	II. 78.	301.)
375.	1. — 66.	I. 17.	345.)
376.	1. — 4.	I. 84.	42.) & not. 2.
377.	1. — 3. & s. Cap. 330.	I. 127.	61.)
378.	1. & 2.	I. 79.	332.) n. 1. Cod. Bc.
379.	1. — 5.	III. 44.	236.)
380.	1.	III. 45.	237.) 1. & 2.
381.	1. & 2.	I. 9.	304.)
382.	1. — 3.	I. 10.	267.) 6. — 9.
383.	1. & 2.	I. 10.	267.) 9. — 11.
384.	1.	I. 94.	45.)
385.	1. — 3.	I. 96.	47.)
386.	1. — 7.	I. 97.	48.)

Lassberg.	Berger.	Cod. Amb.	Freyberg.
313. a.) 1.—58. 313. a.) 58. ff. & b.)	339.) 346.	256.	325. 236.
322.)	349.) 347.	266.	335.
311.) 1. — 20. 311.) 20. ff.	337.) 348.	254.	323.
254.)	296.) 349.	207.	265.
236.)	276.) 350.	195.	248.
204.)	250.) 351.		218.
205.)	251.) 352.		219.
237.)	278.) 353.	196.	249.
238.)	279.) 354.	196.	249.
239.)	280.) 355.	196.	249.
240.)	280.) 356.	197.	250.
241.)	281.) 357.	197.	
242.)	285.) 358.	198.	251.
243.)	286.) 359.	199.	252.
244.)	286.) 360.	200.	253.
245.)	387.) 360. **	201.	254.
333.)	282.) 361.	276.	346.
334.)	282.) 362.	276.	347.
335. 337. — 341.)	283.) 363. §. 1. & 3 ff.	276.	348.-351.
342.)	284.) 364.	276.	352.
343.)	285.) 365.	276.	353.
344.)	281.) 367.	277.	354.
345.) 1. — 6. & 8. ff.	282.) 368.	277.	355.
365.)	371.) 369.	299.	
377. II.)	233.) 370.		
47.)	71.) 371.	42.	48.
77.)	120.) 327.	61.	75.
377.)	247.) 373.		385.
287.)	315.) 374.	234.	297.
288. a.)	316.) 375. (1—4.)	235.	298.
368.)	374.) 376.	302.	378.
320.)	348.) 377.	265.	333.
321.)	348.) 378.	265.	334.
52.)	72.) 379.	45.	52.
54.)	41.) 380.	47.	54.
55.)	42.) 381.	48.	55.

Senkenb. Corp. Jur. Cap.	Paragraphen.	Cod. Pal.	Wackern.
387.	1. — 4.	II. 33.	159.)
388.	1. — 15.	II. 40.	140.)
389.	1. — 3.	II. 44.	306.) & n. 11.
390.	1. — 20.	II. 43.	165.) & n. 43.
391.	1. — 5.	III. 65.	251.)
392.	1. — 3.	I. 6.	307.) 1. 2. & n. 6.
—	4.	I. 7.	307.) 3. 4.
393.	1. — 8.	I. 77.	280. 281.)
394.	1. — 12.	I. 78.	282.)
395.	1. — 2.	I. 5.	3.) 1. — 3.
—	4. & 5.	I. 4.	4.) 1. — 7.
396.	1. & 2.	III. 30.	222.) 2. — 5.
397.	1. a. A.	I. 39.	12.) 4. & 5.
—	1. a. E.	I. 41.	12.) 5. & 6,
—	2.	I. 40.	13.) 1. & 2.
—	3.	I. 42.	13.) 3.
398.	1. & 2.	I. 49.	18.) 1. — 3.
—	3.	I. 50.	18.) 3. & 4.
399.	1. — 3.	II. 38.	162.)
400.	1. & 2.	III. 41.	234.) 1. 2. & n. 4.
401.	1. & 2.	III. 71.	254.)
402.	1. — 18.	III. 72.	255.)
403.	1. — 4. & 6.	III. 121.	126.) 1.—6. 7. 8.
404.	1. — 4.	II. 68.	174.) & n. 11.
405.	— — —	I. 70.	32.)
406.	1. — 3.	III. 124.	130.)
407.	1. — 3.	III. 129.	134.)
408.	1.	II. 84.	311.) 1. — 3. & 416.) 30. — 33.
—	2. — 7.	II. 85.	311.) 3. — 13. & 416.) 33 ff.
409.	1. — 4.	III. 49.	240.) 1. — 9.
410.	1. — 5.	III. 49.	240.) 11. — 17.
411.	1. & 2.	III. 58.	245.)
412.	1. — 3.	III. 52.	291.) & n. 2.
413.	1. & 2.	III. 32.	224.)
414.	1. — 4.	III. 33.	225.)
415.	1. — 4.	I. 81.	38.) & n. 2.
416.	2. a. A. & 3—6.	II. 26.	146.) 4. & 6 — 16.

Lassberg.	Berger.	Cod. Amb.	Freyberg.
186.)	212.) 382.	158.	196.
159. a. b.)	87.) 383.	139.	170.
369.)	374.) 384.	304.	
192. a. b. c.) 1—4.	215.) 385.	164.	202.
306.)	326.) 131. *	249.	319.
370.) 1. — 6. 370.) 6. ff.	375.) 387.	305.	379.
346. a. b.)	358.) 388.	278. 279.	356.
347. a. b.)	359.) 389.	280.	357.
1. a.) 1 — 7. 1. a.) 7. ff.	7.) 390. §. 1. 8.) 390. §. 2.	3. & 4.	3.
272.)	306.) 143*a.	220.	282.
12.) 1. — 3. 12.) 3. — 5. 12.) 6. — 8. 12.) 8. & 9.	21.) 392. (1—3.) 21.) 392. (3—6.) 22.) 392. (6—9.) 22.) 392. (9. ff.)	12. a. E. & 13.	16.
17.) 1. — 6. 17.) 6. — 9.	28.) 393. (1—8.) 28.) 393. (8. ff.)	18.	20.
190.)	214.) 394.	161.	200.
284.)	313.) 395.	232.	294.
309.)	335.) 396.	252.	321.
310.)	335.) 397.	253.	322.
146.) 1. — 10. & 12. — 14.	185.) 398.	125.	154.
203.)	249.) 399.	173.	217.
33.)	56.) 270.*	32.	35.
150. a. b.)		129.	159.
155. a.)	185.) 402.	133.	164.
214. 215.	260.) 403.		227. 228.
293.)	318.) 404.	238.	304.
295.)	319.) 405.	238.	306. 307.
300.)	322.) 406.	243.	313.
357.)	366.) 407.	289.	368.
274.)	307.) 408.	222.	284.
275.)	307.) 409.	223.	285.
41.)	133.) 410.	38.	43.
169.)	193.) 262. (14. ff.) & ib.) 411.	145.	178. 179.

Bemerkungen

über einige, meistens technische Ausdrücke und Redensarten *).

Afnemen, abnehmen, sich einer Schuld oder eines Vorwurfs durch Gebrauch eines Beweismittels entledigen, entbürden, z. B. durch Eid. II. 33. §. 1. III. 9. §. 2. a. E.

Aftügen, abzeugen, durch Zeugniß jemandem etwas entziehen. II. 25. §. 2. s. Tügen, Vortügen.

Aneuangen, anfangen, anfassen, ergreifen, insbesondere vor Gericht auf eine solenne Art Hand an einen Gegenstand legen, um einen Anspruch daran geltend zu machen; daher Aneuang, die Klage, die mit einer solchen Ergreifung beginnt, Vindication. II. 35. not. 4. s. Unterwinden, To Kampe van.

Ansprekich, ansprächig, in Anspruch grnommen. III. 15. §. 3.

Art, Erde, Land, insbesondere Landesgebiet, Territorium. I. 34. §. 3. II. 12. §. 6. II. 26. §. 2. III. 34. §. 2. III. 64. §. 1.

Bedingen, bedingen, durch Vertrag einen Anspruch auf etwas erwerben, z. B. auf ein Gut, es erhandeln. I. 9. §. 2. s. Vordingen.

Beholden, behalten, einen Anspruch auf etwas geltend machen, insbesondere durch einen Beweis, z. B. silf dridde beholden, selbdritt etwas behalten. I. 15. §. 1. s. To beholdene dun.

Bereden, bereden, etwas behaupten, aussagen, aber immer mit Rücksicht auf einen Beweis; daher jemanden überführen, ihm Rechenschaft geben, etwas rechtlich in Anspruch nehmen. I. 23. §. 1.

---

*) Die oft vorkommenden technischen Ausdrücke, wie z. B. Sippe, Mag, Gewer etc. werden sich am Besten erklären, wenn sie im Repertorium nachgeschlagen werden. Hier sollen nur einige hervorgehoben werden, bei denen eine besondere Erklärung nöthig scheint, weil sie entweder seltner vorkommen, oder eine gewisse technische Nebenbedeutung haben.

& 2. I. 34. §. 2. I. 40. I. 48. §. 3. I. 49. I. 50. §. 2. I. 63. §. 2. I. 69. II. 15. §. 2. II. 17. §. 2. II. 73. §. 2. s. Untreden, Vorsaken.

Besaken, besagen, leugnen, ableugnen, gleichviel ob mit oder ohne Recht, also das reine Negiren. I. 22. §. 2. I. 54. §. 3. II. 3. II. 10. §. 3. II. 30. II. 35. §. 9. III. 4. §. 2. III. 89. §. 2. s. Untreden.

Besced, Bescheid, Nebenbestimmung bei einem Rechtsgeschäfte, besondere Verabredung über Art, Zeit, Dauer einer Leistung ꝛc. Daher umme besced oder ane besced eneme manne sin gut lenen, jemandem, mit oder ohne besondere Verabredung der Art, sein Gut leihen. I. 15. §. 1. — Bescedene tit, jare, dage, beschiedene Zeit, Jahre, Tage, d. i. bestimmte, festgesetzte, bedungene Zeit ꝛc. Aber auch to bescedener tit, zu gewisser Zeit, an gewissen, z. B. herkömmlichen oder gesetzlich bestimmten, Tagen; wo, wie bei der heutigen Redensart „an gewissen Tagen“, die nähere Bezeichnung derselben für überflüssig erachtet wird. I. 1. I. 56. III. 22. §. 1. III. 43. §. 2. III. 77. §. 1.

Besced, Bescheid, Unterscheidungszeichen, Merkmal, z. B. das Zeichen des Münzortes bei Münzen. II. 27. §. 5.

Besceden, bescheiden, einen Bescheid, oder eine Bestimmung über etwas fassen, sich darüber vertragen, vergleichen. III. 15. §. 3.

Bestedigen, stätig oder fest machen, festhalten, ergreifen, auf der That ertappen. II. 9. §. 4. II. 28. §. 4. II. 41. §. 4. II. 72. §. 4. III. 13. III. 56. §. 2. III. 78. §. 3. — Daher stedigen, festsetzen, verordnen, durch Gesetz oder Vertrag bestimmen. II. 67. §. 1.

Betügen enen man, Zeugniß über jemanden führen. III. 33. §. 6.

Bewarcht, bewerken (bewirken), bewerken, d. i. mit einem Werke umgeben, einfassen, verwahren, einhegen, verschließen. II. 37. II. 50. §. 2. II. 53. §. 3. II. 64. §. I.

Bewisen, beweisen; aber immer durch Augenschein: vorweisen, aufweisen, nachweisen. I. 13. §. 1. I. 15. §. 2. I. 33. I. 38. §. 1. I. 48. §. 2. I. 52. §. 1. I. 63. §. 1. I. 68. §. 1. II. 7. §. 1. II. 11. §. 1. II. 22. §. 1. II. 26. §. 1. II. 35. §. 4. II. 48. §. 2. & 3. II. 49. §. 5. & 9. II. 65. §. 1. & 4. III. 5. §. 5. III. 29. §. 1. — Daher to bewisen, zum Zeichen. II. 27. §. 4.

Breken, brechen, z. B. das Zeugniß, die Gewer jemandes ꝛc., d. i. jemanden hiervon abweisen, zurückweisen, ihm die Gewer oder das Zeugniß entziehen, entbrechen. III. 75. §. 1. s. Repertorium u. d. W. Gewer, Gewersmann ꝛc.

Dankens, mit Vorsatz, d. i. so, daß der Erfolg einer Handlung der

Absicht des Handelnden entsprochen hat; also nicht blos aus Versehen oder Fahrlässigkeit. III. 48. §. 1. & 2. III. 84. §. 3. s. Undankens.

Darup dun, darauf thun, auf ein Pfand etwas leihen. III. 7. §. 4.

Degeding (Teyding), Tagding, ein besonderes, zu bestimmtem Tage den Parteien anberaumtes, ein für sie ausgelegtes Ding, also ein Gerichtstag oder Termin. I. 64. §. 2. I. 67. §. 2. I.68. §. 1. II. 25. §. 1. & 2. III. 13.

Degedingen (teydingen), eigentlich wohl einen Tag bedingen, ausmachen, festsetzen; daher den Parteien von Gerichtswegen einen Tag zur Fortsetzung ihres Prozesses anberaumen, sie zu demselben vorladen. I. 50. §. 1. I. 67. §. 1. II. 2. §. 2. II. 3. §. 1. II. 12. §. 9. III. 13. Ziemann Wörterb. S. 462.

Delen und erdelen, theilen, ertheilen, durch Urtheil erkennen, zuerkennen. II. 15. §. 1. II. 19. §. 2. III. 39. § 3.

Dun, thuen, jemandem etwas übertragen, in Besitz geben. II. 47. §. 1. s. Darup dun, To behol-dene dun.

E, Ehe, Bund, Vertrag, Bestimmung. Daher der alte und neue Bund oder das alte und neue Testament; aber auch Gebot, Gesetz, Recht. I. 18. §. 3. a. E. II. 67. §. 2. III. 42. §. 4.

Eren, den Acker bauen, insbesondere pflügen; daher aferen, abpflügen, etwas mit dem Pfluge von dem Nachbarlande wegnehmen; geertes land, bestelltes Land, im Gegensatze des blos gewonnenen landes, wozu auch Wiesen gerechnet werden und worunter also alles das zu verstehen ist, woran jemand ein Recht gewonnen oder erlangt hat, erworbenes Land, Privateigenthum, Eigenthum, im Gegensatze des herrenlosen Landes, daher Wonne und Weide. II. 47. §. 1. III. 20. §. 1. 2. &. 3. III. 86. §. 1.

Ergeren, ärgern, verschlechtern, verkürzen, Abbruch thun, beschädigen. I. 3. §. 3. a. E. II. 49. §. 9. III. 22. §. 1. s. Krenken.

Gelof, Erlaubniß, Genehmigung. I. 20. §. 1. I. 21. §. 2. I. 52. §. 1. — Synonym mit Urlof. s. Repertorium u. d. W. Erlaubniß.

Geloset, verloren, weggekommen. I. 11. I. 23. §. 1.

Geloucde, Gelübde, Gelöbniß, Angelöbniß, Versprechen, Vertrag. II. 31. III. 41. §. 4. III. 43. §. 2. III. 85. §. 1.

Gelouen, geloben, angeloben, versprechen, sich verbindlich machen. I. 7. & 8. §. 1.

Gestippen (gestüpfen, stüpfen), stippen, tippen, tupfen, etwas mit der Fingerspitze berühren, besonders um es zu zeigen und darauf aufmerksam machen; daher, beim Zählen mehrerer Dinge, auszählen, ausrechnen, wieviel deren vorhanden sind. Sik to der sippe gestippen, sich zu der Verwandtschaft auszählen, d. i. den Grad ausrechnen, in dem man mit jemandem verwandt ist. I. 3. §. 3.

Getügen, bezeugen, durch Zeugen beweisen, wird von dem Beweisführer selbst gebraucht; nicht der Zeuge, sondern jener bezeugt etwas durch diesen. s. Tügen, Vortügen.

Gewere, Betrag, Belang, z. B. den scaden gelden na sime gewere, den Schaden nach seinem Betrage, so hoch, als er sich beläuft und erwiesen werden kann, ersetzen. II. 38. §. 2.

Geweren, sich erstrecken, sich belaufen. I. 39. §. 1. — Aber meistens: die Wahrheit von etwas darthun, etwas durch ein Beweismittel bewähren, z. B. uppe den hiligen geweren, auf den Heiligen, durch Eid die Wahrheit beweisen, das Behauptete bewähren. I. 63. §. 3. s. Vulbringen.

Jartale, Jahrzahl, Mündigkeit. II. 59. §. 3. — Aber auch Jahresfrist. III. 32.

Inkomen man, ein eingekommener Mann, Fremder. I. 30. III. 33. §. 1. s. Wechuerdig.

Irhalen (erholen), sich erholen von etwas; wie heutzutage „sich von einer Krankheit erholen". Daher: sich in etwas verbessern, das Versehene oder Versäumte nachholen. I. 60. §. 1. & 4.

Irwerwen, erwerben, durch Bewerbung oder Fürsprache etwas von jemandem erwirken, auswirken, ihn dazu bestimmen, daß er es thue, gewähre oder genehmige. I. 9. §. 2. I. 71.

Kamp, Kampf, s. To kampe groten etc.

Kampewart, Kampfwart, Vormund zu Kampf. I. 42. §. 2. s. To kampe wert.

Kamp werdich, kampfwürdig, eines Kampfes werth, von solcher Wichtigkeit und Bedeutung, daß ein Kampf deshalb gestattet sei. Das geraubte Gut soll nicht weniger theuer oder werthvoll sein, als daß es kampfwürdig sei. Auch beim Gottesgerichte wurde also eine summa appellabilis verlangt. I. 63. §. 3. a. E. s. To kampe wart.

Krenken, kränken, Abbruch thun, beeinträchtigen, verkürzen, schwächen. I. 42. §. 1. III. 54. §. 2. III. 63. §. 2. III. 65. §. 2. III. 80. §. 1. s. Ergeren.

Louen s. Gelouen.

Maren, säumen, weilen, morari. I. 63. §. 5. (II. 67. §. 2.) s. Ziemann Wörterb. S. 247. u. d. W. meren.

Motwille, Muthwille, Eigenwille, Eigensinn, der sich an keine Regel bindet. I. 62. §. 5. III. 57. §. 2. s. Willkore.

Plegen, pflegen, eine Pflicht erfüllen, thun, leisten, geben, wozu man verpflichtet ist, z. B. die Parteien plegen rechtes, wenn sie sich dem Gerichte stellen und daselbst antworten; die Einsassen des Gerichts plegen dinges, wenn sie beim Echtding anwesend sind; der Richter soll dem Beklagten beim Kampfgerichte enes scildes plegen, ihn mit einem Schilde versorgen. I. 63. §. 3. — Daher Plege, Gebühr, z. B. Zins und Pflege. s. Repertorium.

To beholden dun, zu behalten thun, zur Aufbewahrung, als Depositum geben. I. 15. §. 1. III. 5. §. 1. s. Dun, Darup dun.

To gan (zu gen), zugehen, sich schließen, endigen, aufhören, zu Ende gehen. I. 3. §. 2. a. E. III. 81. §. 3. s. To stan.

To kampe groten, zum Kampfe grüßen, jemanden dazu herausfordern, ansprechen. I. 63. §. 1. s. To kampe van.

To kampe van, jemanden zum Kampfe fangen, anfangen, anfassen, d. i. Hand an ihn legen, um ihn dadurch zum Kampfe zu fordern. I. 53. §. 1. I. 64. §. 2 I. 68. §. 2. III. 36. §. 1. s. Aneuangen, Unterwinden.

To kampe wert, zum Kampfe werth, oder würdig, darum auch auf Kampf gerichtet. I. 43. III. 92. §. 2. s. Kamp werdich.

To plichten, beipflichten, seine Zustimmung zu etwas geben. I. 12.

To segen, zusagen, sich etwas beimessen, Anspruch darauf machen, abgesehen davon, ob mit oder ohne Recht. II. 43. §. 1. II. 44. §. 1. III. 20. §. 1. III. 33. §. 9. s. Besaken, Untsegen.

To stan (zu sten), zustehen, verschlossen sein, sich schließen oder endigen, aufhören. I. 3. §. 2. a. E. I. 27. §. 2. s. To gan.

Tügen, zeugen, bezeugen, gestützt auf Zeugenaussage etwas behaupten oder leugnen, z. B. deme manne an sin recht tügen, jemandem auf sein Recht zeugen, d. i. durch Zeugen erweisen, daß er rechtlos sei. I. 8. §. 1. s. Getügen.

Undankens, unvorsätzlich, so daß der Erfolg einer Handlung nicht in der Absicht des Handelnden lag, obwohl Wissen und Wille von seiner Seite im Spiele sein konnten. III. 48. §. 1. & 2. s. Dankens.

Unsculd, Unschuld, Eid, wodurch man seine Unschuld beweist, einen Vorwurf des Gegners abschwört, Reinigungseid; aber das letzte Wort freilich nicht in dem Sinne genommen, den es heutzutage in der Rechtssprache hat, da der altdeutsche Reinigungseid durchaus nicht schon eine andere Beweisführung voraussetzt und nicht vom Richter auferlegt wird, um den Beweis zu vervollständigen, sondern der Beklagte sich dazu erbietet. Daher: sine unsculd dar to dun, seine Unschuld hinzuthun, nämlich zu dem Ableugnen der Schuld, d. i. beschwören, daß man unschuldig sei. Ebenso unsculdig werden, schwören, daß man unschuldig sei. I. 15. not. 5.

Unterwinden, ergreifen, anfassen, besonders im Prozesse auf eine solenne Art eine Sache oder Person ergreifen, um ein Recht an ihr oder gegen sie geltend zu machen; z. B. bei der Klage mit Anfang, bei der Vindication eines Leibeigenen, beim Kampfe. Enes mannes sik to kampe unterwinden, soviel als ene to kampe van; enes gudes sik unterwinden, soviel als dat gut aneuangen. I. 51. not. 9. s. Aneuangen, To kampe van.

Untreden (entreden), entreden, in Abrede stellen, leugnen; aber stets mit Rückblick auf einen Beweis; also nicht das reine Negiren. Daher z. B. mit sime ede untreden, eidlich etwas ableugnen. I. 68. not. 6. s. Untsegen, Besaken.

Untsegen, entsagen, entreden, sagen, daß etwas nicht so sei, wie es behauptet wird, ableugnen; aber ebenso, wie untreden, nur mit Beziehung auf ein Beweismittel etwas leugnen: bi sineme ede untsegen, bei seinem Eide etwas leugnen. II. 23. §. 5. III. 3 3. §.9. s. Besaken, Untreden.

Unluoren, entführen, abgewinnen, etwas auf rechtmäßige Art jemandem entziehen, z. B. mit seinem Eide ihm etwas entführen. Aber auch unrechtmäßig. II. 28. §. 1.

Volleist, Gehülfe, Beistand, Helfershelfer. II. 26. §. 1. & Zusatz zu III. 92. (S. 317.)

Vordelen, vertheilen, durch Urtheil jemandem etwas aberkennen, absprechen, ihn zu dessen Verluste verurtheilen, z. B. lif oder hant, ihn zum Verluste des Lebens oder der Hand verurtheilen. I. 8. §. 1. I. 38. §. 1. I. 40. I. 66. §. 3. II. 25. §. 1. II. 42. §. 2. III. 54. §. 4. s. Delen.

Vordingen, verdingen, durch Vertrag sich zu etwas verpflichten, was man leisten, thun oder geben wolle, z. B. en gut, es jemandem verhandeln. I. 9. §. 2. s. Bedingen.

Vorleggen (verlegen), jemandem etwas verlegen, ihm ein Hinderniß in den Weg legen, ihn von seinen Ansprüchen abweisen, zurückweisen, oder ihm das, was er beabsichtigt, verwehren; z. B. den Kampf, zu dem er gefordert, oder das Zeugniß, wozu er sich erboten hat, ihm verwehren, ihn daran hindern. I. 63. §. 3. I. 64. §. 1. III. 33. §. 1. & 5. III. 37.

Vorlouen, verloben, durch Angelöbniß etwas aufgeben, verzichten, entsagen. I. 13. §. 2.

Vorsaken, versagen, leugnen, ganz wie Besaken. II. 23. §. 3. III. 4. §. 1. III. 37. §. 3. s. Vorsprecken.

Vorsprechen, gewöhnlich für jemanden sprechen. Aber auch versprechen, ableugnen, ganz wie vorsaken und besaken. II. 6. §. 1.

Vortügen, verzeugen, mit Zeugen jemanden überführen oder Zeugniß über ihn führen. I. 68. §. 4. III. 33. §. 9. III. 71. §. 2. III. 82. §. 1. s. Getügen.

Vul arbeiten, voll arbeiten, die Arbeit vollenden. III. 76. §. 3.

Vulbringen, vollbringen, den Beweis für die Rechtmäßigkeit eines Anspruchs oder Wahrheit einer Behauptung beibringen, den Anspruch oder die Behauptung bewähren, d. i. als wahr und begründet erweisen. I. 54. §. 3. II. 6. §. 2. II. 66. §. 1. III. 9. §. 4. III. 39. §. 2. III. 41. §. 3. III. 78. §. 6. III. 85. §. 3. & 4. s. Geweren.

Vulkomen, vollkommen, zu Stande, zum Zwecke, zu Ende kommen mit etwas, es vollführen, z. B. sines rechtes, sein Recht vollführen oder darthun, daß man ein Recht habe; sines getüges, sein Zeugniß vollführen. I. 16. I. 50. §. 2. I. 62. §. 4. II. 12. §. 6. & 7. II. 23. §. 2. & 5. III. 18. §. 1. III. 89. §. 2. & 5.

Wechuerdig, eines Weges fahrend, unterwegs. II. 38. §. 2. II. 69. — Daher Wechuerdiger gesell, ein Reisegesell, Reisegefährte. III. 78. §. 7. s. Inkomen.

Willekore, Willkür, Wille, insbesondere freier Wille, Einwilligung, Zustimmung. II. 67. §. 1. s. Motwille.

Wl arbeiten, Wlbringen, Wlkomen s. Vul arbeiten &c.

Repertorium.

A.

des Mannes Tode gefordert wird, behält sie doch ihre Morgengabe, Gerade und Mußtheil, wie sie es bei des Mannes Tode nehmen konnte. III. 76. §. 1. — Stirbt die Wittwe vor derselben, so vererbt sie auf ihren zweiten Mann all ihr Recht an fahrender Habe, außer Gebäude und Gerade. ib. §. 2. s. Ungezweit.

Abt, unter jedem haben die Dienstleute sonderliches Recht. III. 42. §. 2. s. Aebte.

Abtheilung s. Absonderung.

Abtritte sollen drei Fuß vom Grenzzaune stehen. II. 51. §. 2. — Die gegen eines Andern Hof gehen, sollen bis zur Erde verwahrt werden. II. 53. §. 3.

Abweisen vom Zeugniß soll man den, der vor Gericht sich dazu erbietet, ehe er von Gerichtshalben darum gefragt wird. III. 37. §. 2.

Abweisung von der Klage, dadurch verwirkt der Kläger nur dann Wedde und Buße, wenn er sich des Klaggegenstandes unterwand. I. 53. §. 2.

Accessionen durch Abschwemmung, Austrocknen eines Flußbettes, Anschwemmung einer Insel. II. 57. §. 2. u. 3. — Durch Säen und Befestigen in der Erde. II. 59. §. 3. s. Stoppel, Weinpfähle, Gebäude.

Acht, die des Königs erwirkt der Graf, wenn er vor ihm seine Verfestung bezeugt. I. 71, — wer durch Verfestung in die des Königs gekommen ist; wie er sich heraus ziehen soll. III. 34. §. 5. — wer sich daraus gezogen, dem soll der König Frieden wirken, wenn er schwört, vor den Richter zu kommen, der ihn verfestete. ibid, — wer sich aus der gezogen hat, in die er durch Verfestung gekommen war, soll binnen vierzehn Nächten, vor dem Richter, der ihn verfestete, zu Recht sich entbieten, nachdem er ins Land gekommen ist, und des Königs Brief und Insiegel mit bringen, zu Urkunde, daß er aus der Acht sey. III. 34. §. 5. — wer in diese gethan wird ohne Verfestung, soll, um sich herauszuziehen, sechs Wochen dem Hofe des Königs folgen und damit ledig sein. III. 34. §. 6. — Wer sich daraus zieht und nicht Rechts pflegt, fällt in die Oberacht, als ob er Jahr und Tag in der Acht gewesen wäre. ib. §. 7, — in diese thut man Alle, die Gefangene nicht abliefern, und Burg und Leute, wo solche festgehalten werden, nachdem der König, bei seiner ersten Anwesenheit im Lande, deren Ablieferung gefordert hat. III. 60. §. 3, — nur insofern die des Königs dem Banne nachfolgt, schadet dieser am Leben, Land- und Lehnrechte. III. 63. §. 2, — wer nicht mit Namen hineingekommen ist, dem soll darum das Leben nicht aberkannt werden. I. 66. §. 3. s. Reichsacht, — gibt man vor dem Gografen, der für lange Zeit gekoren und belehnt ist. I. 58. §. 1.

Achtzehn Wochen, nach deren Ablauf, außer an gebundenen Tagen, soll der Graf zu rechter Dingstätte sein Ding auslegen, wo Schuldheiß, Schöffen und Fronbote dabei sind. III. 61. §. 1. I. 2. §. 2. s. Wochen.

Acker, wurde den thüringischen Bauern von den Sachsen, da sie her zu Lande kamen, nach solchem Rechte übertragen, wie die Lassen noch haben. III. 44. §. 3.

Adelkinder. I. 51. §. 2.

Aebte und Aebtissinen haben den zweiten Heerschild. I. 3. §. 2, — die den Heerschild haben, wenn man sie kürt, sollen sie das Lehn zuerst, und die Seelsorge nachher empfangen; wenn sie jenes empfangen haben, mögen sie Lehnrecht üben. III. 59. §. 1, — Wenn man sie da, wo die Belehnung an den Kayser geht, binnen sechs Wochen nicht kürt, leiht er diese, wem er will. ib. §. 2. s. Abt.

Aebtissin erhält den Heerschild vom Reiche aber kein Landrecht. I. 26. §. 2, — unter jeder haben die Dienstleute sonderliches Recht. III. 42. §. 2.

Aehnlichkeit zweier Sachen, von denen jemand die seinige an einem Orte, wo eine Verwechselung leicht möglich war, zurückließ und die fremde mitnahm, ist nach der Meinung mehrerer Leute zu begutachten und entschuldigt von dem Vorwurfe des Diebstahls rc. III. 90.

Aeltere, unter zwei Erben, soll die Erbschaft theilen, der Jüngere wählen. III. 29. §. 2.

Aelteste, der, unter mehreren Erben, die zum Heergeräthe geboren sind, nimmt das Schwert zum Voraus. I. 22. §. 5.

gen ward, um aus Gefangenschaft frei zu werden, in die er treulos gebracht worden war, braucht es nicht zu halten, wenn er dies bewährt. ib. §. 3. — wer hieraus Geld fordert, soll dies dem Beklagten kund thun, wenn dieser nach dem Grunde der Forderung fragt. III. 41. §. 4. — wer aus einem solchen Erbe fordert, hat nur dann einen Anspruch, wenn es vor Gericht bestätigt ist II. 31. — wer sich dadurch vor Gericht verpflichtet hat, dem Andern eine Sache zu leihen oder als Bürgschaft zu geben, der kann sich ihrer nicht gegen diesen unterwinden. III. 43. §. 2, — aus einem gemeinschaftlichen für Zahlung einer Schuld, ist zwar jeder Mitschuldner zunächst nur für seinen Theil verpflichtet, doch haftet er auch für das, zu dessen Zahlung man Andere von Gerichtshalben nicht zwingen kann. III. 85. §. 1. — wenn es Einem von Mehreren für eine Schuld geleistet und für jenen von Mehreren empfangen worden ist; so ist demselben Genüge geschehen, sobald man dem Hauptgläubiger das Versprechen erfüllt, oder sich mit ihm verglichen hat. III. 85. §. 2. — soll der König für den Eid leiten, wo man einen Frieden beschwört. III. 54. §. 2.

Angestorbenes Gut, wer es besitzt, braucht die Nutzungen nicht dem zu erstatten, der es ihm abgewinnt, außer wenn er Recht verweigert. II. 45. §. 2.

Anklage-Verfahren findet auch bei Straffachen statt. I. 61. §. 4.

Ansprechen, kämpflich, kann man niemanden, wenn man, für den Fall daß er mit Recht der Klage entgeht, ohne Schaden bleiben will. I. 62. §. 2. — mag der Richter, mit oder ohne Vormund, niemanden, außer den Kläger auf Kampfeswerth, und nicht hoher als auf seine Unschuld, wenn er sie nach seinem Rechte leistet. III. 92. §. 2.

Anspruch, Uebergang desselben auf und gegen den Erben. III. 31. §. 1. u. 2. s. Schuld.

Antwort, wer dazu vor Gericht geboten wird, und weder antwortet, noch sich dessen entredet, den erkennt man werdhaft. III. 39. §. 3. — desgl. wenn er zum zweitenmale entboten wird; antwortet er beim drittenmale nicht, so ist er der Schuld überwunden. ibid. — wenn sie der Beklagte nach dreimaliger Aufforderung verweigert hat, muß der Kläger die Schuld, die ihm an Leben und Gesundheit geht, erst selbsiebent bezeugen, ehe jener als überwunden gilt. III. 39. §. 4.

Antworten, soll man sofort für das, was man nicht Jahr und Tag in rechter Gewer hat, wenn man darum beklagt wird. III. 38. §. 1. — kann jeder Mann, außer in dem Gerichte, wo er verfestet ist, oder wenn er in Reichsacht oder, im geistlichen Gerichte, wenn er im Banne ist. II. 64. §. 3. — solange man sich dessen mit Urtheil und Recht wehrt, hat man nicht geantwortet; wer aber selbst antwortet, soll des Vorsprechers darben. III. 30. §. 1. — dessen mag sich jeder weigern, den man nicht in seiner angeborenen Sprache beklagt; wenn er sein Recht dazu thut, daß er nicht Deutsch könne. III. 71. §. 1. — außer wenn man ihn mit Zeugen überführen kann, daß er vor Gericht schon deutsch geklagt, geantwortet oder Urtheil gefunden habe; doch kann man vor dem Reiche hierdurch niemanden dazu nöthigen. ib. §. 2. — muß der Beklagte, gegen den man in fremder Sprache klagen mußte, weil er nicht deutsch kann, entweder selbst oder durch seinen Vorsprecher auf die Klage so, daß Kläger und Richter es verstehen. III. 71. §. 1. — muß man dem Erben nicht um Verwundung rc. des Erblassers, wenn dieser nach Jahresfrist starb ohne die Klage begonnen zu haben. III. 32. — muß man dem Erben für das, was man dem dem Todten schuldig ist oder nimmt, III. 31. §. 1. — muß aber der Erbe auf keine Klage gegen den Todten, wenn er nicht das Gut unter sich hat. ib. §. 2. — soll der Erbe, um die Schuld, um die der Erblasser beklagt ist, wenn dieser starb, ehe sie auf ihn gebracht ward; nicht aber der Bürge der ihn vor Gericht zu bringen versprach. III. 10. §. 2. — muß kein Auswärtiger in dem Dorfe nach besonderem Dorfrechte; außer wenn er auf Erbe, Gut, oder Schuld klagt. III. 80. §. 2. — muß niemand seinem Ungenossen zu Kampf in des

B.

den, den Bauern büßen, und ihnen ihre Gewer zurückerstatten. III. 86. §. 1. u. 2.

Bauern, den thüringischen wurde der Acker von den Sachsen, als sie her zu Lande kamen, nach solchem Rechte übertragen, wie die Lassen noch haben. III. 44. §. 3. — wo sie ein neues Dorf besetzen, mag ihnen der Herr Erbzinszahlung gewähren, obwohl sie zu dem Gute nicht geboren sind; aber kein Recht geben, oder sie selbst erkiesen, womit sie des Landrichters Recht schädigen, oder dessen Wedde mindern oder mehren. III. 80. §. 1. — was mit Willen ihrer Mehrzahl vom Bauermeister zu des Dorfes Frommen angeordnet wird, dem mag die Minderzahl nicht widersprechen. II. 56. — nach deren Ermessen kann der Herr beim Abziehen oder Tode seines Zinsmannes, von diesem oder seinen Erben, das Haus und Mist auf dem Zinsgute einlösen. II. 54. — nach deren Ermessen bietet die Frau das Gebäude, das zu ihrer Morgengabe gehört, dem Grundeigenthümer zum Einlösen. I. 20. §. 2. s. Ermessen. — ihnen, zum gemeinschaftlichen Vertrinken, gehört die Wedde, die bisweilen dem Bauermeister mit drei Schillingen für Haut und Haar entrichtet wird. III. 64. §. 11. — sollen zu dem Gerüffte geladen werden, wenn man es in anderem Gerichte erneuert, um einen dahin entflohenen Friedebrecher dort abzufordern. II. 72. §. 4. — wenn sie einen Friedebrecher nicht aufzuhalten vermögen und dies auf den Heiligen bewähren, bleiben sie ohne Schaden. III. 92. §. 1. s. Bauermeister.

Bauerschaft, eine bessert der andern mit drei Schilling, für Beschädigung ihres Gemeindelandes, und entgilt den Schaden, wenn sie vor den Umsassen verklagt wird; weigert sie aber Rechtes, und wird sie vor dem Oberrichter verklagt, so weddet der Bauermeister eine Wedde für Alle und büßt den Bauern dreißig Schilling. III. 86. §. 2.

Bayern, hat seinen Pfalzgrafen, war ein Königreich und ward in ein Herzogthum verwandelt. III. 53. §. 1.

Bebauen von fremdem Lande vor und nach Anstellung der Klage: Rechtsansprüche, die daraus entstehen. II. 47. §. 1. ff. s. Land.

Becostigen. I. 9. §. 3.

Becken gehören zur Gerade. I. 24. §. 3. — zwei, gehören zum Heergeräthe. I. 22. §. 4. — wer das des Andern da, wo eine Verwechselung leicht möglich war, statt des eigenen mitgenommen hat, den kann man keines Raubes, Diebstahls, oder der handhaften That zeihen, wenn er es unverholen gehalten hat und sich auf den Heiligen entschuldigt; doch mag es der Eigenthümer anfangen. III. 90.

Bede, keine solche soll der Richter auf das Land setzen, die dieses nicht willkürt. III. 92. §. 3.

Befestigungswerke darf man nicht bauen, ohne vom Richter des Landes Urlaub zu haben. III. 66. §. 2. ff.

Befronen, kann der Fronbote jedes Gut, wenn er mit Urtheil dazu gegeben wird. III. 56. §. 2.

Befronung, dadurch kann der Richter keine höhere Schuld, als drei Wedden und ein Wehrgeld, auf ein Gut bringen. II. 42. §. 2. — wer aus ihr sein Eigen binnen Jahr und Tag nicht herauszieht, verliert sein Recht daran, und sein Erbe kann sich dann binnen Jahr und Tag, wenn er die Schuld zahlt, zu dem Gute ziehen. II. 42. §. 2.

Begeben ins Kloster. s. Kloster.

Begräbniß, desselben soll die Wittwe mit dem Beirathe des Erben warten. I. 22. §. 1. — bei diesem oder am Dreißigsten muß die Frau nach dem Tode des Mannes ihre Schwangerschaft anzeigen. I. 33.

Begraben darf man, mit Wissen der Nachbarn, einen Ermordeten, den man auf dem Felde findet und dessen Mörder man nicht kennt. III. 91. §. 1. — darf der Freund oder Mag einen Todten, obwohl er weiß, wer ihn erschlug, solange er die Klage vor Gericht nicht mit ihm begonnen hat; sonst darf er ihn, vor deren Beendigung, nur mit des Richters Urlaub bestatten. ib. §. 2.

Behänge gehören zur Gerade. I. 24. §. 3.

Behalten, ein Urtheil, beim Urtheilschelten. I. 18. §. 3. — kann

II. 3. §. 1. — muß seine Unschuld, vor dem Beginne des gerichtlichen Kampfes, erst beschwören. I. 63. §. 4. — wenn er siegt, wird mit Wedde und Buße entlassen. ib. — wenn er beim Kampfgerichte, nachdem der Kläger den Kampfplatz betreten hat, auf dreimalige Vorladung durch den Fronboten mit zwei Schöffen, nicht erscheint, soll wegen Versäumnisses verurtheilt werden. I. 63. §. 5. I. 64. §. 2. — wenn er bei Anstellung der Klage nicht im Gericht zugegen ist und vorgeladen werden muß, hat keinen Theil an dem Frieden, den der Richter dann nur dem Kläger wirkt. III. 13. — bedarf keines Vorsprechers, wenn er den Schaden auf sich nehmen will, der ihm daraus erwachsen kann. I. 60. §. 1. — der selbst geantwortet hat, soll des Vorsprechers darben; hat aber nicht geantwortet, solange er sich des Antwortens mit Urtheil und Recht wehrt. III. 30. §. 1. — behält den Vorsprecher, der ihm für eine Klage gegeben ist, auch für alle andere Klagen, die von oder gegen ihn angestellt werden. I. 61. §. 3. — kann den Vorsprecher seiner Fürsprache entlassen. ibid. — er und Kläger mögen dreimal um jede Rede Gespräch mit ihren Vorsprechern haben, bis der Fronbote sie wieder vorladet. I. 62. §. 7. und 9. — wenn er sich zu rechter Zeit zu Leistung des gelobten Eides erbietet, und der Kläger ausbleibt oder den Eid nicht annehmen will, ist des Eides und der Schuld ledig. II. 11. § 2. — wenn er vor Gericht zur Antwort geboten wird, und weder antwortet, noch sich dessen entredet, so erkennt man ihn weddhaft. III. 39. §. 3. — desgl. wenn er zum zweitenmale entboten wird; beim drittenmale ist er der Schuld überwunden. ibid. — wenn er nach dreimaliger Aufforderung vor Gericht die Antwort verweigert hat, so muß die Schuld, die ihm an Leben und Gesundheit geht, vom Kläger erst selbsiebent bezeugt werden, ehe er für überwunden gilt. III. 39. §. 4 — wenn er in seiner Gegenwart vor Gericht beschuldigt und dingflüchtig wird, ist der Klage überwunden und wird, wenn sie um Ungericht erhoben war, sofort verfestet. II. 46. — wenn er den, um eine Schuld gelobten Eid, zu rechter Zeit nicht leistet, ist der Schuld überführt, außer wenn er echte Noth nachweißt. II. 11. §. 1. — wenn er wegen echter Noth nicht zu Dinge kommen kann, und dies durch seinen Boten nachweißt, gewinnt Tag bis zum nächsten Ding nach Wegfall des Hindernisses. II. 7. §. 1. — wenn er zu antworten begann und hierauf im ausgelegten Dinge ausbleibt, wird sachfällig. II. 9. §. 1. — soll dem Richter Bürgen stellen für sein Erscheinen. ib. §. 2. — braucht um Ungericht keine Bürgen zu stellen, wenn er soviel Eigen in dem Gerichte hat, als sein Wehrgeld beträgt. II. 5. §. 1. — wenn dessen Bürge gelobt hat, ihn vor Gericht zu bringen, und dies nicht leisten kann; so ist dieser der Klage überwunden und muß danach bessern; mit Wehrgeld und Wedde, wenn die Klage an das Leben geht. III. 9. §. 1. — wenn er freiwillig vor Gericht kommt, so ist sein Bürge ledig, der ihn vorzubringen gelobte. III. 9. §. 3. — kann die Schuld auch wenn er schon gepfändet worden ist, binnen sechs Wochen noch entreden; später nur wenn er echte Noth nachweißt. I. 70. §. 2. — wenn er, wegen einer Klage um Ungericht, keine Bürgen setzen kann und kein Erbe hat; so soll ihn der Fronbote in Gewalt halten. I. 61. §. 2. — wenn er vor Gericht, wegen einer Schuld, die von ihm gefordert wird, weder Zahlung noch Bürgschaft leistet, so soll er dem Gläubiger für das Geld vom Richter übergeben werden; dieser soll ihn dann in Kost und Arbeit dem Gesinde gleich halten, und nicht anders, als durch Spannen in eine Fessel, strafen. III. 39. §. 1. — wenn er entläuft oder entlassen wird, ist er der Schuld nicht ledig. ibid. §. 2. — verweigert Recht, wenn er verfestet wird, oder eine Schuld nicht entgilt und wiedergiebt, die er entgelten und wiedergeben soll, ohne daß man ihn durch Pfändung zwingen mag; deßhalb kann man ihn überall verklagen, wo man Recht gegen ihn erlangen kann. III. 88. §. 2. — wenn er als Verfesteter ohne handhafte That vor Gericht geführt wird, muß der Kläger erst die Verfestung mit dem Richter und den Dingpflichtigen gegen ihn bezeugen, ehr er die Haft gegen ihn erbitten kann. III. 89. §. 2. — dann soll der Kläger gegen ihn klagen und schwören daß er der That schuldig sey. ib. §. 3. u. 4. — soll verfestet werden, wenn der Kläger mit Gerüffte gegen ihn klagt, ehr die That übernächtig ward, und sie selbsiebent bezeugt. I. 70. §. 3. — wenn er aus der Verfestung sich gezogen hat, so soll er Bürgen stellen und ihm Friede gewirkt werden, damit er zu drei Dingen vorkomme, um auf die Klage zu antworten. II. 4. §. 1. — klagt dann niemand, so ist er der Klage ledig. ibid. — wenn er sich in Abwesenheit des Klägers aus der Verfestung gezogen und Bürgen gestellt hat, daß er auf die Klage antworten wolle, aber ausbleibt; so soll er wieder in die Verfestung gethan werden, und das Bürgengeld dem Richter zufallen. II. 4. §. 2. — wenn er vor Gericht behauptet, sich aus der Verfestung gezogen zu haben, muß er dies mit dem Richter, Schuldheißen oder Fronboten und zwei Mannen beweisen, sonst gilt die Verfestung gegen ihn als erwiesen. III. 18. §. 1. — wenn er durch Verfestung in des Königs Acht gebracht ist; wie er sich aus dieser herausziehen soll. III. 34. §. 5. — wenn er sich daraus gezogen, soll ihm der König Friede wirken, sobald er schwört, vor den Richter zu kommen, der ihn verfestete. ibid. — wenn er sich vor dem Könige aus der Acht gezogen hat, in die er durch Verfestung gekommen war, soll er binnen vierzehn Nächten, nachdem er ins Land zurückgekehrt, sich vor den Richter zu Recht entbieten, der ihn verfestete, und des Königs Brief und Insiegel mitbringen, zu Urkunde, daß er aus der Acht sey. III. 34. §. 5. — wenn er auf handhafter That mit Diebstahl oder Raub gefangen ist, kann er auf keinen Gewersmann ziehen. III. 35. §. 1. — wenn er keiner handhaften That schuldig ist, und man gestohlenes oder geraubtes Gut bei ihm findet, so kann er auf seinen Gewersmann ziehen, sobald man ihn kämpflich grüßt. ib. §. 2. — wenn er um Ungericht, in dem Gerichte, wo er nicht gegenwärtig ist, angesprochen und ihm ein Tag gegeben wird, kann er von dem Kläger auch vorher festgehalten werden, bis er Bürgen setzt, vorzukommen. III. 13. — wenn er (bei einer Klage um Ungericht) auf dreimalige Ladung nicht vor Gericht kommt, wird er verfestet. I. 67. §. 2. — wenn er um Ungericht von Mehreren angesprochen wird, braucht er Keinem zu antworten, bis er der ersten Klage ledig ist. III. 12. §. 2. — gegen den Mehrere um Ungericht klagen, braucht keine höhere Bürgschaft zu stellen, als für sein Wehrgeld, wenn die erste Klage vertagt wird. III. 12. §. 2. — um Ungericht; muß erst sich entschuldigen, ehe er einen Andern (der Burgherr die Burg) entschuldigen kann. II. 73. §. 2. — um Ungericht; muß zuerst die Gewer der Klage bitten, damit der Kläger seine Klage nicht mehr ändern könne. III. 14. §. 2. — um Ungericht; soll nicht mehr als dreißig Mann vor Gericht führen, die keine Waffen, als Schwerter, tragen dürfen. II. 68. — um Ungericht; wer ihn gewaltsam dem Gerichte entführt, leidet dieselbe Strafe, wie dieser, oder wird verfestet, wenn er entkommt und man das Gerüffte über ihn bezeugen kann. III. 9. §. 5. — um Ungericht; wer ihn zu beschiedenen Tagen vorbringen soll, der muß ihn, wenn er unterdessen stirbt, todt vorbringen, und ist dann ledig. III. 10. §. 1. — um Schuld, die noch nicht auf ihn gewonnen ist, braucht er nicht todt vorgebracht zu werden. ib. §. 2. — zahlt weder Wedde noch Buße, wo er Leben oder Hand verwirkt; er löße sie oder nicht. III. 50. — gegen den der Kläger Buße und Wehrgeld gewinnt, gegen den hat der Richter seine Wedde. III. 33. §. 10. — wenn in seiner Abwesenheit eine Klage um Ungericht gegen ihn erhoben, aber nach seinem Erscheinen nicht fortgesetzt wird, erhält er Buße und wird klagfrei. II. 8. — aber nicht wenn er der vollführten Klage mit Recht entgeht. ibid. — kann wegen einer einzigen Wunde nur ein Mann sein; aber wegen des Rathes und der Hülfe dabei Mehrere. III. 47. §. 1. — der sich weigert dem Kläger vor Gericht zu folgen, wenn dieser eine Sache mit Anfang von ihm einklagen will, kann als Dieb auf handhafter That mit Gerüffte beschrien werden. II. 35. §. 2. — wenn ihm, bei der Anfangsklage, Bruch wird an seinem Gewersmann, so kann er noch des Diebstahls oder Raubes beschuldigt werden II. 35. §. 5. — bleibt bei der Anfangsklage im Besitze des Gutes, bis ihm die Gewer mit Recht abgewonnen wird. II. 35. §. 8. — wenn er um Eigen oder Lehn, das er in rechter Gewer hat, beklagt wird, soll er auf die Einrede, daß er deßhalb nicht geladen sey, bis zum nächsten Ding Frist erhalten, und kann dann noch eine Frist erbitten. II. 2. §. 2. — wenn er im Gericht anwesend ist, kann man ihm die Gewer (eines Gutes) mit rechter Klage brechen; sonst muß er zu seinem rechten Tagding vorgeladen werden. II. 25. §. 1. — gewinnt keine rechte Gewer an dem streitigen Gute, das er mit Gewalt behält, so lange man die Klage bezeugen kann. II. 45. §. 1. — kann geliehenes Gut dem zurückbringen, der es ihm lieh, wenn der Kläger dabei gegenwärtig ist. III. 5. §. 2. — wenn er selbdritt bezeugen kann, daß die Sache ihm öffentlich geliehen oder in Verwahrung gegeben ist, kann er ihretwegen nicht des Diebstahls oder Raubes bezichtigt werden; soll aber deren Eigenthümer, der dreimal über vierzehn Nächte zu Vertretung seines Guts geladen werden muß, hiervon benachrichtigen. III. 5. §. 1. — der da, wo eine Verwechselung leicht möglich war, eine fremde Sache statt der eigenen genommen hat, entschuldigt sich des Diebstahls oder Raubes auf den Heiligen, wenn er sie unverholen gehalten hat, und kann dann keiner handhaften That beschuldigt werden; doch kann der Kläger die Sache anfangen. III. 90. — er und der Kläger, wenn sie ein Gut mit gleichem Anspruch und Zeugniß behalten, so soll man dieses unter sie theilen. III. 21. §. 1. — soll das, was er dem Andern mit Gewalt oder ohne dessen Wissen genommen hat, mit Buße zurückgeben, oder, wenn er schwört, daß er dies nicht könne, den vollen Werth nach Abschätzung des Klägers erstatten; doch kann er diese mit seinem Eide mindern. III. 47. §. 2. — kann beim Ersatz von fahrender Habe und Thieren, die kein Wehrgeld haben, die vom Kläger angegeben Würderung derselben mit seinem Eide mindern. III. 51. §. 2. — wenn er auf Ersatz eines singenden oder krimmenden Vogels, Wind-, Spür-, oder Hetz-Hundes belangt ist, kann er einen Andern seines Gleichen als Ersatz geben, wenn er beschwört daß dieser gleich gut sey. III 47. §. 3 — kann unschuldig werden, wenn der Kläger behauptet, daß er sich ihm als Eigner ergeben habe; außer wenn die Ergebung vor Gericht geschah. III. 33. §. 2. — wenn er als eingeborener Eigner eingefordert wird, überführt ihn der Herr mit zwei seiner Eignen auf den Heiligen. ib. §. 3. — wenn er als eingeborner Eigener in Anspruch genommen wird, behält er seine Freiheit selbsiebent seiner Mage, drei vom Vater und drei von der Mutter, und weist des Herren Zeugniß ab. III. 33. §. 5. — verliert seine Arbeit und Saat, wenn er nach Anstellung der Klage fremdes Land, mit oder ohne Wissen, bebaut; kann aber Schadenersatz von dem fordern, der es ihm übertrug: was er vor der Klage gesäet hat, daran behält er seine Saat gegen Zins, II. 47. §. 1. 2. u. 3. — kann von dem Kläger Antwort auf die Wiederklage fordern, wo dieser geklagt hat; außer zu Kampfe. III. 80. §. 3. — kann die Wiederklage nicht ehr anstellen, bevor die zuerst angestellte Klage abgethan ist. III. 12. §. 1. s. Antworten, Kläger, Mann.

Beköstigung, auch wenn sich Kinder in der Beköst. von den Eltern trennen, können sie mit den unabgesonderten erben. I. 13. §. 1. — auf eigene sollen die, die mit Gerüffte vor eine Burg geladen sind, binnen dem Gerichte drei Tage daselbst bleiben. II. 72. §. 3. — auf eigene sollen alle Einsassen des Gerichts beim Abbrechen einer Burg, worüber mit Urtheil erkannt ist, helfen, wenn sie mit Gerüffte dazu geladen sind. III. 68. §. 2. — solche haben die Boten zu fordern, die wegen eines gescholtenen Urtheils an den höheren Richter gesendet werden. II. 12. §. 6.

Belehnung, kann der Lehnherr dem Erben dessen nicht weigern, der ein Gut von ihm erwarb, aber vor der Belehnung gestorben ist. I. 9. §. 3. — deren Erwirkung vom Lehnherren. ib. §. 4. — wo die der Bischöfe, Aebte und Aebtissinen, die den Heerschild haben, an den Kayser geht, und man sie binnen sechs Wochen nicht kürt, kann der Kayser die Lehne leihen wem er will. III. 59. §. 2. — dadurch kann jemand Richter werden. I. 55. §. 1. — Belehnung mit Goschaft, wenn sie ein Herr gewährt hat, soll er dem Manne und seinen Kindern Lehnrecht leisten; aber die Landleute können dies mit ihrer Kür brechen. I. 56. — soll von dem Grafen oder Markgrafen dem Gografen, der für lange Zeit gekoren ist, ertheilt werden. I. 58. §. 1. — dadurch kann der Graf keinen Theil seiner Grafschaft und der Vogt keinen seiner Vogtey so übertragen, daß der Belehnte Königsbann darüber hätte, den man von ihm dulten müßte. III. 64. §. 5.

Benennung des Auctors und Anzeige des Rechtsstreits um eine, von ihm geliehene oder in Verwahrung bekommene Sache, soll von dem, dem die Sache geliehen oder gegeben wurde, zu Haus und Hofe seines Auctors geschehen. III. 5. §. 1.

Beraubung, eines Andern, den man gefangen hat; nur wo keine solche stattfand, antwortet man dem Erben des Gefangenen nicht, wenn dieser nach Jahresfrist stirbt. III. 32.

Bergwerke (Silbergruben) auf fremdem Grunde dürfen nur mit Bewilligung des Eigenthümers angelegt werden und dieser behält die Vogtey darüber. I. 35. §. 2.

Bergwerksschätze s. Schatz.

Besaken s. ableugnen.

Besäen von fremden Lande vor und nach Anstellung der Klage: Rechtsansprüche, die daraus entstehen. II. 47. §. 1. ff. s. Saat.

Beschelten an seinem Rechte kann man ein Kind, das nach Verheirathung der Eltern zu früh, oder nach dem Tode des Vaters zu spät geboren ist. I. 36. §. 1. und 2.

Bescheren s. Tonsur, Scheere.

Beschiedene Jahre, wer auf solche sein besäet Land um Zins und Pflege austhut, damit es ihm besäet zurückgegeben werde, dessen Erbe kann es auch vor der Zeit zurückfordern, sobald der Verleiher stirbt; nur soll er dem Zinsmann für die Saat soviel Zins und Pflege geben, als dieser dem Verleiher zu zahlen hatte. III. 77. §. 1. und 2. — Schock, werden mancher Arten als (trockner) Zehnten gegeben. II. 49. §. 10.

Beschirmen soll man Backöfen und Essen, damit die Funken nicht in eines Andern Hof fliegen. II. 52.

Beschlagnahme, eines Guts wegen Schuld. s. Befronung.

Beschoren sollen Pfaffen und Juden sein. III. 2. s. Tonsur.

Beschreien der Wände bei der Geburt eines Kindes. I. 33. — des Gerüfftes s. Gerüffte.

Besen, zwei erhalten die als Buße, die ihr Recht mit Raub, Diebstahl rc. verwirkt haben. III. 45. §. 9.

Besibbe (uon wif haluen.) I. 27. §. 1.

Besitz, dessen Schutz und Beweis bei gleichen Ansprüchen III. 21. §. 1. ff. — einer streitigen Sache, die der Beklagte nur als Commodat unter sich hat, soll nicht heimlich, ohne Wissen des Klägers, an den Eigenthümer zurückgegeben werden. III. 5. §. 2. — unverholenen muß der mit Zeugen beweisen, der eine fremde Sache, da wo eine Verwechselung leicht möglich war statt der eigenen mitnahm, wenn man ihn keiner handhaften That zeihen soll und er sich des Raubes oder Diebstahls auf den Heiligen entschuldigen will. III. 90. s. Gewer.

Besitzen soll der, dem etwas gegeben ward, diese Sache drei Tage, (um die Gewer zu erlangen); bei Sachen, die man aber eingeklagt oder ererbt hat, ist dies nicht nöthig. III. 83. §. 1.

Besitzer, wenn er einen Rechtstitel seines Besitzes für sich hat, braucht die Nutzungen des Gutes nicht zu erstatten, wenn ihm dasselbe abgewonnen wird, weil er deshalb kein Recht verweigerte. III. 45. §. 2. — soll ein, von zwei Erben angesprochenes Gut solange behalten, bis sie sich vergleichen, oder Einer den Andern vor Gericht abweist. III. 15. §. 1. — der wissentlich oder unwissentlich fremdes Land, während der Klage darum, bebaut, verliert seine Arbeit und Saat, wenn der Kläger das Gut behält; kann aber Schadenersatz von dem fordern, der es ihm übertrug: was er vor der Klage besäet hat; davon behält er seine Saat gegen Zins. II. 47. §. 1. ff.

Bessern muß der Bürge nach Maaßgabe der Klage, wenn er gelobt hat, den Beklagten vor Gericht zu bringen, und dies nicht leisten kann; mit Wehrgeld und Wedde, wenn die Klage an das Leben geht. III. 9. §. 1. — den Frieden; wie man es soll, wenn ihn Einer für den Andern gelobt hat. III. 9. §. 2. — soll man den gelobten Frieden in dem Gerichte, wo er gelobt worden ist. ibid. — soll man zuerst den Frieden ohne Kampf, der beiden Parteien gewirkt wird, wenn der Kampf, wozu Einer den Andern vor Gericht gefangen hat, mit Urtheil gefristet, und der Friede nachher gebrochen worden ist III. 36. §. 1. — muß der das Gerüffte mit drei Schillingen, der damit ergriffen wurde, weil er sich der Pfändung wehrte. II. 28. §. 4. — soll man den Pfaffen und Juden, wenn sie Waffen führen und ihnen Gewalt gethan wird, wie einem Layen. III. 2. — soll der, um Schläge oder Blutrunst Beklagte, binnen seinem Tagding; sonst soll er verfestet werden. I. 68. §. 1. — soll man das was auf einem Gute geschieht, demjenigen der es in seiner lediglichen Gewer hat. II. 58. — soll der den Schaden, der seinen Hof nicht verwahrt. II. 50. §. 2. — soll der Herr des Thieres den Schaden, den es gethan hat, wenn er es wieder in seine Gewer nimmt, nachdem er die That erfuhr. II. 41. §. 1. — oder wenn das Thier ein bösartiges war. II. 63. §. 1. — muß der Knecht dem Herren Schaden und Buße, wenn er widerrechtlich aus seinem Dienste entkommt. II. 33. §. 1. — muß der, dessen Vieh auf fremdem Korne oder Graße geschadet hat, wenn man es nicht pfänden konnte, aber den Schaden sogleich zwei Mannen nachwies und dem Viehe zum Hause seines Eigenthümers folgte. II. 48. §. 3. — muß der, der sich fremdes Land zusagt und es bebaut, wenn es ihm mit Recht abgewonnen wird. III. 20. §. 1. — soll der, der eine geliehene Sache über die beschiedenen Tage behält, wenn er sie beschädigt hat. III. 22. §. 1. — soll der Vormund den Schaden, den ein Unmündiger thut, mit dem Wehrgelde des Verletzten oder nach dem Werthe, mit dem Gute des Kindes. II. 66. §. 1. — (wedden) muß eine Bauerschaft der andern mit drei Schillingen wegen Verletzung ihres Gemeindelandes, wenn man sie bei den Umsassen verklagt; weigert sie aber Rechtes und wird sie bei dem Oberrichter verklagt, so muß der Bauermeister für Alle wedden und den Bauern dreißig Schillinge büßen. III. 86. §. 2. — wer es mit dem Leben gegen Gott nicht will, den soll man mit dem Gute dazu zwingen. III. 63 §. 1.

Beswas (uon wif haluen.) I. 27. §. 1.

Bett oder Bettuch, wer ein fremdes da, wo eine Verwechselung leicht möglich war, statt des seinigen mitgenommen, kann sich vom Vorwurfe des Raubes, Diebstahls und der handhaften That, wenn er es unverholen gehalten, auf den Heiligen entschuldigen: doch kann es der Eigenthümer anfangen. III. 90. — wenn die Frau das des Mannes betritt, wird sie seine Genossin. III, 45. §. 3. — soll die Nichtel, die die Gerade der Frau nimmt, dem Manne berichten, wie es beim Leben der Frau stand. III. 38. §. 5. — ein solches gehört zum Heergeräthe. I. 22. §. 4.

Betten gehören zur Gerade. I. 24. §. 3.

Betttücher gehören zur Gerade. I. 24. §. 3.

Betttuch ein solches gehört zum Heergeräthe, I. 22. §. 4.

Beutel, zwölf, jeder zu zwölf Schillingen, bei Bestimmung des Wehrgeldes der Tagewerken. III. 45. §. 8.

Bevollwortung, um die eines gescholtenen Urtheils soll man nicht fragen. II. 13. §. 7. — eines Urtheils, wer dieser widerspricht, ohne es zu schelten, bleibt ohne Wedde, auch wenn er das von ihm

antwortet sey, wie das Angelöbniß stand. ib. §. 4. — soll bei Gericht die echte Noth desjenigen, für dessen Erscheinen er sich verbürgt hat, benennen und auf den Heiligen bewähren. II. 7. §. 2. — der einen um Ungericht Beklagten vor Gericht bringen soll, muß diesen, wenn er unterdessen stirbt, todt vorbringen und ist dann ledig. III. 10. §. 1. — den um Schuld Beklagten, die noch nicht auf ihn gewonnen ist, braucht er nicht todt vorzubringen. ib. §. 2. — der den Schuldner vor Gericht zu bringen versprach, ist frei, wenn er selbdritt beweißt, daß dieser vor dem rechten Tage starb; darum soll nur der Erbe für die Schuld antworten. III. 10. §. 2. — der ein Pferd oder Vieh vor Gericht zu bringen gelobt hat, muß, wenn dieses stirbt, die Haut vorbringen und ist dann ledig. III. 10. §. 3. — wer keinen stellen, noch zahlen kann, wenn man vor Gericht eine Schuld von ihm fordert, soll dem Gläubiger an Zahlungsstatt überantwortet werden. III. 39. §. 1. — der für eine Schuld ist frei, sobald der Schuldner bewährt, daß er gezahlt habe. III. 85. §. 3. — wer es für einen Andern so wird, daß er selbst zu zahlen gelobt, muß selbst durch Zeugen bewähren, daß er, oder jemand von seinethalben gezahlt habe, wenn er frei von fernerem Anspruch sein will. (Expromission.) III. 85. §. 4. — als solcher haftet der Erbe für eine Schuld, wofür er Bürgschaft geleistet hat. I. 6. §. 1. — wenn es der Erbe für etwas geworden ist, muß er dies leisten. I. 9. §. 6. — wenn es der Herr für seinen Knecht geworden ist, muß er über den Betrag des Lohns für ihn antworten. II. 39. §. 1.

Bürgen sollen beide Parteien dem Richter stellen für ihr Erscheinen, und sie sollen des Rechts wegen auf das Gericht sehen. II. 9. §. 2. — wer keine setzen kann und auch kein Erbe hat, den soll der Fronbote, wenn er um Ungericht klagt oder beklagt wird, in Gewalt halten I. 61. §. 2. — braucht der Beklagte wegen Ungericht nicht zu stellen, wenn er soviel Eigen im Gerichte hat, als sein Wehrgeld beträgt. II. 5. §. 1. — bis der Beklagte solche für sein Erscheinen im Gerichte setzt, kann ihn der Kläger wegen einer Klage um Ungericht festhalten. wenn er bei der Klage nicht im Gerichte anwesend war und ihm deshalb ein Dingtag gegeben ist. III. 13. — braucht der Kläger nicht ehr zu setzen, als bis die Klage getagt wird. I. 61. §. 2. — soll der, der sich aus der Verfestung gezogen hat, stellen, daß er zu drei Dingen vorkomme. II. 4. §. 1. — soll der setzen, der sich aus der Verfestung ziehen will, daß er vor Gericht komme, oder der Richter soll ihn festhalten, bis er Rechts pflegt. III. 17. §. 2. — muß der setzen, der zum Kampfe gegrüßt und gefangen ist, wenn er Anberaumung eines Tages dazu verlangt. I. 64. §. 2. — wer solche für einen Eid setzt und vor dessen Leistung stirbt, für den soll der Erbe oder Bürge den Eid leisten, oder die Schuld ist auf den Bürgen gewonnen. III. 11. — muß der Beklagte für sein Wehrgeld setzen, wenn eine Klage um Ungericht vertagt wird; aber nicht für mehr, wenngleich er von Mehreren angesprochen ist. III. 12. §. 2. — die es um Ungericht für jemanden geworden sind, und ihn dem Gerichte nicht stellen können, müssen sein Wehrgeld zahlen, ohne daß ihnen dies an ihrem Rechte schadet. I. 65. §. 1. — für das Wehrgeld dessen, den man als Friedebrecher in ein anderes Gericht verfolgt hat, soll man solche setzen, wenn er den Verfolgern ausgeliefert wird. II. 72. §. 4. — muß der Vorsprecher setzen für Wedde und Buße, wenn er kein Erbe hat, aber nicht ehr, als bis er sie verwirkte. I. 60. §. 5. — diese kann der nicht mit seinem Eide entbürden, der binnen gelobtem Frieden Burgen erobert oder Leute fängt. III. 9. §. 2.

Bürgengeld, ist an den Richter, nicht an den Kläger, zu zahlen, wenn der, der aus der Verfestung sich gezogen und deshalb Bürgen gestellt hat, sich dem Kläger nicht zur Antwort vor Gericht stellt. II. 4. §. 2.

Bürgschaft, darein soll man einen Gefangenen thun, wenn die Klage gegen ihn gefristet wird. II. 9. §. 3. — braucht nimand höher zu stellen vor Gericht, als sein Wehrgeld beträgt. ib. §. 5. — außer für Schuld. ibid. — einer Sache, die als Bürgschaft gegeben ist, kann man sich gegen den, dem man sie gab, unterwinden, wenn er sie nicht zurückgiebt, außer wenn sie gerichtlich gelobt war. III. 43. §. 2. — in solche soll man das gerichtlich genommene Pfand dreimal vierzehn Nächte lang thun. I. 70. §. 2. — wer sie binnen Märkten oder auswärtigem Gerichte leistet, muß daselbst antworten. III. 25. §. 2.

Bürsten gehören zur Gerade. I. 24. §. 3.

Büßen muß man den Bauern mit dreißig Schillingen wegen Abpflügen des Gemeindelandes der Nachbarn, wenn man deshalb vor dem Oberrichter verklagt wird, weil man dem Bauermeister Rechtes verweigert hat. III. 86. §. 1. u. 2. s. Buße.

Büttel, soll mindestens eine halbe Hufe Eigens haben. III. 61. §. 3. s. Fronbote.

Burggraf ist über den Markgrafen Richter. III. 52. §. 3.

Burgherr, soll den vorbringen, der wegen Raubzügen verklagt wird, die er von der Burg gethan; oder selbst dafür antworten. II. 73. §. 3. — muß für die Burg über sechs Wochen, von Anstellung der Klage an, auch dann antworten, wenn der Kläger den, der ihn von dort beraubte, nicht nennen kann. ib. §. 4. — er oder sein Burgmann mag die Burg wegen Raub, der von oder auf ihr geschehen sey, auf den Heiligen entschuldigen. II. 73. §. 2. — wenn er selbst aber des Ungerichts verklagt wird, muß er zuerst sich entschuldigen. ibid.

Burgmann s. Burgherr.

Burg, die, worüber mit Urtheil erkannt ist, soll vom Richter mit Hülfe der Landleute abgebrochen werden. III. 68. §. 1. u. 2. — wer vor eine solche dem Gerüffte folgen muß, soll, binnen dem Gerichte, drei Tage auf eigene Zehrung daselbst bleiben. II. 72. §. 3. — vor die des Herren mag der Mann, sowie vor die des Mannes der Herr und vor die des Mages der Mag folgen, wenn er dahin um Ungericht mit Gerüffte geladen wird, und mag sie abbrechen helfen, wenn man sie nicht mit Recht entredet, ohne seine Treue zu brechen. III. 78. §. 4. — keine solche darf man bauen, ohne vom Richter des Landes Urlaub zu haben. III. 66. §. 2. — keine, die um Ungericht abgebrochen ist, darf man ohne dessen Urlaub wieder bauen; wohl aber eine solche, die gewaltsam (vom Feinde) gebrochen, oder in Verfall gerathen ist. ib. §. 4. — wenn sie mit Unrecht jemandem abgewonnen worden ist und vorenthalten wird, kann man unterdeß keine Klage darauf bringen, darum man sie abbrechen soll. III. 67. — wer über sie klagt, daß er von dort beraubt sey, aber den Thäter nicht kennt, dem muß der Burgherr über sechs Wochen, von Anstellung der Klage an, antworten. II. 73. §. 4. — wenn Leute, von dort kommen und Schaden oder Raub verüben, so ist sie nur dann des Schadens schuldig, wenn jene binnen Tag und Nacht dahin zurückkehren, oder der Raub dahin gebracht wird. II. 73. §. 5. — wer von dort Raubzüge gethan zu haben beschuldigt wird, den muß der Burgherr vorbringen, damit er bessere oder die Burg entrede; sonst antwortet der Burgherr selbst darum. II. 73. §. 3. — wie man einen Friedebrecher davon abfordern, den Richter mit Gerüffte davor laden, sie verfesten, um Ungericht beklagen, sie entschuldigen, mit Kampf überführen, mit Eide entreden soll. rc. II. 73. §. 1. ff. — die, worauf Gefangene festgehalten werden, thut man sammt den Leuten in die Acht, wenn der König, bei seiner ersten Anwesenheit im Lande, die Gefangenen abgefordert hat, und diese nicht vor ihn gebracht werden, um sie mit Recht zu überwinden. III. 60. §. 3.

Burgen haben auch Frieden, den man an ihnen brechen kann. III. 8. — wer sie binnen gelobtem Frieden erobert, mag seine Bürgen nicht mit seinem Eide entbürden. III. 9. §. 2. — wer darin Wohnung oder Herberge hat soll kein Schwert tragen. II. 72. §. 1. — wenn der Friedebrecher dahin flieht, den man mit Gerüffte verfolgt, soll man das Gerüffte erneuern und ihn zu rech=

tem Gerichte abfordern. II. 72. §. 4. — die seines Herren, Mages, Mannes und Freundes mag der Mann wehren helfen wider Herren, Mage und Mannen, die sie gewaltsam überfallen, ohne seine Treue zu brechen, wenn er nur nichts von ihrer Habe nimmt. III. 78. §. 5.

Burmiethe, giebt die Wendin ihrem Herren wenn sie heirathet, als Zeigen ihrer Eigenschaft. III. 73. §. 2.

Busen, (Descendenten) das Erbe geht nicht aus denselben, solange ebenbürtige Busen dasind. I. 17. §. 2.

Buße, hat jeder nach seiner Geburt, wenn er sie nicht verwirkt hat. II. 17. §. 3. — der Fronbote hat doppelte. I. 8. §. 2. — richtet sich nach der Geburt. ibid. — wieviel sie bei jedem Stande beträgt. III. 45. §. 1. ff. — halbe haben Frauen und Jungfrauen. ib. §. 2. — die der Unechten ist nur darum gesetzt, damit ihr die Wedde des Gerichts folge. ib. §. 10. — volle hat jeder Mann, obschon er eines Gliedes darbe, solange er nicht wegen seiner Lähmung einen Vormund vor Gericht erbeten hat, oder diese ihm vergolten ist. II. 22. §. 1. — wird nicht verkürzt, wenn jemand vor oder nach seinen Tagen einen Vormund annimmt. I. 42. §. 1. — seine sonderliche hat jeder Finger und Zehen, nach dem was ihm an dem Wehrgelde gebührt; seinen zehnten Theil. II. 17. §. 6. — und Wehrgeld; daran sind die Kinder eines Birgelden oder Landsassen, der eine schöffenbare Frau hat, ihrer Mutter nicht ebenbürtig, denn sie haben ihres Vaters Recht, und erben daher nicht von der Mutter und deren Magen. III. 72. §. 2. — wer sie am rechten Tage nicht giebt, soll vom Fronboten gepfändet werden. I. 53. §. 3. — wird nur einfach an den Verletzten gezahlt, auch wenn die Wedde doppelt (geistliche und weltliche) an einer That verwirkt ist. ib. §. 4. — wann soll sie gezahlt werden? II. 5. § 2. — wer die seinige vor Gericht verleugnet, hat keine mehr. II. 6. §. 1. — und Wedde; zahlt nicht, wer Leben oder Hand verwirkt, er löße sie, oder nicht. III. 50. — hat kein Richter in seinem Gericht, sondern nur Wedde, weshalb manche fälschlich behaupten, daß Fürsten keine solche hätten. III. 53. §. 2. — Giebt man niemandem, als dem Kläger. ibid. — und Wehrgeld; gegen wen es der Kläger vor Gericht gewinnt, gegen den hat der Richter seine Wedde, wenn er sie fordert. III. 33. §. 10. — wo sie jemand gewinnt, hat der Richter seine Wedde. I. 53. §. 1. — auch wo sie niemandem zufällt, hat der Richter oft eine Wedde, wegen Ungeziem, das im Gerichte verübt ward. ibid. — zahlt der abgewiesene Kläger nur, wenn er sich des Klaggegenstandes unterwand. ib. §. 2. — zahlt der, der dem Andern Fleischwunden schlägt oder Lügner schilt. II. 17. §. 8. — und Wedde; verwirkt der, der dem Andern Wunden schlug oder ihn raufte, aber nicht Hals und Gesundheit, wenngleich er mit Gerüffte gefangen ward. III. 37. §. 1. — muß der einem Laien zahlen, der ihn in weltlichen Sachen vor geistlichem Gerichte beklagt und in Schaden gebracht hat. III. 87. §. 1. — verwirkt der, der einen Landmann, mit dem er in einem Dorfe oder in einer Goschaft sitzt, binnen Weichbilde oder auswärtigem Gerichte verklagt. III. 87. §. 2. — zahlt der, der ein Urtheil gescholten hat, wenn er sein Recht nicht vollführt, an den, dessen Urtheil er schalt. II. 12. §. 7. — verwirkt der, dem die Gewer der Klage gebrochen wird, bei einer Klage um Heergeräthe, Erbe, Gerade und fahrende Have. II. 16. §. 2. — erhält der Beklagte, wenn der Kläger seine Klage in dessen Gegenwart nicht fortsetzt, auch wenn sie zuerst in seiner Abwesenheit erhoben wurde. II. 8. — aber nicht wenn er der vollführten Klage mit Recht entgeht. ib. — zahlt der, den der Gegner zum Zeugen in eigner Sache aufrief, sobald dieser das Zeugniß mit ihm vollführt; außerdem zahlt sie der Gegner. II. 23. §. 5. — wird wegen Versäumung eines gerichtlich gelobten Eides gezahlt. II. 11. §. 1. — verliert bei der Anfangsklage der, der die Sache lassen muß. II. 35. §. 5. — verwirkt der, der einer Sache mit Unrecht sich unterwindet. III. 43. §. 1. f. Wandel. — zahlt

C.

Gott mit dem Leben nicht bessern wollen. III. 63. §. 1.

Correalobligationen sind die, welche aus einem gemeinschaftlichen Angelöbniße entspringen, insofern der Theil der Schuld, zu dessen Zahlung man den einen Schuldner von Gerichtshalben nicht zwingen kann, von den übrigen gezahlt werden muß. III. 85. §. 1.

Cyrus, wandelte das Reich in Persien, wo es bestand bis auf Darius den Letzten. III. 44. §. 1,

D.

Damm, jedes Dorf am Wasser soll seinen Theil desselben befestigen, gegen die Fluth wahren und ausbessern; wer dies nicht thut, wenn er mit Gerüffte dazu geladen ist, verliert das Erbe, das er binnen dem Damme hat. II. 57. §. 1.

Darius, bis auf ihn bestand das Reich in Persien; ihn besiegte Alexander der Große. III. 44. §. 1.

Daumen-Elle, solang soll das Seil zwischen zwei Knoten sein, womit die Garbe beim Kornzehnten gebunden wird. II. 49. §. 11. — zwei solche soll die Gerte lang sein, womit der Fronbote des Königs Malter weddet. II. 17. §. 4. — als Höhenmaß. I. 52. §. 2.

Degedingen, s. Tag (geben, erhalten.)

Deichrecht. II. 57, § 1.

Denunciatio evangelica ist verboten. III. 87. §. 1.

Depositum. s. Verwahrung, Aufbewahrung.

Descendenten. s. Busen.

Deutsch, wer es nicht kann und sein Recht hinzu thut, der kann verweigern zu antworten, wenn man ihn nicht in seiner angeborenen Sprache verklagt. III. 71. §. 1. — wer aber so vor Gericht schon geklagt, geantwortet oder Urtheil gefunden hat, und dessen mit Zeugen überführt werden kann, mag die Antwort nicht verweigern; außer vor dem Reiche. ib. §. 2. — wer es nicht versteht, und deshalb in fremder Sprache beklagt werden mußte, der soll selbst oder durch einen Vorsprecher so auf die Klage antworten, daß Kläger und Richter es verstehen. III. 71. §. 1. — wenn die Mutter es ist, gehören seit Bischof Wichmanns Zeit die Kinder stets nach ihr; der Vater sei deutsch oder nicht: ist es hingegen der Vater, und die Mutter Wendin, so gehören sie nur dann nach dieser; außerdem nach dem Vater. III. 73. §. 1.

Deutsche, über alle, sie mögen frey oder eigen sein; aber auch über Wenden können die Schöffen unter Königsbann Urtheil finden. III. 69. §. 2. — sie sollen den König küren. III. 52. §. 1. — wo sie mit Ungericht Leben oder Hand verwirken, sie mögen dieselbe lösen oder nicht, da zahlen sie weder Wedde noch Buße. III. 50.

Deutschland. s. Erde (deutsche.)

Dieb, soll gehängt werden. II. 14. § 1. — wenn er nicht binnen Tag und Nacht überwunden wird, kann nicht von dem Gografen gerichtet werden. I. 57. — (außer von dem für lange Zeit gewählten und belehnten. I. 58. §. 1.) — gerichtlich überführte sind rechtlos. I. 37. §. 2. — sie und ihre Genossen sind rechtlos, so daß man Kämpfer gegen sie aufbringen kann. I. 50. §. 3. — D. oder Diebesgenoß sind die nicht, die den Verkauf einer Sache bekennen, aber die Pflicht zur Gewerleistung gegen Dritte dabei ausgeschlossen zu haben behaupten. III. 4. §. 2. — als solche gelten Juden bei denen man Kelche, Bücher oder Gewänder (Kirchensachen) findet, wofür sie keinen Gewersmann haben. III. 7. §. 4.

Diebeshehler, werden als Diebe bestraft. II. 14. §. 6.

Diebisch, wer eine gefundene Sache so hält, verwirkt Wedde und Buße. II. 30.

Diebsgut, dafür gilt eine gefundene Sache, deren Besitz der Finder verleugnet II. 30. s. Diebstahl.

Diebstahl, wenn die That handhaft ist, kann darum ein Graf erkoren werden. I. 55. §. 2. — wen man damit gefangen vor Gericht bringt, gegen den soll man mit Gerüffte klagen um die handhafte That. II. 65. §. 2. — wer mit diesem auf handhafter That gefangen ist, kann auf keinen Gewersmann ziehen. III. 35. 1. — bei wem man ihn findet, der keiner handhaften That schuldig ist, der kann auf seinen Gewersmann ziehen, wenn man ihn kämpflich grüßt. ib. §. 2. — wer den seinigen über den andern Tag bei Einem findet, der ihn öffentlich gekauft und unverholen gehalten hat, der kann ihn keiner handhaften That beschuldigen. II. 35. §. 1. — wer ihn in seiner Gewer hat, und selbst den Schlüssel dazu trägt, der ist der handhaften That schuldig, außer wenn die Sache so klein ist, daß man sie durchs Fenster stekken konnnte. II. 34. — dafür gilt gefundenes Gut, das der Finder verleugnet. II. 35. §. 9. — begeht der, der den Besitz einer gefundenen Sache verleugnet; aber er verwirkt nur Wedde und Buße, nicht Leib, Ehre und Gesundheit. II. 30. — zu einem wahren ist Entfremdung aus der Gewer erforderlich. ibid. — wer ihn verhehlt oder dabei hilft, wird wie der Dieb gestraft. II. 14. §. 6. — unschuldig dessen ist der, der auf gemeinem Markte etwas gekauft hat, obgleich er den Verkäufer nicht kennt, wenn er nur den Ort nachweist und sein Recht dazu thut. II. 35. §. 4. — dessen kann sich der auf den Heiligen entschuldigen, der eine fremde Sache da, wo eine Verwechselung leicht möglich war, statt der seinigen mitnahm, wenn er Zeugniß hat, daß er sie unverholen gehalten habe. III. 90. — dessen kann man keinen zeihen, der selbdritt bezeugt, daß er die Sache öffentlich in Bewahrung bekommen oder geliehen habe. III. 5. §. 1. — dessen kann man den nicht zeihen, der geliehenes Gut über die beschiedenen Tage vorenthält. III. 22. §. 2. — dessen kann der Beklagte, bei der Klage mit Anfang, noch beschuldigt werden, wenn ihm Bruch geworden ist an seinem Gewersmanne. II. 35. §. 5. — von Korn, des Nachts verübt, wird mit dem Galgen; des Tags am Halse gestraft. II. 38. §. 1. — von gemähetem Graße oder gefälltem Holze, bei Nacht verübt, wird mit der Weide; bei Tage an Haut und Haar gestraft. II. 29. §. 3. — am Tage im Dorfe begangen, der weniger als drei Schilling beträgt, kann am selben Tage vom Bauermeister zu Haut und Haar gerichtet oder für drei Schilling gelößt werden. II. 14. §. 1. — übernächtigen kann der Bauermeister nicht richten. ib. §. 2. — die ihn sühnen oder zurückgeben und dessen gerichtlich überführt werden, sind rechtlos. I, 37. §. 2. — die ihr Recht dadurch verloren haben, müssen von der Beschuldigung neuer Verbrechen sich durch Gottesurtheil reinigen. I. 39. — die ihr Recht damit verwirkt haben, erhalten zwei Besen und eine Scheere als Buße. III. 45. §. 9. — wer sein Recht damit verwirkte, dem geht es an die Hand, wenn man vierthalb falschen Pfennig bei ihm findet, und er keinen Gewersmann hat. II. 27. §. 2. — wer dadurch sein Recht verloren hat, gegen den muß der Richter selbsiebent den Verlust bezeugen. III. 28. §. 2. — wie soll dessen ein Todter überführt werden. I. 64. §. 1. — den man dem Diebe abjagt, soll aufgeboten und sechs Wochen aufbewahrt werden; meldet sich dann kein Eigenthümer, so erhält der Richter zwei Theile, und der den dritten, welcher das Gut dem Diebe abjagte. II. 36. §. 1. u. 3. — den dritten Theil erhält dieser auch, wenn der Bestohlene aus anderem Gerichte ist. ib. §. 2. — den man bei einem hingerichteten Verbrecher findet, soll der Richter Jahr und Tag aufbewahren und dann, wenn sich niemand dazu zieht, in seinen Nutz verwenden. II. 32. §. 2. — kann man mit Urlaub des Richters auch bei dem dritten unbescholtenen Besitzer anfangen. II. 35. §. 1. — wer ihn bei dem dritten Besitzer findet, der ihn auf gemeinem Marke gekauft hat, aber den Verkäufer nicht kennt, soll sich selbdritt unbescholtener Leute dazu ziehen, welche wissen, daß es ihm gestohlen ward. II. 35. §. 4. — einer Sache, die der Eigenthümer selbst in die Gewer des Bestohlenen übertrug; daraus entspringt keine Forderung als gegen den Bestohlenen selbst und seine Erben. II. 61. §. 1. u. 2. s. Gut (gestohlenes und geraubtes.) — für das dadurch Verlorene haftet der Depositar nicht, wenn er seine Unschuld darthut. III. 5. §. 3. — wenn dadurch der Knecht sein Pferd ɪc. im Dienste des Herren verloren hat, muß der Herr es ihm ersetzen, kann es aber auch vom dritten Besitzer vindiciren. III. 6. §. 3. s. Missethat, Gut (gestohlenes.)

Diener s. Gesinde, Knecht.

Dienst, keinen solchen soll der Richter auf das Land setzen, den dieses nicht willkürt. III. 92. §. 3. — des Reichs; wenn ihn der König mit Urtheil gebietet und mit seinem Briefe und Insiegel über sechs Wochen den Fürsten kündigt, so sollen sie ihn auf deutscher Erde, wo es auch sei, suchen. III. 64. §. 1. — wer nicht kommt, weddet dem Könige; Fürsten, die Fahnenlehn haben, hundert Pfund, alle andere Leute zehn Pfund. ib. §. 2. — wenn der Knecht den seines Herren widerrechtlich verläßt, muß er diesem den Schaden bessern und Buße zahlen. II. 33. §. 1. — was der Knecht in dem seines Herren von seinem Gute, ohne seine Schuld, verliert, das muß der Herr ihm ersetzen. III. 6. §. 3. — muthwilliges Entlaufen daraus. s. Knecht. — rechtmäßiges Austreten wegen Verheiratung und Vormundschaft. ibid.

Dienstboten. s. Gesinde, Mann (gemietheter,) Knecht.

Dienstherr, in dessen Gewalt fällt der Dienstmannen Eigen, wenn sie sich an ihrem Rechte verwirken. I. 38. §. 1. s. Herr.

Dienstleute, deren Recht ist so mannichfaltig und unter jedem Bischofe, Abte und Aebtissin sonderlich, daß niemand damit zu Ende kommen und es bescheiden kann. III. 42. §. 2. — gab es nicht, da man zuerst das Recht setzt. ib. §. 3. — können von ihren Herren auch außer Gericht gewechselt werden. I. 52. §. 1.

Dienstmann, oder Eigner, wenn er von seinem Herren frey gelassen wird, behält freier Landsassen Recht. III. 81. §. 2. — durch einen eingeborenen mit offenem Briefe kann ein Fürst, als Gewersmann eines Gutes, seinem Manne Gewer leisten. II. 43. §. 3.

Dienstmannen des Reichs thun dem Reiche Hulde und mögen darum vor dem Reiche Zeuge sein und Urtheil finden; aber nicht über Schöffenbare, wo es ihnen an Leben, Ehre oder Gesundheit geht III. 19. — die des Reichs soll der König mit Urtheil frey lassen und sie zu Schöffen machen, wo diese in einer Grafschaft zu Ende gehen, damit man Recht daselbst erlangen und Königsbann halten möge; er soll aber jedem drei Hufen oder mehr von dem Gute des Reichs geben, damit sie Schöffen sein mögen, und dies aus dem Gute der Grafschaft nehmen, wo es der Graf ledig hat, weil der Schöffen Eigen dahin erstorben ist. III. 81, §. 3. — die Söhne derselben behielten ehedem das Recht des Vaters, die Töchter das der Mutter, und gehörten nach den Eltern, wenn diese Dienstleute waren; seit Bischof Wichmanns Zeiten aber kam die Auswechselung unter den Dienstmannen auf. III. 72. §. 3. — vererben und nehmen Erbe, wie freie Leute, nach Landrecht; aber nirgens außer der Gewalt ihres Herren. III. 81. §. 4. — deren Eigen, wenn sie es verwirken, fällt nicht in die königliche, sondern in die Gewalt ihres Herren. I. 38. §. 1. — erhalten über vierzehn Nächte einen Tag zum Kampfe. II. 3. §. 1.

Dienstpflichtige, wenn Vater oder Mutter dienstpflichtig sind, erhält das Kind das Recht, in dem es geboren ward. I. 17. §. 1.

Ding, der Graf soll das seinige über achtzehn Wochen, außer gebundenen Tagen, zu rechter Dingstätte auslegen, wo Schuldheiß, Schöffen und Fronbote dabei sind. III. 61. §. 1. I. 2. §. 2. — das des Grafen sollen Schöffenbare besuchen. I. 2. §. 2. — das des Schuldheißen besuchen Birgelden und Pfleghafte. III. 45. §. 4. I. 2. §. 3. — das des Gografen besuchen Landsassen. I. 2. §. 4. — dieses ist niedergelegt, sobald der Graf in dessen Gericht kommt; ebenso das des Grafen, wenn der König in seine Grafschaft kommt. rc. I. 58. §. 2. — die dahin nicht kommen, werden von dem Bauermeister gerügt. I. 2. §. 4. — wenn der Dingpflichtige nicht dahin kommt, wird er zu Wedde verurtheilt. II. 6. §. 3. — dessen kann der Fronbote einen Mann aus jedem Dorfe entlassen, wenn er nicht beklagt ist, außer den Bauermeister. III. 56. §. 3. — wer wegen echter Noth nicht dahin kommen kann und dies durch seinen Boten nachweißt, gewinnt Tag bis zum nächsten Ding nach Wegfall des Hindernisses. II. 7. §. 1. — dasselbe zu besuchen ist niemand pflichtig, solange der Richter Recht verweigert. II. 14. §. 8. — wegen Ungeziem, das daselbst verübt ward, hat der Richter eine Wedde, auch wo niemand eine Buße erhält. I. 53. §. 1. — daselbst muß der Richter die Schuld gewonnen haben, wenn er sie aus einem, deshalb befronten Gute fordern will. II. 42. §. 2. — in dem höchsten, wo der Schöffenbare wohnhaft ist, muß er zu Kampf antworten, wenn er daselbst keinen Schöffenstuhl hat, wo sein Handmal liegt. III. 26. §. 2. — echtes, I. 2. §. 2. 3. u. 4. — kann der Graf, der unter Königsbanne dinget, nicht ohne seinen Schuldheißen halten. I. 59. §. 2. — wie soll er es beginnen, (das erste Urtheil fragen?) ibid. — echtes, kann der Graf nicht halten ohne seinen Schuldheißen. III. 52. §. 3. — echtes, wenn es der Graf versäumt, so hat es der Kläger allein verloren. II. 2. §. 1. — echtes, nach dessen Beginn soll jeder daselbst mit Vorsprechern klagen, was ihn belästigt, damit er sich nicht versäume. I. 59. §. 2. — echtes, ohne dasselbe kann niemand sein Gut noch seine Leute vergeben. I. 52. §. 1. — ausgelegtes, um Ungericht I. 2. §. 2. — ausgelegtes, um einer Klage willen. I. 42. §. 1. — ausgelegtes, wenn der Beklagte, nachdem er schon zu antworten begann, daselbst ausbleibt, so wird er sachfällig. II. 9. §. 1 — ausgelegtes, wenn es der Graf versäumt, muß die Klage von Neuem begonnen werden. II. 2. §. 1. — wer in ausgelegtem wider Recht Etwas spricht oder thut, oder daselbst gewonnene Schuld nicht zahlt, giebt Wedde und Buße. I. 53. §. 1. — in dem nächsten ausgelegten muß der, der die Gewer eines Guts hat, die Ausweisung dessen fordern, der unrechtmäßig darin eingewiesen worden ist; weil niemand die Gewer zu räumen braucht, wenn er nicht darum beklagt und vorgeladen wird. III. 82. §. 2. — im nächsten soll man Eigen bezeugen, wenn man es nicht sogleich thut. I. 62. §. 4. — bis zum nächsten, soll dem Tag gegeben werden, der um Eigen oder Lehn, das er in rechter Gewer hat, beklagt wird und entgegnet, daß er deshalb nicht geladen sey; ein zweites kann er alsdann erbitten. II. 2. §. 2. — zu den nächsten dreien soll man die Mage vorladen um das, ihnen zugefallene Wehrgeld, zu empfangen. II. 15. §. 1. — auf dreien muß die Klage um Gut angestellt worden sein, ehe der Kläger die Einweisung erhalten kann. I. 70. §. 1. — auf den drei nächsten soll der das Gut vertreten, der binnen Jahresfrist der Einweisung eines Andern widersprochen hat. ibid. — zu dreien soll der vorkommen, der sich aus der Verfestung gezogen hat, um auf die Klage zu antworten; nach deren Ablauf ist er der Klage ledig, wenn diese nicht erhoben wurde. II. 4. §. 1. s. drei Dinge. — dahin muß der Vormund, über den eine Jungfrau oder Wittwe klagt, dreimal geladen werden, ehe man ihn balmundet. I. 41. s. Dingstatt, Echtding, Gericht, Tag.

Dingen, unter Königsbann und ohne diesen. III. 64. §. 2. ff. u. 65. §. 1. — darf niemand unter Königsbanne, der den Bann nicht von dem Könige empfangen hat; sonst weddet er seine Zunge. I. 59. §. 1. — wo es unter Königsbann geschieht, sollen Richter und Schöffen keine Kopfbedeckungen, Handschuh und Waffen tragen; sondern Mäntel auf den Schultern. III. 69. §. 1. — nüchtern sollen sie daselbst Urtheil finden über jeden Mann, er sey deutsch, wendisch, eigen oder frei, und nur die Schöffen sollen dort Urtheil finden. ib. §. 2. — wo es nicht unter Königsbann geschieht, findet jeder Unbescholtene Urtheil über den Andern, außer der Sachse über den Wenden und umgekehrt. III. 70. §. 1. — er müßte denn auf handhafter That ergriffen und mit Gerüffte vorgebracht sein. ib. §. 2. — mag man nicht an gebundenen Tagen. II. 12. §. 2.

Dingflüchtig, wenn es der Beklagte wird bei einer, in seiner Gegenwart vor Gericht erhobenen Klage, so ist er deren überwunden und wird, wenn sie um Ungericht erhoben war, verfestet. II. 46.

Ding-Flucht, ob der Graf

solche verbieten möge? darüber soll das zweite Urtheil beim Beginn des echten Ding gefunden werden. I. 59. §. 2.

Dingpflichtig, wer es nicht ist und um Schuld beklagt wird, dem soll von Gerichtshalben aufgegeben werden, binnen vierzehn Nächten zu zahlen oder die Schuld zu entreden; sonst wird er ausgepfändet. I. 70. §. 2.

Dingpflichtige sollen, wenn der Richter zugegen ist, des Gerichts warten von Sonnenaufgang bis Mittag III. 61. §. 3. — der Bauermeister rügt die, welche nicht zu Dinge kommen. I. 2. §. 4. — wenn einer nicht zu Dinge kommt, wird er zu Wedde verurtheilt. II. 6. §. 3. — sind nicht schuldig das Ding zu besuchen, solange der Richter Recht verweigert. II. 14. §. 8. — unter diesen kann der Fronbote einen Mann aus jedem Dorfe des Dinges entlassen, wenn er nicht beklagt ist; außer den Bauermeister. III. 56. §. 3. — sollen alle bei ihrem Eide sich verbürgen, wenn man mit dem Gerichte Etwas bezeugen soll. III. 89. §. 1. — mit ihnen und dem Richter muß man erst die Verfestung dessen bezeugen, den man ohne handhafte That vor Gericht führt, ehe man die Haft gegen ihn erbitten kann. ib. §. 2. — die Urtheil im Gerichte finden; mit ihnen bezeugt man selbdritt gegen den Richter eine Beschuldigung, wenn sie nicht den Betrag seiner Wedde übersteigt; sonst muß man den Schuldheiß oder Fronboten, statt des Richters, zu Zeugen haben. II. 23. §. 1. s. Einsassen des Gerichts.

Dingslete. s. Ding-Flucht.

Dingstatt, an die höchste ziehen die Schwaben ihr Urtheil. I. 19. §. 2. — zu rechter soll der Graf über achtzehn Wochen, außer gebundenen Tagen, sein Ding auslegen, wo Schuldheiß, Schöffen und Fronbote dabei sind. III. 61. §. 1. — an rechter unter Königsbanne muß man um Eigen und Ungericht, das von einem Schöffenbaren verübt werden, klagen. I. 59. §. 1. — echte; dahin wird dem Schöffenbaren um Ungericht dreimal über sechs Wochen Tag gegeben. I. 67. §. 1. — wer an einer vor Gericht sein Recht verloren hat, hat es überall verloren. III. 82. §. 1. s. Gericht, Stätte.

Dingtag. III. 13. s. Tag.

Dingzahl, wenn der Richter seine echte nicht einhält, verweigert er Rechtes. III. 88. §. 1.

Ding-Zeit, ob es solche sey? darüber soll das erste Urtheil beim Beginn des echten Ding gefunden werden. I. 59. §. 2.

Dirne, der Sohn einer solchen wird Ismael genannt; außerdem verlautet nichts von Eigenschaft desselben. III. 42. §. 3.

Dompröbste, deren Send besuchen Pfleghafte. I. 2. §. 1.

Donnerstag, ein jeder ist ein Friedenstag. II. 67. §. 2. — an diesem wird das Chrisma zur Taufe geweiht. ibid.

Dörfer, von dreien kann bei handhafter That ein Gograf erwählt werden. I. 55. §. 2. — wer darin Wohnung oder Herberge hat, soll daselbst kein Schwert tragen. II. 72. §. 1. — wenn der Friedebrecher dahin flieht, den man mit Gerüffte verfolgt, soll man das Gerüffte daselbst erneuern und ihn zu rechtem Gerichte abfordern. ib. §. 4.

Dorf, in solchem darf man nicht Wall, Schanze oder Turm bauen, ohne Urlaub vom Richter des Landes. III. 66. §. 2. — jegliches binnen seinem Graben und Zaune soll stäten Frieden haben. II. 67. §. 1. — wo Bauern ein neues besetzen, mag ihnen der Herr Erbzinszahlung gewähren, obwohl sie zu dem Gute nicht geboren sind; aber kein Recht kann er ihnen gegeben, noch von ihnen erkoren werden, womit sie des Landrichters Recht schädigen und dessen Wedde mindern oder mehren III. 80. §. 1. — was zu dessen Frommen der Bauermeister mit der Mehrzahl der Bauern anordnet, dem mag die Minderzahl nicht widersprechen. II. 56. — jedes, welches am Wasser liegt, soll seinen Theil des Dammes befestigen, gegen die Fluth wahren und ausbessern. II. 57. §. 1. — in jedem kann der Fronbote einen Mann, wenn er nicht beklagt ist, des Dinges entlassen, außer den Bauermeister. III, 56. §. 3. — damit es nicht Hirtenlos bleibe, soll niemand dem Hirten den Lohn vorenthalten, der ihm von der Hufe.

und nicht von dem Viehe, gelobt ist. II. 55. §. 3. — was der Hirt dahin nicht zurückbringt, muß er entgelten. ib. §. 4. — wird der Hirt beschuldigt, daß er ein Thier dahin nicht zurückgebracht habe, so kann er seine Unschuld dazu thun; beschuldigt man ihn aber mit Urkund zweier Mannen sogleich, wenn man das Thier vermisst, so kann er deshalb nicht schwören. II. 55. §. 6. — daselbst, in jedes Mannes Hause, wird das Vieh verzehntet. II. 49. §. 6. — daselbst braucht kein Auswärtiger nach dem besondern Dorfrechte zu antworten; außer wenn er auf Erbe, Gut, oder Schuld kagt. III. 80. §. 2. — wer mit dem Andern in einem gesessen ist, soll ihn nicht in auswärtigem Gerichte oder binnen Weichbilde verklagen; außer wenn ihm der Richter Rechts weigert. III. 87. §. 2. — mit den Umsassen aus diesem oder den nächsten Beidörfern muß die Gewer eines Gutes erwiesen werden, das Zwei mit gleicher Ansprache sich zusagen. III. 21. §. 1. — Diebstahl daselbst am Tage begangen, der weniger als drei Schilling beträgt, kann desselben Tags vom Bauermeister gerichtet werden. II. 14. §. 1. — daß daselbst der Friede von dem gebrochen worden sey, dessen man sich zum Kampfe unterwindet, muß in der Klage gegen ihn angeführt werden. I. 63. §. 1. — wer in diesem, oder auf dem Felde, mit Wissen der Nachbarn einen Ermordeten begräbt, den man auf dem Felde fand, und dessen Mörder man nicht kennt, der missethut nicht. III. 91, §. 1. — wer einen Gefallenen, Verwundeten oder Geschlagenen, der dahin nicht kommen kann, dahin trägt, bleibt ohne Schaden, wenn er auch binnen seiner Gewer stirbt, und die Erben sollen ihm vielmehr seine Kosten ersetzen. III. 91. §. 3. s. Bauerschaft, Bauern, Bauermeister.

Dorfgebäude soll man um kein Ungericht, als um Nothzucht, abbrechen. III. 1. §. 1.

Dorfrecht, inwieweit es, bei Besetzung eines neuen Dorfs, von dem Herren gegeben, oder von den Bauern erkoren werden kann. III. 80. §. 1. — nach dem besonderen braucht in dem Dorfe kein Auswärtiger zu antworten; außer wenn er auf Erbe, Gut, oder Schuld klagt. III. 80. §. 2.

Drei Dinge, auf diesen muß die Klage um Gut angestellt worden sein, ehe der Kläger eingewiesen werden kann. I. 70. §. 1. — auf den nächsten soll der das Gut vertreten, der binnen Jahresfrist der Einweisung eines Andern auf den Heiligen widersprochen hat. ibid. s. Ding.

Dreimal, im Jahre, soll jeder Christ den Send besuchen. I. 2. §. 1. — vor Gericht geladen muß der Vormund werden, über den eine Jungfrau oder Wittwe klagt, ehe man ihn balmundet. I. 41. — muß der Beklagte zur Antwort vor Gericht entboten worden und, wegen deren Verweigerung, weddhaft erkannt worden sein, ehe er der Schuld für überwunden gilt. III. 39. §. 3. — geht ihm aber die Schuld an's Leben oder an die Gesundheit, so muß sie erst vom Kläger selbsiebent bezeugt werden. ib. §. 4. — über vierzehn Nächte soll man dem Frist geben, der um Ungericht beklagt wird; dem Schöffenbaren dreimal über sechs Wochen. I. 67. §. 1. u. 2. — über vierzehn Nächte soll der Eigenthümer einer streitigen Sache vorgeladen werden, wenn der Beklagte selbdritt bezeugt, daß er sie öffentlich in Verwahrung bekommen oder geliehen habe, und dieser soll die Ladung jenem mit Urkunde zu Hof und Hause kündigen. III. 5. §. 2. — über vierzehn Nächte soll man ein, um Schuld genommenes Pfand, in Bürgschaft thun. I. 70. §. 2.

Drei Schilling weddet dem Bauermeister der, der seiner Nachbarn Gemeindeland abgepflügt, gegraben, oder umzäunt hat, wenn er deshalb vor ihm verklagt oder gerügt wird; weigert er diesem aber Rechtes, so weddet er dem Oberrichter dreißig Schilling. III. 86. §. 1. u. 2. — giebt die Wendin, wenn sie ihren Mann verläßt, wie wendisches Recht ist, ihrem Herren als Versenpfennig und Zeichen der Eigenschaft. III. 73. §. 2.

Drei Schläge soll der Richter mit dem Beile an die Burg oder das Gebäude zuerst thun, worüber mit Urtheil erkannt worden ist, daß es abgebrochen werden soll. III. 68. §. 1.

Dreißig Jahre und Jahr und Tag sind zur Verjährung von erblosen Liegenschaften erforderlich. I. 29.

Dreißigste Tag nach dem Tode. I. 20. §. 2. — nach dem Tode des Mannes; erst an diesem kann der Erbe die Auslieferung der Erbschaft von der Wittwe fordern. I. 22. §. 1. — bis dahin muß der Erbe das Gesinde halten. ib. §. 2. — an diesem oder dem Begräbnißtage des Mannes muß die Frau ihre Schwangerschaft anzeigen. I. 33. — nach demselben wird dem Richter oder Fronboten das erblose Gut überantwortet. I. 28. s. Tag.

Drei Tage, soll der, dem etwas gegeben ist, es besitzen, (um die Gewer zu erlangen.) III. 83. §. 1. — sollen alle Einsassen des Gerichts beim Abbrechen einer Burg, worüber mit Urtheil erkannt ist, auf eigene Zehrung helfen, wenn sie mit Gerüffte dazu geladen sind. III. 68. §. 2.

Dünger. s. Mist.

E.

E, christlike. I. 18. §. 3.

Ebenbürtigkeit, Bedingung des Erbrechts. I. 3. §. 3. I. 5. §. 1. I. 10. I. 17. §. 2. I. 27. §. 2. I. 33. III. 72. §. 1. u. 2. — Bedingung der Erbfolge in den Schöffenstuhl. III. 26. §. 3. — Bedingnng des Erbrechts auch bei den Kindern der Rechtlosen. I. 51. §. 1. — Bedingung der Vormundschaft. I. 23. §. 1. u. 2. a. E. I. 43. I. 45. §. 1. — aber nicht der ehelichen. I. 45. §. 1. — Bedingung der Vormundschaft zu Kampf. I. 48. §. 2. — des Kampfes überhaupt. I. 63. §. 3. — beim Kampf um ein gescholtenes Urtheil. II. 13. §. 1. — Bedingung des Urtheilfindens und Scheltens gegen Schöffenbare. II. 12. §. 4. — s. Genosse.

Eber, dessen Wehrgeld. III. 51. §. 1. — wer ihn in Nothwehr gegen denselben erschlägt, bleibt ohne Wandel. II. 63. §. 2.

Echt und Recht wird dem aberkannt der Jahr und Tag in Reichsacht gewesen. I. 38. §. 2. — mag ein Mann mit Zeugniß besser behalten, als man ihn mit Zeugen davon abweisen mag. III. 28. §. 1. — und frei soll der Schuldheiß aus dem Lande geboren sein, wo das Gericht liegt. III. 61. §. 2. — wenn das Kind so geboren ist, behält es seines Vaters Heerschild und Erbe, und ebenso der Mutter, wenn es ihr ebenbürtig ist, oder baß geboren. III. 72. §. 1. — so geboren soll der König sein. III. 54. §. 3.

Echtgeborene Leute müssen die sein, mit denen der Erbe wegen Schulden gemahnt wird. I. 6. §. 1.

Echtlos, Mancher, der es nicht ist, ist dennoch rechtlos. I. 38. §. 2. I. 51. §. 1.

Echtding, kann der Graf nicht halten ohne seinen Schuldheißen. III. 52. §. 3. — dahin wird bei den Schwaben ein Urtheil gezogen. I. 19. §. 2. s. Ding.

Echte Dingzahl, wenn der Richter sie nicht einhält, verweigert er Rechtes. III. 88. §. 1.

Echter Fronbote. s. Fronbote. — Hof. s. Hof.

Echte Kinder gewinnt die Frau von ihrem letzten, wie vom ersten Manne. II. 24. s. eheliche, uneheliche, unechte, rechtlos. — Leute nehmen kein Erbe von unechten. I. 51. §. 1. — Noth. s. Noth.

Echtes Weib, kann der Mann, so oft er will, wieder nehmen, sobald sein Weib stirbt. II. 24.

Edele. s. Mann (jeder edele.)

Egge, sobald sie über die Saat geht, ist diese verdient. II 59. §. 2. — wenn sie das Land bestrichen hat, gehören die Früchte von dem Gute der Frau dem Manne, ohne daß er dafür Zins und Pflege an ihre Erben zahlt. III. 76. §. 4.

Ehe, der Pabst hat sie in der fünften Sippe gestattet. I. 3. §. 3. — putative, hat keine nachtheiligen Folgen für die Kinder; auch nicht für die nachgeborenen. III. 27. — Rechtmäßigkeit der zweiten, dritten, vierten 2c. II. 24. — die erste, zweite dritte 2c. der Mutter begründet keinen Unterschied im Erbrechte der Kinder gegen ihre Mutter. ibid. — die zweite; dabei nimmt der Mann, wenn die Frau noch ungezweit war von den Kindern des ersten Mannes, sobald sie stirbt, all ihr Recht

gesondertes Gut. I. 31. §. 1. — was vererbt sie, wenn sie beim Leben des Mannes stirbt. ibid. — kann ohne ihres Mannes Willen nichts von ihrem Gute vergeben. ibid. — kann dem Manne keine Gabe von ihrem Vermögen geben. I. 31. §. 2. — kann nichts von ihrem Vermögen gegen den Willen ihres Mannes veräußern. I. 45. §. 2. — darf keiner Gabe ihres Mannes widersprechen, sie sey recht oder unrecht. I. 52. §. 4. — antwortet für kein Gut des Mannes, als was unter ihr erstorben ist. ibid. — was giebt ihr ein Mann von Rittersart als Morgengabe? I. 20. §. 1. — kann als Morgengabe von ihrem Manne, wenn er von Rittersart ist, dessen Gebäude auf seinem Zinsgute erhalten. II. 22. §. 2. u. 3. — kann rechte Leibzucht nur an Eigen haben, weil ihr diese niemand brechen kann; während die an Lehnen auf manche Weise gebrochen wird. III. 75. §. 1. — ihre Leibzucht an Lehnen ist beim Leben des Mannes ihr Gedinge; nach dessen Tode, ihr rechtes Lehn. III. 75. §. 2. — in welchem Alter kann ihr eine Leibzucht bestellt werden. I. 21. §. 2. — ihr kann die Leibzucht weder von nachgeborenen Erben noch von sonst jemandem gebrochen werden. ib. §. 3. — wie verwirkt sie die Leibzucht. ibid. — kann ihre Leibzucht nicht vererben und verliert sie, wenn sie sie für Eigen ausgiebt. I. 32. — die geschiedene behält ihre Leibzucht I. 21. §. 3 — wenn sie Eigen, Lehn, Leibzucht, Zinsgut hat, das der Mann bei ihrem Tode schon mit dem Pfluge bestellte, so gehören diesem die Früchte: war aber das Gut noch nicht besäet, so muß er dem Erben Zins und Pflege dafür geben; außerdem giebt er nichts. III. 76. §. 3. u. 4. — hat sie Zins und Pflege zu fordern, so gehört dies dem Manne, wenn sie nach dem Zinstage starb. ib. §. 5. — vererbt das Gebäude auf ihrer Leibzucht nicht an ihren nächsten Mag; sondern dies fällt dem zu, dem das Gut erledigt wird. II. 22. §. 4. — kann das Gebäude darauf nach Willkühr verbessern und verschlechtern ib. — vererbt kein Gebäude, das auf ihrer Leibzucht steht, auf ihren Erben, wenn sie es nicht bei ihrem Leben abträgt, und auf ihr Eigen oder Lehn setzt. III. 38. §. 4. — vererbt beim Leben ihres Mannes, wenn sie stirbt, weder Mußtheil, noch Morgengabe; sondern erst, wenn sie es nach dessen Tode empfangen hat. III. 38. §. 3. — wenn sie stirbt, soll die Nichtel, die ihre Gerade nimmt, dem Manne sein Bett berichten, seinen Tisch mit einem Tischtuche, die Bank mit einem Pfühle, den Stuhl mit einem Kissen. III. 38. §. 5. — wenn sie nach des Mannes Tode mit den Erben in Gemeinschaft bleibt, was erhält sie dann bei späterer Trennung? I. 20. §. 3. — wenn sie nach des Mannes Tode ungezweit mit den Kindern geblieben ist, nimmt sie bei der Trennung von diesen ihre Morgengabe, Gerade und Mußtheil, wie sie es bei des Mannes Tode nehmen konnte. III. 76. §. 1. — hatte sie sich aber wieder verheirathet, und stirbt sie vor der Trennung, so nimmt der zweite Mann all ihr Recht an fahrender Habe, außer Gebäude und Gerade ib. §. 2. — wenn sie nach ihrer Verheirathung zu zeitig niederkommt, so kann das Kind an der Geburt bescholten werden. I. 36. §. 1. — desgleichen wenn sie nach des Mannes Tode zu spät niederkommt. ib. §. 2. — muß ihre Schwangerschaft nach dem Tode ihres Mannes am Begräbnißtage oder Dreißigsten anzeigen. I. 33. — die ein Kind trägt, soll man nach dem Tode des Mannes nicht aus seinem Gute weisen, ehe sie dessen genese. III. 38. §. 2. — kann nach dem Tode ihres Mannes so oft sie will sich wieder verheirathen, und gewinnt echte Kinder von dem letzten wie von dem ersten Manne. II. 24. — wenn der Kayser seine echte verläßt, kann ihn der Pabst bannen. III. 57. §. 1. — wenn sie mit Recht von ihrem Manne geschieden wird, behält sie ihre Leibzucht, die er an seinem Eigen ihr bestellt hat, sammt dem Gebäude, welches darauf steht, das sie aber nicht wegführen darf; desgl. ihre Gerade, Mußtheil und Eingebrachtes, oder was ihr der Mann bei der Ehe gelobt hatte: dagegen verliert sie ihre Morgengabe, und das Gebäude, das hierauf steht. III. 74. — die wendische kann durch Ver=

lassen ihres Mannes die Ehe auflösen. III. 73. §. 2. — s. Frau, Wittwe.

Ehegelöbniß, was der Mann seiner Frau dadurch zugesichert hat, behält diese auch nach der Scheidung. III. 74.

Ehehafte Noth. I. 28. s. Noth.

Eheliche Kinder entspringen aus keiner Ehe zwischen Ehebrechern und zwischen dem Nothzüchter mit der Geschändeten. I. 37. §. 1. — gewinnt niemand mehr, der Jahr und Tag in Reichsacht gewesen und deshalb rechtlos geworden ist. I. 38. §. 2.

Ehemann und Weib, die ehelich und rechtlich zusammen-gekommen sind. I. 3. §. 3. — ist seiner Frau Vormund, sobald sie ihm angetraut ist. III. 45. §. 3. — dessen Genossin ist die Frau, sobald sie in sein Bett tritt; nach seinem Tode aber ist sie seines Rechts ledig. ibid. — auch der unebenbürtige ist Vormund seiner Frau. I. 45. §. 1. — dessen Recht erwirbt die Frau, sobald sie sein Bett beschreitet. ibid. — davon ledig wird sie durch seinen Tod. ibid. — nicht sein nächster ebenbürtiger Schwertmag, sondern der der unebenbürtigen Wittwe ist deren Vormund alsdann. ibid. — kann Vormund seiner Frau sein, sobald er zu seinen Jahren gekommen ist. I. 42. §. 2. — und Weib haben kein gesondert Gut. I. 31. §. 1. — dessen Gabe kann die Frau und das Gesinde nicht widersprechen, sie sey recht oder unrecht. I. 52. §. 4. — für dessen Gut antwortet die Frau nur dann, wenn es unter ihr erstorben ist. ibid. — ohne seinen Urlaub kann die Frau nichts von ihrem Vermögen veräußern. I. 45, §. 2. — sitzt mit ihr in der Gewer ihrer Güter. ibid. — ohne seinen Willen kann die Frau nichts von ihrem Gute vergeben. I. 31. §. 1. s. Mann. — nimmt das Gut seiner Frau in rechte Vormundschaft ibid. — kann keine andere Gewer daran gewinnen. ibid. — von Rittersart; was giebt er seiner Frau als Morgengabe? I. 20. §. 1. — bei dessen Leben vererbt die Frau, wenn sie stirbt, weder Mußtheil noch Morgengabe; sondern erst, wenn sie es nach seinem Tode empfangen hat. III. 38. §. 3. — wenn seine Frau stirbt, soll die Nichtel, die deren Gerade nimmt, ihm sein Bett berichten, seinen Tisch mit einem Tischtuche, die Bank mit einem Pfühle, den Stuhl mit einem Kissen. ibid. §. 5. — theilt nicht mit denen, die in Gemeinschaft der Güter mit ihm sind, das Eingebrachte seiner Frau. I. 12. — bei seinem Leben ist die Leibzucht, die er der Frau am Lehne bestellt hat, deren Gedinge; nach seinem Tode ihr rechtes Lehn. III. 75. §. 2. — nach dessen Tode muß die Frau ihre Schwangerschaft am Begräbnißtage oder Dreißigsten anzeigen. I. 33. — aus seinem Gute soll man die Frau nicht abweisen, die bei seinem Tode ein Kind trägt, bevor sie dessen genese. III. 38. §. 2. — wenn nach seinem Tode die Frau zu spät niederkommt, kann das Kind an seinem Rechte bescholten werden. I. 36. §. 3. — aus dessen Verlassenschaft nimmt die Wittwe, auch wenn sie bei seinem Tode ungezweit mit den Kindern blieb, sobald sie sich von diesen trennt ihre Morgengabe, Gerade und Mußtheil, wie sie es bei seinem Tode nehmen konnte. III. 76. §. 1. — wenn die Frau von ihm geschieden wird, behält sie ihre Leibzucht, die er an seinem Eigen ihr bestellte, sammt dem Gebäude, das darauf steht, das sie aber nicht wegführen darf; desgl. ihre Gerade, Mußtheil und Eingebrachtes, oder was er ihr gelobte bei der Ehe; dagegen verliert sie ihre Morgengabe und das Gebäude, das hierauf steht. III. 74. — der zweite einer Wittwe, wenn er zu ihr und den Kindern erster Ehe in das ungezweite Gut gezogen ist, erhält beim Tode seiner Frau, all ihr Recht an fahrender Habe; wie sie es beim Tode ihres ersten Mannes nehmen konnte; außer Gebäude und Gerade. III. 76. §. 2. — wenn er eine Wittwe heirathet, die Eigen, Lehn, Leibzucht, oder Zinsgut hat, so gehören die Früchte des Gutes sein, wenn er diese, beim Tode seiner Frau, schon mit dem Pfluge bestellt hatte: war es aber noch nicht besäet, so muß er dem Erben Zins und Pflege davon geben; außerdem nimmt er die Früchte ohne Entgeld. III. 76. §. 3. u. 4. — ebenso gehört ihm Zins und Pflege, die die Frau zu fordern hatte, wenn diese nach dem Zinstage starb. ib. §. 5. — wenn die Wendin einen solchen nimmt, giebt sie ihrem Herren die Burmiethe; wenn sie ihn verläßt, den Versenpfennig, als Zeichen der Eigenschaft. III. 73. §. 2. — kann nach dem Tode seiner Frau so oft er will sich wieder verheirathen. II. 24.

Ehescheidung (Trennung von Tisch und Bett) zieht den Verlust der Leibzucht nicht nach. I. 21. §. 3. — bei dieser behält die Frau ihre Leibzucht, die der Mann an seinem Eigen ihr bestellt hat, u. das Gebäude, das darauf steht, das sie aber nicht wegführen darf; desgleichen ihre Gerade, Mußtheil und Eingebrachtes, oder was der Mann ihr bei der Ehe gelobt hatte: dagegen verliert sie ihre Morgengabe und das Gebäude, das darauf steht. III. 74. — einer putativen Ehe bewirkt keine Rechtlosigkeit der Kinder, die schon erzeugt, aber erst nach derselben geboren worden sind. III. 27. — findet nach wendischem Rechte statt, wenn die Frau den Mann verläßt. III. 73. §. 2.

Ehre, kein Urtheil, das daran geht, soll man an gebundenen Tagen über seinen Herren, Mann oder Mag finden. II. 12. §. 3. — Urtheil darüber gegen Schöffenbare können nur Ebenbürtige finden. II. 12. §. 4. — über die der Schöffenbaren können weder andere Freie, noch Dienstmannen des Reichs Zeuge sein und Urtheil finden. III. 19. — wird durch Diebstahl nur von dem verwirkt, der ein Sache aus der Gewer des Eigenthümers gebracht hat. II. 30. — verliert der, der als treulos und heerflüchtig überführt wird. I. 40. — verwirkt der Mann, wenn er seinen Herren, und dieser, wenn er jenen tödet. III. 84. §. 2. — weibliche; deren Verlust macht nicht rechtlos und nicht unfähig zur Erbfolge. I. 5. §. 2.

Ehrlos wird der, der Haut und Haar beim Bauermeister mit drei Schillingen lößt. II. 14. §. 1. — wird der eingeborene Eigene, den sein Herr wegen eines Ungerichts frei geschworen hat. II. 20. §. 2.

Eichellese, Beschränkung derselben. s. Hopfen.

Eid, damit sollen Fürsten und Herren sich nicht zusammen verbinden, ohne das Reich auszunehmen. II. 1. — einen solchen soll der König leisten, wenn man ihn kürt, daß er Unrecht schwäche, und Recht stärke, und das Reich in seinem Rechte vertrete, wie er könne und möge; hernach aber keinen andern mehr, außer wenn ihn der Pabst des Unglaubens beschuldigt: dafür soll der König sein Angelöbniß leisten, wo man einen Frieden beschwört. III. 54. §. 2. — bei solchem sollen die Schöffen und alle Dingpflichtigen sich verbürgen, wenn man mit dem Gerichte etwas bezeugen soll. III. 89. §. 1. — damit entgeht derjenige dem Anspruche, von dem man etwas fordert, was er nicht hat. I. 15. §. 2. — ist nicht zum Beweise der Unschuld zulässig bei denen, die schon wegen eines früheren Verbrechens rechtlos geworden sind I. 39. — wenn er vor Gericht gelobt und nicht zu rechter Zeit geleistet ist, so zahlt der, der ihn gelobte, Wedde und Buße. II. 11. §. 1. — ein gelobter soll an dem nächsten ungebundenen Tage geleistet werden, (wenn er an einem gebundenen gelobt war.) II. 10. §. 4. — wer ihn für eine Schuld gelobt und zu rechter Zeit nicht leistet, ist der Schuld überführt. II. 11. §. 1. — wenn der, der ihn gelobte, zur Ableistung zu rechter Zeit sich erbietet, und der Gegner außenbleibt oder den Eid nicht annehmen will; so ist der Gelobende des Eides und der Schuld ledig, wenn er Zeugniß dessen hat. II. 11. §. 2. — wer dadurch etwas gelobt, um sein Leben oder seine Gesundheit zu fristen, dem schadet es an seinem Rechte nicht, wenn er es nicht leisten kann. III. 41. §. 2. — wer ihn leistet, um aus Gefangenschaft frei zu werden, braucht ihn nicht zu halten, wenn er bewährt, daß er treulos gefangen und zu dem Eide gezwungen worden sey. ib. §. 3. — ist nicht zulässig, um die Verleibung, Versetzung und Deponirung einer Sache zu leugnen. I. 15. § 1. — bei diesem soll derjenige sagen, was ihm wissentlich ist, den der Gegner zum Zeugniß in eigener Sache auffordert. II. 23. §. 5. — soll, bei einem Zeugniß um Gut oder Gewer, den Zeugen erst dann abgenommen werden, wenn sie das Zeugniß bei ihrem Eide schon abgelegt haben. III. 89.

§. 5. — damit kann man sich zu seinem Handmal ziehen, obschon man es nicht unter sich hat. III. 29. §. 1. — dadurch kann der Beklagte beschwören, daß er nicht Deutsch könne, solange er nicht in Deutschem geklagt, geantwortet, oder Urtheil vor Gericht gefunden hat und man ihn dessen durch Zeugen überführen kann. III. 71. §. 1. u. 2. — dazu soll der Beklagte beim Kampfgerichte sich erbieten, sobald die Klage gegen ihn angestellt ist, und vor Beginn des Kampfes, nachdem der Kläger die Wahrheit seiner Klage beschworen hat, schwören, daß er unschuldig sey. I. 63. §. 2. u. 4. — damit müssen abgesonderte Kinder das, was sie erhalten haben, bei der Erbtheilung conferiren I. 13. §. 1. — fällt weg bei solchem Gute, das man nachweisen kann. ibid. — beim Beweise der Wittwe, daß sie gewisse Heergeräthestücke nicht habe. I. 22. §. 4. — fällt weg, wenn man dieselben nachweisen kann. ibid. — damit müssen die Erben das Eigen aus der königlichen Gewalt ziehen, das jemand in Folge der Reichsacht verloren hat. I. 38. §. 1. — damit beweißt der Jude den Preiß, den er für eine Sache gab, die der Eigenthümer von ihm vindicirt, wenn er zuvor selbdritt bezeugt, daß er sie unverholen erworben habe. III. 7. §. 4. — des Hirten, bei der Beschuldigung, daß er ein Thier nicht ins Dorf zurückgebracht habe. II. 55. §, 6. — damit beweist der Hirt, wenn vor ihm Thiere einander verletzen, welches Thier den Schaden gethan hat. II. 55. §. 5. — dadurch muß derjenige bewähren, daß er eine fremde Sache mit der seinigen verwechselt habe, der jene an einem Orte, wo eine Verwechselung leicht möglich war, statt der seinigen mitgenommen hat, um sich von dem Vorwurfe des Raubes, Diebstahls und der handhaften That zu entschuldigen, wenn er die Sache unverholen gehalten hat. III. 90. — damit kann man bestärken, daß man eine Sache, die man einem Andern mit Gewalt oder heimlich genommen, nicht zurückgeben können, und die Abschätzung des Werthes mindern, den der Kläger statt der Sache fordert. III. 47. §. 2. — dadurch kann beim Ersatz von fahrender Habe und Thieren, die kein Wehrgeld haben, die vom Eigenthümer angegebene Würderung derselben gemindert werden. III. 51. §. 2. — dadurch kann der Beklagte, der Ersatz für einen singenden oder krimmenden Vogel, Wind-, Spür-, oder Hetz-Hund leisten soll, bewähren, daß ein anderer seines Gleichen, den er als Ersatz bietet, gleich gut sey. III. 47. §. 3. — dadurch muß erwiesen werden, daß die Tödtung oder Lähmung eines Thiers unwillkürlich geschehen sey, um von Zahlung der Buße dafür frei zu werden. III. 48. §. 3. — dadurch muß der, der in Nothwehr sich befand, bewähren, daß er nicht anders, als durch diese, sich schützen konnte. ib. §. 4. — dadurch kann Kläger und Beklagter, wenn beide ein Gut mit gleicher Ansprache sich zusagen und in ihren Zeugnisse einander gleichstehen, beschwören, daß das Gut das ihrige sey; schwören sie beide, so soll es unter sie getheilt werden. III. 21. §. 2 — damit soll der Kläger, wenn er die Verhaftung des Beklagten fordert, zuerst beschwören, daß Letzterer der That schuldig, und hierauf seine Zeugen, daß sein Eid rein und unmein sey, III. 89. §. 3. u. 4. — das Ableugnen dadurch fällt weg von Seiten des Zinsmannes, wenn der Zinsherr seinen Zins behalten will. I. 54. §. 3. — wer Bürgen für dessen Leistung setzt und stirbt, für den muß der Erbe oder Bürge den Eid leisten, oder die Schuld ist gegen den Bürgen gewonnen III. 11. — damit kann der seine Bürgen nicht entbürden, der binnen gelobtem Frieden Burgen erobert oder Leute fängt. III. 9. §. 2. — damit kann der Burgherr seine Burg entreden. II. 73. §. 4. — denselben dazu thun ꝛc. III. 90. s. Recht (sein Recht dazu thun) — Jemandem etwas damit entführen. I. 7. — s. Unschuld, Reinigungseid.

Eideshelfer, schwören nach dem Kläger, daß dessen Eid rein und unmein sey. III. 89. §. 3. u. 4.

Eigen, ist dem Richter pflichtig, damit Schöffen und Pfleghafte sein Ding besuchen. I. 2. §. 2. u. 3. — drei Hufen oder mehr soll der König den Schöffenbaren, die er aus des Reichs Dienstmannen erwählt, geben, damit sie davon Schöffenbare sein mögen. III. 81. §. 3. — ebensoviel soll der Fronbote haben. III. 45. §. 5. — oder Lehn; wer drei Hufen davon hat, mag einen sonderlichen Schaafhirten halten. II. 55. §. 2. — eine halbe Hufe desselben soll der Büttel mindestens haben. III. 61. §. 2. — wer dessen soviel in einem Gerichte hat, als sein Wehrgeld beträgt, braucht keine Bürgen daselbst wegen einer Klage um Ungericht zu stellen. II. 5. §. 1. — Landsassen haben keins im Lande. I. 2. §. 4. III. 45. §. 6. — erbloses; das eines Birgelden von einer Hufe oder darunter, gehört in das Schuldheißthum; das von dreißig Hufen oder darunter, in die Grafschaft; was mehr als dreißig Hufen beträgt, ist dem Könige erledigt. III. 81. §. 1. — das der Schöffen erstirbt in die Grafschaft. ib. §. 3. — darüber kürt man den König zum Richter. III. 52. §. 2. — darum antwortet man auch vor dem Könige nur in dem Lande, wo es liegt. III. 34. §. 3. — darum soll der König richten nach des Landes Rechte, wo es liegt; nicht nach des Mannes Rechte. ib. § 4. — darum muß man in echtem Ding unter Königsbanne klagen. I. 59. §. 1. — kann niemand ohne Genehm der Erben und echt Ding vergeben. I. 52. §. 1. — kann mit Genehm der Erben als Leibzucht bestellt werden in jedem Gerichte, wo Königsbann ist und wo das Eigen liegt. I. 21. §. 2. — inwieweit kann es ohne des Richters Erlaubniß vergeben werden? I. 34. § 1. — davon muß man dem Richter Rechts pflegen. ibid. — wie muß es zum Zweck einer Lehnsauftragung vergeben werden. ib. §. 2. — wo man es vergiebt und Frieden darüber wirkt, erhält der Fronbote drei Schillinge. III. 56. §. 3. — wenn es vergeben oder versetzt ist, muß der Richter dies selbsiebent bezeugen. I. 8. §. 1. — wer es sich zusagt an seinem Lehne oder Leibgedinge seiner Mutter oder Nichtel, der muß die eigentliche Gewer mit sechs Schöffenbaren bezeugen, oder ihm wird Bruch daran. II. 45. §. 3. — wer ein Gut als solches anspricht, geht dem vor, der es als Lehn fordert, wenn beide es mit gleicher Gewer ansprechen. II. 44. §. 1. — wird mit zweier Schöffen Zeugnisse erwiesen. ibid. — ererbtes mag man besser behalten, als gekauftes oder gegebenes. II. 44. §. 2. — soll man sogleich oder im nächsten Ding bezeugen. I. 62. §. 4. — wer um das, was er in rechter Gewer hat, beklagt wird, soll auf die Einrede, daß er deßhalb nicht geladen sey, bis zum nächsten Ding eine Frist und auf sein Bitten dann noch eine zweite erhalten. II. 2. §. 2. — wer es einem Andern vor Gericht zu geben gelobt. I. 9. §. 1. — kann an einem Gute nicht angesprochen werden, das nach der Lehnsauftragung Jahr und Tag in der Gewer des Lehnherren war. I. 34. §. 2. — wenn der Richter mit Unrecht dessen Vergebung verwehrt, kann diese vor dem Könige geschehen. ibid. §. 3. — daran ist rechte Leibzucht der Frauen, die ihnen bei Lebzeiten niemand brechen kann. III. 75. §. 1. II. 22. §. 4. — die hieran bestellte Leibzucht behält die Frau auch nach der Ehescheidung, sammt dem Gebäude, das darauf steht, nur darf sie dies nicht wegführen III. 74. — auf das ihrige soll die Frau das Gebäude von ihrer Leibzucht, bei ihrem Leben, versetzen, wenn sie es mit auf ihren Erben vererben will. III. 38. §. 4. — die Früchte von dem der Frau gehören dem Manne, wenn er das Gut, bei ihrem Tode, schon mit dem Pfluge bestellt hat: war es aber noch nicht besäet, so muß er dem Erben Zins und Pflege davon geben; außerdem giebt er nichts. III. 76. §. 3. u. 4. — Zins und Pflege, die die Frau davon zu fordern hat, gehören ihm, wenn sie nach dem Zinstage starb. ib. §. 5. — dafür darf die Frau ihre Leibzucht nicht ausgeben, sonst verliert sie dieselbe. I. 32. — kann die Frau nicht ohne Urlaub ihres Mannes verkaufen. I. 45. §. 2. — verkaufen unverheirathete Frauen ohne Urlaub ihrer Vormünder, außer wenn diese Erben dazu sind. ib. — daran kann die Ehefrau dem Manne keine Gabe geben. I. 31. §. 2. — vererbt die Ehefrau, wenn sie vor ihrem Manne stirbt, auf ihre Verwandten. I. 31. §. 1. — theilt bei der Erbfolge der Pfaffe mit seinen Brüdern. I. 5. §. 3. — daran versäumt sich der Erbe binnen dreißig Jahren und Jahr und Tag. I. 29. — aber nicht das Reich und der Schwabe. ibid. — alle Anwartung darauf verliert der, der Vater, Bruder, Mag, oder jemanden tödet, dessen Gutes er gewärtig ist; außer wenn es in Nothwehr, oder ohne Wissen und Vorsatz geschah. III. 84. §. 3. — und fahrende Habe, die man einem Andern verkauft, soll man ihm zeitlebens geweren. III. 83. §. 3. — wo der Richter daraus seine Wedde nicht pfänden kann, soll der Fronbote es mit einem Kreuze auf dem Thore befronen. II. 42. §. 1. — das befronte kann binnen Jahr und Tag vom Schuldner, und nachher, binnen ebensoviel Zeit, von dessen Erben, durch Zahlung der Schuld, aus der Beironung gezogen werden. II. 42. §. 2. — verliert, wer Jahr und Tag in der Reichsacht gewesen und deshalb rechtlos wird. I. 38. §. 1. — fällt dann in die königliche Gewalt. ibid. — kann binnen Jahr und Tag von den Erben aus dieser wieder gezogen werden. ibid. — das durch Reichsacht verlorene, wird nicht wiedergewonnen, auch wenn der Geächtete sein Recht wieder erlangt. I. 38. §. 2. a. E. — das der Dienstmannen, kommt nicht aus ihres Herren Gewalt, wenn es verwirkt wird. I. 38. §. 1. — wenn der Vormund eine Jungfrau oder Wittwe dessen entwältigt, und sie über ihn klagt, so soll er gebalmundet werden. I. 41. — zu solcher Klage soll der Richter sie bevormunden. ibid. u. I. 44. — desgl. wenn es der Mann seiner Frau als Ursal giebt, oder als Leibzucht. ib. s. Erbe, Hufen.

Eigen, daß dies Einer dem Andern sein solle, kann weder aus dem Verstande entnommen, noch durch Urkunde dargethan werden. III. 42. §. 3. — dazu kann niemand sich ergeben; sein Erbe mag es widerreden. III. 42. §. 3.— wer sich vor Gericht dazu ergiebt, den kann sein Erbe, durch Einsprache dagegen, wieder frei machen. III. 33. §. 7. — wer sich gerichtlich dazu ergeben hat, und nicht bei seinem Leben von seinem Erben in die Freiheit zurückgefordert ist; nach dessen Tode behält der Herr sein Erbe und die Kinder, die er nach der Ergebung gewann, insoweit sie nach ihm gehören. III. 33. §. 8. — die sich dazu geben, deren Buße. III. 45. §. 9. — sind Wendinen, da sie ihrem Herren, wenn sie heirathen, ihre Burmiethe, und wenn sie ihren Mann verlassen, ihren Versenpfennig geben. III. 73. §. 2.

Eigene (Leute) kann niemand ohne Genehm der Erben und echt Ding vergeben. I. 52. §. 1. — nehmen ihrer Eltern Erbe nicht, wenn sie sich durch Eigenschaft von ihnen zweien. I. 51. §. 1. — auch über sie können die Schöffen unter Königsbanne Urtheil finden. III. 69. §. 2. — die man frei läßt, erhalten freier Landsassen Recht. I. 16 III. 81. §. 2. — sollen nach Gottes Gebote im siebenten Jahre, als dem Jahre der Lösung, frei gegeben werden, wenn sie wollen; im funfzigsten aber, als dem Jahre der Freude, welches nach dem siebenmal siebenten kommt, auch wenn sie nicht wollen. III. 42. §. 4. — die eingeborenen kann der Herr wegen Ungericht durch Reinigungseid einmal befreien; dann bleiben sie aber rechtlos und ehrlos. II. 20. §. 2. — mit seinen eingeborenen behält der Kläger einen Eigenen, der sich einem andern Herren zusagt, wenn derselbe ihn vor Gericht nicht vertritt. III. 33. §. 9.

Eigner, von wem ein Anderer behauptet, daß er sich ihm als solcher ergeben habe, der kann dessen unschuldig werden, wenn er sich nicht vor Gericht ergab. III. 33. §. 2. — den Eingeborenen behält der Herr mit zwei seiner Eigenen auf den Heiligen. ib. §. 3. — gegen einen andern Herren behält er ihn selbsiebent seiner Mage oder wahrhafter Leute. ib. §. 4. — wenn er sich einem Herrrn, der ihn anspricht, entredet und einem andern zusagt, der nicht vor Gericht kommt, soll ihn der Kläger selbdritt seiner Mage oder eingeborenen Mannen behalten und sich seiner mit einem Halsschlage unterwinden. III. 33. §. 9. — wer ihn in Gewer hat, geht im Beweise seines Rechts auf ihn dem vor, der der Gewer darbt. III. 33. §. 6. s. Dienstleute.

Eigenkinder. I. 51. §. 2. —

konnte nach älterem Rechte keine freie Frau gewinnen. III. 73. §. 1.

Eigenschaft, woher sie abgeleitet wird, und wie sie wirklich entstanden ist. III. 42. §. 3. — macht rechtlos, und die welche sich darin zweien (verschiedenen Herren angehören) beerben einander nicht. I. 51. §. 1.

Eigenthümer, der einem Andern etwas in Verwahrung gegeben, hat keinen Schädenanspruch an diesen, wenn ihm die Sache durch Diebstahl, Raub, Brand, Tod eines Thieres ꝛc. ohne dessen Schuld verloren geht. III. 5. §. 3. — wohl aber beim Commodat und Pfande ib. 4. u. 5. — kann sich zu einer verlorenen Sache binnen sechs Wochen gegen den Finder ziehen. II. 30. — kann sich binnen Jahr und Tag zu seinem Gute ziehen, das man als Diebstahl oder Raub bei einem hingerichteten Verbrecher (oder Selbstmörder) fand und der Richter in Bewahrung hält. II. 32. §. 1. — soll sich selbdritt zu seinem Gute ziehen, das ein Anderer gefunden oder Dieben und Räubern abgejagt hat, und diesen seine Kosten erstatten. II. 36. §. 1. — wenn er aus anderem Gerichte ist, erhält der, der die Sache den Dieben ꝛc. abgejagt hat, den dritten Theil davon. ib. §. 2. — kann das ausgeliehene Gut von dem, dem er es lieh, zurückverlangen, sobald dieser es über die beschiedenen Tage ihm vorenthält. III. 22. §. 1. — oder sich dessen unterwinden, wo er es sieht. ib. §. 3. — kann seine Sache von dem Juden, bei dem er sie findet, fordern; muß ihm aber sein Geld erstatten, das er dafür gab, wenn dieser selbdritt bezeugt, daß er sie unverholen erworben habe, auch wenn sie gestohlen war. III. 7. §. 4. — kann das von seinem Knechte ihm widerrechtlich veräußerte Gut wiederfordern, wenn er sich mit Recht dazu zieht. III. 6. §. 1. — ohne dessen Willen darf niemand auf seinem Gute Silber graben, und wenn er seine Einwilligung dazu giebt, behält er die Vogtey. I. 35. §. 2. — muß dem, der sein Land unverklagt besäet hat, die Saat überlassen, kann aber Zins für die Benutzung seines Landes fordern. II. 47. §. 5. — der sein besäet Land auf beschiedene Jahre um Zins und Pflege austhut, kann es dem Zinnsmanne nicht länger geweren, als er lebt; darum kann es der Erbe sogleich bei seinem Tode zurückfordern, nur muß er dem Zinsmanne Zins und Pflege für die Saat geben, weil des Erblassers Pflug das Land nicht beging, als er starb. III. 77. §. 1. u. 2. — dessen Sache ein Anderer da, wo eine Verwechselung leicht möglich war, statt der seinigen mitgenommen hat, kann diesen keines Raubes, Diebstahls, oder der handhaften That zeihen, wenn der Andere die Sache unverholen gehalten hat und sich auf den Heiligen entschuldigt; doch kann er seine Sache anfangen. III. 90. — unter mehreren eines Guts, soll dem der Schade, der daran verübt wird, gebessert werden, der es in lediglicher Gewer hat. II. 58.

Eigenthum, Beweis desselben. I. 15. §. 1. II. 35. §. 3. ff.

Eigenthumsklage. s. Anfangen.

Eingeborener Eigner, wer als solcher in Anspruch genommen wird, kann seine Freiheit selbsiebent seiner Mage, drei vom Vater und drei von der Mutter, behalten. III. 33. §. 5. — diesen behält der Herr mit zwei seiner eigenen Mannen auf den Heiligen. III. 33. §. 3. — gegen einen andern Herren behält er ihn selbsiebent seiner Mage oder wahrhafter Leute. ib. §. 4.

Eingeborene Mannen, mit diesen behält der Kläger selbdritt einen Eigenen, der sich einen andern Herren zuspricht, wenn derselbe ihn vor Gericht nicht vertritt. III. 33. §. 9.

Eingeborener Dienstmann, durch einen solchen und durch offenen Brief kann ein Fürst, als Gewersmann eines Gutes, seinem Manne Gewer leisten. II. 43. §. 3.

Eingebrachtes der Frau fällt nicht in das gemeinschaftliche Vermögen, das der Mann mit Andern besitzt. I. 12. — oder was der Mann bei der Ehe seiner Frau gelobt hat, behält diese auch nach der Ehescheidung. III. 74.

Einkünfte. s. Civilfrüchte.

Einlösen nach der Bauern Ermessen. I. 20. §. 2. — muß der aus-

Noth. I. 70. §. 2. — auf den Heiligen, kann man den Verzicht auf die Erbtheilung. I. 13. §. 2. — soll man den gelobten Frieden in dem Gerichte, wo er gelobt worden ist. III. 9. §. 2. — kann der, der einen Verfesteten beherbergte und speiste, auf seine Unschuld, daß er um die Verfestung gewußt habe. III. 23. — muß sich der wegen Schlägen oder Blutrunst Beklagte binnen seinem Tagding; sonst soll er verfestet werden. I. 68. §. 1. — soll sich der der Nothzucht, über dessen Haus man deshalb richtet; thut er dies nicht, ehe das Gericht darüber erging, so wird ihm der Schade nicht entgolten. III. 1. §. 1. — wer es vor Gericht gegen einen Herren thut, der ihn als Eigenen fordert, und sich einem Andern zuspricht, der nicht vorkommt, den soll der Kläger selbdritt seiner Mage oder eingebornen Mannen behalten und sich seiner mit einem Halsschlage unterwinden. III. 33. §. 9. — des Ungerichts, muß sich erst der Vater, ehe er den Sohn durch Reinigungseid befreien kann, wenn beide um eine That beklagt sind. II. 18. §. 2. — kann der Burgherr seine Burg mit seinem Eide. II. 73. §. 4. — eine Burg; wenn man dies nicht mit Recht kann, so mag der Mann die seines Herren, sowie dieser die des Mannes und der Mag die des Mages abbrechen helfen, wenn er um Ungericht mit Gerüfte davor geladen wird, ohne seine Treue zu brechen. III 78. §. 4. — wie es geschieht, wenn man eine Burg des Raubes ꝛc. beschuldigt. II. 73. §. 2.

Entschuldigen, auf den Heiligen, kann der Burgherr oder einer seiner Burgmannen die Burg, wenn man diese um Raub verklagt, der dort oder von dort geschehen sey; doch muß er sich zuerst entschuldigen, wenn er selbst verklagt ist. II. 73. §. 2. — kann sich der des Raubes und Diebstahls auf den Heiligen, der eine fremde Sache da, wo eine Verwechselung leicht möglich war, statt der seinigen mitnahm, wenn er Zeugniß hat, daß er sie unverholen gehalten habe. III. 90.

Erbe, wird in Sachsen von Fremden nach dem Landrechte genommen. I. 30. — die Klage darauf ist nach dem besondern Dorfrechte zu beurtheilen. III. 80. §. 2. — zu nehmen ist gestattet bis zur siebenten Sippe. I. 3. §. 3. — nimmt der Schwabe über die siebente Sippe I. 19. §. 1. — nehmen die Schwaben nicht vom Weibstamme her. I. 17. §. 3. — was gehört dazu? I. 24. § 3. a. E. — was heißt so? I. 6. §. 1. — wer es nimmt, soll die Schulden zahlen. ibid. — erstirbt nicht auf Meselsüchtige u. Zwerge. I. 4. — das des Hingerichteten und Selbstmörders fällt auf seine Verwandten. II. 32. § 1. — nehmen auch die Kinder Rechtloser von Vater und Mutter, wenn sie diesen ebenbürtig sind. I. 51. §. 1. — nehmen echte Leute nicht von unechten. ibid. — das des Vaters behält das echte und freie Kind, und das der Mutter, wenn es ihr ebenbürtig ist, oder baß geboren. III. 72. §. 1. s. Ebenbürtigkeit. — nehmen die gleich, die zwischen dem Haupte und Nagel gleich nahe zur Sippe sich ausweisen. I. 3. §. 3. — nimmt der zuvor, der sich näher zur Sippe ausweist. ibid. — nehmen ungezweite Geschwister vor gezweiten und ihre Kinder stehen diesen gleich. II. 21. — nehmen mehrfach Verwandte gleich nahe, wie einfach Verwandte. I. 3. §. 3. — wenn der Sohn von dem seines Vaters nicht abgetheilt ist, succediren seine Söhne mit seinen Brüdern in capita. I. 5. §. 1. — fällt den ausgestatteten und nicht ausgestatten Töchter zu. I. 5. §. 2 — theilt der Pfaffe mit seinen Brüdern I. 5. §. 3. — theilen auch Frauen mit dem Pfaffen, wenn sie keinen andern Bruder haben. I. 5. §. 3 — wenn es verbrüdert und verschwestert, succediren Männer und Weiber zugleich. I. 17. §. 2. — wer es sich nicht von Sippe halben, sondern wegen eines Angelöbnisses zusagt, hat nur dann einen Anspruch, wenn dies vor Gericht bestätigt ist. II. 31. — wer dessen Herausgabe nach dem Dreißigsten verweigert, verwirkt Wedde und Buße III. 15. §. 2. — von demselben soll zuerst der Gesindelohn gezahlt werden. I. 22. §. 2. — wo zwei Mann es nehmen, soll der Aeltere theilen, der Jüngere wählen. III. 29. §. 2. — wenn bei einer Klage darum die Gewer gelobt, aber gebrochen wurde, so zahlt der Gelobende Wedde und Buße (ohne Gewerbuße.) II. 16. §. 2. — wer vonwegen dessen, was er empfangen, Geld fordert, soll dies dem Beklagten kund thun, wenn dieser nach dem Grunde der Forderung fragt. III. 41. §. 4. — erbloses, wird dem Fronboten oder Richter überantwortet. I. 28. — das des Eigenen, der in die Eigenschaft sich ergab, nimmt der Herr wenn dessen Erbe ihn nicht bei Lebzeit aus der Eigenschaft zurückgefordert hat. III. 33. §. 8. — kann an einem Gute nicht mehr angesprochen werden, das nach der Lehnsauftragung Jahr und Tag in der Gewer des Lehnherren war. I. 34. §. 2. — das, eines Mannes von Rittersart, fällt an seinen nächsten ebenbürtigen Mag (ohne Unterschied zwischen Mann und Weib.) I. 27. §. 2. — vererbt eine Frau an den nächsten Verwandten, ohne Unterschied von Mann und Weib. I. 27. §. 1. — Urtheil darüber gegen Schöffenbare können nur Ebenbürtige finden. II. 12. §. 4. — wenn der Vorsprecher keins hat, muß er für Wedde und Buße, sobald er sie verwirkte, Bürgen setzen. I. 60 §. 5. — wer keins hat und auch keine Bürgen setzen kann, den soll der Fronbote, wenn er um Ungericht klagt oder beklagt wird, in Gewalt halten. I. 61. §. 2. — verwirkt der, der beim Einbrechen der Fluth mit Gerüffte zur Bewahrung des Dammes geladen ist und diesem nicht folgt. II. 57. §. 1.

Erbe, mit seinem Rathe soll die Wittwe des Begräbnisses warten und des Dreißigsten. I. 22. §. 1.—wenn er will, muß das Gesinde seine Dienstzeit aushalten. ib. §. 2. — des Mannes, kann erst am dreißigsten Tage nach dessen Tode von der Wittwe die Auslieferung der Erbschaft fordern. I. 22. §. 1. — kann aber schon vorher in das Gut zu der Wittwe kommen um die Erbschaft zu beaufsichtigen. ibid. — nach Landrecht; erhält das verdiente Gut des Erblassers aus dem Lehne, wenn kein Lehnerbe da ist. II. 59. §. 1. s. Nutzungen. — nach Landrecht; mit mehr Recht als er erbt der Sohn das Gebäude auf seines Vaters Lehne, obgleich dieser nur Lehnerbe ist. II. 22. §. 5. — des Zinsmannes; kann das, was dieser auf dem Zinsgute gebaut hat, abbrechen: doch kann der Herr das Haus und den Mist nach Ermessen der Bauern einlösen. II. 54. — des Zinsmannes; erhält dessen Gebäude auf dem Zinsgute. II. 22. §. 2. — außer wenn das Gut dem Herren erledigt wird. ib. §. 3. — der der Frau erhält nicht das, was sie auf ihrer Leibzucht hat. ib. §. 4. — ob das auf der Morgengabe? ib. §. 3. — der Frau; hat beim Leben ihres Mannes keinen Anspruch auf Mußtheil und Morgengabe, sondern erst, wenn sie nach ihres Mannes Tode starb. III. 38. §. 3. — erhält nicht das Gebäude, das auf ihrer Leibzucht steht, wenn sie es nicht bei ihrem Leben abträgt und auf ihr Eigen oder Lehn setzt. ib. §. 4 — des Schöffenstuhls; ist der älteste Sohn oder der älteste, ebenbürtige und nächste Schwertmag III. 26. §. 3. — activer Uebergang der Rechte auf ihn. I. 9. §. 1. ff. — ihm soll man zahlen, was man dem Erblasser schuldete. I. 6. §. 4. — hat Anspruch auf das Eigen, das man dem Erblasser zu geben gelobte, wenn der Kaufpreis wenigstens zum Theil schon gezahlt ist. I. 9. §. 1. — ihm antwortet man für das, was man dem Todten schuldig ist oder nimmt. III 31. §. 1. — er antwortet aber nicht, wenn die Klage gegen den Todten geht, wenn er nicht das Gut unter sich hat. ibid. §. 2. — dessen Rechte auf verfallenen Zins und Pflege, (sowie auf die, von dem Erblasser verdienten Früchte des Gutes.) III. 76. §. 5. (ib. §. 3. u. 4.) — ihm antwortet man nicht, wenn man den Erblasser gefangen hat, ohne ihm etwas zu nehmen, oder verwundet und geschlagen, ohne Todschlag und Lähmung, dafern dieser nach Jahresfrist starb, ohne die Klage begonnen zu haben. III. 32. — passiver Uebergang der Verpflichtung, aus dem Verkaufe eines Gutes, auf den E. I. 9. §. 6. — was er selbst gelobt oder verbürgt hat, muß er leisten. ibid. — in wie weit haftet er für Schulden? I. 6. §. 1. II. 61. §. 2. — soll für die Schuld antworten, wenn die Klage schon gegen den Erblasser angestellt war, und dieser vor dem Tage stirbt, wo er von seinem Bürgen vor Gericht gebracht werden soll, da Letzterer nun frei ist. III. 10. §. 2. — muß wegen Erbschaftsschulden, die ihm unbekannt sind, mit zwei und siebenzig Mannen gemahnt werden. I. 6. §. 1. — haftet nicht für gestohlenes oder geraubtes Gut und Spielschuld. I. 6. §. 1. (II. 61. §. 2.) — nur für Schuld, deren Wiedererstattung er empfing oder Bürge ward. ibid. — haftet für fremdes Gut, das von dem Eigenthümer dem Erblasser geliehen oder versetzt 2c. wurde, aber von diesem veruntreut, verspielt, oder ihm gestohlen und geraubt worden ist. II. 61. §. 2. — kann beim Tode des Erblassers sogleich das Zinsgut zurückfordern, das dieser besäet auf beschiedene Jahre ausgethan hat, damit man es ihm besäet wiedergebe; auch wenn die Zeit noch nicht abgelaufen ist. III 77. §. 2. — doch soll der Erbe dem Zinsmanne soviel Zins und Pflege geben, als dieser dem Erblasser zu zahlen gehabt hätte, weil der Pflug des Letzten das Land nicht beging, als er starb. ib. §. 2. — oder Bürge; soll den gelobten Eid für den Verstorbenen leisten, oder die Schuld ist auf den Bürgen gewonnen, wenn dieser für den Eid sich verpflichtete. III. 11. — des Zinsmanns; tritt nach dessen Tode an seine Stelle, und in seine Pflichten. II 60. §. 2. — ebenso der des Zinsherren. ibid. — des Schuldners; kann dessen befrontes Gut nach Jahr und Tag, wenn es jener nicht selbst aus der Befronung gezogen hat, binnen gleicher Frist herausziehen, wenn er die Schuld zahlt. II. 42. §. 2. — kann nicht abschwören wegen Sachen, die seinem Eblasser verliehen, versetzt, oder zu bewahren gegeben sind. I. 15. §. 1. — versäumt sich an Eigen und Hoflehn (Hufen) binnen dreißig Jahren und Jahr und Tag. I. 29. — aber nicht das Reich und der Schwabe. ibid. — kann Jahr und Tag nach dem Tode des Erblassers sich noch zu der ahrenden Habe ziehen. I. 28. — fwenn ehehafte Noth ihn hinderte, noch länger. ibid. — kann binnen Jahr und Tag das Eigen, das jemand in Folge der Reichsacht verloren hat, aus der königlichen Gewalt herausziehen. I. 38. §. 1. — der dem Erblasser bis zu dessen Tode ein Gut gewaltsam vorenthält, verliert alles Recht, das ihm daran anerstorben wäre. III. 84. §. 1. — verliert alle Anwartung an Eigen und Lehn, wenn er seinen Vater, Bruder, Mag, oder jemanden tödet, dessen Gutes er gewärtig ist; außer wenn es in Nothwehr, oder unwissentlich und ohne Vorsatz geschah. ib. §. 2. — soll dem seine Kosten ersetzen, der einen Verunglückten oder Verwundeten in seine Gewer getragen hat, wenngleich dieser daselbst stirbt. III. 91. §. 3.

Erben, deren Einwilligung bei Vergebung und Verkauf von Eigen. I 34. §. 1. I. 45. §. 2. a. E. — ohne deren Genehm kann niemand sein Gut noch seine Leute vergeben. I. 52. §. 1. — unterwinden sich dessen, was ohne ihre Bewilligung vergeben ward, als ob der Veräußerer todt sey. ibid. — ohne deren Genehm kann man fahrende Habe vergeben. ib. §. 2. — können der Ergebung in die Eigenschaft, sogar der gerichtlichen, widersprechen, und den Eignen wieder zu seiner rechten Freiheit bringen. III. 33. §. 7. u. III. 42. §. 3. — aber nicht auch dessen Kinder, die in der Gewalt des Herren bleiben, wenn ihr Vater als Eigner starb. III. 33. §. 8. — mit deren Genehm kann Eigen als Leibzucht gegeben werden. I. 21. §. 2. — nachgeborene können die Leibzucht nicht brechen. ib. §, 3. — was giebt ein Mann von Rittersart ohne deren Genehm seiner Frau als Morgengabe? I. 20. §. 1. — ihnen kann durch keine Schenkung der Ehefrau an ihren Mann etwas entzogen werden. I. 31. §. 2. — können von dem Vormunde, wenn der Mündel zu seinen Jahren gekommen, jährlich Rechnung über das Mündelgut verlangen. I. 23. §. 2. — sind oft Andere als der Vormund. ibid.

Erbeigen, mag man besser behalten, als gekauftes. II. 44. §. 2.

Erbfähigkeit nach Landrecht besitzen auch die, denen ein Gebrechen angeboren ist. I. 4. — fehlt den Meselsüchtigen. ibid. f. auch Ebenbürtigkeit.

Erbfolge, wer hat dabei den Vorrang vor dem Andern. I. 17. §. 2. — tritt ein, wenn ein Kind binnen

Faden, als Längemaß beim Abmessen des Haufens Waizen, den die Tagewerker als Wehrgeld erhalten. III. 45. §. 8.

Fälschung von Maas und Gewicht, Waaren (Kauf.) II. 14. §. 3. — Münzen II. 27. §. 2.

Fahne, damit leiht der Kayser alle weltliche Fahnenlehne. III. 60. §. 1.

Fahnenlehne, sieben liegen in Sachsen. III. 62. §. 2.

Fahnenlehn, nur das ist ein solches, davon jemand Fürst des Reichs sein mag, was er von dem Könige empfängt; weil er sonst nicht der Vorderste an dem Lehne ist, wenn es ein Anderer vor ihm empfängt. III. 58. §. 1. — alle weltlichen leiht der Kayser mit der Fahne; kein solches mag er Jahr und Tag erledigt lassen. III. 60. §. 1. — leiht der Kayser den Fürsten, weil er selbst nicht an allen Stätten sein, und alles Ungericht richten kann. III. 52. §. 2. — verliehen anfangs die deutschen Herzöge von Sachsen, Franken, Bayern und Schwaben, sind aber diesen von den Kaysern entbrochen worden. III. 53. §. 1. — eine sonderliche Grafschaft, die dahin gehört, kann, gegen den Widerspruch der Landleute, so verliehen werden, daß Folge daran sey, und darf nicht erledigt bleiben. III. 53. §. 3. — kein solches darf Jahr und Tag erledigt bleiben, sondern der König muß es wieder verleihen. ib. — Fürsten, die solches haben, wedden dem Könige hundert Pfund, wenn sie dem Dienste des Reiches oder dem Hofe des Königs nicht Folge leisten, nachdem er ihnen sechs Wochen voraus mit Brief und Insiegel gekündigt ist. III. 64. §. 2.

Fahren über gewonnenes Land auf unrechtem Wege, wird mit einem Pfennig für jedes Rad, außer dem Schadenersatze, gebüßt. II. 28. §. 4. — über ungewonnes Land, wer es thut bleibt ohne Wandel; außer bei einer gehegten Wiese. II. 49. §. 2. s. Weg.

Fahrende Habe, darüber richtet der Bauermeister. II. 14. §. 2. — dazu gehören auch Gebäude (Was die Fackel verzehrt ist Fahrniß.) III. 76. §. 2. — wielange kann man sie frei veräußern? I. 52. §. 2. — fremde, die jemand besitzt, kann er dem, der ein Recht daran hat, herausgeben, auch wann er über die eigene nicht mehr verfügen kann. I. 52. §. 3. — wird bei der Erbtheilung eidlich conferirt. I. 13. §. 1. — wenn sie verliehen, versetzt oder zu bewahren gegeben ist, wie wird dies bewiesen? I. 15. §. 1. — (Pferd, Kleider) wem sie auf beschiedene Tage geliehen wird, der soll sie, sobald er darum, nach deren Ablaufe, beklagt wird, sofort zurückgeben und den Schaden bessern, den er daran zufügte. III. 22. §. 1. — (Kleider, Pferde ꝛc.) wer sie mit Willen in die Gewer eines Andern übertragen und durch dessen Veruntreuung oder auch ohne seine Schuld verloren hat, der hat eine Forderung deshalb nur gegen ihn und seine Erben. II. 61. §. 1. u. 2. — wenn der Veräußerer sie zurückfordert, indem er die Veräußerung leugnet, so kann der Erwerber den Kauf ꝛc., den er mit jenem geschlossen, durch Augenzeugen selbdritt erweisen. III. 4. §. 1. — wenn bei einer Klage darum die Gewer gelobt, aber gebrochen wurde, so zahlt der Gelobende Wedde und Buße, (ohne Gewerbuße.) II. 16. §. 2. — und Eigen; das man einem Andern verkauft, soll man ihm zeitlebens geweren. III. 83. §. 3. — kann die Ehefrau ihrem Manne nicht schenken. I. 31. §. 2. — vererbt die Ehefrau nicht auf ihre Verwandten, wenn sie vor dem Manne stirbt, außer Gerade. I. 31. §. 1. — alle Rechte, die die Wittwe beim Tode des ersten Mannes daran hatte, vererbt sie auf den zweiten, wenn dieser zu ihr und den Kindern in das ungetheilte Gut gezogen war. III. 76. §. 2. — die eines Kindes, das ins Kloster gethan wird, muß der Vormund dem Erben herausgeben. I. 26. §. 1. — wie diese soll man Thiere vergelten, die kein Wehrgeld haben, nach Würderung dessen, der sie verlor; der Ersetzende müßte sie denn mit seinem Eide mindern. III. 51. §. 2. — nur mit dieser haftet der Erbe für Schulden. I. 6. §. 1. — erblose, wann fällt sie dem Richter zu? I. 28.

Fahrende Weiber. s. Frau (fahrende.)

Fahrlässigkeit. s. Wahrlosigkeit, Schuld, Unvorsichtigkeit.

sein Leben sprechen. III. 54. §. 4. s. Franke.

Fragen soll man von Gerichtshalben erst um das Zeugniß, ehe sich jemand dazu vor Gericht erbieten darf. III. 37. §. 2.

Franke, erbt in Sachsen nach Landrecht. I. 30. — mag sein Leben nicht verwirken, als wenn er auf handhafter That gefangen oder sein Fränkisches Recht ihm aberkannt ist. III. 54. §. 4.

Franken, hat seinen Pfalzgrafen, war ein Königreich und ward in ein Herzogthum verwandelt. III. 53. §. 1.

Frau kann nach dem Stande ihres Mannes, und jenachdem sie mit diesem in der Ehe lebt oder nicht, verschiedene Kinder haben. I. 51. §. 2. — die unverheirathete hat halbes Wehrgeld und Buße nach ihrer Geburt. III. 45. §. 2. s. Ehefrau. — keine solche mag Vorsprecher sein, noch ohne Vormund klagen. II. 64. §. 2. — jede muß bei jeglicher Klage einen Vormund haben. I. 46. §. 1. — kann man nicht mit Zeugniß dessen überführen, was sie vor Gericht spricht oder thut. ibid. — jede solche soll ihre Eide selbst leisten, nicht durch ihren Vormund. I. 46. §. 2. — ihr rechter Vormund soll Gewer für sie empfangen, geloben und leisten. ibid. — ihr kann der Richter bei nothnunftiger Klage, wenn sie nicht zu Kampfe geht, und bei aller handhaften That einen Vormund geben, wenn ihr rechter Vormund nicht zur Hand ist; bei kämpflichen Klagen ist ihr nächster ebenbürtiger Schwertmag Vormund. I. 43. — die unverheirathete; wenn sie über ihren Vormund klagt und dieser auf dreimalige Ladung nicht vor Gericht kommt, soll von dem Richter bevormundet werden. I. 41. I. 44. — eine unverheirathete, kann ihr Eigen ohne Urlaub ihres Vormunds verkaufen, außer wenn dieser Erbe dazu ist. I. 45. §. 2. — eine jede vererbt zweifältig; Gerade und Erbe. I. 27. §. 1. — die echte, nimmt der unechten Erbe nicht. I. 51. §. 1. — die nur einen Pfaffen zum Bruder hat, succedirt mit diesem in Gerade und Erbe. I. 5. §. 3. — die unverheirathete; an deren Gute nimmt der Erbe dieselben Rechte in Betreff der Früchte, wie der Mann, wenn sie verheirathet gestorben wäre. III. 76. §. 5. (ib. §. 3. u. 4.) — keine solche hat ein Lehn länger, als für ihre Lebzeit und kann es nicht vererben. III. 75. §. 3. — soll wegen Nothzucht mit Gerüffte klagen. II. 65. §. 1. — wenn sie in einem Dorfgebäude genothzüchtigt wird. s. Jungfrau. — eine unechte; wer sie nothzüchtigt, wird nach Friedensrechte gerichtet. III. 46. §. 1. — eine fahrende; auch an solcher kann man Nothzucht begehen und sein Leben verwirken. III. 46. §. 2. — über keine schwangere soll man höher richten, als zu Haut und Haar. III. 3. —

Frauen sollen stets an Leib und Gute Frieden haben. II. 67. §. 1. — folgen dem Gerüffte nicht. II. 72. §. 3. — sollen wegen Nothzucht mit Gerüffte klagen. II. 65. §. 1. — verlieren durch Unkeuschheit ihr Erbrecht nicht. I. 5. §. 2. — werden dadurch nicht rechtlos. ibid. — aus Ungunst gegen sie behielten die Sachsen das Schwäbische Recht. I. 18. §. 1. — sind erblos bei den Schwaben. I. 17. §. 3. — deren Zeugniß über die lebendige Geburt eines Kindes. I. 33. s. Weibshalben 2c.

Frauenkleider, dazu noch nicht zugeschnittene Zeuge gehören nicht zur Gerade. I. 24. §. 3.

Frei waren alle Leute, da man zuerst Recht setzte und die Vorfahren her zu Lande kamen. III. 42. §. 3. — so geboren soll der König sein. III. 54. §. 3. — dafür soll man den Fremden halten, der sich dafür ausgiebt, bis man ihn mit Zeugniß abweisen kann. III. 33. §. 1. — wer sich dafür ausgiebt, kann von dem Anspruche eines Andern, daß er sich ihm als Eigner ergeben habe, durch Unschuld ledig werden; außer wenn er sich vor Gericht ergeben hat. ib. §. 2. — und echt; soll der Schultheiß aus dem Lande geboren sein, wo das Gericht liegt. III. 61. §. 2. — und echt; wenn das Kind so geboren ist, behält es seines Vaters Heerschild und Erbe, und ebenso der Mutter, wenn es ihr ebenbürtig ist, oder baß geboren. III. 72. §. 1. — sind die Wendinen keineswegs, obwohl ihre Kinder nach dem wendi-

— diesen wirkt der Richter dem Kläger, aber nicht dem Beklagten, den man ohne seine Gegenwart vorladet. III. 13. — daß er von dem gebrochen worden sey, dessen man sich zum Kampfe unterwunden hat, muß in der Klage gegen ihn angeführt werden. I. 63. §. 1. — soll man, beim gerichtlichen Kampfe, dem Kampfplatze wirken. I. 63. §. 4. — dieser wird beiden Parteien gewirkt, wenn der Kampf, wozu Einer den Andern vor Gericht fing, mit Urtheil gefristet wird, und wer ihn bricht, bessert ihn zuerst ohne Kampf. III. 36. §. 1. — wird dem gewirkt, der, wegen eines Todtschlags aus Nothwehr, sich zu Recht und zur Zahlung des Wehrgelds erbot ehe man gegen ihn klagte, sobald die Mage auf dreimalige Vorladung das Wehrgeld nicht nehmen. II. 15. §. 1. — soll der König dem wirken, der sich aus der Acht gezogen hat, wenn er schwört, daß er vor den Richter komme, der ihn verfestete und in die Acht brachte. III. 34. §. 5. — soll der Richter dem wirken, der sich aus der Verfestung ziehen will. II. 4. §. 1. — desgl. dem, der sich daraus gezogen hat, damit er zu drei Dingen vorkommen könne, um auf die Klage zu antworten. ib. — den Einer für den Andern gelobt hat; wie man ihn bessern soll. III. 9. §. 2. — wenn ihn jemand bricht, der ihn für sich selbst gelobt hat, geht es ihm an den Hals. ib. — man soll ihn entreden und bessern in dem Gerichte, wo er gelobt worden ist. ibid. — wer binnen gelobtem Burgen erobert oder Leute fängt, mag seine Bürgen nicht mit seinem Eide entbürden. III. 9. §. 1. — wer durch eine That diesen bricht und zugleich den Bann verschuldet, der weddet nach geistlichem und weltlichem Rechte. I. 53. §. 4. s. Gerichtsfriede.

Friedebrecher, wer dessen Namen nicht weiß, kann ihn unbenannt beklagen. I. 62. §. 3. — wenn er auf frischer That gefangen wird, richtet man über ihn nach Friedensrechte. III. 36. §. 2. — wer ihn tödet oder verwundet, bleibt ohne Wandel, wenn er selbsiebent die handhafte That bezeugen kann. II. 70. — dafür gilt der selbst, der einen Andern als Friedebrecher verwundet oder tödet, und ihn hernach des Friedebruchs nicht überführt. I. 50. §. 2. — wer einen Getödeten oder Verwundeten, den er vor Gericht bringt, nicht als solchen, mit oder ohne Kampf, überführt, über den richtet man nach Friedensrechte. I. 69. — daß man sich dessen unterwinden möge, muß man von dem Richter erbitten, wenn man einen Genossen kämpflich grüßen will. I. 63. §. 1. — wie soll man sich seiner unterwinden? ibid. — wenngleich der mit Gerüffte gefangene nicht überwunden wird, so leiden doch die keine Noth, die dem Gerüffte folgten. III. 1. §. 2. — Verfolgung desselben in ein anderes Gericht. II. 72. §. 3. — Abforderung desselben aus diesem. ib. §. 4. — wenn der, in ein anderes Gericht verfolgte, den Verfolgern von dort ausgeliefert wird, sollen sie Bürgen für sein Wehrgeld setzen. II. 72. §. 4. — wenn man ihn wider Recht auf einer Burg hält, wie er abgefordert werden soll. II. 73. §. 1. — wenn ihn die Bauern nicht aufzuhalten vermögen und dies auf den Heiligen bewähren, so bleiben sie ohne Schaden. III. 92. §. 1.

Friedebruch, der, bei welchem der Thäter entkommen ist, und wegen dessen man weder den Wirth, wo dieser geherbergt war, noch die Bauern, die ihn nicht aufzuhalten vermochten, beschuldigen kann, soll man auf dem Godinz rügen. III. 92. §. 1. — wird mit Enthauptung gestraft. II. 14. §. 5. — an Unechten; wird nach Friedensrechte gerichtet. III. 46. §. 1. — an befriedeten Tagen und Orten; gewährt dem Schuldigen keinen Anspruch auf den Schutz dieses Friedens. II. 10. §. 2. s. Friede.

Friedensrecht, danach richtet man über den, der Unechte verwundet, beraubt, tödtet, unechte Frauen nothzüchtigt, und den Frieden an ihnen bricht. III. 46. §. 1. — danach richtet man über den Friedebrecher, wenn er auf frischer That gefangen wird. III. 36. §. 2. — hiernach richtet man über den, der einen Getödeten oder Verwundeten, den er vor Gericht bringt, nicht als Friedebrecher überführt. I. 69.

Friedenstage beschirmen diejenigen nicht, die auf handhafter That gefangen worden, in Reichsacht, oder in dem Gerichte verfestet sind. II. 67. §. 2.

Frische That. s. Handhafte.

Frist, fristen. s. Tag, Tagding.

Fristung, des Lebens und der Gesundheit; wer um ihretwillen etwas auf Treue gelobt oder schwört, dem schadet es an seinem Rechte nicht, wenn er es nicht leisten kann. III. 41. §. 2.

Fronbote, wird von dem Richter und den Schöffen gekoren; soll dem Könige Hulde thun nach freien Mannes Rechte; ihn soll der Richter auf einen Stuhl setzen, sich gegenüber, und ihm die Heiligen in den Schoos legen; ihm Friede wirken. III. 56. §. 1. — kann unter den Pfleghaften gekoren werden. I. 2. § 3. — einen solchen mag man unter den Birgelden und Pfleghaften küren, wenn man seiner bedarf, der mindestens drei Hufen habe; ihn soll der Richter und die Schöffen küren. III. 45. §. 5. — soll gegenwärtig sein, wenn der Graf sein Ding über achtzehn Wochen zu rechter Dingstätte auslegt. III. 61. §. 1. — kann die Stelle des Richters vertreten beim Beweise, daß man sich aus der Verfestung gezogen habe. III. 18. §. 1. — vor ihm kann bei handhafter That geklagt werden, wenn der Richter außer seinem Gerichte ist. I. 70. §. 3. — ihm kann man auf frischer That Schläge und Blutrunst nachweisen, um deshalb den Beklagten in Verfestung zu bringen, wenn er binnen seinem Tagding nicht bessert oder sich entredet. I. 68. §. 1. — dessen Zeugniß gegen den Richter ist nöthig, bei einer Beschuldigung gegen diesen, die seine Wedde übersteigt. II. 23. §. 1. — wo ein Zeugniß mit ihm vollführt wird, da soll der Richter Zeuge der Wahrheit sein, auch wenn er früher nichts darum wußte. ibid. § 2. — sein Zeugniß gilt für zwei Mann. I. 8. §. 2. — seine Buße und Wehrgeld sind doppelt. ibid. — hat Gewalt zu pfänden, zu ergreifen und zu befronen jeden Mann und sein Gut, wenn er mit Urtheil dazu gegeben wird; mag sein Leben und Gut so gut, wie jeder Andere, durch Unrecht verwirken; soll kein Schwert oder Wehr führen, sondern mit Gerüffte das Land laden, wenn man ihm Rechtes weigert, oder dies dem Richter klagen. III. 56. §. 2. — soll den pfänden, der am rechten Tage Wedde und Buße nicht zahlt. I. 53. §. 3. — darf aber nur pfänden, wenn er mit Urtheil dazu gewonnen wird. ibid. — soll den, der weder Erbe noch Bürgen hat, wenn er um Ungericht klagt oder beklagt wird, in seiner Gewalt halten. I. 61. §. 2. — befront das Eigen, aus dem der Richter seine Wedde nicht auspfänden kann, mit einem Kreuze auf dem Thore. II. 42. §. 1. — nur der echte mag über das Leben der Schöffenbaren richten, wenn sie es verwirkt haben und verurtheilt sind. III. 55. §. 2. — bis man von ihm wieder vorgeladen wird, mag man dreimal um jede Rede Gespräch mit seinem Vorsprecher haben. I. 62. §. 7. — mit zwei Schöffen soll er den Beklagten beim Kampfgerichte dreimal vorladen, wenn dieser, nachdem der Kläger auf dem Kampfplatze erschienen ist, zu lange säumt. I. 63. §. 5. — ihm oder dem Richter wird erblose fahrende Habe überantwortet. I. 28. — dessen Recht ist der zehnte Verurtheilte, auf das er ihn zu lösen gebe; das auf dem Halme stehende Korn und die besten Kleider von jedem erledigten Gute; drei Schillinge von jedem Eigen, worüber man Frieden wirkt; und die Befreiung eines Mannes aus jedem Dorfe von der Dingpflichtigkeit. III. 56. §. 3. — wenn er den Richter an seinem Rechte versäumt, weddet er des Königs Malter. II. 17. §. 4.

Fronen zur Erhaltung der Dämme. II. 57. §. 1.

Frucht. s. Korn.

Früchte des Mündelguts, gehören dem Mündel, sobald sie erst nach Eintritte der Mündigkeit fällig werden und als verdient gelten; die schon während der Unmündigkeit fällig gewordenen und verdienten hat er verloren. II. 59. §. 3. — die vom Gute der Frau gehören dem Manne, wenn er es bei ihrem Tode schon mit dem Pfluge bestellt hat: waren sie jedoch noch nicht gesäet, so muß er dem Erben Zins und Pflege dafür geben; außerdem giebt er nichts. III. 76. §. 3. u. 4. — die bürger-

G.

dem Lehngute sind Zubehör desselben, wenn es der Herr ohne Unterschied verliehen und sich nichts ausbedungen hat. II. 22. §. 6. — das auf des Vaters Lehne erbt der Sohn, auch wenn er nur Lehnerbe ist, mit mehr Recht, als ein anderer Landerbe. II. 22. §. 5. — das auf dem Zinsgute, vererbt der Zinsmann an seinen Erben; außer ein Mann von Rittersart, der es seiner Frau als Morgengabe gegeben hat. II. 22. §. 2. — fällt an den Herren, wenn ihm das Gut erledigt wird. ib. §. 3. — das auf dem Zinsgute, das der Zinnsmann errichtet, kann dieser, wenn er wegzieht, oder sein Erbe nach seinem Tode abbrechen; doch kann es der Herr nach Ermessen der Bauern einlösen. II. 54. s. Dorfgebäude, Haus.

Geboren, alle die unecht geboren sind, sind rechtlos. I. 37. §. 2. — zu dem Gute; obwohl es die Bauern nicht sind, wenn sie ein neues Dorf besetzen, so mag ihnen doch der Herr Erbzins daran gewähren. III. 80. §. 1. — zu einem Gute; Leute die dies sind darf die Wittwe nicht von ihrer Leibzucht verweisen. I. 21. §. 3.

Gebot, kein solches soll der Richter auf das Land setzen, wenn es das Land nicht willkürt. III. 92. §. 3.

Gebrechen, angeborene, hindern an der Lehnsfolge; aber nicht an der Erbfolge nach Landrecht. I. 4.

Geburt, nach der seinigen hat jeder Recht vor dem Reiche. III. 71. §. 2. — von welcher auch der König sey; er hat Fränkisches Recht. III. 54. §. 4. — danach richtet sich Buße und Wehrgeld. I. 8. §. 2. — danach hat jeder seine Buße, wenn er sie nicht verwirkt hat. II. 17. §. 2. — nach dieser haben unverheirathete Frauen und Jungfrauen halbes Wehrgeld und Buße. III. 45. §. 2. — Recht nach dieser behält die Ehefrau sobald ihr Mann stirbt. I. 45. §. 1. — die seinige schädigt der nicht, der seines Genossen Mann wird, obwohl er seinen Heerschild erniedrigt. III. 65. §. 2. — uneheliche (unechte) macht rechtlos. I. 37. §. 2. — zu frühe, nach der Verheirathung der Eltern, und zu späte, nach dem Tode des Vaters, giebt Grund, ein Kind an seinem Rechte zu bescholten. I. 36. §. 1. u. 2. — die eines Kindes, das in putativer Ehe erzeugt ward, nach deren Trennung, bewirkt keine Rechtlosigkeit desselben. III. 27. — daran kann man niemanden beschelten, der von seinen vier Ahnen her unbescholten ist. I. 51. §. 3. — wer den Andern für unecht von dieser ausgiebt, der muß es selbsiebent, an ihrem Rechte vollkommener Leute, gegen ihn bezeugen. III. 28. §. 1. — nach ihr soll derjenige zum Kampfe einen Tag erhalte, der hierzu unvorbereitet gegrüßt worden ist. II. 3. §. 1. — wegen niederer, aber nicht wegen höherer des Gegners, kann man diesem den Kampf verweigern. I. 63. §. 3. — die eines Kindes nach dem Tode des Vaters, wie wird sie bewiesen? I. 33. — die des Kindes, soll man abwarten, wenn die Frau beim Tode des Mannes schwanger ist, bevor man sie aus dem Gute weisen kann. III. 38. §. 2. — die halbe tritt vor der vollen zurück. II. 21. §. 1.

Gedeling, der nächste des hingerichteten Verbrechers nimmt dessen Erbe. II. 32. §. 1.

Gedinge, an einem Lehne, werden durch die Geburt eines lebendigen Kindes nach des Vaters Tode gebrochen. I. 33. — ist die Leibzucht, die der Mann seiner Frau am Lehne bestellt hat, so lange er lebt; erst nach seinem Tode ist sie ihr rechtes Lehn: darum mag sie bei seinem Leben auf manche Weise gebrochen werden. III. 75. §. 1.

Gefängniß, von solchem hat Eigenschaft ihren Beginn. III. 42. §. 6. — ist echte Noth. II. 7. §. 1. s. Haft.

Gefangene, sollen nach Gottes Gebote im siebenten Jahre, als dem Jahre der Lösung, frei werden, wenn sie wollen; nach dem siebenmal siebenten kommt das Jahr der Freude, wo Alle freigegeben werden müssen, auch gegen ihren Willen. III. 42. §. 4. — alle sind dem Könige ledig, wenn er allererst in das Land kommt, damit man die, die er abfordert, oder durch seine Boten abfordern läßt, vor ihn bringe, sobald man sie hinsenden mag,

müßte denn auf handhafter That ergriffen sein. ib. §. 2. — ist überall, wo der Richter mit Urtheilen richtet. I. 62. §. 8. — (Gerichtssprengel) binnen demselben kann der Richter überall richten; außer über Eigen und Verbrechen der Schöffenbaren. I. 59. §. 1. — in dem, wo jemand wohnt, oder ein Gut hat, oder Recht fordert, kann er nicht verweigern Vorsprecher zu sein. I. 60. §. 2. — wo man Recht fordert muß man Rechts pflegen. I. 61. §. 1. — geistliches; vor solchem soll kein Laie den andern in weltlichen Sachen verklagen. III. 87. §. 1. — binnen auswärtigem soll der Kläger keinen Landmann verklagen, mit dem er in einem Dorfe gesessen ist; außer wenn ihm der Richter Rechts weigert. III. 87. §. 2. — binnen auswärtigem braucht niemand zu antworten, wenn er nicht Gut oder Wohnung daselbst hat, sich mit Ungebührniß daselbst verwirkt, oder verbürgt. III. 25. §. 2. — in keinem auswärtigen antwortet ein Schöffenbarer zu Kampf, sondern in dem, wo sein Handmal liegt. III. 26. §. 2. — in dem wo ein Schöffenbarer den Schöffenstuhl hat, ist er dingpflichtig. ibid. — wenn man den Rechtsverweigerer von deshalb nicht durch Pfändung zwingen kann, so mag der Kläger überall sein Recht suchen, wo er es erlangen kann. III. 88. §. 2. — Verfolgung des Verbrechers in ein anderes mit Gerüffte. II. 72. §. 3. — Abforderung desselben daraus. ib. §. 4. — wenn der, in ein anderes verfolgte Friedebrecher, den Verfolgern von da ausgeliefert wird, sollen sie Bürgen für sein Wehrgeld setzen. II. 72. §. 4. — wenn der Eigenthümer einer Sache aus einem andern ist, als der, der diese Dieben oder Räubern abjagte, so erhält Letzterer den dritten Theil davon. II. 36. §. 2. — in keinem andern kann man jemanden mit der Verfestung überwinden; wer aber in dem höheren verfestet ist, ist es auch in allen niedern, die darunter gehören: die Verfestung des niedern muß jedoch erst in das höhere gebracht werden. III. 24. §. 1. — binnen dem, wo jemand verfestet ist, kann er sich in allen Stätten aus der Verfestung ziehen, gleichwie man in allen Stätten gegen ihn klagen kann. III. 17. §. 1. — wer daselbst an einer Stätte sein Recht verliert, hat es überall verloren. III. 82. §. 1. — in dem seinigen hat jeder Richter Wedde und keine Buße. III. 53. §. 2. — kein solches mag man theilen, noch ganz leihen, so daß Folge daran sey, und die Landleute es leiden müßten; außer, wenn es jemandem zur Lehn gegeben ist: es sey denn eine sonderliche Grafschaft, die in ein Fahnlehn gehört. ib. §. 3. — gegen wen der Kläger daselbst Buße und Wehrgeld gewinnt, gegen den hat der Richter seine Wedde. III. 33. §. 10. — damit dessen Wedde der Buße folge, ist auch unechten Leuten eine Buße gesetzt. III. 45. §. 10. — wenn es der Richter versäumt, welche Folgen hat dies für die Parteien. II. 2. §. 1. — ebendesjenigen, welches bei Ungericht über den Thäter ergehen soll, macht sich der Richter schuldig, wenn er gegen diesen Recht verweigert. II. 14. §. 8. — aus dem Lande, wo es liegt, soll der Schuldheiß frei und echt geboren sein. III. 61. §. 2. — dessen sollen alle Dingpflichtigen, wenn der Richter zugegen ist, warten, vom Sonnenaufgange bis Mittag. ib. §. 3. — weltliches sollen Schöffenbare, Pfleghafte und Landsassen wie geistliches besuchen. I. 2. §. 2. — binnen demselben sollen die, die mit Gerüffte vor eine Burg geladen sind, auf eigene Zehrung daselbst bleiben. II. 72. §. 3. — alle Einsassen desselben sollen beim Abbrechen einer Burg oder Gebäudes, worüber mit Urtheil erkannt ist, drei Tage auf eigene Beköstigung helfen. wenn sie mit Gerüffte dazu geladen sind. III. 68. §. 2. — von deshalben kann der Mann seinen Herren, wie dieser seinen Mann und der Mag seinen Mag verfolgen und ergreifen helfen, wenn er dazu um Ungericht, bei handhafter That, mit Gerüffte geladen wird, ohne seine Treue zu brechen. III. 78. §. 3. — wenn der Richter außer demselben ist, so kann bei handhafter That vor dem Fronboten geklagt werden. I. 70. §. 3. — das des Bauermeisters geht über unrechte Maße, Waage und falschen Kauf (zu Haut und Haar.) II. 14. §. 3. — das höchste

§. 4. — wer daselbst Geld fordert, soll den Grund seiner Forderung auf Befragen von Seiten des Beklagten angeben. III. 41. §. 4. — was außer demselben geschieht, dafür braucht man darbinnen nicht zu antworten. III. 25. §. 3. — in dem, wo jemand in Reichsacht oder verfestet ist, braucht man ihm nicht zu antworten. III. 16. §. 3. — in dem, wo jemand verfestet ist, kann er nicht Vorsprecher oder Zeuge sein, noch klagen und antworten. II. 64. §. 3. — im geistlichen kann er dies nicht, wenn er im Banne ist. ib. s. Reichsacht. — wer sich weigert dahin zu kommen, wenn man mit Anfang eine Sache von ihm einklagen will, den kann man als Dieb auf handhafter That mit Gerüffte beschreien. II. 35. §. 2. — wer daselbst zur Antwort geboten wird, und weder antwortet, noch sich dessen mit Recht entredet, den erkennt man weddhaft. III. 39. §. 3. — wer zum zweitenmale deshalb weddhaft geworden ist, ist der Schuld überwunden, wenn er, bei der dritten Aufforderung zur Antwort, diese verweigert. ibid. — wenn der Beklagte daselbst, nach dreimaliger Aufforderung, die Antwort verweigert, ist er der Schuld, die ihm an Leben und Gesundheit geht, nur dann überwunden, wenn der Kläger sie selbsiebent bezeugt. III. 39. §. 4. — wer daselbst in seiner Gegenwart beschuldigt und dingflüchtig wird, ist der Klage überwunden, und wird, wenn er um Ungericht beklagt war, sofort verfestet. II. 46. — wenn daselbst der Herr nicht vorkommt, dem sich jemand als Eigner zuspricht, um ihn gegen einen Kläger zu vertreten, der ihn als Herr fordert, so soll dieser ihn selbdritt seiner Mage oder eingeborenen Mannen behalten und sich mit einem Halsschlage seiner unterwinden. III. 33. §. 9. — wer daselbst einen Eid gelobt hat und ihn nicht leistet, zahlt Wedde und Buße außer der Schuld, für die der Eid gelobt war. II. 11. §. 1. — in dem, wo Friede gelobt worden ist, soll man ihn entreden und bessern. III. 9. §. 2. — wer Bürge wird, jemanden dahin vorzubringen, ist ledig, wenn dieser selbst vorkommt. ib. §. 3. — wer Bürge wird, jemanden dahin zu bringen, und dies nicht leisten kann, ist der Klage überwunden und muß danach bessern, mit Wehrgeld und Wedde, wenn die Klage an das Leben geht. III. 9. §. 1. — darauf sollen die Bürgen der Parteien, des Rechts wegen, sehen. II. 9. §. 2. — daselbst braucht niemand höher Bürgschaft zu stellen, als sein Wehrgeld beträgt. ib. §. 5. — außer für bekannte oder erwiesene Schuld. ib. — wer soviel Eigen darin hat, als sein Wehrgeld beträgt, braucht keine Bürgen zu stellen, wenn er um Ungericht beklagt wird. II. 5. §. 1. — die daselbst anerkannte Schuld soll man über vierzehn Nächte zahlen. II. 5. §. 2. — wen man daselbst in seiner Abwesenheit beklagt, dem soll man Tag geben bis zum nächsten Gerichte. I. 67. §. 1. — wenn daselbst der Beklagte, bei einer Klage um Ungericht, nicht zugegen ist, so kann er von dem Kläger auch vor dem Dingtage, der ihm gegeben wird, festgehalten werden, bis er Bürgen setzt, vorzukommen. III. 13. wenn der Verfestete ungefangen dahin kommt und sich aus der Verfestung zieht, so kommt er zu seinem Rechte, als sey er nie verfestet worden. I. 68. §. 4. — der Vormund, der von deshalb gegeben wird, soll, wie der rechte, Gewer geloben und empfangen, sonst aber zu nichts verpflichtet sein, als die Wahrheit zu sagen. I. 47. — nur solange das Gericht währt, dauert dessen Vormundschaft. ibid. — zu jeglichem kann der Richter, wenn von Gerichtshalben ein Vormund gegeben werden muß, einen sonderlichen geben. I. 47. — von deshalben soll die Jungfrau oder Wittwe ihres Gutes gewältigt werden, die ihr Vormund dessen entwältigt hat. I. 41. — von deshalb wird ein Tag ausgelegt um der Klage willen, wenn der, welcher eines Vormundes bedarf, diesen nicht zur Hand hat. I. 42. §. 1. — wann werden Frauen durch dasselbe bevormundet. s. Richter. — wer einen Vorsprecher hat, soll daselbst nicht offenbar sprechen, außer daß er dessen Rede bejahet, wenn ihn der Richter deshalb fragt, oder sie verneint und um Gespräch bittet.

I. 62. §. 9. — wer daselbst zu seinem Nachtheile etwas spricht, inwiefern kann er dies verbessern. I. 60. §. 1. — wer sich daselbst als Eigner ergiebt, den kann sein Erbe, durch Einspruch dagegen, wieder frei machen. III. 33. §. 7. — auf seine Kinder wirkt aber der Einspruch nicht, wenn der Vater als Eigner starb. ib. §. 8. — wer sich daselbst zum Zeugniß erbietet, ehe er von Gerichtshalben darum gefragt wird, soll vom Zeugniß abgewiesen werden. III. 37. §. 2. — wenn vor demselben oder gegen dasselbe ein Zeugniß um Gut oder Gewer geführt werden soll, so müssen es die Zeugen zuerst bei ihrem Eide ablegen und dann beschwören. III. 89. §. 5. — wer daselbst seine rechte Buße verleugnet, hat keine mehr. II. 6. §. 1. — wenn man daselbst Einen zu Kampfe fängt und der Kampf mit Urtheil gefristet wird, so soll man beiden Friede wirken, und wer diesen bricht, soll ihn zuerst ohne Kampf bessern. III. 36. §. 1. — wer daselbst eine Schuld fordert, und weder Zahlung noch Bürgschaft vom Beklagten erlangen kann, dem soll dieser vom Richter für das Geld übergeben werden; er soll ihn mit Kost und Arbeit wie sein Gesinde halten und nicht anders strafen, als ihn in Fesseln legen. III. 39. §. 1. — dahin soll der Todtschläger den Getödeten bringen, den er aus Nothwehr erschlug; außer wenn er durch Gefahr seines Lebens daran verhindert ist. II. 15. §. 1. — wer dahin einen Todten oder Verwundeten bringt und ihn nicht, mit oder ohne Kampf, als Friedebrecher überführt, über den richtet man nach Friedensrechte. I. 69. — wer dahin einen um Ungericht Beklagten vorbringen soll, ist dessen ledig, wenn dieser unterdessen stirbt und er ihn todt vorbringt. III. 10. §. 1. — dahin braucht der nicht gebracht zu werden, der um Schuld beklagt ist, die noch nicht auf ihn gewonnen ward, wenn er unterdessen stirbt. ib. §. 2. — wenn man einen Todten unbegraben dahin bringt und über den Todtschläger klagt, so muß dieser um seinen Hals antworten, oder den Todten (eines Friedebruchs) überführen. II. 15. §. — solange daselbst die Klage wegen Todtschlag nicht mit dem Todten begonnen ist, darf derselbe von einem Freunde oder Mage, auch wenn dieser den Todtschläger kennt, begraben werden; sonst aber, vor deren Beendigung, nur mit des Richters Urlaub. III. 91. §. 2. — wenn man einen Todten dahin bringt, und wegen des Ungerichts, das an ihm gethan ist, klagt, soll man mit Gerüffte klagen um die handhafte That. II. 65. §. 3. — wer darin verfestet ist, hat an Friedenstagen keinen Schutz. II. 67. §. 2. — wenn man daselbst ein Pferd oder Vieh vorbringen soll und dieses stirbt, so muß der Bürge die Haut vorbringen, und ist dann ledig. III. 10. §. 3. — vor dasselbe soll man den auf handhafter That Gefangenen bringen, so wie er gefangen wurde. I. 66. §. 1. — wen man dahin mit dem Diebstahle oder Raube bringt, gegen den soll man mit Gerüffte klagen um die handhafte That. II. 65. §. 2. — daselbst soll man mit Gerüffte klagen, wegen Nothzucht und handhafter That bei Diebstahl, Raub und Todtschlag. II. 65. §. 1. ff. — wer daselbst mit Gerüffte um Ungericht beklagt wird, ehe die That übernächtig wurde, kann verfestet werden. I. 70. §. 3. — wer dahin gebracht wird, nachdem er mit Gerüffte gefangen ward, weil er dem Andern Wunden schlug oder ihn raufte, verwirkt nur Wedde und Buße, aber nicht Hals und Gesundheit. III. 37. §. 1. — wer gefangen dahin um Ungericht gebracht wird, kann kein Urtheil schelten. II. 13. §. 8. — wenn der Sachse oder Wende dahin mit Gerüffte auf handhafter That gebracht wird, kann Einer über den Andern zeugen und Urtheil finden. III. 70. §. 2. — wer von da einen um Ungericht Beklagten gewaltsam entführt, leidet gleiche Strafe, wie dieser, oder wird verfestet, wenn er entkommt und man das Gerüffte über ihn bezeugen kann. III. 9. §. 5 — wem daselbst Land aberkannt ist, der kann Leben und Gesundheit durch dessen Bebauung verwirken, sobald über das Land Friede gewirkt wurde. III. 20. §. 3. — wer daselbst des Diebstahls oder Raubes überführt wird, ist rechtlos.

I. 37. §. 2. — wem daselbst ein gelähmtes Glied schon vergolten ist, der kann wegen neuer Lähmung nur Buße für die Verwundung fordern. II. 17. §. 9. — (Strafe), welches ergeht über die verschiedenen Arten des Ungerichts? II. 14. §. 1. s. Körperstrafe. Desgl. Ding, Echtding, Recht, Richter.

Gerichtsbarkeit. s. Ding.

Gerichtsfolge. s. Verfolgung, Gerüffte.

Gerichtsfriede, Störungen desselben sollen beim Beginn des echten Ding verboten werden. I. 59. §. 2. — beim Kampfe. s. Friede.

Gerichtsstätte. s. Gericht, Dingstätte, Stätte.

Gerichtstag. s. Tag, Ding (ausgelegtes.)

Gerte, mit einer grünen eichenen, die zwei Daumen-Ellen lang ist, weddet der Frenbote des Königs Malter. II. 17. §. 4.

Gerüfte, damit soll der Frenbote das Land laden, wenn man ihm Recht verweigert. III. 56. §. 2. — wer damit beim Einbrechen der Fluth zur Bewahrung des Dammes geladen wird, und nicht folgt, verliert sein Erbe, das binnen dem Damme liegt. II. 57. §. 1. — ist der Klage Anfang, und diese muß vollführt werden, sobald es geschrien worden ist. I. 61. §. 4. — s. Blutgerüffte. — damit wird der Richter bei handhafter That geladen. II. 26. §. 1. — damit soll man klagen bei handhafter That, und den Richter laden, daß er folge. II. 65. §. 1. ff. — wer damit klagt, wo keine handhafte That ist, verfällt in Schaden. ib. §. 5. — muß über den geschrien werden, der einen gefangenen Verbrecher gewaltsam dem Gerichte entführt, damit er verfestet werden könne, wenn er selbst entkommt. III. 9. §. 5. — damit kann der beschrien werden, der sich weigert, wegen einer Klage mit Anfang dem Kläger vor Gericht zu folgen II. 35. §. 2. — damit kann man den ergreifen, der sich der Pfändung, wegen Fahren oder Reiten über gewonnenes Land, wehrt: dann muß er das Gerüffte mit drei Schillingen bessern und Pfändungsrecht leisten. II. 28. §. 4. — wer ihm nach Recht folgt, darf Waffen führen. II. 72. §. 2. — wer ist zum Folgen verpflichtet und was liegt den Verpflichteten ob? ib. §. 3. — wer ihm nicht folgt, zahlt Wedde und Buße. I. 53. §. 1. — alle die ihm folgen, leiden keine Noth, wenngleich der damit Gefangene nicht als Friedebrecher überwunden wird. III. 1. §. 2. — wenn der der es schreit, verwundet ist, so daß er nicht folgen mag, so sollen die, welche zu folgen verpflichtet sind, solange folgen, als sie den Friedebrecher sehen, selbst wenn er in ein anderes Gericht flieht. II. 72. §. 3. — wenn man dazu bei handhafter That geladen wird, so mag der Mann seinen Herren, sowie dieser den Mann, und der Mag den Mag von Gerichtshalben um Ungericht verfolgen und ihn ergreifen helfen, ohne seine Treue zu brechen. III. 78. § 3. — auf die Ladung damit um Ungericht mag der Mann folgen vor die Burg seines Herren, sowie dieser vor die des Mannes, und der Mag vor die des Mages, und kann sie brechen helfen, wenn man sie nicht mit Recht entredet, ohne daß er wider seine Treue thut. III. 78. §. 4. — wenn damit die Einsassen des Gerichts zum Abbrechen einer Burg geladen werden, worüber mit Urtheil erkannt ist, sollen sie drei Tage auf eigene Zehrung dabei helfen. III. 68. §. 2. — wenn der Sachse oder Wende hiermit auf handhafter That vor Gericht gebracht wird, kann Einer über den Andern zeugen und Urtheil finden III. 70. §. 2. — soll man erneuern, wenn der Friedebrecher, den man damit verfolgt, zu Dorfe, Städten oder Burgen flieht, und denselben zu rechtem Gerichte daselbst abfordern. II. 72. §. 4. — bei Erneuerung desselben, um den entflohenen Verbrecher aus anderem Gerichte abzufordern, soll man den Bauermeister, die Bauern und guten Knechte dazu laden, und mit sieben Mannen beweisen, daß man ihn in handhafter That verfolgte. II. 72. §. 4. — wenn der damit in ein anderes Gericht verfolgte Friedebrecher den Verfolgern ausgeliefert wird, sollen sie Bürgen für sein Wehrgeld setzen. II. 72. §. 4.

— wenn damit der Richter vor eine Burg geladen wird, soll er den

wählte König, wenn er von den Bischöfen geweiht wird, die dazu gesetzt sind, und zu Aachen auf den Stuhl kommt; die des Reichs aber, wenn ihn der Pabst weiht. III. 52. §. 1. — der königlichen gehören Schätze, die unter der Erde liegen. I. 35. §. 1. — desgl. Eigen, das jemand verliert, der Jahr und Tag in der Reichsacht gewesen und deshalb rechtlos geworden ist. I. 38. §. 1. — aus ihr können es die Erben binnen Jahr und Tag wieder herausziehen. Ibid. — in die königliche fällt kein Eigen der Dienstmannen, sondern in die ihres Herren. I. 38. §. 1. — die kaiserliche s. Kaiser. — wer damit ein Gut, worauf Klage erhoben ist, behält, gewinnt keine rechte Gewer daran, solange man die Klage bezeugen kann. II. 45. §. 1 — wenn sie an Pfaffen und Juden gethan wird, die Waffen führen, so soll man diesen bessern wie einen Layen. III. 2. — wer damit dem Andern etwas nimmt, soll es ihm mit Buße zurückgeben, oder, wenn er schwört, daß er dieß nicht könne, den vollen Werth nach der Abschätzung des Klägers ersetzen, die er jedoch mit seinem Eide mindern darf III. 47. §. 2. — unrechte; von solcher hat Eigenschaft ihren Beginn. III. 42. §. 6. s. Zwang.

Gewaltsam, wenn eine Burg so (durch den Feind) abgebrochen wird, darf der Herr sie ohne Urlaub vom Richter des Landes wieder bauen. III. 66. §. 4. — wenn man die Burg ihrem Herren, dem man sie mit Unrecht abgewonnen, so vorenthält, kann keine Klage auf diese gebracht werden, darum man sie abbrechen soll. III. 67.

Gewaltsame Wegnahme eines Gutes; wenn der, der sie verübt, es bis zum Tode des Andern ihm vorenthält, so verliert er alles Recht, das ihm daran anerstorben wäre. III. 84. §. 1. u. 2.

Gewaltsamer Ueberfall; dabei mag der Mann Städte, Burgen, Land und Leben seines Herren, Mages u. Mannes gegen Herren, Mage u. Mannen wehren helfen, ohne seine Treue zu brechen, wenn er nur nichts von ihrer Habe nimmt. III. 78. §. 5.

Gewedde. s. Wedde.

Gewer, wer dieselbe an einer Sache hat, geht im Beweise des Eigenthums vor. I. 15. §. 1. II. 35. §. 3. ff. — wer sie an einem Manne hat, geht, im Zeugniße der Eigenschaft gegen ihn, dem vor, der der Gewer darbt. III. 33. §. 6. — wenn Kläger und Beklagter ein Gut mit gleicher ansprechen, geht der im Beweise vor, der es als Eigen anspricht, wenn es der Andere als Lehn fordert. II. 44. §. 1. — wer die eines Gutes mit dem Zeugniße der Umsaßen, einem Wasserurtheile, oder durch Eid beweisen kann der behält das Gut, wenn Zwei es mit gleicher Ansprache sich zusagen. III. 21. §. 1. ff. — wenn ein Zeugniß um solche vor Gericht oder gegen das Gericht zu führen ist, so sollen es die Zeugen erst bei ihrem Eide ablegen und dann beschwören. III. 89. §. 5. — mit Recht verlustig derselben ist der, der mit Recht, freiwillig oder unfreiwillig, aber ungezwungen, eines Gutes ledig wird. II. 25. §. 2. — bis sie dem Beklagten mit Recht abgewonnen ist, behält dieser das Gut auch bei der Anfangsklage. II. 35. §. 8. — kann niemandem durch Zeugniß, sondern nur durch rechte Klage entzogen werden, wo er gegenwärtig, oder zu der er vorgeladen ist. II. 25. §. 2. — die, in der jemand ein Gut hat, muß ihm erst mit Recht abgewonnen werden, ehe man ihn vom Gute weisen kann. II. 71. §. 1. — daraus soll man niemanden weisen, auch wenn er mit Unrecht darein gekommen; außer mit rechter Klage. II. 25. §. 1. — wenn in diese jemand dem Andern ein Gut läßt, woran er selbst keine Gewer hat, und dieser von Gerichtshalben eingewiesen wird, so mag der, der die Gewer hat, der Einweisung im nächsten ausgelegten Dinge widersprechen, da niemand pflichtig ist, seine Gewer zu räumen, wenn er nicht deshalb beklagt und vorgeladen wird. III. 82. §. 2. — die eines Gutes, das Zwei mit gleichem Anspruche sich zusagen, soll mit den Umsaßen aus dem Dorfe oder den nächsten Beidörfern bezeugt, oder im Nothfalle durch Wasserurtheil oder den Eid beider Parteien bewiesen werden. III. 21. §. 1. ff. — darin soll der Veräußerer den Er-

wofür er keinen Gewersmann hat, gilt er als Dieb. III. 7. §. 4. — Entfremdung daraus ist nöthig, wenn durch Diebstahl Leib, Ehre und Gesundheit verwirkt werden soll. II. 30. — die der Klage muß der Beklagte zuerst erbitten, wenn er um Ungericht angesprochen wird, weil nachher die Klage nicht mehr geändert werden kann. III. 14. §. 2. — die der Klage, soll nach deren Anstellung von dem Beklagten erbeten und ihm geleistet werden; bis dahin ist eine Besserung der Klage gestattet, selbst wenn diese auf Kampf gerichtet ist. I. 63. §. 2. — sie leisten soll jeder für seinen Herren und für Schwertmage um Todtschlag, Lähmung und Wunden. II. 17. §. 1. — die der Klage soll für Frauen deren rechter Vormund empfangen, geloben und leisten. I. 46. §. 2. — soll auch der geloben und empfangen, der von Gerichtshalben zum Vormund gegeben wird. I. 47. — die der Klage, wenn sie gelobt werden mußte, und der Kläger einen Andern, der um dieselbe Sache klagt, nicht abweisen kann, hat eine Wedde und Gewer-Buße zur Folge. II. 16. §. 1. — der Klage um Heergeräthe, Erbe, Gerade, oder fahrende Habe; wenn die Gewer gebrochen wird, weddet der Gelobende dem Richter und muß die Habe mit Buße (ohne Gewerbuße) lassen. II. 16. §. 2. — in der des Mannes befindliche Eßwaaren mußtheilt die Wittwe mit dem Erben. I. 22. §. 4. — in der der Mutter ist der Sohn Gast und umgekehrt. I. 20. §. 7. — wer in die seinige einen Verunglückten, Verwundeten ꝛc. getragen hat, bleibt ohne Schaden, wenngleich dieser daselbst starb. III. 91. §. 3. — wer darin Diebstahl oder Raub hat und selbst den Schlüssel dazu trägt, der ist der handhaften That schuldig, außer wenn die Sache so klein ist, daß man sie durchs Fenster stecken konnte. II. 34. — wer in diese sein Thier wieder aufnimmt, das einen Schaden verursacht hat, muß für denselben haften, wenn er die That kannte. II. 41. §. 1. — oder wenn das Thier ein bösartiges war, und dann selbst wenn er es nicht wieder aufnimmt. II. 63. §. 1. — in verwahrter soll man die wilden Thiere halten, die man außer den Bannforsten hegen will. II. 64. §. 1.

Gewerbe, wer den Andern für unecht von diesem ausgiebt, der muß es selbsiebend, an ihrem Rechte vollkommener Leute, bezeugen. III. 28. §. 1.

Gewer-Buße, wird von dem verwirkt, der wegen einer Forderung eine Gewer geloben mußte, und einen Andern nicht abweisen kann, der dieselbe Sache fordert. II. 16. §. 1. — ist die rechte Hand, womit die Gewer gelobt ward, oder das halbe Wehrgeld. ibid. — (wird nicht gezahlt bei einer Klage um Heergeräthe, Erbe, Gerade und fahrende Habe.) II. 16. §. 2.

Geweren, soll der ein Gut dem Andern Jahr und Tag, der es ihm verleiht oder überläßt. III. 83. §. 2. — Zeitlebens aber fahrende Habe und Eigen, das er ihm verkauft. III. 83. §. 3. — kann derjenige sein Gut nicht länger, als er lebt, der es besäet auf beschiedene Jahre um Zins und Pflege austhut, damit man es ihm besäet wiedergebe; darum mag es sein Erbe sogleich bei seinem Tode zurückfordern, auch wenn die Zeit noch nicht abgelaufen ist. III. 77. §. 1.

Gewersmann, Berufung auf einen solchen beim Beweise des Eigenthums. I. 15. §. 1. II. 35. §. 5. — er braucht verliehenes und überlassenes Gut nur Jahr und Tag zu vertreten. III. 83. §. 2. — verkauftes aber zeitlebens. ib. §. 3. — für eine Sache soll der sein, der den Kauf bekennt, und die Gewer nicht vor Zeugen ausgeschlossen hat, als er verkaufte; doch ist er nicht Dieb noch Diebesgenoß, wenn er die Gewer ableugnet. III. 4. §. 2. — wen man als solchen aufruft, weil man die Sache von ihm erhalten habe, der entgeht mit seiner Unschuld, und kann nicht durch Zeugen überführt werden, daß man die Sache von ihm gekauft ꝛc. habe. III. 4. §. 1. — wer ihn nicht kennt bei einer Sache, die er auf gemeinem Markte gekauft hat, ist zwar des Diebstahls unschuldig, verliert aber sein Geld und die Sache, wenn der Eigenthümer sich dazu zieht. II. 35. § 4. — wenn Kläger und Beklagter, beide auf denselben sich beziehen; so

wenn sie nach dem Zinstage starb. ib. §. 5. — aus dem des Mannes soll man bei seinem Tode die Frau nicht abweisen, die ein Kind trägt, bevor sie dessen genese. III. 38. §. 2.— wenn die Wittwe in dem ungezweiten bleibt mit den Kindern, so nimmt sie bei späterer Trennung ihre Morgengabe, Gerade und Mußtheil, wie sie es bei des Mannes Tode nehmen konnte. III. 76. §. 1. — all ihr Recht an fahrender Habe vererbt sie auch auf den zweiten Mann, wenn sie vor der Trennung stirbt; außer Gebäude und Gerade. ib. §. 2. — auf dem eines Andern darf man Silber nur mit Willen des Eigenthümers graben. I. 35. §. 2. — an demselben mag der Herr den Bauern, obwohl sie zu demselben nicht geboren sind, Erbzins gewähren, wenn sie ein neues Dorf besetzen. III. 80. §. 1. — auf demselben kann der Herr den Zinsmann um den Zins ohne richterliche Erlaubniß pfänden. I. 54. §. 4.— darauf darf der Zinsmann keine Stein- und Lehmgruben machen, noch Holz fällen oder roden, ohne Erlaubniß des Herren. ib. §. 5. — Leute die dazu geboren sind, darf die Wittwe nicht von ihrer Leibzucht verweisen. I. 21. §. 3. — wer besäetes um Zins und Pflege austhut auf beschiedene Jahre. s. Zinsgut. — alles das, was jemand hinterläßt, heißt Erbe. I. 6. §. 1. — ungetheiltes, kommt beim Erbrechte in Frage. I. 10. — für gestohlenes und geraubtes haftet der Erbe nicht. I. 6. §. 1. — wohl aber für das, was dem Erblasser anvertraut und ihm gestohlen oder geraubt worden ist. II. 61. §. 2. — mit jedem, das der Sohn annehmen will, wie gering es auch sey, kann ihn der Vater vor Gericht von sich absondern. II. 20. §. 1. — kein gesondertes haben Ehegatten. I. 31. §. 1. — niemand, auf den es erstirbt, kann der Frau ihre Leibzucht daran brechen. I. 21. §. 3. — wer einen Rechtstitel seiner Gewer daran hat, giebt die Nutzungen, wenn ihm das Gut abgewonnen wird, nicht heraus; außer wenn er Recht verweigerte. II. 45. §. 2. — das Einer von dem Andern hat; der Schade der darauf geschieht, soll dem gebessert werden, der es in lediglicher Gewer hat. II. 58. — wenn der Knecht das seinige ohne seine Schuld im Dienste seines Herren verliert, so muß es der Herr ihm ersetzen, und dieser kann es von dem dritten Besitzer zurückfordern. III. 6. §. 3. — wer dessen ledig wird mit Recht, freiwillig oder unfreiwillig, der ist mit Recht auch der Gewer verlustig. II. 25. §. 2. — wer es dem Andern gewaltsam nimmt und bis zum Tode vorenthält, verliert alles Recht, das ihm daran anerstorben wäre. III. 84. §. 1. — alle Anwartung daran verliert, der, der seinen Vater, Bruder, Mag, oder jemanden tödet, dessen Eigens oder Lehnes er gewärtig ist; außer wenn es in Nothwehr, oder ohne Wissen und Vorsatz geschah. ib. §. 2. — das der Mann von seinem Herren hat, verwirkt er, wenn er diesen tödet. III. 84. §. 2. — wenn es der Herr durch Tödung seines Mannes verwirkt, mag der Oberherr dessen Kinder damit nicht an jenen weisen. ib. — fremdes kann niemand verwirken, wenn er es im Besitze hat, indem er sein Leben verwirkt. II. 32. §. 3. — das seinige gewinnt der Geächtete nicht wieder, auch wenn er sein Recht wieder erlangt. I. 38 §. 2. a. E. — damit soll man den zwingen, der Gott mit dem Leben nicht bessern will. III. 63. §. 1. — über jegliches seines Mannes und Mages kann jeder Richter richten, ohne seine Treue zu brechen. III. 78. §. 1. — die Klage darauf ist nach dem besondern Dorfrechte zu beurtheilen. III. 80. §. 2. — wenn um solches Zeugniß vor Gericht oder gegen das Gericht zu führen ist, so sollen es die Zeugen erst bei ihrem Eide ablegen und dann beschwören. III. 89. §. 5. — das man jemandem giebt, soll er drei Tage besitzen; was er aber mit Klage erfordert oder ererbt, braucht er nicht zu besitzen. III. 83. §. 1. — was man ihm verleiht oder überläßt, soll man ihm Jahr und Tag geweren. ib. §. 2. s. Eigen, Fahrende Habe. — wer es Jahr und Tag ohne rechte Widersprache in Gewer hat, der hat die rechte Gewer. II. 45. §. 1. — wer es mit Gewalt behält, nachdem Klage gegen ihn erhoben, gewinnt keine rechte

Gewer, solange man die Klage bezeugen kann. ibid. — (Lehn), wer daran eine rechte Gewer Jahr und Tag ohne Widersprache hat, bedarf keines Gewersmannes. II. 43. §. 2. — das angefangene bleibt im Besitze des Beklagten, bis ihm die Gewer mit Recht abgewonnen wird. II. 35. §. 8. — das jemand in seiner Gewer hat, davon soll man ihn nicht abweisen, wenn diese ihm nicht mit Recht abgewonnen ist. II. 71. §. 1. — wenn es von zwei Klägern angesprochen wird, so kann der Richter verlangen, daß es ihm überantwortet werde. III. 15. §. 3. — wenn es von zwei Erben zugleich angesprochen wird, soll der Besitzer es solange behalten, bis sie sich vergleichen, oder Einer den Andern vor Gericht abweist. III. 15. §. 1. — wenn es Zwei mit gleichem Anspruche und Zeugniße behalten, so soll man es unter sie theilen. III. 21. §. 1. — (unbewegliches) wenn es von Zweien mit gleicher Ansprache und Zeugniße gefordert wird, sollen Beide in Gegenwart der Sache schwören, daß es das ihrige sey, und der Richter soll dazu seine Boten mitsenden. III. 21. §. 2. — dessen kann sich der Eigenthümer unterwinden, wo er es sieht, wenn man es mit Unrecht ihm vorenthält. III. 22. §. 3. — gestohlenes und geraubtes kann man mit Urlaub des Richters auch bei dem dritten unbescholtenen Besitzer anfangen. II. 35. §. 1. — gestohlenes oder geraubtes; wenn man es bei jemand findet, der keiner handhaften That schuldig ist, so kann er es auf seinen Gewersmann ziehen, sobald man ihn kämpflich grüßt. III. 35. §. 2. — verliehenes oder als Bürgschaft gegebenes; dessen kann man sich unterwinden, wenn es nicht zurückgegeben wird, außer wenn man es vor Gerichte gelobt hat. III. 43. §. 2. — wer von seiner Klage auf ein solches abgewiesen wird, zahlt Wedde und Buße nur, wenn er sich dessen unterwand. I. 53. §. 2. — wer es nur als geliehenes oder in Verwahrung bekommenes besitzt und dies selbdritt bezeugen kann, soll seinen Auctor benennen und, wenn dieser geladen wird, ihm die Ladung zu Hof und Hause kündigen. III. 5. §. 1. — soll dem Gewersmanne, solange er es zu vertreten hat, in seine Gewer gelassen werden, es zu behalten und zu verlieren. III. 83. §. 3. — dessen Gewer kann ein Fürst, als Gewersmann, durch offenen Brief und einen eingeborenen Dienstmann leisten. II. 43. §. 3. — wenn Kläger und Beklagter, wegen der Gewer eines solchen, sich beide auf einen Gewersmann beziehen; so sollen sie über sechs Wochen vor diesen kommen, und der Richter soll seine Boten mitsenden, um zu hören, wer obsiegt. II. 43. §. 4. — wenn es vom Kläger und Beklagten als Lehn von zwei verschiedenen Lehnherren in Anspruch genommen wird; soll jeder seinen Gewersmann bringen. II. 43. §. 1. — wenn jemand das, woran er selbst keine Gewer hat, dem Andern in seine Gewer giebt, und dieser von Gerichtshalben eingewiesen wird; so mag der, der die Gewer hat, im nächsten ausgelegten Dinge der Einweisung widersprechen, da niemand pflichtig ist, seine Gewer zu räumen, wenn er nicht deshalb beklagt und vorgeladen wird. III. 82. §. 2. — nur wegen dessen, was der Erbe unter sich hat, antwortet er für den Todten; dem Erben aber antwortet man für alles, was man dem Todten schuldig ist oder nimmt. III. 31. §. 1. u. 2. — wer dem Andern das seine mit Gewalt oder ohne dessen Wissen nimmt, soll es mit Buße zurückgeben, oder, wenn er schwört, daß er dies nicht könne, den vollen Werth, nach Abschätzung des Eigenthümers, ersetzen; doch so daß er diese mit seinem Eide mindern darf. III. 47. §. 2. — selbst für gestohlenes kann der Jude, wenn er selbdritt bezeugt, daß er es unverholen erworben hat, den Kaufpreis, den er dafür gab, von dem Eigenthümer wiederfordern, wenn dieser seine Sache vindicirt. III. 7. §. 4. — soll man von keiner Burg oder Gebäude wegführen, das mit Urtheil abgebrochen wird; außer was räuberisch dahin gebracht worden ist. III. 68. §. 1. — wer ein fremdes da, wo es mit dem seinigen leicht verwechselt werden kann, statt dessen mitnimmt, kann sich von dem Vorwurfe des Raubes, Diebstahls und der handhaften That, wenn er es unverholen gehalten hat, auf den Heigen entschuldigen; doch mag es der Eigenthümer anfangen. III. 90. — insoweit das, was ein Verunglückter oder Verwundeter, den jemand in seine Gewer getragen hat, zur Deckung der von diesem für ihn verwendeten Kosten nicht hinreicht, müssen die Kosten von seinen Erben ersetzt werden. III. 91. §. 3. — das jemandem zu bewahren gegeben ist, wenn es durch Raub 2c. verloren geht. s. Verwahrung. — geliehenes 2c. s. Geliehenes, Versetztes. — gestohlenes und geraubtes. s. Diebstahl, Raub.

Gutachten. s. Ermessen.

Gutsage, des Herren für den Schaden seines Knechtes. s. Schaden, Bürge, Bürgschaft.

H.

Haar, wer es am Barte 2c. hat, gilt für volljährig. I. 42. §. 1. s. Haut und Haar.

Habe, von der seines Herren, Mages, oder Mannes darf der Mann nichts nehmen, wenn er auch gegen diese für seinen Herren, Mag, Mann, oder Freund, ohne seine Treue zu brechen, streiten darf, sobald deren Städte, Burgen, Land und Leben, durch gewaltsamen Ueberfall, von jenen bedroht werden. III. 78. §. 5. — wem die eines Andern im Wasser zufließt, soll sie aufbieten und sechs Wochen bewahren; der Eigenthümer aber, wenn er sich dazu zieht und sie zurückbekommt, soll ihm seine Kosten ersetzen. II. 30. — gefundene. II. 30. u. 36. — Dieben und Räubern abgejagte. II. 36. — gestohlene. geraubte, fahrende. s. Diebstahl, Raub, Fahrende Habe.

Hacken, damit sollen die Landleute dem Richter beim Abbrechen einer Burg oder eines Gebäudes helfen, worüber mit Urtheil erkannt ist. III. 68. §. 1.

Hadeler, gehören zu denen, die im Herzogthume Sachsen sonderlich Recht und Wedde haben wollen. III. 64. §. 3.

Haft, persönliche, trifft bei Klagen um Ungericht den Kläger und Beklagten, wenn beiden die nöthige Bürgschaft oder ein Erbe fehlt. I. 61. §. 2. — persönliche; in solche kann der Kläger den Beklagten nehmen, wenn dieser bei einer Klage um Ungericht im Gericht nicht anwesend war, aber vorgeladen ist und keine Bürgen stellt. III. 13. — desgl. der Richter den, der sich aus der Verfestung ziehen will, und keine Bürgen hat. III. 17. §. 2. — wenn man sie gegen einen Verfesteten erbittet, den man ohne handhafte That vor Gericht führt, muß man erst mit Richter und Dingpflichtigen die Verfestung gegen ihn bezeugen. III. 89. §. 2. — wenn sie zuerkannt wird, soll der Kläger schwören, daß der Beklagte der That schuldig sey. ib. §. 3. u. 4. — wer einen Andern darin hält, muß deßhalb seinem Herren, Mage und Weibe antworten. II. 33. §. 2. s. Ergreifen, Gefangener 2c.

Halbbürtige Geschwister treten vor vollbürtigen bei der Sippzählung einen Grad zurück. I. 3. §. 3. s. Geschwister.

Halberstadt, der Bischof daselbst steht unter dem vom Mainz. III. 62. §. 3.

Halm, das hierauf stehende Korn erhält der Fronbote von jedem erledigten Gute. III. 56. §. 3.

Hals, ihn verwirkt der nicht, der dem Andern Wunden schlug, oder ihn raufte, wenngleich er mit Gerüffte gefangen wird. III. 37. §. 1. — ihn soll man demjenigen nicht verurtheilen, der einen Todtschlag aus Nothwehr bekennt, ehe man gegen ihn klagt. II. 15. §. 1. — darum muß der Todtschläger antworten, wenn man den Todten unbegraben vor Gericht bringt und über jenen klagt, II. 15. §. 2. — daran geht es dem Münzer, der einen falschen Pfennig ausbietet, um damit zu kaufen. II. 27. §. 2. — daran geht es dem, der den Frieden bricht, welchen er für sich selbst gelobt hat. III. 9. §. 2. — dabei soll man dem Kampfplatze Frieden wirken, bevor die, welche einen gerichtlichen Kampf beginnen, um Zutritt zu demselben bitten. I. 63. §. 4. — Hals und Hand s. Hand und Hals, Gesundheit, Leben, Leib.

Halsgelenk, daselbst stehen vollbürtige Geschwister bei der Sippzählung. I. 3. §. 3.

Halsschlag, mit solchem unterwindet sich der Herr dessen, den er vor Gericht als seinen Eigenen überführt hat. III. 33. §. 9.

Halten, unverthan, soll der Finder die gefundene Sache sechs Wochen. II. 30. — soll der Richter Jahr und Tag Diebstahl und Raub, den man bei einem hingerichteten Verbrecher (oder Selbstmörder) findet. II. 32. §. 2.

Hand, an die vierte, abwärts vom Kayser, kann kein Gericht über Hand und Hals als Lehn kommen; außer das Schuldheißthum. III. 52. §. 3. — bei dieser soll der Richter den Fronboten nehmen, wenn derselbe gekoren wird, und ihn auf einen Stuhl, sich gegenüber, setzen. III. 56. §. 1. — muß Hand wahren. II. 61. §. 1. u. 2. — deren Wehrgeld. II. 17. §. 5. — der angeborene Mangel derselben hindert an der Lehnsfolge; aber nicht an der Erbfolge nach Landrecht. I. 4. — an seine rechte zieht der Sachse ein gescholtenes Urtheil. I. 18. §. 3. II. 13. §. 1. — wird dem abgeschlagen, der einen Andern lähmt oder verwundet. II. 17. §. 2. — daran geht es dem, der sein Recht durch Diebstahl oder Raub verwirkt hat, wenn man vierthalb falschen Pfennig bei ihm findet und er keinen Gewersmann hat. II. 27. §. 2. — daran geht es dem, der vollkommen an seinem Rechte ist, wenn man mehr als einen Schilling schwerer falscher Pfennige bei ihm findet, wozu er keinen Gewersmann hat. II. 27. §. 2. — wer sie verwirkt zahlt weder Wedde noch Buße; er löse sie, oder nicht. III. 50. — wer sie löset, nachdem sie ihm mit Recht aberkannt ist, ist rechtlos. I. 64. §. 3. s. Gesundheit, Leben, Leib.

Hand und Hals, darüber kann jeder Richter gegen seinen Mann und Mag richten, ohne seine Treue zu brechen. III. 78. §. 1. — kein Gericht darüber kann als Lehn an die vierte Hand abwärts vom Könige kommen; außer Schuldheißthum. III. 52. §. 3. s. Gesundheit, Leben, Leib.

Hand-Gelenk, daselbst ist die dritte Sippzahl. I. 3. §. 3.

Handhafte That, Fälle in denen sie vorhanden ist. II. 34. — deren sind Rechtlose schuldig, wenn man Diebstahl oder Raub bei ihnen findet, und sie sich nicht mit der Einrede entschuldigen können, daß sie es öffentlich gekauft und unverholen gehalten haben. II. 35. §. 1. — verschuldet der, der sich weigert dem Kläger vor Gericht zu folgen, um auf eine Klage mit Anfang zu antworten. II. 35. §. 2. — darum soll man mit Gerüffte klagen und den Richter laden, daß er folge. II. 65. §. 1. ff. — was keine solche ist, deshalb darf man nicht mit Gerüffte klagen, wenn man ohne Schaden bleiben will. ib. §. 5. — dabei soll der Kläger, wenn er mit Gerüffte geklagt hat, selbsiebent zeugen, um den Beklagten in Verfestung zu bringen. I. 70. §. 3. — deshalb kann vor dem Fronboten geklagt werden, wenn der Richter außer seinem Gerichte ist. ibid. — wenn, bei Abwesenheit des Richters, die Klage darum vor dem Fronboten erhoben ist, soll der Thäter, des ersten Tags, wo der Richter zurückkommt, verfestet werden. I. 70. §. 3. — darum mag man einen Gografen küren. I. 55. §. 2. I. 56. I. 57. — wer darauf ertappt und in ein fremdes Gericht entflohen ist, der soll mit Gerüffte dahin verfolgt und von dort, nach Erneuerung des Gerüfftes, ausgeantwortet werden, wenn man die handhafte That mit sieben Mannen bezeugt. II. 72. §. 4. — auf solcher mag der Herr seinen Mann, sowie dieser den Herren und der Mag den Mag verfolgen und ergreifen, wenn er mit Gerüffte dazu geladen wird, ohne seine Treue zu brechen. III. 78. §. 3. — wenn der Sachse oder Wende darauf ergriffen und mit Gerüffte vor Gericht gebracht wird, kann Einer über den Andern zeugen und Urtheil finden. III. 70. §. 2. — so, wie man jemanden darauf fängt, soll man ihn vor Gericht bringen. I. 66. §. 1. — und der Kläger soll selbsiebent über ihn zeugen. ibid. — sie muß selbsiebent bezeugt werden, wenn der Friedebrecher darauf getödet oder verwundet worden ist. II. 70. — wenn der Räuber darauf gefangen und der Richter mit Gerüffte dazu geladen ist; soll erst um den Raub und über den Räuber gerichtet und dann der Beraubte seiner Gewer am geraubten Gute gewältigt werden. II. 26. §. 1. — (frische), auf solcher muß Blutrunst ꝛc. nachgewiesen werden, wenn man den Thäter deshalb in Verfestung bringen will. I. 68. §. 1. — wenn man den Friedebrecher darauf fängt, richtet man über ihn nach Friedensrechte. III. 36. §. 2. — nur wenn der Franke darauf gefangen oder sein Fränkisches Recht ihm aberkannt ist, kann er sein Leben verwirken. III. 54. §. 4. — wer darauf gefangen wird, mit Diebstahl oder Raub, kann auf einen Gewersmann des Gutes sich nicht ziehen. III. 35. §. 1. — wen man keiner solchen beschuldigen kann, der kann, wenn man Diebstahl oder Raub bei ihm findet und ihn kämpflich grüßt, auf seinen Gewersman ziehen. ib. §. 2. — wer darauf gefangen ist, kann nicht in Bürgschaft gethan werden, damit man die Klage friste. II. 9. §. 3. — deshalb kann auch an gebundenen Tagen gerichtet werden. ib. §. 4. — wen man darin fängt, über den kann man auch während des Friedens richten. III. 9. §. 2. — wer darauf gefangen ist, gegen den kann man an gebundenen Tagen schwören. II. 10. §. 1. — wer darin gefangen wird, den beschirmt kein Friedenstag. II. 67. §. 2. — bei dieser kann der Richter den Frauen einen Vormund geben, wenn ihr rechter Vormund nicht zur Hand ist. I. 43. — wenn man ohne solche einen Verfesteten vor Gericht führt und die Haft gegen ihn erbittet, muß man erst die Verfestung mit dem Richter und den Dingpflichtigen gegen ihn bezeugen. III. 89. §. 2. — dann soll der Kläger zuerst schwören, daß er der That schuldig sey, und hierauf dessen Zeugen, daß der Eid rein und unmein sey. ib. §. 3. u. 4. — keiner solchen mag man den beschuldigen, der eine fremde Sache da, wo eine Verwechselung leicht möglich war, statt der eigenen mitnahm und mit Zeugniß beweist, daß er sie unverholen gehalten habe; dann mag er sich des Raubes oder Diebstahls auf den Heiligen entschuldigen. III. 90. — wenn auf dieser Pferde oder Ochsen, die mit dem Wagen durchgingen, aufgehalten werden; so haftet der Herr für den dadurch verursachten Schaden bis zum Werthe des Wagens und Gespanns. II. 41. §. 4.

Handmal, in dem Gerichte, wo das des Schöffenbaren liegt, antwortet er zu Kampf, und wenn er keinen Schöffenstuhl hat, in dem höchsten Ding, wo er wohnhaft ist. III. 26. §. 2. — muß der Schöffenbarfreie angeben, wenn er einen Genossen zum Kampfe anspricht; sonst kann ihm dieser den Kampf verweigern. I. 51. §. 4. — dasselbe braucht kein Schöffenbarer nachzuweisen, außer wenn er seinem Genossen zu Kampf anspricht. III. 29. §. 1. — dazu kann man sich mit Eid ziehen, wenn man es nicht unter sich hat. ibid.

Handschuh, den seinigen soll der König dahin senden, wo er Markt oder Münze zu halten gestattet. II. 27. §. 4. — sollen Richter und Schöffen nicht tragen, wo man unter Königsbanne dinget. III. 69. §. 1. — zwei wollene sind der Tagewerker Buße. III, 45. §. 8.

Handtücher gehören zur Gerade. I. 24. §. 3. — eins gehört zum Heergeräthe. I. 22. §, 4.

Hant, sine uordere. I. 18. §. 3. s. Hand (an seine Rechte. ꝛc.)

Harnisch, der beste gehört zum Heergeräthe. I. 22. §. 4. — wird von dem Sohne nicht conferirt. I. 10.

Harz ist einer der sächsischen Bannforsten. II. 62. §. 2.

Hauben, sollen Richter und Schöffen nicht tragen, wo man unter Königsbanne dinget. III. 69. §. 1.

Haupt, an demselben beginnt die Sippe. I. 3. §. 3. — die zwischen ihm und dem Nagel sich gleich nahe zur Sippe ausweisen können, nehmen das Erbe gleich. I. 3. §. 3.

Hauptgate, bei diesem soll man sich seines Genossen als Friedebrechers unterwinden. I. 63. §. 1.

Hauptmann, wer es auf einem Kriegszuge nicht ist, braucht seinem Herren, Mage, oder Manne den Schaden nicht zu ersetzen, der ihnen von Andern geschieht, wenn er auf den Heiligen bewährt, daß es ohne Rath und That von ihm geschehen sey. III. 79. §. 2.

Haus, ein gezimmertes gehört zur Morgengabe. I. 24. §. 1. — ein

tissinen, die denselben haben; wenn man sie kürt, sollen sie das Lehn zuerst, und die Seelsorge nachher empfangen: wenn sie jenes empfangen haben, mögen sie Lehrecht üben. III. 59. §. 1. — den sechsten haben die Laienfürsten in den siebenten herunter gebracht. I. 3. §. 2. — den seinigen erniedrigt der, der seines Genossen Mann wird. III. 65. §. 2. — hat der geniedert, der Mönchskleider angelegt und die Tonsur genommen, auch wenn er die Gelübde noch nicht abgelegt hat. II. 23. §. 3. — giebt der auf, der ins Kloster eintritt. I. 25. §. 3. — kann der Mann auch gegen den Willen seiner Frau aufgeben. ib. §. 4. — den des Vaters behält das echte und freie Kind. III. 72. §. 1.

Hegen, von wilden Thieren außer dem Bannforste; wer dies will, soll sie in seiner verwahrten Gewer halten. II. 64. §. 1.

Heide, die zu Koyne gehört zu den sächsischen Bannforsten. II. 62. §. 2.

Heilige, diese soll der Richter dem Fronboten, wenn derselbe gekoren ist, in den Schoos legen. III. 56. §. 1. — selbsiebent soll darauf die Nähe der Verwandtschaft derer bewährt werden, die ein Verwandter am Kampfe hindern will. I. 63. §. 3. — darauf kann man den Verzicht auf die Erbtheilung entreden. I. 13. §. 2. — behält das Gesinde, nach dem Tode des Herren, seinen rückständigen Lohn von einem Jahre. I. 22. §. 2. — behält man Morgengabe. I. 20. §. 6. u. 21. §. 1. — kann der Beklagte bewähren, daß ein singender oder krimmender Vogel, Wind-, Spür-, oder Hetz-Hund, den er als Ersatz eines Andern anbietet, gleich gut sey, wie dieser war. III. 47. §. 3. — behält der Herr seinen eingeborenen Eigenen mit zwei seiner eigenen Mannen. III. 33. §. 3. — kann sich der des Raubes und Diebstahls entschuldigen, der eine fremde Sache da, wo eine Verwechselung leicht möglich war, statt der seinigen mitnahm, wenn er Zeugniß hat, daß er sie unverholen gehalten habe. III. 90. — zieht der Bestohlene oder Beraubte sich zu seinem Gute selbdritt vollkommener Leute, welche wissen, daß es ihm gestohlen oder geraubt ward II. 35. §. 4. — kann man binnen Jahresfrist der Einweisung in ein Gut widersprechen I. 70. §. 1. — zieht sich der Erbe zu dem befronten Gute, wenn der Schuldner es binnen Jahr und Tag nicht aus der Befronung gezogen hat. II. 42. §. 2. — soll der Bürge die echte Noth dessen bewähren, für dessen Erscheinen vor Gericht er sich verbürgt hat. II. 7. §. 2. — muß die Nothwehr bewährt werden. II. 63. §. 2. — muß der, der sich in Nothwehr befand, bewähren, daß er sich nicht anders, als durch diese schützen konnte. III. 48. §. 4. — muß der Vater die Unschuld des Sohnes beschwören, wenn er ihn von Ungericht befreien will. II. 18. §. 2. — kann der Herr einmal die Unschuld seines eingeborenen Eigenen beschwören. II. 20. §. 2. — wer darauf bewährt, daß er ein Kind aus keinem andern Grunde, als um sein Vergehen gerauft oder geschlagen hat, bleibt ohne Wandel. II. 66. §. 2. — wer auf diesen bewährt, daß er einen Knecht nicht um des Herren Schuld geschlagen rc. hat, zahlt nur einfache Buße. II. 33. §. 1. — wer darauf bewähren kann, daß er frei von Rath und That war, bei dem Schaden, der seinem Herren, Mage, oder Manne von Andern auf einem Kriegszuge zugefügt wurde, wo er selbst nicht Hauptmann war, der ist frei vom Schadenersatze. III. 79. §. 2. — auf diesen mag der Burgherr oder einer seiner Burgmannen die Burg entschuldigen, wenn man diese um Raub verklagt, der dort oder von dort geschehen sey; doch muß er sich zuerst entschuldigen, wenn er selbst verklagt ist. II. 73. §. 2. — müssen die Bauern bewähren, daß sie einen Friedebrecher nicht aufzuhalten vermochten, wenn sie wegen dessen Entrinnen ohne Schaden bleiben wollen. III. 92. §. 1. — darauf zieht man sich aus der Verfestung. II. 4. §. 1.

Heimfall, s. Eröffnung.

Heimlich, wer so einem Andern etwas nimmt, soll es mit Buße zurückgeben, oder, wenn er schwört, daß er dies nicht könne, den vollen Werth, nach Abschätzung des Klägers, ersetzen, die er jedoch mit seinem

oder dieser ihn, in Nothwehr verwundet oder erschlägt, bricht er seine Treue nicht. III. 78. §. 6. — wenn er seinen Mann, oder dieser ihn überfällt, ohne ihn nach Recht vor seinen Mannen verklagt zu haben, so ist dies ein Treubruch. III. 79. §. 1. — wenn er seinen Mann tödet, verwirkt er Leib, Ehre und Lehnsherrlichkeit, so daß der Oberherr die Kinder des Getödeten an ihn nicht weisen kann; ebenso verliert der Mann Leib, Ehre und Gut, wenn er jenen tödet. III. 84. §. 2. — wenn er seine Burg freiwillig, oder aus Armuth zerfallen läßt, darf er sie ohne Urlaub des Richters wieder bauen. III. 66. §. 4. — er soll seinem Manne und den Kindern desselben von der verliehenen Goschaft Lehnrecht leisten, doch können es die Landleute mit ihrer Kür brechen. I. 56. — (Münzherr), so oft ein neuer antritt, soll man Pfennige erneuern. II. 27. §. 1. — s. Lehnherr, Lehnsmann, Mann, Zinsmann, Knecht.

Herren, als solchen sollen die Fürsten des Reichs keinen andern Laien, als den König, haben. III. 58. §. 1. — und Fürsten; wo sie sich eidlich zusammen verbinden, ohne das Reich auszunehmen, so haben sie wider dieses gehandelt. II. 1. — freie; deren Buße und Wehrgeld. III. 45. §. 1. — freie haben den vierten Heerschild. I. 3. §. 2. — ihre Mannen den fünften. ibid. — die Thüringischen wurden von den Sachsen erschlagen, als sie her zu Lande kamen. III. 44. §. 3. — sie wechseln ihre Dienstleute auch außergerichtlich. I. 52. §. 1.

Herzog, ihm weddet jeder edele Mann zehn Pfund. III. 64. §. 3. — der von Sachsen ist der zweite weltliche Kurfürst und Marschall. III. 57. §. 2. — Albrecht; nach dessen Tode setzte Herzog Heinrich, sein Sohn, auf dem Leineberge mit allen Landleuten Recht. III. a. E. (S. 316.)

Herzoge, erhielten die deutschen Länder, Sachsen, Franken, Bayern und Schwaben, als die Römer sie bezwangen; doch behielten sie die Fürsten zu Mannen, und Fahnenlehn, was ihnen die Kayser beides später entbrochen haben. III. 53. §. 1.

Herzogthum Sachsen, ist eins, der sieben Sächsischen Fahnenlehne. III. 62. §. 2. — binnen demselben sind manche Gegenden, die sonderlich Recht und Wedde haben wollen; als Hozsassen, Stormaren und Hadeler. III. 64. §. 3.

Hetzen der Hunde, ist im Bannforste bei der Jagdfolge verboten. II. 62. §. 4. — damit soll niemand Saat zertreten, sobald das Korn Knoten hat. ib. §. 5.

Hetzhunde. s. Hunde.

Heu, ein Fuder erhalten Pfaffenkinder und unecht Geborene als Buße. III. 45. §. 9.

Hildesheim, der Bischof daselbst steht unter dem von Mainz. III. 62. §. 3.

Hirsch, Schade der durch einen zahmen gethan ist. s. Thiere (bösartige.)

Hirt, sonderlichen mag niemand haben, so daß er den Lohn des gemeinen dadurch mindere, außer wer drei Hufen Eigen oder Lehn hat. II. 55. §. 2. — wo man ihm Lohn von der Hufe, und nicht von dem Viehe gelobt, da mag ihm den Lohn niemand vorenthalten, damit das Dorf nicht ohne Hirten sey. ib. §. 3. — er folgt dem Gerüffte nicht. II. 72. §. 3. — das Vieh, das ihm folgen mag, soll man nicht zuhause lassen, außer Sauen die Ferkel haben. II. 55. §. 1. — was er binnen seiner Hut verliert, soll er ersetzen. II. 49. §. 3. — er muß das entgelten, was man vor ihn treibt, wenn er es nicht wieder ins Dorf bringt, außer wenn Wölfe oder Räuber es ihm genommen haben, und er das Gerüffte geschrien hat. II. 55. §. 4. — wenn man ihn beschuldigt, daß er ein Thier nicht wieder ins Dorf gebracht habe, kann er seine Unschuld dazu thun; wird er aber mit Urkunde zweier Mannen beschuldigt, sobald man das Thier vermißt, so kann er nicht schwören. II. 55. §. 6. — wenn er behauptet, daß ein Thier nicht in seine Hut getrieben worden; so muß der Eigenthümer dies mit zwei Augenzeugen beweisen. II. 55. §. 6. — Thiere, die er nicht wieder zu Dorfe bringt, muß er entgelten, wenn er nicht beschwören kann, daß er sie zurückgebracht, und mit zwei Zeugen überführt wird, daß sie in

ters Eigen vergeben will. I. 34. §. 1. — eine halbe Eigens soll mindestens der Büttel haben. III. 61. §. 3. — erbloses Eigen eines Birgelden von einer oder darunter, fällt in das Schuldheißthum; das von dreißig oder darunter, in die Grafschaft; das über dreißig wird dem Könige ledig. III. 81. §. 1.

Hufen, drei oder mehr soll der König jedem freigelassenen Dienstmanne des Reichs zu Eigen geben, den er zum Schöffen macht, wenn die Schöffen in einer Grafschaft zu Ende gehen; damit er Schöffe davon sein möge. III. 81. §. 3. — drei soll der Fronbote mindestens haben. III. 45. §. 5. — drei; wer soviel Eigen oder Lehn hat, mag einen sonderlichen Schaafhirten halten. II. 55. §. 2. — daran versäumt sich der Erbe binnen dreißig Jahren und Jahr und Tag. I. 29. — aber nicht das Reich und der Schwabe. ibid. — wo man von diesen dem Hirten seinen Lohn gelobt, und nicht von dem Vieh, da mag ihm niemand denselben vorenthalten. II. 55. §. 3.

Huhn, dessen Wehrgeld. III. 51. §. 1. — mit einem verzehntet man zu Martini jeden Hof, Gehöft und sonderliches Haus. II. 49. §. 7. s. Hühner.

Hulde, soll der König dem Reiche thun, wenn er gekoren wird, und dann bei dessen Hulde über alle Dinge Zeuge sein. III. 54. §. 2. — soll der Schöffenbare dem Könige thun, wenn ihm Lehn an Gericht gegeben wird, und dabei sich verpflichten, wo man Zeugniß auf ihn zieht. III. 54. §. 1. — bei der des Königs soll der Richter sich verbürgen, wenn man mit dem Gerichte Etwas bezeugen soll. III. 89. §. 1. — soll der Fronbote dem Könige thun, nach freien Mannes Rechte, wenn er gekoren wird. III. 56. §. 1. — thun dem Reiche freie Leute und des Reichs Dienstmannen, jeder nach seinem Rechte. III. 19. — bei seiner selbst, dinget der Markgraf, (nicht bei Königsbann); darum weddet man ihm nur dreißig Schillinge. III. 64. §. 7. u. 65. §. 1.

Hund, wer ihn in Nothwehr gegen denselben erschlägt, bleibt ohne Wandel. II. 63. §. 2. — wer einen solchen in Nothwehr tödet oder lähmt, bleibt ohne Wandel, wenn er dies auf den Heiligen bewährt. III. 48. §. 4. — der zu Felde geht, soll in Banden gehalten werden, sonst soll der den Schaden, den er thut, ersetzen, dem er zu Felde folgt, oder sein Herr, wenn jener es nicht vermag. III. 49. — Schade der durch einen tückischen gethan ist. s. Thiere (bösartige.) — wenn er einen Menschen oder ein Vieh tödtet oder lähmt. s. Thiere.

Hunde, Hof- und Schaafhunde oder Rüden, deren Wehrgeld. III. 51. §. 1. — Wind-, Spür- und Hetzhunde vergilt man mit einem ihres Gleichen, wenn man beschwört daß er gleich gut sey. III. 47. §. 3. — wer durch den Bannforst reitet, soll die seinigen koppeln. II. 62. §. 3. — wenn sie ein Wild in den Bannforst verfolgen, darf man ihnen folgen, aber ohne Hetzen derselben, oder sie zurückrufen. ib. §. 4. — können auf Thiere gehetzt werden, die man nicht pfänden kann. II. 41. §. 5.

Huren. s. Frau (fahrende.)

Hut, daß ein Thier in die des Hirten getrieben worden sey, muß durch zwei Augenzeugen erwiesen werden, wenn es geläugnet wird. II. 55. §. 6. — oder Hütchen sollen Richter und Schöffen nicht tragen, wo man unter Königsbanne dinget. III, 69. §. 1.

J.

Jacob, ward von seinem Vater gesegnet und zum Herren über seinen Bruder ernannt. III 42. §. 3.

Jagdfolge, innerhalb des Bannforstes ist sie erlaubt, aber nur ohne Blasen und Hetzen der Hunde. II. 62 §. 4.

Jagdhorn. s. Blasen.

Jagdrecht. II. 62. §. 1. ff.

Jagen, dadurch soll niemand Saat zertreten, sobald das Korn Knoten hat. II. 62. §. 5.

Jahr, das siebente ist nach Gottes Gebote das Jahr der Lösung, wo alle Gefangene und Eigene frei werden, wenn sie wollen; nach dem siebenmal siebenten kommt das Jahr der Freude, wo alle frei werden müssen. III. 42. §. 4. — dreimal in jedem soll jeder Christ den Send be-

§. 1. — wenn ein Verwundeter den, der ihn verwundet hat, dazu ansprícht und weder einen Vormund zum K. gewinnen, noch selbst kämpfen kann, soll man ihm bis zu seiner Genesung Frist geben. I. 50. §. 1. — bei Klagen, die darauf gehen, können lahme Leute einen Vormund haben; und wer der sey? I. 48. §. 2. — wenn man den Lahmen dazu grüßt, und er seinen rechten Vormund nicht haben kann, soll er sein Recht (Eid) dazu thun. ibid. — bei Klagen, die darauf gehen, ist der nächste ebenbürtige Schwertmag Vormund, und, wenn dieser nicht zur Hand ist, kann der Richter, selbst wegen nothnunftiger Klage, keinen andern Vormund setzen. I. 43. — wen man unvorbereitet dazu grüßt, dem soll ein Tag nach seiner Geburt gegeben werden: einem Schöffenbaren über sechs Wochen; andern freien Leuten und Dienstmannen über vierzehn Nächte. II. 3. §. 1. — wer dazu gegrüßt und gefangen ist, dem kann ein Tag dazu anberaumt werden, wenn er gelobt und Bürgen setzt, an diesem sich zu stellen. I. 64. §. 2. — wenn man Einen dazu vor Gericht fängt, und der Kampf mit Urtheil gefristet wird, so wirkt man beiden Frieden, und wer diesen bricht, soll ihn zuerst ohne Kampf bessern. III. 36. §. 1. — wie soll man einen Genossen dazu grüßen, sich seiner unterwinden, gegen ihn deshalb klagen, was ist dabei zu beobachten und wie wird er vollzogen? I. 63. §. 1 ff. — wie soll man sich dazu rüsten? I. 63. §. 4. — Störung desselben wird als Friedensbruch am Halse gestraft. I. 63. §. 4. — dabei soll der Richter jedem der Kämpfenden einen Mann geben, der dessen Baum trage. ibid. — wer einen Mann dazu fängt, der ihm mit Recht entgeht, zahlt Wedde und Buße. I. 53. §. 1. — wer sich eines Andern dazu unterwindet, muß ihn mit Buße entlassen, wenn dieser ihm mit Recht entgeht. I. 51. §. 5. — bei einer Klage die darauf geht, zahlt der Kläger Wedde und Buße, auch wenn er sie vollführt, und der Beklagte ihm mit Recht entgeht. II. 8. — wenn der Beklagte dabei siegt, wird er mit Wedde und Buße entlassen. I. 63. §. 4. — wer seine Klage ohne diesen vollführt, bleibt ohne Schaden, wenngleich ihm der Beklagte mit Unschuld entgeht. I. 62. §. 2. — wie wird der Beklagte dadurch überwunden, wenn er sich nicht gehörig dazu einstellt? I. 63. §. 5. I. 64. §. 2 — wie soll man einen Todten dadurch überwinden? I. 64. §. 1. — wer dadurch eines Ungerichts überführt wird, das geht ihm an den Leib. II. 17. §. 2. — wer mit oder ohne denselben einen Getödeten oder Verwundeten, den er vor Gericht bringt, nicht als Friedebrecher überführt, über den richtet man nach Friedensrechte I. 69. — wer zu diesem auf den Kampfplatz kommt, kann kein Urtheil schelten. II. 13. §. 8. — K. wegen eines gescholtenen Urtheils. I. 18. §. 3. — um ein gescholtenes Urtheil. II. 13. §. 1. — ist nur vor dem Reiche erlaubt. ibid. s. Kämpfer.

Kampfes-Werth, nur hierauf darf der Richter den Kläger ansprechen, und nicht höher, als auf seine Unschuld, wenn er diese nach seinem Rechte leistet. III. 92. §. 2.

Kampfplatz, diesem soll man, beim gerichtlichen Kampfe, Frieden wirken. I. 63. §. 4. — dessen sollen die Kämpfenden begehren, und der Richter soll ihnen denselben zugestehen. ibid. — dahin soll der Kläger zuerst kommen. ibid. §. 5.

Kampfwart, als solcher kann jeder Vormund sein, sobald er zu seinen Jahren gekommen ist. I. 42. §. 2.

Kampfwürdig muß das geraubte Gut sein, wenn man jemanden, des Raubes wegen, zum Kampfe grüßen will. I. 63. §. 1.

Karl der Große, wider seinen Willen behielten die Sachsen dreierlei Recht. I. 18. §. 1.

Kauf, wer ihn bekennt, soll Gewer dafür leisten, wenn er dies nicht ausgeschlossen hat vor Zeugen, als er verkaufte; wer aber den Kauf bekennt und die Gewer abläugnet, ist deshalb noch kein Dieb oder Diebesgenoß. III. 4. §. 2. — wird gegen den Verkäufer durch Augenzeugen selbdritt erwiesen, wenn er die Sache von dem Käufer zurückfordert; nicht aber wenn er als Gewersmann gegen einen dritten Vindicanten aufgerufen wird. III. 4. §. 1. — öffentlicher, einer gestohlenen oder geraubten Sache, wenn sie der Käufer unverholen gehalten hat; deshalb

es nach Lehnrecht zu seinen Jahren gekommen, kann es doch noch von seinem rechten Vormunde vertreten werden. I. 23. §. 2. — wenn es seine Jahrzahl vor dem Zinstage erlangt, so fällt der Zins aus dem ererbten Gute ihm selbst zu; jahret es sich aber erst nachher, so hat es den Zins verloren. II. 59. §. 3. — wenn es binnen seinen Jahren ins Kloster gegeben wird. I. 25. §. 2. — wenn es binnen seinen Jahren stirbt oder ins Kloster gegeben wird, muß seine fahrende Habe dem Erben ausgeliefert werden. I. 26. §. 1. — binnen seinen Jahren kann es sein Leben durch kein Verbrechen verwirken; aber allen Schaden, den es thut, soll der Vormund mit des Kindes Gute bessern. II. 66. §. 1. — binnen seinen Jahren, wenn es jemanden tödtet oder lähmt; das soll der Vormund mit dessen Wehrgelde bessern. II. 66 §. 1. — binnen seinen Jahren; wer es todtschlägt, soll dessen volles Wehrgeld geben. II. 66. §. 2. — wer es für ein Verbrechen rauft oder mit der Ruthe schlägt, bleibt ohne Wandel, muß aber auf den Heiligen bewähren, daß er es aus keiner andern Ursache geschlagen rc habe. ibid. — kann auch seiner Mutter Kebskind sein. I. 51. §. 2. — wenn die Frau, beim Tode des Mannes, ein solches trägt, soll man sie nicht aus seinem Gute weisen, bis sie dessen genese. III 38. §. 2. — lebendiges; wenn es eine Frau trägt, darf nicht höher, als zu Haut und Haar über sie gerichtet werden. III. 3.

Kinder, die ohne Zweiung von Vater und Mutter geboren sind. I. 3. §. 3. — Vormundschaft des Vaters oder der Mutter über sie, wegen des mütterlichen oder väterlichen Nachlasses. I. 11. — wie verschiedene kann eine Frau nach dem Stande ihres Mannes, und jenachdem sie in der Ehe mit ihm lebt oder nicht, haben? I. 51. §. 2. — eheliche gewinnt niemand mehr, wer Jahr und Tag in Reichsacht gewesen und deshalb rechtlos geworden ist. I. 38. §. 2. — eheliche und ebenbürtige kann auch der Rechtlose gewinnen, wenn er nicht echtlos ist. I. 51. §. 1. — Uneheliche und die der Kämpfer sind rechtlos. I. 37. §. 2. — die der Kämpfer; deren Buße. III. 45. §. 9. — echte oder eheliche entspringen aus keiner Ehe zwischen Ehebrechern oder dem Nothzüchter mit der Geschändeten. I. 37. §. 1. — uneheliche und die der Pfaffen; deren Buße. III. 45. §. 9. — uneheliche sind darum noch nicht in Eigenschaft. s. Dirne. — eigene konnte nach älterem Rechte keine freie Frau gewinnen. III. 73. §. 1. — die einer Deutschen gehören seit Bischof Wichmanns Zeit nach der Mutter; der Vater sey deutsch oder nicht: die einer Wendin, nach dem Vater, wenn er Wende ist; außerdem nach der Mutter. ibid. — obwohl die der Wendinen nach dem Wendischen Vater gehören, sind die Wendinen doch nicht frei. III. 73. §. 2. — die der Eigene nach seiner Ergebung in die Eigenschaft gewann, bleiben dem Herren, insoweit sie nach ihm gehören, wenn der Ergebene in der Eigenschaft starb, ohne von seinem Erben wieder in Freiheit zurückgefordert worden zu sein. III. 33. §. 8. — die aus einer putativen Ehe gelten als rechtmäßige, auch wenn sie erst nach Trennung der Ehe geboren werden. III. 27. — echte gewinnt die Frau von ihrem letzten, wie vom ersten Manne. II. 24. — die aus letzter Ehe erben von ihrer Mutter, so gut, als die Kinder aus deren erster Ehe. ibid. — erster Ehe; wenn deren Mutter und ihr zweiter Mann im ungezweiten Gute mit ihnen gelebt haben, und Erstere stirbt, so erhält Letzterer alle Rechte seiner Frau an fahrender Habe, die sie beim Tode ihres ersten Mannes hätte nehmen können; außer Gebäude und Gerade. III. 76. §. 2. — wenn die Wittwe ungezweit mit ihnen geblieben ist, und sich später von ihnen trennt; so erhält diese ihre Gerade, Morgengabe und Mußtheil, wie sie es bei des Mannes Tode nehmen konnte. III. 76. §. 1. — die aus einer Ehe zwischen freien Leuten entsprossen sind, folgen dem Stande des Vaters und nehmen dessen Erbe; das der Mutter aber nur, wenn sie ihr ebenbürtig, oder baß geboren sind: also nicht, wenn die Mutter schöffenbar; Vater und Kinder hingegen nur Birgelten oder Landsassen sind. III. 72. §. 1 u. 2. — unter denen der Dienstleute folgten einst Söhne dem Rechte des Vaters, Töchter dem der Mutter, und gehörten nach den Eltern, wenn

61. §. 3. — kann den Vorsprecher seiner Fürsprache entlassen. ibid. — und Beklagter; sobald er einen Vorsprecher hat, soll er nicht offenbar vor Gericht sprechen, sondern nur seines Vorsprechers Wort bejahen, wenn ihn der Richter fragt, oder um Gespräch bitten. I. 62. §. 9. — und Beklagter; der Richter soll ihn immer fragen, ob er seines Vorsprechers Rede bejahe? I. 62. §. 5 u. 9. — zwischen Beider Rede soll der Richter Urtheil fragen. ibid. — und Beklagter; mögen dreimal um jede Rede Gespräch mit ihren Vorsprechern haben, bis der Fronbote sie wieder vorladet. I. 62. §. 7 u. 9. — er verliert, wenn der Graf sein Echtding versäumt dieses allein. II. 2. §. 1. — kann vom Richter nicht ohne den Beklagten von seiner Klage abgewiesen werden. III. 16. §. 1. — ihm allein wirkt der Richter Frieden, wenn der Beklagte, bei Anstellung der Klage, im Gerichte nicht anwesend ist. III. 13. — er soll dem Richter, so wie der Beklagte, Bürgen stellen für sein Erscheinen. II. 9. §. 2. — wenn er weder Bürgen noch Erbe hat, so soll ihn der Fronbote, bei einer Klage um Ungericht, in Gewalt halten. I. 61. §. 2. — er kann bei einer Klage um Ungericht, wenn der Beklagte dabei nicht im Gerichte anwesend war, diesen auch vor dem Dingtage, der ihm gegeben ward, festhalten, bis er Bürgen setzt, vorzukommen. III. 13. — er erhält das Wehrgeld von dem Bürgen, der den aufs Leben Beklagten dem Gerichte zu stellen versprochen hat, und nicht stellt. III. 9. §. 1. — hat keinen Anspruch auf das Bürgengeld, wenn der, der sich aus der Verfestung gezogen und deshalb Bürgen gestellt hat, sich nicht zur Antwort auf die Klage stellt. II. 4. §. 2. — diesen soll man des Gutes gewältigen, wenn der Beklagte selbdritt bezeugt, daß er es öffentlich in Verwahrung bekommen oder geliehen habe, und der, den er als seinen Auctor benennt, auf gehörige Vorladung nicht kommt, um sein Gut vor Gericht zu vertreten. III. 5. §. 1. — und Beklagter; wenn Beide das Gut von einem Gewersmanne sich zusagen, so sollen sie über sechs Wochen vor diesen kommen, und der Richter soll seine Boten mitsenden, um zu hören, wer obsiegt. II. 43. §. 4. — und Beklagter; wenn Beide ein Lehn von verschiedenen Herren sich zusagen und noch keine rechte Gewer daran haben, soll jeder seinen Gewersmann bringen. II. 43. §. 1. — und Beklagter; wer von Beiden durch seinen Gewersmann nicht gewert wird, zahlt Wedde und Buße. II. 43. §. 4. — wenn der Eine ein Gut als Eigen, der Andere als Lehn anspricht, geht Ersterer im Beweise vor, dafern sie es mit gleicher Gewer ansprechen. II. 44. §. 1. — und Beklagter; wenn sie ein Gut mit gleichem Anspruch und Zeugniß behalten, so soll man dieses unter sie theilen. III. 21. §. 1. — wenn Beide zugleich als Erben, nach dem Dreißigsten, ein Gut ansprechen, so soll der Besitzer es behalten, bis Beide sich deshalb vergleichen oder Einer den Andern vor Gericht davon abweist. III. 15. §. 1. — wenn Beide ein Gut ansprechen, so kann der Richter fordern, daß es ihm einstweilen überantwortet werde. III. 15. §. 3. — bei Forderung einer Sache, wo er eine Gewer geloben muß, verliert er seine Forderung mit einer Wedde und Gewer-Buße, wenn ein Anderer dieselbe Sache fordert, und er diesen nicht abweisen kann. II. 16. §. 1. — wenn ihm die gelobte Gewer der Klage, bei einer Forderung von Heergeräthe, Erbe, Gerade, oder fahrender Habe gebrochen wird, so zahlt er Wedde und Buße (ohne Gewerbuße). II. 16. §. 2. — wenn er die, gegen einen Abwesenden um Ungericht erhobene Klage, nach dessen Erscheinen, nicht fortsetzt, muß er wedden und büßen. II. 8. — aber nicht wenn er die Klage vollführt und der Beklagte ihm mit Recht entgeht. ib. — und Beklagter; wer von Beiden den Andern zum Zeugniß in eigner Sache aufruft, erhält oder zahlt Wedde und Buße, jenachdem er sein Zeugniß vollführt oder nicht. II. 23. §. 5. — wenn er, von seiner Klage auf ein Gut, abgewiesen wird, dessen er sich unterwunden hat, zahlt Wedde und Buße. I. 53. §. 2. — wessen er sich mit Unrecht unterwindet, dafür muß er Buße geben, wenn es ihm mit Recht abgewonnen wird. III. 43. §. 1. — unterwindet er sich aber einer Sache mit Willen ihres Eigenthümers, oder wenn er sie verliehen

oder als Bürgschaft gegeben hat, so bleibt er ohne Wandel; er müßte denn vor Gericht ein Angelöbniß deshalb gethan haben. ib. §. 2. — er kann das, was ihm mit Gewalt oder ohne sein Wissen genommen worden ist, mit Buße wiederfordern, oder, wenn der Beklagte schwört, daß er es nicht zurückgeben könne, den Ersatz des vollen Werthes nach eigener Abschätzung verlangen, die der Beklagte jedoch mit seinem Eide mindern darf. III. 47. §. 2. — er kann bei Forderung von Ersatz für fahrende Habe und für Thiere, die kein Wehrgeld haben, seinen Verlust würdern; Beklagter aber ihn durch seinen Eid mindern. III. 51. §. 2. — er oder Beklagter; wenn er ein Zeugniß um Gut oder Gewer, vor dem Gerichte oder gegen dasselbe, zu führen hat, so sollen seine Zeugen es zuvor bei ihrem Eide ablegen und es dann beschwören. III. 89. §. 5. — wenn er vor Gericht Geld fordert, soll er angeben, ob der Beklagte es von Angelöbniß oder Erbe schuldig sey, sobald dieser darum fragt. III. 41. §. 4. — nur in dessen Gegenwart kann der Beklagte eine streitige Sache, die er blos als Commodat besitzt, an den zurückgeben, der sie ihm lieh, um sich von der Klage frei zu machen. III. 5. §. 2. — er kann den Beklagten, der dessen Sache da, wo eine Verwechselung leicht möglich war, statt der eigenen mitgenommen hat, keines Diebstahls, Raubes und der handhaften That zeihen, wenn dieser die Sache unverholen gehalten hat und sich auf den Heiligen entschuldigt; doch mag er selbst die Sache anfangen. III. 90. — kann wegen einer einzigen Wunde nicht mehr als einen Mann beklagen; wohl aber Mehrere des Rathes und der Hülfe beschuldigen. III 47. §. 1. — soll über den auf handhafter That Gefangenen selbsiebent zeugen. I. 66. §. 1. — muß das Ungericht selbsiebent bezeugen, wenn er mit Gerüfte klagt, ehe die That übernächtig ward, um den Beklagten in Verfestung zu bringen. I. 70. §. 3. — soll mit sechs Boten des Richters, wenn dieser mit Gerüffte dazu geladen ist, den auf eine Burg entflohenen Friedebrecher daselbst suchen, und wenn man ihn nicht hinaufläßt, soll die Burg verfestet werden. II. 73. §. 1. — wenn er ohne handhafte That einen Verfesteten vor Gericht führt, muß er erst die Verfestung mit dem Richter und den Dingpflichtigen gegen ihn bezeugen, ehr er die Haft gegen ihn erbitten kann. III. 89. §. 2. — dann muß er gegen ihn klagen und schwören, daß er der That schuldig sey. ib. §. 3 u. 4 — muß, wenn er die Verhaftung des Beklagten fordert, zuerst schwören, daß dieser der That schuldig sey; dann sollen seine Zeugen schwören, daß sein Eid rein und unmein sey. III. 89. §. 3 u. 4. — wenn er einen Genossen kämpflich grüßen und sich seiner als Friedebrecher unterwinden will, soll er erst um Urtheil bitten, daß, und fragen, wie er es thun möge? I. 63. §. 1. — wie er hierauf gegen ihn klagen soll? ibid. — muß beim Kampfgerichte, vor dem Beginn des Kampfs, seine Klage erst beschwören. I. 63. §. 4. — soll zuerst auf den Kampfplatz kommen, und wenn der Beklagte auf dreimalige Ladung nicht erscheint, durch zwei Schläge und zwei Stiche in den Wind, diesen für überwunden erklären. ib. §. 5. — wenn er über eine Burg klagt, daß er von dort beraubt sey, ohne den Thäter zu kennen; so muß ihm der Burgherr über sechs Wochen, von Anstellung der Klage an, antworten. II. 73. §. 4. — wenn er den vom Beklagten gelobten Eid zur rechten Zeit nicht annehmen will oder ganz ausbleibt, verliert er den Eid und die Schuld. II. 11. §. 2. — nur ihn darf der Richter ansprechen, und nur auf Kampfes-Werth, nicht höher, als auf seine Unschuld, wenn er sie nach seinem Rechte leistet. III. 92. §. 2. — wenn er vor Gericht weder Zahlung noch Bürgschaft vom Beklagten erlangen kann, so soll ihm dieser für das Geld vom Richter über- und Arbeit wie sein Gesinde halten, geben werden; dann soll er ihn in Kost und nicht anders strafen, als ihn in eine Fessel spannen. III. 39. §. 1. — wenn er den Schuldner entläßt, oder derselbe ihm entläuft, so ist dieser der Schuld nicht ledig. ib. §. 2. — er braucht nicht selbst Zeuge zu sein, wenn er sein Zeugniß mit dem Gerichte vollführt. III. 89. §. 2. — er und Beklagter; keiner von Beiden, wenn er den Andern vor Gericht als rechtlos bezichtigt, braucht deshalb das Zeugniß des Gerichts selbst beizubringen, wo er sein Recht verloren hat; sondern der Richter, vor dem er bezichtigt wird, soll dies Zeugniß durch zwei seiner Boten einholen. III. 82 §. 1.

Klagen, gegen den Grafen sind beim Schuldheißen, gegen den Kayser beim Pfalzgrafen, gegen den Markgrafen beim Burggrafen anzustellen. III. 52. §. 3. — wenn sie in einer Grafschaft gegen den König gehen, ist die Gerichtsbarkeit des Grafen nicht durch die Gegenwart des Königs gehindert. I. 58. §. 2. — kann niemand anstellen, wer in Reichsacht oder im betreffenden Gerichte verfestet ist. III. 16. §. 3. — kann jeder Mann anstellen, außer in dem Gerichte, wo er verfestet ist, oder wenn er in Reichsacht, oder, im geistlichen Gerichte, wenn er im Banne ist. II. 64. §. 3. — die gegen einen Laien sollen in weltlichen Sachen nicht vor dem geistlichen Gerichte angestellt werden. III. 87. §. 1. — über alle, die noch nicht vor Gericht begonnen und geendet sind, kann der Kayser in jedem Lande richten, wohin er kommt. III. 60. §. 2. — um alle muß man vor dem Könige antworten, in allen Stätten; außer zu Kampf, wenn man nicht auf der Erde dazu angesprochen wird, darauf man geboren ist. III. 34. §. 2. — desgl. um Eigen nur in dem Lande wo es liegt. ib. §. 3. — kann man wegen gelobten Frieden, wenn er gebrochen wird, nur in dem Gerichte anstellen, wo er gelobt ward; aber mit, oder ohne Kampf, wie man will. III. 9. §. 2. — wegen Diebstahl; wenn sie übernächtig werden, so kann der Bauermeister nicht darüber richten. II. 14. §. 2. — wegen Beschädigung des Gemeindelandes einer andern Gemeinde; gehen zunächst an den Bauermeister oder die Umsassen: bei Rechtsverweigerung an den Oberrichter. III. 86. §. 1. u. 2. — was dadurch schon bei Gericht angebracht ist, kann der Bauermeister nicht rügen. I. 2. § 4. — über alle kann der Richter überall, wo er ist; jedoch nur binnen seinem Gerichtssprengel richten: außer über Eigen und Verbrechen eines Schöffenbaren. I. 59. §. 1. — um Eigen und Ungericht, das von einem Schöffenbaren verübt worden; gehören vor das echte Ding. I. 59. §. 1. — soll jeder anbringen nach dem Beginn des echten Ding, mit Vorsprechern, um das, was ihn belästigt, damit er sich nicht versäume. I. 59. §. 2. — müssen von Neuem begonnen werden, wenn der Graf ein ausgelegtes Ding versäumt. II. 2. §. 1. — wenn sie bei Abwesenheit des Richters, wegen handhafter That, vor dem Fronboten erhoben wurden, so muß man Zeugniß derselben haben, um den Thäter in Verfestung zu bringen. I. 70. §. 3. — wenn man bei handhafter That deren Zeugniß hat, soll der König darum richten, sobald er auf sächsische Erde kommt, wo der Richter nicht richtete, oder nicht vollständig zu richten vermochte. II. 26. §. 2. — dazu soll man niemanden zwingen, wenn er sie nicht vor dem Richter begonnen hat. I. 61. §. 4. — deren Beginn ist das Gerüffte. ibid. — wer sie zuerst anstellt, den soll der Richter zuerst hören. I. 60. §. 3. — die zuerst angestellte soll erst abgethan werden, ehe der Kläger auf die Wiederklage zu antworten braucht. III. 12. §. 1. — um alle, die von oder gegen jemanden angestellt werden, muß der, den er zum Vorsprecher erhalten hat, sein Wort sprechen, solange ihm dieser nicht mit Recht entnommen wird, oder Einer von dem Andern abgeht. I. 61. §. 3. — wenn sie an Leben, Gesundheit, oder Recht gehen, kann der Herr gegen seinen Mann und dieser gegen jenen Vorsprecher zu sein verweigern. I. 60. §. 2. — deren Anstellung in einem Gerichte verpflichtet daselbst Vorsprecher zu sein. I. 60. §. 2. — Rechts zu pflegen (auf eine Klage zu antworten.) I. 61. §. 1. — erst wenn sie getagt werden, braucht der Kläger Bürgen zu setzen. ibid. §. 2. — wenn sie zu Kampfe gehen; dabei können lahme Leute einen Vormund haben, und wer dieser sein soll? I. 48. §. 2. — bei allen müssen Jungfrauen und Frauen Vormünder haben. I. 46. §. 1. — zu denen einer Jungfrau oder Wittwe über ihren Vormund soll der Richter sie bevormunden. I. 41. I. 44. — bei nothnunftigen, wenn sie nicht zu Kampfe gehen, kann der Richter der Frau einen Vormund geben. I. 43. — bei denen, die auf Kampf gerichtet sind, ist der nächste ebenbürtige Schwertmag Vormund. ibid. — keinen Vormund zu denselben haben unecht Geborene und die sich rechtlos gemacht haben. I. 48. §. 1. — sie können gebessert werden, bis die Gewer derselben geleistet ist. I. 63. §. 2. — deren Gewer muß der Beklagte zuerst bitten, wenn er um Ungericht angesprochen wird, damit der Kläger seine Klage nicht mehr ändern könne. III. 14. §. 2. — um Ungericht; losgesprochen von ihnen wird der Beklagte, wenn sie in seiner Abwesenheit erhoben, aber bei seinem Erscheinen nicht fortgesetzt wurden. II. 8. — werden sie aber vollführt, so bleibt der Kläger ohne Wedde und Buße, obwohl ihm der Beklagte mit Recht entgeht. ib. — wer sie nicht vollführt, zahlt Wedde und Buße. I. 53. §. 1. — wer sie ohne Kampf vollführt, bleibt ohne Schaden, wenngleich ihm der Beklagte mit Unschuld entgeht. I. 62. §. 1. — wenn sie auf Kampf gerichtet sind, zahlt der Kläger, auch wenn er sie vollführt, Wedde und Buße, sobald ihm der Beklagte mit Recht entgeht. II. 8. — auf diese muß der Beklagte in der Regel sogleich antworten, wenn sie erhoben werden. II. 3. §. 2. — wenn mehrere um Ungericht gegen einen Mann angestellt werden, so braucht er auf keine zu antworten, bevor er der ersten ledig ist. III. 12. §. 2. — um Schuld; wenn sie gegen Einen angestellt werden, der nicht Dingpflichtig ist, so soll ihm von Gerichtshalben geboten werden, binnen vierzehn Nächten zu zahlen, oder die Schuld zu entreden. I. 70. §. 2. — um ihretwillen wird von Gerichtshalben ein Tag ausgelegt, wenn der, der eines Vormunds bedarf, ihn bei ihrer Anstellung nicht zur Hand hatte. I. 42. §. 1. — wenn sie gegen einen Gefangenen gefristet werden, soll man ihn in Bürgschaft thun. II. 9. §. 3. — um Ungericht; wenn mehrere gegen Einen angestellt sind, und die erste vertagt wird, braucht der Beklagte keine höhere Bürgschaft zu setzen, als für sein Wehrgeld. III. 12. §. 2. — bei denen um Ungericht, soll der Fronbote den, der weder Bürgen noch Erbe hat, er sey Kläger oder Beklagter, in seiner Gewalt halten. I. 61. §. 2. — damit soll der Fronbote den Richter anrufen, wenn er kein Recht erlangen kann. III. 56. §. 2. — um Heergeräthe, Erbe, Gerade, oder fahrende Habe; wenn deshalb eine Gewer gelobt wurde und diese gebrochen wird, so verliert der Gelobende die Habe mit Buße und Wedde (ohne Gewerbuße.) II. 16. §. 2. — wer von der auf ein Gut abgewiesen wird, zahlt Wedde und Buße nur, wenn er sich dessen unterwand. I. 53. §. 2. — um Gut; wenn sie auf drei Dingen angestellt sind, so soll der Kläger in das Gut eingewiesen werden. I. 70. §. 1. — damit kann man jemandem die Gewer brechen, wo er selbst gegenwärtig, oder wenn er zu seinem rechten Tagding vorgeladen ist. II. 25. §. 1. — damit muß das Wehrgeld gefordert werden, wenn die Mage zu dessen Empfang vergeblich dreimal geladen worden sind. II. 15. §. 1. — deren ist der Beklagte überwunden, sobald er darauf zu antworten begann und nachher im ausgelegten Ding wegbleibt. II. 9. §. 1. — deren ist der Beklagte überwunden, wenn sie vor Gericht in seiner Gegenwart angestellt wurden und er Dingflüchtig geworden ist; waren sie um Ungericht erhoben, so folgt dann sofort die Verfestung. II. 46. — nur wenn sie an Leben oder Hand gehen, ziehen sie für den Beklagten Verfestung nach sich, wenn er auf dreimalige Ladung ausbleibt. I. 67. §. 3. — deren ist der Verfestete ledig, wenn er sich aus der Verfestung gezogen und auf drei Dingen sich zur Antwort erboten hat, ohne daß Klage gegen ihn erhoben wurde. II. 4. §. 1. — gegen einen Eigenen, der sich einem andern Herren zuspricht, welcher vor Gericht ihn nicht vertritt, werden sie vom Kläger selbdritt seiner Mage oder eingeborenen Mannen erwiesen. III. 33. §. 9. — deren ist der Bürge überwunden, der den Beklagten vor Gericht zu bringen versprochen hat und dies nicht leisten kann; wenn sie an das Leben gehen, muß er Wehrgeld und Wedde geben. III. 9. §. 1. — solange sie bezeugt werden können, gewinnt der, gegen den sie angestellt wurden, keine rechte Gewer an dem streitigen Gute, das er mit Gewalt behält. II. 45. §. 1. – wer nach deren Anstellung fremdes Land, wissentlich oder unwissentlich, bebaut, verliert seine Arbeit und Saat, wenn der Kläger das Gut behält, kann aber Schadenersatz von dem fordern, der es ihm übertrug; was vor der Klage besäet ist, daran behält er seine Saat gegen Zins. II. 47. §. 1. 2. u. 3. — zu deren Zeugniß soll man den offenen Brief, durch den ein Fürst seinem Manne Gewer leisten kann, diesen überantworten. II. 43. §. 3. — man soll sie mit Gerüffte beginnen bei handhafter That, wegen Nothzucht, Diebstahl, Raub und Todtschlag. II. 65. §. 1. ff. — gegen einen unbescholtenen Mann können sie anfangs nicht auf den Beweis durch Kämpfer gestellt werden, obwohl diese zugelassen werden können, wenn der Beklagte sich mit Kämpfern vertheidigt. I. 48. §. 3. I. 49. — welche Punkte müssen darin angeführt werden, wenn man sich eines Genossen zum Kampfe unterwunden hat. I. 63. §. 1. — keine auf Abbrechen einer Burg finden statt gegen den Herren, dem diese mit Unrecht abgewonnen ward, solange man sie ihm gewaltsam vorenthält. III. 67. — eine solche hat der Herr auf das Gut seines Knechtes, was dieser in seinem Dienste, ohne seine Schuld, verloren hat, gegen den dritten Besitzer. III. 6. §. 3. — eine solche hat der Eigenthümer gegen den Juden, bei dem er seine Sache findet; muß aber diesem sein Geld erstatten, wenn derselbe selbdritt bezeugt, daß er die Sache unverholen erworben habe, auch wenn sie gestohlen war. III. 7. §. 4. — die auf Erbe, Gut und Schuld sind nach dem besondern Dorfrechte zu beurtheilen. III. 80. §. 2. — Uebergang derselben auf und gegen die Erben. III. 31. §. 1. u. 2. — nur wenn sie von dem Erblasser schon begonnen sind, gehen sie, auch wegen geringerer Verletzungen, nach Jahresfrist noch auf den Erben über. III. 32. — dessen, der gefangen worden ist, ohne daß ihm etwas genommen ward, oder verwundet und geschlagen, ohne Todschlag und Lähmung, gehen nicht auf seinen Erben über, wenn er nach Jahresfrist stirbt, ohne die Klage begonnen zu haben. III. 32. — ehe sie vor den Mannen erhoben sind, darf der Herr seinen Mann und dieser den Herren nicht überfallen, ohne Treubruch zu begehen. III. 79. §. 1. — wegen Todtschlag; solange sie nicht mit dem Todten vor Gericht begonnen sind, darf derselbe von einem Freunde oder Mage begraben werden, auch wenn dieser den Todtschläger kennt; dann aber, vor Beendigung der Klage, nur mit des Richters Urlaub. III. 91. §. 2. — was man damit einfordert, braucht man nicht erst drei Tage zu besitzen, (um die Gewer zu erlangen.) III. 83. §. 1. — mit Anfang. s. Anfang.

Klagverjährung, bei Klagen wegen geringerer Verletzungen tritt sie gegen den Erben des Verletzten nach Jahrsfrist ein. III. 32.

Kleid, wer das des Andern da, wo eine Verwechselung leicht möglich ist, statt des eigenen mitnimmt, den kann man keiner handhaften That oder des Raubes und Diebstahls zeihen, wenn er es unverholen gehalten hat und sich auf den Heiligen entschuldigt; doch mag es der Eigenthümer anfangen. III. 90.

Kleider, werden von dem Sohne nicht conferirt. I. 10. — weibliche gehören zur Gerade. I. 24. §. 3. s. Frauenkleider. — die besttäglichen des Mannes erhält der Fronbote, wenn dessen Gut erledigt wird. III. 56. §. 3. s. Fahrende Habe.

Kleidung, des Richters und der Schöffen, wo man unter Königsbanne dinget. III. 69. §. 1. — was für welche ist beim gerichtlichen Kampf zu tragen gestattet. I. 63. §. 4.

Klenode. I. 24. §. 3.

Kloster, wie wird der Eintritt in dasselbe bewiesen? I. 25. §. 3. — wenn ein Kind binnen seinen Jahren in dasselbe begeben wird, muß seine fahrende Habe dem Erben ausgeliefert werden. I. 26. §. 1. — wenn ein Kind in dasselbe binnen seinen Jahren gegeben wird. I. 25. §. 2. — wer in dasselbe eintritt, nachdem er zu seinen Jahren gekommen, verliert Land- und Lehnrecht. ib. §. 3. — wer daselbst eingetreten, nachdem er zu seinen Jahren gekommen ist, kann dessen, auch ohne Gericht, selbsiebent seiner Genossen, oder mit den Brüdern, wo er begeben war, überführt werden und hat seinen Heerschild geniedert, auch wenn er noch nicht Gehorsam gethan hat. II. 23. §. 3.

Klosterbrüder, mit ihnen kann der Eintritt ins Kloster bewiesen werden. II. 23. §. 3.

Knecht, wer einen solchen nur um des Herrn Schuld schlägt, fängt oder beraubt, der soll beiden Buße geben; er müßte denn auf den Heiligen bewähren, daß er ihn nicht zu Laster und Schaden des Herren geschlagen habe. II. 33. §. 1. — wenn er sein Pferd oder anderes Gut im Dienste des Herren ohne seine Schuld verliert, so muß es der Herr ihm ersetzen. III. 6. §. 3. — wenn ihm der Herr für seinen Verlust gutgesagt, hat er kein Recht auf Ersatz dessen, was er selbst verspielt, versetzt, verkauft &c. III. 6. §. 2. — wenn er seines Herren Gut verspielt, versetzt oder verkauft, so mag es der Herr wiederfordern, wenn er sich mit Recht dazu zieht. III. 6. §. 1. — wenn er aber sein eigenes Gut verspielt &c., hat der Herr keine Befugniß dazu, weil er es ihm nicht ersetzt, obgleich er ihm für allen Verlust gutgesagt hat. ibid. §. 2. — er haftet für den Schaden, den Thiere in seiner Hut thun. II. 41. §. 4. — der einen Hund nicht in Banden hält, welcher ihm zu Felde folgt, soll den Schaden ersetzen, den dieser thut; wenn er es nicht kann ersetzt ihn der Herr. III. 49. — der im Wahne, daß das Land seinem Herren gehöre, auf fremdem reifes Korn schneidet, missethut nicht, wenn er es nicht wegführt. III. 37. §. 5. — man soll ihm vielmehr seine Arbeit lohnen. ibid. — wenn er den Dienst seines Herren widerrechtlich verläßt, soll er diesem den Schaden bessern und Buße zahlen. II. 33. §. 1. — der dem Herren aus Muthwillen entläuft, soll diesem geben, was ihm gelobt war, und das schon Erhaltene doppelt zurückerstatten. II. 39. §. 3. — für ihn ist der Herr nicht weiter zu antworten pflichtig, als bis zum Betrage seines Lohns. II. 39. §. 1. — soll vollen Lohn erhalten, wenn ihn der Herr vertreibt. ib. §. 2. — wenn er sich verheiratet, oder eine Vormundschaft ihm anstirbt, kann er rechtmäßig aus dem Dienste treten, und behält seinen Lohn bis zur Zeit des Austritts. II. 40. — was ihm zuviel gegeben ist, soll er wiedergeben. ib. — er wird zur Morgengabe gegeben. I. 20. §. 1.

Knechte, die guten des Landes in Sachsen; mit deren Willen hat der Kaiser gewissen Personen, Sachen und Zeiten Frieden gestätigt. II. 67. §. 1. — die guten, die man zur Zeit haben kann, soll man zum Gerüffte laden, wenn man es in einem anderen Gerichte erneuert, um einen dahin entflohenen Friedebrecher dort abzufordern. II. 72. §. 4.

Knie, nicht höher, als sohoch über der Erde, soll das niedere Gemach eines Gebäudes eine Thür haben. III. 66. §. 3. — so hoch über der Erde sollen Brunnen verwahrt werden; wer dies vernachlässigt, haftet für den Schaden, der dadurch geschieht. II. 37.

Knittel, wer damit den Andern schlägt, daß ihm die Schläge schwellen, der soll verfestet werden, wenn er sich deshalb vor Gericht nicht entredet, oder bessert. I. 68. §. 1.

Knoten, sobald das Korn solche hat, soll man keine Saat mit Jagen und Hetzen zertreten. II. 62. §. 5.

Köcher, dessen, der durch den Bannforst reitet, soll geschlossen sein. II. 62. §. 3.

Köln, der dortige Bischof ist der Dritte bei der Kür des Kaysers. III. 57. §. 2. — unter dem Erzbischofe daselbst stehen die Suffraganbischöfe von Osnabrück, Minden und Münster. III. 62. §. 3.

König, er hat den ersten Heerschild. I. 3. §. 2. — dazu kann man keinen Gelähmten, Meselsüchtigen, oder im Banne des Pabstes sich befindenden Mann küren; soll echt und frei geboren sein und sein Recht nicht verloren haben. III. 54. §. 3. — er hat Fränkisches Recht, daher ihm niemand an sein Leben sprechen kann, außer wenn ihm das Reich mit Urtheil aberkannt ist. ib. §. 4. — wie er von den Kurfürsten und Fürsten gewählt werden soll; ihn sollen die Erstern nicht nach ihrem Eigenwillen küren, sondern mit Rücksicht auf den, den die Fürsten alle, Pfaffen und Laien, erwählen. III. 57. §. 3. — ihn sollen die Deutschen küren; wenn er von den dazu gesetzten Bischöfen geweiht wird und zu Aachen auf den Stuhl kommt, hat er königliche Gewalt und Namen; wenn ihn der Pabst weiht, hat er des Reichs Gewalt und Kayserlichen Namen. III. 52. §. 1. — wenn man ihn kürt, soll er dem Reiche Hulde thun und schwören, daß er Recht stärken und Unrecht schwächen wolle; hernach keinen Eid schwören, als wenn ihn der Pabst des Unglaubens beschuldigt; bei des Reichs Hulde in allen Dinge Zeuge sein und sein Angelöbniß für den Eid leisten, wo man einen Frieden beschwört. III. 54. §. 2. — keinen andern Laien, als ihn, sollen des Reichs Fürsten zum Herren haben. III. 58. §. 1. — nur von ihm kann jemand ein Fahnenlehn empfangen, davon er Fürst des Reichs sein mag; wer es anders empfängt ist nicht der Vorderste am Lehn. III. 58. §. 2. — er muß binnen Jahr und Tag jedes erlediate Fahnenlehn wieder verleihen. III. 53. §. 3. — kann allein über Leben und Gesundheit der Fürsten richten. III. 55. §. 1. — soll in Sachsen seinen echten Hof halten in den fünf Städten, die Pfalzen heißen. III. 62. §. 1. — wenn er mit Urtheil des Reichs Dienst, oder seinen Hof gebeut, und ihn mit Brief und Insiegel über sechs Wochen den Fürsten kündigt, so sollen sie ihn binnen deutscher Erde, wo es auch sey, suchen. III. 64. §. 1. — wer nicht kommt, weddet ihm: Fürsten, die Fahnenlehn haben, hundert Pfund; alle andere Leute zehn Pfund. ibid. §. 2. — ihn kürt man zum Richter über Eigen, Lehn und jedes Mannes Leben. III. 52. §. 2. s. Kayser. — ist gemeiner Richter über Alle. III. 26. §. 1. — er und jeder Richter mag über Hals und Hand und jegliches Gut seines Mannes oder Mages richten, ohne seine Treue zu brechen. III. 78. §. 1. — ihm mag sein Mann um Unrecht widerstehen und es auf alle Weise abwehren helfen, obwohl er dessen Mag oder Herr sey, ohne daß die Treue hierdurch gebrochen wird. ib. §. 2. — wenn er zum erstenmale, nach seiner Wahl, in das Land kommt, kann er alle Gefangene abfordern, oder durch seine Boten abfordern lassen, damit man sie mit Recht vor ihm überwinde oder entlasse; verweigert man sie ihm, so thut man Alle, die sie fingen, und die Burg, wo sie fest gehalten werden, sammt allen Leuten, in die Acht. III. 60. §. 3. — nur er kann Königsbann leihen, darf ihn aber keinem verweigern, dem das Gericht geliehen ist; er leiht ihn ohne Mannschaft. III. 64. §. 5. — wenn er ihn dem Vogte geliehen hat, so dinget dieser unter Königsbanne. ib. §. 4. — wenn er stirbt, braucht niemand, wer den Bann empfangen hat, diesen von Neuem zu empfangen. I. 59. §. 1. — ihm soll der Schöffenbare Hulde thun nach freien Mannes Recht, wenn ihm Lehn an Gericht gegeben wird, damit er bei der Hulde sich verpflichte, wo man Zeugniß auf ihn zieht. III. 54. §. 1. — bei dessen Hulde soll der Richter sich verbürgen, wenn man mit dem Gerichte Etwas bezeugen soll. III. 89. §. 1. — ihm soll der Fronbote, wenn er gekoren wird, Hulde thun, nach freien Mannes Rechte III. 56. §. 1. — dessen Malter weddet der Fronbote, wenn er den Richter an seinem Rechte versäumt. II. 17. §. 4. — sobald er in das Gericht des Grafen oder eines andern Richters kommt, so ist dessen Gerichtsbarkeit niedergelegt. I. 58. §. 2. — außer wenn eine Klage gegen den König selbst geht. ibid. — vor ihm hat jeder sein Recht und muß nach diesem, aber nicht nach dem Rechte des Klägers, in allen Stätten vor dem Könige antworten. III. 34. §. 1. — antwortet jeder um alle Klagen, außer zu Kampf, wenn er nicht auf der Erde dazu angesprochen wird, darauf er geboren ist. ib. §. 2. — er soll bei handhafter That richten, sobald er auf sächsische Erde kommt, wenn der Richter nicht richtet, oder nicht vollständig zu richten vermag, und man Zeugniß der Klage hat. II. 26. §. 2. — auch vor ihm antwortet man um Eigen nur in dem Lande, darinnen es liegt. III. 34. §. 3. — er soll darum richten nach des Landes; nicht nach des Mannes Rechte. ibid. — vor ihm, sobald er auf sächsische Erde kommt, kann Eigen vergeben werden, wenn der Richter mit Unrecht dies verwehrt. I. 34. §. 3. — seiner Gewalt gehört jeder Schatz, der unter der Erde liegt. I. 35. §. 1. — desgl. Eigen, das jemand durch

L.

bote das Land mit Gerüffte, wenn man ihm Recht verweigert. III. 56. §. 2. s. Vorladen.

Ladung, ohne solche braucht niemand die Gewer eines Guts zu räumen. III. 82. §. 2. — vor Gericht; die des Vormundes, wenn eine Jungfrau oder Wittwe über ihn klagt, daß er sie ihres Eigens, Lehns, oder Leibzucht entwältige, muß dreimal geschehen, ehe er gebalmundet wird. I. 41. — dessen, der vor Gericht, um sich mit seinem Vorsprecher zu berathen, abgetreten ist, damit er eintrete, geschieht durch den Fronboten. I. 62. §. 7. — die des Beklagten, wenn er beim Kampfgerichte, nachdem der Kläger den Kampfplatz betreten hat, zulange säumt, soll dreimal durch den Fronboten mit zwei Schöffen geschehen. I. 63. §. 5. — mit Gerüffte; auf diese, wenn sie bei handhafter That um Ungericht geschehen ist, mag auch der Mann seinen Herren, sowie der Herr den Mann und der Mag den Mag von Gerichts halben verfolgen und ihn ergreifen helfen, ohne wider seine Treue zu thun. III. 78. §. 3. — mit Gerüffte um Ungericht; auf diese mag der Mann folgen vor die Burg des Herren, sowie dieser vor die des Mannes und der Mag vor die des Mages, und sie abbrechen helfen, wenn man sie nicht mit Recht entredet, ohne daß er seine Treue bricht. III. 78. §. 4. s. Vorladung.

Lähmung, Klage deshalb von Seiten des Erben, wenn der Gelähmte binnen Jahresfrist stirbt oder doch die Klage schon begonnen hat. III. 32. — darum soll jeder für seinen Herren und Schwertmag Gewer leisten. II. 17. §. 1. — wird mit Abschlagen der Hand bestraft. ib. §. 2. — kann auch ohne Fleischwunden so geschehen, daß Leben oder Hand dadurch verwirkt und die Verfestung verschuldet wird. I. 68. §. 3. — von einem Kinde binnen seinen Jahren verübt, soll der Vormund mit dem Wehrgelde des Gelähmten bessern. II. 66. §. 1. — am Munde, Nase, Augen, Zunge 2c. wird mit halben Wehrgelde gebessert. II. 17. §. 5. — mehrfache in einer That verübt, wird nur mit einem halben Wehrgelde gezahlt. II. 17. §. 7. — bei deren Wiederholung an einem andern Gliede ist das halbe Wehrgeld für jede That besonders zu zahlen. ib. — an einem schon gelähmten und vor Gericht vergoltenen Gliede, wird nur als Verwundung mit Buße gestraft. II. 17. §. 9. — schmälert niemanden in Wehrgeld und Buße, wenn er nicht deshalb vor Gericht einen Vormund erbeten, oder Vergeltung erhalten hat. II. 22. §. 1. — durch Thiere; dafür soll der Herr des schädlichen Thiers das Wehrgeld des gelähmten Menschen, oder den Werth des gelähmten Thiers zahlen, wenn er sein Thier wieder in seine Gewer nahm. II. 41. §. 1 u. 2. — unwillkürliche von Thieren wird ohne Buße vergolten, und kann durch Eid erwiesen werden. III. 48. §. 3. — die eines Hundes in Nothwehr ist ohne Wandel. ib. §. 4. — vorsätzliche und unvorsätzliche von essbarem Vieh wird mit dem halben Wehrgelde desselben, ohne Buße, vergolten, wobei der Eigenthümer sein Vieh behält. III. 48. §. 1. — die eines nicht essbaren Viehs, wenn sie ohne Noth, mit oder ohne Vorsatz, an einem Fuße geschah, wird mit vollem Wehrgeld und Buße; an einem Auge mit halben vergolten. ibid. §. 2. — bei der eines Thieres durch ein anderes, die vor dem Hirten geschehen, soll dieser das schädliche Thier eidlich benennen; dann soll dessen Eigenthümer für die Wiederherstellung des beschädigten sorgen und es, wenn es stirbt, nach seinem Wehrgelde ersetzen. II. 55. §. 5. — als Hinderniß des Kampfes. I. 63. §. 2. s. Lahme.

Lämmerzehnte ist am Walburgistage verdient. II. 59. §. 2.

Lahme sollen ohne Vormund klagen und antworten, außer bei kämpflichen Klagen, wo einer ihrer Schwertmage oder, in dessen Ermangelung, irgend jemand, den man dazu gewinnen kann, ihr Vormund sein soll. I. 48. §. 2. — wenn er sich mit Kämpfern wehrt, mag man ihn auch damit überführen, obwohl man ihn anfangs damit nicht angesprochen hat. I. 48. §. 3. — dies schadet ihm an seinem Rechte nicht. ibid. — ein solcher kann nicht zum König gewählt werden. III. 54. §. 3.

Laie, wenn einer den andern in weltlichen Sachen vor geistlichem Gerichte verklagt und in Schaden bringt;

er im Besitze hat. II. 32. §. 3. — einem Manne darauf zeugen. I. 8. §. 1. — das seines Herren, Mages, Mannes und Freundes mag der Mann wehren helfen wider Herren, Mage und Mannen, die sie gewaltsam überfallen, ohne seine Treue zu brechen, wenn er nur nichts von ihrer Habe nimmt. III. 78. §. 5. — wer zu dessen Fristung etwas auf Treue gelobt oder schwört, dem schadet es an seinem Rechte nicht, wenn er es nicht leisten kann. III. 41. §. 2. s. Leib, Gesundheit, Hand und Hals.

Lebend. s. Wesen.

Lebendig, ein Kind das so geboren ist, erhält das Erbe seines vorher verstorbenen Vaters. I. 33. — wie wird dies erwiesen? ibid.

Lebensfähigkeit, eines neugeborenen Kindes, wie wird sie erwiesen? I. 33. — die, eines zu früh, nach der Verheirathung der Eltern, geborenen Kindes, wird erfordert, wenn man es an seinem Rechte beschelten will. I. 36. §. 1.

Lebensmittel. s. Speiße.

Lebenszeit, auf diese wird Leibzucht gegeben. I. 32. — wenn der Mann seiner Frau Eigen auf diese (als Leibzucht) giebt, soll der Richter sie dabei bevormunden. I. 44. — bei der der Frauen kann ihnen keine Leibzucht, die sie an Eigen haben, gebrochen werden; wohl aber die, die sie an Lehnen haben. III. 75. §. 1. — nur für diese haben Männer und Weiber ihre Lehne, doch werden diese von Ersteren vererbt. III. 75. §. 3.

Ledig, ist dem Könige in jeder Stadt des Reichs, binnen dem Reiche, Münze und Zoll, sobald er dahin kommt; in jedem Lande, wohin er kommt, das Gericht. III. 60. §. 2. — desgl. wenn er allererst in das Land kommt, jeder Gefangene, den er abfordert, damit er vor ihm mit Recht überwunden oder entlassen werde. ib. §. 3.

Lehmgruben darf der Zinsmann nicht ohne Erlaubniß des Herren machen. I. 54. §. 5.

Lehn, darüber kürt man den König zum Richter. III. 52. §. 2. — sollen Bischöfe, Aebte und Aebtissinen, die den Heerschild haben, zuerst empfangen, und die Seelsorge nachher; wenn sie es empfangen haben, so mögen sie Lehnrecht üben. III. 59. §. 1. — leiht der Kayser, wo die Belehnung der Bischöfe rc. an ihn geht, wenn man diese binnen sechs Wochen nicht kürt, an wen er will. ib. §. 2. — wer es nicht vom Könige empfängt, hat kein Fahnenlehn, davon er des Reichs Fürst sein mag; weil er nicht der Vorderste daran ist, wenn ein Anderer es vor ihm empfängt. III. 58. §. 2. — leiht der Kayser allen geistlichen Fürsten mit dem Scepter; den weltlichen, ihre Fahnenlehne, mit der Fahne. III. 60. §. 1. — wen ein Gericht als solches gegeben ist, der hat Folge daran. III. 53. §. 3. — mag nur ein Schöffenbarer an Gericht haben, wenn er dem König Hulde thut nach freien Mannes Rechte und hierbei sich verpflichtet, wo man Zeugniß auf ihn zieht. III. 54. §. 1. — als solches kann kein Gericht über Hand und Hals an die vierte Hand, abwärts vom Könige, kommen; außer Schuldheißthum. III. 52. §. 3. — ist nicht an Goschaft. I. 56. — außer wenn der Gograf für lange Zeit gewählt wird. I. 58. §. 1. — wer sein Eigen vergiebt, um es als L. wiederzuempfangen, muß es dem Herren Jahr und Tag in seiner Gewer lassen. I. 34. §. 2. — der Verkäufer soll es dem Erben des Käufers auflassen, wenn dieser vor der Auflassung stirbt. I. 9. §. 2. ff. — wer es in rechter Gewer hat und darum beklagt wird, soll auf seine Einrede, daß er deshalb nicht geladen sey, eine Frist bis zum nächsten Ding, und dann auf seine Bitte noch eine zweite erhalten. II. 2. §. 2. — wer ein Gut sich als solches beimißt, steht im Beweise dem nach, der es als Eigen fordert, wenn beide es mit gleicher Gewer ansprechen. II. 44. §. 1. — wenn es Zwei von verschiedenen Lehnherren ansprechen, soll jeder seinen Gewersmann bringen. II. 43. §. 1. — wer sich an dem seinigen Eigen zuspricht, muß die eigentliche Gewer mit sechs schöffenbaren Mannen bezeugen, oder ihm wird Bruch daran. II. 45. §. 3. — die Gedinge daran werden durch die Geburt eines lebendigen Kindes nach des Vaters Tode gebrochen und das Lehn dem Herren eröffnet. I. 33. —

Leibzucht hieran kann den Frauen auf manche Weise gebrochen werden. III. 75. §. 1. — beim Leben des Mannes ist es ein Gedinge der Frau; nach dessen Tode ihr rechtes Lehn. ib. §. 2. — Leibzucht daran. II. 22. §. 4. — das Gebäude darauf kann der Lehnmann nach Willkühr verbessern und verschlechtern. ibid. — haben weder Männer noch Weiber länger, als für ihre Lebzeit, wenngleich der Mann das Lehn vererbt und die Frau nicht. III. 75. §. 3. — erstirbt nicht auf Meselsüchtige. I. 4. — darin sind Zwerge ꝛc. nicht erbfähig. I. 4. — braucht der Herr nur einem Sohne seines Vasallen zu leihen. I. 14. §. 1. — das der Vater bei Lebzeiten einem Sohne giebt, muß bei der Erbfolge conferirt werden. I. 14. §. 2. — das verdiente Gut (fructus pendentes) daraus erhält der Landerbe des Lehnmannes wenn kein Lehnerbe da ist. II. 59. §. 1. s. Früchte. — die Früchte von dem der Frau gehören dem Manne, wenn er das Gut bei ihrem Tode schon mit dem Pfluge bestellt hat: war es aber noch nicht besäet, so muß er dem Erben Zins und Pflege dafür geben; außerdem giebt er nichts. III. 76. §. 3. u. 4. — Zins und Pflege, die die Frau davon zu fordern hat, gehören ihm, wenn sie nach dem Zinstage starb. ib. §. 5. — des Vaters Gebäude daselbst erbt der Sohn, auch wenn er nur Lehnerbe ist, mit mehr Recht, als ein anderer Landerbe. II. 22. §. 5. — auf das ihrige soll die Frau, bei ihrem Leben, das Gebäude von ihrer Leibzucht versetzen, wenn sie es auf ihren Erben vererben will. III. 38. §. 4. — wenn der rechte Vormund eine Jungfrau oder Wittwe dessen entwältigt, so soll er gebalmundet werden. I. 41. — zu solcher Klage soll der Richter sie bevormunden. ibid. u. I. 44. — alle Anwartung darauf verliert der, der Vater, Bruder, Mag, oder jemanden tödet, dessen Gutes er gewärtig ist; außer wenn es in Nothwehr, oder ohne Wissen und Vorsatz geschah. III. 84. §. 3. — desselben ist der ledig, der ins Kloster eintritt. I. 25. §. 3. — auch wenn er von seiner Frau zurückgefordert wird. ib. §. 4. — **verliert, wer Jahr und Tag in** Reichsacht gewesen und deshalb rechtlos wird. I. 38. §. 1. — wird dann dem Lehnsherren erledigt. ibid. — das durch Reichsacht verlorene wird nicht wiedergewonnen, auch wenn der Geächtete sein Recht wiedererlangt. I. 38. §. 2. a. E. — L. oder Eigen; wer drei Hufen davon hat, mag einen sonderlichen Schaafhirten halten. II. 55. §. 1. s. Hoflehn, Treue, Treubruch.

Lehnerbe, wenn keiner da ist, soll der Landerbe das verdiente Gut des Erblassers aus dem Lehne nehmen. II. 59. §. 1. s. Nutzungen. — als solcher erbt der Sohn das Gebäude auf seines Vaters Lehne, auch wenn er nicht dessen Landerbe ist, mit mehr Recht, als ein anderer Landerbe. II. 22. §. 5.

Lehngut, dazu gehören alle darauf befindlichen Gebäude, wenn es der Herr ohne Unterschied verliehen hat; ohne sich etwas aus zu bedingen. II. 22. §. 6. s. Gut.

Lehnherr, muß das aufgetragene Gut Jahr und Tag in seiner Gewer behalten, ehe er es als Lehn verleiht. I. 34. §. 2. — dessen Einwilligung zur Lehnsveräußerung. I. 9. §. 2. u. 4. — dessen Verbindlichkeit gegen den Erben dessen, der das Gut von ihm kaufte und vor der Belehnung starb. ib. §. 3. — Berufung auf ihn, als Gewersmann, ist nöthig, wenn der Belehnte noch keine rechte Gewer an dem Gute hat. II. 43. §. 1. — wenn Kläger und Beklagter von zwei verschiedenen ein Lehn sich zusprechen, soll jeder seinen als Gewersmann bringen. II. 43. §. 1. — er übt die Lehnsvormundschaft und kann sie einem Andern übertragen. II. 59. §. 3. — hat als Vormund die Nutzung des Mündelguts, bis der Mündel zu seinen Jahren kommt. ibid. — braucht nur einem Sohne des Vasallen das Gut zu leihen. I. 14. §. 1. — ihm wird das Lehn eröffnet, wenn, nach dem Tode seines Vasallen, diesem ein lebendiges Kind nachgeboren wird und wieder stirbt. I. 33. — ihm wird das Lehn dessen erledigt, der Jahr und Tag in Reichsacht gewesen und deshalb rechtlos geworden ist. I. 38. §. 1. s. Herr, Treubruch, Treue.

Lehnrecht, mögen Bischöfe, Aebte

M.

Rechte ist, kann außer Königsbann Urtheil finden und schelten. II. 12. §. 5. — der an seinem Recht vollkommen (nicht bescholten) ist. s. Recht — ein nach Sachsen gekommener nimmt Erbe nach dem Landrechte. I. 30. s. Fremder. — der echte nimmt des unechten Erbe nicht. I. 51. §. 1. — der von Rittersart vererbt zweifältig; Heergeräthe und Erbe. I. 27. §. 2. — der nicht von R. ist, läßt nur Erbe zu nehmen hinter sich. ibid. — wer nicht von R. ist, dem schließt sich der Heerschild. ibid. — der zu seinen Jahren gekommen und ins Kloster gegangen ist, kann dessen überführt werden, selbsiebent seiner Genossen, oder mit den Brüdern, wo er sich ergab, oder mit dem Gerichte, wenn er vor Gericht sich ergab. II. 23. §. 3. — er mag seinem Könige und Richter um Unrecht widerstehen und es auf alle Weise abwehren helfen, obwohl dieser sein Mag oder Herr sey, und bricht dadurch seine Treue nicht. III. 78. §. 2. — wenn er auf einem Kriegszuge ist, ohne Hauptmann zu sein, und seinem Herren, Mage, oder Manne von Andern Schade geschieht, so braucht er diesen nicht zu ersetzen, sobald er auf den Heiligen bewährt, daß es ohne seinen Rath und That geschehen sey. III. 79. §. 2. — kein bestellter kann Richter sein. I. 55. §. 1. — wenn jemand der seines Genossen wird; schädigt er weder sein Landrecht, noch seine Geburt, erniedrigt aber seinen Heerschild. III. 65. §. 2. — kein solcher hat ein Lehn länger, als für seine Lebzeit, wenngleich er es vererbt. III. 75. §. 3. — (Lehnsmann), ihm und seinen Kindern soll der Lehnherr, wegen verliehener Goschaft, Lehnrecht leisten, doch können es die Landleute mit ihrer Kür brechen. I. 56. — wenn ihm der Herr ein Gut ohne Unterschied verleiht, so gehört Alles sein, was von Gebäuden darauf ist. II. 22. §. 6. — er vererbt das Gebäude auf seinem Lehne mit mehr Rechte an seinen Sohn, der sein Lehnerbe, und nicht sein Erbe nach Landrecht ist; als auf einen andern Erben nach Landrecht II. 22. §. 5. — gegen ihn kann sein Herr, Vorsprecher zu sein, verweigern. I. 60. §. 2. — über den seinigen mag niemand an gebundenen Tagen Urtheil finden, das an sein Leben, Gesundheit, oder Ehre geht. II. 12. §. 3. — wenn er seinen Herren, oder dieser ihn überfällt, ohne ihn nach Recht vor seinen Mannen verklagt zu haben, so ist dies ein Treubruch. III. 79. §. 1. — wenn er seinen Herren tödet, so verwirkt er Leib, Ehre und Gut, das er von ihm hatte; wie der Herr, wenn er jenen tödet, Leib, Ehre und Lehnsherrlichkeit verliert, so daß der Oberherr die Kinder des Getödeten nicht an ihn weisen kann. III. 84. §. 2. — wenn er seinen Herren, oder dieser ihn, in Nothwehr verwundet oder erschlägt, bricht er seine Treue nicht. III. 78. §. 6. — wenn er nicht auf den Schaden des Herren, oder dieser auf den seinigen ausgeht, so wird die Treue, durch einen unwissentlich zugefügten Schaden, nicht gebrochen, mag er diesen selbst verübt haben, oder einer der Seinigen, nur soll er ihn nach Recht vergelten. III. 79. §. 1. — er mag wehren helfen Städte, Burgen, Land und Leben seines Herren wider Herren, Mage und Mannen, die sie gewaltsam überfallen, ohne seine Treue zu brechen, wenn er nur selbst nichts von ihrer Habe nimmt. III. 78. §. 5. — er mag seinen Herren verfolgen und von Gerichts halben, wenn er um Ungericht bei handhafter That mit Gerüffte geladen ist, ihn ergreifen helfen, ohne seine Treue zu brechen. III. 78. §. 3. — er mag folgen vor seines Herren Burg und der Herr vor die seinige, wenn er um Ungericht dahin mit Gerüffte geladen wird, und sie abbrechen helfen, wenn man sie nicht mit Recht entredet, ohne seine Treue zu brechen. III. 78. §. 4. — über des seinigen Hals, Hand und Gut mag jeder Richter richten, ohne seine Treue zu brechen. III. 78. §. 1. — wenn der gemiethete vor Ablauf der Dienstzeit stirbt, welche Ansprüche hat sein Erbe auf seinen Lohn? I. 22. §. 2. — dem sein Pferd unterwegs erliegt s. Reisender; außerdem s. Lehnsmann, Zinsmann, Ehemann, Kläger, Beklagter, Leute.

Mannen, die der freien Herren haben den fünften Heerschild. I. 3. §. 2. — die der Schöffenbaren rc. den sechsten. ibid. — ehe vor diesen der Herr von seinem Manne, oder dieser von jenem verklagt worden ist,

N.

Nothwehr, wer deshalb einen Andern erschlägt, dem soll man den Hals nicht verurtheilen, auch wenn er den Getödeten nicht vor Gericht bringen kann; wenn er nur die That daselbst bekennt, ehe man gegen ihn klagt. II. 15. §. 1. — die des Mannes gegen den Herren und dessen gegen den Mann ist kein Treubruch, selbst wenn Verwundung und Todtschlag dabei verübt ward, nur muß die Noth mit Recht bewährt werden. III. 78. §. 6. — wer darin Vater, Bruder, Mag, oder jemanden tödet, dessen Gutes er gewärtig ist, und die Noth gegen den Todten bewähren kann, verliert seine Anwartung auf Eigen und Lehn nicht. III. 84. §. 3. — wer ohne diese, mit Vorsatz oder unvorsätzlich, nicht essbares Vieh tödet oder am Fuße lähmt, zahlt volles Wehrgeld mit Buße; für Lähmung am Auge, halben Theil. III. 48. §. 2. — gegen einen Hund; wer ihn in solcher tödet oder lähmt, wenn er ihn oder sein Vieh auf der Straße oder auf dem Felde beißen will oder gebissen hat, bleibt ohne Wandel, wenn er beschwört, daß er ihm nicht anders wehren konnte. ib. §. 4. — wer, in solcher gegen ein Thier, dasselbe erschlägt und sie auf den Heiligen bewähren kann, bleibt ohne Wandel. II. 63. §. 2.

Nothzucht, wird mit Enthauptung gestraft. II. 14. §. 5. — deshalb soll man mit Gerüffte klagen, wenn die That handhaft ist und nachgewiesen werden kann. II. 65. §. 1. — an unechten Frauen wird sie nach Friedensrechte gerichtet. III. 46. §. 1. — kann jemand auch an seiner Amie und an fahrenden Weibern begehen und sein Leben verwirken. ib. §. 2. — das Gebäude, wo sie geschehen, oder wohin die Genothzüchtigte weggeführt worden ist, soll abgebrochen und jedes lebende Wesen daselbst enthauptet werden. III. 1. §. 1. — deren Wirkungen auf die nachfolgende Ehe. I. 37. §. 1. s. Klage (nothnunftige).

Nothzüchter, kann mit der Genothzüchtigten keine ehelichen Kinder in nachfolgender Ehe erzeugen. I. 37. §. 1.

Novizial-Jahr, bei den grauen Mönchen. I. 25. §. 3.

Nüchtern, sollen die Schöffen Urtheil finden, wo man unter Königsbanne dinget. III. 69. §. 2.

Nutzen, in den seinigen verwendet der Richter Diebstahl und Raub, den man bei einem hingerichteten Verbrecher (oder Selbstmörder) fand, wenn sich binnen Jahr und Tag niemand dazu zieht. II. 32. §. 2. s. Erblose Liegenschaften 2c. — ihn darf man von dem Vieh des Nachbars nicht nehmen, wenn man es mit dem seinigen eingetrieben hat, wenn man nicht missethun will. III. 37. § 3.

Nutzungen, die eines Gutes werden von dem Besitzer, dem das Gut abgewonnen wird, nicht erstattet, wenn er einen Rechtstitel seines Besitzes hat; außer wenn er Recht verweigerte. II. 45. §. 2. — die jemand durch seine Arbeit auf fremden Gute, wissentlich oder unwissentlich, nach Anstellung der Klage auf das Gut, erzeugt hat, verliert er, wenn der Kläger das Gut behält; die vor der Klage erzeugten behält er gegen Zins. II. 47. §. 1. 2 u. 3. — die des Lehnguts, insoweit sie noch nicht percipirt, aber als verdient zu erachten, fallen dem Landerben zu, wenn kein Lehnerbe da ist. II. 59. §. 1. — wann gelten sie als verdient? ibid. §. 2. ff. — die des Mündelguts gehören dem Mündel, sobald sie erst nach Eintritte der Mündigkeit fällig werden und als verdient gelten; die schon während der Unmündigkeit verfallenen und verdienten hat er verloren. II. 59. §. 3. s. Früchte

O.

Oberacht, in diese verfällt, wer Jahr und Tag in der Acht gewesen, oder, nachdem er sich aus dieser gezogen hat, nicht Rechts pflegt. III. 34. §. 7.

Oberherr, mag die Kinder des getödeten Mannes mit dem Gute nicht an den Herren weisen, der jenen tödete. III. 84. §. 2.

Oberrichter, vor diesem kann man verklagt werden wegen Abpflügen des Gemeindelandes der Nachbarn, wenn man dem Bauermeister, vor dem man zuerst verklagt oder gerügt ward, deshalb Rechtes geweigert hat. III. 86. §. 1.

Obst, wer fremdes bricht, zahlt

P.

§. 4. — ein solches bleibt der Schuldner dem Gläubiger für sein Geld, wenn er ihm, wegen Insolvenz, an Zahlungsstatt überliefert worden ist, sollte er auch dem Gläubiger entlaufen oder von ihm entlassen worden sein. III. 39. §. 2. s. Pfänden.

Pfandgläubiger, er haftet zwar nicht für den Schaden, wenn ein verpfändetes Thier binnen seinem Versatze stirbt und er seine Unschuld bewähren kann; verliert aber seine Schuldforderung. III. 5. §. 5. — muß auch dessen Tod nachweisen. ib.

Pfennig, mit einem solchen ward Gott versucht und gab uns Urkunde daran, daß der Mensch Gottes Bild sey. III. 42. §. 5. — einen, geben vier Fußgänger als Wasserzoll; einen halben, der Reiter; zwei, der geladene Wagen für Hin- und Rückweg; die Hälfte, als Brückenzoll. II. 28. §. 1. — einen giebt der, der unrechten Weg über gewonnenes Land einschlägt, für jedes Rad am Wagen; der Reiter, einen halben. II. 28. §. 4. — einen giebt man als Zehnt-Ablösung für ein Füllen und Maulthier; einen halben, für einen Esel, Kalb, Ziege, Schaaf und Ferkel, wenn deren fünf sind oder darunter; sind aber mehr, so kann das sechste mit zwei Pfennigen, das siebente mit anderthalb 2c. vom Zehnter eingelößt werden. II. 49. §. 14.

Pfennige, pfündige; deren sollen zwanzig Schilling eine Mark wiegen. III. 45. §. 1. — soll der Münzer pfündig, gleich schwer und gleich weiß halten. II. 27. §. 3. — soll man erneuern, so oft ein neuer Münzherr antritt. II. 27. §. 1. — wenn der Münzer sie selbst verfälscht, mag er niemanden einer Fälschung zeihen. II. 27. §. 3. — wenn der Münzer einen falschen ausbietet, um damit zu kaufen, so geht es ihm an den Hals. II. 27. §. 2. — wenn man vierthalb falsche bei dem findet, der sein Recht durch Diebstahl oder Raub verwirkt hat, so geht es ihm an die Hand, sobald er keinen Gewersmann hat. II. 27. §. 2. — niemand soll sie gleich andern Pfennigen schlagen; außer mit sonderlichem Unterscheidungszeichen. II. 27. §. 5. — wenn sie verboten werden, darf man noch vierzehn Nächte lang sie ausgeben; später kann sie der Münzer zerbrechen; muß sie aber zurückgeben. ibid. §. 6. — in solchen, die an dem Orte der Zahlung gäng und gebe sind, soll diese geschehen. I. 65. §. 2. — zwölf goldene giebt man den Fürsten und freien Herren als Buße, deren soll jeder drei Pfennig-Gewicht Silber wiegen; daher sie dreißig Schillinge werth sind. III. 45. §. 1. — sechs weddet man dem Gografen. III. 64. §. 10. — desgl. dem Bauermeister. ib. §. 11 — um mehr (als drei Schilling) kann der Bauermeister (in Civilansprüchen) richten. II. 14. §. 2. — sechs zahlt, wer sein Vieh in eine andere Mark auf gemeine Weide treibt. II. 49. §. 1. — sechs zahlt der als Buße, dessen Vieh in seiner Abwesenheit auf fremdem Korne oder Grase geschadet hat und gepfändet worden ist. II. 48. §. 2. — wer sie zahlen soll, wird nicht durch Anbieten eines Pfandes frei. III. 40. §. 2. — solche, wie man gelobt hat, soll man zahlen, die in dem Gerichte gäng und gebe sind. ibid. §. 4. — die seinigen verliert der, der Etwas auf gemeinem Markte gekauft hat, aber den Verkäufer nicht kennt, wenn der Eigenthümer sich dazu zieht. II. 35. §. 4. — die seinigen kann der Jude wiederfordern, für die er eine Sache unverholen erworben hat, wenn deren Eigenthümer diese von ihm vindicirt. III. 7. §. 4. — wo man den Blutzehnten jährlich damit ablößt, da ist er zu Johannis verdient. II. 59. §. 2. — dafür kann der Lahme einen Vormund zu Kampfe miethen, wenn er seinen rechten nicht haben kann. I. 48. §. 2. s. Silber, Geld, Schillinge. — Schwere, falsche s. Schillinge.

Pfennig-Gewicht, dreimal soviel am Silber soll jeder goldene Pfennig wiegen; das an Gold soll man aber bei der Buße der Fürsten für zehn an Silber nehmen; also zwölf goldene Pfennige für dreißig Schilling. III. 45. §. 1.

Pferd, das beste gehört zum Heergeräthe. I. 22. §. 4. — das beste geben Nicht-Ritterbürtige als Morgengabe. I. 20. §. 8. — wer es in seinem Stalle erzogen zu haben beweißt, dem weigt der, welcher es mit Anfang von ihm einklagt. II. 35. §. 3 u. 6. s. Inzucht. — wenn ein solches stirbt, das man vor Gericht

Q.

R.

klage, noch beschuldigt werden, wenn ihm Bruch geworden ist am Gewersmanne. II. 35. §. 5. — um diesen soll erst gerichtet werden, ehe man den Beraubten der Gewer seines Gutes gewältigt. II. 26. §. 1. — wie soll dessen ein Todter überführt werden. I. 64. §. 1. — dessen kann man keinen zeihen, der selbdritt bezeugt, daß er die Sache öffentlich in Verwahrung bekommen oder geliehen habe. III. 5. §. 1. — dessen kann man den nicht zeihen, der geliehenes Gut über die beschiedenen Tage vorenthält. III. 22. §. 2. dessen kann sich der auf den Heiligen entschuldigen, der eine fremde Sache da, wo eine Verwechselung leicht möglich war, statt der seinigen mitgenommen, wenn er Zeugniß hat, daß er sie unverholen gehalten habe. III. 90. — ihn kann man, mit Urlaub des Richters, auch bei dem dritten unbescholtenen Besitzer aufangen. II. 35. §. 1. — wer ihn bei dem dritten Besitzer findet, der ihn auf gemeinem Markte gekauft hat, aber den Verkäufer nicht kennt, kann sich selbdritt unbescholtener Leute dazu ziehen, welche wissen, daß es ihm geraubt ward. II. 35. §. 4. — der auf eine Burg geführt worden ist; dazu mag der Eigenthümer sich mit Recht ziehen, wenn die Burg mit Urtheil abgebrochen wird. III. 68. §. 1. — wer ihn dem Räuber abjagt, soll ihn aufbieten und sechs Wochen bewahren; dann erhält der Richter zwei Theile und der den dritten, der das Gut dem Räuber abjagte. II. 36. §. 1. u. 3. — den dritten Theil erhält er auch, wenn der Eigenthümer, der sich meldet, aus anderem Gerichte ist. ib. §. 2. — den man bei einem hingerichteten Verbrecher findet, soll der Richter Jahr und Tag aufbewahren und dann, wenn sich niemand dazu zieht, in seinen Nutz verwenden. II. 32. §. 2. — bei einer Sache, die der Eigenthümer selbst in die Gewer des Beraubten übertrug; daraus entspringt keine Forderung, als gegen den Beraubten selbst und seine Erben. II. 61. §. 1. u. 2. s. Gut (gestohlenes und geraubtes.) — für das dadurch Verlorene haftet der Depositar nicht, wenn er seine Unschuld darthut. III. 5. §. 3. — wenn dadurch der Knecht sein Pferd ꝛc., im Dienste des Herren, verloren hat; so muß der Herr es ihm ersetzen, kann es aber auch vom Dritten Besitzer vindiciren. III. 6. §. 3.

Raubzüge, wer darum, daß er sie von einer Burg gethan habe, verklagt wird, den soll der Burgherr vorbringen; oder dieser muß selbst dafür antworten. II. 73. §. 3.

Raufen eines Andern; damit verwirkt man, wenn man mit Gerüffte gefangen wird, nur Wedde und Buße, aber nicht Hals und Gesundheit. III. 37. §. 1. — eines Kindes um ein Vergehen; deshalb bleibt man ohne Wandel, wenn man auf den Heiligen bewährt, daß man es aus keinem andern Grunde gerauft hat. II. 66. §. 2. — das eines Knechtes um des Herren Schuld, wird beiden gebüßt. II. 33. §. 1.

Raum, einen umzäunten giebt man als Morgengabe. I. 20. §. 1.

Ratzeburg, der Bischof daselbst steht unter dem von Bremen. III. 62. §. 3.

Recht, geistliches; was der Pabst damit nicht zwingen kann, soll der Kayser mit weltlichem Rechte zwingen. I. 1. — nach geistlichem und weltlichem weddet der, der durch eine That zugleich den Frieden brach und den Bann verschuldete. I. 53. §. 4. — dieses zu stärken und Unrecht zu schwächen, so wie das des Reichs zu vertreten, wie er könne und möge, soll der König schwören, wenn man ihn kürt. III. 54. §. 2. — Fränkisches hat der König. ib. §. 4. — nach dem eines freien Mannes soll der Schöffenbare dem Könige Hulde thun, wenn ihm Lehn an Gerichte gegeben wird, damit er bei der Hulde sich verpflichte, wo man Zeugniß auf ihn zieht. III. 54. §. 1. — ebenso der Fronbote, wenn er vom Richter und den Schöffen gekoren wird. III. 56. §. 1. — damit man es in der Grafschaft erlangen und Königsbann halten könne, soll der König, wenn die Schöffen daselbst zu Ende gehen, des Reichs Dienstmannen mit Urtheil frey lassen und zu Schöffen machen, indem er jedem drei Hufen oder mehr von dem Gute des Reichs giebt, das von den Schöffen in die Grafschaft erstorben ist. III. 81. §. 3. — das der Grafschaft und Mark zweiet sich. II. 12. §. 8. — solches setzte Herzog Heinrich mit allen Landleuten auf dem Leineberge. III. a. E. (S. 317.) — kein solches soll der Richter auf das Land setzen, das dieses nicht willkürt. III. 92. §. 3. — kein solches mag den Bauern, wenn sie ein neues Dorf besetzen, von dem Herren gegeben, noch von ihnen erkoren werden, womit sie des Landrichters Recht schädigen und dessen Wedde mindern oder mehren. III. 80. §. 1. — das der Dienstleute ist so manichfaltig und unter allen Bischöfen, Aebten und Aebtissinen sonderlich, daß niemand damit zu Ende kommen und es bescheiden kann. III. 42. §. 2. — da man es zuerst setzte, war kein Dienstmann und Jedermann frei. ib. §. 3. — schwäbisches behielten die Sachsen wider Karl den Großen. I. 18. §. 1. — schwäbisches und sächsisches, worin unterscheiden sie sich? I. 19. §. 2. — sonderliches, binnen dem Herzogthume Sachsen, wollen manche Gegenden haben, als Holzsassen, Stormaren und Hadeler. III. 64. §. 3. — nach dem des Landes, wo das Eigen liegt; nicht nach dem des Mannes soll drr König um Eigen richten. III. 34. §. 4. — nach dem des Mannes nimmt der Fremde in Sachsen nicht Erbe. I. 30. — zu solchem, wie es die Lassen besitzen, wurde den thüringischen Bauern, von den eingewanderten Sachsen, der Acker übertragen; von denen, die sich daran verwirkt haben, stammen die Tagewerker ab. III. 44. §. 3. — hiernach soll niemand sich in Eigenschaft ergeben; sein Erbe kann es widerreden. III. 42. §. 3. — dafür hat man unrechte Gewohnheit ausgegeben, wodurch die Eigenschaft ihren Beginn gehabt hat. III. 42. §. 6. — wendisches ist es, daß die Frau ihren Mann, wenn sie ihrem Herren den Bersenpfennig giebt, verlassen darf. III. 73. §. 2. — das der Dienstmannen, in Betreff der Wirkungen, die eine Ehe unter ihnen auf den Stand der Kinder hat. III. 72. §. 3. u. 73. §. 2. — wer es verloren hat, kann nicht zum König gewählt werden. III. 54. §. 3. — das seinige hat jeder vor dem Könige und muß nach diesem; aber nicht nach dem Rechte des Klägers, in allen Stätten vor dem Könige antworten. III. 34. §. 1. — solches hat vor dem Reiche jeder nach seiner Geburt. III. 71. §. 2. — nach dem seinigen leistet jeder seine Unschuld, und nur hierauf und auf Kampfes-Werth kann der Richter den Kläger ansprechen. III. 92. §. 2. — niemand kann anders erwerben, als was ihm angeboren ist. I. 16. — wer sein Recht vor Gericht verleugnet, verliert es. ib. — freier Landsassen Recht erhält der eigene Mann, den man frei läßt. ibid. — das der freien Landsassen behält der Dienstmann und Eigene, den der König oder ein anderer Herr frey läßt. III. 81. §. 2. — wer daran von seinen vier Ahnen her unbescholten ist und es nicht verwirkt hat, kann nicht daran bescholten werden. I. 51. §. 3. — daran kann man ein Kind bescholten, das nach Verheirathung der Eltern zu früh, oder nach dem Tode des Vaters zu spät geboren ist. I. 36. §. 1. u. 2. — wer vollkommen daran ist, verliert, wenn man falsches Geld, nicht mehr als einen schweren Schilling, bei ihm findet, nur das Geld; bei mehr geht es ihm an die Hand, wenn er keinen Gewersmann hat. II. 27. §. 2. — wer es durch Diebstahl oder Raub verwirkt hat, dem geht es an die Hand, wenn man vierthalb falschen Pfennig bei ihm findet, und er keinen Gewersmann hat. II. 27. §. 2. — wer es vor Gericht an einer Stätte verloren hat, der hat es überall verloren, und bezichtigt man ihn als rechtlos, so soll der Richter durch zwei Boten das Zeugniß des Gerichts einholen, vor dem er sein Recht verloren hat. III. 82. §. 1. — niemand verliert das seinige, solange er in Verfestung ist; obgleich diese ihm das Leben nimmt, wenn er darin ergriffen wird. III. 63. §. 3. — zu diesem kommt der Verfestete wieder, wenn er ungefangen vor Gericht kommt und sich aus der Verfestung zieht. I. 68. §. 4. — R. und Echt wird dem aberkannt, der Jahr und Tag in Reichsacht gewesen. I. 38. §. 2. — dies erlangt der Geächtete nicht wieder, auch wenn er sich aus der Acht herauszog, außer in einem Falle. I. 38. §. 2. — wie wird es von einem Geächteten wieder gewonnen. I. 38. §. 2. — die es mit Diebstal oder Raub verwirkt haben, müssen von der Beschuldigung wegen neuer Verbrechen sich durch Gottesurtheil reinigen. I. 39. — wenn Dienstmannen sich daran verwirken, fällt ihr Eigen in die Gewalt ihres Herren. I. 38. §. 1. — daran schadet es dem Lahmen nicht, wenn man ihn mit Kämpfern überführt, sobald er selbst sich zuerst mit ihnen wehrte. I. 48. §. 3. — außerdem kann man einen, daran unbescholtenen Mann, nicht mit Kämpfern überführen. I. 49. — daran schadet es dem Bürgen nicht, wenn er Wehrgeld zahlen muß, weil er den, für den er um Ungericht sich verbürgte, nicht vor Gericht bringen kann. I. 65. §. 1. — daran schadet es Keinem, wenn er nicht leistet, was er nicht leisten kann, selbst wenn er es auf Treue gelobt und beschworen hat. III. 41. §. 2. — einem Manne auf sein Recht zeugen. I. 8. §. 1. — die es mit Raub, Diebstahl 2c. verwirkt haben, erhalten zwei Besen und eine Scheere als Bnße III. 45. §. 9. — R. und Echt mag ein Mann mit Zeugniß besser behalten, als er mit Zeugen davon abgewiesen werden mag. III. 28. §. 1. — wer es durch Raub oder Diebstahl verloren hat, gegen den muß der Richter selbsiebent dessen Verlust bezeugen. ib. §. 2. — daran müssen die vollkommen sein, mit denen man selbsiebent jemanden der Unechtheit von Geburt oder Gewerbe überführen will. III. 28. §. 1. — wer vollkommen daran ist, kann außer Königsbann Urtheil finden und schelten. II. 12. §. 5. — wen man daran nicht beschelten mag, der kann in des Markgrafen Gericht Urtheil finden. III. 65. §. 1. — jeder Christ, den man daran nicht beschelten mag, kann in Sachsen Vorsprecher sein, außer Pfaffen. I. 60. §. 5. — bei einer Klage, die jemandem daran geht, kann der Herr gegen seinen Mann und dieser gegen jenen, Vorsprecher zu sein, verweigern. I. 60. §. 2. — alle die vollkommen daran sind, können wegen eines gescholtenen Urtheils in der Mark als Boten an den höheren Richter gesendet werden. II. 12. §. 6. — daran vollkommene Leute; selbdritt mit solchen zieht sich der Bestohlene und Beraubte zu seinem Gute, dafern sie wissen, daß es ihm gestohlen oder geraubt ward. II. 35. §. 4. — das des Mannes hat die Frau von der Beschreitung seines Bettes an, bis zu seinem Tode. I. 45. §. 1. — ihr angeborenes behält sie nach dem Tode des Mannes. ibid. — von dem des Mannes wird die Frau ledig bei seinem Tode. III. 45. §. 3. — das des Vaters haben die Kinder, die aus der Ehe eines Birgelden oder Landsassen mit einer schöffenbaren Frau abstammen; darum sind sie dieser an Buße und Wehrgeld nicht ebenbürtig und erben weder von ihr, noch von ihren Magen. III. 72. §. 2. — das des Vaters erhält das freie und echte Kind. I. 17. §. 1. — das angeborene erhält das Kind, wenn Vater oder Mutter dienstpflichtig ist. ibid. — dazu soll sich der Graf vor seinem Schuldheißen erbieten. I. 59. §. 2. — Fälle, in denen der Richter dessen Verweigerung verschuldet. III. 88. §. 1. — desgl. in denen der Beklagte sie verschuldet. ib. §. 2. — wenn der Richter es verweigert, so darf es der Kläger in auswärtigem Gerichte und binnen Weichbilde suchen. III. 87. §. 2. — ob auch in geistlichem Gerichte? ib. §. 1. — wenn der Beklagte es verweigert, kann man überall gegen ihn klagen, wo man Recht gegen ihn erlangen kann. III. 88. §. 2. — wenn man es dem Fronboten verweigert, soll er das Land mit dem Gerüffte laden, oder es dem Richter klagen. III. 56. §. 2. — wenn der Fronbote den Richter daran versäumt, weddet er des Königs Malter. II. 17. §. 4. — das des Fronboten; worin es besteht. III. 56. §. 3. — mit dem, was das Landvolk oder die Schöffen zuertheilen, den Beklagten überführen zu wollen, soll der Kläger sich erbieten, wenn er sich dessen zum Kampfe unterwunden hat. I. 63. §. 2. — dazu soll der Verfestet binnen vierzehn Nächten vor dem Richter, der ihn verfestet hat, sich erbieten, sobald er ins Land zurückkehrt, nachdem er sich aus der Acht, in die er durch Verfestung kam, vor dem Könige sich gezogen hat. III. 34. §. 5. — wer dessen nicht pflegt, nachdem er sich aus der Acht gezogen hat, fällt in die Oberacht, als ob er Jahr und

Tag in der Acht gewesen wäre. III. 34. §. 7. — wer es nicht vollführt, nachdem er ein Urtheil gescholten hat, muß wedden und büßen. II. 12. §. 7. — wo man solches fordert, kann man nicht weigern, Vorsprecher zu sein. I. 60. §. 2. — da muß man Rechts pflegen. I. 61. § 1. — und helfen. ibid. — alles, was jemandem an einem Gute anersterben soll, verliert er, wenn er es dem Erblasser gewaltsam nimmt und bis zu seinem Tode vorenthält. III. 84. §. 1. — desgl. der, der Vater, Bruder, Mag, oder jemanden tödet, dessen Eigens oder Lehns er gewärtig ist; außer wenn es in Nothwehr, oder ohne Wissen und Vorsatz geschah. ib. §. 2. — damit soll man wiederfordern, was mit Unrecht vergeben ist. I. 52. §. 4. — damit muß der, den der Richter zu rechter Antwort entbietet, sich entreden, daß er nicht zu antworten brauche, wenn er nicht wegen verweigerter Antwort weddhaft werden will. III. 39. §. 3. — wenn man eine Burg damit nicht entreden kann, so mag der Mann die des Herren, sowie der Herr die des Mannes und der Mag die des Mages abbrechen helfen, wenn er um Ungericht mit Gerüffte davor geladen wird, ohne daß er seine Treue bricht. III. 78. §. 4. — damit kann der Vorsprecher jemandem, dem er gegeben ist, entnommen werden. I. 61. §. 3. — wenn damit jemand dem Kampfe entgeht, zu dem ihn ein Anderer fing, zahlt dieser Wedde und Buße. I. 53. §. 1. — das seinige (seinen Eid) soll der Lahme hinzuthun, wenn er bei kämpflichen Klagen seinen rechten Vormund nicht haben kann. I. 48. §. 2. — wer es hinzuthun kann, daß er nicht Deutsch könne, den muß man in der Sprache beklagen, die ihm angeboren ist. III 71. §. 1. — außer, wenn man ihn mit Zeugen überführen kann, daß er vor Gericht schon deutsch geklagt, geantwortet oder Urtheil gefunden hat. ib. §. 2. — wenn jemand das seinige dazu thut, daß er ein Urtheil nicht finden könne, um das er gefragt ward, so soll ein Anderer gefragt werden. II. 12. §. 9. — das seinige muß der dazu thun, der eine Sache auf gemeinem Markte gekauft zu haben, aber den Verkäufer nicht zu kennen versichert, um der Schuld des Diebstahls zu entgehen. II. 35. §. 4. — der Depositar muß das seinige hinzuthun, wenn er behauptet, daß eine Sache, die er durch Raub, Diebstahl ꝛc. verloren hat, ohne seine Schuld weggekommen sey. III. 5. §. 3. — dies muß der Pfandgläubiger dazu thun, wenn ihm ein verpfändetes Thier ohne seine Schuld gestorben ist. ib. §. 5. — sich damit zu seinem Gute ziehen und es wiederfordern kann der Herr, dem es widerrechtlich von seinem Knechte veräußert wurde. III. 6. §. 1. — damit mag der Eigenthümer sich zu dem geraubten Gute ziehen, wenn die Burg, wohin es gebracht war, mit Urtheil abgebrochen wird. III. 68. §. 1. f. Eid, Urtheil, Unschuld.

Rechtlos ist Mancher, der nicht echtlos ist. I. 38. §. 2. I. 51. §. 1. — sind Kämpfer und ihre Kinder, Spielleute, unehelich Geborene und Alle, die Raub und Diebstahl sühnen oder zurückgeben, oder Leben, Haut und Haar lösen. I. 37. §. 2. — sind nicht die Kinder aus einer putativen Ehe, auch wenn sie erst nach deren Trennung geboren wurden. III. 27. — ist, wer Leben oder Hand, so ihm mit Recht aberkannt ist, löset. I. 64. §. 3. — wird der, der Haut und Haar beim Bauermeister mit drei Schillingen löst. II. 14. §. 1. — wer es vor Gericht an einer Stätte geworden ist, ist es überall; wenn er deshalb anderwärts bezichtigt wird, soll der Richter das Zeugniß des Gerichts, wo er sein Recht verloren hat, durch zwei Boten einholen. III. 82. §. 1. — wird, wer Jahr und Tag in Reichsacht gewesen. I. 38. §. 1. u. 2. — bleibt der, der Jahr und Tag in Reichsacht war, auch wenn er sich aus der Acht wieder herauszieht; außer wenn er vor des Kaysers Schaar eine Lanze bricht. I. 38. §. 2. — sind auch die, welche sich in Eigenschaft befinden. I. 51. §. 1. — wird der eingeborene Eigene, den sein Herr wegen eines Ungerichts frei geschworen hat. II. 20. §. 2. — wird der nicht, der das nicht leistet, was er nicht leisten kann, selbst wenn er es auf Treue gelobt oder beschworen hat. III. 41. §. 2. — die sich so gemacht haben, können keinen Vormund zu Klage und Kampf haben. I. 48. §. 1. — (unecht) wer es geworden, weil er Jahr und Tag in Reichsacht gewesen, gewinnt keine ehelichen (echten) Kinder mehr. I. 38. §. 2. — verliert Eigen und Lehn. ib. §. 1. s. Recht (wer es verloren hat.)

Rechtlose, können nicht zum König gewählt werden. III. 54. §. 3. — können auch da kein Urtheil finden, wo man nicht unter Königsbanne dinget. III. 70. §. 1. — sollen keinen Vormund haben. III. 16. §. 2. — die es durch Raub, Diebstahl 2c. geworden, erhalten zwei Besen und eine Scheere als Buße. III. 45. §. 9. — deren Buße ist nur darum gesetzt, damit ihr die Wedde des Gerichts folge. ib. §. 10. — sind ohne Wehrgeld; wer aber den Frieden an ihnen bricht, über den richtet man nach Friedensrechte. III. 46. §. 1. — die es durch Diebstahl oder Raub geworden; wenn man bei ihnen vierthalb falschen Pfennig findet und sie keinen Gewersmann haben, so geht es ihnen an die Hand. II. 27. §. 2. — wenn man Raub oder Diebstahl bei ihnen findet, können sie der handhaften That beschuldigt werden, ohne daß sie zum Zeugniß der Einrede gelangen, es öffentlich gekauft und unverholen gehalten zu haben. II. 35. §. 1. — können mit Kämpfern überführt werden. I. 49. — nicht alle gelten als Genossen von Räubern oder Dieben, so daß man Kämpfer gegen sie aufbringen kann. I. 50. §. 3. — (die nicht echtlos sind) können ein ehelich Weib nehmen und ebenbürtige Kinder mit ihr gewinnen. I. 51. §. 1. s. Recht (wer es verloren hat.)

Rechtlosigkeit, die aus Raub oder Diebstahl entsprungen ist, muß der Richter selbsiebent bezeugen. III. 28. §. 2. — die der Spielleute und Unechtgeborenen ist geringer, als die der Räuber, Diebe und ihrer Genossen. I. 50. §. 3. — deren Einfluß auf die Ehe. I. 38. §. 2. I. 51. §. 1. — von Geburt oder Gewerbe; s. Unechtheit.

Rechts pflegen, muß der Vormund nach dreimaliger Ladung, wenn eine Jungfrau oder Wittwe über ihn klagt; außerdem wird er gebalmundet. I. 41.

Rechtstitel, der einer Forderung soll von dem Kläger angegeben werden, wenn der Beklagte danach fragt. III. 41. §. 4. — (Kauf, Gabe 2c.) wodurch man eine fahrende Habe erworben hat, wird gegen den Veräußerer, von dem man sie erwarb, durch Augenzeugen selbdritt erwiesen, wenn er die Sache zurückfordert; nicht aber wenn man ihn zur Gewerleistung gegen einen dritten Vindicanten auffordert III. 4. §. 1.

Rechtsverweigerer, gilt als unrechtmäßiger Besitzer und erstattet die Nutzungen dem, der ihm das Gut abgewinnt. II. 45. §. 2.

Rechtsverweigerung, von Seiten des Richters; wird bei Ungericht wie die That selbst gestraft. II. 14. §. 8. — von Seiten des Richters; berechtigt den Kläger, sein Recht in auswärtigem Gerichte oder binnen Weichbilde zu suchen. III. 87. §. 2. — ob auch binnen geistlichem Gerichte? ib. §. 1. — Fälle, in denen der Richter sie verschuldet. III. 88. §. 1. — desgl. in denen der Beklagte sie verschuldet. ib. §. 2. — wenn der Beklagte sie verschuldet, kann man überall gegen ihn klagen, wo man Recht gegen ihn erlangen kann. III. 88. §. 2. — deshalb soll der Frohnbote das Land mit dem Gerüffte laden, oder dem Richter klagen. III. 56. §. 2. — gegen den Bauermeister; wenn man vor ihm wegen Abpflügen des Gemeindelandes der Nachbarn verklagt oder gerügt worden ist, so kann man deshalb vor dem Oberrichter verklagt werden. III. 86. §. 1. u. 2.

Rede, seine eigene kann man vor Gericht nicht verbessern; wohl aber die des Vorsprechers, solange man sie noch nicht bejahet hat. I. 60. §. 1. — der Stammelnde kann auch die seinige verbessern. ib. §. 4.

Reich, dasselbe erhob sich zu Babilon 2c. III. 44. §. 1. — dessen Gewalt und kayserlichen Namen hat der König, wenn ihn der Pabst weiht. III. 52. §. 1. — diesem soll der König Hulde thun, wenn man ihn küret, und schwören, daß er das Reich, wie er könne und möge, vertrete; bei dessen Hulden soll er über alle Dinge Zeuge sein. III. 54. §. 2. — wenn es dem Könige nicht mit Urtheil aberkannt ist, kann diesem niemand an's Leben sprechen. ib. §. 4. — alle Fürsten desselben, Pfaffen und Laien, küren den Kayser, nachdem die Kurfürsten gekürt haben; Letztere sollen aber denjenigen vornämlich küren, den Erstere alle zum König erwählen. III. 57. §. 1. — dessen Fürsten sollen keinen andern Herren haben, als den König. III. 58. §. 1.— dessen Fürst kann nur der sein, der vom Könige selbst Fahnenlehn empfängt, weil er sonst nicht der Vorderste am Lehne ist, wenn ein Anderer es vor ihn empfängt. III. 58. §. 2. — in jeder Stadt desselben, wohin der Kayser binnen dem Reiche kommt, ist ihm Zoll und Münze ledig. III. 60. §. 2. — von demselben erhalten Mönche und Nonnen, wenn sie Bischöfe oder Aebtissinen werden, den Heerschild. I. 26. §. 2. — dessen Dienst muß der König mit Urtheil gebieten und mit Brief und Insiegel über sechs Wochen den Fürsten kündigen; dann sollen sie ihn binnen deutscher Erde, wo es auch sey, suchen. III. 64. §. 1. — wer nicht dazu kommt, weddet dem Könige: Fürsten, die Fahnenlehn haben, hundert Pfund; alle andere Leute, zehn Pfund. ib. §. 2. — dagegen handeln Fürsten und Herren, die sich eidlich zusammen verbinden, ohne dasselbe auszunehmen. II. 1. — dessen Dienstmannen thun dem Reiche Hulde, und mögen darum vor dem Reiche Zeuge sein und Urtheil finden; aber nicht über Schöffenbare, wo es ihnen an Leben, Ehre, oder Gesundheit geht. III. 19. — dessen Dienstmannen soll der König mit Urtheil frey lassen und zu Schöffen machen, wo diese in einer Grafschaft zu Ende gehen, damit man dort Recht erlangen und Königsbann halten möge; er soll aber jedem drei Hufen oder mehr von des Reichs Gute geben, damit sie Schöffen sein mögen, und dies Gut aus dem der Grafschaft nehmen, wo es der Graf ledig hat, weil der Schöffen Eigen dahin erstorben ist. III. 81. §. 3. — wie daselbst Rechtens, ist kann man in Sachsen kein Urtheil schelten. I. 18. §. 3. — vor dieses soll ein Urtheil gezogen werden, das in einer Grafschaft gescholten ward. II. 12. §. 8. — nur vor diesem darf man um ein gescholtenes Urtheil fechten. II. 13. §. 1. — vor diesem kann man niemanden nöthigen, in einer andern, als seiner angeborenen Sprache zu antworten, wenngleich man ihn zu überführen vermöchte, daß er deutsch verstehe; denn dort hat jeder Recht nach seiner Geburt. III. 71. §. 2. — dasselbe versäumt sich nimmer an Liegenschaften I. 29.

Reichsacht, darein fällt, wer binnen geschworenem Frieden mit den Waffen ergriffen wird. II. 72. §. 1. — wer darin ist, kann in keinem Gerichte Vorsprecher oder Zeuge sein, noch klagen oder antworten. II. 64. §. 3. — er hat an Friedenstagen keinen Schutz. II. 67. §. 2. — über wenn sie verhängt ist, dem braucht niemand im Gericht zu antworten. III. 16. §. 3. — das dadurch verlorene Gut wird nicht wiedergewonnen, auch wenn der Geächtete sein Recht wieder erlangt. I. 38. §. 2. a. E. — wer Jahr und Tag darin gewesen, wird rechtlos. I. 38. §. 1. — wer Jahr und Tag darin gewesen, dem wird Echt und Recht aberkannt. I. 38. §. 2. — inwiefern kann ihm jemand um der Acht willen sein Leben nehmen. ib. — wie kann man sich aus derselben herausziehen? ibid. f. Acht, Oberacht, Verfestung.

Reichsdienst, zu diesem darf man auch binnen geschwornem Frieden Waffen tragen. II. 72. §. 1. — er ist echte Noth. II. 7. §. 1. — befreit den Erben von den Folgen der Versäumniß an der Erbschaft. I. 28. — wer heerflüchtig aus demselben wird, verliert Ehre und Lehnrecht, aber nicht das Leben. I. 40.

Reichserzämter der weltlichen Kurfürsten. III. 57. §. 2.

Reinigungseid, des Vaters für den unabgesonderten Sohn wegen Ungericht. II. 18. §. 2. —der des Herren für seinen eingeborenen Eigenen, befreit diesen zwar, macht ihn aber rechtlos und ehrlos. II. 20. §. 2. — des Hirten, bei der Beschuldigung, daß er ein Thier nicht ins Dorf zurückgebracht habe. II. 55. §. 6. — fällt weg, wenn der Hirt behauptet, daß ein Thier nicht in seine Hut getrieben worden sey; der Beweis gegen ihn muß durch zwei

§. 4. — ihm weddet der, dem die Gewer der Klage gebrochen wird, bei einer Klage um Heergeräthe, Erbe, Gerade und fahrende Habe. II. 16. §. 2. — ihm weddet der, der einen, vor Gericht gelobten Eid, zu rechter Zeit nicht leistet. II. 11. §. 1. — er erhält Wedde von dem, den der Gegner zum Zeugniß in eigener Sache aufrief, sobald dieser sein Zeugniß mit ihm vollführt; außerdem von diesem selbst. II. 23. §. 5. — bekommt Wedde von dem, der ein Urtheil gescholten hat und sein Recht nicht vollführt; desgleichen Ersatz für seine Kosten. II. 12. §. 7. — erhält seine Wedde von jedem, der im Kampfe um ein gescholtenes Urtheil besiegt ward. II. 13. §. 1. — wenn er seine Wedde aus einem Eigen nicht auspfänden kann, soll es der Fronbote mit einem Kreuze auf dem Thore befronen. II. 42. §. 1. — ihm verwirkt kein Thier eine Wedde. II. 41. §. 3. — er kann kein bestellter Mann sein, sondern nur ein gekorener oder belehnter. I. 55. §. 1. — er soll da, wo man bei Königsbanne dinget, keine Kopfbedeckung, Handschuh und Waffe; sondern einen Mantel auf den Schultern tragen. III. 69. §. 1. — Fälle, in denen er sich der Rechtsverweigerung schuldig macht, wenn er nicht richten will oder seine echte Dingzahl nicht einhält. III. 88. §. 1. — der Ungericht nicht richtet, ist desselben Gerichts schuldig, wie der Thäter. II. 14. §. 8. — sein Gericht zu besuchen ist man nicht pflichtig, solange er Recht verweigert. ibid. — er soll allen Leuten ein gleicher Richter sein. III. 30. §. 2. — jeder kann über Hals, Hand und jeglich Gut seines Mannes oder Mages richten, ohne seine Treue zu brechen. III. 78. §. 1. — ihm mag sein Mann um Unrecht widerstehen und es auf alle Art abwehren helfen, obschon er dessen Mag oder Herr sey, ohne daß die Treue hierdurch gebrochen wird. ibid. §. 2. — in Sachen, wo der weltliche richten soll, mag kein Laie den andern vor geistlichem Gericht verklagen, und, wenn er es gethan hat, weddet er dem Richter. III. 87. §. 1. — ihm weddet der, der einen Landmann, mit dem er in einem Dorfe oder einer Goschaft sitzt, in auswärtigem Gerichte oder binnen Weichbilde verklagt; außer wenn der Richter Rechtes geweigert hat. III. 87. §. 2. — ihm gehört das Schwert, das jemand auf eines Andern Schaden gezogen hat. I. 61. §. 5. — er erhält von gefundenen, oder Dieben und Räubern abgejagten Sachen zwei Theile, wenn binnen sechs Wochen kein Eigenthümer sich dazu gezogen hat. II. 36. §. 3. — er soll Diebstahl und Raub, den man bei einem hingerichteten Verbrecher (oder Selbstmörder) findet, Jahr und Tag aufbewahren und dann, wenn sich niemand dazu zieht, in seinen Nutz verwenden. II. 32. §. 2. — ihm oder dem Fronboten wird erblose fahrende Habe überantwortet. I. 28. — er soll sie Jahr und Tag aufbewahren, für den Fall, daß ein Erbe sich noch meldet. ibid. — er verwendet sie nachher in seinen Nutzen. ib. — ihm fällt erbloses Eigen nicht eigenthümlich zu, sondern es wird zu dem Gute des Reichs gerechnet. III. 81. §. 3. — wenn ihm erbloses Gut zufällt, haftet er wie der Erbe für fremdes, dem Erblasser anvertrautes Gut, das von diesem verkauft und verspielt, oder ihm gestohlen und geraubt worden ist. II. 61. §. 2. — gegen ihn kann der Erbe, wenn er durch ehehafte Noth verhindert war, die Erbschaft zu fordern, sich binnen Jahr und Tag nicht versäumen. I. 28. — wenn ihn der Fronbote an seinem Rechte versäumt, weddet ihm dieser des Königs Malter. II. 17. §. 4. — er soll kein Gebot, noch Herberge, Bede, Dienst, oder Recht auf das Land setzen, wenn dieses es nicht willkürt. III. 92. §. 3. — der des Landes; dessen Recht darf, bei Besetzung eines neuen Dorfs, durch das Dorfrecht nicht geschädigt und seine Wedde nicht gemindert, noch gemehrt werden. III. 80. §. 1. — ohne seinen Willen und Zustimmung des Königs darf niemand Markt oder Münze haben. II. 27. §. 4. — der des Landes; ohne seinen Urlaub mag man keine Burg bauen, keine Stadt mit Mauern und Planken befestigen, keine Schanze, Wall, oder Turm in einem Dorfe bauen. III. 66. §. 2. — desgl. keine Zinnen und Brustwehr auf der Mauer eines Hofs. ib. §. 3. — desgl. keine Burg wieder aufbauen, die um Ungericht gebrochen ward. ib. §. 4. —

der des Landes; ohne seinen Urlaub mag man so tief graben, daß man die Erde mit einem Spaten herauswerfen kann; mit Holz oder Steinen drei Gestock übereinander, eins unter und zwei über der Erde, bauen, wenn nur das niedere Gemach eine Thür, nicht höher, als ein Knie hoch über der Erde, hat; einen Hof mit Zäunen, Stacketen, oder Mauern verfestigen, die nicht höher sind, als ein Mann zu Rosse reichen kann. III. 66. §. 3. — der des Landes; ohne dessen Urlaub darf man eine Burg wieder bauen, die gewaltsam (vom Feinde) gebrochen oder in Verfall gerathen ist. III. 66. §. 4. — nur mit dessen Urlaub kann ein Todter, selbst von Freunden und Magen, begraben werden, sobald die Klage gegen den Todtschläger vor Gericht mit dem Todten begonnen ist. III. 91. §. 2. — ohne seinen Urlaub kann der, der fremdes Land bebaut, gepfändet werden. III. 20. §. 2. — ohne dessen Urlaub kann der Herr den Zinsmann um den Zins auf seinem Gute pfänden. I. 54. §. 4. — ohne seinen Urlaub kann man den pfänden, der fremdes Holz haut, Gras schneidet 2c., wenn man ihn zur Stelle findet. II. 29. §. 1 u. 2. — ohne dessen Erlaubniß kann man Eigen nur mit gewissen Beschränkungen vergeben. I. 34. §. 1. — von dem Eigen pflegt man ihm Rechts. ibid. — wenn er mit Unrecht verwehrt, Eigen zu vergeben, so kann es vor dem Könige vergeben werden. I. 34. §. 3. — ihm ist das Eigen pflichtig, damit Schöffen und Pfleghafte sein Gericht besuchen. I. 2. §. 2 u. 3. — wenn er zugegen ist, sollen alle Dingpflichtigen des Gerichts warten von Sonnenaufgang bis Mittag. III. 61. §. 3. — er kann niemanden zu einer Klage zwingen, die er nicht vor ihm begonnen hat. I. 61. §. 4. — kann ohne den Beklagten niemanden von seiner Klage abweisen. III. 16. §. 1. — mag niemanden, mit oder ohne Vormund, ansprechen außer den Kläger auf Kampfes-Werth und nicht höher, als auf seine Unschuld, wenn er sie nach seinem Rechte leistet. III. 92. §. 2. — soll weder Urtheil finden, noch schelten. III. 30. §. 2. — der niedere muß dem höheren weichen, wo beide gegenwärtig sind. I. 58. §. 2. — er bezeugt mit zwei Mannen, was vor Gericht geschehen ist. I. 7. — wichtigere Sachen selbsiebent. I. 8. §. 1. — er bezeugt gerichtliche Sühne und Urfehde mit zwei Mannen. I. 8. §. 3. — soll Zeuge der Wahrheit sein, wenn ein Zeugniß mit dem Schuldheiß, Fronboten, oder den Schöffen vollführt worden ist, obgleich er früher nichts darum wußte. II. 23. §. 2. — verweigert er dies; so ist das Zeugniß dennoch vollkommen. ibid. — nach dessen Tode soll sein Nachfolger Zeuge von dem sein, was binnen seinen Zeiten geschah, wenn er mit der Schöffen Zeugnisse der Wahrheit kundig wird. III. 25. §. 1. — zum Zeugniß gegen ihn, wenn es nicht höher, als an seine Wedde geht, bedarf man des Richters Zeugniß nicht; geht es aber höher, so muß man der Schuldheiß oder Fronboten statt des Richters zu Zeugen haben. II. 23. §. 1. — er soll bei des Königs Hulde sich verbürgen, wenn man mit dem Gerichte Etwas bezeugen soll. III. 89. §. 1. — er soll bei des Königs Hulde sich verpflichten, wo man Zeugniß auf ihn zieht. III. 54. §. 1. — von ihm und den Schöffen soll der Fronbote gekoren werden; er soll diesen auf einen Stuhl, sich gegenüber, setzen, ihm die Heiligen in den Schoos legen und Frieden wirken. III. 56. §. 1. — er soll den Fronboten mit den Schöffen küren. III. 45. §. 5. — ihm soll es der Fronbote klagen, wenn er kein Recht erlangen kann. III. 56. §. 2. — er kann überall binnen seinem Gerichtssprengel richten; außer über Eigen und Verbrechen Schöffenbarer. I. 59. §. 1. — hierüber muß er an echter Dingstatt und unter Königsbanne richten. ib. — überall, wo er mit Urtheilen richtet, ist Gericht. I. 62. §. 8. — ihn muß der, welcher einen Genossen kämpflich grüßen will, bitten, daß er sich des Friedebrechers nach Recht unterwinden möge. I. 63. §. 1. — an dessen Statt ist der Bauermeister Zeuge über einen Verzicht auf Erbtheilung binnen seinem Gerichte. I. 13. §. 2. — wie er eine Burg oder ein Gebäude, darüber mit Urtheil erkannt ist, mit Hülfe der Landleute abbrechen soll. III. 68. §. 1 u. 2. — wenn er das Gericht versäumt, welche

Folgen hat dies für die Parteien. II. 2. §. 1. — wen er vor Gericht zur Antwort entbietet, den erkennt man weddhaft, wenn er weder antwortet, noch sich dessen entredet. II. 39. §. 3. — er kann verlangen, daß der, gegen den man in fremder Sprache klagen mußte, weil er nicht deutsch versteht, entweder selbst oder durch einen Vorsprecher auch so antworte, daß er und der Kläger es verstehe. III. 71. §. 1. — er kann eine Sache, auf die zwei Kläger Anspruch machen, einstweilen in seine Bewahrung nehmen. III. 15. §. 3. — soll Bürgen haben von beiden Parteien, daß sie zu Recht vorkommen. II. 9. §. 2. — mit seinem Urlaub kann der Eigenthümer Gestohlenes und Geraubtes bei dem Besitzer anfangen, wenngleich er es erst über den andern Tag bei ihm findet und dieser es öffentlich gekauft und unverholen gehalten hat. II. 35. §. 1. — er kann den Frauen, bei nothnunftiger Klage, wenn sie nicht zu Kampfe geht, und bei aller handhaften That, einen Vormund geben, wenn ihr rechter Vormund nicht zur Hand ist. I. 43. — er soll die Wittwe oder Jungfrau bevormunden. I. 41. I. 44. — kann zu jeglichem Ding, wenn von Gerichtshalben ein Vormund gegeben werden muß, einen sonderlichen geben. I. 47. — soll den zum Vorsprecher geben, den man zuerst erbittet; nachher aber keinen Andern, man müßte denn des Ersten mit Recht ledig geworden sein. I. 60. §. 2. — in dessen Willen steht es, wenn Zwei zugleich jemanden zum Vorsprecher erbitten oder klagen, wessen Bitte er gewähren und wen er zuerst hören will. I. 60. §. 3. — er muß aber den zuerst hören, der die erste Klage bezeugt. ib. — soll den Mann immer fragen, ob er seines Vorsprechers Rede bejahe? und zwischen zweier Mannen Rede Urtheil fragen. I. 62. §. 5 u. 9. — wenn er nicht nach Recht fragt, frommt und schadet es niemandem. ib. — er mag, in Gewart des Beklagten, wohl über das richten, was an gebundenen Tagen geschehen ist, außer über Ungericht. II. 10. §. 3. — wirkt Frieden dem Kläger, aber nicht dem Beklagten, der bei der Klage nicht gegenwärtig ist. III. 13. — soll den Beklagten, der zum Kampfe gegrüßt worden ist, mit Schild und Schwert versorgen. I. 63. §. 3. — soll jedem der Kämpfenden zwei Boten geben, um darauf zu sehen, daß sie sich nach rechter Gewohnheit rüsten. ib. §. 4. — soll beim gerichtlichen Kampfe jedem der Kämpfenden einen Mann geben, der dessen Baum trage. I. 63. §. 4. — soll den Beklagten, wenn er, nachdem der Kläger den Kampfplatz betreten hat, zu lange säumt, durch den Fronboten mit zwei Schöffen dreimal vorladen lassen. ibid. §. 5. — muß seine Boten dazu geben, wenn Kläger und Beklagter, bei gleichem Anspruch und Zeugniß wegen eines (liegenden) Gutes, schwören sollen, daß das Gut das ihrige sey. III. 21. §. 2. — soll zwei Boten zu dem Gewersmanne mitsenden, wenn Kläger und Beklagter, beide auf einen solchen sich beziehen, um zu hören, wem er Gewer leiste. II. 43. §. 4. — muß selbsiebent bezeugen, ob jemand durch Raub oder Diebstahl sein Recht verloren habe, wenn dies behauptet wird. III. 28. §. 2. — vor dem jemand als rechtlos bezichtigt wird, der soll das Zeugniß des Gerichts, wo er sein Recht verloren hat, durch zwei seiner Boten einholen. III. 82. §. 1. — an den höchsten soll das gescholtene Urtheil gezogen werden, zuletzt an den König. II. 12. §. 6. — er soll seine Boten zu dem höheren Richter mit senden, wenn das Urtheil an diesen gezogen wird. ib. — muß selbdritt die im Ding gewonnene Schuld bezeugen, die er aus einem befronten Gute fordert. II. 42. §. 2. — kann keine höhere Schuld, als drei Wedden und ein Wehrgeld darauf bezeugen. ibid. — wenn man den belehnten nicht haben kann, mag man bei handhafter That einen Gografen küren. I. 55. §. 2. — der belehnte richtet, sobald das Verbrechen übernächtig wird. I. 57. I. 58. §. 1. — wenn er bei handhafter That außer seinem Gerichte ist, so kann vor dem Fronboten Klage angestellt werden. I. 70. §. 3. — wenn er zurückkommt, kann der Beklagte deshalb von ihm verfestet werden. ibid. — wo er bei handhafter That nicht richtet, oder nicht vollständig zu richten vermag; da soll der König richten, sobald er auf sächsische Erde kommt, wenn man Zeugniß der Klage hat. II. 26. §. 2. — der belehnte; wenn er seine Verfestung vor dem Grafen bezeugt, erwirkt dessen Verfestung. I. 71. — der niedere mag die Verfestung des höheren nicht richten, wenn sie ihm nicht so bekannt ist, daß er in des höhern statt deren Zeuge sein kann. III. 24. §. 2. — er soll den, der wegen Schlagen mit Knitteln oder Blutrunst vor ihm auf frischer That verklagt ist und binnen seinem Tagding nicht bessert oder sich entredet, verfesten. I. 68. §. 1. — er soll den, den man unbenannt in die Verfestung gebracht und nachher benannt hat, hiervon in Kenntniß setzen, damit er sich, von da an binnen sechs Wochen, aus der Verfestung ziehen könne. III. a. E. (S. 317.) — er soll den festhalten, der sich aus der Verfestung ziehen will, wenn er keine Bürgen stellen kann, daß er vor Gericht komme. III. 17. §. 2. — mit ihm und den Dingpflichtigen muß man erst die Verfestung dessen bezeugen, den man ohne handhafte That vor Gericht führt, ehe man die Haft gegen ihn erbitten kann. III. 89. §. 2. — seines Zeugnisses mit dem zweier Schöffen bedarf der, der unter Königsbanne verfestet ist, wenn er sich aus der Verfestung ziehen will. III. 18. §. 2. — mit ihm und zwei Mannen muß der Beklagte den Beweis führen, wenn er behauptet, sich aus der Verfestung gezogen zu haben. III. 18. §. 1. — er soll dem Frieden wirken, der sich aus der Verfestung ziehen will. II. 4. §. 1. — er und das Land soll den, der sich auf den Heiligen daraus zieht, mit Fingern und Zungen daraus entlassen, wie man ihn hinein that. ib. — wen er durch Verfestung in des Königs Acht gebracht hat; wie dieser sich daraus ziehen soll? III. 34. §. 5. — vor diesen zu kommen, soll der schwören, der sich aus solcher Acht gezogen hat. ib. — vor ihm soll er binnen vierzehn Nächten, sobald er ins Land zurückgekehrt, sich zu Recht entbieten, und des Königs Brief zu Urkunde mitbringen, daß er aus der Acht sey. ibid. — wenn er mit Gerüffte vor eine Burg geladen wird, soll er den Friedebrecher, den man verfolgt, daselbst abfordern und von sechs Boten suchen lassen; oder, wenn ihm dies verweigert wird, die Burg verfesten. II. 73. §. 1. — in dem nächsten Hause desselben, oder in seinem eigenen, muß der Gläubiger der Zahlung warten, bis die Sonne untergeht. III. 40. §. 1. — in dessen Hause soll der Schuldner zahlen, wenn der Gläubiger kein Haus im Gerichte hat. II. 5. §. 2. — er soll den Schuldner, der nicht zahlen, noch Bürgen stellen kann, dem Gläubiger an Zahlungsstatt überantworten. III. 39. §. 1.

Rickelakene. I. 24. §. 3.

Rind, dessen Wehrgeld. III. 51. §. 1.

Rinder gehören zur Morgengabe. I. 24. §. 1.

Ringe. s. Fingerringe.

Ritter und ihr Gesinde sind zollfrei. II. 28. §. 2.

Ritterpferde, haben kein Wehrgeld. III. 51. §. 2.

Rittersart, ein Mann von solcher, was vererbt er? I. 27. §. 2. — was kann er seiner Frau zur Morgengabe geben? I. 20. §. 1. — er kann seiner Frau das Gebäude auf seinem Zinsgute als Morgengabe geben. II. 22. §. 2 u. 3. — wer von solcher nicht ist, dem schließt sich der Heerschild. I. 27. §. 2. — was vererbt er? ibid. — was giebt er als Morgengabe? I. 20. §. 8.

Rock, der, den man beim gerichtlichen Kampfe, über der Ausrüstung von Leder und linnenem Zeuge, trägt, soll ohne Ermel sein. I. 63. §. 4.

Roden, darf der Zinsmann kein Holz, ohne Erlaubniß des Herren. I. 54. §. 5.

Römer, da sie Deutschland bezwangen, wurden die deutschen Königreiche, Sachsen, Franken, Bayern und Schwaben, in Herzogthümer verwandelt. III. 53. §. 1.

Rom, unterwand sich des Reiches, als Julius Kayser ward, und hat daher noch das weltliche und geistliche Schwert, weshalb sie das Haupt der Welt heißt. III. 44. §. 1.

Roß, ein weißes reitet der Pabst zu beschiedener Zeit. I. 1. — wer es besteigen kann, sonder Mannes Hülfe, darf über seine fahrende Habe verfügen. I. 52. §. 2. — es wird von dem Sohne nicht conferirt. I. 10. — das beste gehört zum Heergeräthe. I.

Schlagen, wenn man dadurch jemanden, auch ohne Fleischwunden, tödtet oder lähmt, kann das Leben oder die Hand verwirkt und die Verfestung verschuldet werden. I. 68. §. 3. — mit Knitteln so, daß die Schläge schwellen, dies gnügt zur Verfestung des Schuldigen, wenn er dem Gerichte nicht Folge leistet. I. 68. §. 1. — ohne Todtschlag und Lähmung; darum antwortet man dem Erben des Geschlagenen nicht, wenn dieser nach Jahresfrist stirbt: dieser müsste denn die Klage schon begonnen haben. III. 32. — das, eines Knechtes um des Herren Schuld, wird beiden gebüßt. II. 33. §. 1. — eines Kindes, mit der Ruthe, um ein Vergehen; deshalb bleibt man ohne Wandel, wenn man auf den Heiligen bewährt, daß man es aus keinem andern Grunde geschlagen hat. II. 66. §. 2. s. Wunden.

Schlüssel, wer ihn selbst zu seiner Gewer trägt, ist der handhaften That schuldig, wenn man Diebstahl oder Raub bei ihm findet, der größer ist, als daß man ihn durchs Fenster stecken konnte. II. 34.

Schock, das zehnte, gleich gut wie die andere, soll man geben, wo man Zehnten auf dem Felde giebt. II. 49. §. 8. — beschiedene werden mancher Orten als (trockner) Zehnten gegeben. II. 49. §. 10.

Schocken, das des Korns; sobald es geschehen, ist der Zehnte daran verdient. II. 59. §. 2.

Schöffen, wenn sie in einer Grafschaft zu Ende gehen, soll der König des Reichs Dienstmannen mit Urtheil frei lassen und zu Schöffen machen, damit man dort Recht erlangen und Königsbann halten könne; er soll ihnen aber, vom Gute des Reichs, jedem drei Hufen oder mehr geben, damit sie Schöffen davon sein mögen. III. 81. §. 3. — deren erbloses Eigen erstirbt in die Grafschaft. III. 81. §. 3. — mit ihnen soll der Richter den Fronboten küren. III. 45. §. 5. — von ihnen und dem Richter soll der Fronbote gekoren werden. III. 56. §. 1. — sollen des Grafen Ding besuchen. I. 2. §. 2. — sollen gegenwärtig sein, wenn der Graf sein Ding über achtzehn Wochen zu rechter Dingstätte auslegt. III. 61. §. 1. — sollen, wo man unter Königsbanne dinget, keine Kopfbedeckungen, Handschuhe und Waffen; sondern Mäntel auf den Schultern tragen. III. 69. §. 1. — sollen daselbst nüchtern Urtheil finden über jeden Mann, er sey deutsch, wendisch, eigen oder frey; nur sie sollen daselbst Urtheil finden ib. §. 2. — will einer ihrer Genossen ihr Urtheil schelten, so soll er die Bank sich erbitten. ib. §. 3. — wenn sie ein Urtheil nicht finden können, sollen sie bis zu dem Tage Frist erhalten, welcher dem gegeben ist, auf den das Urtheil geht. II. 12. §. 9. — sie und alle Dingpflichtigen sollen sich bei ihrem Eide verbürgen, wenn man mit dem Gerichte Etwas bezeugen soll. III. 89. §. 1. — wenn ein Zeugniß mit ihnen vollführt wird, soll der Richter Zeuge der Wahrheit sein, auch wenn er früher nichts darum wußte. II. 23. §. 2. — mit ihrem Zeugnisse soll der Nachfolger eines Richters der Wahrheit dessen kundig werden, was bei Zeiten seines Vorfahren im Gerichte geschehen ist, um darüber selbst Zeuge zu sein. III. 25. §. 1. — mit zweier Zeugniß wird Eigen behalten. II. 44. §. 1. — des Zeugnisses von zwei solchen und des Richters bedarf der, der unter Königsbanne verfestet ist, wenn er sich aus der Verfestung ziehen will. III. 18. §. 2. — mit zwei solchen soll der Fronbote den Beklagten zum Kampfe vorladen, wenn er, nachdem der Kläger auf dem Kampfplatze erschienen ist, zulange säumt. I. 63. §. 5. — deren Urtheil ist zur Befronung eines Eigen nöthig. II. 42. §. 1. — mit dem Rechte, welches sie dem Kläger zuertheilen, den Beklagten überführen zu wollen, soll jener sich erbieten, wenn er diesen kämpflich gegrüßt hat. I. 63. §. 2. — sie urtheilen unter Königsbanne. ibid. s. Mannen, Leute.

Schöffenbare haben den fünften Heerschild. I. 3. §. 2. — deren Buße und Wehrgeld. III. 45. §. 1. — nur diese können Lehn an Gerichte haben, wenn sie dem Könige Hulde thun nach freien Mannes Rechte und hierbei sich verpflichten, wo man Zeugniß auf sie zieht. III. 54. §. 1. — sie sollen den Send der Bischöfe besuchen. I. 2. §. 1. — gegen sie muß man um Ungericht an echter Dingstatt unter Königsbanne klagen.

Schuld, wenn Mehrere sie Einem zu zahlen geloben und Mehrere das Gelöbniß empfangen; so ist diesen allen Gnüge gethan, wenn Einer dem Hauptgläubiger das Versprochene geleistet oder sich mit ihm verglichen hat. III. 85. §. 2. — unter welchen Bedingungen kann sie vor dem Verfalltage gezahlt werden? I. 65. §. 2. — sie soll an einem Orte gezahlt werden, von wo sie der Empfänger ohne Gefahr in Sicherheit bringen kann. ibid. s. Zahlung. — man soll sie in solchem Gelde, wie man gelobt hat, zahlen, das in dem Gerichte gäng und gebe ist. III. 40. §. 4. — wer sie vor Gericht fordert, soll den Grund seiner Forderung auf Befragen von Seiten des Beklagten angeben. III. 41. §. 4. — wenn der Erblasser darum beklagt aber sie noch nicht auf ihn gebracht ist, soll der Erbe nach dessen Tode darum antworten, nicht aber der Bürge, der jenen vor Gericht zu bringen versprach. III. 10. §. 2. — wer um solche, die noch nicht auf ihn gebracht ward, beklagt ist und zu bestimmtem Tage von seinem Bürgen vor Gericht gebracht werden soll, der braucht, wenn er vorher stirbt, nicht todt vorgebracht zu werden. III. 10. §. 2. — deren ist der Beklagte überwunden, wenn er dreimal vor Gericht zur Antwort entboten worden ist und weder geantwortet, noch sich dessen entredet hat, obwohl er jedesmal weddhaft erkannt wurde. III. 39. §. 3. — wenn sie ihm aber an Leben oder Gesundheit geht, muß der Kläger sie erst selbsiebent bezeugen. ibid. §. 4. — wenn man darum einen beklagt, der nicht dingpflichtig ist, so soll ihm von Gerichtshalben aufgegeben werden, binnen vierzehn Nächten zu zahlen, oder die Schuld zu entreden. I. 70. §. 2. — thut er es nicht, so soll er gepfändet werden. ib. — wer dafür Eide gelobt und nicht zu rechter Zeit leistet, ist deren überführt. II. 11. §. 1. — deren ist der Beklagte ledig, wenn er sich zu rechter Zeit zu dem gelobten Eide erbietet und der Kläger diesen nicht annehmen will oder ausbleibt. II. 11. §. 2. — deren wird der Schuldner nicht ledig, wenn der Gläubiger am rechten Tage die Zahlung nicht annimmt oder ihrer nicht wartet. II. 12. §. 1. — sie ist gegen den Bürgen gewonnen, der sich für den gelobten Eid des Schuldners verpflichtete, wenn dieser vor dessen Leistung stirbt, und der Bürge oder Erbe nicht schwört. III. 11. — sie kann auch nach der Auspfändung des Beklagten, binnen sechs Wochen, noch entredet werden; sonst nur, wenn der Beklagte echte Noth erweißt. I. 70 §. 2. — dafür soll man das Pfand versetzen, oder nöthigen Falls verkaufen, wenn der Schuldner zur rechten Zeit sich nicht entredet. ib. — für bekannte, oder mit Recht auf jemanden gebrachte, muß er Bürgschaft, auch über den Betrag seines Wehrgeldes, stellen. II. 9. §. 5. — wer sie nicht zahlt, oder Bürgen dafür stellt, wenn sie vor Gericht von ihm gefordert wird, soll vom Richter dem Gläubiger für das Geld überantwortet werden, und dieser soll ihn in Kost und Arbeit wie sein Gesinde halten. III. 39. §. 1. — deren ist der Schuldner nicht ledig, wenn er dem Gläubiger entläuft, oder von ihm entlassen wird. ib. §. 2. — gerichtlich anerkannte soll man über vierzehn Nächte zahlen. II. 5. §. 2. — wer die, binnen Dinge gewonnene, nicht zahlt, giebt Wedde und Buße. I 53. §. 1 — wer sie nicht entgilt oder wiedergiebt, wie er soll, der verweigert Rechtes und kann, wenn man ihn nicht durch Pfändung zu zwingen vermag, überall verklagt werden, wo man Recht gegen ihn erlangen kann. III. 88. §. 2. — um alle, womit jemand eine Buße gewinnt, hat der Richter seine Wedde. I. 53. §. 1. — wo sie gewonnen ist, muß der Gläubiger in seinem oder dem nächsten Hause des Richters der Zahlung warten, bis die Sonne untergeht. III. 40. §. 1. — von Zahlung derselben wird man nicht durch Anbieten eines Pfandes frei. ibid. §. 2. — man kann sie auch durch einen Boten zahlen, wenn er vom Gläubiger vor Gericht dazu beschieden ist. ibid. §. 3. — vergoltene soll mit Augenzeugen selbdritt bewährt werden. II. 6. §. 2. — der Erbe muß sie zahlen, wenn er das befronte Gute aus der Befronung ziehen will. II. 42. §. 2. — keine höhere darf der Richter auf dies Gut bringen, als drei Wedden und ein Wehrgeld. II. 42. §. 2. — die

Klage darum ist nach dem besondern Dorfrechte zu beurtheilen. III. 80. §. 2.

Schulden, passiver Uebergang derselben auf den Erben. I. 6. §. 1. — activer Uebergang. I. 6. §. 4. — in wieweit haftet der Erbe dafür? I. 6. §. 1. II. 61. §. 2. — wegen deren, die der Erbe nicht kennt, muß er mit zwei und siebenzig Mannen gemahnt werden. I. 6. §. 1. — dafür muß man dem Erben antworten, wenn der stirbt, dem man etwas schuldig ist oder nimmt. III. 31. §. 1. — der Erbe antwortet aber dafür nicht, wenn er nicht das Gut unter sich hat, warum der Erblasser beklagt war. ibid. §. 2. — sie gelten als untheilbar, wenn sie aus einem gemeinschaftlichen Angelöbnisse entspringen, insofern der Theil der Schuld, zu dessen Zahlung man den einen Schuldner von Gerichtshalben nicht zwingen kann, von den Mitschuldnern gezahlt werden muß. III. 85. §. 1.

Schuldforderung, um eine größere (als drei Schilling) kann auch der Bauermeister richten. II. 14. §. 2.

Schuldheißen, ihnen leihen die Grafen das Schuldheißthum, damit über Ungericht an allen Stätten gerichtet werde. III. 52. §. 2. — ohne solchen kann der Graf kein Echtding halten, und wenn man über diesen klagt, soll er vor jenem antworten, denn der Schuldheiß ist Richter seiner Schuld. ib. §. 3. — ohne denselben soll kein Graf unter Königsbanne echt Ding halten. I. 59. §. 2. — vor demselben soll er sich zu Recht erbieten. ibid. — ihn soll er um das erste Urtheil fragen. ibid. — er soll dabei sein, wenn der Graf über achtzehn Wochen sein Ding zu rechter Dingstätte auslegt. III. 61. §. 1. — er soll frei und echt geboren sein aus dem Lande, wo das Gericht liegt. ibid. §. 2. — sein Ding besuchen Pfleghafte. I. 2. §. 3. — dessen Ding besuchen Birgelden und Pfleghafte. III. 45. §. 4. — ihm wedden seine Birgelden acht Schillinge. III. 64. §. 8. — dessen Zeugniß gegen den Richter ist nöthig, wenn eine Beschuldigung gegen diesen den Betrag seiner Wedde übersteigt. II. 23. §. 1. — bei einem Zeugnisse, das mit ihm vollführt wird, soll der Richter Zeuge der Wahrheit sein, auch wenn er früher nichts darum wußte. ibid. §. 2. — er kann die Stelle des Richters vertreten, beim Beweis, daß man sich aus der Verfestung gezogen habe. III. 18. §. 1.

Schuldheißthum leihen die Grafen den Schuldheißen, damit über Ungericht an allen Stätten gerichtet werde. III. 52. §. 2. — kann allein, als Gericht über Hand und Hals, lehnweise an die vierte Hand abwärts vom Könige kommen. ibid. §. 3. — dahin gehört das erblose Eigen eines Birgelden von einer Hufe oder darunter. III. 81. §. 1.

Schuldknechtschaft. III. 39. §. 1 u. 2.

Schuldner, wenn mehrere zusammen ein Wehrgeld oder ander Geld angelobt haben, so hat zwar jeder zunächst nur seinen Theil zu zahlen; doch haftet jeder auch für Zahlung dessen, was man von den Andern nicht erlangen kann. III. 85. §. 1. — wenn mehrere zusammen einem Gläubiger aus einem gemeinschaftlichen Angelöbnisse verpflichtet sind und für diesen Mehrere das Angelöbniß empfangen haben; so ist demselben Genüge gethan, sobald Einer dem Hauptgläubiger das Versprochene geleistet, oder sich mit ihm verglichen hat. III. 85. §. 2. — er soll bei Sonnenscheine im Hause des Gläubigers zahlen, oder, im Mangel eines solchen, in dem des Richters. II. 5. §. 2. — wenn er sich zu rechter Zeit zur Zahlung erbietet, und der Gläubiger diese nicht annimmt, oder am Zahlungsorte sich nicht einfindet, wird er der Schuld nicht ledig, wohl aber des Einreitens. II. 12. §. 1. — er befreit durch Zahlung, wenn er diese bewährt, seinen Bürgen. III. 85. §. 3. — wenn sein Bürge verspricht, für ihn zu zahlen; so muß dieser selbst durch Zeugen bewähren, daß er gezahlt habe, um von fernerem Anspruche frei zu sein (Expromission). III. 85. §. 4. — der, der die Schuld, die vor Gericht von ihm gefordert wird, weder zahlt, noch dafür Bürgen stellt, soll vom Richter dem Gläubiger für das Geld übergeben werden; dieser soll ihn in Kost und Arbeit wie sein Gesinde halten, und nicht anders, als durch Spannen in eine Fessel, strafen. III. 39. §. 1. — wenn er entläuft oder ent-

dritten Vindicanten aufruft. III. 4. §. 1. — so muß mit Nachbarn die Einrede der Inzucht von Zeug oder Vieh gegen den bewiesen werden, der mit Anfang darauf klagt. II. 35. §. 3. s. Inzucht. — so behält der Herr seinen eingeborenen Eigenen mit zwei seiner eigenen Mannen auf den Heiligen, wenn dieser seine Eigenschaft leugnet. III. 33. §. 3. — seiner Mage oder eingebornen Mannen; so behält der Kläger einen Eigenen, der sich ihm entredet und einem andern Herren zuspricht, wenn dieser ihn nicht vor Gericht vertritt. III. 33. §. 9. — so soll der Eigenthümer sich zu seinem Gute ziehen, das ein Anderer gefunden oder Dieben und Räubern abgejagt hat. II. 36. §. 1. — an ihrem Rechte vollkommener Leute; so zieht sich der Bestohlene und Beraubte zu seinem Gute. II. 35. §. 4. u. 7. — so muß der Richter die, im Ding gewonnene Schuld, die er aus einem befronten Gute fordert, darauf bezeugen. II. 42. §. 2. — mit den Dingpflichtigen, bezeugt man so eine Beschuldigung gegen den Richter, wenn sie nicht höher als an seine Wedde geht; sonst muß man den Schuldheiß oder Fronboten, statt des Richters, zu Zeugen haben. II. 23. §. 1. — so kann das, was vor Gericht geschehen ist, von dem Richter und zwei Mannen bewiesen werden. I. 7. — so bezeugt der Richter gerichtliche Sühne und Urfehde. I. 8. §. 3. — so soll der Bürge den Tod des Schuldners bezeugen, wenn dieser vor dem Tage starb, wo er ihn vor Gericht bringen sollte. III. 10. §. 2. — so soll mit Augenzeugen die geschehene Zahlung einer Schuld bewährt werden. II. 6. §. 2. — so beweißt der Zinsmann mit Augenzeugen die schon geschehene Zahlung des Zinses. I. 54. §. 3. — so muß man bezeugen, daß der, von dem man Schadenersatz fordert, ein bösartiges Thier, welches den Schaden verursachte, bis zu der Zeit gehalten hat, wo er verursacht wurde. II. 63. §. 1.

Selbsiebent, wo man so den Beweis mit dem Gerichte zu führen hat, gilt das Zeugniß des Fronboten im Nothfalle für zwei Mann. I. 8. §. 2. (II. 23. §. 1. u. 2. — so muß der Kläger die Schuld, die dem Beklagten an Leben und Gesundheit geht, erst über ihn bezeugen, ehe dieser, wegen verweigerter Antwort vor Gericht, verurtheilt werden kann. III. 39. §. 4. — so behält der Herr seinen eingeborenen Eigenen gegen einen andern Herren, mit seinen Magen oder wahrhaften Leuten. III. 33. §. 4. — seiner Mage, drei vom Vater und drei von der Mutter; so kann der Beklagte seine Freiheit behalten, und des Herren Zeugniß abweisen. ib. §. 5. — kann der Eintritt ins Kloster mit Genossen des Eintretenden oder mit den Brüdern, wo er sich begeben hat, bezeugt werden. II. 23. §. 3. — so soll der, welcher seine Mage am Kampfe hindern will, die Nähe ihrer Verwandtschaft auf den Heiligen bewähren. I. 63. §. 3. — an ihrem Rechte vollkommener Leute; so muß man bezeugen, daß jemand unecht von Geburt oder Gewerbe sey, wenn man dies behauptet. III. 28. §. 1. — so muß der Richter bezeugen, ob jemand durch Raub oder Diebstahl sein Recht verloren habe. ib. §. 2. — so wird durch den Richter und die Urtheilsfinder der Beweis geführt, wo Vergebung oder Versetzung von Eigen in Frage ist, oder wo man jemandem auf sein Recht, Leben und Gesundheit zeugen will, welches ihm vor Gericht aberkannt worden ist. I. 8. §. 1. — so soll der Kläger über den, auf handhafter That Gefangenen, zeugen. I. 66. §. 1. — soll der Kläger, wenn er um Ungericht mit Gerüffte geklagt hat, ehe die That übernächtig ward, diese bezeugen, um den Thäter in Verfestung zu bringen. I. 70. §. 3. — muß man die handhafte That und das Gerüffte bezeugen, wenn man einen entflohenen Friedebrecher aus fremdem Gerichte abfordert. II. 72. §. 4. — so muß man bezeugen, daß man einen Friedebrecher auf der That oder Flucht getödet rc. hat, wenn man deshalb ohne Wandel bleiben will. II. 70. — wider sieben seiner Genossen muß der Sachse so um ein gescholtenes Urtheil fechten. II. 13. §. 1. — so kämpft man wegen eines gescholten Urtheils. I. 18. §. 3. — so muß außergerichtlich gelobte Sühne und Urfehde bezeugt werden. I. 8. §. 3.

Selbstmörder, dessen Erbe fällt auf seine Verwandten. II. 32. §. 1. — Diebstahl und Raub, den man bei ihm findet, soll der Richter Jahr und Tag aufbewahren und dann, wenn sich niemand dazu zieht, in seinen Nutz verwenden. ib. §. 2.

Sem, (Noas Sohn) blieb in Asien. III. 42. §. 3.

Send, diesen soll jeder Christ besuchen. I. 2. §. 3.

Sendgericht. s. Gericht (geistliches.)

Sendrecht, danach wird der Mann von seiner Frau aus dem Kloster zurückgefordert. I. 25. §. 4.

Sessel gehören zur Gerade. I. 24. §. 3.

Sieben Genossen dessen, der ins Kloster eintrat, bezeugen den Eintritt. I. 25. §. 3. s. Selbsiebent.

Silber, dessen Werthverhältniß zum Golde. III. 45. §. 1. — inwiefern darf man es auf fremden Eigenthume graben? I. 35. §. 2. — unverarbeitetes gehört nicht zur Gerade. I. 24. §. 3. — in solchem, was am Orte der Zahlung gäng und gebe ist, soll diese geschehen. I. 65. §. 2. — das, was man gelobt hat, soll man zahlen, wie es gäng und gebe ist in dem Gerichte. III. 40. §. 4. — oder Pfennige; wer sich zu deren Zahlung am rechten Tage erbietet, wird seiner Schuld nicht ledig, wenn der Gläubiger sie nicht annimmt oder am Zahlungsorte nicht wartet, sondern nur des Einreitens und des Tages. II. 12. §. 1. — wer es zahlen soll, wird nicht durch Anbieten eines Pfandes frei. III. 40. §. 2. — dasselbe kann man auch durch einen Boten zahlen, wenn dieser vom Gläubiger vor Gericht dazu beschieden ist. ib. §. 3. — s. Geld, Pfennige, Schillinge.

Sinnlose, über sie soll man nicht richten; aber den Schaden, den sie thun, soll ihr Vormund vergelten. III. 3.

Sippe, sie geht mit der siebenten zu Ende. I. 3. §. 2. — beginnt am Haupte. I. 3. §. 3. — Zählung derselben. ibid. — die sich gleich nahe dazu auszählen, nehmen gleichen Theil am Erbe. I. 17. §. 2. — die sich gleichnahe dazu ausweisen, nehmen das Erbe gleich; wer näher sich dazu ausweist, nimmt es zuvor. I. 3. §. 3. — sie endet mit dem siebenten, Erbe zu nehmen. ibid. — die Ehe ist in der fünften gestattet. ibid. — über die siebente nimmt der Schwabe Heergeräthe und Erbe. I. 19. §. 1. — wer nicht um ihretwillen, sondern aus einem Angelöbnisse Erbe fordert, hat nur dann einen Anspruch, wenn dies vor Gericht bestätigt ist. II. 31.

Sippzahl, die erste umfaßt die Geschwisterkinder. I. 3. §. 3.

Söhne, unabgetheilte; wie succediren deren Söhne ihrem Grosvater? I. 5. §. 1. — wenn sie sich beim Leben ihrer verwittweten Mutter verheirathen, und vor dieser sterben. I. 20. §. 4. ff. — wenn deren Eltern beide, oder Eins von Beiden, Dienstleute sind, so folgten sie einst dem Rechte des Vaters, und gehörten nach ihm, wenn er Dienstmann war; seit Bischof Wichmanns Zeit kam aber die Auswechselung unter Dienstleuten in Gebrauch. III. 72. §. 3. — sie und Töchter einer deutschen Mutter gehören seit Bischof Wichmanns Zeiten immer nach der Mutter; der Vater sey deutsch, oder nicht: die einer Wendin aber gehören nach dem Vater, wenn dieser Wende ist; außerdem nach der Mutter. III. 73. §. 1.

Sohn, der älteste erbt von seinem Vater den Schöffenstuhl. III. 26. §. 3. — er kann vor Gericht von dem Vater abgesondert werden mit jedem Gute, das er annehmen will, wie gering es auch sey. II. 20. §. 1. — welche Sachen braucht er in die Erbschaft nicht zu conferiren oder herauszugeben, wenn er sie von seinem Vater erhalten hat. I. 10. — der, den der Vater mit einem Lehne absondert, kann dies bei der Erbfolge nicht zum Voraus behalten. I. 14. §. 2. — wenn er Lehnerbe, aber nicht Landerbe seines Vaters ist, erbt er doch dessen Gebäude auf dem Lehne mit mehr Rechte, als der Erbe nach Landrechte. II. 22. §. 5. — er ist Gast in der Mutter Gewer. I. 20. §. 7. — braucht das von seinem Vater veräußerte Gut dem Käufer nicht aufzulassen, wenn der Vater vor der Auflassung starb. I. 9. §. 6. — antwortet wegen Ungericht nicht für den Vater. II. 18.

wenn er nur nichts von ihrer Habe nimmt. III. 78. §. 5.

Stäte halten soll man, was man thut. I. 7.

Stätten, nicht in allen kann der Kayser sein und alles Ungericht richten, darum leiht er den Fürsten Fahnenlehn 2c. III. 52. §. 2. — in allen hat Jeder sein Recht vor dem Könige, wonach er antwortet. III. 34. §. 1. — um alle Klagen muß er in allen antworten vor dem Könige, außer zu Kampf; wenn er nicht hierzu angesprochen wird auf der Erde, darauf er geboren ist. ib. §. 2. — desgl. um Eigen nur in dem Lande, wo es liegt. ib. §. 3. — wer an einer vor Gericht sein Recht verloren hat, hat es überall verloren. III. 82. §. 1. — in allen des Gerichts, wo jemand verfestet ist, kann er sich aus der Verfestung ziehen, gleich wie man in allen gegen ihn klagen kann. III. 17. §. 1. — drei sind in Sachsen als Bannforsten befriedet. II. 62. §. 2. s. Dingstätte Gericht.

Stall, wer in dem seinigen ein Pferd oder Thier erzogen zu haben beweißt, dem weicht der, der es gegen ihn anfängt. II. 35. §. 3. u. 6. s. Inzucht.

Stammelnder, wenn er vor Gericht mißredet, kann er sich verbessern. I. 60. §. 4. — wenn er als Vorsprecher jemanden benachtheiligt, kann dieser mit einem andern Vorsprecher dies verbessern. ib.

Stammeltern, gemeinschaftliche stehen bei der Berechnung der Verwandtschaft am Haupte. I. 3. §. 3.

Stand. s. Recht, Freiheit.

Stegreif, diesen soll der Kayser dem Pabste halten. I. 1. — darf dem gehalten werden, der das Roß besteigt, um seine volle Körperkraft und mit dieser sein Verfügungsrecht über seine fahrende Habe zu beweisen. I. 52. §. 2.

Stehlen. s. Diebstahl, Dieb.

Steine, soll man von keiner Burg oder Gebäude wegführen, das mit Urtheil abgebrochen wird. III. 68. §. 1. — damit, oder mit Holz, darf man, ohne Urlaub vom Richter des Landes, drei Gestock übereinander bauen, eins unter und zwei über der Erde, wenn nur das niedere Gemach eine Thür, nicht höher, als ein Knie hoch über der Erde, hat. III. 66. §. 3.

Steingruben darf der Zinsmann nicht ohne Erlaubniß des Herren graben. I. 54. §. 5.

Stell-Ente, deren Wehrgeld. III. 51. §. 1.

Stimmenmehrheit, entscheidet bei Anordnungen zum Frommen des Dorfs. II. 56. s. Menge (mehrere).

Stockwerke, drei übereinander, eins unter und zwei über der Erde, darf man aus Holz oder Steinen, ohne Urlaub vom Richter des Landes bauen, wenn nur das niedere Gemach eine Thür, nicht höher als ein Knie hoch über der Erde, hat. III. 66. §. 3.

Stoppel, sie bleibt Zubehör von Grund und Boden, auch wenn die Saat von einem Andern, als dem Grundeigenthümer, verdient ist. II. 59. §. 3.

Stormaren, gehören zu denen, die im Herzogthume Sachsen sonderlich Recht und Wedde haben wollen. III. 64. §. 3.

Stoßen, auch ohne Fleischwunden kann dadurch Leben oder Hand verwirkt und die Verfestung verschuldet werden, wenn man jemanden dadurch tödet oder lähmt. I. 68. §. 3.

Strafe, darf erst zuerkannt werden, wenn der Verbrecher der That überwunden ist. II. 19. §. 1. — dieselbe, wie den Gefangenen und um Ungericht Beklagten, trifft den, der diesen gewaltsam dem Gerichte entführt, und wenn er entkommt, wird er verfestet, dafern man das Gerüffte über ihn bezeugen mag. III. 9. §. 5. s. Körperstrafe.

Strafen, der verschiedenen Arten des Ungerichts. II. 14. §. 1. II. 17. §. 2. II. 27. §. 2. s. Körperstrafe.

Strafen, darf der Gläubiger den insolventen Schuldner, der ihm an Zahlungsstatt überliefert worden ist, nicht anders, als durch Spannen in eine Fessel. III. 39. §. 1.

Strafgelder, gemeinschaftliches Vertrinken derselben. III. 64. §. 11.

Straße. s. Königsstraße.

Straßenrecht, in Betreff des Ausweichens von Wagen 2c. auf einer Straße. II. 60. §. 3.

Streiten mag der Mann wider

Herren, Mage und Mannen, wenn sie Städte, Burgen, Land und Leben seines Herren, Mages, Mannes, oder Freundes durch gewaltsamen Ueberfall bedrohen, ohne seine Treue zu brechen; nur darf er nichts von ihrer Habe nehmen. III. 78. §. 5.

Stromweis fliesendes Wasser s. Wasser.

Stühle. s. Sessel, Bank, Schöffenstuhl.

Stuhl, der zu Aachen; wenn der König auf diesen kommt, hat er königliche Gewalt und Namen. III. 52. §. 1. — auf einen solchen mit einem Kissen soll der Richter den Fronboten, wenn dieser gekoren ist, sich gegenüber setzen. III. 56. §. 1. — auf diesem sitzend soll man Urtheil finden. II. 13. §. 6. — wer nicht zu den Bänken geboren ist, soll um den Stuhl bitten, wenn er, statt eines gescholtenen Urtheils, ein anderes finden will. ibid. — den Stuhl soll ihm der räumen, der das gescholtene Urtheil fand. ibid. — mit einem Kissen soll er von der Nichtel der Frau, die nach deren Tode die Gerade nimmt, dem Manne herausgegeben werden. III. 38. §. 5.

Stummheit, angeborene hindert an der Lehnsfolge; aber nicht an der Erbfolge nach Landrecht. I. 4.

Sühne, gerichtlich geleistete bezeugt der Richter mit zwei Mannen. I. 8. §. 3. — außergerichtliche wird selbsiebent bezeugt. ibid. §. 3.

Sühnen, Diebstahl oder Raub; diejenigen, welche es thun, sind rechtlos. I. 37. §. 2.

Sylvester. s. Pabst.

T.

Tag, Diebstahl an demselben im Dorfe begangen, der weniger als drei Schilling beträgt, kann desselben Tags vom Bauermeister gerichtet werden. II. 14. §. 1. — wer an demselben Korn stiehlt, dem geht es an den Hals. II. 38. §. 1. — wer binnen demselben gemähtes Gras oder gefälltes Holz stiehlt, wird an Haut und Haar gestraft. II. 29. §. 3. — wer über den andern seinen Diebstahl oder Raub bei Einem findet, der es öffentlich gekauft und unverholen gehalten hat, der kann diesen keiner handhaften That zeihen. II. 35. §. 1. — wenn nach dem Dreißigsten zwei Erben ein Gut ansprechen, so soll es der Besitzer keinem ausantworten, bis sie sich vergleichen, oder Einer den Andern vor Gericht abweist. III. 15. §. 1. — wer nach demselben sich weigert Heergeräthe, Gerade, oder Erbe herauszugeben, verwirkt Wedde und Buße. ib. §. 2. s. Dreißigster.

Tag, bis zum nächsten Ding soll ihn der einmal erhalten, der um Eigen oder Lehn, das er in rechter Gewer hat, beklagt wird, wenn er entgegnet, daß er deshalb nicht geladen sey, und zum zweitenmale, wenn er alsdann darum bittet. II. 2. §. 2. — ihn soll man dem Beklagten bis zum nächsten Ding geben, wenn er bei Anstellung der Klage nicht gegenwärtig ist. I. 67. §. 1. — über dreimal vierzehn Nächte, wenn er um Ungericht beklagt ist. ibid. — dem Schöffenbaren dreimal über sechs Wochen. ibid. — wenn dem Beklagten, bei einer Klage um Ungericht, wobei er im Gericht nicht anwesend war, ein solcher gegeben ist, so kann ihn doch der Kläger schon vor dessen Eintritte festhalten, bis er Bürgen setzt, vorzukommen. III. 13. — nach seiner Geburt soll ihn der erhalten, der unvorbereitet zum Kampfe gegrüßt wird; der Schöffenbare über sechs Wochen, Dienstmannen und andere freie Leute über vierzehn Nächte. II. 3. §. 1. — ihn geben soll man einem Verwundeten, der seinen Verwunder zum Kampf anspricht, wenn er nicht selbst kämpfen kann und keinen Vormund hat. I. 50. §. 1. — an dem, um der Klage willen ausgelegten, soll der seinen Vormund vor Gericht bringen, der ihn bei Anstellung ber Klage nicht zur Hand hatte. I. 42. §. 1. — wenn der Vormund am dritten, nachdem er wegen Verletzung seiner Pflicht vor Gericht geladen ist, nicht erscheint, so soll er gebalmundet werden. I. 41. — am ersten, wo der Richter in sein Gericht zurückkommt, muß die, in seiner Abwesenheit, vor dem Fronboten, um handhafte That erhobene Klage, bezeugt werden, wenn der Thäter verfestet werden soll. I. 70. §. 3. — bis zum nächsten Dinge gewinnt ihn der, der wegen echter Noth nicht zu Dinge kommen kann und dies durch seinen Boten nachweißt. II. 7. §. 1. — auf einen andern wird die Klage gegen einen Gefangenen mit Urtheil gefristet. II. 9. §. 3. — bis zu dem, welcher der Partei gegeben ist, auf die ein Urtheil geht, sollen die Urtheilfinder Frist erhalten, wenn sie schwören, das Urtheil nicht finden zu können. II. 12. §. 9. — diesen soll der Beklagte seinem Auctor zu Hof und Hause mit Urkunde kündigen, wenn er selbdritt bezeugt hat, daß er die Sache nur als Commodat oder Depositum besitze, und der, von ihm benannte Auctor, nun dreimal über vierzehn Nächte geladen wird, um seine Sache zu vertreten. III. 5. §. 1. — des zur Zahlung bestimmten wird der Schuldner ledig, wenn er sich an diesem dazu erbot, aber der Gläubiger die Zahlung nicht annahm, oder deren nicht wartete. II. 12. §. 1. — wer am rechten Wedde und Buße nicht giebt, soll vom Fronboten gepfändet werden. I. 53. §. 3. — wer seinen Zins da nicht zahlt, soll diesen am folgenden Tage doppelt geben und so alle Tage. I. 54. §. 2.

Tagding, dazu muß man den Beklagten von Gerichtshalben laden, wenn man ihm eine Gewer brechen will, und er nicht gegenwärtig ist; kommt er dann nicht, so spricht man ihm die Gewer ab. II. 25. §. 1. — wer zum dritten der Ladung nicht Folge leistet, der wird (bei einer Klage um Ungericht) verfestet. I. 67. §. 3. — es kann auch zum Kampfe dem anberaumt werden, der hierzu gegrüßt und gefangen ist, wenn er Bürgen für sein Erscheinen setzt. I. 64. §. 2. — wer Schläge oder Blutrunst binnen demselben nicht bessert oder entredet, soll verfestet werden. I. 68. §. 1.

Tag und Nacht, binnen dieser Zeit muß der Verbrecher bei handhafter That überwunden werden, wenn der Gograf über ihn richten soll. I. 57. — außer wenn der Gograf für lange Zeit gekoren und belehnt ist. I. 58. §. 1. — wenn binnen dieser Zeit diejenigen, die, von einer Burg kommend, Raub verüben, nicht dahin zurückkehren oder der Raub dahin gebracht wird, so ist die Burg dessen unschuldig. II. 73. §. 5. s. Handhafte That.

Tage, wer auf beschiedene dem Andern ein Pferd, Kleider ꝛc. leiht, und es darüber behält, soll es sofort zurückgeben, wenn er deshalb beklagt wird, und bessern was er beschädigte. III. 22. §. 1. — wer zu beschiedenen einen, um Ungericht Beklagten, vor Gericht bringen soll, der ist ledig, wenn dieser unterdessen stirbt und er ihn todt vorbringt. III. 10. §. 1. — wer binnen denselben stirbt, soll nicht todt vorgebracht werden, wenn er um Schuld beklagt ist, die noch nicht auf ihn gewonnen ward. ibid. §. 2. — drei Tage, soll der, dem etwas gegeben ist, es besitzen (um die Gewer zu erlangen). III. 83. §. 1. — drei T. sollen die, welche mit Gerüffte vor eine Burg geladen sind, binnen dem Gerichte, auf eigene Zehrung daselbst bleiben. II. 72. §. 3. — drei T. sollen alle Einsassen des Gerichts beim Abbrechen einer Burg, worüber mit Urtheil erkannt ist, auf eigene Zehrung helfen, wenn sie mit Gerüffte dazu geladen sind. III. 68. §. 2. — heilige und gebundene sind allen Leuten zu Friedenstagen gesetzt. II. 67. §. 2. — gebundene schirmen den nicht, der den Frieden an ihnen bricht. II. 10. §. 2. — an ihnen darf kein Ding gehalten werden; was aber an ihnen geschehen ist, außer Ungericht, das mag der Richter wohl richten, über den, der gegenwärtig ist. ibid. §. 3. — gebundene; an diesen kann ein Verfesteter ergriffen, aber nicht über ihn gerichtet werden, wenn nicht handhafte That da ist. II. 9. §. 4. — an ihnen kann man nur Frieden und gegen den schwören, der auf handhafter That gefangen ist. II. 10. §. 1. — an gebundenen kann der Graf sein Echtding nicht auslegen. III. 61. §. 1. — an gebundenen soll man nicht dingen. II. 12. §. 2. — desgl. kein Urtheil finden über seinen Herren, Mann und Mag, das an ihr Leben, Gesundheit, oder Ehre geht. ibid. §. 3. — an dem nächsten ungebundenen soll man gelobte Eide leisten. II. 10. §. 4. s. Nächte.

Tage, als zu denselben gekommen gilt der, welcher Haar am Barte ꝛc. hat. I. 42. §. 1. — Gegensatz der T. zu den Jahren. ibid. §. 2. — zu

messen der Bauern ersetzen und sechs Pfennige büßen. II. 48. §. 2. — wer die seinigen auf fremdes Korn oder Gras treibt, ersetzt den Schaden und büßt mit drei Schillingen. II. 48. §. 1. — bei denen, die man nicht pfänden kann, bei brunstigen Pferden, Gänsen, Schweinen, soll man statt der Pfändung den Schaden sogleich zweien Mannen nachweisen, und den Thieren zum Hause ihres Herren folgen. II. 48. §. 3. — wer fremdes Korn damit abfüttert, hat keinen Schädenanspruch, wenn man sie mit Hunden hetzt; dafern sie nicht gepfändet werden können. II. 41. §. 5. — wer sie in eine andere Mark, auf gemeine Weide treibt, und gepfändet wird, giebt sechs Pfennige. II. 49. §. 1. — sie verwirken durch ihre That dem Richter keine Wedde. II. 41. §. 3. — wenn ein Mensch, oder ein anderes Thier durch sie getödet oder gelähmt wird, soll der Herr dessen Wehrgeld oder Werth zahlen, wenn er das schädliche Thier wieder in seine Gewer nahm. II. 41. §. 1 u. 2. — bösartige; wer sie hält, muß den durch sie verursachten Schaden ersetzen, ohne sich dadurch befreien zu können, daß er sich ihrer erst nachher entäußert. II. 63. §. 1. s. Thier. — nicht essbare; wer sie vorsätzlich, aber ohne Noth, oder unvorsätzlich tödet oder an einem Fuße lähmt, zahlt volles Wehrgeld mit Buße; lähmt er sie auf einem Auge, so zahlt er halben Theil. III. 48. §. 2. — die man essen kann; wer sie tödet, vorsätzlich oder unvorsätzlich, muß sie mit ihrem Wehrgelde ersetzen. III. 48. §. 1. — Lähmung derselben wird mit halbem Wehrgelde ersetzt, ohne Buße, und der Eigenthümer behält dabei sein Vieh. ib. — wer sie unwillkürlich, obwohl durch seine Schuld, tödet oder lähmt, vergilt sie ohne Buße, wenn er seinen Eid hinzuthut. III. 48. §. 3. — wer schädliche in Nothwehr tödet oder lähmt und dies auf den Heiligen bewährt, bleibt ohne Wandel. ib. §. 4. s. Thier. — die von andern verletzt werden, sollen von deren Eigenthümer solange in Pflege gehalten werden, bis sie wieder zu Felde gehen können. II. 55. §. 5. — wenn eins das andere vor dem Hirten lähmt ꝛc., muß dieser das schädliche Thier eidlich benennen; dann soll dessen Eigenthümer für die Wiederherstellung des beschädigten sorgen, oder dieses, wenn es stirbt, nach seinem Wehrgelde entgelten. II. 55. §. 5. — alle die in einem Hause sind, wo Nothzucht verübt worden ist, sollen enthauptet werden. s. Wesen. — von allen giebt man Zehnten, außer von Hünern. II. 49. §. 7. — alle verzehntet man, wo sie Abends zur Herberge kommen; im Dorfe in jedes Mannes Hause, wo die Jungen geworfen werden. II. 49. §. 6. s. Zehnten, Blutzehnten. — die dem Hirten folgen können, soll man nicht zuhause lassen; außer Sauen die Ferkel haben. II. 55. §. 1. — wo man nicht von diesen, sondern von der Hufe dem Hirten seinen Lohn gelobt, da mag ihm niemand denselben vorenthalten. II. 55. §. 3. — die der Hirt nicht ins Dorf zurückbringt, muß er entgelten, außer wenn Wölfe oder Räuber sie raubten und er das Gerüffte schrie. ibid. §. 4. — wenn der Hirt beschuldigt wird, sie nicht wieder ins Dorf gebracht zu haben, so kann er seine Unschuld dazu thun; wird er aber mit Urkund zweier Mannen sogleich beschuldigt, wenn man das Thier vermißt, so kann er nicht schwören. II. 55. §. 6. — behauptet der Hirt, daß sie nicht in seine Hut getrieben wurden, so hat der Eigenthümer dies mit zwei Augenzeugen zu erweisen. ibid.

Thor, durch ein darauf gestecktes Kreuz wird das Eigen befront, woraus der Richter seine Wedde nicht auspfänden kann. II. 42. §. 1.

Thor, über einen solchen soll man nicht richten. s. Närrische.

Thür, eine solche soll das niedere Gemach eines Gebäudes, nicht höher, als ein Knie hoch über der Erde, haben. III. 66. §. 3.

Thüringen, die Landgrafschaft ist eins der Sächsischen Fahnenlehne. III. 62. §. 2.

Thüringer, sie wurden von den Vorfahren der Sachsen vertrieben, als diese her zu Lande kamen. III. 44. §. 2. — ihre Herren wurden von den Sachsen erschlagen und ihren Bauern der Acker nach solchem Rechte übertragen, wie die Lassen haben. ib. §. 3.

ten, oder den Todten (eines Friedebruchs) überführen. II. 15. §. 2. — er soll von dem, der ihn aus Nothwehr erschlug, vor Gericht gebracht werden; außer wenn dieser sein Leben dabei gefährden würde. II. 15. §. 1. — gegen ihn muß man die Nothwehr bewähren, wenn man angiebt, ihn in solcher erschlagen zu haben. III. 84. §. 3. — wie soll man ihn mit oder ohne Kampf eines Verbrechens überführen. I. 64. §. 1. — ihn mag man mit Kämpfern vertheidigen und überführen wie einen Lahmen. I. 48. §. 3. — wer ihn vor Gericht bringt und ihn, mit oder ohne Kampf, nicht als Friedebrecher überführt, über den richtet man nach Friedensrechte. I. 69. — wenn er auf dem Felde gefunden wird und man den Mörder nicht kennt, so darf man ihn mit Wissen der Nachbarn begraben. III. 91. §. 1. — er darf von seinem Mag oder Freunde begraben werden, obwohl dieser weis, wer ihn erschlagen hat, solange er die Klage noch nicht vor Gericht mit ihm begonnen hat; sonst darf er ihn, vor deren Beendigung nur mit des Richters Urlaub bestatten. ib. §. 2.

Todtschläger, er muß um seinen Hals antworten, wenn man den Todten unbegraben vor Gericht bringt und klagt; oder er muß den Todten (eines Friedebruchs) überführen. II. 15. §. 2. — der Verdacht eines solchen haftet nicht auf dem, der einen Verunglückten, Verwundeten ꝛc. in seine Gewer trug, wenn dieser daselbst stirbt. III. 91. §. 3. — wenn man ihn nicht kennt und den Todten auf dem Felde findet, so darf man diesen mit Wissen der Nachbarn begraben. III. 91. §. 1. — dessen Freund oder Mag, der jenen kennt, darf den Todten aber bestatten, solange er die Klage vor Gericht nicht mit diesem begonnen hat; außerdem, vor deren Beendigung nur mit des Richters Urlaub. ib. §. 2.

Todtschlag, er wird mit Enthauptung bestraft. II. 14. §. 5. — den, von einem Kinde binnen seinen Jahren verübten, soll der Vormund mit dem Wehrgelde des Erschlagenen bessern. II. 66. §. 1. — der aus Unvorsicht wird nicht an Leib und Gesundheit, sondern mit Wehrgeld gestraft. II. 37. — aus Nothwehr; wenn ihn der Thäter vor Gericht, ehe man deshalb klagt, bekennt, auch wenn er den Getödeten nicht vor Gericht bringen kann, soll er nicht am Halse gestraft werden. II. 15. §. 1. — aus Nothwehr; deshalb erhält der Richter seine höchste Wedde und die Mage ihr Wehrgeld, wenn der Todte vom Todtschläger nicht vor Gericht gebracht wurde. II. 15. §. 1. — der eines Unmündigen ist mit dessen vollem Wehrgelde zu entgelten. II. 66. §. 2. — der eines Rechtlosen wird nach Friedensrecht gerichtet. III. 46. §. 1. — der, von einem Juden an einen Christen begangene; deshals wird über jenen, wie über einen Christen gerichtet. III. 7. §. 2. — von einem Christen an einem Juden begangen; darum richtet man über jenen, weil er des Königs Frieden gebrochen hat. ib. §. 3. — der eines Friedebrechers; deshalb bleibt man ohne Wandel, wenn man selbsiebent bezeugen kann, daß er auf der That oder Flucht geschehen sei. II. 70. — wer ihn an dem Andern verübt und diesen als Friedebrecher überführen will, der ist des an ihm begangenen Verbrechens (der Tödung) selbst überwunden, wenn er ihn nicht überführt. I. 50. §. 2. — des Herren oder Mannes; dadurch wird Leib, Ehre und Gut verwirkt, das Einer vom Andern hatte, und der Oberherr mag die Kinder des getödeten Mannes nicht an den Herren weisen, der ihren Vater tödete. III. 84. §. 2. — der, in Nothwehr vom Manne gegen seinen Herren, oder von diesem gegen jenen verübte, ist kein Treubruch. III. 78. §. 6. — der an Vater, Bruder, Mag, oder jemandem verübte, dessen Eigens oder Lehnes man gewärtig ist; dadurch verliert man alle Anwartung: außer wenn er in Nothwehr, oder unwissentlich und ohne Vorsatz geschehen ist. III. 84. §. 3. — wenn er von Einem an dem Andern in der Herberge eines Dritten, ohne dessen Schuld begangen worden ist, so bleibt dieser ohne Schaden. III. 92. §. 1. — darum soll jeder für seinen Herren und Schwertmag Gewer leisten. II. 17. §. 1. — Klage deshalb von Seiten des Erben, wenn der Geschla-

U.

zu früh, oder nach dem Tode des Vaters zu spät geboren ist. I. 36. §. 1. u. 2. — solche Kinder kann auch eine Frau haben. I. 51. §. 2. (unecht) Geborene können zu ihrer Klage und Kampfe keinen Vormund haben. I. 48. §. 1. s. Unechte, Rechtlos.

Unfreie. s. Unechte, Dienstmann, Knecht, Eigen.

Ungebührniß, wer sich binnen Märkten oder auswärtigem Gerichte damit verwirkt, muß daselbst antworten. III. 25. §. 2.

Ungenosse, niemand antwortet dem seinigen in des Markgrafen Gerichte zu Kampf. III. 65. §. 1. s. Genosse.

Ungericht, nicht alles kann der Kayser richten, darum leiht er den Fürsten Fahnenlehn und diese leihen den Grafen Grafschaft und die Grafen den Schuldheißen Schuldheißthum. III. 52. §. 2. — welches Gericht (welche Strafe) ergeht darüber? II. 14. §. 1. s Körperstrafe. — dessen man Einen mit Kampf überführt, geht ihm an den Leib. II. 17. §. 2. — wo der Deutsche damit Leben oder Hand verwirkt, zahlt er weder Wedde noch Buße: er löße sie, oder nicht. III. 50. — über alles kann der Richter überall binnen seinem Gerichtssprengel richten, wo er ist; außer über das von Schöffenbaren begangene. I. 59. §. 1. — hierüber muß er an echter Dingstatt und unter Königsbanne richten. ibid. — ebendesselben, wie der Thäter, macht sich der Richter schuldig, wenn er es zu richten weigert. II. 14. §. 8. — darüber mag man an gebundenen Tagen nicht richten. II. 10. §. 3. — wer darum beklagt ist, soll nicht mehr als dreißig Mann vor Gericht führen, die keine Waffen, als Schwerter, tragen dürfen. II. 68. — das, welches an Leib und Hand geht, rügt der Bauermeister. I. 2. §. 4. — bei welchem der Thäter entkommen ist, und wegen dessen man weder den Wirth, bei dem er geherbergt war, noch die Bauern, die ihn nicht aufzuhalten vermochten, beschuldigen kann, soll man auf dem Goding rügen. III. 92. §. 1. — um dasselbe ein Ding auslegen. I. 2. §. 2. — wen man deshalb beklagt, dem soll man Tag geben über dreimal vierzehn Nächte. I. 67. §. 1. — dem Schöffenbaren dreimal über sechs Wochen unter Königsbann und an echter Dingstatt. ibid. — darum antwortet der Sohn nicht für den Vater. II. 18. §. 1. — deshalb kann der Vater den unabgesonderten Sohn einmal, durch Beschwören seiner Unschuld, befreien. ib. §. 2. — wer um ein solches selbst beklagt ist, muß erst sich entschuldigen, ehe er einen Andern (der Burgherr die Burg) entschuldigen kann. II. 73. §. 2. — wer deshalb von Mehreren angesprochen wird, braucht Keinem zu antworten, bis er der ersten Klage ledig ist. III. 12. §. 2. — wer darum beklagt wird, muß zuerst die Gewer der Klage erbitten, damit der Kläger die Klage nicht mehr verbessern könne. III. 14. §. 2. — wer darum beklagt ist, braucht keine Bürgen zu stellen, wenn er soviel Eigen im Gerichte hat, als sein Wehrgeld beträgt. II. 5. §. 1. — wenn deshalb mehrere Klagen gegen Einen angestellt sind und die erste vertagt wird, braucht der Beklagte keine höhere Bürgschaft zu stellen, als für sein Wehrgeld. III. 12. §. 2. — wer darum klagt oder beklagt wird, den soll der Fronbote in seiner Gewalt halten, wenn er weder Bürgen noch Erbe hat. I. 61. §. 2. — wer deshalb Bürge jemandes wird, und ihn dem Gerichte nicht stellen kann, muß sein Wehrgeld zahlen, ohne daß ihm dies aber an seinem Rechte schadet. I. 65. §. 1. — wer einen darum Beklagten zu beschiedenen Tagen vor Gericht bringen soll, ist dessen ledig, wenn dieser stirbt und er ihn todt vorbringt. III. 10. §. 1. — wer in seiner Gegenwart darum vor Gericht beklagt und dingflüchtig geworden ist, der ist der Klage überwunden und wird verfestet. II. 46. — wer einen deshalb Beklagten gewaltsam dem Gerichte entführt, leidet gleiche Strafe, wie dieser, oder wird verfestet, wenn er entkommt und man das Grüffte über ihn bezeugen kann. III. 9. §. 5. — wer gegen einen Abwesenden deshalb klagt, ohne nach dessen Erscheinen die Klage fortzusetzen, muß wedden und büßen. II. 8. — aber nicht, wenn er die Klage vollführt und der Beklagte ihm mit Recht entgeht. ibid. — wer deshalb, in dem Gerichte, wo er nicht zugegen ist, beklagt und ihm ein Dingtag gegeben wird, den kann der Kläger auch vor dem Dingtage festhalten, bis er Bürgen stellt, vorzukommen. **III.** 13. — um darüber in handhafter That desselben Tags zu richten, kürt man einen Gografen. **I.** 57. — wenn es übernächtig wird, kann nur der Gograf darüber richten, der für lange Zeit gekoren und belehnt ist. **I.** 58. §. 1. — wer mit Gerüffte darum beklagt wird, ehe die That übernächtig geworden ist, soll verfestet werden, wenn der Kläger selbsiebent es bezeugen kann. **I.** 70. §. 3. — wer dabei auf handhafter That ergriffen und vor Gericht in Haft gethan wird, über den muß der Kläger erst schwören, daß er der That schuldig sey; dann sollen dessen Zeugen schwören, daß sein Eid rein und unmein sey. **III.** 89. §. 4. — das an einem Todten gethan ist, den man vor Gericht bringt; deshalb soll man mit Gerüffte klagen um die handhafte That. **II.** 65. §. 3. — dessen, was jemand durch Verwundung oder Tödung eines Friedebrechers beging, ist er selbst überführt, wenn er den Verwundeten 2c. des Friedebruchs nicht überführt. I. 50. §. 2.— drei U. (Friedensbruch, Verwundung und Raub eines kampfwürdigen Gegenstandes) sollen in der Klage zusammen angeführt werden, wenn sie auf Kampf gerichtet ist. I. 63. §. 1. — wer deshalb gefangen vor Gericht gebracht ist, kann kein Urtheil schelten. II. 13. §. 8. — wenn der Sachse oder Wende hierauf in handhafter That gefangen und mit Gerüffte vor Gericht gebracht ist, so kann der Eine über den Andern zeugen und Urtheil finden. III. 70. §. 2. — was ein Jude an einem Christen thut, deshalb richtet man über ihn, wie über einen Christen. III. 7. §. 2. — was ein Christ an einem Juden thut, deshalb richtet man über jenen, weil er des Königs Frieden gebrochen hat. ib. §. 3. — wenn es von Einem an dem Andern in der Herberge eines Dritten, ohne dessen Schuld verübt worden ist, so bleibt dieser ohne Schaden. III. 92. §. 1. — darum kann der Mann seinen Herren, sowie dieser seinen Mann und der Mag seinen Mag von Gerichtshalben verfolgen und ergreifen helfen, wenn er dazu bei handhafter That mit Gerüffte geladen wird, ohne seine Treue zu brechen. III. 78. §. 3. — wenn darum der Mann vor die Burg seines Herren, oder dieser vor die des Mannes und der Mag vor die des Mages mit Gerüffte geladen wird, so mag er folgen und sie abbrechen helfen, ohne seine Treue zu brechen. III. 78. §. 4. — wenn eine Burg deshalb mit Urtheil gebrochen worden ist, darf sie nicht ohne Urlaub vom Richter des Landes wieder gebaut werden. III. 66. §. 4. — um keins soll man Dorfgebäude abbrechen, als um Nothzucht, die darin geschehen ist. III. 1. §. 4. — wo man nicht hierum weddet, zahlen Fürsten, die Fahnenlehn haben, dem Könige hundert Pfund als Wedde; alle andere Leute zehn Pfund. III. 64. §. 1. — desgl. zahlt jeder edele Mann dem Herzoge zehn Pfund 2c. ib. §. 2. ff. s. Friedensbruch, Gewalt, Missethat, Ungebührniß.

Ungeschieden, wenn der Erbe ungesch. ist von dem Gute des Erblassers. s. Absonderung.

Ungeziem, wegen dessen, das im Gerichte verübt ward, hat der Richter eine Wedde, auch wenn Kläger und Beklagter keine Buße deshalb gewinnen. I. 53. §. 1.

Ungezweit, wenn die Wittwe so mit den Kindern geblieben ist und sich später zweiet, so nimmt sie ihre Morgengabe, Gerade und Mußtheil, wie sie es bei des Mannes Tode nehmen konnte. III. 76. §. 1. — auch vererbt sie all ihr Recht an fahrender Habe auf ihren zweiten Mann, wenn sie vor der Sonderung stirbt; außer Gebäude und Gerade. ib. §. 2. s. Absonderung.

Ungezweite Brüder. I. 3. §. 3. s. Geschwister.

Unglaubigkeit (in Religionssachen) soll mit dem Scheiterhaufen bestraft werden. II. 14. §. 7.

Unglück. s. Zufall, Schuld.

Unkeuschheit macht des Erbrechts nicht verlustig. I. 5. §. 2. — erzeugt keine Rechtlosigkeit. ibid.

Unlust, ob der Graf diese im echten Ding verbieten möge? darüber soll er bei dessen Beginn das zweite Urtheil fragen. I. 59. §. 2.

— können sich die Erben des Gutes und der Leute, die ohne ihr Genehm vergeben worden sind. I. 52. §. 1. — kann sich der Herr mit einem Halsschlage dessen, den er vor Gericht als seine Eigenen überführt III. 33. §. 9. — muß der Kläger sich seines Guts, wenn er mit Anfang klagt. II. 35. §. 3. — mag sich Einer seines Gutes, das man ihm mit Unrecht vorenthält, wo er es sieht. III. 22. §. 3. — wer ohne dies auf ein Gut geklagt hat, bleibt ohne Wedde und Buße, auch wenn er von seiner Klage abgewiesen wird. I. 53. §. 2. — wer es mit Unrecht thut an einer Sache, die ihm mit Recht abgewonnen wird, der verliert sie mit Buße. III. 43. §. 1. — thut er es mit Willen des Eigenthümers, oder an einer Sache, die er verliehen oder als Bürgschaft gegeben hat, so bleibt er ohne Wandel, wenn er nicht darum vor Gericht gelobt hat. ib. §. 2. — kann sich der Beschädigte eines Thiers zum Schadenersatz, wenn der Eigenthümer es ausgeschlagen hat, um nicht für den Schaden zu haften. II. 41. §. 2. s. Anfangen 2c.

Unverdorben soll der Commodatar und Pfandgläubiger die erhaltene Sache zurückgeben, oder nach ihrem Werthe vergelten. III. 5. §. 4 u. 5.

Unverholen, was man so gehalten und wissentlich gekauft hat, deshalb mag man keiner handhaften That wegen Raub oder Diebstahl beschuldigt werden, wenn der Eigenthümer es über den andern Tag findet. II. 35. §. 1. — was der Jude so kauft oder als Pfand nimmt, dafür kann er sein Geld von dem Eigenthümer, der die Sache von ihm einklagt, wiederfordern, auch wenn diese gestohlen war. III. 7. §. 4. — wer eine fremde Sache, die er statt der eigenen an einem Orte mitnahm, wo eine Verwechselung leicht möglich war, so gehalten hat, und dies mit Zeugniß beweist, den kann man keiner handhaften That zeihen und von dem Vorwurfe des Raubes oder Diebstahls mag er sich auf den Heiligen entschuldigen. III. 90. s. Oeffentlich, Diebisch, Heimlich.

Unvorsichtigkeit, wer dadurch Schaden verursacht, haftet für ihn. II. 37. s. Schuld, Wahrloßigkeit.

Unwissentlich, wer so Vater, Bruder, Mag, oder jemanden tödet, dessen Gutes er gewärtig ist, verliert dadurch seine Anwartung auf Eigen und Lehn nicht. III. 84. §. 3.

Unzucht s. Ungeziem.

Upgehauene leden. I. 24. §. 3.

Urbanstag, an diesem sind die Früchte von Gärten, Wein- und Baumgärten verdient. II. 59. §. 2.

Urfehde, gerichtlich geleistete bezeugt der Richter mit zwei Mannen. I. 8. §. 3. — außergerichtliche wird selbsiebent bezeugt. ibid. — auch die von einem Gefangenen gelobte oder geschworene ist zu recht beständig. III. 41. §. 1.

Urkunde gab uns Gott an einem Pfennige, womit man ihn versuchte, daß der Mensch Gottes Bild sey und daß der wider Gott thue, der ihn einem Andern, als Gott, zuspreche. III. 42. §. 5. — haben wir dessen nicht, das Einer der Eigene des Andern seyn solle. III. 42. §. 3. — haben wir von Gott, daß im Jahre der Lösung alle Gefangenen, und die, welche in Eigenschaft gerathen sind, frei werden, wenn sie wollen, und im Jahre der Freude losgegeben werden müssen. ib. §. 4. — damit soll der Beklagte, wenn er die Sache nur als Commodat oder Depositum besitzt und seinen Auctor genannt hat, diesem die Ladung zu Hof und Hause kündigen, welche nun dreimal über vierzehn Nächte an den Auctor selbst erfolgt. III. 5. §. 1. — mit der von zwei Mannen muß man den Hirten, sobald man ein Thier vermisst, beschuldigen, daß er es nicht ins Dorf zurückgebracht habe, wenn man ihn deshalb nicht zum Eide lassen will. II. 55. §. 6. s. Brief und Insiegel.

Urlaub, ohne solchen vom Richter des Landes zu haben, soll man keine Burg bauen, keine Stadt mit Planken und Mauern befestigen, keinen Wall, Schanze oder Turm in einem Dorfe bauen. III. 66. §. 2. — ohne solchen vom Richter des Landes zu haben, mag man so tief graben, daß man mit einem Spaten die Erde aufwerfen kann; desgl. mit Holz oder Steinen drei Gestock übereinander, eins unter der Erde, zwei darüber, bauen, wenn nur das niedere Gemach eine Thür hat, nicht höher, als ein Knie hoch über der Erde; desgleichen einen Hof mit Zäunen, Stacketen und Mauern verfestigen, die nicht höher sind, als ein Mann zu Rosse reichen kann. III. 66. §. 3. — nur mit dem des Richters kann ein Todter, selbst von Freunden und Magen, begraben werden, sobald die Klage gegen den Todtschläger vor Gericht mit dem Todten begonnen ist. III. 91. §. 2. — des Richters; damit kann man sein gestohlenes und geraubtes Gut bei dem dritten unbescholtenen Besitzer anfangen. II. 35. §. 1. — ohne den des Richters kann der, der fremdes Land bebaut, gepfändet werden. III. 20. §. 2. — den des Richters braucht der Zinsherr nicht, um seinen Zinsmann, wegen des Zinses auf dem Gute, zu pfänden. I. 54. §. 4. — ohne den des Herren darf der Zinsmann keine Stein- und Lehmgruben machen, oder Holz fällen. ibid. §. 5. — des Mannes; ohne diesen kann die Frau nichts von ihrem Vermögen veräußern. I. 45. §. 2.

Urtheil, wenn damit dem Könige das Reich aberkannt ist, kann man ihm an sein Leben sprechen. III. 54. §. 4. — damit muß der König des Reiches Dienst und seinen Hof gebieten. III. 64. §. 1. — damit soll der König des Reichs Dienstmannen frey lassen und sie zu Schöffen machen, wenn diese in einer Grafschaft zu Ende gehen. III. 81. §. 3. — mit solchem muß demjenigen, der sich eines Genossen als Friedebrechers unterwinden will, zuerkannt werden, daß und wie er dies thun möge. I. 63. §. 1. — wenn damit der Kampf gefristet wird, wozu Einer den Andern vor Gericht gefangen hat, so wirkt man beiden Frieden, und wer diesen bricht, bessert ihn zuerst ohne Kampf. III. 36. §. 1. — damit unterwindet sich der Erbe des Gutes und der Leute, die ohne sein Genehm vergeben worden sind. I. 52. §. 1. — nur mit solchem ann man jemanden aus der Gewer weisen, die ihm ertheilt ist. III. 82. §. 2. — damit muß der Fronbote dazu gegeben werden, wenn er jemanden pfänden, ergreifen, oder dessen Gut befronen soll. III. 56. §. 2. — damit muß der Fronbote gewonnen werden, um wegen rückständiger Wedde und Buße jemanden zu pfänden. I. 53. §. 3. — mit dem der Schöffen muß ein Eigen befront werden. III. 42. §. 1. — mit rechtem muß der Herr seinem Zinsmanne folgen, wenn dieser den Zins nicht am rechten Tage zahlt. I. 54. §. 2. — wenn damit über eine Burg oder ein Gebäude erkannt ist, soll es vom Richter mit Hülfe der Landleute abgebrochen werden. III. 68. §. 1. u. 2. — wenn damit eine Burg um Ungericht gebrochen ist, darf sie nicht, ohne Urlaub vom Richter des Landes, wieder gebaut werden. III. 66. §. 4.

Urtheil, überall wo der Richter damit richtet ist, Gericht. I. 62. §. 8. — dies soll der Richter weder finden, noch schelten. III. 30. §. 2. — um das erste, beim Beginn das Echtdings, soll der Graf den Schuldheißen fragen. I. 59. §. 2. — welches das erste und das zweite sey? ibid. — mag niemand an gebundenen Tagen finden über seinen Herren, Mag, oder Mann, das an ihr Leben, Gesundheit, oder Ehre geht. II. 12. §. 3. — finden mögen es vor dem Reiche freie Leute und des Reichs Dienstmannen; aber Letztere nicht über Schöffenbare, wo es an deren Leben, Ehre, oder Gesundheit geht. III. 19. — dies können Schöffenbare über jedermann finden; aber nur Ebenbürtige können es über sie finden, wenn es an ihr Leben, Ehre, oder Gesundheit geht, und ihr Urtheil schelten. II. 12. §. 4. — dies sollen unter Königsbann die Schöffen, und nur diese, über jeden Mann nüchtern finden, er sey deutsch, wendisch, eigen, oder frey. III. 69. §. 2. — schilt es daselbst einer ihrer Genossen, so soll er die Bank sich erbitten, um ein anderes zu finden, und dieses ziehen, wohin er es nach Recht ziehen soll. ibid. §. 3. — finden und schelten kann es außer Königsbann jeder, der vollkommen an seinem Rechte ist. II. 12. §. 5. — dies kann in des Markgrafen Gericht jeder Unbescholtene über den Andern finden. III. 65. §. 1. — finden können es Wenden und Sachsen nicht übereinander. III. 70. §. 1. — außer wenn Einer von Beiden auf handhafter That gefangen und mit Gerüffte vor Gericht gebracht wird, dann können sie über einander zeugen und Urtheil finden. ibid. §. 2. — man soll es stehend schelten und sitzend finden. II. 13. §. 6. — wenn der darum Gefragte es nach seinem Sinne findet, so leidet er keine Noth darum, wenngleich es unrecht ist. II. 13. §. 2. — wenn der darum Gefragte es nicht finden kann, so soll man einen Zweiten, Dritten zc. fragen, und dem Letzten bis zu dem Tage Frist geben, der den Parteien anberaumt ist. II. 12. §. 9. — damit wird dem Beklagten ein Ding ausgelegt, sobald er auf die Klage zu antworten begonnen hat. II. 9. §. 1. — desgl. die Klage gegen einen Gefangenen gefristet. ib. §. 3. — und Recht; solange man sich damit des Antwortens wehrt, hat man nicht geantwortet. III. 30. §. 1. — fragen soll es der Richter immer zwischen zweier Mann Rede. I. 62. §. 5. — fragt er es nicht nach Recht, so schadet und frommt dies niemandem. ibid. — welches man zuerst fragt, das soll man zuerst finden. ib. §. 6. — wie man über jemanden richten soll, darf nicht eher gefunden werden, bis erkannt ist, daß man über ihn richten soll. II. 19. §. 1. — wie man wegen eines Gutes oder einer Gewer zeugen soll, darf erst gefunden werden, wenn das Zeugniß zuerkannt ist. II. 19. §. 2. — welches der Mann finden hört, ohne es sogleich zu widerreden, das kann er später nicht mehr widerreden. II. 6. §. 4. — schelten desselben; wie geschieht es und was ist in Folge davon zu beobachten? II. 12. §. 6. u. II. 13. §. 1 ff. — mit welchen Worten geschieht es? II. 13. §. 4. — dabei muß man die Bank sich erbitten, um ein anderes Urtheil zu finden; hierauf soll der aufstehen, der das erste Urtheil fand, der Scheltende sich an seine Stelle setzen und finden was ihm Recht dünkt, und sein Urtheil ziehen, wohin er es nach Recht ziehen soll. III. 69. §. 3. — wer ein gescholtenes fand, soll dem seinen Stuhl räumen, der es schalt, wenn dieser nicht selbst zu den Bänken geboren ist. II. 13. §. 6. — wer es schalt, muß sein eigenes Urtheil dann ziehen, wohin er es nach Recht ziehen soll, und es nach Recht erhalten. II. 13. §. 7. III. 69. §. 3. — das gescholtene soll man ziehen an den höchsten Richter, zuletzt an den König. II. 12. §. 6. — ein an den König gezogenes soll man binnen sechs Wochen zurückbringen. II. 12. §. 6. — das in einer Grafschaft gescholtene soll vor das Reich gezogen werden. II. 12. §. 8. — kein gescholtenes kann aus einer Grafschaft in eine Mark gezogen werden, obwohl der Graf seine Grafschaft von dem Markgrafen habe, weil in der Mark kein Königsbann ist. II. 12. §. 8. — kein solches, wie vor dem Reiche Rechtens ist, findet man in Sachsen. I. 18. §. 3. — wenn es der Sachse schelten will. ibid. — wenn ein Sachse es schilt und an seine rechte Hand und die mehrere Menge zieht, muß er selbsiebent wider sieben seiner Genossen darum fechten; wo die mehrere Menge siegt, behält sie das Urtheil. I. 18. §. 3. II. 13. §. 1. — um ein gescholtenes darf man nur vor dem Reiche fechten. II. 13. §. 1. — wie wird es bei den Schwaben gescholten? I. 19. §. 2. — schelten kann es der nicht, der um Ungericht gefangen vor Gericht gebracht ist, oder wer, des Kampfes wegen, den Kampfplatz betreten hat. II. 13. §. 8. — wegen eines gescholtenen soll man um keine Bevollwortung fragen. II. 13. §. 7. — wer es gefunden hat, mag nicht ohne den Willen dessen davon lassen, zu dessen Frommen er es fand. ibid. — wer es schilt und sein Recht nicht vollführt, muß wedden und büßen dem, dessen Urtheil er gescholten hat, und dem Richter seine Kosten zahlen. II. 12. §. 7. — wer der Bevollwortung eines solchen widerspricht, ohne es zu schelten, und ein anderes findet, bleibt ohne Wedde, auch wenn er die mehrere Folge nicht hat und sein Urtheil nicht behält. II. 13. §. 3. s. Recht (jemandem mit Recht entgehen).

Urtheilfinder, mit ihnen bezeugt der Richter, was vor Gericht geschehen ist. I. 8. §. 1. — mit ihnen bezeugt man selbdritt gegen den Richter, was nicht den Betrag seiner Wedde übersteigt; sonst muß man den Schuldheiß oder Fronboten zu Zeugen, anstatt des Richters, haben II. 23. §. 1. s. Landvolk, Leute, Selbdritt, Selbsiebent.

V.

nur dann mehrfache Wedde gezahlt, wenn weltliches und geistliches Recht zugleich dadurch verletzt wurde. I. 53. §. 4. — sie haben eine größere Rechtlosigkeit zur Folge, als uneheliche Geburt und Gewerbe. I. 50. §. 3. — Wirkung ihrer Wiederholung auf den Beweis der Unschuld. I. 39. s. Ungericht, Friedensbruch, Diebstahl, Raub, Körperstrafe, Wehrgeld, Wedde, Buße, Wandel, Besseren, Vergehen, Missethat.

Verbrecher, welche sind rechtlos? I. 37. §. 2. — den zehnten verurtheilten kann der Fronbote immer zu lösen geben. III. 56. §. 3. — über ihn soll das Straferkenntniß nicht eher gesprochen werden, bis er des Verbrechens überwunden ist. II. 19. §. 1. — der, mit Todesstrafe belegte, wird von seinen Verwandten beerbt. II. 32. §. 1. — Diebstahl und Raub, den man bei ihm findet, soll der Richter Jahr und Tag aufbewahren und dann, wenn sich niemand dazu zieht, in seinen Nutz verwenden. ibid. §. 2. — der hingerichtete kann kein fremdes Gut verwirken, das er im Besitze hat. II. 32. §. 3. s. Dieb, Räuber rc.

Verbrüdern, wenn das Erbe sich verbr., stehen Männer und Weiber in der Erbfolge einander gleich. I. 17. §. 2.

Verbürgen, was man verbürgt, soll man leisten. I. 7.

Verden, der Bischof daselbst steht unter dem von Mainz. III. 62. §. 3.

Vererben kann die Frau keine Leibzucht. I. 32. — kann die Frau, beim Leben ihres Mannes, wenn sie stirbt, kein Mußtheil oder Morgengabe; sondern erst wenn sie es nach ihres Mannes Tode empfangen hat. III. 38. §. 3. — kann sie kein Gebäude, das auf ihrer Leibzucht steht, auf ihren Erben, wenn sie es nicht bei ihrem Leben abträgt, und auf ihr Eigen oder Lehn setzt. ib. §. 4.

Verfalltag. s. Zahlungstag, Zinstag, Tag.

Verfesten soll man die Burg, vor die der Richter, um einen Friedbrecher daselbst abzufordern oder wegen Raub, der von dort geschehen ist, mit Gerüffte geladen wurde, wenn man ihm Rechtes weigert. II. 73. §. 1 ff.

Verfesteter über ihn wird gerichtet, wie über den auf handhafter That Gefangenen. I. 66. §. 2. — wenn man ihn ohne handhafte That vor Gericht führt und die Haft gegen ihn erbittet, muß man zuvor die Verfestung mit dem Richter und den Dingpflichtigen bezeugen. III. 89. §. 2. — über ihn soll der Kläger zuerst schwören, daß er der That schuldig sey, und hierauf dessen Zeugen, daß sein Eid rein und unmein sey. ib. §. 3 u. 4. — wer ihn wissentlich beherbergt und speiset, muß darum wedden; kann aber mit seiner Unschuld entreden, daß er es gewußt habe. III. 23. — er kann in dem Gericht, wo er verfestet ist, nicht klagen. III. 16. §. 3. — kann sich in allen Stätten, binnen dem Gerichte, wo er verfestet ist, aus der Verfestung ziehen, gleichwie man in allen Stätten gegen ihn klagen kann. III. 17. §. 1.

Verfestung, mit solcher mag man niemanden in einem andern Gerichte überwinden; über wen sie erkannt ist in dem höchsten Gerichte, der ist verfestet in allen niedern, die darunter gehören, aber die Verfestung eines niedern Gerichts muß erst in das höhere gebracht werden. III. 24. §. 1. — wenn der Gograf die seinige vor dem Grafen bezeugt, erwirkt er die des Grafen; sowie dieser dadurch des Königs Acht erwirkt. I. 71. — die des höheren Richters kann der niedere nicht richten, wenn sie ihm nicht so bekannt ist, daß er in dessen statt deren Zeuge sein möge. III. 24. §. 2. — sie kann auch ohne Fleischwunden verwirkt werden, wenn man jemanden durch Schlagen rc. tödtet oder lähmt. I. 68. §. 3. — sie trifft den, der um geschwollene Schläge oder Blutrunst beklagt wird, die man dem Richter, Fronboten, oder Bauermeister und Bauern auf frischer That nachgewiesen hat, wenn er binnen seinem Tagding sich nicht entredet oder bessert. I. 68. §. 1. — sie wird verhängt, wenn die Klage, in Abwesenheit des Richters, mit Gerüffte vor dem Fronboten erhoben ward und man Zeugniß dessen hat, sobald der Richter zurückkehrt. I. 70. §. 3. — sie trifft den Beklagten, wenn er zum dritten Tagdinge, wozu er vorgeladen ward, nicht kommt. I. 67. §. 2. — aber nur bei einer Klage, die an Leben oder Hand geht. ib. §. 3. — sie trifft den, der vor Gericht in seiner Gegenwart um Ungericht beklagt und dingflüchtig geworden ist. II. 46. — sie trifft den Beklagten, wenn er Rechtes weigert; dann kann man ihn überall verklagen, wo man Recht gegen ihn erlangen mag. III. 88. §. 2. — sie trifft den, der einen Gefangenen und um Ungericht Beklagten gewaltsam dem Gerichte entführt, wenn er selbst entkommt und man das Gerüffte über ihn bezeugen mag. III. 9. §. 5. — wer in einem Gerichte darin ist, kann daselbst nicht Vorsprecher oder Zeuge sein, noch klagen oder antworten. II. 64. §. 3. — er hat an Friedenstagen keinen Schutz. II. 67. §. 2. — sie bewirkt, daß jemand an gebundenen Tagen ergriffen, aber nicht das über ihn gerichtet werden kann. II. 9. §. 4. — wer darin gefangen wird, der wird am Leibe gestraft, sein Vergehen sey welches es wolle, wenn er der That und Verfestung überführt ist. I. 68. §. 4. — sie nimmt dem das Leben, der darin ergriffen wird; aber nicht sein Recht, solange er darinnen ist. III. 63. §. 3. — wer nicht mit Namen hineingekommen ist, dem soll darum nicht das Leben aberkannt werden. I. 66. §. 3. — ein Todter, über den sie erkannt war, kann nicht von seinem Mag mit Kampf vertreten werden, wenn der Kläger sich zum Zeugenbeweise gegen ihn erbietet. I. 64. §. 1. — wer sich daraus ziehen will, dem soll der Richter Frieden wirken. II. 4. §. 1. — wer sich auf den Heiligen daraus zieht, den soll der Richter und das Land mit Fingern und Zungen daraus entlassen, wie man ihn hineinthat. ibid. — wer sich daraus zieht und ungefangen vor Gericht kommt, der kommt zu seinem Rechte, als ob er nie verfestet gewesen sey. I. 68. §. 4. — wenn man in diese jemanden unbenannt gebracht und ihn nachher benannt hat, so soll der Richter es ihm wissen lassen, damit er sich, von da an binnen sechs Wochen, daraus ziehen könne. III. a. E. (S. 317.) — über wen sie unter Königsbanne verhängt ist, der muß mit dem Richter und zwei Schöffen beweisen, daß er sich heraus gezogen habe. III. 18. §. 2. — wer, sich aus ihr gezogen zu haben, vor Gericht behauptet und dies nicht mit dem Richter, Schuldheißen, oder Fronboten und zwei Mannen beweisen kann, gegen den braucht der Kläger keine Verfestung mehr zu erweisen. III. 18. §. 1. — sie erlischt, wenn der Richter den, der sich auf den Heiligen daraus gezogen hat, daraus zu entlassen mit Unrecht verweigert. II. 4. §. 1. — wer daraus gekommen ist, dem soll Friede gewirkt werden zu drei Dingen, um auf die Klage zu antworten. ibid. — wer sich aus dieser ziehen will, soll Bürgen stellen, daß er vor Gericht komme, oder der Richter soll ihn festhalten bis er Rechts pflegt. III. 17. §. 2. — wer sich daraus zieht, aber nicht dem Kläger antwortet, soll aufs Neue hinein gethan werden. II. 4. §. 2. — wen der Richter dadurch in des Königs Acht gebracht hat; wie dieser sich daraus ziehen soll. III. 34. §. 5. — wer sich daraus gezogen hat, dem soll der König Frieden wirken, wenn er schwört, vor den Richter zu kommen, der ihn verfestete. ibid. — wer durch sie in die Acht gekommen und vor dem König sich daraus gezogen hat, soll binnen vierzehn Nächten, nachdem er ins Land zurückgekommen, sich vor dem Richter zu Recht entbieten, der ihn verfestete, und des Königs Brief und Insiegel zu Urkunde, daß er aus der Acht sey, mitbringen. III. 34. §. 5. — wer ohne sie in die Acht gethan wird, soll sechs Wochen dem Hofe des Königs folgen und damit ledig sein. III. 34. §. 6.

Verfolgen mag der Mann seinen Herren, der Herr seinen Mann, und der Mag seinen Mag, und ihn von Gerichtshalben um Ungericht ergreifen helfen, wenn er dazu bei handhafter That mit Gerüffte geladen wird, ohne seine Treue dadurch zu brechen. III. 78. §. 3.

Verfolgung des Friedebrechers mit Gerüffte in ein anderes Gericht. II. 72. §. 3. u. 4. — jemandes; wenn man dabei auf engen Wege oder einer Brücke einen Wagen trifft, soll dieser stillhalten, bis die Verfolger vorüber sind. II. 60. §. 3. s. Gerüffte.

Verfügungen, über das Ver-

kann er mit Recht aus dem Dienste treten. II. 40. — soll dem Vormunde einer Jungfrau oder Wittwe aberkannt werden, wenn sie über ihn klagt, daß er sie ihres Eigens, Lehns, oder Leibzucht entwältige, und er auf dreimalige Ladung nicht vor Gericht kommt. I. 41. — eines, von Gerichtshalben gegebenen Vormundes, dauert nicht länger als das Gericht. I. 47. s. Mündelgut.

uorsaken. s. besaken. I. 6. §. 3. I. 7.

Vorsatz, wer ohne solchen und unwissentlich Vater, Bruder, Mag, oder jemanden tödet, dessen Gutes er gewärtig ist, verliert seine Anwartung auf Eigen und Lehn nicht. III. 84. §. 3. — wermit oder ohne diesen essbares Vieh tödet, vergilt es mit dessen Wehrgelde. III. 48. §. 1. — wer es lähmt giebt das halbe Wehrgeld, ohne Buße, und der Eigenthümer behält sein Vieh. ib. — wer nicht essbares vorsätzlich, aber ohne Noth, oder unvorsätzlich tödet oder an einem Fuße lähmt, zahlt volles Wehrgeld mit Buße; für Lähmung am Auge, halben Theil. ibid. §. 2. — s. Wille.

Vorsprecher, mit diesen soll jeder, nach dem Beginn des echten Dings, daselbst klagen, was ihn belästigt, damit er sich nicht versäume. I. 59. §. 2. — ohne sie mag jeder klagen, der sich des Schadens getrösten will, welcher ihm daraus erwachsen kann. I. 60. §. 1. — dessen soll der darben, der selbst geantwortet hat. III. 30. §. 1. — der Richter soll immer den Mann fragen, ob er dessen Rede bejahe. I. 62. §. 5. u. 9. — mit diesem mag der, für den er spricht, dreimal um jede Rede Gespräch haben, bis ihn der Fronbote wieder vorladet. I. 62. §. 7. u. 9.— solange man dessen Wort nicht bejahet, bleibt man ohne Schaden davon. III. 14. §. 1. — was er vor Gericht gesprochen hat, kann man solange verbessern, als man seine Rede noch nicht bejahete. I. 60. §. 1. —wen soll der Richter dazu geben? wer kann verweigern, es zu sein? wer darf es sein? ib. §. 2. 3. u. 5. — kann ein Weib nicht sein. II. 64. §. 2. — kann jeder Mann sein, außer in dem Gerichte, wo er verfestet ist, oder wenn er in Reichsacht, oder, im geistlichen Gerichte, wenn er im Banne ist. ib. §. 3. — wen jemand dazu genommen hat, der muß um jede, von und gegen ihn angestellte Klage, sein Wort sprechen, solange er ihm nicht mit Recht entnommen wird. I. 61. §. 3. — er kann mit Recht von seinem Auftrage abgehen und von dem, für den er spricht, entlassen werden. ibid. — kann, wenn er einmal gegeben ist, nicht gewechselt werden, bevor man des Ersten nicht mit Recht ledig ist. I. 60. §. 2. — er muß Bürgen setzen für Wedde und Buße, wenn er kein Erbe hat, aber nicht eher als bis er sie verwirkte. I. 60. §. 5. — durch diesen soll der Beklagte, gegen den man in fremder Sprache klagen mußte, weil er nicht deutsch kann, auf die Klage so antworten, daß Kläger und Richter es verstehen, wenn er selbst nicht so antworten kann. III. 71. §. 1.

W.

Waage, über unrechte richtet der Bauermeister (zu Haut und Haar). II. 14. §. 3.

Wässer, über schiffbare braucht der Kläger dem Beklagten nicht zu folgen, wenn dieser auf einen Gewersmann zieht. II. 35. §. 5. s. Wasser.

Waffen, sollen Richter und Schöffen nicht tragen, wo man unter Königsbanne dinget. III. 69. §. 1. — soll der Fronbote nicht führen. III. 56. §. 2. — soll man vor Gericht nicht tragen, außer Schwerter. II. 68. — soll man binnen geschworenem Frieden nicht tragen, außer dem Schwerte und zu des Reichs Dienste oder Turniren. II. 72. §. 1. — wer sie gegen dies Verbot trägt, fällt in Reichsacht. ib. — mag man führen, wenn man dem Gerüffte folgt und dazu verpflichtet ist. II. 72. §. 2. — wenn sie Pfaffen und Juden führen, soll man diesen, wegen der Gewalt die ihnen geschieht, besser wie einem Layen. III. 2. — sollen die nicht führen, die in des Königs Frieden sind. ibid.

Wagen, eine Gehöft, wo man einen solchen umwenden kann, muß der behalten, der ohne Erlaubniß des Richters Eigen vergiebt. I. 34. §. 1. — ein geladener giebt viermal soviel Brücken- und Wasserzoll, als ein Reiter; zwei Pfennige Wasserzoll und einen Brückenzoll, für Hin- und Rückweg. II. 28. §. 1. — der leere giebt halben Zoll; der halbe die Hälfte. ib. §. 3. — so breit, daß einer dem andern ausweichen kann, soll des Königs Straße sein. II. 60. §. 3. — der leere soll dem geladenen und der leichter geladene dem schwereren ausweichen. ibid. — demselben soll der Reiter ausweichen. ibid. — er soll auf engen Wege oder Brücke, wenn man jemanden verfolgt, stillhalten, bis die Verfolger vorüber sind. II. 60. §. 3. — der eher auf die Brücke kommt, soll eher darüber gehen. ibid. — wenn Pferde oder Ochsen damit durchgehen und auf handhafter That aufgehalten werden, so haftet der Herr für den dadurch verursachten Schaden bis zum Werthe des Wagens und Gespanns. II. 41. §. 4. — Fuder s. Heu.

Wahl, die des Königs steht den Deutschen zu. III. 52. §. 1.

Wahlrecht des Jüngern, unter zwei Erben, nach dem der Aeltere die Erbschaft getheilt hat. III. 29. §. 2.

Wahnsinnige. s. Närrische.

Wahrlosigkeit, wer dadurch Schaden verursacht, soll ihn ersetzen. II. 37. — für den Schaden, der dadurch entsteht, daß Jemand seinen Hof nicht verwahrt, leistet er Ersatz, aber erhält keinen. II. 50. §. 2. s. auch II. 51. 52. u. 53. Schuld, Unvorsichtigkeit.

Walburgistag, an diesem ist der Lämmerzehnte verdient. II. 59. §. 2.

Walhausen ist die dritte Sächsische Pfalz, wo der König seinen echten Hof halten soll. III. 62. §. 1.

Wall, keinen solchen darf man in einem Dorfe bauen, ohne Urlaub von dem Richter des Landes zu haben. III. 66. §. 2. — den einer Burg, die mit Urtheil abgebrochen wird, soll man mit Spaten ebenen. III. 68. §. 1.

Wallfahrt. s. Gottesdienst.

Waizen, einen Haufen von zwölf Ruthen erhalten Tagewerker als Wehrgeld. III. 45. §. 8.

Wandel (Geldstrafe, Schädenanspruch) für Fahren oder Reiten über gewonnenes Land eines Andern. II. 28. §. 4. — für Holzhauen, Grasschneiden, Fischfangen rc. zum Schaden eines Andern. II. 29. §. 1 ff. — er folgt dem nicht, der unwissend fremdes Land bebaut. III. 20. §. 1. — ohne solchen bleibt, wer über ungewonnenes Land fährt, wenn es nicht eine gehegte Wiese ist. II. 49. §. 2. — der, der seinem Hof nicht verwahrt hat, wenn ihm selbst Schade daraus erwächst. II. 50. §. 2. — der, der ein Kind um ein Vergehen rauft oder mit der Ruthe schlägt, wenn er auf den Heiligen bewährt, daß er es aus keinem andern Grunde geschlagen hat. II. 66. §. 2. — der, der selbsiebent bezeugen kann, daß er einen Friedebrecher auf der That oder Flucht getödet rc. hat. II. 70. — der, der sich einer Sache mit Willen des Eigenthümers, oder einer solchen, die er verliehen oder als Bürgschaft gegeben hat, unterwindet gegen den, dem er sie gab; außer wenn sie vor Gericht gelobt ward. III. 43. §. 2. — der, der ein Thier in Nothwehr gegen dasselbe erschlägt. II. 63. §. 2. — der, der einen Hund in Nothwehr, wenn er ihn oder sein Vieh beißen wollte oder gebissen hatte, tödete oder lähmte; nur muß er auf den Heiligen bewähren, daß er ihm nicht anders wehren konnte. III. 48. §. 4. — der, der auf Thiere, die er nicht pfänden kann, Hunde hetzt. II. 41. §. 5. — der, den der Münzer einer Münzfälschung zeiht, wenn dieser selbst sich deren schuldig gemacht hat. II. 27. §. 3. — ohne solchen soll der Knecht, wenn er aus gerechter Ursache den Dienst verläßt, wiedergeben, was ihm zuviel am Lohne gezahlt ist. II. 40.

Wasser, jedes daran gelegene Dorf soll seinen Theil des Dammes befestigen, vor der Fluth wahren und ausbessern. II. 57. §. 1. — welches stromweis fließt, ist gemein zu befahren und fischen. II. 29. §. 4. — wer in dem eines Andern, in wilder Fluth fischt, zahlt drei Schillinge Wandel und ersetzt den Schaden. II. 29. §. 1. in gegrabenen Teichen, dreißig Sch. ib. §. 2. — Abschwemmung dadurch, Brechen eines neuen Flußbettes, Anschwemmung einer Insel darin. II. 57. §. 2. u. 3. — wem darin eines Andern Habe zufließt, der soll sie öffentlich aufbieten und sechs Wochen aufbewahren; meldet sich der Eigenthümer, so soll dieser ihm seine Kosten erstatten. II. 30. s. Wässer, Fluth.

Wasserprobe. s. Kessel.

Wasserurtheil, damit kann die Gewer eines Gutes bewiesen werden, wenn die Umsassen kein Zeugniß darüber geben können. III. 21. §. 2.

Wasserzoll, beträgt zweimal soviel, als Brückenzoll. II. 28. §. 1. — dessen Unterschlagung und Betrag. II. 28. §. 1. — zahlt der nicht, der keines Schiffes bedarf. ib. §. 2.

Wechseln, können Herren ihre Dienstleute auch außer Gericht. I. 52. §. 1.

Wedde, als weltliche gab Constantin dem Pabste Sylvester, zu der geistlichen, sechzig Schillinge, um diejenigen mit dem Gute zu zwingen, die Gott mit dem Leben nicht bessern wollen. III. 63. §. 1. — die man dem Könige, Herzoge, Pfalzgrafen, Landgrafen, Markgrafen, Grafen, Vogte, der unter Königsbanne dinget und der keinen Königsbann hat, Schuldheißen, Gografen und Bauermeister zahlt; besonders, wo man nicht um Ungericht weddet. III. 64. §. 2. ff. — hat jeder Richter in seinem Gericht, und keine Buße. III. 53. §. 2. — hat der Richter, wenn er sie fordert, gegen jeden, von dem der Kläger Buße und Wehrgeld gewinnt. III. 33. §. 10. — hat der Richter überall, wo jemand eine Buße gewinnt. I. 53. §. 1. — damit die des Gerichtsfolge, ist auch unechten Leuten eine Buße gesetzt, obwohl sie wenig Nutzen gewährt. III. 45. §. 10. — wird oft um Ungeziem gezahlt, das im Gerichte verübt worden ist, wo niemand eine Buße gewinnt. I. 53. §. 1. — sonderliche wollen manche Gegenden binnen dem Herzogthume Sachsen haben, als Holzsassen, Stormaren und Hadeler. III. 64. §. 3.— die des Landrichters darf, bei Besetzung eines neuen Dorfs, durch das Dorfrecht nicht gemindert noch gemehrt werden. III. 80. §. 1. — wenn eine Beschuldigung gegen den Richter den Betrag seiner Wedde nicht übersteigt, so wird das Zeugniß gegen ihn selbdritt mit Dingpflichtigen geführt; außerdem muß der Schuldheiß oder Fronbote, an des Richters statt, zeugen. II. 23. §. 1. — wo sie der Richter aus einem Eigen nicht auspfänden kann, soll der Fronbote dieses mit einem Kreuze auf dem Thore befronen. II. 42. §. 1. — eine dreifache und ein Wehrgeld kann der Richter auf ein befrontes Gut als Schuld bezeugen. II. 42. §. 2. — die des Fronboten, wenn er den Richter an seinem Rechte versäumt, ist des Königs Malter. II. 17. §. 4. — die man dem Bauermeister mit drei Schillingen für Haut und Haar entrichtet, ist den Bauern gemeinschaftlich zu vertrinken. III. 64. §. 1. — als solche zahlt man dem Bauermeister drei Schillinge, wenn man wegen Abpflügen 2c. des Gemeindelandes der Nachbarn vor ihm verklagt wird; weigert man ihm aber Rechtes und wird man vor dem Oberrichter verklagt, so muß man dreißig Schillinge wedden, den Bauern büßen, und deren Gewer zurückerstatten. III. 86. §. 1. u. 2. — sie und Buße zahlt der Bauermeister für seine Bauerschaft, wenn diese von einer andern wegen Beschädigung ihres Gemeindelandes vor dem Oberrichter verklagt wird. III. 86. §. 2. — wann soll sie gezahlt werden? II. 5. §. 2. — wer sie am rechten Tage nicht giebt, soll vom Fronboten gepfändet werden. I. 53. §. 3. — wird um keine Sache doppelt bezahlt, außer wenn geistliche und weltliche zugleich verwirkt sind. ibid. §. 4. — dazu wird der Dingpflichtige verurtheilt, der nicht zu Dinge kommt. II. 6. §. 3. — zahlt der, der dem Gerüffte nicht folgt, seine Klage nicht vollführt, jemanden widerrechtlich zum Kampfe fängt, binnen ausgelegtem Ding etwas wider Recht spricht oder thut und Schuld, die daselbst gewonnen ist, nicht zahlt. I. 53. §. 1. — sie beträgt drei Schilling, wenn man dem Blutgerüffte nicht folgt. I. 62. §. 1. — muß der dem weltlichen Richter zahlen, der in weltlichen Sachen einen Laien vor geistlichem Gerichte beklagt hat. III. 87. §. 1. — sie verwirkt der, der einen Landmann, mit dem er in einem Dorfe oder einer Goschaft gesessen ist, binnen Weichbilde oder auswärtigem Gerichte verklagt und in Schaden bringt. III. 87. §. 2. — erhält der Richter von dem, den der Gegner zum Zeugen in eigener Sache aufrief, sobald dieser sein Zeugniß mit ihm vollführt; außerdem muß der Gegner sie zahlen. II. 23. §. 5. — erhält der Richter von dem, der wegen einer Forderung die Gewer gelobte, und einen Andern nicht abweisen kann, der dieselbe Sache fordert. II. 16. §. 1 u. 2. — verwirkt der, dem die Gewer der Klage gebrochen wird, bei einer Klage um Heergeräthe, Erbe, Gerade und fahrende Habe. II. 16. §. 2. — zahlt der, der von seinem Gewersmanne nicht gewert wird. II. 43. §. 4. — damit muß der Beklagte das angefangene Gut lassen, wenn ihm Bruch am Gewersmanne wird. II. 35. §. 5. — zahlt der abgewiesene Kläger, wenn er sich des Klaggegenstandes unterwunden hat. I. 53. §. 2. — verliert bei der Anfangsklage der, der die Sache lassen muß. II. 35. §. 5. — zahlt der Kläger, wenn er eine Klage um Ungericht nicht fortsetzt, sobald der Beklagte gegenwärtig ist, auch wenn sie zuerst in dessen Abwesenheit erhoben wurde. II. 8. — aber nicht wenn der Beklagte der vollführten Klage mit Recht entgeht. ibid. — zahlt der Kläger bei einer Klage auf Kampf auch wenn er sie vollführt und der Beklagte ihr mit Recht entgeht. II. 8. — damit wird der Beklagte entlassen, wenn er im gerichtlichen Kampfe siegt. I. 63. §. 4. — zahlt jeder Besiegte beim Kampfe um ein gescholtenes Urtheil. II. 13. §. 1. — zahlt der, der ein Urtheil gescholten hat, und sein Recht nicht vollführt. II. 12. §. 7. — wird nicht gezahlt, wegen blosen Widerspruchs gegen die Bevollwortung eines Urtheils, wenn dieses nicht gescholten ward. II. 13. §. 3. — wird wegen Versäumung eines gelobten Eides gezahlt. II. 11. §. 1. — zahlt der Bürge dem Richter, wenn er, bei einer Klage, die ans Leben geht, den Beklagten nicht vor Gericht bringt, obgleich er dies gelobt hat. III. 9. §. 1. — für die verwirkte muß der Vorsprecher Bürgen setzen, wenn er kein Erbe hat. I. 60. §. 5. — verwirkt der, der nach dem Dreißigsten sich weigert, Heergeräthe, Gerade oder Erbe herauszugeben. III. 15. §. 2. — verwirkt der Finder einer verlorenen Sache, wenn er deren Besitz verläugnet. II. 30. — eine solche von sechzig Schillingen zahlt der als Königsbann, der in einem Bannforste Wild fängt. II. 62. §. 2. — verwirkt man durch wissentliches Beherbergen und Speisen eines Verfesteten; man kann aber auf seine Unschuld entreden, daß man von der Verfestung gewußt habe. III. 23. — die höchste erhält der Richter bei einem Todtschlage aus Nothwehr, wenn der Thäter den Todten nicht vor Gericht brachte. II. 15. §. 1. — sie und Buße verwirkt der, der dem Andern Wunden schlug oder ihn raufte; aber nicht Leben und Gesundheit, wenngleich er mit Gerüffte gefangen ward. III. 37. §. 1. — sie und Buße zahlt nicht, wer Leben oder Hand verwirkt; er löße sie, oder nicht. III. 50. — verwirkt kein Thier durch seine That. II. 41. §. 3. s. Noth, Schaden, Wandel.

Wedden soll der seine Zunge, der unbefugt unter Königsbanne dinget. I. 59. §. 1.

Weddhaft wird der erkannt, den der Richter zur Antwort entbietet, wenn er bei der ersten, zweiten und dritten Aufforderung weder antwortet, noch sich dessen entredet; nach der dritten ist er der Schuld überwunden. III. 39. §. 3. — doch muß der Kläger diese erst selbsiebent bezeugen, wenn sie dem Beklagten an Leben und Gesundheit geht. ibid. §. 4.

Weg, in diesem mit einem Fuße stehend, darf der Reisende Korn abschneiden, soweit er reichen kann, um sein erliegendes Pferd zu füttern; er soll es aber nicht vondannen führen. III. 69. — wer unrechten einschlägt über gewonnenes Land, zahlt für jedes Rad seines Wagens einen Pfennig, der Reiter einen halben, und muß den Schaden ersetzen, wenn Saat auf dem Lande steht. II. 28. §. 4. — kann deshalb gepfändet und, wenn er sich wehrt, mit Gerüffte ergriffen werden. ibid. — wenn auf einem engen jemand verfolgt wird, so soll daselbst jeder Wagen stillhalten, bis die Verfolgenden vorüber sind. II. 60. §. 3. s. Fahren, Wagen.

Wegfangen. s. Fangen.

Wegführen, darf keiner das Korn, das er auf fremdem Lande, im Wahne, daß dies ihm gehöre, geschnitten hat; sonst missethut er. III. 37. §. 5.

Wegvertig. s. Reisender.

45

Eide abgelegt worden ist. III. 89. §. 5.

Zeugniß, soll der König in allen Dingen bei des Reichs Hulden geben. III. 54. §. 2. — des Richters mit den Gerichtsleuten. I. 7. I. 8. §. 1. — wenn man es auf den Richter zieht, soll er bei des Königs Hulde sich verpflichten. III. 54. §. 1. — wenn es mit dem Gerichte geführt werden soll, so soll der Richter bei des Königs Hulde sich verbürgen; danach die Schöffen und alle Dingpflichtigen bei ihrem Eide. III. 89. §. 1. — wo es mit dem Schuldheiß, Fronboten, oder den Schöffen vollführt wird, da soll der Richter Zeuge der Wahrheit sein, auch wenn er früher nichts darum wußte, und wenn er dies verweigert, so gilt das Zeugniß doch als vollkommen. II. 23. §. 2. — dies soll der Nachfolger des Richters ablegen über das, was bei dessen Zeiten im Gerichte geschehen ist, wenn er mit der Schöffen Zeugniße der Wahrheit kundig wird III. 25. §. 1. — gegen den Richter, wenn es nicht höher, als an seine Wedde geht, wird es selbdritt mit Dingpflichtigen geführt; außerdem bedarf man dazu des Schuldheißen oder Fronboten zum Zeugen an des Richters statt. II. 23. §. 1. — braucht der Kläger nicht selbst abzulegen, wo er es mit dem Gerichte vollführt. III. 89. §. 2. — das eines Gerichts, über zuerkannte Rechtlosigkeit, braucht niemand in ein anderes Gericht zu bringen; sondern der Richter, vor dem jemand als rechtlos bezichtigt wird, soll es durch zwei seiner Boten einholen. III. 82. §. 1. — muß der Richter selbsiebent ablegen über den, von dem man behauptet, daß er durch Raub oder Diebstahl sein Recht verloren habe. III. 28. §. 2. — das des Richters selbdritt, wegen Schuld, die er im Ding gewonnen hat, wenn er sie aus einem, deshalb befronten Gute, fordert. II. 42. §. 2. — mit dem zweier Schöffen wird Eigen behalten. II. 44. §. 1. — das des Richters wegen gerichtlicher Sühne und Urfehde. I. 8. §. 3. — das der Verfestung muß man erst mit dem Richter und den Dingpflichtigen über den führen, den man ohne handhafte That vor Gericht bringt, eher man die Haft gegen ihn erbitten kann. III. 89. §. 2. — das von zwei Gerichtsleuten ist beim Beweise nöthig, daß man sich aus der Verfestung gezogen habe. III. 18. §. 1. — desgl. von zwei Schöffen, wenn jemand unter Königsbanne verfestet war. ibid. §. 2. — wenn man es an den Boten des Königs hat, daß die Auslieferung von Gefangenen verweigert worden sey, die der König, bei seiner ersten Anwesenheit im Lande, abgefordert hat; so thut man Alle, die sie fingen, und die Burg, wo sie fest gehalten werden, sammt den Leuten in die Acht. III. 60. §. 3. — das der Umsassen aus dem Dorfe oder den nächsten Beidörfern; damit wird die Gewer eines Gutes bewiesen, das Zwei mit gleichem Anspruche sich zu zusagen. III. 21. §. 1. — es muß erst zuerkannt sein, eher zu Recht gefunden werden darf, wie es geführt werden solle. II. 19. §. 2. — dessen sich jemand anmaßt, soll er über sechs Wochen, oder, wenn er will, sogleich vollführen. I. 62. §. 4. — um Eigen muß es aber sogleich, oder im nächsten Ding vollführt werden. ibid. — wer sich dazu erbietet vor Gericht, ehe er von Gerichtshalben darum gefragt wird, soll davon abgewiesen werden. III. 37. §. 2. — wo das von sieben Mannen erforderlich ist, kann man einundzwanzig darum fragen. II. 23. §. 4. — wo man es auf den zieht, auf den es selbst geht, da soll er bei seinem Eide sagen, was ihm darum wissentlich ist. II. 23. §. 5. — wer es mit dem vollführt, gegen den es selbst geht, bedarf kein Zeugniß weiter, sondern erhält Buße und der Richter Wedde; vollführt er es nicht, so zahlt er Wedde und Buße. II. 23. §. 5. — damit kann man Jungfrauen und Frauen dessen nicht überführen, was sie vor Gericht sprechen oder thun. I. 46. §. 1. — solange man damit den Fremden, der sich für frei ausgiebt, nicht hiervon abweisen kann, soll man ihn für frei halten. III. 33. §. 1. — daß jemand unecht von Geburt oder Gewerbe sey; dies kann man selbsiebent mit Leuten führen, die an ihrem Rechte vollkommen sind. III. 28. §. 1. — damit kann man jedoch sein Echt und Recht besser behalten, als davon abgewiesen werden. ibid. — dies kann der, der einen Andern als eingeborenen Eigenen fordert, gegen ihn selbst mit zwei seiner Eigenen führen. III. 33. §. 3. — gegen einen anderen Herren aber nur selbsiebent seiner Mage oder wahrhafter Leute. ibid. §. 4. — davon abgewiesen wird er, wenn der Beklagte seine Freiheit selbsiebent seiner Mage zu behalten vermag. ibid. §. 5. — über einen Eigenen, der sich einem andern Herren zuspricht, welcher vor Gericht ihn nicht vertritt, wird es vom Kläger selbdritt seiner Mage oder eingeborenen Mannen geführt. III. 33. §. 9. — über einen Eigenen; darin geht der, der die Gewer an ihm hat, dem vor, der der Gewer darbt. III. 33. §. 6. — daß jemand sich ins Kloster begeben; wie wird es geführt? II. 23. §. 3. — das der Mönche über den Eintritt jemandes ins Kloster. I. 25. §. 3. — das von sieben Genossen des Eingetretenen. ibid. — das von zwei Frauen und vier Männern über die lebendige Geburt eines Kindes. I. 33. — damit kann niemandem seine Gewer entzogen werden; sondern nur mit rechter Klage, wo er gegenwärtig, oder wozu er vorgeladen ist. II. 25. §. 3. — wenn es um Gut oder Gewer, vor dem Gerichte oder gegen dasselbe, geführt wird, so sollen die Zeugen es vorher bei ihrem Eide ablegen und es nachher beschwören. III. 89. §. 5. s. Eideshelfer. — mit dem von sechs Schöffenbaren muß die eigenliche Gewer bewiesen werden, wenn jemand an seinem Lehne, oder am Leibgedinge seiner Mutter oder Nichtel sich Eigen zuspricht. II. 45. §. 3. — zu dem der Klage soll man den offenen Brief, durch den ein Fürst seinem Manne Gewer leisten kann, diesem überantworten. II. 43. §. 3. — abgehen davon. I. 6. §. 3. — dies muß der beibringen, der zu rechter Zeit sich zu Ableistung eines gelobten Eides erbot, wenn er wegen Ausbleiben oder Widerspruch des Gegners der Schuld und des Eides ledig werden will. II. 11. §. 2. — dadurch muß derjenige bewähren, daß er gezahlt habe, der für einen Andern so Bürge geworden ist, daß er selbst zu zahlen versprochen hat (Expromission). III. 85. §. 4. — wer dieses hat, daß er etwas öffentlich gekauft und unverholen gehalten habe, der kann deshalb keiner handhaften That wegen Raub oder Diebstahl beschuldigt werden, wenn es über den andern Tag bei ihm gefunden wird. II. 35. §. 1. — selbdritt; wenn man dadurch bewiesen hat, daß man eine Sache öffentlich in Verwahrung bekommen oder geliehen habe, so kann man keines Raubes oder Diebstahls daran bezichtigt werden. III. 5. §. 1. — damit muß bewiesen werden, daß man eine fremde Sache unverholen gehalten habe, die man an einem Orte, wo eine Verwechselung leicht möglich war, statt der eigenen mitgenommen hat, wenn man den Vorwurf der handhaften That, des Raubes, oder Diebstahls auf den Heiligen entreden will. III. 90. — dies soll der Jude selbdritt führen, daß er eine Sache unverholen erworben hat; dann kann er das dafür ausgelegte Geld mit seinem Eide von dem Eigenthümer, der seine Sache vindicirt, wiederfordern. III. 7. §. 4. — selbdritt; dadurch wird der zum Schadenersatz genöthigt, der dadurch überführt wird, daß er ein bösartiges Thier, welches den Schaden that, bis zu der Zeit, wo er geschah, gehalten habe. II. 63. §. 1. — dies muß der Kläger selbsiebent über den Beklagten erst führen, bevor dieser, wegen verweigerter Antwort vor Gericht, verurtheilt werden kann, wenn ihm die Schuld am Leben und Gesundheit geht. III. 39. §. 4. — selbsiebent muß der es führen, der einen Friedebrecher auf der That oder Flucht getödet ꝛc. zu haben behauptet. II. 70. — selbsiebent soll es der Kläger führen, wenn er um Ungericht mit Gerüffte geklagt hat, ehe die That übernächtig ward, um den Beklagten in Verfestung zu bringen. I. 70. §. 3. — daß die Klage bei handhafter That in Abwesenheit des Richters vor dem Fronboten erhoben worden sey; dies muß der Kläger haben, um des andern Tags, wo der Richter zurückkehrt, den Beklagten in Verfestung zu bringen. I. 70. §. 3. — das der Klage; wenn man dies bei handhafter That hat, soll der König darum richten, sobald er auf sächsische Erde kommt, wo der Richter nicht gerichtet hat, oder nicht vollständig zu richten vermochte. II. 26. §. 2. — dies muß der Sachse von dem Wenden